U0930364

魏县国土资源志

魏县国土资源志编纂委员会　编

中　国　文　史　出　版　社

图书在版编目（CIP）数据

魏县国土资源志 / 魏县国土资源志编纂委员会编. ——北京：中国文史出版社，2017.7
ISBN 978-7-5034-9409-3

Ⅰ. ①魏… Ⅱ. ①魏… Ⅲ. ①国土资源-概况-魏县
Ⅳ. ①F129.922.4

中国版本图书馆 CIP 数据核字（2017）第 175123 号

魏县国土资源志
责任编辑：殷　旭
装帧设计：北　方

出版发行：中国文史出版社
网　　址：www.wenshipress.com
社　　址：北京市西城区太平桥大街 23 号　　邮编：100811
电　　话：010-66173572　66168268　66192736（发行部）
传　　真：010-66192703
录　　排：保定市北方胶印有限公司
印　　装：保定市北方胶印有限公司
经　　销：全国新华书店
开　　本：889×1194 毫米　1/16
印　　张：44.75　　字数：1031 千字
版　　次：2017 年 7 月北京第 1 版
印　　次：2018 年 3 月第 1 次印刷
定　　价：298.00 元

《魏县国土资源志》编纂委员会

主　任　张建设
副主任　高　峻
成　员　张大鹏　王之平　孙雪峰　张　军
　　　　雷如岭　石文胜　李卫杰　郝俊河

《魏县国土资源志》编办室

主　编　王学贵
副主编　高　峻　常玉秋
编　辑　刘小飞　刘冠军
摄　影　常玉秋　刘小飞

魏县国土资源局党委书记、局长　张建设

魏县国土资源局党委副书记、副局长　高　峻

魏县国土资源局现任领导班子在研究工作

2012年6月11日，国家土地督察北京局专员蔡可军和市委常委、副市长王社群来魏县调研、指导土地管理工作

2011年8月20日，省国土资源厅、省农业厅、省监察厅、省审计厅、省统计局等五厅局检查魏县耕地保护目标落实情况

2011年9月16日，市人大、市国土资源局领导在魏县国土资源局局长张建设陪同下察看魏县野胡拐乡基本农田项目建设

县委书记卢健在用地项目区现场指导工作

政府县长樊中青检查指导土地卫片整改工作

2011 年 6 月 25 日，全国土地日期间，政府副县长赵金刚（右三）与国土资源局干部职工一起宣传土地法律法规

2012 年，国土资源局党委一班人在研究工作

2001 年，魏县土地管理局局长
马文学及班子成员在研究工作

2007 年，魏县国土资源局局长
张万胜及班子成员在研究工作

2009 年，魏县国土资源局局长
郭峰及班子成员在研究工作

2014 年 5 月 15 日，魏县国土资源局干部党员参观焦裕禄纪念馆，重温入党誓词

2012 年 6 月 1 日，国土资源局局长张建设到沙口集乡李家口村指导土地整治项目

2012 年，魏县国土资源局领导班子与老干部合影

1990 年建设的魏县土地管理局办公楼

2012 年 9 月 28 日，魏县国土资源局机关大楼正式竣工并投入使用

《魏县国土资源志》省、市级专家评稿会会场

《魏县国土资源志》主编、副主编、编辑及打字人员合影

前排左起依次为刘小飞、常玉秋、高峻、王学贵、刘冠军

后排左起依次为赵俊花、许彦艳、高海娟、杨静楠、郭晓彦、常红霞、王晓晓、张会惠

魏县行政区划图

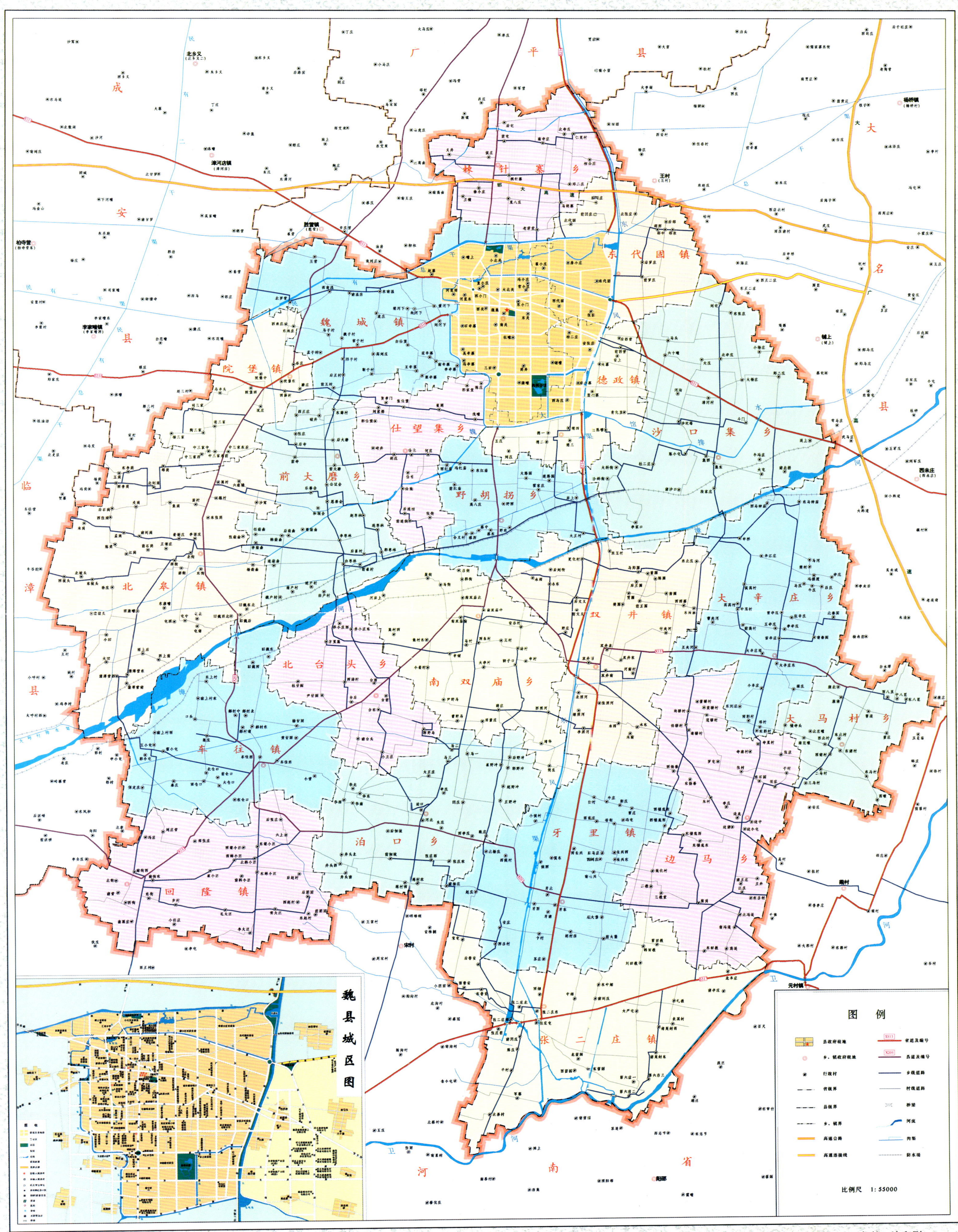

内部用图

魏县人民政府编制　二〇一五年第一次印刷

序 一

土地是人类生存和发展的生命线。自从盘古开天地，三皇五帝到如今，人们就与土地密不可分。从古至今，人们一直十分珍惜土地，并将土地视为生命之源。千古兴亡多少事，任何一个朝代的兴亡发展都与土地相关。

从春秋战国始，封建土地所有制在中国一直延续了几千年，历代统治者不管其机构如何设置、变换，都是为了维护其封建统治阶级统治的需要；它对于土地的调查、丈量、登记，都是按田亩征科，防止隐瞒逃避赋税和徭役，以保证封建王朝的财赋。

从清王朝被推翻到新民主主义革命时期，中国人民经历了北伐战争、土地革命战争、抗日战争和解放战争。在中国共产党的领导下，亿万农民为推翻三座大山和压在人民头上的封建土地制度，进行了英勇斗争。改变了两千多年来沿袭的封建地主所有制，建立了农民个体所有的土地制度，终于实现了耕者有其田的梦想，真正作了土地的主人。

新中国建立后，中共魏县县委带领全县人民，根据国家的现行政策，领导人民群众开展了互助组、农业合作化、人民公社化等运动，将农民个体土地所有制改造成为全民土地所有制和劳动群众集体所有制的社会主义公有制。

改革开放之后，土地使用制度发生了根本的变化，随着魏县城市建设步伐的加快，土地更加显得珍贵，土地管理工作已成为人们关注的热点，并取得了一个个阶段性的成果。

《魏县国土资源志》是在土地管理工作日臻完善，不断开拓进取下问世的。它记述了不同时期的土地演变、土地特色、土地资源、土地制度、地籍管理、土地经济、土地执法监察、土地整治、土地文化的变革和现实，具有鲜明的时代特色和地方风貌，体现了“与时俱进、开拓创新”的精神，反映了魏县历代土地的变革和现状，是一部完整的地情、地貌、地政的土地百科全书，可让今人了解过去的历史，让后人知道土地的重要性，切实保护好耕地，推进农村土地整治，强化土地合理利用，在加强党的建设和机构建设的工作中，不断丰富土地文化。

我相信，《魏县国土资源志》的出版，不仅能为领导决策提供科学参考依据，同时，还为全县人民提供了一部使用土地、保护土地的教科书。它的出版必将进一步激励广大干部群众保护耕地，节约用地，合理利用土地资源的自觉性，进一步促进魏县经济社会的可持续发展。

中共魏县县委书记：卢　健

2017 年 7 月

序 二

《魏县国土资源志》编纂历时三年，几更纲目，数易其稿，现通过专家评审，即将定稿成书，实在是可喜可贺。

土地是万物之源、立国之本。她生长五谷，滋养万物，承载山河，是人类赖以生存的根基。古往今来，人类在土地上繁衍生息、获取给养，视土地为生命，敬奉土地，耕种土地，热爱土地，赞美土地。一片土地的开发利用史，就是一方人民的生存斗争史，一个地方的文明发展史。

魏县地处华北平原，地势平坦，水丰土沃，是中国古代文明的重要发祥地之一。远古时期，华夏先祖就在这片土地上刀耕火耨，渔猎农作，始作书契，修筑城邑，凿井治河，成为了中华农耕文明的滥觞。殷周时期，在这片钟灵的大地上，一个个王侯立国封地，开疆辟土，一代代庶民耕桑耘梓，井田稼穑，一个个与土地紧密相关的传奇故事先后上演。自西汉在魏域设郡建县以后，魏县与全国其他县一样，历经编户均田、两税一鞭、摊丁入亩等制度变革，更历遭战乱分裂、兵燹灾害、土地兼并、荒芜等难境交替，但勤劳智慧的魏县人民始终挚爱这片土地，治水修堰，拓荒垦殖，益树五果，播种粮食，创新农技，辛苦经营，变荒滩为绿地，变碱地为良田，在为土地和生存抗争中书写历史、积淀文明。

“地诚任，不患无财”。近代以来，中国共产党领导全国人民进行土地革命战争和土地改革运动，从早期的“耕地农有”到抗战的“减租减息”，从土改时期的“耕者有其田”到社会主义改造后的“劳动群众集体所有”，从改革开放的家庭承包到新世纪城乡二元结构打破，在曲折的制度和政策推行中建立健全了中国特色社会主义的土地制度，让人民群众成为了土地的主人，实现了农民群众几千年来拥有土地的梦想，大大解放和发展了生产力。改革开放特别是中共十八大以来，魏县全面落实保护土地基本国策和一系列政策法规，牢固树立和贯彻落实“五大发展理念”，立足人多地少的县状实情，深化土地制度改革，严格土地管理，加强土地保护，实施土地利用规划，推进土地开发整理，提高了土地利用效益，实现了人与自然和谐发展，为国家农业生产和粮食安全做出了重要贡献，并先后荣获中国鸭梨之乡、国家粮食产能县、全国绿化模范县、河北省无公害果菜基地县、国家级水利风景区等荣誉。

“治天下者以史为鉴；治郡国者以志为鉴”。修志存史是中华民族的优良传统和特有的文化基因，在传承文明、资政育人、弘扬文化、服务社会等方面发挥着十分重要的作用。《魏县国土资源志》是在国家大力推动中华优秀传统文化传承发展和魏县国土管理工作取得较好成绩的形势下编纂的，它全面系统地记述了魏县境内土地的历史变革和开发利用现状，重点反映了改革开放以来国土资源管理的工作举措和成效业绩，使之前有所稽、后有所鉴，不仅为魏县国土资源开发利用、进行宏观决策、科学制定经济社会发展规划提供了基础资料和科学依据，也为各级领导和机关掌握魏县县情、汲取土地管理的经验和教训、研究魏县经济社会发展提供了很好的参考资料，并且对于抢救和积累魏县历史史料、完善县内志书体系、深化土地国策地情教育、促进国土管理事业发展等方面具有重要意义。

地方志工作贵在史识、重在致用。《魏县国土资源志》编撰人员要在前期工作的基础上，进一步核实校修，删繁就简，增遗补缺，精益求精，剞劂雕镌，力求观点正确、体例完备、资料翔实、文风平实、不留缺憾，早日付梓出版。国土资源是经济发展的基本要素，也是不可再生的宝贵资源。国土资源管理部门要以《魏县国土资源志》出版为契机，深入学习贯彻习近平总书记治国理政新理念、新思想、新战略，不断探索总结土地管理的客观规律，乘势而上，锐意进取，在保障建设发展、保护国土资源、推动节约集约、深化改革创新等方面取得新成绩，为建成冀鲁豫三省交汇区域新兴中等城市、全面建成小康社会做出新贡献。希望全县广大干部群众认真阅读《魏县国土资源志》，继承和发扬先人勤劳耕耘、开拓创造的精神，胸怀对这片土地的深厚感情，重信义，敢担当，创大业，爱家乡，携手并肩，众志成城，共同保护这片养育我们的土地，共同建造我们幸福美丽的家园！

魏县人民政府县长：樊中青

2017年8月16日

序 三

盛世修志，志载盛世。新版《魏县国土资源志》经全体编撰人员的努力，现已工竣付梓。这是魏县国土资源局文化建设的一件大事，也是国土资源管理工作的时代反映，作为国土资源局局长，谨向参与志书编撰的全体人员表示热烈的祝贺！

《魏县国土资源志》记述了历代人民为实现耕者有其田斗争的经历，记述了人们开发、改造、利用土地的光辉业绩，记述了落实基本国策、加强土地管理的各项工作举措及土地制度的重大改革，使读者更好地认识和了解魏县的土地历史与现状，将为后代留下宝贵的文化遗产。

土地是人类赖以生存的、不可再生的宝贵资源，翻开中国五千年的史册，中华民族的生存和发展都与土地紧密相连。千百年来，历代统治者都把“地乃国之本，民以食为天”奉为“治国方略”。如商周的“井田制”、“均田制”、宋代王安石推行的“方田均税法”、明万历年间的“一条鞭法”等土地政策，虽顺应当时社会发展，推动了时代的进步和社会的发展，但终因统治阶级的历史局限，不可能真正从根本上解决土地问题。

中华人民共和国成立后，魏县人民真正成了土地的主人，在中共魏县县委、人民政府的领导下，全县人民自力更生，艰苦奋斗，开发复垦，整田造地，兴修水利，改良土壤，谱写了一曲曲改造、征服大自然的动人凯歌。

改革开放之后，随着国民经济的快速发展，人口的不断增长，土地供需矛盾日益突出。一方面要保障好经济建设用地需求，一方面要保护好有限的土地资源。已成为人们的共识，引起了各界人士的高度重视。珍惜和合理利用每寸土地，是关系到魏县经济能否协调、健康发展的大事。1998 年以来，魏县相继出台了有关保护土地资源的文件，在体制、机制、法制上采取治本之策，扭转人口大量增加情况下耕地大量减少的失衡趋势，为后代留下更多可供发展的资源与空间，为魏县经济建设和人们物质文化生活条件的改善发挥了积极作用。

《魏县国土资源志》在编写过程中，以马列主义、毛泽东思想、邓小平理论、三个代表及科学发展观为指导，深入贯彻习近平系列重要讲话精神，坚持历史唯物主义和辩论唯物主义观点，与时俱进，开拓创新。她集千年于一瞬，触百类于方寸，既有宏观鸟瞰，也有微观透视；既有文字记载，也有图列排表；既有成功经验，也有失败教训。纵观可领略魏县土地千年历史发展之轨迹，横览可寻觅经济兴衰的缘故所在，她是多角度全方位反映魏县土地沿变的百科全书，是一方史实，千年土地历史的再现，展卷可得，委时可喜可贺！

盛来修志，垂鉴未来；志在盛世，泽惠千秋。愿全县人民和广大国土资源管理工作者以志为鉴，落实“十分珍惜、合理利用土地和切实保护耕地”的基本国策，管好、用好魏县的土地资源，造福子孙后代。

聊聊数语，是为序。

魏县国土资源局党委书记、局长：张建设

2017 年 7 月

凡　例

一、指导思想：以马列主义、毛泽东思想、邓小平理论、三个代表、科学发展观和习近平新时代中国特色社会主义思想为指导，坚持历史唯物主义和辩证唯物主义观点，客观、全面反映魏县国土工作的历史与现状。

二、时间断限：本志书为通志，上限追至事务发端，下限止于2016年，重大事项至搁笔为止。

三、结构体裁：本志采用志、述、传、记、图、表、录七种方式，以志为主。结构为横排竖写，文表相符，文图并茂。卷首设概述总揽全志，次为大事记勾勒脉络，择要辑存；下设15编国土专志，分编、章、节、目、分目五个档次；篇、章下设无题小序；章节后可设附录以补充正文；15编专志后设附录，以存相关史料；书后设编志始末，以记编志过程。记述范围以2016年魏县行政区域为限。

四、语言文体：志书行文采取记述体，实事求是，秉笔直书，祥今略古、惜墨如金；大事记以编年体为主，兼用本末记事题；语言力求严谨、朴实、简洁、规范；古代内容保留古代规范，必要时加括注。

五、入志人物：坚持生不立传的原则，立传人物以本籍人物为主，兼记长期活动在魏县、为魏县作出较大贡献，有较大影响的客籍人物，依猝年为序。对建国前的老干部，建国后政绩显著的市以上先进工作者，国土资源局领导班子成员，以人物简介及表格方式收录，以生年为序。

六、书写称谓：行文采用第三人称记述；政区、地名及组织机构，均书现有名称，沿革中用曾用名称；党派、机关、公文、会议，各种运动名称，各编第一次出现用全称，加注后用简称；人物称谓可直呼其名，可加职务或人名；地名称谓以标准化地名为准，古地名括注今地名。

七、纪年规范：中华民国及以前用汉字小写书朝代年号，括注公元纪年；中华人民共和国成立后使用公元纪年。抗日战争以1937年7月7日至1945年8月15日为限；解放战争以1946年至1949年9月30日为限；建国前后以1949年10月1日为限；中共十一届三中全会前后以1978年12月22日为限。

八、文字使用：以国家语言字体工作委员会1986年10月10日颁布的《简化总表》为准；数字表述和标点符号，执行CB/T15835－2011《出版物上数字用法的规定》。

九、图表使用：彩色图片集中于志首；黑白图片、图表附于相关章节；表格以所在编、章、节顺序中排列，表格表头、编号、单位、数据齐全。

十、计量单位：执行国家标准。

十一、资料来源：各类档案资料，原土地志资料，地方志资料，组织史资料；老干部回忆录，专著及口碑资料。各类资料均加以鉴别考证后辑用，一般不在加注出处。

目　录

概述 …… (1)
大事记 …… (5)

第一编　土地环境

第一章　地理环境 …… (65)
　第一节　地理位置 …… (65)
　第二节　历史沿革 …… (65)
　第三节　境域演变 …… (67)
　第四节　行政区划 …… (68)
第二章　自然环境 …… (78)
　第一节　气候 …… (79)
　第二节　物候 …… (80)
　第三节　水文 …… (81)
第三章　人文环境 …… (85)
　第一节　人口 …… (85)
　第二节　教育　科技 …… (87)
　第三节　交通运输 …… (91)
　第四节　邮政　电信 …… (92)
　第五节　医疗卫生 …… (94)

第二编　土地制度

第一章　土地所有制 …… (99)
　第一节　土地私有制 …… (99)
　第二节　土地公有制 …… (104)
第二章　土地使用制 …… (113)
　第一节　私有土地使用制 …… (114)
　第二节　集体土地使用制 …… (116)

第三节 国有土地使用制 …………………………………………………………………… (120)

第三编 土地规划

第一章 土地利用专项规划 ………………………………………………………………… (129)
第一节 农业区划 ……………………………………………………………………… (129)
第二节 林果业发展用地规划 ………………………………………………………… (134)
第三节 沙荒地利用规划 ……………………………………………………………… (142)
第四节 闲散地、废弃地利用规划 …………………………………………………… (143)
第二章 土地利用总体规划 ………………………………………………………………… (146)
第一节 县级土地利用总体规划 ……………………………………………………… (146)
第二节 乡（镇）土地利用规划 ……………………………………………………… (159)
第三章 城乡规划 …………………………………………………………………………… (164)
第一节 规划总则 ……………………………………………………………………… (164)
第二节 城乡发展战略与目标 ………………………………………………………… (165)
第三节 城乡产业发展规划 …………………………………………………………… (166)
第四节 城乡用地发展规划 …………………………………………………………… (168)

第四编 土地利用

第一章 农用地 ……………………………………………………………………………… (189)
第一节 耕地 …………………………………………………………………………… (189)
第二节 园地 …………………………………………………………………………… (190)
第三节 林地 …………………………………………………………………………… (190)
第四节 其它用地 ……………………………………………………………………… (191)
第二章 建设用地 …………………………………………………………………………… (193)
第一节 国家建设用地 ………………………………………………………………… (193)
第二节 集体建设用地 ………………………………………………………………… (211)
第三节 其它建设用地 ………………………………………………………………… (213)
第四节 未利用地 ……………………………………………………………………… (217)

第五编 土地整治

第一章 土地开发 …………………………………………………………………………… (221)
第一节 漳河故道开发 ………………………………………………………………… (221)
第二节 东风渠开发 …………………………………………………………………… (224)

第二章　土地整治 …… (225)
　第一节　国家级投资项目 …… (225)
　第二节　省级投资项目 …… (228)
　第三节　县级开发项目 …… (233)
第三章　土地复垦 …… (236)
　第一节　居民点搬迁土地复垦 …… (236)
　第二节　砖瓦窑用地复垦 …… (237)

第六编　土地保护

第一章　宣传报道 …… (241)
　第一节　宣传 …… (241)
　第二节　通讯报道 …… (247)
第二章　基本农田保护 …… (253)
　第一节　范围 …… (254)
　第二节　类型 …… (255)
　第三节　措施 …… (255)
第三章　土地利用与改良 …… (257)
　第一节　植树造林 …… (257)
　第二节　土地改良 …… (259)
　第三节　土壤分区 …… (260)
第四章　开展“三无”乡（镇）、村活动 …… (262)
　第一节　“三无”乡（镇）村标准 …… (263)
　第二节　“三无”乡（镇）村目标措施及效果 …… (264)

第七编　土地质量

第一章　地貌与土壤 …… (269)
　第一节　地质地貌 …… (269)
　第二节　土壤 …… (272)
第二章　土壤利用 …… (284)
　第一节　合理布局 …… (284)
　第二节　提高土地效益 …… (285)
第三章　耕地宜植种类 …… (286)
　第一节　农作物种植 …… (286)
　第二节　林木种类 …… (289)

第三节　经济林木 ……………………………………………………………（291）

第八编　税费与地价

第一章　土地税收 ……………………………………………………………（299）
第一节　田赋 ……………………………………………………………（299）
第二节　农业四税 ……………………………………………………………（314）
第三节　土地增值税 ……………………………………………………………（327）
第四节　城镇土地使用税 ……………………………………………………………（328）
第五节　印花税 ……………………………………………………………（329）
第二章　土地规费 ……………………………………………………………（331）
第一节　土地有偿使用费 ……………………………………………………………（331）
第二节　土地管理费 ……………………………………………………………（332）
第三节　工本费及土地登记费 ……………………………………………………………（332）
第四节　国有土地使用金 ……………………………………………………………（334）
第五节　国有土地出让金 ……………………………………………………………（334）
第六节　土地整治费 ……………………………………………………………（335）
第七节　土地资源费 ……………………………………………………………（335）
第八节　土地罚没款 ……………………………………………………………（336）
第九节　土地税费收入 ……………………………………………………………（341）
第三章　土地价格 ……………………………………………………………（342）
第一节　土地所有权价格 ……………………………………………………………（343）
第二节　土地使用权价格 ……………………………………………………………（353）
第四章　土地分等定级 ……………………………………………………………（354）
第一节　定级 ……………………………………………………………（355）
第二节　估价（基准地价） ……………………………………………………………（359）

第九编　地政地籍

第一章　地政 ……………………………………………………………（369）
第一节　土地调查 ……………………………………………………………（369）
第二节　土地统计　变更调查 ……………………………………………………………（392）
第三节　勘界 ……………………………………………………………（397）
第二章　地籍 ……………………………………………………………（400）
第一节　土地登记 ……………………………………………………………（400）
第二节　土地档案 ……………………………………………………………（410）

第十编　土地征收转用

第一章　权限　程序 …………………………………………………………… (415)
　第一节　权限 ……………………………………………………………… (415)
　第二节　程序 ……………………………………………………………… (422)
第二章　补偿和安置 ………………………………………………………… (427)
　第一节　补偿 ……………………………………………………………… (428)
　第二节　安置 ……………………………………………………………… (437)
第三章　土地管理改革 ……………………………………………………… (438)
　第一节　改革内容 ………………………………………………………… (439)
　第二节　改革成果 ………………………………………………………… (448)

第十一编　土地执法监察

第一章　土地执法监察队伍 ………………………………………………… (459)
　第一节　县（局）级土地执法监察队伍 ………………………………… (459)
　第二节　乡（镇）土地执法监察队伍 …………………………………… (461)
　第三节　村级土地管理监督 ……………………………………………… (462)
第二章　违法占地案件查处 ………………………………………………… (462)
　第一节　案件管辖 ………………………………………………………… (462)
　第二节　查处程序 ………………………………………………………… (463)
　第三节　案件查处 ………………………………………………………… (470)
　第四节　非农业建设用地清理 …………………………………………… (476)
第三章　土地依法行政 ……………………………………………………… (488)
　第一节　土地行政诉讼 …………………………………………………… (488)
　第二节　土地行政复议 …………………………………………………… (495)
　第三节　土地行政许可 …………………………………………………… (498)
　第四节　阳光国土 ………………………………………………………… (504)
第四章　土地信访 …………………………………………………………… (513)
　第一节　信访接待 ………………………………………………………… (513)
　第二节　纠纷调处 ………………………………………………………… (516)

第十二编　管理机构

第一章　行政管理机构 ……………………………………………………… (523)

第一节　局级机构 …………………………………………………………（523）
第二节　股级机构 …………………………………………………………（525）
第三节　乡（镇）村级机构 ……………………………………………………（530）
第二章　中共魏县国土资源局党组织 …………………………………………（536）
第一节　组织沿革 …………………………………………………………（536）
第二节　党的建设 …………………………………………………………（538）
第三节　工作辑要 …………………………………………………………（547）
第四节　群团组织 …………………………………………………………（549）

第十三编　土地斗争

第一章　抗租抗债、减租减息 ……………………………………………………（555）
第一节　抗租抗债 …………………………………………………………（555）
第二节　减租减息 …………………………………………………………（556）
第二章　雇工雇佃斗争 …………………………………………………………（558）
第一节　雇工增资 …………………………………………………………（558）
第二节　雇佃运动 …………………………………………………………（559）
第三章　土地改革运动 …………………………………………………………（567）
第一节　各阶层占有土地情况 ………………………………………………（568）
第二节　土地改革 …………………………………………………………（581）
第三节　土地复查 …………………………………………………………（585）

第十四编　土地文化

第一章　土地对联、书法、歌曲 …………………………………………………（589）
第一节　对联 ……………………………………………………………（589）
第二节　书法 ……………………………………………………………（591）
第三节　土地歌曲　歌词 ……………………………………………………（594）
第二章　歌谣　谚语　歇后语 …………………………………………………（599）
第一节　歌谣 ……………………………………………………………（600）
第二节　谚语 ……………………………………………………………（600）
第三节　歇后语 ……………………………………………………………（603）
第三章　土地艺文 ……………………………………………………………（605）
第一节　著作 ……………………………………………………………（605）
第二节　土地图集 …………………………………………………………（608）
第四章　土地民俗　故事 ………………………………………………………（613）

第一节　民俗 …………………………………………………………… (613)
第二节　土地故事 ………………………………………………………… (616)
第五章　奇闻　轶事 ……………………………………………………… (622)
第一节　奇闻 …………………………………………………………… (622)
第二节　轶事 …………………………………………………………… (624)
第六章　古迹文物 ………………………………………………………… (627)
第一节　古迹 …………………………………………………………… (627)
第二节　文物 …………………………………………………………… (628)

第十五编　人　物

第一章　立传简介人物 ……………………………………………………… (633)
第一节　立传人物 ………………………………………………………… (633)
第二节　人物简介 ………………………………………………………… (640)
第二章　先进名录 ………………………………………………………… (653)
第一节　先进集体（单位） …………………………………………… (653)
第二节　先进个人（工作者） ………………………………………… (655)

附　录

第一部分　资料集存 ……………………………………………………… (669)
第二部分　回忆录 ………………………………………………………… (673)
第三部分　考证 …………………………………………………………… (689)
志稿评审会专家学者 ……………………………………………………… (693)
修志始末 …………………………………………………………………… (694)

概　述

一

中国鸭梨之乡——魏县，位于河北省南端，冀、豫二省交界处，华北平原腹地，晋、冀、鲁、豫四省中心地带。地处北纬36°03′06″至36°26′30″，东经114°43′42″至115°07′24″之间。北临广平，西接成安、临漳，东与大名相连，南临省界与河南省安阳、内黄、清丰、南乐四县隔卫河相望。素有“三魏重镇”“晋齐咽喉”“燕、赵、吴、楚孔道”之称。县境南北长42.24公里，东西长35.5公里，总面积863.6平方公里，占河北省总面积的2.2%。2016年，魏县辖9镇、12乡、1个街道办事处，445个自然村，542个行政村，20个居民委员会，人口1043218人，耕地面积61459公顷，人均耕地面积0.06公顷。

魏域历史悠久，早在新石器时期，就有了古人类活动，属仰韶文化区域。相传黄帝时期，魏域为黄帝子昌意封地，昌意在今境边马筑昌意城。《史记》载：“大禹治水自冀州始。”“乃行相地（今域内漳河南部及内黄县地），……。”魏域是大禹治水区域之一。《禹贡》分华夏为九州，魏域属冀、兖二州。夏为观扈国领地。商为畿铺之地。西周为卫国地。春秋为齐、晋国地。战国属魏国地，为魏国次都，合纵家苏秦定六国之纵于洹水（今旧魏县村），联合东方六国共抗强秦。秦始皇十九年（前228年），在魏域今治南设棘蒲县。汉初（前195年）沿古称谓设魏县，至今已2211年的历史。2009年魏县被联合国地名专家组中国分部命名为中国地名文化遗产——千年古县。

魏县地理位置优越，属华北黑龙港流域，系白沟（又名宿胥渎）、大河（黄河古称）冲击沉淀而成的平原，地势由西南向东北缓缓倾斜，开阔平坦，一望无际，土壤为洪水冲积物，表土以轻壤褐土为主。气候属温带季风气候，雨热同季，干寒同期，光照充足，雨量充沛，春、夏、秋、冬四季分明、肥沃的土地，独特的地质水质，提供了得天独厚的自然条件。

魏县资源丰富，至2016年全县有耕地61459公顷；域内有河湾、湖泊，水域面积广阔，是国家级水利风景区；全县森林覆盖率达25.35%，是邯郸市唯一的平原绿化达标县；域内生物种类繁多，至2016年，有野生动物14种；粮食作物以小麦、玉米为主；经济作物以鸭梨、棉花、食用菌为主；动物饲养以猪、鸡、牛、羊为主；是国家粮食产能县、优质棉基地县、全国绿化模范县、河北省无公害果蔬生产基地县、食用菌之乡。

魏县鸭梨历史悠久、独具特色，最早可追朔到三国魏文帝年间。至2016年，全县鸭梨种植面积1.3万公顷，年产量20多万吨。所产鸭梨因果型端正、色鲜可人、个大皮薄、肉细汁多、渣少核小、酸甜适度、香酥可口而驰名中外。1985年，在河北省果品鉴定会上被评为鸭梨系列质量第一名，1995年，被国家命名为“中国鸭梨之乡”。2002年，魏县鸭梨被河北省评为名牌产品。

悠久的历史、独特的区位、丰富的文化、优越的自然条件，使魏县人形成了“重信义、敢担当、创大业、爱家乡”的新魏县精神和坚韧不拔、刚柔相济的个性品质，以勤劳、淳厚、尚义、智慧传承至今。

二

土地是人类赖以生存的基本条件，人与土地的关系随着社会制度的改变而变化。

魏县自汉高祖十二年（前195年）建县以来，土地所有制经历了封建社会土地所有制、农民土地所有制和社会主义公有制三个阶段。在漫长的历史长河中，土地私有制是主流。汉代推进“名田”、“限田”、“王田”等，隋唐实行“均田制”；宋代确立了土地私有制的主导地位；清初推行圈占土地、招民垦种、缴纳田赋地租政策，清中后期，出现了土地买卖、典押，土地更多的集中在皇族、官吏和新兴的地主手中，贫苦农民唯有为持有土地者当佃户以求生存。

辛亥革命推翻帝制，建立中华民国，孙中山曾提出“平均地权”的主张，后因袁世凯谋权，蒋介石不顾民生，其主张未能实现。中华民国四年（1915年），国民政府制定政策，售放土地，地主官吏乘机大量聚集、掠夺土地。据民国二十九年（1940年）统计，境内全县地主人口只占13%，却占有全县40.4%的土地，而42%的贫苦农民，仅占全县土地的13%，过着饥寒交迫，糠菜半年粮的生活。

民国二十九年（1940年）年六月，中共魏县县委、魏县抗日政府成立。从此，魏县人民有了自己的领路人。党和政府在领导各阶层人士团结抗日的同时，致力于耕者有其田的努力。根据中共中央《抗日救国十大纲领》，先后组织领导全县人民开展了“雇佃运动、减租减息、增资倒佃”等运动，打击了地主反动派的气焰，保护了人民群众的切身利益。

民国三十四年（1945年）八月，魏县全境解放。为彻底解决土地问题，民国三十五年（1946年）魏县人民政府，按照中央的指示精神，开展了史无前例的土地改革运动，发动广大人民群众，向封建土地所有制展开了全面进攻，彻底摧毁了封建土地所有制的社会基础，搬掉了2000多年压在人民头上的三座大山，使全县贫苦人民分得土地，真正实现了多少代人为之奋斗的“耕者有其田”的梦想。

三

中华人民共和国成立后，在中国共产党的领导下，魏县县委、县政府，十分重视国土资源管理工作，把管理和人民生活紧紧的联系在一起。先后实施了互助组、变工队等，使生产力大大提高，土地效能成倍增长。1951 年春，农业生产合作社（初级社）产生，至 1951 年底，初级社基本完成，全县基本实现了土地集体劳作，使土地效能又一次得到飞跃。1956 年底，全县初级社全部转为高级社，实现了完全社会主义性质的农村生产关系，土地由农民所有制转变为农业生产合作社集体所有制，集体土地面积扩大了六分之一。

1958 年 8 月 4 日，毛泽东主席提出了搞人民公社后，魏县迅速贯彻落实，于是年 9 月底，全县建立 5 个人民公社，下设 37 个管理区。土地、生产、生活资料归人民公社所有，至此结束了 2000 多年的土地私有制，一跃进入社会主义公有制，即全民所有制和劳动群众集体所有制。

1979 年，中共十一届三中全会召开，决定实行农村经济体制改革。全县在坚持土地所有制不变的前提下，对农民实施土地承包、联产计酬的责任制，土地所有权归集体，个人拥有使用权、经营权，极大调动了农民种地的积极性，促进了农副业生产发展。

至 2016 年，根据《中华人民共和国土地管理法》和国务院有关规定，魏县制定了一系列土地相关制度和规定，魏县的土地使用和管理，均得到了健康发展。

四

1986 年前，魏县土地管理等各项工作按计划经济体制运行，政出多门，管理分散，用地审批权限时有时无，管理机关多次变换。社队企事业占地在 60 年代疏于管理，社员宅基地随意性强，地籍管理工作基本为零，解决邻里纠纷主要依靠土改时期的旧契和当时的政策。土地所有权归国家和集体后，国家单位、集体企事业单位、农村农民等，建房占地没有土地使用权合法依据，造成权属关系不清，非法占地现象时有发生。地大物博，人口众多的优势宣传，影响了一代又一代人，人们土地观念淡薄，人均耕地相对减少的事实不被人们所接受，土地管理工作受到一定伤害。

1987 年 6 月，魏县土地管理局成立后，确立了魏县土地城乡地政统一管理体制，摒弃了长期以来的土地管理政出多门、职能分散、缺乏土地监督检查手段的弊端。深入开展土地国情、县情、国策和法制的宣传教育，增强了全县广大干部群众珍惜土地，合理利用土地的自觉性。整顿土地管理秩序，运用行政、法律、经济手段查处违法占地，树立了土地管理部门的权威。截至 2016 年，全县共查处各类土地违法案件 13822 起，收回土地 3164 公顷，魏县土地各项工作都取得了显著成绩，先后获得国家、省、市（地）各类奖励 55 次，1992

年，获国家土地管理局土地利用成果二等奖、全国土地信访先进单位、魏县牙里镇获全国“三无乡镇”；1992 年—1997 年，连续 4 年被省评为土地执法模范县；土地利用总体规划获河北省原土地管理局科技成果一等奖，获河北省土地管理局、河北省人事厅先进单位；2008 年，被省国土资源厅评为正风行风建设优秀单位；2009 年，被省国土资源厅评为世纪杯全国土地日书画大赛优秀组织奖；2011 年，被河北省国土资源厅评为民主评议行风工作优秀单位；“五五”普法先进集体；2012 年，被河北省国土资源厅评为正风行风建设工作优秀单位；2015 年，获邯郸市委、市政府文明单位，被邯郸市法治宣传教育领导小组评为依法行政示范机关；市人大“一体两翼”先进单位，市国土资源局先进单位、优胜单位。县委、县政府优秀领导集体等。

目前，魏县国土资源局在以张建设为局长的领导班子带领下，全局上下团结一致，与时俱进，面对挑战，锐意创新，强抓机遇，开拓进取，艰苦奋斗，励精图治，为魏县的国土资源管理工作继续谱写新篇章。

大 事 记

新石器时代

据《河北省人口志》记载，7000 年前，魏县古域有古人类活动。

从仰韶文化遗址考证（前 5000 年 – 前 3000 年），黄河北古魏域一带有先民进行农业生产。

黄帝时代（前 2000 年），旁行天下，方制万里，魏域为黄帝子昌意领地，昌意在今边马一带筑昌意城。

夏

（约前 21 世纪 – 前 16 世纪）

大禹更制九州（境域属冀州），“列五股，任土所贡”，定出九等赋则和九等贡品，“令民得田之”以求民力之平均，采用“井田制度”分为 9 格，每格 50 亩，每夫分种一格，农夫每年用十分之一的收获纳贡赋。

大禹治水引黄河北流，经境域南部（现回隆镇）入境。

夏代，境域属观扈国领地。

商

（约前 16 世纪 – 1066 年）

时境域为商畿内地，商建国后曾五迁其都，五都有二与境域接壤。

汤，推行井田制，每人 70 亩，中间一格为公田，四周八格分给八家，每家除种自己一格外，还勤耕公田，公田所获全部归王室所有。

周

（约前1066－前221年）

西周周武王实行分封制，把原来商人统治的中心地区分为三个侯国。境域属商后裔武庚封地，后归卫国所有。

东周（春秋战国）时期（前770－前221年），境域先属卫，后属齐、晋等国。废井田，开阡陌，实行“初税亩”。

魏文侯七年（前439年），得邺地，改曰魏，境域属魏国。

魏武侯在魏域建别都。

秦

（前221－前206年）

境域属邯郸郡东郡，秦始皇十九年（前228年）于此首次设县，名棘蒲（见邯郸大事记）。

始皇帝二十七年（前210年），废除“井田制度”，鼓励民众开垦阡陌，进行农业生产，允许民众自由买卖耕田。

汉

（前206－220年）

高祖十二年（前195年），置魏郡，设魏县，魏县始得其名。县治在今县城（魏城镇）东北25里于村。

武帝时（前140年－134年），魏郡大旱，土地裂，粮食收成无几。

王莽始建国元年（9年），改魏县为魏城亭。

始建国二年（10年），河决口，魏郡（含魏县）大水。

始建国三年（11年），黄河决于魏郡（含魏县）。土地被淹后，黄河南迁出县境。东汉光武帝年间，土地兼并严重，富者田连阡陌，贫者身无立锥之地。

三国
(220－280 年)

县境属魏国，军事道路纵横交错，毁田为路现象比比皆是。

曹魏时期，战争连绵，县境人口锐减，土地大片荒芜。魏文帝时，县境多为屯田。

晋十六国
(265－439 年)

晋武帝于太康元年（280 年）颁行占田制，境内规定百姓男子占田 70 亩，女子占田 30 亩，官员占田按官品高低限额。

前燕建熙三年（362 年）县境属平阳郡。

南北朝
(420－581 年)

北魏孝文帝太和九年（485 年），颁行均田令，县境土地实行定量分配。

太和二十一年（497 年），析县境东南部置昌乐县。

北齐文宣帝天保七年（556 年），魏县废，并入贵乡县，不久，贵乡县废，并入昌乐县，县境属清都尹。

武成帝河清三年（564 年），颁发均田新令，县境实行男子受露田 80 亩，永业田 20 亩，妇女 40 亩。

北周静帝大象二年（580 年），分相州，置魏州。境属魏州。

隋
(581－618 年)

文帝开皇元年（581 年），县境实行男子 18 岁以上授田 100 亩，其中 20 亩可传子孙。

开皇六年（586 年），复置魏县，县属魏州。

炀帝大业元年（605 年），魏州改为武阳郡，魏县属武阳郡。

大业四年（608 年），引白沟为永济渠，定名御河，自内黄县西北流入县境。

恭帝义宁二年（618 年），江都之变，宇文化及缢杀隋炀帝之后，率众 10 万北上，在童山被瓦岗军李密阻击，余率两万北上到魏县，曰："人生固当死，岂可不一日为帝乎！"遂自称皇帝于魏县，国号"许"。

唐
（618－907 年）

玄宗天宝三年（744 年），因避水患，县治由于村迁至旧县庙。

天宝末年（757）年，安禄山起兵叛唐。乾元六年（763 年）史思明从范阳带领 13 万大军赶来救邺，分三路杀向魏州，两路从魏县境内通过，12 月 29 日占领魏州。自称"大圣燕王"。安史之乱时，县境成为主战场，战祸甚大，户口锐减，大量田园荒芜。

德宗建中二年（781 年），魏县城（旧县庙）西南四十里（其址不详）有土地五亩大，一晚上突然长高四、五尺。次年 5 月，魏州节度使田悦，以长土为坊，祭天拜地，自称魏王反唐。

五代十国
（907－979 年）

后梁太祖开平五年（911 年），梁太祖朱温亲率大军到魏县境内抵挡晋军。

后唐庄宗同光元年（923 年）四月，李存勖率兵伐梁，梁将王彦章拒于繁水（今边马一代），五月在魏州称帝，国号"唐"，不久迁都洛阳，建年号为同光，史称后唐。并以同年十二月灭后梁，统一北方。

宋、辽、金
（960－1234 年）

北宋太祖开宝六年（973 年）正月，发民夫三千修筑黄河堤。

太宗淳化四年（993 年）十月，黄河决于澶渊，水入御河，灾及魏县。

真宗大中祥符四年（1011 年）八月，黄河决于通利军（治浚县）。同时，大名府（辖魏县）御河溢，两河合流，庄田被淹，人多溺死。

北宋时期，魏县实行"不立田制、不抑兼并"，"田畴邸第、莫为限量"的土地政策，土地买卖频繁，出现了"田宅无定主"的局面。

神宗熙宁六年（1073 年），县治由大名西北旧县庙迁至洹水镇（今旧魏县村）。

哲宗绍圣二年（1095 年），南乐县西北部分土地割入今魏县。

元
（1279－1368 年）

世祖至元二十七年（1290 年）七月，御河溢，淹没境内田禾 5800 余顷，朝廷下诏免去租税。

仁宗延佑六年（1319 年），大名路（含魏县）水坏民田 1.8 万顷。

惠宗至正元年（1341 年），魏县出动民工，参与黄金堤修复工程。每人每日发工钱 3 贯。

明
（1368－1644 年）

明洪武三年（1370 年），魏县治所洹水镇（今旧魏县村）被漳水淹没，县治迁至五姓店（今魏城镇），环治筑土堤，以防水患。

明建文元年（1399）7 月，燕王朱棣出师“靖难”，与明军数战于魏县、大名一带，尸骨遍野，血流成河，使魏县百姓遭受了历史上罕见的灾难。战争过后，十室九空，原来的魏县土民仅剩下九里（注：古代五家为邻，五邻为里），魏县境内出现了田地荒芜，经济萧条，路断人稀，一片荒凉的景象。

明永乐年间（1403－1425 年），县境地旷人稀，先后迁山西襄垣、高平、黎城三县和泽（今山西晋城）、沁（今山西沁县）二州五处平民至魏县，每人给地 100 亩。

成化十一年（1475 年），县内增设 1 名主簿，劝课农桑。

成化二十三年（1487 年），县境发生特大旱灾，土地干裂，人以杜梨为食。

弘治四年（1491 年），知县鲍琦主持修筑护城堤，高丈余、周长八里，以御洪水。

嘉靖元年（1522 年），漳河徙于魏县城下，首次进入魏境。

嘉靖三十年（1551 年），漳、卫河同时决口，县内平地水深数尺，溺死者无数。

万历二年（1574 年），漳河北上合于滏河走“北道”，至万历十六年（1588 年），漳河徙于县城南门外。

万历四年（1576 年），县境奉文彷行江南“一条鞭法”，将田赋、徭役和杂税合并起来折成银两，分摊在田亩上，按田亩多少纳税。

万历二十年（1592 年）七月，漳、卫两河俱涨，淹没农田，禾稼尽损。二十一年（1593 年），知县田大年主持修筑漳河长堤，共长 55 华里，人称“田公堤”。此后，100 多年间境内无漳患。

清
（1644－1911 年）

顺治二年（1645 年）腊月，清政府正式颁布圈地令，朝廷委派旗官旗兵骑马策鞭，扯着户部发的绳索，跑马圈占，遂意插标，绕以红绳，以示界限。圈占大批无主荒地和有主良田，作为官田，上至朝廷诸王，下至八旗兵丁，各有一处。

顺治二十一年（1655 年）六月，漳河溢，境内平地水深丈余，陆地行舟。

康熙三十八年（1699 年），直隶巡抚李光地为分流漳水，在上游广平县境内开掘一条支河，经县境北部，复由广平经大名、馆陶入卫河。从此，漳河再度进入县境为害。

雍正十三年（1735 年），因漳河水患，复设县丞专治漳事。

乾隆二十二年（1757 年）五月，漳河决于朱河下，平地水深数尺，二十七个村庄被淹没，官署民房倒塌过半。次年，废魏县并入大名。

同治四年至八年（1865－1869 年），连降大雨，境内野冲、照河、简庄、候村、木顶寺等数十村庄遍地流水，蓼茌、蒲芦遍地，数年颗粒不收。

光绪十三年（1887 年）秋，漳河水决于大康庄，淹田成灾。翌年，练军协同民夫挖引河一道，并大康庄至白水村修堤 67 华里。

光绪二十年（1894 年）秋，烈风暴雨，漳卫并溢，部分平地水深有的达四五尺、七八尺，船行直到南乐、东昌，田庐淹没，众民失所。

中华民国
（1912－1949 年）

民国十一年（1922 年），土地清丈，邯大（邯郸至大名）公路占地 120 亩 3 分。

民国十九年（1930 年）三月二十六日，中共大名县委（含魏县）提出：反对军阀混战，要求集会结社自由抗租、抗税，反对地丁附加，反对高利息剥削。边马、骈村一带组织成立穷人会，由于组织不力，思想不成熟，未组织起来，但推动了魏县土地革命的发展。

民国二十一年（1932 年）六月，漳河暴涨，在赵庄西北决口，20 多个村庄被淹，两年颗粒不收。

民国二十四年（1935 年）一月，大名（含魏县）统一规定测量土地尺度。

是年农历六月初一，在直南省委特派员王丛吾的领导下，魏县蔡小庄举行农民武装暴动，建立“工农红军抗日游击队”，公开提出：打倒土豪劣绅、反对贪官污吏、取消苛捐杂税等宣传口号。

民国二十九年（1940 年）六月，大名县分为魏县、大名、元城三个县，并各自成立抗日政府。魏县抗日民主政府成立后，颁布了合理负担税赋办法。是年八月，境内以漳河为界，分置魏县和漳河县。

是年夏，在农村开展减租、减息，增资倒佃运动。调整地主、富农与租种土地的贫雇农收入比例，减少高利贷利息，增加长工工资。

民国三十二年（1943 年），县境内耕地 51.8 万亩，按田亩类分征收公粮。

是年，魏县大旱，春苗枯死，夏不能播，秋季绝收，数万贫（饥）民封门闭户，携妻带子外逃，灾难中冻饿而死者万余人。

民国三十三年（1944 年）春，魏县发动群众开展“赎地运动”，以调动农民积极性，发展生产，支援抗日战争。8 月，魏县、漳河县合并，统称魏县。

民国三十四年（1945 年）八月十六日，魏县解放，魏县抗日民主政府改为魏县人民政府。

民国三十五年（1946 年）一月五日，魏县人民政府为解决财政困难，减轻群众负担，实施财物大清查工作，主要是清查地主、汉奸窝藏的土地和财物。

三月六日，魏县在西关召开大会，庆祝雇佃运动胜利，并进行了雇佃运动总结。

是月，魏县人民政府颁布了《田房契税办法》，共 27 条，买契税按价征收 4%，典契税按价征收 2%。各村成立了税契委员会，负责办理契税手续，掌握社会各阶层的土地和财产占有情况。

七月，中共魏县县委贯彻中共中央发布的《玉田》指示精神，在全县开展了土地改革运动，斗地主、分田地，实行耕者有其田，并很快形成高潮。

民国三十六年（1947 年）一月，国民党反动派大肆进攻解放区，魏县漳南一带村庄沦陷，还乡团反攻倒算，杀害农会干部和土改积极分子，土改工作暂停。

四月，漳南县成立，魏县车往、回隆一带 54 村回归漳南县。

是年七－九月份，开展土改复查运动。七月初，在崔阁召开了动员会。会后，广大群众积极行动起来，在全县展开了轰轰烈烈的土改复查运动，斗地主、分田地，群情高涨，全县农业生产掀起高潮。

民国三十七年（1948 年）二月，冀南三地委派出整党、土改工作团，指挥土改和整党工作。

四月二十二日，中共魏县县委结合本县实际情况，宣传《土地法大纲》。

是年十二月，向农民颁发土地证，土地成为劳动者个体所有。

民国三十八年（1949 年）春，魏县为抗旱先后挖新井，找老井，挖土井，修漳河堤，占地 130 亩。

五月，魏县漳河两岸 243 个村出民工 17904 人，加固漳河大堤，动用土方 65870 立方米。

中华人民共和国

（1949－2016年）

1949年

10月，魏县人民政府在今县城东北角（现烈士陵园）占地2.67公顷，建立农业试验场，作为农业技术的示范和推广基地。

是年冬，魏县初级师范学校成立，校址在滩上村一户地主家，1950年迁至城内，占地0.18公顷，1953年撤消。

是年，魏县人民政府设建设科，科内指定一人，兼管全县土地工作。

1950年

春，中共魏县县委、魏县人民政府分别从郭家堂、崔阁迁到魏集（现魏城镇）。

是年，建立魏县卫生院，设在城内南街，后迁东街，1956年改名为魏县人民医院，1978年8月迁至城西（现址），1997年重新修建，占地1.4公顷。

是年，撤销漳南县，原属回隆、车往一带54村回归魏县，设为第八区。

1951年

12月，在魏城镇北大街建立魏县汽车站，1952年迁到邯大路东街；1954年迁至县城西小门村占地0.69公顷；1999年迁至现址（西关村），占地1.78公顷。

是年，全县发展组社总数11228个，组社土地50174.57公顷。

1952年

春，魏县引漳灌溉农田，兴建郭枣林丰收闸，次年同期竣工。投资3万多元，设计流量为5立方米/秒，可浇灌耕地2000公顷。

5月11日，魏县县委召开互助组长会议，县委副书记郑长勤作了互助合作启发报告，共有长期互助组1852个、4820户；临时互助组3008个、9411户；农业生产合作社1个、14户。全县耕地73256.4公顷，互助组的土地为农民个人所有。

9月7－24日，魏县县委指示，具备条件的互助组转为初级农业生产合作社，社的性质是建立在私有财产基础上的集体劳动，是半社会主义的农业生产组织，实行土地入股。

是年，全县已发展组社总数11228个，其中长期互助组6367个，临时互助组4858个，农业生产合作社3个；组社土地50174.57公顷，其中长期互助组土地27922公顷，临时互助组土地22205.47公顷，农业生产合作社土地46.99公顷。

1953 年

7－9月，魏县连降暴雨，降雨量达494.3毫米，造成漳河洪水暴涨，流量达1959立方米/秒。8月4日凌晨2点，漳河南岸双庙村堤决口宽3.5米，淹村3个，淹地5713.36公顷，于8日夜堵复，当年暴雨洪水成灾，共淹没土地2万公顷，倒塌房屋13318间。

是年，魏县人民政府招待所建立，占地1.6公顷。1981年，建东楼、南楼，占地0.12公顷。

1954 年

4月5日，魏县人民政府组织安阳至聊城线县境段沿线群众，破土动工修简易公路，县境内长11.369公里，占地13.33公顷。

1955 年

6月，出动1万民工，按十年一遇标准，加固漳河北堤。

10月6日，魏镇至元村简易公路修成，全长30公里，占地33.03公顷。

是年，全县掀起农业合作社高潮，初级社由1954年底的364个、83171户，一跃而发展到1844个、55864户。入社农户的比例由9.36%增加到73.7%，入社耕地6.47万公顷，基本实现了半社会主义性质的农业合作化。

1956 年

年初，魏县全面贯彻中央七届六中全会（扩大）通过的关于《农业合作化问题的决议》，进一步批判右倾保守思想，全县出现初级社转高级社高潮。

2月底，共建成高级社106个，农户75832户，占全县总农户的99%，取消土地分红，实行按劳分配。

7月下旬，连降大暴雨，漳、卫河水势过猛（8600立方米/秒，超过了保证堤防的5倍以上），造成决口123处，水域横贯县境，448个村有392个村遭受百年未有的洪水侵袭，淹地64026.67公顷，占总耕地面积的91%，受灾人口294023人，房屋倒塌92331间，13个村庄造成毁灭性灾害。

1957 年

9月，魏县至张二庄公路修通，该路北接邯大路，南通安聊路，境内南北长8.23公里，占地2.13公顷。

是年，魏县西吕村新华农业社开发改造沙荒地的事迹，在河北省农业展览会上受到表彰。

1958 年

2月，在县域东北角建立魏县烈士陵园，占地2.13公顷。

7月至9月，魏县1万名劳力开挖从北善村卫河北岸向北至简庄灌渠——东风渠，长15.4公里，共挖土160万立方米。

8月8日，魏县县委下发《关于发动全党全民大搞深翻土地的意见》，提出：全县6067万公顷土地，全部深翻1.5尺（0.5米）以上，每亩增产250斤，邯郸地委于8月16日将此《意见》批转全区。

11月，魏县并入大名县，在原魏县辖境设6个公社（城关镇、德政、北皋、双井、车往、牙里）。

是年，“大跃进”开始，全国刮起一股“一平二调”的“共产风”，魏县出现了群众性的筑路高潮，强调“平直宽实”，修路占用农田1560公顷。秋季，全县组织大批劳力实施废路还田。

1959年

10月25日，来自大名、永年、磁县、南宫、内邱、巨鹿等县24万民工，开挖东风渠，全长360华里，南起北善村，北至内邱县境，原魏县境内长86华里（北善村至北寺庄），于1961年1月28日竣工通水，原设计引水60立方米/秒，灌溉面积39.33公顷。

是年，民有渠从成安县钟楼寺引进魏县境，经逐年开渠、修闸、田间工程配套，至1974年境内民有渠灌区工程全部竣工。16年时间，共投资101.66万元，挖土171.96万立方米，占地101.8公顷，控制漳河以北的3个区，15个乡，224个村，204万公顷耕地。

1960年

1月，大名县（含魏县）大李庄国营农场，归农业局所属，开荒466.67公顷。

是年，邯郸（经魏县）至大名常马庄地方铁路通车，在魏县建火车站三处，境内铁路长21.5公里，占地16.25公顷。1995年废，部分土地归还农民耕种。

1961年

5月，恢复魏县建置。

6月1日，根据上级指示，平调物资要坚决退赔，魏县机关、企事业单位所平调的房屋、家具、土地、农具等逐一清退，6月底完成。

7月，安张庄、台头两处变电站建成，完成了成安至魏县输电线的架设工程，占地0.67公顷，魏县开始用电。

8月，发生严重虫害，受灾面积达5.6万公顷，中央和省委及时运来农药，并派两架飞机（在付夹河建了飞机场）投入灭虫，因补救及时，庄稼受损不大。

1962年

4月5日，中共魏县县委批转整风整社办公室关于分散集体土地和投放高利贷情况向县委的报告，全县550个大队已有184个大队分散集体土地121.67公顷。分散到户的土地一律归集体，如果社员进行了加工投资，在收回土地时给予合理的报酬。

是年，魏县电影院建成，1980 年翻新重建，列为邯郸地区甲级影院，占地 0.1 公顷。1997 年改为影视中心，2000 年改为维明超市。

1963 年

3 月 20 日，中央发出《关于对社员宅基地问题作一些补充规定的通知》。

8 月 2－9 日，魏县连降大雨、暴雨，8 天时间降雨量达 600 多毫米，造成卫河决口、漳河漫溢，为 64 年来罕见的洪涝水害，6.55 万公顷耕地被淹没。灾后，中共中央、国务院及时派飞机向灾民空投食品和救生工具。并派慰问团来魏县慰问灾民，赴灾区免费治病。

1964 年

6 月 12 日，下午 4 点－5 点半，刮起八级大风，并伴有 10 分钟的冰雹，双井、车往、牙里三个区的 2 个公社割倒的小麦被刮走 2563.4 公顷，未割小麦掉粒严重。

1965 年

年内大旱，全年降雨 231.8 毫米，汛期 4 个月的降雨 103.7 毫米，大批农作物干枯，成灾面积达 3.93 万公顷。12 万多名干部群众投入抗旱。

9 月 2 日，地委副书记李文魁到魏县指导群众挖土井种麦工作，到 10 月上旬，全县挖井人数达 12 万，挖土井 62112 眼，占地 24.8 公顷。

9 月 18 日，建立魏县根治海河指挥部。10 月，县派出民兵 6500 名，开挖黑龙港。

1966 年

1 月 6－15 日，召开全县社会主义积极分子大会，期间，参观了石辛寨大队的平整土地和大庄公社、沙口集公社改造碱地情况。

4 月 3 日，周恩来总理在河北省省长刘子厚、邯郸地区书记庞均等陪同下，到魏县视察工作，并亲临漳河村打井工地，了解打井配套情况。

1967 年

春，根治海河，魏县出动民工 7000 人，动用土方 136.6 万立方米。冬，出动民工 7100 人，动用土方 96.3656 万立方米。

1 月 8 日，魏县第一座县办砖窑厂在德政公社王庄大队建成，占地 4.33 公顷，至 1997 年，全县建成砖瓦窑 102 座，占地 276.87 公顷。

2 月 28 日，成立魏县无产阶级革命委员会，下设“三室三部”，占地征用由生产指挥部主管。

1968 年

3 月 25 日，魏县革命委员会对县城城镇建设做出规定：县城内的所有耕地和庄基地，除了国家已征用、征购的为全民所有，其它耕地和庄基地一律归原业主的所在生产队集体所有，不经原生产队同意、县革命委员会批准，不得占用，更不准私自倒卖。

1969 年

7 月 9 日—19 日，魏县连降大雨暴雨，全县 17 个公社、157 个大队积水成灾，受灾面积 1.33 万公顷，县革委会立即组织干部群众排涝，奋战两昼夜，基本上排除了积水。

是年，边马公社董骈村大队打成魏县第一眼深井 230 米，每小时出水 60 吨，占地 0.01 亩。

1970 年

是年，魏县造纸厂建成投产，占地 0.08 公顷。

1971 年

8 月，连降暴雨，积水面积 1 万公顷。

1972 年

是年，魏县化肥厂建成投产，总占地 7.07 公顷，厂房面积 0.44 公顷，设计年产合成氨 6000 吨。

1973 年

10 月，安聊线魏县段铺设沥青路面工程竣工，长 11.045 公里，宽 9 米，占地 9.9 公顷。

1974 年

1 月 28 日—3 月 8 日，中共魏县县委主持召开全县批林批孔战地训练大会，大会以双庙公社为中心，分布在周围 10 个公社、127 个大队、797 个生产队。会议期间，还确定“两杂一薯”样板田 171 公顷，开沟施肥样板田 600 公顷，高梁育苗样板田 56.67 公顷。

是年，在城关镇公社康疃大队南、德政公社王刘庄村北建立县原种场，占地总面积 16.67 公顷。主要培育玉米杂交品种、小麦稀有品种，计划年总产 5 万斤。

1975 年

9 月 13 日，动工修建军寨扬水站，1976 年 5 月竣工，总投资 145 万元，设计抽水能力 100 个村，灌溉 1 万公顷耕地，惠及 8 个乡村。

1976 年

3 月，建成魏县体育场，占地 0.94 公顷。

1977 年

7 月 25 日—8 月 16 日，魏县连降大暴雨 680 毫米，大马村、大辛庄、边马、康疃、北皋等公社多达 740 毫米，22 个公社严重受灾，面积达 51600 公顷，绝收粮田 24933.33 公顷。灾后，国家拔给魏县返销粮 2130 万斤，统销粮 4906 万斤，先后拔给救济款和贷款 183 万元。

1978 年

12 月 22 日，魏县与河南省边界纠纷问题，经中央水利部第十三工程局组织河南、河北两省共同协调，取得一致意见，1979 年签订了汤阴、安阳两河导流《协议书》。

1979 年

2 月，魏县开始实行农村经济体制改革，县委提出了“端掉大锅饭、推行责任制”，决定对土地实行各种形式的责任制：一是专业承包联产计酬责任制；二是联产到户责任制；三是包产到户责任制。

8 月中旬，魏县县委向各办事处、各公社下达了坚决推行联产承包等各种形式的农业生产责任制的意见，要求迅速传达到村并贯彻执行。

11 月 21—25 日，县委召开全县三级干部会，讨论了如何进一步实行各种形式的土地承包农业生产责任制问题。

1980 年

11 月，农村土地承包生产责任制在全县全面铺开。

1981 年

是年，魏县百货商场大楼竣工，占地 0.16 公顷。

1982 年

2 月 27 日，魏县成立基本建设委员会，负责城镇房产管理、农村盖房规划。

6 月 26 日，撤销原计委城建科，成立魏县建设局，分管土地征用工作。

1983 年

1 月 15 日，魏县人民政府颁发《关于村镇建房用地管理实施细则》（试行）规定：不准在自留地和承包的责任田上建房、倒垃圾、打坯、挖坑、卖土、烧砖等。

4 月 21 日，魏县人民政府印发《关于干部职工在县城建房问题的处理意见》魏政字（1983）第 23 号。县委决定干部职工在县城建房由建设局审批，规定审批范围，建房面积、标准，审批办法，建房方法，由单位统一征地、统一规划、统一施工、统一报批。

8月2日，魏县人民政府、魏县纪律检查委员会联合印发《关于干部职工在县城多占住房具体解决办法》。

8日，中共魏县县委、魏县人民政府针对承包土地过于零碎，不利于群众对土地的投资和耕作管理，印发调整承包耕地的意见，要求全县9月1号前调整完，人口截止时间以8月20号合理人口为准。调整后发放土地使用证，稳定10年、20年不变，果树原则上不做调整，应长期稳定。

12月8日，魏县人民政府印发《关于坚决制止农村建房侵占耕地的紧急通知》。规定凡没有搞好村庄规划的大队，一律不准在耕地上建房；搞好村庄规划的大队，发给宅基使用证书，先发证后建房；凡未经批准建房者，一律责令停建，对因盖房垫庄基等原因破坏耕地的，分情况进行批评教育和经济处罚，并限期恢复地容地貌；对拒不执行的，移交公、检、法部门依法处理；对依仗职权滥占宅基地建房的党员、干部、国家工作人员从严处理。

是年，全县第一次进行较细致的林业区划调查，全县林业面积9093.38公顷。

1984年

5月27日，魏县人民政府印发《关于减轻农民负担的若干规定》。

8月15日，魏县人民政府印发《关于发展乡（镇）企业的若干试行规定》，2002年5月13日废止。

9月1－10日，魏县连降暴雨，一般降雨量250毫米，雨量大的区、乡达到300毫米以上，沥水成灾，全县2.95万公顷土地受灾，房屋倒塌2629间，有141户房屋全部倒塌。

9月2日，中共魏县县委、魏县人民政府印发通知，再次明确土地承包期限，一般延长到15年，果树承包一般延长到50年。

是月，魏县人民政府向土地承包户颁发《土地承包使用证》。

1985年

6月4日，魏县人民政府办公室转发文教局《关于公布县保文物单位的报告》，明确县保文物单位：蔡小庄暴动旧址、南台头28烈士公墓、周总理视察漳河村旧址、崔野冲第一个建立党支部旧址、魏县烈士陵园、崔东壁古墓址、三世二品石坊横匾。

7月2日，全县发生蛇虫灾害面积27733.47公顷，多数集中在漳河两岸及其它河渠杂草丛生地带。

8月30日，魏县人民政府印发《关于农村宅基地确权发证的安排意见》：农村宅基地所有权一律归集体，个人只有使用权，没有所有权；经统一丈量登记后，由县发给宅基地使用证，该证受法律保护；过去有关宅基地的证件，如契约、文书、遗嘱，分单等一律作废。

1986年

3月25日，魏县人民政府成立土地管理领导小组，政府副县长曹新田任组长，负责农村土地征用工作。

6 月 26 日—8 月 8 日，全县连续 1 个半月未降透雨，出现了历史上伏天无雨的现象，地下水下降6－7 米，6 万公顷大秋作物中枯死0. 8 万公顷，减产八成以上的占3. 2 万公顷，其余减产三成以上。

1987 年

3 月 6 日，魏县人民政府印发《大严屯乡刘田教村搬迁问题》的通知，该村搬迁占地10. 67 公顷，三年搬完，旧宅基地保证复田耕种。

6 月 1 日，中共魏县县委、魏县人民政府决定成立魏县土地管理局，土地实行统一管理，结束了长期以来土地分散管理、多头管理的局面。局机关设在魏县人民政府招待所东楼，王克满任见习局长（1989 年 1 月 2 日转为局长），主持全面工作。

8 月 12 日，魏县人民政府召开建局后首次土地管理工作会议，人大副主任仁忠孝、政府副县长曹新田分别讲话。

27 日，魏县人民政府印发《关于机关干部在县城规划区内暂停建家属院的紧急通知》。要求：凡是在县城规划控制区范围内，正在修建家属院或建私人住宅的单位和个人，一律暂停建设；县城规划区内禁止私自买卖土地，并对以前私自买卖土地情况进行清理。

9 月 1 日，魏县人民政府召开清理非农业占地工作会议，成立了清理非农业占地领导小组，政府副县长曹新田任组长。

10 月 10 日，魏县土地管理局成立机关党支部，王克满任机关党支部书记。

13 日，魏县土地管理局对魏城镇河里东村卖地问题做出处理意见：1、由果品公司收回征地手续和征地户名单；2、追回郭××、朱××的征地手续；3、河里东村将卖地款交魏城镇 10000 元；4、对制药厂的情况专人调查；5、收回文化馆征地手续；6、制药厂职工候孟河所建房屋四间作价归公，外边四间限 10 日内拆除；7、对已建房的 5 户村民，由房管所将房作价归公；8、凡经商办企业的，补办用地手续；9、建议有关部门根据情节轻重，对买卖土地承办单位的领导干部和个人给予必要的党政纪处分。

注：此案经省委书记邢崇智批示，转县处理，上报结果。

11 月 2 日，魏县人民政府召开清理非农业占地专题会议，各区、乡（镇）主管领导和土地管理员参加。

12 月 1 日，魏县人民政府印发《关于委派土地管理员的通知》，委派 43 名干部任乡（镇）土地管理员，公布各区、乡（镇）分管土地管理工作的领导名单，提出具体要求，明确工作职责。

25 日，魏县人民政府印发《关于征收耕地占用税的通知》，要求各乡（镇）明确专人负责征收耕地占用税，并及时上交县财政。

1988 年

1 月 3 日，魏县人民政府印发《关于查处在县城及周围非法占地建房和加强城镇住宅管理的意见》。

20日，魏县人民政府印发《关于成立清理非法占地建房及加强城镇住宅管理领导小组的通知》。齐尔柞任组长；曹新田、李晔、王克满、李孝仁任副组长。

3月，魏县土地管理局制定《关于1988年实行目标管理责任制的办法》。

6月，魏县土地管理局向县人民政府写出了《关于开发东风渠两岸国有土地的报告》。

10月，魏县人民政府发布《关于搞好东风渠两岸国有土地开发的通告》，制定《关于东风渠两岸国有土地集中发展林果生产的实施细则》

10月15日，魏县人民政府印发《关于鼓励中外客商投资办企业的优惠政策》，2002年5月13日废止。

11月1日，魏县乡（镇）企业管理局、魏县计划委员会、中国农业银行魏县支行、魏县土地管理局联合下发了《关于转发〈河北省乡（镇）企业立项管理工作若干规定的通知〉的通知》，通知要求：今后，未经乡（镇）企业主管部门立项审批的新建、扩建项目，银行部门不予贷款，土地管理部门不予办理征地手续，物资部门不予供给建筑材料和生产的原材料，企业局不予扶持。

12日，魏县人民政府批转县土地管理局《关于在清理非农业建设用地中对各类违法占地及遗留问题处理意见的报告》的通知，要求正确处理不同历史条件下的各类违法占地及遗留问题。

12月3日，魏县成立了土地利用现状调查领导小组、土地详查技术指导小组，魏县人民政府副县长曹新田任组长。制定实施方案，组织土地详查专业队伍，1989年3月15日全面展开，先后经历了准备、技术培训、试点调查、土地详查、面积量算、资料汇总、编绘图件及调查成果整理归档等阶段。1990年，领导小组进行调整，政府副县长秦兰秀任组长。1991年9月底，完成了内外业的各项任务。经省、地级技术组织鉴定，各项技术指标均符合国家《土地利用现状调查技术规程》和《河北省土地利用现状调查实施规则（试行）》的要求，验收合格。

20日，魏县人民政府召开东风渠、漳河两岸国有土地开发会议，印发《关于荒废土地开发利用暂行规定》和《关于土地开发及市场管理暂行办法》，针对东风渠、漳河两岸国有土地长期处于低水平耕作和撂荒状态的实际情况，提出“谁开发谁受益、谁投资谁分成、谁管理谁得偿”的原则，奋战几年建成林果“双十字带”。并以招标承包的形式，将578.87公顷土地划分给农户，至1990年，新栽果树227.87公顷，种植粮食作物351公顷，初步形成了果树带。

1989年

8月18日，魏县土地管理局印发《关于在土地工作中加强廉政建设的十条规定》。

11月，魏县对县城规划区内占地建私房、住公房进行清理，成立了清房领导小组，县委副书记姚文学主管清房工作，经宣传发动、调查摸底处理，于1991年5月底基本结束，共清理出2017户，其中住房280套，建私房1737处，对429户非法占地和超标准占地分别作了处理，对符合规定的1540户宅基进行了确权发证。

12 月 22 日，肖相朝任魏县土地管理局局长。

1990 年

2 月 18 日，魏县土地管理局印发《关于在春季建房旺季迅速制止乱占土地毁坏耕地的紧急通知》，要求各乡（镇）要迅速健全和充实土地管理领导小组，把制止乱占土地毁坏耕地工作列入日程，充分发挥乡（镇）村土地管理网络的作用，把强化土地管理落到实处。

3 月 20 日，魏县土地管理局印发《关于对公路两旁违法占地的处理规定》，凡未经土地管理部门批准，在公路两旁非法占地建筑者，一律进行罚款或限期拆除恢复地貌。乡（镇）、村批准的占地，属越权批地，其批准手续无效，按违法占地处理。

3 月 24 日，魏县土地管理局，在牙里镇政府和派出所的配合下，对牙里镇 26 户违法占地农民进行公开处理。共拆除房屋 26 间，围墙 400 多米，罚款 4000 多元。

25 日，魏县人民政府印发《关于清查各类违法占地及毁坏耕地的通告》。

4 月 1 日，魏县人民政府印发《关于国家建设乡（镇）企业占地清理发证的有关规定》，限 1990 年 4 月底前必须办理，逾期不办理者，一律按违法占地处理。

4 日，魏县人民政府召开全县土地管理突击月动员会，政府副县长秦兰秀讲话，副县长张庆宣读了《魏县人民政府关于清查处理各类违法占地及毁坏耕地的通告》。县委、县政府联合成立清理违法占地指挥部，政府县长冀纯堂任指挥长，申长山、秦兰秀、白守成、肖相朝任副指挥长。要求各乡（镇）紧急行动起来，大干五月份，集中对各类违法占地来一次全面清理。县人民政府印发《关于农村宅基地清理发证的补充规定》，清理各类违法占地 333.33 公顷。其中，砖瓦窑厂（场）150 座，占地 66.67 公顷，未经批准的乡（镇）企业摊点 1200 个，占地 100 公顷，私划乱占宅基地 6000 片，占地 133.33 公顷，买土卖土起土挖坑毁坏耕地 33.33 公顷，收回和保护耕地 46.53 公顷。

6 月 5 日，中共魏县县委、魏县人民政府印发《关于清理干部职工在县城规划区内建私房的实施细则》。

7 月 1 日，魏县 23 个乡（镇）全部建立了土地管理所，每个所 2 至 4 人，正式开展工作。

6 日，魏县人民政府召开乡（镇）土管所建立后首次会议。会议期间，对全体工作人员进行了业务培训，县土地管理局机关股、室和 23 个乡（镇）土管所与局签订了工作目标和经济目标管理责任书，实行双项目标管理。

18 日，魏县人民政府印发《关于越权批地和乱划宅基问题处理办法的通知》和《关于对违犯土地管理法律法规的国家机关及企事业单位干部职工给予行政处分的暂行办法的通知》。

27 日，魏县开展土地详查内业工作，县土地管理局副局长崔建民任土地详查内业工作领导小组组长，责成地政股具体抓。次年 10 月 11 日 ~12 日通过省地验收小组验收，抽验合格率达到 100% 。

27 日，魏县农村宅基地有偿使用试点工作在德政镇后小寨村实施。次年 7 月，在院堡乡搞有偿使用试点。27日县人民政府制定《魏县农村宅基地有偿使用试行办法》。

是月，在农村设立土地监察员、土地信息员，形成县、乡（镇）、村三级土地管理网络。

29日，魏县人民政府办公室印发《关于进一步明确乡（镇）土地管理所建立工作中有关问题的通知》，对土管所人员包村问题、土地罚没款收缴等问题做了进一步明确。

9月5日，魏县人民政府印发《关于重新明确县城总体规划的通知》，要求县城规划区内的土地由县城规划主管部门按照省批准的规划负责实施，统一管理，各项建设需要占用土地时，到城建局申请，待核定用地数量发给规划建设用地许可证后，再到土地管理局办理征地手续。

24日，魏县土地管理局成立纠正行业不正之风领导小组，肖相朝局长任组长，崔建民副局长任副组长。

10月5日，魏县人民政府在双井召开"农村宅基地有偿使用动员会"，印发《关于农村宅基地有偿使用的暂行规定》，15日，全县铺开，至年底，全县173个村实行农村宅基地有偿使用，占全县总村数的32%。

17日，魏县建设工程招标办公室印发《关于工商局、土地管理局等五个单位建设工程的施工有关问题的通知》。

26日，魏县土地管理局印发《关于做好拆除违法建房准备工作及建立报案日的通知》，规定每月15日为土地管理所向局长办公会报案日。

11月7日，魏县土地管理局印发《关于坚决拆除违法建筑切实保护土地的通知》。

13日，魏县土地管理局印发《关于建立起土区严禁乱起土破坏耕地的通知》。

23日，魏县人大常委会，魏县人民政府召开联席会，具体研究安排土地管理法律法规执行情况大检查工作，成立了执法检查领导小组。组长：郭裕民。副组长秦兰秀、岳洪儒。魏县人大常委会办公室、魏县人民政府办公室联合印发《关于土地管理法律法规执行情况大检查的通知》。26日对全县土地管理执法情况进行了检查。

12月6日，魏县人民政府印发《关于进一步明确土地罚没款征收管理办法的通知》，规定凡土地罚款由县土地管理局统一管理、收缴。

15日，魏县土地管理局成立了土地执法巡逻队，突击查处违法占地案件320起，配合公、法部门依法拆除违法占地建筑35起84间，拆墙560米，制止乱起土26起，制止无证烧砖4起，帮助乡（镇）解决土地纠纷96起，收回土地3.73公顷，收交各种罚款5.6万元。

1991年

3月15日，依据魏县人民政府清房办公室通知，开始发放城镇居民宅基使用证，规定：经批准的宅基丈量费和工本费按每平方米0.2元收取。未经批准的宅基，除收工本费、丈量费外，加收管理费，每份宅基收30元。以前发的证统一换证，重新发证时，每份收丈量费、工本费10元。

18 日，魏县人民政府批转《县土地管理局关于在全县开展农村宅基地有偿使用工作报告的通知》。

4 月 5 日，魏县土地管理局办公楼在县城西关破土兴建。总投资 53 万元，建筑面积 1480 平方米，占地 0.18 公顷，于 9 月 27 日水电暖等基础设施配备齐全。

25 日，魏县人民政府印发《关于农村宅基地有偿使用的暂行规定》。

6 月 12 日，魏县人民政府印发《关于加强基本农田保护管理的通告》。21 日，魏县人民政府组织召开了县直单位土地座谈会。25 日开展了庆祝第一个全国“土地日”宣传活动，播放电视片《土地与人口》，2000 名学生在县城和重点集镇上街游行宣传，全县受教育率达 85%。

7 月 7 日，魏县开展无违法批地、无违法用地、无违法管地的“三无”乡（镇）村创建活动。县土地管理局印发《关于在全县开展“三无”乡（镇）村活动的通知》，制定“三无”乡（镇）村达标标准。至 1994 年 8 月，全县创建“三无”乡（镇）20 个，达到（镇）总数的 87%。1995 年魏县牙里镇被评为全国“三无”乡（镇）活动先进单位。

12 日，中共魏县县委、魏县人民政府决定对全县耕地进行并块划方，推行“两田制”（口粮田、责任田），印发《关于实行并块划方推行“两田制”的意见》（魏县第四届五次全委会议通过），这是继 1980 年实行家庭联产承包责任制时原生产队为基础的基础上进一步完善，解决地块零散造成耕地管理难，社会化服务难等问题的一项重大举措。8 月 30 日，中共魏县县委农村工作部又以文件形式做了推行“两田制”中一些问题补充规定。

20 日，魏县计划委员会、魏县城建局、魏县土地管理局、魏县建设银行、魏县计量局联合印发《关于在全县逐步推行新型墙体材料—灰沙砖的意见》。

提出：今后个人或合伙人一律不准占用耕地新建粘土砖窑，现有粘土砖窑厂新开土源，必须经土地管理部门批准，并按规定办理有关审批手续。

22 日，魏县土地管理局印发《关于在耕地并块划方中做好对土地违法案件处理工作的通知》。

24 日，魏县人民政府印发《关于国家建设乡（镇）企业用地管理的规定》。

9 月 12 日，魏县人民政府发布了《关于加强砖窑厂土地管理严禁占用耕地新建砖窑厂的通告》。

10 月 3 日，魏县人民政府制定了《关于农村宅基地有偿使用验收和实施办法》。

31 日，魏县人民政府印发《关于开展土地管理执法大检查的通知》。魏县土地管理局制定《关于实施法制宣传教育的第二个五年规划的安排意见》。

11 月 21 日，魏县人民政府成立魏县土地利用总体规划领导小组，魏县人民政府副县长秦兰秀为组长，吸收计委、城建、农业、林业、交通、水利、统计、土管等 14 个单位的领导为成员。12 月正式开展工作，在全区率先开展了这项工作，聘请了中国人民大学土地管理系主任、中国土地学会常务理事池籍分会会长林增杰、河北农大教授曾宪思为技术顾问，具体指导土地利用总体规划工作，于次年 12 月结束。29 日由邯郸地区土地管理局组织，河北省土地利用总体规划鉴定委员会鉴定。

是年，共建立基本农田保护区2831块，面积53333.6公顷，占全县耕地面积的77.6%；

是年，魏县被河北省土地管理局评为“土地执法模范县”。

1992年

2月4日，魏县土地管理局印发《关于狠刹乱起土毁坏耕地和乱占庄基建房的紧急通知》。

28日，县长办公会专题研究了砖窑厂占地问题，制定实施意见。

3月24日，魏县人民政府印发《关于坚决制止违法占地建砖窑的通知》，并召开了全县砖窑厂土地管理工作会议。

4月17日，魏县人民政府副县长秦兰秀主持召开了关于建砖窑厂占地问题会，原则同意南双庙乡聂街、马街，回隆镇刘庄营，西康疃乡北坡头，仕望集乡仕中，大磨乡白枣林、连柴曲，北皋镇西街，双井镇李照河，台头乡台西、南台头等11个村占用耕地建砖窑厂问题，并按违法占地处理后，按程序报批手续。

5月25日，魏县人民政府办公室印发《关于收集土地纠纷案卷的通知》。

26日，魏县成立了房地产交易市场管理委员会。

7月9日，魏县土地管理局印发《关于加强砖窑厂管理的具体办法》。

8月24日，魏县人大常委会办公室、魏县人民政府办公室联合印发《关于土地管理执法检查实施方案》的通知。

9月13日，魏县地产开发公司成立，隶属县土地管理局，为下属事业单位，实行企业化管理，经济独立核算。

1993年

2月27日，魏县人民政府印发《关于乡村公益事业建设补办占地手续的通知》，对全县已建学校、“两室”、卫生院、计生站等公益占地要全部补办相关用地手续。

3月10日，魏县土地管理局印发《关于砖窑厂用地有偿使用的暂行办法》（试行），有偿使用费每年核算一次。

15日，魏县土地管理局印发《关于建家属院有关问题的规定》，局成立了建房领导小组，副局长赵文海任组长。

20日，魏县人民政府印发《魏县城镇国有土地使用权出让转让实施细则》和《关于土地开发及土地市场管理暂行办法的通知》，县土地管理局负责解释，还转发了《县土地管理局关于清理整顿土地市场安排意见》的通知。

4月5日，魏县人民政府县长姚文学发布第1号令，对农村宅基地实行有偿使用制度。

10日，魏县人民政府发布了《关于加强国有土地管理的通告》，坚决制止违法占地和非法买卖房地产，清理、整顿土地市场，建立起由政府高度垄断的地产交易运行机制，促进国有土地使用制度改革。

5月6日，魏县人民政府印发《魏县地产交易市场管理暂行办法》的通知，由县房地产交易所负责解释，2002 年 5 月 13 日废止。

6 月 11 日，魏县人民政府印发《关于加强耕地占有税征收工作的通知》，以前文件凡与本文不符的，以本文为准。

7 月 2 日，魏县在河北省南片土地使用制度改革经验交流会上介绍了经验。

9 月 18 日，魏县土地管理局印发《关于取消收费后仍须加强农村土地管理的通知》。

10 月 5 日，魏县召开第一次国有土地使用权公开拍卖出让大会，县委书记张振生，县长姚文学，市土地管理局局长李玉祥出席了会议。会议敲响了全市国有土地公开拍卖第一槌。

25 日，魏县土地管理局印发《关于土地系统干部职工廉洁自律的有关规定》。

11 月 4 日，魏县土地管理局印发《关于土地动态监测工作的安排意见》，成立了领导小组，局长肖相朝任组长。

12 月 8 日，魏县土地管理局制定《砖窑厂有偿使用试行办法》，实行“一卡三证”管理制度。魏县人民政府印发《关于〈国有土地使用权出让划拔实施办法〉的通知》（试行）和《关于〈县城规划区土地价格的暂行规定〉的通知》，由县土地管理局负责解释，2002 年 5 月 13 日废止。

1994 年

3 月 3 日，魏县人民政府召开 1993 年度土地管理系统总结表彰会，表彰了 10 个先进集体和 45 名先进个人，各土地管理所签订了 1994 年目标管理责任状。

18 日，魏县信访办、农工部、土地管理局等联合办理省信访办转批件，关于西吕村乱划宅基 56 份，每份 0.4 亩，计 1.49 公顷，每份年满 18 岁收费 300 元，每小一岁多收 30 元，共收 1.9 万元。查实后，依法进行了处理。

4 月 10 日，魏县召开了国有土地使用制度新闻发布会。县直单位副股级以上干部、驻魏县单位负责人、县城规划区内 19 个村干部及 7 个建制镇镇长参加了会议。

20 日，魏县土地管理局、中国人民银行魏县支行、中国工商银行魏县支行、中国农业银行魏县支行、中国建设银行魏县支行联合印发《关于以土地使用权抵押贷款清偿债务有关事宜的通知》。

6 月 15 日，国家土地管理局信访处孟处长，省土地管理局姚处长，地区副局长孙希元，到魏县检查信访工作，是年，魏县土地管理局获全国土地信访先进集体。

20 日，魏县人民政府办公室印发《关于开展 6·25 全国土地日活动的通知》。

7 月 15 日，魏县人民政府批转了县土地管理局《关于开展农村宅基地清理摸底实施方案的报告》的通知，魏县土地管理局对全县乡（镇）企业和路边摊点进行清理，以中心所为单位组成 6 个联查组，逐单位、逐摊点实地丈量。

8 月 9 日，魏县人民政府发布了《关于清理违法占地建房的通告》。召开全县三级干部动员大会，综合运用政治、经济、行政、法律等手段，在全县大规模开展依法清收到逾期扶贫贷款、棉花预购定金、财政借款和清理违法占地建房突击活动。成立了“两项”突击活动指挥部，县长姚文学任指挥长，县委书记张振生任政委，孟凡铮、胡梦玲、路爱荣、张庆、杨志科、王云峰任副指挥长。

是日，魏县人民政府办公室印发《关于农村宅基地清理发证工作的实施方案》。

是日，魏县土地管理局印发《关于对农村宅基地发证和完善管理档案意见的紧急通知》。至30日，查处了违法宅基1.2万份，拆除房屋58间，退出宅基地2700片，收回土地72公顷，收缴罚款221万元，发放《集体土地建设用地使用证》15.5万本，收取证本费78万元。建立县、乡、村农村宅基工作台帐，实现一乡一档、一村一图、一户一卡、一宅一证的“四个一”管理，使农村宅基地开始纳入规范有序的管理轨道。10月22日邯郸市人民政府在魏县召开了农村宅基地清理发证工作现场会，县人民政府副县长杨志科作了经验介绍。

10日，中共魏县县委、魏县人民政府决定成立土地工作领导小组，推行建设用地“五统一”管理，实现政府对土地市场高度垄断，并印发通知，县委副书记、县长姚文学任组长，孟凡铮、胡梦玲、杨志科任副组长，城管局等12个单位主要负责人为成员，办公地点设在土地管理局。

15日，魏县土地管理局印发《关于乡（镇）企业摊点清理发证有关问题的通知》。11月，魏县成立了中兴街开发建设指挥部，县长姚文学任指挥长，县委书记张振生任政委。

28日，魏县人民政府召开了城镇地籍调查工作会议，并公布了《土地登记公告》。

29日，魏县机构编制委员会决定乡（镇）土地管理所改由县土地管理局直接管理，垂直领导。

12月15日，魏县人民政府向邯郸市人民政府呈报《关于确定县城规划区土地补偿标准的请示》。

是月，魏县土地管理局成立土地开发公司，李存社任经理，实行经济独立核算，2003年李存社煤气中毒身亡，公司名存实亡。2005年7月20日，经局长办公会议研究，撤销土地开发公司。2008年5月25日，局长办公会议研究，恢复土地开发公司。

1995年

1月17日，北皋镇刘岗村支书刘×未经批准占地建砖窑，2月16日监察股查处，3月10日下达处罚决定：罚款15万元，并责其全部拆除，恢复地貌，5月23日申请县人民法院执行，6月5日河北省土地理局监察处电话催办结果，同日下午信访股现场勘察占地2.46公顷，6月7日向河北省土地理局汇报。

2月21日，魏县人民政府召开了全县土地管理系统1994年度总结表彰暨1995年度工作部署动员会。会上，各乡（镇）土管所向局签订1995年有限目标责任状。县人民政府王俊峰副县长讲话。

3月13日，魏县土地管理局印发《关于成立裁定委员会的通知》。裁定委员会由局长、副局长、监察股长、用地股长、土地法庭庭长、土地公安室主任、办公室主任组成，对0.07公顷以上的建设用地项目审批和收费标准及违法占地处理意见实施裁定。

20－21 日，河北省土地管理局副局长商立荣一行 7 人，在邯郸市土地管理局领导的陪同下，来魏县进行土地执法情况大检查。

4 月 6 日，魏县人民政府印发《关于搞好中兴街开发建设的通知》，10 日破土动工，总长 1346 米，宽 90 米，其中路面宽 50 米，两旁各留 20 米开发带。

5 月 1 日，魏县魏张路南关段拓宽建设指挥部印发《关于南关临街建设几项规定的通知》。

2 日，魏县中兴街开发建设指挥部印发《关于临街建设有关规定的通知》，规定：统一房屋设计、统一基础标高、统一建筑标高、统一临街门面店。

是日，中共魏县县委、魏县人民政府印发《关于调整充实中兴街建设指挥部成员》的通知，县长姚文学任指挥长，县委书记张振生任政委，孟凡铮任常务副指挥长，副指挥长肖相朝、李庆民、蔡新海、王亚飞、刘金娥、薛章银、秦风林、刘忠孝、陈付月、段克志。下设宣传资料组、补偿安置组、拆迁治安保卫组、征地组，魏县对第一条城市道路进行改造。

4 日，魏县人民政府印发《关于搞好中兴街建设的通知》。全部拆除中兴街 50 米宽路面上的房屋和附着物，并按规定予以补偿，全民单位和集体单位不予补偿。

19 日，魏县土地管理局印发《关于开展两转变、两服务的安排意见》，集中 3 个月时间，在全系统开展"转变职能、转变作风、服务经济、服务基层"活动。

26 日－7 月 10 日，魏县土地管理局以文件形式答复政协魏县第四届委员会第三次会议提出的关于"合理利用开发农村、工厂、机关遗址和闲散宅基地；土地流失严重问题待解决；加强农村规划制止乱垫庄基；农村垫庄基乱挖土；木器厂产确权问题"等提案。

6 月 25 日，为庆祝第五个全国土地日，魏县土地管理局与县书画协会联合举办书画展、召开座谈会、组织自行车队、摩托队、千名干部学生上街游行，发放宣传单，开展了万人签名活动。

7 月 20 日，魏县人民政府印发《关于城镇地籍调查中确权定界有关问题的通知》。

8 月 22 日，魏县人民政府印发《关于调整土地评估委员会的通知》。土地评估委员会主任由县人民政府副县长王俊峰兼任，下设办公室，主任由县人民政府办公室主任王亚飞兼任，副主任由县土地管理局局长肖相朝兼任。

9 月 8 日，魏县人民政府召开全县土地系统规范执法行为培训会。会上，县人民政府副县长王俊峰阐述了魏县经济要发展、环境要治理的重要意义，对全县土地管理工作提出了新的要求。

20 日，魏县人民政府印发《关于加强砖瓦窑用地管理坚决制止新建砖瓦窑的通知》。

27 日，魏县人民政府在县招待所会议室召开保护耕地暨土地复垦工作会议，县政府副县长王俊峰在会上详细讲述了保护耕地与经济建设的关系、建设与吃饭的关系、治理经济环境与土地执法的关系。县人大副主任仁忠孝主持会议，县土地管理局局长肖相朝传达了省、市土地使用制度改革、保护耕地工作会议精神，县人民政府办公室副主任杜章玉宣读了县人民政府《关于加强砖瓦窑用地管理坚决制止新建砖瓦窑的通知》。

10 月 6 日，魏县砖窑厂土地复垦工作会议在大磨乡窑厂召开，县土地管理局与每个砖窑厂签订了复垦合同，前大磨乡、北皋镇、公义会 3 个砖窑厂负表人介绍了土地复垦经验。

是月，魏县牙里镇在全国土地管理“三无”乡（镇）活动中被国家土地管理局评为模范乡（镇）。

11 月 6 日，魏县土地管理局印发《关于砖窑厂用地专项治理中补办占地手续的通知》。

8 日，魏县砖窑厂专项治理暨土地复垦现场会在北台头乡政府召开，魏县人民政府办公室副主任杜章玉主持。

1996 年

2 月 8 日，魏县人民政府印发《关于严格制止乱建砖瓦窑的紧急通知》。

11 日，魏县土地管理局印发《关于加强责任坚决刹住乱建砖窑歪风的通知》，各乡（镇）土管所要加强巡逻，对强行建设者，坚决依法制止。

29 日，魏县人民政府印发《关于迎接省土地执法检查尽快补办占地手续的紧急通知》。

3 月 1 日，魏县土地管理局组织人员赴临漳学习有关住宅合作社经验。

6 日，魏县人民政府召开了一年一度全县土地管理系统总结表彰会。会上，魏县土地管理局局长肖相朝回顾总结了 1995 年度的工作，安排部署了 1996 年工作任务，各乡（镇）土管所与县土地管理局签订了 1996 年度有限目标责任状，县人民政府副县长王俊峰作了讲话。

是日，魏县土地管理局印发《关于开展土地执法春季攻势坚决刹住“四乱”的实施方案》。

19 日，魏县土地管理局印发《关于转发国土［1996］3 号令的通知》并组织全系统进行《土地违法案件查处办法》知识培训考试。

22 日，魏县土地管理局印发《关于进一步规范砖窑厂用地管理的实施办法》，对全县砖窑厂实行“两证一书”规范化管理。

4 月 10 日，魏县土地管理局印发《关于对张二庄土管所七名人员给予开除留用处分的通知》。

是日，魏县土地管理局印发《关于实施错案和执法过错责任追究制度的推行办法》。

是日，魏县土地管理局向中共魏县县委、魏县人民政府呈报了《关于应坚决制止部分村强行乱建砖瓦窑的紧急报告》。

14 日，魏县土地管理局印发《关于加强小型砖瓦窑厂用地管理的实施办法》。

5 月 2 日，魏县土地管理局印发《关于做好 6 · 25 土地日宣传工作的通知》。

8 日，魏县土地管理局答复了《政协魏县第四届委员会第四次会议第 063 －065 号、112 号有关土地问题的提案》。

6 月 10 日，魏县土地管理局向魏县人民政府呈报了《关于清理县城干部职工占地建房的报告》。

25 日，是第六个全国土地日，宣传主题：“土地与发展—保护的生命线”。魏县土地管理局成立了土地日宣传活动领导小组，局长肖相朝任组长。

27 日，魏县土地管理局印发《关于突击进行砖窑厂土地复垦工作的安排意见》。

8 月 12 日，魏县因雨发生涝灾，漳河水流量 800 立方米/秒，沿河 14 个村庄土地被淹，土地管理局每人捐款 50 元，支援受灾地区。

20 日，全市土地管理系统砖窑厂专项治理工作现场会在魏县召开。魏县人民政府副县长王俊峰在会上以“硬化措施，专项治理，以突击复垦为重点，加强砖窑规范化管理”为题做了经验介绍。

是月，魏县在河北省农村宅基地管理工作会议上介绍了经验。

9 月 22 日，魏县土地管理局印发《关于大磨乡等十座砖窑厂土地复垦进行表彰的决定》。

23 日，魏县土地管理局印发《关于对重点窑厂土地复垦进行重点管理的通知》。全面推进砖窑厂土地复垦工作，实现“无空白地、无废坑地、无无证生产”的“三无”目标。

12 月 4 日，魏县人民政府办公室印发《关于魏县土地管理局职能配置、内设机构和人员编制方案的通知》。

设 4 个行政职能科室，办公室、建设用地股、监督检查股、地政地籍股，行政编制 14 名。

16 日，魏县劳动人事局批复了《关于魏县土地管理局国家公务员制度实施方案》。核定魏县土地管理局设立科级非领导职务职数 2 人，其中：主任科员 1 人，副主任科员 1 人。

年内，魏县土地管理局印发《国家行政机关现有工作人员向国家公务员过渡实施办法》和《国家公务员非领导职务设置办法》。

1997 年

2 月 23 日，魏县土地管理局印发《关于继续开展土地执法春季攻势狠刹“四乱”歪风的通知》。狠刹春季乱起土、乱建房、乱划宅基、乱建砖窑厂的“四乱”歪风。

24 日，魏县人民政府召开了土地管理系统总结表彰会，会上，局长肖相朝回顾总结了 1996 年度的工作，安排部署了 1997 年度工作任务，各乡（镇）土管所向局签订了 1997 年有限目标责任状，县人民政府副县长王俊峰作了讲话。

3 月 4 日，魏县土地管理局印发《关于进一步规范窑厂用地管理的实施意见》。对全县砖窑厂实行《土地使用证》《准烧证》《采土证》《用地管理和土地复垦合同书》的“三证一书”规范化管理。

18 日，魏县土地管理局向县人民政府呈报了《关于成立住宅合作社的请示》。

4 月 15 日，魏县人民政府向各乡（镇）、县直各有关部门下转发了河北省 1997 年 4 月 10 日明传电报和 1997 年 4 月 15 日中发［1997］11 号文件，冻结非农业建设项目占用耕地一年，并印发《关于进一步加强土地管理切实保护耕地的通知》。

是月，邯郸市土地开发复垦经验现场会在魏县大磨乡砖厂召开，魏县以整治“地老虎”复垦废弃地为题介绍了工作经验。

5 月 8 日，魏县人民政府办公室印发《关于认真贯彻中央国务院关于进一步加强土地管理切实保护耕地的通知》和转发《河北省土地管理局关于冻结审批非农业建设占用耕地的紧急通知》的通知。

10 日，魏县土地管理局答复政协魏县第四届委员会第五次会议第 062、063 的号提案和魏县第十一届人民代表大会第七次会议第 16 号的建议。

30 日，魏县农业建设用地清查工作领导小组办公室印发《魏县非农业建设用地清查工作方案》。

6 月 20 日，魏县土地管理局印发《关于砖窑厂清理收费突击活动的通知》。

7 月 9 日，魏县人民政府印发《关于认真贯彻中共中央国务院加强土地管理切实保护耕地通知的实施意见》的通知。县人民政府组织土地管理、城建、监察等部门对全县 1991 年以来各类建设项目，特别是对城镇住宅建设用地进行一次全面清查，重点清理未经批准占用土地、越权批准占用土地、非法进行土地使用权交易等。

是月，魏县土地管理局在河北省土地复垦经验现场会上介绍了先进经验。

9 月 7 日，魏县人民政府免去肖相朝的魏县土地管理局局长职务，任命马文学为魏县土地管理局局长。

12 日，魏县人民政府印发《关于加强砖窑厂用地管理严禁占用耕地新建砖窑厂的通告》。

10 月 30 日，魏县土地管理局印发《关于土管所突击收费任务完成情况的通报》。

1998 年

1 月 12 日，魏县土地管理局印发《关于在春节期间切实加强土地管理工作的通知》。

2 月 13 日，魏县土地管理局印发《关于 1997 年度有限目标管理责任制考核情况的通报》，表彰先进单位 12 个，先进个人 71 人。

3 月 9 日，魏县人民政府印发《关于切实做好契税征收工作的通知》，实行契税减免报批制度。城镇和农村发生的国有土地使用权出让、土地使用权转让、房屋买卖、赠与交换等产权变动行为的承受人，即为契税纳税人。纳税人未出示契税完税证明，土地、房管部门不得办理土地、房屋权属手续。未交纳契税办理土地、房屋权属手续偷、漏契税的，办理部门承担交纳契税责任。对集资建房的由集资建房单位统一按房屋造价（含地价）总额的 4% 代扣代缴契税，财政部门给纳税人开具完税证明。

31 日，魏县土地管理局印发《关于认真开展违法违纪自查自纠的紧急通知》。

6 月 25 日，是全国第八个土地日，魏县土地管理局组织全体干部职工 80 多人走上街头，散发传单，设立咨询站，邀请民间秧歌队助兴宣传。当晚县人民政府副县长刘维民围绕“土地与未来——集约用地，造福子孙后代”这一主题，发表电视讲话。

7 月 13 日，魏县人民政府印发《关于规范土地市场实行政府及垄断的通知》，规定县城规划区内的土地开发实行“五统一”即统一规划、统一征地、统一开发、统一出让、统一管理。

1999 年

11 月，中共魏县县委任命刘河为魏县土地管理局党组书记。

2000 年

2 月 24 日，魏县人民政府召开城市建设拆迁动员会，开工建设 9 条县城街道。

12 月 18 日，魏县县委、魏县人民政府举行城建主体工程竣工暨县标落成典礼。城建主体工程包括县城科教街、健康路、梨乡路、政法街、贸易街、西环路南延、东环路、南外环路、政府东街、振兴街等 10 条街的开通及中华街、政府街、中兴街、南环路 4 条街道改造硬化的工程竣工。

2001 年

2 月 25 日，魏县土地管理局印发《关于 2000 年度有限目标管理责任制考核情况的通报》。对评出的 15 个先进股室、所，79 名先进个人予以通报表彰。

5 月 12 日，魏县人民政府印发《关于对县土管局更换魏县土地管理局印章请示的批复》。同意更换魏县土地管理局印章。

22 日，魏县土地管理局转发了《河北省国土资源厅切实做好乡（镇）土管所政务公开工作的通知》的通知。

6 月 15 日，魏县土地管理局印发《关于立即解雇临时工的紧急通知》。

25 日，魏县人民政府印发《关于建筑装饰材料市场土地使用权的拍卖方案》的通知。

7 月 16 日，中共魏县县委办公室印发 7 月 4 日《中共魏县县委领导议事纪要》。县委书记齐保晏主持召开会议，主要研究发展县城教育事宜，涉及土地方面的二中、三中、四中建设；第三完小建设；幼儿园建设；特教学校建设。

是日，中共魏县县委办公室印发 7 月 14 日《中共魏县县委领导议事纪要》，县委书记齐保晏主持召开县委常委会，主要研究城内土地出让有关事宜，成立土地出让办公室。

18 日，中共魏县县委办公室印发 7 月 17 日《中共魏县县委领导议事纪要》。县委书记齐保晏主持召开县委常委会，研究干菜调料市场和私营经济小区建设事宜。

8 月 3 日，魏县人民政府印发《关于对县土地管理局收回县邮政局等三单位联通公司基站所占土地使用权的申请的批复》。同意收回邮政局、北皋镇政府、沙口集供销社三家单位的联通基站所占土地的使用权。三家各占用土地 0.02 公顷。

是月，中共魏县县委任命司承文为魏县土地管理局党组书记。

10 月 16 日，魏县人民政府办公室印发《政府常务会议纪要》。县人民政府县长边飞主持会议。涉及土地方面：同意北皋镇总体规划方案；三完小征地；新幼儿园选址征地；县直幼儿园扩建；二中、三中工程建设；四中征地，中轴路路南，龙乡大街路西征地 20 公顷；一完小西扩征地及房产评估；双井中学、车往中学工程建设；县教委南扩建电教楼事宜；城区土地出让拍卖事宜；老汽车站占地拍卖事宜；县建行占地依法收回事宜；县农行原营业部临街土地开发事宜；战备库土地开发事宜；生态公园建设及两侧道路建设；春阳街南延征地、拆迁；果品市场二期工程征地建设；建材市场建设；酒类市场建设；干菜市场建设；中发行搬迁选址；农业局、交通局、水务局、企业局、工会搬迁选址事宜。

2002 年

2 月 22 日，魏县土地管理局印发《关于在全系统开展思想作风整顿活动的实施方案》。

4 月 1 日，魏县人民政府印发《魏县县城规划区征地补偿费用标准暂行办法》的通知，征地补偿费用包括：土地补偿费、安置补助费、地上附着物补偿费和青苗补偿费，其标准征地综合地价 0.24 万元/公顷，包产 80 元/年、公顷。

21 日，魏县土地管理局印发《2002 年行风建设和民主评议工作实施方案》。全系统为被评议单位，接受县人大代表、政协委员和所直接服务对象的评议。

5 月 16 日，魏县人民政府办公室印发《魏县人民政府关于废止 2010 年底以前部分规范性文件的决定》。对 2001 年底以前涉及规范性文件 14 件予以废止，其中涉及土地方面 5 件。1984 年 8 月 15 日，魏县人民政府印发的《关于发展乡（镇）企业若干试行规定》；1988 年 10 月 15 日，魏县人民政府印发的《关于鼓励中外客商投资办企业的优惠政策》；1993 年 5 月 6 日，魏县人民政府发布的《关于印发〈魏县房地产交易市场管理暂行办法〉的通知》；12 月 8 日，魏县人民政府发布的《关于印发〈国有土地使用权出让划拨实施办法〉的通知》；同日，魏县人民政府发布的《关于印发县城规划土地价格的暂行规定的通知》。

6 月 4 日，魏县土地管理局成立了土地综合服务大厅，正式挂牌运行。

7 月，中共魏县县委任命高峻为魏县土地管理局党组书记。

8 月 1 日，魏县土地管理局印发《关于开展"阳光国土"为主题行风建设活动的实施方案》。

2 日，魏县土地管理局更名为魏县国土资源局。

是日，魏县十二届人大常委会第二十次会议通过，决定免去马文学的魏县土地管理局局长职务，决定任命马文学为魏县国土资源局局长。

23 日，魏县国土资源局印发《关于在党员中开展"党性宗旨观念教育活动"的实施意见》。成立活动领导小组，局党组书记高峻任组长。

29 日，魏县人民政府办公室印发《关于魏县国土资源局职能配置内设机构和人员编制规定的通知》。设立办公室、建设用地股、监察检查股、地政地籍股 4 个职能股（室），人员编制 15 人，其中行政编制 12 人，干部编制 2 人，工勤人员编制 1 人。

9 月 8 日，魏县国土资源局印发《对魏县第十二届人民代表大会第五次会议第 5 号建议的答复》意见，就张连希、张文恩等 10 位县人大代表提出的关于"回隆镇六上村砖厂挖土过深，致部分土地无法耕种"的建议，给予了答复，10 位人大代表们对答复意见表示满意。

是日，魏县国土资源局印发《对政协魏县第五届委员会第五次会议第 17 号提案、21 号提案、3 号提案、66 号提案、65 号提案的答复》意见。

10 月 9 日，魏县国土资源局印发《关于清理整顿乡（镇）国有土地市场的通知》。把乡（镇）国有土地纳入市场规范化管理。

16 日，魏县国土资源局印发《关于更换乡（镇）国土资源所印章的通知》，乡（镇）土管所更改为乡（镇）国土所。

18 日，魏县国土资源局印发《关于加强执法监察实施动态巡查责任制的实施方案》。全县共划分了 24 个动态巡查责任区，其中县城责任区 1 个，漳南、漳北责任区各 1 个，乡（镇）责任区 21 个。

12 月 7 日，魏县国土资源局印发《关于局领导成员工作分工的通知》。马文学局长主持全面工作；党组书记高峻主持党组工作，分管党务及办公室工作；副局长岳伟分管财务、地政地籍、国土和土地评估工作；郭峰副局长分管监督检察、建设用地、执法队和信访工作；党组副书记侯凤娥分管妇女、老干部和计划生育工作；党组副书记孙雪峰分管组织、宣传及政工工作；纪检组长张大鹏分管纪检、青年工作、服务大厅管理；工会主席王之平兼办公室主任，负责工会和办公室工作。

26 日，魏县国土资源局印发《综合服务大厅运行方案（试行）的通知》。

2003 年

1 月 22 日，魏县国土资源局对 6 名困难职工进行慰问，每名补助 200 元。

28 日，魏县国土资源局印发《关于调整综合治理办公室人员的通知》。成立领导小组，马文学局长任组长。

2 月 21 日，魏县人民政府印发《关于开展参赛文明执法创建活动的实施方案》。涉及县国土资源局股室有土地执法队、信访股，接受社会各界人士监督。

28 日，魏县国土资源局印发《关于对部分人员调整的通知》。成立漳南监察分局，负责漳南区域的执法监察工作。魏城镇国土所分为国土一所、国土二所；北皋镇国土所分国土一所、国土二所。

3 月 3 日，魏县国土资源局成立政策法规股。

4 月 11 日，中国人寿保险公司邯郸分公司致魏县国土资源局《关于中国人寿保险公司重组改制涉及的土地估价报告备案及土地资产外置审批的申请函》。改制所涉及的土地为国有土地，位于魏县龙乡街路东，面积为 0. 23 公顷，并进行评估。

26 日，魏县土地管理局成立了防治非典工作领导小组，5 月 6 日，局纪检组长张大鹏带队抽调 23 名人员蹲驻泊口乡各村防治非典疫情，18 日，局印发《关于切实加强非典防治工作的紧急通知》，开展“写一封家书，打一个电话，谈一次心”为内容的“三个一”活动，对重点人员重点防范，发烧病人门诊就诊，定期体检，所分包的泊口乡干部群众及全土地系统人员没有发生疑似非典病例和非典病例。

6 月 6 日，魏县国土资源局依照县委的安排抽调 10 人组成驻村工作队，蹲驻东代固乡东代固村帮助其整治村容村貌，收取欠缴农业税款 50 余万元。组织 30 名党员到革命老区西柏坡参观学习。

14 日，魏县人民政府印发《魏县 2003 年地质灾害防灾预案的通知》。成立领导小组，县人民政府副县长闫法纯任组长，下设办公室，地点在县国土资源局，马文学局长兼任办公室主任。

16 日，魏县国土资源局印发《关于转发邯郸市物价局、邯郸市国土资源局关于印发〈关于开展农民建房收费专项治理工作的实施意见〉的通知》的通知。农民建房的行政性收费只收取土地证书工本费 5 元，其他收费一律取消。

28 日，魏县国土资源局印发《集体决策制度》、《基准地价定期更新制度》、《政务公开制度》、《土地抵押制度》、《建设用地总量控制制度》、《六项公开制度》等六项制度的通知。

8 月 20 日，魏县国土资源局印发《关于实施政务公开的实施方案》。

9 月 19 日，魏县国土资源局印发《关于对贪污和设小金库等违法违纪行为的责任追究制度的通知》。规定数额不足 2000 元的，给予行政记过处分；数额在 2000 元以上至 5000 元的给予行政记大过处分；数额在 5000 元以上的给予开除处分，构成犯罪的移交司法机关，追究刑事责任。

10 月 18 日，魏县国土资源局印发《关于开展创建国土资源管理规范基层所活动的决定》。

12 月 17 日，魏县人民政府办公室印发 12 月 11 日《县长办公会议纪要》。政府副县长田川、张晓中主持召开县法院审判楼迁建项目有关会议，占地 0.8 公顷，征地由魏城镇牵头，县土地出让办公室、县国土资源局、县市政局、县法院配合。

2004 年

2 月 23 日，魏县国土资源局成立砖厂综合治理监察大队，郭峰副局长兼任队长，下设四个小组。

3 月 15 日，魏县国土资源局印发《关于对全县砖窑厂实行综合治理的实施方案》。

15 日，魏县国土资源局印发《2003 年度全县国土系统先进集体和先进个人决定》。对 4 个先进股室、12 个先进基层所、73 名先进个人通报表彰。

16 日，魏县国土资源局印发《关于全系统开展计划生育清理的实施方案》。

21 日，魏县国土资源局印发《关于进一步加强农村农民采土用地管理的通知》。规划采土区，单位和个人确实需要建房用土的，必须持有村（居）委会证明，国土资源部门批准后，在指定位置起土的，一律不准收费扣车，发现强行收费扣车的，给予纪律处分。

22 日，中共魏县国土资源局党组印发《关于开展创建文明行业活动的实施意见》。在全系统广泛开展以“四守、四创及四争”为主题，创建文明行业活动。

6 月 3 日，中共邯郸市国土资源局党委对魏县国土资源局党组改为党委，同时任命马文学为魏县国土资源局党委书记、局长，高峻为党委副书记、副局长。

11 日，魏县国土资源局印发《关于创建“星级平安基层所平安单位”工作的实施意见》。成立领导小组，党委书记、局长马文学任组长，党委副书记、副局长高峻任常务副组长。

14 日，魏县人民政府办公室印发《关于做好基本农田保护迎检工作的通知》。成立县基本农田保护检查工作领导小组，县人民政府副县长田川任组长，下设办公室，地点在县国土资源局，马文学局长兼任办公室主任。

22 日，魏县人民政府办公室转发了《魏县监察局等部门〈关于对征用农民集体所有土地补偿费管理使用情况开展专项监督检查的实施意见〉的通知》。重点对 1999 年 1 月 1 日《中华人民共和国土地管理法》修订实施后，经依法批准征用农民集体所有土地补偿费的管理和使用情况自查自纠。

23 日，魏县国土资源局召开全系统行政审批培训会，政府副县长田川到会讲话，政府办公室副主任连卫强宣读了县人民政府《关于在全县开展行政提速、审批和办理事项零停留活动意见》。

8 月 14 日，魏县国土资源局印发《综合服务大厅办事规定（试行）；行政许可预审规定（试行）；对被许可人监督检查规定（试行）；关于听取行政许可申请人、利害关系人陈诉意见的规定（试行）；关于加强实施行政许可监督检查的规定（试行）；实施行政许可过错责任追究规定（试行）；执行过错责任追究暂行办法（试行）等七个行政许可有关配套制度》的通知。

19 日，魏县国土资源局组织机关全体人员举办行政许可法培训班，市县法制办公室主任 进行授课。

28 日，魏县国土资源局印发《关于开展“树统战干部形象、建党外人士之家”集中学习教育活动的实施方案》。争做“五型干部”，创建“五个之家”。

9 月 30 日，魏县国土资源局印发《行政复议答复工作规定的通知》。

10 月 16 日，魏县人民政府办公室印发 10 月 14 日《县长办公会议纪要》。县长齐景海在野胡拐乡蔡东村旧址主持召开了会议，研究解决野胡拐乡蔡东村旧址复耕问题。

11 月 2 日，中共魏县国土资源局党委印发《关于在全系统开展“强化执法为民理念，加强执政能力建设，促进魏县全面发展”为主题的教育活动的实施方案》。

12 月 3 日，魏县国土资源局受邯郸市国土资源局和魏县人民政府双重管理。

2005 年

1 月 3 日，中共魏县国土资源局党委印发《关于在全系统开展保持共产党员先进性教育活动的实施方案》。

2 月 28 日，魏县国土资源局印发《关于值班、考勤、学习等十项制度的通知》。

4 月 11 日，河北省土地信访工作会在廊召开，魏县国土资源局郭峰副局长做了经验介绍。

13 日，魏县人民政府办公室印发《关于成立南双庙乡基本农田整理项目工作领导小组的通知》。政府副县长田川任组长，下设办公室，地点在县国土资源局。马文学局长兼任办公室主任。

是日，魏县人民政府《对南双庙乡基本农田整理项目》进行了批复，同意南双庙乡 17 个行政村、1 个农场的基本农田进行整理，项目总片数 46 片，集中连片，整理土地面积

1664.95 公顷。

5 月 20 日，魏县人民政府办公室印发《关于进一步清理整顿涉农收费的紧急通知》。涉及国土资源部门的建设用地批准书工本费不再收取。

6 月 3 日，中共魏县国土资源局党委印发《关于开展机关效能建设的通知》。成立机关效能建设领导小组，马文学局长任组长。

9 日，中共邯郸市国土资源局党委印发《关于马文学等同志任免职的通知》。任命：马文学为中共魏县国土资源局委员会书记、魏县国土资源局局长；高峻为中共魏县国土资源局委员会副书记、魏县国土资源局副局长（正科）；岳伟为中共魏县国土资源局委员会委员、魏县国土资源局副局长；郭峰为中共魏县国土资源局委员会委员、魏县国土资源局副局长；孙雪峰为中共魏县国土资源局委员会委员、魏县国土资源局副局长；王之平为中共魏县国土资源局委员会委员、魏县国土资源局副局长；张大鹏为中共魏县国土资源局委员会委员、中共魏县国土资源局纪律检查委员会书记。其 7 人原职务自然免除。

15 日，魏县国土资源局印发《对政协魏县第六届委员第三次会议第 11 号提案、29 号提案、101 号提案的答复》意见。

7 月 15 日，魏县国土资源局、魏县财政局联合向邯郸市国土资源局、邯郸市财政局呈报了《关于 2006 年省级投资双井镇基本农田整理项目投资计划和预算建议的报告》。项目整理土地面积 1438.19 公顷，申请省级投资 3383 万元，项目竣工后，可新增耕地面积 50 公顷。

16 日，魏县国土资源局向邯郸市国土资源局呈报《关于车往镇南上村滩涂荒草地开发项目申请验收的请示》。投资 268.2 万元，开发面积 70 公顷，新增耕地面积 66.5 公顷。

是日，魏县国土资源局、魏县财政局联合向邯郸市国土资源局、邯郸市财政局呈报了《关于 2006 年省级投资野胡拐乡基本农田整理项目投资计划和预算建议的报告》。项目整理土地面积 1846.05 公顷，申请省级投资 4369 万元，项目竣工后，可新增耕地面积 60 公顷。

29 日，魏县人民政府办公室印发《魏县人民政府关于严格土地管理切实保护耕地的意见》和《魏县人民政府关于冻结村界进一步加强“空心村”治理工作的实施意见》。

8 月 3 日，中共邯郸市国土资源局党委研究决定，任命：张万胜为中共魏县国土资源局委员会书记、魏县国土资源局局长。免去马文学中共魏县国土资源局委员会书记，魏县国土资源局局长职务。

5 日，魏县国土资源局印发《关于部分机构和人员调整的通知》。成立纪律检查委员会，撤销地产开发公司，并入土地开发整理中心。

22 日，魏县国土资源局印发《关于调整理顺部分股室职责和变更、增加股室的通知》。按照上级业务处室对口的原则。撤销建设用地股，变更为耕地保护股；撤销国土股，变更为土地利用管理股；撤销监督监察股，变更为执法监察股；撤销地政地籍股，变更为地籍管理股；成立政策法规股、土地储备中心、机关事务管理股。

24 日，魏县国土资源局印发《关于局长、副局长及局内领导工作分工的通知》。党委书记、张万胜局长主持全面工作，党委副书记、高峻副局长主持日常工作。

28 日，魏县国土资源局印发《关于在全县各类非农业建设违法用地清理摸底工作的安排意见》。

9 月 3 日，魏县国土资源局在系统内部公开选拔股级干部，10 人参与竞选，通过笔试、面试，信访股刘学良被当选为办公室主任一职，试用期一年。

6 日，中共魏县县委办公室印发 9 月 1 日《中共魏县县委领导会议纪要》。县土地价格评估事务所、县房地产估价所对原北皋中学评估为总资产 1768009.6 元，其中土地 2.5333 公顷。按程序进行公开挂牌拍卖。

9 日，魏县国土资源局组织股级以上干部到永年县参观学习，永年县国土资源局副局长闫振江介绍了本局正规化建设的有关情况。

29 日，魏县人民政府向邯郸市人民政府呈报《关于对魏县土地利用总体规划进行局部调整的请示》。拟在县城东侧（邯大路以北、西代固村南）建一座污水处理厂，占地 3 公顷，规划指标调入 3 公顷，不涉及基本农田，属农用地果园地类。

10 月 18 日，魏县国土资源局成立了土地服务大厅。

11 月 9 日，魏县人民政府、中共魏县县委组织部、中共魏县党组织建设办公室联合印发《关于选派机关干部下基层集中整顿农村党组织和搞好第三批先进性教育活动的通知》。县国土资源局进村工作队分包德政镇大寨村，张万胜局长任队长，郭峰副局长任督导组组长。

15 日，魏县国土资源局印发《关于开展土地信访隐患排查调处工作的实施意见》，推行“五个第一”压责任、“四项”制度促落实工作机制，该工作方法被全省国土资源系统进行推广。

21 日，魏县人民政府印发《关于魏县乡村公路养护管理工作暂行办法》。

30 日，魏县国土资源局决定全系统干部职工凡在职参加大专以上学习的，毕业后局奖励 1000 元至 1500 元。

12 月 5 日，魏县人民政府印发《关于开展清理各类非农业建设违法用地行为的实施方案的通知》。

是日，魏县人民政府向河北省国土资源厅呈报了《关于魏县污水处理厂工程项目用地规划调整的备案报告》。项目用地 3 公顷，需调整土地利用总体规划指标 3 公顷，将魏县边马乡边小屯村南 1.7667 公顷、张二庄乡张庄屯村南 1.2333 公顷，调整为污水处理工程项目用地。

14 日，魏县人民政府办公室印发 11 月 29 日《县长办公会议纪要》。政府副县长田川在其办公室主持召开会议，研究县工商局办公地址迁建事宜。占地 0.29 公顷。按照规定办理土地征用手续，原地址县人民政府无偿收回。

21 日，魏县人民政府在光源宾馆召开“全县集中清理违法用地动员会”，政府县长齐景海在会上讲话，县人民政府办公室主任赵金刚宣读了《魏县人民政府关于开展清理各类非农业建设违法用地行为的实施方案》，县人民政府办公室城建科科长连卫强宣读《魏县人民政府关于在全县范围内清理各类非农业建设用地的通告》，县国土资源局张万胜局长传达河北省国土资源厅《关于违法用地处理意见的通知》精神。县直相关单位负责人、各乡（镇）乡（镇）长、国土所所长、县国土资源局机关全体共计300人参加会议。

2006年

3月11日，魏县人民政府印发《关于进一步加强砖瓦窑厂管理的通知》，对全县101座砖厂，按照合理保留一批、停建关掉一批、拆除复垦一批、整顿规范一批、限期搬迁一批"五个一批"的总体思路，以每年不低于10%的比例缩减粘土砖生产。

23日，魏县人民政府办公室印发《关于县国土资源局职能配置内设机构及人员编制规定的通知》。确定国土资源局主要职责，设立办公室，耕地保护股、执法监察股、地籍管理股4个股（室），局机关人员编制14人，其中行政编制11人，老干部服务编制2人，工勤编制1人。

31日，魏县国土资源局印发《关于开展砖窑厂综合治理突击活动的实施方案》。

4月3日，魏县国土资源局印发《关于进一步严格人事管理》的通知，不得私招乱顾临时人员，专业人才的人员调配，必须经局长批准或由集体讨论决定。

7日，魏县人民政府向邯郸市人民政府呈报《关于魏县征地区片综合地价测算与统一年产值标准的请示》，魏县征地区片综合地价调整涉及县城周围14个行政村，征地区片综合地价分三个区片，魏县征地统一产值标准涉及全县21个乡（镇），综合年产值分4个区域。

13日，魏县国土资源局印发《关于成立基本农田保护示范区建设方案编制技术小组的通知》。张万胜局长为组长，高峻副局长为常务副组长。

26日，魏县人民政府印发《关于成立县基本农田保护示范区工作领导小组的通知》。县人民政府县长齐景海任组长，下设办公室，地点在县国土资源局，张万胜局长任主任。中国国土资源部拟初步确定全国116个基本农田保护示范区，魏县其中之一，也是邯郸市唯一县级示范区。

5月10日，魏县人民政府副县长田川到县国土资源局检查指导工作，要求确保魏县被国土资源部拟初步确定的全国116个县（市、区）之一的国家基本农田保护示范区项目不被刷下。

15日，魏县召开国家级基本农田保护示范建设方案论证会，县人民政府副县长田川主持会议，政府副县长张晓中、政府督察室副主任连卫强、邯郸市国土资源局耕保处薄海波及县国土资源局、县财政局、县林业局、县农业局、县水利局、县电力局、县交通局12个相关单位主要负责人和市、县专家参加了会议，承担方案制作的北京地星规划设计院两位专家也参加了会议。

19日，魏县国土资源局印发《关于2006年开展机关效能建设工作实施方案的通知》，成立领导小组，张万胜局长任组长。

6月8日，魏县人民政府印发《关于冻结县生物化工园规划区内村庄村界的通告》。

12日，魏县国土资源局印发《关于部分人员人事调整》的通知，成立城区执法队。

13日，魏县国土资源局印发《关于加强执法监察实施动态巡查责任制实施方案的通知》，全县划分27个责任区，砖厂责任区1个，县城责任区1个，漳南、漳北责任区各一个，乡（镇）责任区23个。

17日，魏县国土资源局向邯郸市国土资源局呈报《关于北皋镇蒲潭营土地开发整理项目验收的申请》。项目总投资599.7万元，规模总面积222.13公顷，新增耕地183.12公顷。

22日，魏县国土资源局印发《关于认真开展第16个全国土地日宣传活动》的通知。以“依法合理用地、促进科学发展”为宣传主题，投资3万元，订购“6·25”土地日宣传折页和宣传手册。

25日，县人大副主任高运喜、政协副主席刘金娥与县国土资源局机关干部职工100人一起在县城主要街头，宣传土地法律法规。各乡（镇）设立咨询站，出动宣传车20辆，刷写标语、悬挂宣传口号500条，散发宣传材料1.5万份，当场解答群众提出土地问题60条。

7月12日，魏县国土资源局组织局机关120人进行土地法律法规及相关法律知识考试，及格率95%。对个别不及格的，再次培训，重新进行补考后，仍不及格的调离工作岗位。

24日，魏县人民政府办公室印发《关于成立双井镇基本农田整理项目工作领导小组的通知》。县人民政府副县长张顺桥任组长，下设办公室，地点设在县国土资源局，张万胜局长兼任主任。

是日，魏县人民政府批复《对县国土资源局关于双井镇基本农田整理项目的请示》。同意县国土资源局对双井镇永东、永西等9个村的1182.5公顷基本农田进行整理。

8月4日，魏县人民政府发布《关于冻结县生物化工园规划区内的村民村界的通告》。冻结时限为两年，2006年8月10日至2008年8月9日止。

14日，中共魏县县委办公室印发《中共魏县县委领导议事纪要》。对涉及原火车站国有土地事宜，由政府常务副县长牵头，县国土资源局、县财政局、县发改局共同负责，摸清底数和已闲置企业的基本情况，采取措施将其收回，做好用地储备。

是日，中共魏县县委办公室印发《中共魏县县委领导议事纪要》。县委召开了县北环路项目建设调度会，拟将省批复的北环路建设里程由7.6公里更改为9.6公里，估算投资7484万元，需魏县配套资金2667万元，县国土资源局做好土地预审、水土保持工作。

21日，魏县国土资源局印发《关于启用魏县国土资源局规划股及12个单位印章的通知》。根据工作需要，经8月14日局长办公会议同意启用规划股、城区执法队、耕地保护股、土地储备中心、纪检监察室、机关事务管理股、地籍管理股、政策法规股、北皋镇国土所12个单位新印章。同时收回并废除建设利用股、地政地籍股、监督检查股、国土股、北皋镇国土所（一）、北皋镇国土所（二）6个单位的印章。

31日，魏县人民政府办公室印发《关于成立县北环路项目建设领导小组的通知》。

9月4日，魏县国土资源局印发《关于进一步加强基本农田保护暨示范区建设工作的实施方案的通知》。11月20日，魏县被中国国土资源部正式确定为全国116个基本农田保护示范区之一，是河北省6个县之一。魏县示范区规划建设项目16个，其中：国家级5个，省级4个，市级4个，县级3个项目，总投资2.6亿元，总规模涉及7个乡（镇），108个村，共整理基本农田面积12887.48公顷，新增耕地428.8公顷，从2006年至2010年止，5

年完成任务。

7日，魏县国土资源局印发《关于进一步加大执法监察工作力度的通知》。

8日，魏县人民政府向河北省国土资源厅呈报《关于恳请拨付水毁耕地复耕费的报告》。由于雨水冲刷和漳河行洪，漳河及两岸形成水毁耕地40公顷，沙口集乡南北拐村500人被迫搬迁，河北省国土资源厅拨付水毁耕地复耕费20万元。

12日，魏县人民政府向邯郸市国土资源局呈报《关于对沙口集乡砖厂、泊口乡闫庄村砖厂和南双庙乡河岸上村砖厂废弃用地实施复垦（置换）的请示》。该项目复垦土地16.8666公顷，复垦后的土地将专项用于置换项目建设用地，不使用农用地专用指标。

是日，魏县人民政府向河北省国土资源厅呈报《关于对大辛庄乡庙西村砖厂和北台头乡乔小庄村砖厂废弃用地实施复垦（置换）的请示》。该项目复垦土地20.6666公顷。

10月8日，魏县人民政府办公室印发《政府常务会议纪要》。县人民政府县长齐景海在县第二会议室主持召开了会议，研究北环路建设事宜，该项目9.6公里工程报告已经邯郸市交通局、邯郸市发改委认可，并上报河北省交通厅、河北省发改委、河北省水利厅和河北省环保厅，分别进行了批复，邯郸市国土资源局提出了初审意见并上报河北省国土资源厅，由县交通局配合县国土资源局督促河北省国土资源厅尽快审批。

17日，魏县人民政府办公室印发《关于调整县土地出让工作领导小组的通知》。领导小组下设办公室，地点设在国土资源局，张万胜局长兼任主任。

23日，魏县人民政府办公室印发《魏县人民政府关于对县水利局建设县城第二水厂预留土地报告的批复》。原则同意水利局在县城南，西临宁魏路、南临石化加油站、北临康疃村路西、东临康疃西，预留第二水厂建设规划用地6.666公顷，2013年第二水厂地址迁至天河路路南，康疃村村东，魏祠西侧。

11月7日，魏县人民政府办公室转发了《邯郸市监察局、邯郸市国土资源局〈关于开展查处土地违法违规案件专项行动〉的意见》的通知。重点排查2005年1月1日至2006年9月底新增建设用地情况。

是日，中共魏县县委办公室印发11月2日《县委常委会议纪要》。研究有关土地问题，由政府常务副县长杨俊英牵头，县财政局、国土资源局共同负责，将原西关村委会用公款在汽车站以北、县地税局以南地段所买的土地予以收回。

20日，魏县国土资源局被河北省国土资源厅评为2006年全省国土资源系统政风行风建设优秀单位。

12月15日，河北省国土资源厅委托邯郸市国土资源局对魏县国土资源局《关于北皋镇蒲潭营土地开发整理项目验收的申请》验收确认，符合补充耕地验收标准，验收合格，并下发了验收结果通知书（邯国土资源耕准字（2006）51号）。

22日，魏县国土资源局、魏县财政局联合向邯郸市国土资源局、邯郸市财政局呈报《关于报送2007年市级国土资源专项资金项目的申请报告》。野胡拐乡基本农田整理项目已列入国家级，项目规模总面积552.73公顷，申请2007年第一批次预算资金1326.8万元。

2007 年

1 月 6 日，魏县国土资源局向人事劳动和社会保障局呈送《关于申报公务员登记审核审批的报告》。按三方定案行政编制 11 人，老干部服务编制 2 人，办理过渡公务员手续 7 人，调任 1 人、离岗登记 4 人。

是日，魏县国土资源局对魏县粮油总公司致发《关于魏县粮油总公司 50 万吨玉米深加工项目用地预审意见》。选址在县城东部，用地总面积 14.6 公顷，其中建设用地 3.6 公顷，耕地 11 公顷，通过用地预审，同意依法调规，依法报批。

2 月 12 日，魏县国土资源局被河北省国土资源厅评为 2006 年度土地开发整理先进单位。

27 日，魏县人民政府在南双庙乡召开国家级基本农田整理项目实施动员大会，涉及南双庙乡 17 个行政村、一个农场的基本农田整理项目正式破土动工，投资总额 2300 万元，整理基本农田面积 1533.33 公顷。

2 月，魏县国土资源局被国土资源部评为 2006 年全国国土资源系统政风行风建设优秀单位；被河北省国土资源厅评为 2006 年度全省国土资源系统政风行风建设先进集体。

3 月 5 日，魏县国土资源局被邯郸市国土资源局授予 2006 年度支持地方经济发展突出贡献奖。

14 日，魏县国土资源局印发《关于表彰 2006 年度先进集体和先进个人的决定》。对 11 个实绩突出单位、9 个先进单位、94 名先进个人进行通报表彰。

18 日，魏县国土资源局印发《关于开展推进政务公开工作的实施方案的通知》。

22 日，魏县人民政府办公室印发 3 月 15 日《县长办公会议纪要》。政府副县长张晓中主持召开会议，研究县人民商场改建有关事宜，对改造工程不得擅自改变土地的使用性质。明晰产权，地下室和一楼产权归县商贸集团，二楼以上产权归龙江服饰贸易公司。

是日，魏县国土资源局向魏县人民政府呈报《关于魏城镇魏集村刘树木要求调查李洪贞宅基审批表上印章真假一案的情况报告》。此案县、市法院于 1991 年 8 月 13 日做出终审且已执行终结，印章真假问题，申请人可到有关部门进行验证。

26 日，魏县国土资源局转发《河北省国土资源厅关于加强国土资源纠纷行政调解的通知》。成立行政调解领导小组，局纪委书记张大鹏任组长。

是日，魏县国土资源局转发《邯郸市国土资源局国土资源重大群体性上访和闹访缠访事件处理办法的通知》。

27 日，魏县国土资源局向县人民政府呈报《关于边马乡二教村和三教村土地开发项目的请示》。5 月 10 日，县人民政府印发批复意见。同意县国土资源局在边马乡投资立项市级耕地占补平衡项目，对边马乡二教村和三教村土地进行开发。项目规模面积 32.15 公顷，投资规模 93.24 万元。

29 日，江苏省新沂市国土资源局纪委书记张元义一行 7 人来魏县学习交流土地信访“五个第一”压责任，“四个坚持”促落实的工作经验。

3 月，魏县国土资源局获县长特别奖，奖励资金 10 万元，其中奖励张万胜局长 40%，

是月，中共魏县县委、魏县人民政府奖励县国土资源局资金 50 万元。

4 月 2 日，魏县国土资源局印发《关于部分人员人事调整的通知》。撤销砖厂治理监察大队，成立砖厂漳北执法队和砖厂漳南执法队。

3 日，魏县国土资源局在全系统召开“双提双服一树立”活动动员会。

4 日，魏县国土资源局转发了《河北省国土资源厅关于进一步加强国土资源信访工作的通知》和《河北省国土资源厅关于认真做好接访事项处理和复查工作的通知》。

16 日，魏县国土资源局印发《2007 年度政风行风建设民主工作的实施方案》的通知。

19 日，魏县人民政府组织国土、公安、法院等部门出动执法车 19 辆、大型推土机 2 台、执法人员 120 多人，对占地 4 公顷的仕望集仕南砖厂和占地 0. 7 公顷的大磨乡白枣林村东砖厂依法进行拆除。

22 日，魏县国土资源局向魏县人民政府呈报《关于北台头乡基本农田整理项目的请示》。30 日，县人民政府印发《魏县国土资源局关于北台头乡基本农田整理项目请示的批复》意见。同意北台头乡台东村共涉及 10 个行政村面积 1225. 97 公顷的基本农田进行整理，规模投资 2574. 55 万元，可新增耕地 38. 01 公顷。

26 日，魏县人民政府印发《关于成立魏县基本农田保护区工作领导小组》的通知。县人民政府县长齐景海任组长，政府副县长田川、张顺桥、张晓中任副组长，有关部门主要负责人为成员，下设办公室，地点设在县国土资源局，张万胜局长兼任主任。

27 日，魏县人民政府办公室印发《关于成立北台头乡基本农田整理项目工作领导小组的通知》。县人民政府副县长张晓中任组长，下设办公室，地点设在县国土资源局，张万胜局长兼任主任。

5 月 15 日，魏县国土资源局印发《对魏县第十届人民代表大会第五次会议第 17 号议案的答复》意见，就袁布、魏有泽、史书常、连付岭、王志民等 7 位代表提出关于“要求迅速查清东代固乡前罗庄村史俊的假庄基证问题”的建议，给予答复，撤销史俊持有的 0504428 号《集体土地建设用地使用证》无法律依据，马金锋可依法向法院起诉，7 位代表对答复的意见表示满意。

20 日，魏县国土资源局印发《对政协魏县第六届委员会第六次会议第 2、36、48 号提案的答复》意见。委员们对答复意见表示满意。

6 月 3 日，魏县国土资源局印发《关于部分人员人事调整的通知》。撤销了魏城镇国土一所和魏城镇国土二所。合并为魏城镇国土所。

18 日，魏县人民政府印发《关于开展城镇地籍调查工作的通知》。成立魏县城镇地籍调查工作领导小组。政府副县长张晓中任组长，下设办公室，地点设在国土资源局，副局长王之平兼任主任。

19 日，魏县国土资源局印发《关于进一步优化人员组合提高工作效能的暂行规定的通知》。规定正科级 54 周岁，副科级 52 周岁，副股级以上干部 52 周岁，女干部 50 周岁为切线年龄段，不再担任实职，到龄退休。

20日，魏县国土资源局、魏县财政局联合向邯郸市国土资源局、邯郸市财政局呈报《关于申请国家级基本农田示范区市级项目国土资源专项资金的报告》。申报市级项目4个。4年完成涉及4个乡（镇）9个村1390.16公顷土地。拟投资2919.34万元，可新增耕地48.68公顷。

是日，魏县国土资源局、魏县财政局联合向邯郸市国土资源局、邯郸市财政局呈报《关于报送2007年市级国土资源专项资金项目的申请报告》，涉及车往镇魏东南、魏西南和郝北3个行政村，土地整理面积29.60公顷，申请拨付新征建设用地有偿使用费70万元，整理后，可新增耕地29.36公顷。

7月10日，魏县国土资源局、魏县财政局联合向邯郸市国土资源局、邯郸市财政局呈报《关于2007省级投资野胡拐乡土地整理项目投资计划和预算建议的报告》。申请省拨付土地开发整理专项资金1326.8万元，整理土地552.73公顷，可新增耕地67.63公顷。

11日，魏县国土资源局向河北省发改委呈报《关于魏县2008年农村改造工程占用土地预审意见》，2008年度66条公路项目建设涉及82个村庄，全长157.5公里，均为四级公路标准。

13日，魏县国土资源局、魏县监察局联合印发《关于加强对土地市场秩序监督检查的实施意见》。在全县开展土地市场秩序监督检查工作。

16日，魏县国土资源局印发《关于开办法学专业电大学习班的通知》。对取得大中专毕业证的，给予不低于1000元奖励；取得本科毕业证的，奖励1500元。

18日，河北省人民政府批复了魏县2007年度第一批次建设用地指标，同意转用、征收集体农用地6.02公顷。冀政转征函（2007）0148号。

是日，魏县人民政府向邯郸市国土资源局呈报《关于2007年第三批次建设用地的请示》。拟征收集体农用地13公顷。

22－23日，魏县国土资源局组织机关全体人员进行土地法律法规及《物权法》、《民法通则》等相关法律知识培训，并邀请了魏县律师王臣进行授课。

24日，魏县人民政府印发《关于开展第二次土地调查工作的通知》。成立领导小组，县人民政府副县长张晓中任组长，下设办公室，地点在县国土资源局，张万胜局长任主任，

8月9日，魏县国土资源局向邯郸市国土资源局呈报了《关于局部调整魏县土地开发整理规划的请示》。Z028项目原规模面积964.3公顷，新增耕地30公顷，因部分涉及县生态水网，调整规模为828.6公顷，新增耕地15.83公顷。

15日，鸡泽县国土资源局副局长王动科一行5人来魏县学习交流用地预审和调规组卷工作经验。

20日，河北省国土资源厅印发《关于下达2007年国家投资土地开发整理项目设计》的通知，涉及魏县南双庙乡国家级基本农田整理项目。

22日，邯郸市财政局、邯郸市国土资源局联合下发《关于下达2007年新增建设用地土地有偿使用费支出预算的通知》。批复魏县项目整理土地1550.34公顷，新增耕地48.58公顷，预算投资2309万元。

9月7日，魏县国土资源局组织全系统干部职工在县电力宾馆集中举行了一次业务知识考试。260名干部职工参加考试，局领导成员集体组织监考，考试及格率100%。

18日，魏县国土资源局向邯郸市国土资源局呈报《关于水毁耕地整理项目和验收申请》。项目涉及土地分布于漳河两岸约400公顷，投资32万元，5月份组织施工，6月底全面竣工。

是日，魏县国土资源局向魏县人民政府呈报《关于车往镇国家级基本农田整理项目的请示》。10月24日，魏县人民政府印发《魏县国土资源局关于车往镇国家级基本农田整理项目请示的批复》意见，同意对车往镇车东、车西、黄甘固、郝东、郝南、郝中、郝北、栗庄、北仓口、大仓口、西仓口12个村1463.92公顷的基本农田进行整理，投资3074.24万元，可新增耕地43.92公顷。

22日，魏县国土资源局印发《关于开展全县土地执法行动的工作方案的通知》。利用100天时间，重点查处以租代征、未批先用的违法占地行为。

29日，魏县人民政府县长齐景海主持召开严禁以环保为名新建扩（改）建砖厂工作会议，县人民政府印发《关于加强新建改（扩）建环保型砖瓦窑厂管理的通告》。停止在建、新建粘土进行生产的砖瓦窑厂，新建砖窑厂一律不再审批；严格规范建设环保型砖瓦窑厂审批程序，耕地内省级公路两侧2公里内、基本农田保护项目区内不准建设环保型砖瓦窑厂，环保型砖瓦不得使用粘土作为原料，10月1日起施行，2009年9月30日废止。

10月10日，魏县国土资源局印发《关于进一步加强砖瓦窑厂治理和土地复垦的实施意见》。

19日，魏县人民政府办公室印发《关于成立车往镇国家级基本农田整理项目工作领导小组的通知》。县人民政府副县长张晓中任组长，下设办公室，地点设在县国土资源局，张万胜局长任办公室主任。

是日，魏县人民政府办公室印发《关于成立北台头乡车往镇市级基本农田整理项目工作领导小组的通知》。县人民政府副县长张晓中任组长，下设办公室，地点设在县国土资源局，张万胜局长任办公室主任。

23日，魏县人民政府在大会堂召开全县土地执法工作会。会上，县人民政府县长齐景海对当前土地形势进行了认真分析，并就下一步的土地执法工作讲了指导性意见，县人民政府常务副县长杨俊英主持会议，县直各单位一把手、乡（镇）党委书记、乡（镇）长、国土资源局机关全体和各乡（镇）国土所长共计260人参加会议。

24日，魏县人民政府办公室印发9月29日《县长办公会议纪要》。县人民政府副县长高绪潮主持召开天龙建筑材料装饰批发市场三期工程建设有关事宜。由县国土资源局牵头，县土地出让办、县财政局、县建材市场共同参与，对该宗土地实行挂牌出让公开拍卖。

是日，中共魏县县委办公室印发10月23日《县委领导会议纪要》。县委副书记殷立君主持召开了专题会议，研究解决河北冀华木业科技有限公司杨木优化集成项目占地问题，该项目总投资1.676亿元，占地5.33公顷，拟选址在县城南定魏线西侧原中药厂制剂车间所占土地。

29 日，魏县国土资源局争取到的南双庙乡国家级基本农田整理项目，双井镇、北台头乡省级基本农田整理项目及野胡拐乡省级土地开发整理项目 4 个，总投资 7350 万元全部到位，通过项目实施，可整理土地 4511.54 公顷，可新增耕地 188.07 公顷。

31 日，魏县国土资源局致魏县人事劳动和社会保障局《关于 2007 年度第五批次征地情况的函》，需征地 1.01 公顷。由县人事劳动和社全保障局确定被征收土地农民社保事宜。

11 月 5 日，魏县国土资源局印发《关于开展学习王国瑞同志先进事迹活动的通知》。王国瑞被当地群众称为沙口集乡“活地图”，他的事迹在 12 月 18 日《中国国土资源报》上刊登。

7 日，魏县国土资源局向中共魏县县委呈报《关于双井镇永东村张运昌占地建房一案处理情况报告》。县国土资源局已向县人民法院申请强制执行。

15 日，魏县国土资源局印发《关于成立魏县第二次土地调查领导小组办公室》的通知。

19 日，魏县人民政府办公室印发 11 月 2 日《县长办公会议纪要》。县人民政府县长齐景海主持召开基本农田整理项目建设工作会议，充分利用已到位的 7350 万元中央、省、市资金，对基本农田整理要高标准规划设计好，组织实施好，达到田成方、路成网、树成行、水电配套、结构合理、农业增产、农民增收的精品工程，发挥示范区的示范作用。

21 日，魏县国土资源局印发《成立重大决策事项稳定风险评估工作的通知》。

12 月 10 日，魏县人民政府办公室印发《关于成立南双庙乡省级基本农田整理项目工作领导小组》的通知。县人民政府副县长张晓中任组长，下设办公室，地点设在国土资源局，张万胜局长兼任主任。

是日，魏县人民政府向邯郸市国土资源局呈报《关于申请拨付第二次土地调查专项资金的函》。申请调查经费 192.02 万元。

是日，魏县人民政府印发《关于对南双庙乡安乐村等七座砖厂废弃用地实施复垦（置换）的请示》。计划复垦土地 32.49 公顷，复垦后的土地专项用于置换项目建设用地。

14 日，中共魏县县委办公室印发 12 月 10 日《县委领导议事纪要》。县人民政府县长齐景海主持召开北环路项目建设调度会。县国土资源局抽调专门人员，对北环路两边红线以外各 200 米的土地实施控制，任何单位和个人未经国土资源部门的许可不得建永久性建筑或取土。

18 日，魏县国土资源局印发《关于对魏县第十四届人大一次会议第 50 号、51 号建议的答复》意见，代表对答复意见表示满意。

2008 年

3 月 6 日，魏县国土资源局印发《关于魏县城区土地级别与基准地价更新成果的实施意见》。特委托河北新世纪房地产评估经济有限公司对魏县现行的城区土地定级估价成果进行更新。

11 日，魏县国土资源局印发《关于规范砖窑厂管理的实施方案》。在全县开展砖厂土地复垦、起土、安全生产管理执法突击活动。

25日，魏县国土资源局修订印发《关于规范公文制发信息报送和文件审批的通知》。

4月7日，魏县人民政府办公室转发河北省人民政府办公厅《关于加强农村集体建设用地管理的通知》。

8日，魏县国土资源局印发《关于表彰2007年度全县国土资源系统先进集体和优秀个人的决定》。对实绩突出单位18个、优秀单位17个、优秀个人106名进行通报表彰。

16日，魏县国土资源局印发《关于进一步加强县城控制区内用地管理的通知》。属县城规划控制区内的建设用地，一律由城区执法队与魏城镇国土所联合监管，相互配合，共同负责。

30日，魏县人民政府发布《关于加强县城规划控制区和县级以上公路生态观光线路及重点渠道两侧土地控制与管理的通告》。自2008年5月1日起施行，至2010年5月1日废止。

5月7日，魏县人民政府向河北省人民政府呈报《关于2008年第一批次建设用地置换的请示》。拟将大辛庄乡庙西村、北台头乡乔小庄村两个砖厂的建设用地复垦后与魏城镇三田村等四个村的6.7814公顷（其中建设用地0.69公顷）集体土地进行置换。

是日，魏县国土资源局印发《关于贯彻胡锦涛总书记重要讲话精神进一步加大预防腐败力度的工作方案的通知》。

25日，魏县国土资源局领导班子召开会议，研究同意恢复地产开发公司。

6月6日，魏县土地出让工作领导小组办公室印发5月23日会议纪要，县人民政府副县长张晓中在其办公室主持召开原体育场改变容积率工作会议，将原体育场土地原规划设定容积率为1.2，改变容积率为2.0，土地总价值由邯郸市宏源土地评估有限公司重新估价为1170.9600万元。

10日，中共邯郸市国土资源局党委研究决定，任命：郭峰为中共魏县国土资源局委员会书记、魏县国土资源局局长；张大鹏为魏县国土资源局副局长；张军为中共魏县国土资源局委员会委员、纪律检查委员会书记。免去张万胜中共魏县国土资源局委员会书记、魏县国土资源局局长；郭峰中共魏县国土资源局委员会委员、副局长职务；张大鹏中共魏县国土资源局纪律检查委员会书记职务；岳伟中共魏县国土资源局委员会委员、副局长职务，切线离岗。

11日，魏县国土资源局向县交通局印发《关于魏县2009年度国家补助农村公路改造工程项目的用地预审意见》。2009年度农村公路改造工程项目，涉及77条线路，共计141.53公里，项目用地符合（1997－2010年）土地利用总体规划。

13日，魏县土地出让工作领导小组印发5月23日《县长办公会议纪要》。县人民政府副县长张晓中主持召开北皋镇北街新农村建设工作会议。新农村选址在该村西原北皋中学，占地2.67公顷，由国土资源局按程序办理有关手续，审批后方可施工。

14日，魏县国土资源局印发《国土资源专项资金综合治理实施方案》。重点治理双井镇野庄等基本农田整理；双庙乡、台头乡基本农田整理；野胡拐乡土地整理四个项目及其他项目的专项资金管理和使用情况。成立治理工作领导小组，郭峰局长兼任组长。

19日，魏县人民政府发布《关于冻结县城规划控制区内土地的通告》自6月19日起施行。国土资源局负责解释。

23 日，魏县地方税务局办公室印发《魏县地方税务局、魏县财政局、魏县国土资源局转发“河北省地方税务局等部门关于加强土地税收管理工作”》的通知。

25 日，魏县人民政府办公室印发 6 月 17 日《县长办公会议纪要》。会议由政府副县长张晓中在其办公室主持召开县城规划控制区内土地冻结与有关工作会议。对东至东风渠西岸、北至宁魏线岔口（与北环路平行）以北 200 米；西至玉泉街以西 200 米；南至（魏大馆排水渠）以北的土地进行冻结。期间农村宅基地建设用地一律停止；对县城规划控制区内查出的空闲土地，实行“五统一”管理制度；闲置两年无偿收回土地使用权。

27 日，中共魏县县委办公室、魏县人民政府办公室联合印发《关于强力推进项目建设的意见》。涉及土地方面，项目建设用地按程序报批，对土地闲置一年以上不足二年的足额收取土地闲置费，闲置两年以上的无偿收回土地使用权；改变土地使用性质的，按照规定进行处罚，直至收回土地使用权。

29 日，魏县国土资源局印发《关于在全县系统集中开展“刹歪风、树正气、抓落实、促发展、大干下半年”活动的实施方案的通知》。

7 月 1 日，魏县国土资源局印发《局级领导工作分工的通知》，郭峰主持国土资源局全面工作，主持工作相互衔接的顺序为：郭峰→高峻→孙雪峰→张大鹏→张军。王之平抽调邯郸市国土资源局工作。

6 日，魏县人民政府印发《魏县文物保护管理工作实施办法的通知》。规定建设单位办理文物保护手续时，因土地使用权出让和开发进行的地下文物的勘探、发掘，所需经费由投资者承担，收费标准按国家有关规定执行。

7 日，魏县国土资源局组织漳南区域 11 个国土所出动执法车辆 15 辆，拆除机械 1 台，执法工作人员 130 余人，对北台头乡、车往镇的 5 起非法占地进行集中拆除清理活动，拆除非法建筑面积 0.03 公顷，依法保护耕地 2 公顷。

8 日，魏县国土资源局印发《关于成立处置突发性和群体性事件工作领导小组的通知》。郭峰局长任组长。

26 日，魏县人民政府发布《关于加强县城规划区街道（道路）两侧土地控制管理的通告》。自 2008 年 8 月 1 日起施行，2011 年 8 月 1 日废止。县国土资源局负责解释。

是日，魏县人民政府办公室印发《魏县人民政府关于公布魏县第二批县级文物保护单位及保护范围和建设控制地带的通知》。共计 11 项，其中汉代 2 项、唐代 2 项、宋代 1 项、明代 4 项、清 2 项。涉及 9 个乡（镇）。

29 日，魏县国土资源局印发《关于明确执法监察工作职责严格采土管理的通知》，限定采土深度不能超过 1 米，采土后及时平整，不得妨碍四邻生活生产。

是日，魏县国土资源局印发《关于人事安排工作的通知》，增设了人事股。

8 月 12 日，魏县国土资源局向县交通局印发《关于 2009 年度河北省国土资源厅补助乡道从峰至大康庄线（定魏线至河南界段）改造项目的用地预审意见》。该项目全长 9.834 公里，涉及 2 个乡（镇）、5 个村庄。

30 日，魏县人民政府办公室印发《魏县 2008 年地质灾害防治方案》的通知》。成立地质灾害防治工作领导小组，政府副县长张晓中任组长，下设办公室，县国土资源局高峻副局长兼任主任。

9 月 2 日，魏县国土资源局印发《关于“五五”普法暨依法行政中期检查工作的迎检方案》的通知》，成立工作领导小组，郭峰局长任组长。

20 日，魏县人民政府转发河北省政府令（2008）第 11 号的通知《河北省集体建设用地使用权流转管理办法》。

10 月 9 日，魏县国土资源局印发《关于开展“四个一”活动暨加强机关节能工作的通知》，在全系统开展“节约一度电、节约一张纸、节约一滴水、节约一滴油”的“四个一”活动。

12 日，魏县国土资源局向邯郸市国土资源局呈报《关于魏县城区土地级别与基准地价更新成果申请公布实施的请示》。

17 日，魏县国土资源局印发《关于业务档案归档内容的通知》，规定规划管理类、耕地保护类、土地利用类、地籍管理类、地质勘查类、测绘管理类、执法监察类、政策法规类、基础建设类、会计类等十一个类型档案。

23 日，河北省人民政府办公厅印发《关于公布取消和停止征收 108 项行政事业性收费项目的通知》，涉及土地方面有 3 项。其中停止行政事业收费 2 项：地质档案资料使用费和土地证书工本费；降低收费标准 1 项：征地管理费降低 5%。

30 日，魏县国土资源局印发《关于建立健全执法监察违法占地重大案件报告制度》、《违法用地定期分析报告制度》、《执法监察动态巡查制度》的通知。

11 月 13 日，魏县人民政府办公室印发《关于充实调整县土地出让工作领导小组的通知》。张晓中副县长任组长。下设办公室，郭峰局长任主任。地点在县国土资源局。

18 日，中共魏县县委办公室、魏县人民政府办公室联合印发《关于设立五部门综合接待室的意见》。针对群众反映涉及劳动社保、宅基纠纷、耕地纠纷、干部违纪、涉法涉诉五个类别，确定综合接待室，实行对口公开接待。地点在县信访接待大厅东侧 30 米路南。每周四为县国土资源局接待日。

25 日，魏县人民政府办公室印发《魏县人民政府关于印发魏县今冬明春农田水利建设实施方案》的通知。制定综合开发土地治理项目，总投资 91 万元，在牙里镇、边马乡 10 个村改造中低产田 933. 33 公顷；基本农田示范区项目，总投资 7350 万元。规模面积 2498. 33 公顷，新增耕地 157. 13 公顷。

29 日，中共魏县县委办公室印发《中共魏县县委领导会议纪要》，县委书记齐景海在县委会议室主持召开河北赵都金属制品有限公司利用魏县第一油棉厂原址扩建项目专题会议，占地 1. 92 公顷，县人民政府出资 132. 25 万元，河北赵都金属制品有限公司出资 238. 625 万元，共计 370. 875 万元，专门用于解决油棉厂 198 名职工工资、养老金、债务相关问题。

2009 年

1 月 19 日，魏县国土资源局在电力宾馆召开了春节茶话会，邀请了离退休干部和现任股级以上干部50人，郭峰局长在茶话会上致辞。

2月16日，魏县国土资源局印发《实行“一章对外”精简行政审批提升行政效能的规定》（试行）和《行政审批工作领导机构》的通知，成立行政审批工作领导小组，郭峰局长兼任组长。凡涉及国土资源行政审批的事项，一律使用单位行政公章对外审批。对违规操作、违规审批的，不按“一章对外”审批制度运行的，经查实后，视情况对具体责任人员给予下岗、降职、开除处理。

27日，魏县土地出让领导小组办公室印发《领导小组会议纪要》。政府副县长张晓中在办公室主持召开县城控区县疾控中心西侧土地出让有关事宜。宗地面积1.2833公顷，每公顷不低于1.47万元公开出让。

3月11日，魏县人民政府召开全县国土资源工作会议。政府副县长张晓中出席会议并讲话，县人民政府办公室信息中心主任王振国主持会议，国土资源局郭峰局长总结2008年国土资源工作，安排了2009年国土资源工作任务。各乡（镇）长、县直有关部门主管副职、各乡（镇）国土所长、国土资源局全体人员共计400人参加了会议，会议表彰了2008年先进集体19个和先进个人77名。

13日，魏县国土资源局印发《关于开展学习实践科学发展观活动的实施方案》。成立学习实践科学发展观活动领导小组，郭峰局长兼任组长。

18日下午，邯郸市电视台、邯郸电台在魏县人民政府法制办、县广电局负责人的陪同下，到魏县国土资源局调研该局的行政审批工作，对魏县国土资源局这种集中办公、并联审批的工作办法给予了充分肯定，并做了正面报道。

19日，魏县国土资源局印发《关于开展“干部作风建设年”推进三帮助一调处活动的意见》。帮助提高素质，帮助转变作风，帮助破解难题，调处土地纠纷。

20日，沧州市吴桥县国土资源局张全贵局长一行8人，来魏县学习交流基本农田项目整理工作经验，并深入到基本农田项目整理示范区进行实地察看。

30日，魏县国土资源局印发《关于部分人员人事调整的通知》。撤销砖厂漳北执法队和砖厂漳南执法队，成立砖厂执法队。

4月20日，魏县人民政府向邯郸市人民政府呈报《关于魏县2009年度第二批次建设用地（置换）与下一轮土地利用总体规划衔接的请示》。拟将大辛庄乡庙西村废弃砖厂复垦11.33公顷，新增耕地面积为11.23公顷，与回隆110KV变电站工程项目进行置换，置换面积为0.57公顷。

是日，魏县国土资源局印发《关于4.22地球日暨科技活动周宣传活动的实施方案》。

是日，河北省国土资源厅、省农业厅、省统计局一行来魏县就耕地保护责任目标履行情况进行检查，并对魏县的国土资源管理工作给予好评。

5月8日，魏县人民政府向邯郸市人民政府呈报《关于魏县2009年规划第一批次用地局部调整土地利用总体规划的请示》。按照“布局集中、产业聚集、用地集约”的原则，魏县拟将2009年第一批次用地县城北部疃上村和小北关村南总面积7.8公顷，调入规划建设用地指标。

22日，魏县国土资源局向邯郸市国土资源局呈报《关于魏县野胡拐乡土地整理项目竣工验收的申请》项目。为省级涉及野胡拐乡野西、野东、东红庙、高八庄4个行政村规模552.73公顷，新增耕地67.63公顷，申请资金1326.8万元，河北省国土资源厅批准资金580万元。

是日，魏县国土资源局向邯郸市国土资源局呈报《关于魏县双井镇基本农田整理项目竣工工程验收的申请》，该项目为省级投资基本农田整理项目，涉及双井镇永东、永西、野庄、北照河、张照河、姬照河、李照河、双南、木南9个行政村，规模面积1187.11公顷，预算投资2355.56万元，河北省国土资源厅批准投资2324.16万元。

27日，魏县人民政府办公室印发《魏县2009年地质灾害防治方案》的通知。

6月20日，魏县人民政府办公室印发5月27日《县长办公会议纪要》。政府县长殷立君在政府会议室主持召开会议，议定原企业局国有土地处置事宜、原罐头厂资产处置事宜、原化肥厂所剩三角形地和废弃路处置事宜、县农牧局原良种场土地划转事宜、原农牧局植保植检站（原种子公司）资产处置事宜、原林业局苗圃场土地划转事宜、原县第一麦芽厂土地使用权划转事宜，以上七项国有资产划转工作由政府副县长高绪朝负责。

25日，第19个全国土地日，魏县国土资源局围绕“保障科学发展，保护耕地红线”这一宣传主题，开展了形式多样，内容丰富的宣传活动，县人大副主任苗俊岭、政府副县长赵金刚等县领导，与县国土资源局干部职工共计200人，上街宣传土地法律法规。全县设立宣传点25个，发放宣传单2万份，接待咨询群众3000人次，现场解答群众提出问题200件。

是月，魏县国土资源局组织7人分别参加全市国土系统“金色年华”演讲比赛和全县“干部作风在转变、科学发展在魏县、我该怎么办”演讲赛。分别获得了全市国土资源系统“金色年华”演讲比赛组织奖和三等奖。

7月14日，魏县人民政府向河北省国土资源厅呈报《关于对2009年第一批次用地局部调整土地利用总体规划进行备案的报告》。

17日，魏县国土资源局印发《关于保增长保红线行动实施方案的通知》。利用5个月时间，开展“保增长、保红线”坚守全县6.13万公顷耕地红线。成立工作领导小组，郭峰局长兼任组长。

27日，魏县人民政府发布《关于合理利用县城规划控制区内土地促进经济发展的通告》，规定县城规划控制的范围、土地利用的基本原则，土地管理的方法及临街住房和门店建设的规划管理。本《通告》自2009年8月11日起施行，于2011年7月31日废止。

是日，魏县人民政府办公室印发《魏县人民政府关于加强全县土地管理工作的通知》。重点加强对新民居建设用地的管理，坚持“宜改则改、宜建则建、节约集约用地”的原则，充分利用空闲地、废弃地和未利用地建设新民居，确需使用农用地进行周转的，采取先占后补的方法提供周转用地。任何单位和个人不得以新民居建设和上项目为名，随意圈占土地进行非农业建设。

是日，高峻、常玉秋2人被中国国土资源作家协会吸收为会员。

31日，魏县城镇面貌三年大变样活动指挥部办公室印发7月27日政府县长殷立君主持召开的梨乡水城道路建设调度会会议纪要。议定涉及土地事宜项有13项，其中魏祠博物馆是一项建设规模较大工程，投资5.6亿元，占地46.66公顷，于2011年8月完工。

9月4日，魏县人民政府办公室印发8月26日政府第20次常务会议研究同意的关于《魏县县城规划控制区内土地管理暂行办法》的通知。该办法由魏县人民政府办公室负责解释，自2009年9月10日起施行，至2013年9月10日废止，前与该《办法》相抵触的，以该《办法》办理。

10月9日，魏县人民政府向河北省人民政府呈报《关于2009年第五批次建设用地（置换）的请示》。拟将大辛庄乡庙西村废弃砖厂和南双庙乡小姜村废弃砖厂建设用地复垦后与魏县第五批次的三个地块进行置换。

是日，魏县人民政府向邯郸市人民政府呈报《关于魏县2009年度第六批次建设用地（置换）与下一轮土地利用总体规划衔接的请示》。将北台头乡乔小庄村废弃砖厂建设用地复垦面积为9.33公顷，新增耕地面积为9.33公顷，置换于县城南用地面积为2.67公顷，涉及三田村东北部1.26公顷，岗井村西北部1.4公顷，属于新一轮县城建设总体规划确定的规划区范围内。

是日，魏县人民政府向河北省人民政府呈报2009年第六批次建设用地（置换）的请示。乔小庄村砖厂废弃地复垦项目于2007年12月20日经河北省国土资源厅收验。新增耕地9.33公顷，其中已用6.67公顷，对剩余2.66公顷进行置换。

12月6日，国土资源部和农业部在湖北省仙桃市联合举办全国基本农田保护工作会，魏县国土资源局郭峰局长被授于全国基本农田保护工作先进个人。

29日，引黄入邯工程正式开工，竣工后黄河水从河南省濮阳县穿越卫河底部流入魏县第六店村后，再由连接渠分别流入东风渠、超级支渠、小引河、魏大馆排水渠、民有总干渠、沙东干渠、王封干渠、西支渠、老沙河等渠道，包括魏县、大名、馆陶、广平、肥乡、曲周、邱县等7个县长110公里，涉及30多个乡（镇）400余个自然村、建设规模流量为25立方米/秒，年引水量约1亿~3亿立方米，控制灌溉面积5.33公顷，受益人口80万人。

12月，河北省国土资源厅土地利用处处长蔡博广、地籍处副处长翟治国、邯郸市国土资源局副局长赵保健一行来魏县就14宗废弃砖瓦窑置换项目进行验收。向上申请的18宗置换项目全部验收通过，为魏县新增建设用地指标86.67公顷，年度在全市排列第一名。

2010年

1月14日，中共邯郸市国土资源局委员会研究决定：张建设任中共魏县国土资源局委员会书记、局长；免去郭峰中共魏县国土资源局委员会书记、局长职务。

2月24日，魏县国土资源局印发《关于王德民等人员人事调整的通知》。成立基本农田项目建设办公室。

3月2日，魏县国土资源局印发《关于成立魏县土地利用总体规划修编领导小组的通知》。张建设局长任组长。

3日，魏县国土资源局印发《关于规范砖窑厂管理的实施方案》。利用一个月的时间，在全县开展砖窑厂执法突击活动。

是日，魏县国土资源局印发《关于表彰2009年度先进集体和先进个人的决定》。

12日，魏县国土资源局印发《关于进一步明确执法监察工作责任的通知》。

14日，魏县人民政府发布《关于进一步加强县城规划控制区内土地管理工作的通告》。

5月4日，魏县城镇面貌三年大变样工作指挥部办公室印发4月13日《指挥部会议纪要》。县委书记齐景海在县会堂小会议室主持召开了会议，议定八项事宜，涉及土地五项，其中罐头厂土地开发事宜，新增工程二十二项，涉及土地二十项。

5日，魏县新农村建设办公室、魏县国土资源局联合印发《关于新民居示范工程建设用地有关工作的通知》。制定先占后补、占补平衡，增减挂勾、城乡土地置换办法，分级审批把关。

是月，魏县国土资源局组织15人，参加第一届“梨乡水城·魏都”杯全国龙舟赛，荣获团体第四名。

6月12日，邯郸市人民政府副市长赵险峰在市政府副秘书长李海亮、市委督察室副主任裴四海、市政府督察室副主任鹿学敏、市监察局局长屠晓林、市国土资源局局长鲁自重等有关人员的陪同下，来魏县督导卫片执法检查工作。县人民政府常务副县长张顺桥、县人民政府办副主任王振国、县国土资源局张建设局长及县人民政府督查室、县监察局、县环保局等有关人员陪同督导。实地察看了魏城镇王营村王营化工厂、冀南防水有限公司、泉辉环保有限公司等三个违法占地企业的拆除、复垦情况，年度卫片工作顺利通过验收。

23日，魏县人民政府办公室印发6月13日《县长办公会议纪要》。政府副县长赵金刚主持召开原法院土地使用权收回有关工作会议，同意收回原法院0.3632公顷土地使用权，划拨到魏县机关事务管理局用于魏县行政服务中心建设，并办理相关手续。

7月9日，魏县人民政府印发《魏县国土资源局主要职责内设机构和人员编制规定的通知》。设置了办公室、耕地保护股、地籍管理股3个职能股室，机关编制9人，其中行政编制8人，工勤编制1人。

8月3日，魏县国土资源局印发《关于成立解决养老保险金遗留问题领导小组的通知》。县国土资源局党委副书记、高峻副局长任组长。

9日，魏县国土资源局印发《关于解决养老保险金遗留问题的实施方案》。按照政策解决了全局320名干部职工拖欠20年之久的养老保险金遗留问题。

9月30日，魏县人民政府组织县国土资源局、县规划局、县公安局、街道办四个单位110名工作人员，配合县法院，对魏州街道办冯辛寨居委会居民张某未经批准、无任何手续，擅自在冯辛寨村东南地、一中小区西侧占地建房进行了依法强制拆除。

11月10日，魏县人民县人民政府发布《关于加强全县土地管理促进县城经济发展的通告》。控制全县所有土地，对新民居建设经上级批准组卷报批的加快建设进展，对未批的新民居一律停止建设，对不停止建设的，依法强制停建、拆除、并恢复地貌。

2011年

1月4日，魏县国土资源局局长办公会研究人事工作，决定局机关内部人员实行提前离岗，切线年龄为53周岁，到年龄退休，保留原待遇不变。取消土地储备中心，其职能由土地利用管理股负责。

11日，魏县人民政府印发《魏县地热资源管理办法》的通知。

24日，魏县城镇建设三年上水平工作指挥部对魏县城镇面貌三年大变样工作进行总结，涉及土地方面，城市规划控制区面积由13.7平方公里扩展到38平方公里。拆除违法建筑218.28万平方米，建设环城观光路46公里，实施“五河一湾、五湖一源、36桥景观”工程，动用土方8000万立方米，全县地上水灌溉面积扩大6倍，形成生态水面600公顷，地下水提升了3.6米。

25日，魏县国土资源局召开春节茶话会，邀请局离退休干部和现任股级以上干部50人参加，张建设局长代表全局及领导班子在茶话会上致辞。

2月12日，魏县人民政府发布《关于加强全县地热资源管理的通告》。

14日，魏县国土资源局印发《关于规范砖窑厂管理的实施方案》。在全县开展为期一个月的砖窑厂执法突击活动。

16日，魏县人民政府发布《关于加强全县公路两侧环境治理严禁私搭乱建房屋的通告》。

23日，魏县国土资源局印发《关于表彰2010年度先进单位和先进个人的决定》。表彰先进单位24个，先进个人62人。

3月16日，在县国土资源局三楼会议室公开举行魏县土地利用总体规划（2010－2020年）方案听证会，会议由魏县国土资源局副局长张大鹏主持，县发改局、县规划局、县交通局、县水务局、县环保局、县文体局、经办机构代表北京舜土规划顾问有限公司及相关乡（镇）、村负责人（村代表），50人参加听证会。

4月19日，魏县人民政府印发《关于加强土地管理严禁私自买卖土地的通告》。

22日，是第42个世界地球日，围绕“珍惜地球资源转变发展方式”的宣传主题，在县城人口密集的街口设立2个宣传站点，各乡（镇）也相应设立了宣传站，散发宣传单2000份、宣传册500本、出动宣传车10辆。

5月14日，魏县国土资源局印发《关于全县国土资源系统、社会治安综合治理、集中宣传活动方案的通知》。成立领导小组，张建设局长任组长。

25日，魏县人民政府办公室印发5月12日县长办公《会议纪要》。殷立君县长在河北爱美森木材加工有限公司和河北新能源纺织工业园项目建设现场主持召开会议，研究河北爱美森木材加工有限公司二期工程项目和河北新能源纺织工业园项目建设有关事宜。议定由国土资源局牵头依法收回原PU革项目占用土地之后划归爱美森公司专用，爱美森公司要先向县人民政府缴纳一定数额的保证金。

是日，魏县人民政府副县长赵金刚在县大会堂主持召开会议，研究同意魏县土地评估中心大楼规划设计方案。

27日，中共魏县县委、魏县人民政府召开全县卫片执法检查工作安排部署动员会，县委书记齐景海、县人民政府县长殷立君分别做了重要讲话，印发《魏县加强土地执法规范土地管理工作整治方案》，各乡（镇）党委书记、乡（镇）长和相关单位主要负责人参加会议，并与各乡（镇）签订责任状。

28 日，魏县土地评估中心办公大楼破土奠基。仪式上，县人民政府副县长赵金刚做了讲话，邯郸市国土资源局副调研员刘东升致词，县人民政府办公室副主任王振国主持了奠基仪式，县国土资源局张建设局长重点介绍了项目建设情况，县直有关单位主要负责人及国土资源局机关人员共计 400 人参加了奠基仪式。2012 年 9 月 28 日，魏县土地评估中心六层办公大楼全部竣工，并投入使用。项目占地 0.67 公顷，建筑面积 5202 平方米，属钢砼框架结构，铺装了地暖，配备了空调，安装了电梯及电教、监控系统，设有地下车库。县人民政府副县长赵金刚和县国土资源局张建设局长为县土地评估中心办公大楼竣工剪彩揭牌，邯郸市国土资源局副局长张书宽致辞，县人民政府办公室副主任王振国主持竣工剪彩仪式。

6 月 1 日，魏县城镇建设三年上水平指挥部办公室印发《魏县城控区管理问责追究暂行规定》的通知，县城控区实施精细化管理，对违法建筑、违法占地及私搭乱建、乱停乱放管理混乱的违法违规现象实施问责追究。

8 日，魏县人民政府印发《魏县 2011 年关限证照不全工业企业实施方案》的通知，对能耗较大、技术含量低、设备老化、生产工艺落后的 6 家实心砖砖厂和 1 家红瓦厂进行淘汰，涉及南双庙乡 2 家，前大磨乡 4 家，北台头乡 1 家。

27 日，中共魏县县委办公室、魏县人民政府办公室联合印发《魏县土地卫片执法监察工作督导方案的通知》。确保年度内违法占用耕地面积占新增建设用地总面积的比例控制在 10% 以内。成立魏县土地卫片执法监察督导组，政府副县长赵金刚任组长，下设 5 个分组，重点对辖区内违法占地清理等有关事宜。

28 日，魏县人民政府印发《关于成立魏县迎接国家七部委成立建设用地增减挂钩试点和农村土地整治清理检查领导小组的通知》。县人民政府副县长赵金刚任组长，下设办公室，张建设局长任主任，地点在县国土资源局，下分综合协调组，资料信息组和后勤保障组 3 个组。

6 月 28 日 –7 月 8 日，国务院组织国土资源部、中农办、发改委、财政部、环保部、农业部、住建部等七部委成立联合检查抽查组，在省、市有关人员的陪同下，来魏县对城乡建设用地增减挂钩和农村土地整治清理情况进行督导检查，并提出了指导性意见。

是月，魏县国土资源局组织 23 人参加了第二届“梨乡水城 · 魏都”杯全国龙舟赛。

7 月 19 日，魏县人民政府发布《关于进一步加强县城控区内基础设施等管理有关情况的通告》。

20 日，魏县国土资源局印发《关于严格县城规划控制区内道路两侧和主干道两侧土地管理工作的通知》，实行局领导包片、股级干部包街道、一般人员包路段，实施巡查，对擅自改建、乱搭乱建、未批先建等违法行为，责令其停工停建、恢复地貌。

8 月 2 日，魏县人民政府办公室转发《邯郸市人民政府办公厅关于切实加强汛期地质灾害防治工作的通知》的通知。

18 日，魏县人民政府发布《关于加强河北经济开发区规划范围内土地管理的通告》。

20 日，河北省国土资源厅耕地保护处处长牛魁斌带队，由河北省国土资源厅、省农业厅、省监察厅、省审计厅、省统计局参加的一行 6 人，在邯郸市人民政府办公厅副秘书长李海亮，邯郸市国土资源局副局长杨占军、耕地保护处处长李建春的陪同下，对魏县 2006－2010 年耕地保护责任目标履行完成情况进行考核检查，县人民政府副县长赵金刚，县人民政府办副主任王振国，县国土资源局局长张建设、县监察局局长李志学、县农牧局局长刘静、县审计局局长常延年、县统计局局长张振勇陪同，观看项目区现场，提出了指导性意见。

22 日，魏县人民政府办公室印发《县长办公会议纪要》。政府县长殷立君在政府会议室主持召开城区街道两侧零星闲置土地面积 0.67 公顷以下处置工作会议，对原确定的主城区内 66 块零星闲散土地，由县国土资源局、县城市投资有限公司、梨乡投资有限公司分别处置，所有处置的闲散土地，要办理集体土地使用证。

是日，魏县人民政府发布《关于加强魏城镇赵寨村土地管理严禁违法乱建房屋的通告》。

9 月 5 日，魏县人民政府发布《关于进一步加强城控区管理工作的通告》。

13 日，魏县国土资源局向邯郸市国土资源局呈报《关于补办地热井矿权手续的请示》。对 29 眼地热井已处理到位、需补办相关手续。

20 日，魏县人民政府印发《关于加强城控区管理制止违法建设工作的通知》。

10 月 10 日，魏县国土资源局印发《关于加强各乡（镇）国土资源所机关管理强化责任追究制度的通知》。

25 日，魏县国土资源局印发《关于节能减排工作的实施方案》。重点对已取缔的砖窑厂实施节能减排工作。

11 月 26 日，魏县国土资源局印发《关于贯彻中央领导同志重要讲话精神学习宣传的工作方案》。成立学习宣传领导小组，张建设局长任组长。

12 月 2 日，中共邯郸市国土资源局委员会研究决定：石文胜、李卫杰任魏县国土资源局副主任科员；王之平任魏县国土资源局主任科员，免去其中共魏县国土资源局委员会委员、副局长职务。

4 日，是第十一个全国“12.4 法制宣传日”，魏县国土资源局围绕“深入学习宣传宪法，大力弘扬法治精神”这一宣传主题，在县城主要街道悬挂标语，设立宣传站。发放各类法律宣传图片、宣传册及法规宣传资料 5 万余份，接受群众咨询万余人。

12 日，魏县国土资源局转发《国土资源部严禁企业违法下乡圈地的通知》。

16 日，魏县人民政府办公室印发《魏县人民政府关于印发〈魏县城区河湖水系保护管理办法〉的通知》。县国土资源局及相关部门负责城区河湖水系及外围保护地带的保护、开发、建设、利用等，规划控制范围内，按规定的权限和程序办理建设规划用地手续。

2012 年

1 月 5 日，魏县国土资源局印发关于《局级领导工作分工的通知》，张建设主持局全面工作，高峻协助局长抓好日常工作。局级领导外出期间主持工作相互衔接依次顺序：张建设→高峻→王之平→孙雪峰→张大鹏→张军→石文胜→李卫杰

16 日，魏县国土资源局印发《关于机构及人事调整的通知》。成立土地执法大队，负责管辖城区执法队，漳南执法队，漳北执法队。成立地勘管理股，漳南监察分局更名为漳南执法队。

30 日，魏县国土资源局印发《关于在全县国土资源系统开展思想作风整顿活动的实施方案》，成立领导小组，张建设局长任组长。下设办公室，高峻副局长兼任主任。

2 月 13 日，魏县国土资源局印发《关于表彰 2011 年度先进单位和先进个人的决定》，表彰先进单位 23 个，先进个人 78 名。

3 月 17 日，河北省国土资源厅、省财政厅联合检查组来魏检查指导基本农田建设工作，检查组一行听取魏县基本农田建设情况的工作汇报，并到县国土资源局、县财政局查看了相关工程建设资料和财务报告等台账，随后深入到车往镇基本农田整理项目区进行了实地查看。

21 日，河北省国土资源厅执法监察局副调研员王贺民带队，省、市检查组一行 4 人，来魏县检查指导 2011 年度土地变更调查疑似图斑情况。县人民政府县长卢健、副县长赵金刚，县国土资源局张建设局长和相关人员陪同，检查组对魏县的工作给予了肯定。

22 日，魏县人民政府发布《关于进一步加强县城规划控制区新建、改扩建房屋管理的通告》。

31 日，中共邯郸市国土资源局委员会研究决定：张军任魏县国土资源局副局长，免去其纪委书记职务；雷如岭任魏县国土资源局党委委员、纪委书记；郝俊河任魏县国土资源局副主任科员。

4 月 10 日，河北省国土资源厅执法监察局常振乾一行 3 人，到魏县调查水上新民居项目建设情况，该项目 2010 年 8 月 20 日被河北省推进农村新民居建设工作领导小组确定为省级新民居建设示范村，于 2010 年 12 月 9 日经河北省国土资源厅批复周转用地面积为 5. 52 公顷，实际占地 4. 13 公顷，不存在违法占地建别墅问题。

5 月 21 日，政府县长卢健在政府会议室主持召开土地储备工作会议。听取了魏州街道办党工委书记连福举关于魏县土地储备工作情况汇报，议定土地储备工作。

24 日，中共魏县县委办公室、魏县人民政府办公室联合印发《魏县农村集体土地确权登记发证工作实施方案》的通知。利用四年时间，到 2015 年全面完成全县农村集体土地确权、集体建设用地使用权和宅基地确权登记发证工作，建立地籍信息系统，土地确权发证工作全覆盖，实施信息动态监管。成立魏县集体土地确权登记发证工作领导小组，县委副书记、农工委书记侯有民任组长，下设办公室，地点在县国土资源局，张建设局长任办公室主任。

6 月 11 日，国家土地督察北京局蔡可军专员一行，莅临魏县进行土地督察指导。

27 日上午，魏县人民政府召开全县农村集体土地确权登记发证工作动员会，县委副书记侯有民做重要讲话，对全县的农村集体土地确权登记发证工作进行了安排部署。政府副县

长赵金刚主持会议。各乡（镇）（街道办）乡（镇）长（主任）、县有关单位的主管副职、县国土资源局领导班子全体及中层以上干部共计150人参加会议。

7月10日，魏县人民政府办公室印发《魏县2012年地质灾害防治方案的通知》。成立魏县地质灾害防治工作领导小组，政府副县长赵金刚任组长，下设办公室，主任科员王之平任主任，地点在县国土资源局。

13日，魏县国土资源局印发《关于成立国有资产管理工作领导小组的通知》。高峻副局长任组长。

14日，魏县国土资源局组织100名土地执法人员，对全县主要交通干线两侧违法建筑、私搭乱建、擅自圈地等违法用地行为进行集中整治；对魏峰线三处违法占地、老定魏线一处擅自圈占违法占地、新定魏线一处擅自圈占违法占地、魏张线三处违法占地建筑，配合县法院依法强制进行拆除。

8月1日，魏县人民政府印发《魏县交通干线环境集中整治活动实施方案的通知》。县国土资源局对老定魏线、邯大线、魏峰线、安聊线两侧15米，新定魏线两侧20米内违法占地、非法建设、私搭乱建进行清理，控制区内的建筑用地不予审批。

14日，魏县国土资源局组织土地执法人员60余人、车辆6辆、铲车一台，对益民山公园南侧、老定魏线路东一处未经依法批准、擅自占地建设汽车练习场地的违法用地，配合县法院依法强制进行拆除。

16日，魏县国土资源局印发《关于全县国土资源系统十八大安保工作实施方案的通知》。成立领导小组，局党委书记、局长张建设兼任组长，下设办公室，主任科员王之平兼任主任。

24日，魏县国土资源局印发《关于充实调整综合治理工作领导小组的通知》，局党委书记、局长张建设任组长，主任科员王之平兼任办公室主任。

29日，魏县国土资源局印发《关于进一步加强县城规划控制区道路两侧和交通干线两侧土地管理工作的通知》。实行队长包线，所长包片，人员包段工作机制。

9月7日，魏县国土资源局在全县“一迎双争”演讲比赛中获得组织二等奖。

25日，魏县人民政府办公室转发邯郸市人民政府办公厅关于坚决遏制新增违法用地行为的通知。要求全面落实各项工作责任，坚决纠正违法占地行为，有效遏制土地违法的高发势头，做好2012年土地卫片执法检查工作。

26日，魏县国土资源局向市局呈报《关于魏县前大磨乡和顺会村等三个建设用地减少与魏县魏城镇等2个城镇建设用地增加试点项目的拆旧区验收的申请》，该项目总投资176.8963万元，复垦总面积19.93公顷，新增耕地面积19.93公顷。

11月28日，魏县人民政府印发《关于调整魏县土地工作领导小组的通知》。县人民政府县长卢健任组长，政府常务副县长霍河生、副县长赵金刚任副组长，下设办公室，地点在县国土资源局，张建设局长任主任。

12月4日，魏县国土资源局印发《关于成立土地志编纂领导小组的通知》局党委书记、局长张建设任组长，局党委副书记、副局长高峻任常务副组长。

24日，魏县人民政府办公室印发《关于公布规范性文件清理结果的通知》。对全县2010年6月1日至2012年10月31日制定实施的规范性文件进行了全面清理和审定，保留了29件文件和废止了6件文件，其中：涉及土地方面的10件文件予以保留，继续适用。

是年，组卷上报新增建设用地7个批次，涉及土地面积40.64公顷，已获批6个批次、面积27.31公顷；公开出让土地15宗，面积28.28公顷，聚集资金1.25亿元。

2013年

3月17日，魏县国土资源局印发《关于实施“3162”工程提升全县国土系统干部职工思想道德素质的实施方案》。

26日，魏县人民政府办公室印发3月25日《县长办公会议纪要》。政府县长卢健在县人民政府三会议室主持召开远洋农业科技项目和河北省禾兆益祥再生物质加工项目建设有关工作会议。县规划局，国土资源局、沙口集乡等参加了会议。

4月5日，魏县人民政府向市局呈报《关于同意地热、矿泉水矿业权设置的函》。将已经省国土资源厅批准列为历史遗留问题的21个现有地热井列为拟设采矿权，符合规划和矿业设置投条件的7个探矿单元列为拟设探矿权。

22日，魏县人民政府印发《魏县河道清理工作实施方案的通知》成立领导小组，政府常务副县长霍河生任组长，共清理河道树木、房屋、木料场等占地451.67公顷。

5月2日，魏县国土资源局印发《关于局级领导开展基层调研工作的实施意见》。局领导班子成员每月第一周到分包乡（镇）国土资源所进行调研，解决难题，帮助工作，靠前指挥，一线办公。

23日，魏县国土资源局印发《关于开展解放思想改革开放创新驱动科学发展大讨论活动的实施方案》。成立领导小组，张建设局长任组长，高峻副局长任常务副组长。

6月7日，魏县人民政府印发《关于建立县乡村三级国土资源监管网络的实施意见》。建立国土资源局包乡（镇），乡（镇）干部包片，国土资源所包村，三级监管区域网络责任制。

13日，魏县国土资源局向魏县人民政府呈报《关于魏县城区土地级别与基准地价更新成果（2012）的请示》。范围确定为：东至东风渠、西至玉泉河、北至民有渠、南至益民河，总面积46.53平方公里。

9月4日，魏县召开东风渠两岸国有土地清理收回重新发包工作动员会，东风渠沿线9个相关乡（镇）党委书记、村支部书记、会计及县水利局、国土资源局等县直有关单位主要负责人参加会议。魏县人民政府副县长王自林出席会议并讲话。

10月9日，中共邯郸市国土资源局委员会研究决定：张大鹏任魏县地理信息局局长（正科）；石文胜任魏县国土资源局党委委员、副局长；免去张大鹏魏县国土资源局副局长职务；石文胜魏县国土资源局副主任科员职务。

11月27日，魏县人民政府印发《关于进一步规范砖瓦窑管理限制粘土砖厂生产的通知》。已拆除不符合生产条件的粘土砖瓦窑49座，对现有的56座砖瓦窑厂利用五年时间以每年不少于10%的比例，分步骤、分批次，逐年关停取缔。未被取缔的粘土砖瓦窑厂办理《取土许可证》、《土地复耕协议书》。在取土时剥离30厘米耕作层后，取土深度不得超过1.5米。

28日，魏县人民政府印发《关于规范当前工业项目用地管理的紧急通知》。未经依法审批的项目，一律按违法占地进行处理，拆除到位，恢复地貌，并依法严格追究有关单位及责任人员的责任。

12月12日，魏县国土资源局印发《关于成立土地案件审理委员会的通知》。张建设局长任主任，主任科员王之平任常务副主任。

是日，魏县国土资源局印发《砖厂监管工作明责问效暂行规定》的通知。

年内，争取计划用地指标39.8公顷；上报河北省政府批复6个批次建设用地，批准用地总面积106.6公顷；依法公开出让土地17宗，面积33.73公顷，为政府积聚资金22000万元。

2014 年

2月21日，魏县机构编制委员会办公室印发《关于魏县测绘管理办公室更名为魏县地理信息局的批复》魏县测绘管理办公室更名为魏县地理信息局。下设地理信息股，工作人员由原测绘管理办公室人员组成。

3月17日，宁晋县国土资源局党委书记、局长曹军华一行6人来到魏县国土资源局学习土地征用、耕地保护、土地储备、土地出让、执法监察等方面的经验和作法。

5月15日，中共魏县国土资源局党委副书记、副局长高峻带队，局领导班子全体成员和股级干部共33人，前往河南省开封市兰考县参观焦裕禄纪念馆，重温党的群众路线教育。

6月3日至6月27日，魏县开展成品加油站专项整治行动，对不符合国家及省加油站设置要求，未经批准或采用欺骗手段骗取批准的违法占地建设的加油站，依法查处，并整改到位。

6月10日，魏县国土资源局印发《关于进一步加强土地执法严格工作问责的通知》，将全县划分为3个巡查区域。实行队长包线、所长包片、执法人员包段的工作机制。

6月21日，中共魏县国土资源局党委修定《考勤工作制度》和《机关值班制度》，对请病假的工资发放标准进行重新修改。

8月14日，魏县国土资源局党委领导班子成员专题民主生活会。县人大主任郭玉峰，列席了会议。对照“三严三实”的要求、开展“三堂会诊”。共征求到领导班子及党员干部“四风”意见建议112条，并逐条解决落实。

9月28日，中共魏县国土资源局党委会议研究决定，成立土地储备中心，为股级科室，挂靠土地利用股。

10月10日，中共魏县国土资源局党委会议研究决定，每周五下午为集中固定学习日，设立“周五讲堂”，由局领导和业务骨干及邀请省、市、县相关专家授课培训。

10 月 16 日，魏县国土资源局印发《关于举办迎元旦硬笔书法比赛的通知》，11 月 1 日—12 月 15 日为书法比塞参赛时间，并设立一等奖 1 名，二等奖 3 名，三等奖 6 名，优秀奖 10 名。

2015 年

2 月 2 日，中共魏县国土资源局党委会议研究决定，砖厂执法队分为漳南砖厂执法队和漳北砖厂执法队。漳南砖厂执法队由郭文书任队长，漳北砖厂执法队由华云龙任队长。

5 月 25 日，中共魏县县委、魏县人民政府对县国土资源局争取建设用地规模指标 5800 亩，给予全县通报表彰。

5 月 26 日，魏县国土资源局印发《关于在全县国土资源党员干部中深入开展“三严三实”专题教育的实施方案》，学习贯彻习近平总书记系列重要讲话精神。

6 月 1 日，河北省国土资源厅批拨魏县国土资源局 21 辆国土资源执法摩托车，全部分配各个基层国土资源所。

6 月 3 日，魏县国土资源局印发《车辆管理规定》，节约开支，保障公务用车。

7 月 24 日，河北省国土资源厅执法监察局常务副局长陈兴胜（正处级）、处级干部常振乾等一行 3 人，在邯郸市国土资源局副局长张书宽的陪同下，来魏县检查督导实心粘土砖厂整治情况，听取了县政府关于粘土砖厂整治情况的工作汇报，并现场查看砖厂取缔情况，对魏县的粘土砖厂整治工作给予肯定。

8 月 25 日，魏县国土资源局印发国土系统专业技术岗位任职条件通知，对专业技术五级岗位至专业技术十二级岗位的任职条件进行说明。

9 月 8 日，魏县人民政府在县委大会堂召开关停取缔实心粘土砖瓦窑专项行动动员会，各乡镇党委书记、乡镇长、相关部门负责人及涉及村支部书记参加会议。魏县人民政府办公室印发《魏县开展实心粘土砖瓦窑关停取缔突击月活动工作方案的通知》，细致安排和部署，明确责任分工，签订《关于取缔实心粘土砖瓦窑工作目标责任状》依法对全县实心粘土砖瓦窑实施关停取缔。

9 月 9 日，河北省国土资源厅副厅长张国军一行 3 人，来魏县督导关停取缔实心粘土砖瓦窑专项行动进展情况。听取了县政府专题汇报，现场查看了实心粘土砖瓦窑拆除情况，对魏县的实心粘土砖瓦窑拆除工作进展情况给予肯定。20 日，全县所有实心粘土砖瓦窑全部关停取缔。

12 月 8 日，魏县国土资源局党委书记、局长张建设在魏县第十五届人大常委会第二十次会议上作年度工作汇报，受到县人大主任、各副主任、各位委员及参评代表的高度评价。

2016 年

3 月 3 日，中共魏县国土资源局党委会议研究决定，撤销土地执法大队，成立卫片执法办公室，李成军任主任，负责全县土地卫片执法检查工作。陈诚任执法监察股股长，负责全县较大违法案件的处理、数字统计上报工作。

4月22日，魏县国土资源局邀请魏县检察院职务犯罪预防科科长王国庆就如何做好预防职务犯罪上一堂拒腐防变、永葆清正廉洁本色的廉政教育课。

5月3日，中共魏县国土资源局党委会研究，任命茜爱民为行政许可服务科主任，免去李雪敏行政许可服务科主任职务。

5月9日，中共魏县国土资源局党委印发《“学党章党规、学系列讲话，做合格党员”学习教育实施方案》的通知，在全县国土系统上下深入开展“两学一做”专题教育活动。

5月10日，中共魏县国土资源局党委组织102名干部职工关注中国政府网微信公众号进行学习答题，了解《政府工作报告》相关内容，指导国土资源工作的开展。

5月16日至7月15日，魏县集中开展违法用地和实心粘土砖瓦窑清理整治专项行动，对卫星遥感监测（卫片）及动态巡查发现县城规划区域及主要交通干道两侧私搭乱建、借农村集体土地流转之机，建农业园区或搞养殖为名圈占土地及已关停取缔的实心粘土砖瓦窑“死灰复燃”。4类违法用地行为进行集中清理整治。

5月30日，中共魏县国土资源局党委会议研究决定，明确局级干部A、B岗工作机制。高峻（A岗）←→孙雪峰（B岗）、石文胜（A岗）←→李卫杰（B岗）、张大鹏（A岗）←→郝俊河（B岗）、张军（A岗）←→雷如岭（B岗）。

7月15日，中共魏县县直机关工作委员会印发《中共魏县县直机关工作委员会关于国土资源局党总支及其下属党支部选举结果的批复》批准魏县国土资源局设立中共魏县国土资源局党总支，并下设3个支部。

魏县按照《国土资源部、农业部关于全面划定永久基本农田实行特殊保护的通知》和《河北省国土资源厅关于做好土地利用总体规划调整完善有关问题的通知》要求，坚持“依法依规、规范划定，统筹规划、协调推进，保护优先、优化布局，优进劣出、提升质量，特殊保护、管住管好”五项原则，9月21日，完成了全县53600公顷基本农田永久性划定外业、内业调查工作。

10月16日，成立魏县国土资源局不动产登记中心，股级科室，由李成军兼任不动产登记中心主任，高文明、郭洪坡任副主任。

10月27日，魏县人民政府办公室印发《魏县人民政府关于在全县实施不动产统一登记的通告》，30日，颁发魏县第一本不动产登记证书。

11月3日，易地扶贫搬迁工作，对新建贺祥社区、和顺社区、远邦社区、江庄社区、洪湖社区、户村社区等6个新社区全部纳入规划调整范畴并完成报批工作。

11月10日，魏县国土资源局印发《关于在全系统开展“双整双提”活动推进方案》的通知，在全县国土资源管理系统开展“整顿思想作风、促进行政效能再提升，整顿工作纪律、促进队伍形象大提升”活动。

12月6日，邯郸市人大执法检查组对魏县的土地法律法规执行情况进行调研，并充分肯定和高度赞扬。

第一编

土 地 环 境

魏县位于河北省南端，地处冀、豫两省交界处，历史悠久，源远流长。早在7000年前就有古人类活动，相传曾是黄帝次子昌意的封地，春秋时为晋国大夫魏武子封地，战国时为魏武侯别都。是合纵家苏秦合纵六国之地；汉高祖十二年（前195年）建县后，曾为都尉府驻地，辖东南数县；抗日战争曾是中共冀、鲁、豫根据地一地委、一军分区驻地，是抗日根据地之一。至2016年，魏县建县已有2211年的历史。虽经历史上分分合合，魏县之名长而不衰。

魏县属温带大陆性气候，是华北大平原的一部分，春夏秋冬，四季分明，地势平坦，土地肥沃，气候适宜，日照时长，极利农作物生长，是著名的粮、棉生产基地。漳河、卫河流经魏县，省道、县道四通八达。至2016年底，魏县先后被联合国地名委员会中国分部命名为“千年古县”，国家命名为“中国鸭梨之乡”“全国绿化达标县”，国家级水利景观县等。

第一章 地理环境

魏县位于河北省南端，与河南省隔河相望，是古黄河冲击而成的华北平原地带。从汉高祖十二年（前 195 年）建置，至今已有 2211 年的历史，全县土地总面积多年统计数据为 862 平方公里。1989 年，详查数为 859. 9 平方公里。1992 年，权属接边与河南省北部相邻的内黄县勘界后，全县面积为 863. 6 平方公里。

魏县历史悠久，自古为军事要地，战国时期为魏国次都，其面积约是今境域的 2 倍，后因多次变迁，遂成今日现状。从古到今，县境大致从东向西、从北向南缩减。县境曾与元城县、大名县分分合合，魏县地名却长存而不衰。

第一节 地理位置

魏县地跨北纬 36°03′06″－36°03′26″，东径 114°43′42″－115°07′24″，为邯郸市所辖。北邻广平县，西接成安县和临漳县，东与大名县相连，南隔卫河与河南省的安阳、内黄、清丰、南乐四县接壤。县境南北长 42. 24 公里，东西宽为 35. 5 公里，总面积 863. 3 平方公里，占河北省总面积的 2. 2%。县政府驻魏城镇，西距成安县城 24 公里，临漳县城 31 公里；北距广平县城 12. 5 公里；东距大名县城 21 公里；南距南乐县城 45 公里，清丰县城 72 公里，内黄县城 45 公里，安阳县城 70 公里。距邯郸市 52 公里，省会石家庄 210 公里，首都北京 470 公里。县境地势平坦，自西向东缓缓倾斜，海拔多在 48－57 米之间，西高东低，坡降比为 1：2300，属华北地带南段宁晋断陷区平原的一部分。漳河从境西南入境，东北界境出，境内全长 32. 3 公里。卫河是冀豫界河，自北善村入境，至南堤村南出境，境内全长 15. 9 公里。省级干线邯大公路（邯郸至大名）、安聊公路（安阳至聊城）、定魏公路（定州至魏县）、魏峰公路（魏县至峰峰公路）、大广（大庆—广州）高速连接线，穿境而过；县、乡级公路四通八达。

第二节 历史沿革

魏县，历史悠久。古域位于黄河之东，济水之西，是黄河冲积而成的华北平原一部分。

据《河北省人口志》载，早在距今7000年前，魏域就有了古人类活动，属于仰韶文化区域。相传黄帝时期，魏域为黄帝子昌意领地，并在今边马乡筑有昌意城。据《史记》载“帝舜……命禹‘女平水土’禹……乃行相地（今魏县南部及河南内黄县一带）覃怀致功，至于衡漳，入于海”。魏域是大禹治水区域之一。《禹贡》分全国为九州，魏域属九州之冀、兖二州。夏为观扈国领地；商为畿辅之地；西周为洹水地，初为商后裔武庚封地，后为康叔封地，属卫国；春秋先后属卫、齐，后为晋国地；晋献公十九年（前667年），重耳立为文公，封魏武子为晋国大夫，治于魏（竹书纪年载：今魏县一带）。战国时，赵、魏、韩三家分晋，属魏国，为魏武侯别都，魏县名由此演变而来。公元前335年，苏秦主持的六国抗秦结盟之地就在魏域古洹水镇（今北皋镇旧魏县村）。秦始皇十九年（前228），在今域首次设县，名棘蒲，治所在今治南，属邯郸郡。

西汉高祖十二年（前195年），沿袭战国时期魏国地名置魏县，属魏郡，魏县县名从此开始。治所在今魏县县城东北25里于村（今大名县，魏庄、马头一带，史称汉城）。魏郡为冀州刺史部南方大郡，分别设置东、西两个都尉府，东都尉府在魏县，辖东南数县，史称“三魏重镇”。莽始建国元年（9年），改称魏城亭；刘玄更始二年（24年），复称魏县。三国属曹魏冀州魏郡，阳平郡。西晋属司州魏郡。

南北朝时期，前、后燕属贵乡郡、北魏属相州魏郡，北齐时属清都尹（尹治在今清河县）。北齐天保七年（556年），魏县并入贵乡县。不久，贵乡县废，并入昌乐县。北周建德六年（557年），从相州（今安阳）东部（原魏县西南部分）置洹水县（晋代析河南内黄县置长乐县，北齐时长乐县废，并入临漳县。原长乐县为后来的洹水县）。

隋开皇三年（583年），从昌乐县西部及原魏县地域分置繁水县，治所在繁水镇（今魏县边马一带）。开皇六年（586年），夏复置魏县，属武阳郡。开皇十六年（596年），析魏县西部分置漳阴县（故城在魏治西南）。炀帝大业初年，废漳阴县，入魏县。末年（617年），李密取之，改郡为州。寻为窦建德所据。

唐代属河北道魏州（州址在今邺城）。高祖武德四年（621年），从魏县分置漳阴县。贞观二年（628年），废漳阴县魏县。天宝三年（744年），魏县因水患，县城迁至汉城北旧县庙。

五代时期，后梁、后唐、后晋、后汉，魏县属大名府。

宋代属河北东路大名府。仁宗庆历二年（1042年），将大名府改称北京，魏县称为京郊。熙宁六年（1073年），洹水县废止，并入成安县，改称洹水镇，同年，魏县治所因水患徙至洹水镇（今魏城镇西南15公里旧魏县村）。洹水镇一带地区遂属魏县。

金属尚书省大名府路，金大定七年（1167年），从魏县北部分置广平县。

元沿袭金代建置，魏县仍属大名府。

明属京师大名路，下辖魏县。洪武初年（1367年），改大名路为大名府。洪武三年（1370年），魏县被漳河洪水冲啮，县治所徙至五姓店（今治魏城镇）。洪武十年（1377年），废大名县，并入魏县，至洪武三十一年（1398年），复置大名县。

清属京师大名府。乾隆二十二年（1757年），洪水淹没魏县县城，乾隆二十三年（1758

年)，裁去魏县建置，魏县十分之九并入大名，余入元城县。

中华民国时期，属直隶省大名县。民国三年（1914 年)，决议恢复魏县于旧治。寻因漳、卫河齐发洪水，魏、元、大三县均受重灾，逐议决将魏县、元城并入大名县。时大名分为三个区，原魏县为西区，原元城县为东区，大名县为中区。魏县地区划为第 4、5、6 区。民国十七年（1928 年)，直隶省改称为河北省，下辖大名县（含魏县)。民国二十九年(1940 年 6 月)，成立魏县抗日民主政府，恢复魏县建置。是年八月从魏县分出漳河南一带地区，设置漳河县。民国三十五年（1946)，年废漳河县，并入魏县。民国三十六年（1947 年)，漳河南车往、回隆一带 54 村及河南部分村镇置漳南县，县治所回隆镇，属平原省。1949 年，漳南县废止，原 54 村回归魏县。1958 年 11 月，魏县并入大名县。1961 年 5 月，魏县与大名县分置，恢复魏县建制，县政府驻地魏城镇，隶属邯郸地区。1993 年，邯郸地区行政公署、邯郸市合并，改称邯郸市，魏县隶属邯郸市至今。

第三节　境域演变

战国时期，做为魏武侯别都的魏邑，所辖面积有多大？无资料可考。秦统一中国后，实行郡县制，秦始皇十九年（公元前 228 年)，属邯郸东郡，西汉高祖十二年（前 195 年)，在今临漳县邺镇建立魏郡，下辖魏县。当时魏县始建县城在今魏县县城迤北 25 里于村（魏城)，今名魏庄、马头。历史上数次与他县分分合合，所辖区域变异较多，从《河北通志》地理图和民国《大名县志》地理图看，汉，东都尉府在魏县，辖东南数县，史称“三魏”重镇，领地较今广阔，西起临漳以东，东从元城县以西大名县城南北地域，北界包括今广平县地区，南界河南省内黄县、清丰县、南乐县以北的广大地区都属于魏县地。前后 600 多年无大变化。

南北朝时期，北周于今魏县的西南部置洹水县，至隋开皇六年（586 年）复置魏县时，由于洹水县的建置和在魏县原领地建置了漳阴县，领地较汉时大为缩减，从此位于今大名县以南的原魏县境域缩减西移。

隋唐时期，隋开皇十六年（596 年）与大业初年（605 年)，先后两次从魏县西部分置又并入漳阴县，漳阴县城在今魏城镇西（城址待考)，因此，魏县西境有两度缩减与恢复。

宋辽金时期，宋熙宁六年（1073 年)，魏县大水，县治所从今大名县西北旧县庙徙至洹水镇。洹水镇原属于今河南省内黄县，晋代在内黄洹水镇置长乐县，北齐时长乐县并入临漳为镇。后废洹水县入成安县为镇。从此原属于内黄县北部、临漳县东部、成安县东南部的洹水镇一带地区归魏县，魏县西南部境域扩大。由此可见原魏县西部境域南北较窄，西南部有凹陷，洹水镇地区并入魏县，使魏县地图填满了凹陷。

金大定七年（1167 年)，魏县北部因析置广平县。北部境域缩减，至王横至仁里村一带。魏县东部，除分置昌乐县使县境东南部减一大部分地区外，使之东南部向内缩减。

明代洪武十年（1377 年）至三十一年（1398 年），大名县废入魏县，魏县疆域再一次扩大，东部达到大名县全境与山东省接壤。明《正德大名府志》记载魏县里至曰：“魏县在府城（大名府）西，东抵元城，西抵临漳，南抵内黄，北抵广平，广袤各 70 里。”这是魏县与大名分置时魏县当时的境域。

清乾隆二十二年（1757 年），魏县汜于水，县废，并入大名县，直到民国二十九年（1940）年六月，魏县民主政府建立，魏、大合县长达 183 年。

民国二十九年（1940 年）八月至民国三十三年（1944 年），在魏县漳河南一带分置漳河县；民国三十六年（1947 年），又将车往一带 54 村划归平原省漳南县。魏县南境又缩减至漳河北岸，这是魏县历史上疆域最小时期。1950 年，车往、回隆一带 54 村回归魏县，魏县又恢复到 1940 年 6 月边界。

1958 年，广平县的西南温，胜营、北双庙、东南温、南温店、北罗营、王营、赵寨、庞庄等 21 村划归魏县。11 月魏县与大名合县，1961 年 5 月，魏、大分县时，北双庙、胜营等 14 个村划归广平县，西南温、东南温、南温店、王营、北罗营、庞庄、赵寨 7 个村仍留魏县管辖，延续至今，未再变化。

纵观魏县境域，原来是东西长，南北稍短，东宽西窄，北至今大名县城北；东南至今河南省清丰县、南乐县；东部在今大名县城南北一线；西至临漳县秤勾集、成安县赵村、李家疃；北部包括广平县大部；南界临清丰县、南乐县、临漳县。从东南往西北倾斜。从西汉初建县迄今两千多年的历史长河中，境域变化的趋势是逐渐西移，东部向西缩减，北部向南缩减，西南部有所扩大，西部无大变化。

第四节　行政区划

一、明清区划

元代以前，魏境行政区划不详。至明代初期才有区划记载。据明正德《大名府志》载“明代实行里社制，魏县属北京布政司大名府；正德年间，境内由 36 里增至 54 里。”时县辖里（县下行政机构，相当于现在乡镇）。里辖保，每保辖 5 户。时全县 54 里，村庄 108 个。

清代，县下分东、南、西、北四路，路下分里、庄。据魏县康熙年间《魏县志》载：东路 52 庄；南路 42 庄；西路 34 庄；北路 24 庄。全县共计 152 庄。（全县里数不详。）

清乾隆二十二年（1757 年），漳、卫河齐发水，魏县城汜废治。乾隆二十三年（1758 年），魏县 337 村并入大名、元城二县，其中漳河南北 306 村并入大名县，东北 31 村并入元城县。这 31 村里：东罗庄、申桥、北圈（今圈里）、蔡家屯（今蔡屯）、北马儿庄（今郝马庄）、申马儿庄（今常马庄）、铺上村、裴马头（今西马头、南马头）、李二庄、朱村、东南庄、宿庄、王二庄（后台东王二庄）、沙珞节、西岭村、旧柏村（今柏村）、王村、田固、杨固、段庄、陈庄、门外村、魏县屯、魏村、大韩道、（以上26村后随元城县并入大名县至今）。相公庄、张庄（今北张庄）、阎庄（后分为前后阎庄）、北代固、邵村（以上5村后复归魏县）。

附：明正德年间魏县略图。

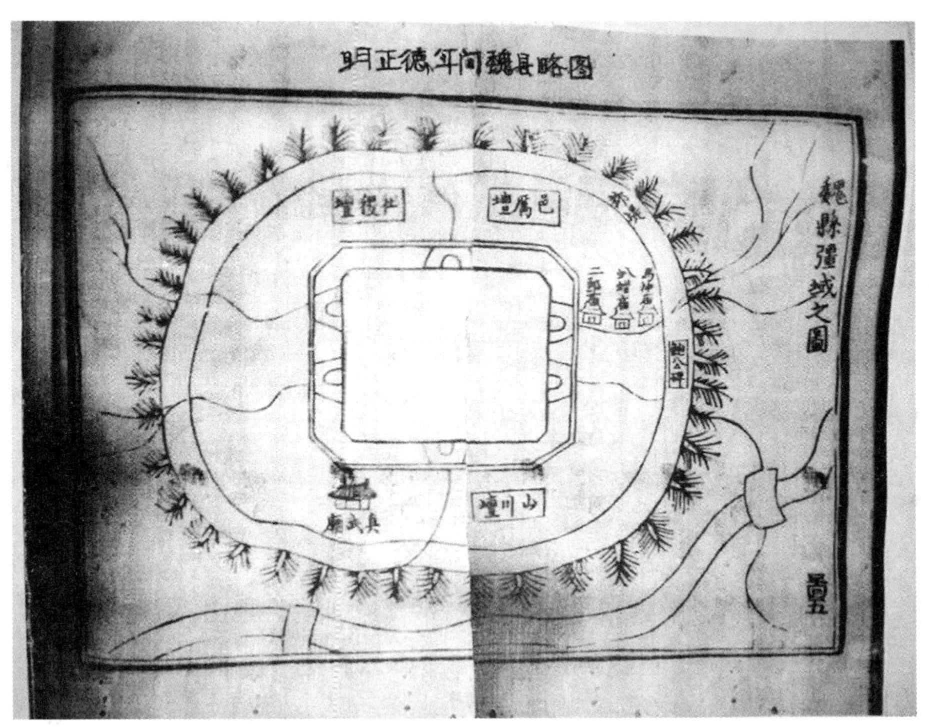

明嘉靖年间魏境略图

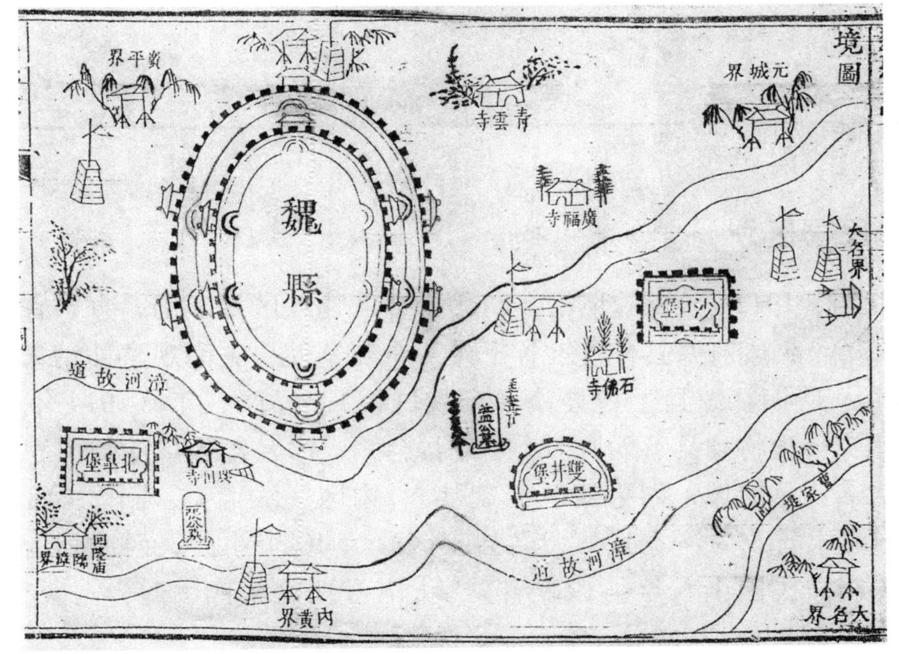

清康熙二十二年（1682 年）魏县地图

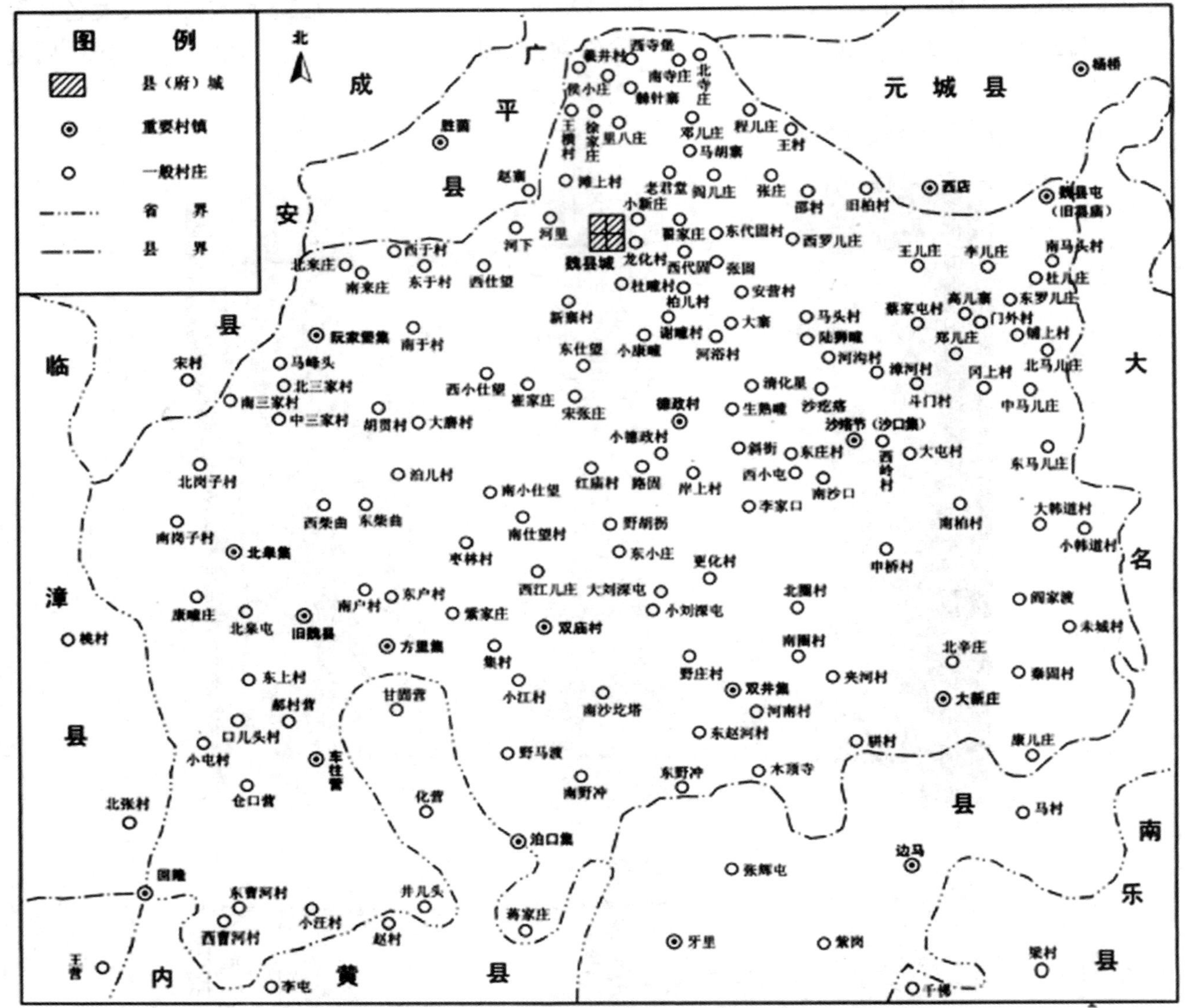

二、中华民国区划

中华民国元年（1912 年），魏境沿袭清代行政区建置区划，仍属直隶省大名府大名县。民国二年（1913 年），废府并县，直隶省下设 4 个观察使，冀南观察使辖大名县，驻大名，不久改为大名道，是年复魏县于魏县镇（今魏城镇）。民国三年（1914 年），因魏县、元城、大名同遭水灾，遂将魏县、元城、大名三县合并，称大名县。县实行三区分治体制，依魏县、元城、大名三县旧域，划为西区（魏县）、中区（大名）、东区（元城）。民国十七年（1928 年），直隶省改为河北省，大名县三区改为 10 个小区，西区划为四、五、六区，区下设乡、乡辖村。民国十八年（1929 年），大名县西区第四、五、六区，乡、村设置如下：

第四区：驻沙口集，辖47乡、113村。

第五区：驻方里集，辖72乡、72村。

第六区：驻魏城，辖73乡、73村。

民国二十三年（1934年），大名县将10区划分为5个自治区，魏县属一二三自治区（共辖433村）。第一自治区由原一、二、三小区合并而成，包括今境牙里、张二庄、大马村乡，共计175村，区公所设在旧治（今大名县旧治村）。第二自治区由原四区大王村以南24村与第五区72村合并而成，共计96村，区公所驻双庙集（今南双庙）。第三自治区由原第四区李家口以北89村与第三小区原有73村合并而成，共计162村，区公所驻魏县镇（今魏城镇）。

民国二十九年（1940年）六月，魏县抗日人民政府成立，时辖217村。同年八月，今境漳河南一带置漳河县。民国三十三年（1944年）漳河县废归魏县。

民国三十四年（1945年）十月，魏县人民政府成立，通过与邻县区域调整，辖446村。民国三十六年（1947年）四月，魏县车往、回隆一带54村划归为漳南县，这些村庄是：东上村、车往、黄甘固、口儿头、郝村、小营、栗庄、杨甘固、大仓口、小仓口、秦庄、保定北、霍小屯、郭小屯、王小屯、尚村、孙大汪、李大汪、常大汪、前朋固、后朋固、六上、后张庄、梁小汪、西上村、小郝村、赵村、井头、蒋村、张庄、生庄、申庄、大王庄、河北、泊口、华营、后佃坡、前佃坡、马头集、崔野冲、阎庄、耿庄、西李庄、郭野冲、回隆、南营、冯庄、刘庄营、步村、南栗庄、小任庄、崔小汪、西张庄、刘庄营等。

1949年10月，漳南县废，所划村庄悉数返魏。时魏县划归大名县22村，即高寨、门外村、武马庄、孙马庄、高马庄、大韩道、小韩道、李未城、中未城、吴魏城、苗魏城、双未城、杨未城、白水潭、刘堤口、赵家庄、贾小庄、老堤南、许家堤、曹庄、朱洼、未庄等。

同时大名县划归魏县87村：即：边马集、边小屯、王庄、江庄、王井、东吕村、冯堤、高堤、东田教、南辛庄、紫岗、东楼底、西楼底、朱家村、李家庄、东石固、任庄、于家村、罗胜屯、东扬善、范骈村、西郭村、东郭村、辛刘庄、邓村、寺李村、寺南村、楼寺头、张庄、张村、梁庄、旦疃南、旦疃北、三马村、二马村、小马村、西疃、大马村、曹堤、董堤、董庄、八里庄、简庄、木顶寺、东侯村、西候村、王野冲、张野冲、崔野冲、耿庄、西辛庄、杨庄、张辉屯、牙里集、张大堡、胡村店、教化村、南长兴、西长兴、卞村、苏庄、赵庄、安庄、北杨庄、南杨庄、张二庄、西吕村、宋屯、军寨、前普安、后普安、崔庄、北善村、南平村、北平村、中烟、西烟、东中烟、刘庄、北留固、第六店、大严屯、田教、南英封、北英封、张汪、潮汪等。

附：民国二十三年旧魏县略图

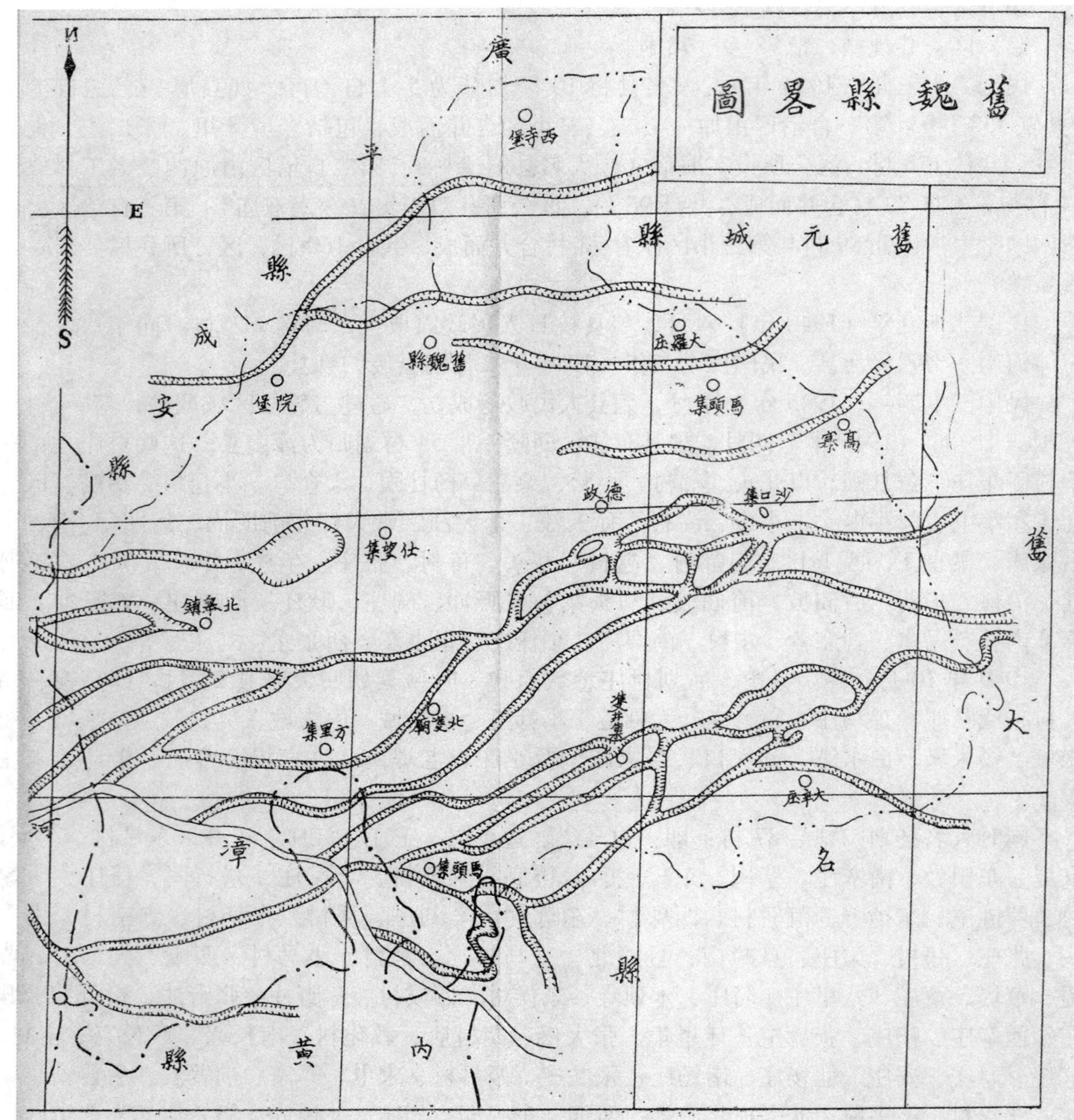

三、中华人民共和国区划

中华人民共和国成立后，1949 年 10 月至 1950 年 3 月，全县分 8 个区：第一区驻魏镇（今魏城镇）；第二区驻北皋；第三区驻牙里；第四区驻大辛庄；第五区驻崔阁；第六区驻沙口集；第七区驻阎北；第八区驻杨甘固。1950 年 4 月，魏县人民政府由崔阁迁到魏县，全县由 8 个区减为 6 个区（崔阁、阎庄并入他区）。区下设乡镇，全县辖 2 镇、87 乡、450

村。其中第一区驻魏镇（今魏城镇），辖10个乡，61村。第二区驻北皋镇，辖13乡、79村。第三区驻德政，辖13乡、64村。第四区驻大辛庄，辖14乡、90村。第五区驻牙里集，辖18乡、74村。第六区驻杨甘固，辖19乡，69村。

1958年3月，撤销6区，改建为19乡镇：魏镇区驻魏镇，马胡寨乡驻马胡寨村，北皋镇驻北皋，扬柴曲乡驻扬柴曲村，德政乡驻德政村，仕望集乡驻仕望集村，大磨乡驻大磨村，沙口集乡驻沙口集村，双井乡驻双井集村，边马乡驻边马村，大辛庄乡驻大辛庄村，牙里乡驻牙里村，双庙乡驻双庙村，大严屯乡驻大严屯村，杨甘固乡驻杨甘固村，仓口乡驻仓口村，张二庄乡驻张二庄村，泊口乡驻泊口村，回隆乡驻回隆集村。

1958年7月，广平县并入肥乡，其地北高曲、李高曲、南高曲、南王庄、蔡庄、北温、胜营、北双庙、辛庄营、崔营、柳林、辛庄、三曲房、南刘庄、西南温、东南温、南温庙、王营、北罗营、庞庄、赵寨等21村划归魏县。1962年5月，广平县从肥乡析出复置，原划归魏县的北双庙、北温、胜营等14村回归广平县，西南温、东南温、南温店、王营、北罗营、庞庄、赵寨等7村归魏县管辖。

8月，撤销19个乡，改为5个人民公社：魏镇人民公社，北皋人民公社，双井人民公社，车往人民公社，牙里人民公社。1958年11月，撤销魏县建置，并入大名县。原魏县辖区划为魏镇、德政、北皋、双井、车往、牙里6个人民公社，下设31个管理区。

1961年5月，魏大分置，原魏县6个人民公社改建为6个工委，驻地仍为原驻地。

1962年2月，撤销6个工委，改建为6个办事处，驻地不变。

1982年7月，先后撤销6个办事处，恢复6个区，下辖37个人民公社。第一区魏镇，辖东代固、魏镇、西南温、棘针寨、白仕望5个人民公社。第二区北皋，辖北皋、康疃、白枣林、前大磨、院堡、南刘岗6个人民公社。第三区德政，辖德政、沙口集、大庄、野胡拐、仕望集、安张庄6个人民公社。第四区双井，辖双井、南双庙、薛庄、刘深屯、大马村、大辛庄、边马、马神庙等8个人民公社。第五区牙里，辖牙里、紫岗、大严屯、张二庄、张辉屯、崔野冲6个人民公社。第六区车往，辖车往、回隆、台头、韩小汪、仓口、泊口6个人民公社。

1984年3月，魏县撤销37个人民公社，改建为7个镇，30个乡。魏城镇、德政镇、双井镇、北皋镇、车往镇、回隆镇、牙里镇。其余30个人民公社改为乡。乡镇辖村：魏城镇辖23村；北皋镇辖24村；德政镇辖9村；双井镇辖23村；牙里镇辖20村；车往镇辖12村；回隆镇辖12村；东代固乡辖12村；棘针寨乡辖15村；白仕望乡辖18村；西康疃乡辖14村；白枣林乡辖17村；前大磨乡辖16村；院堡乡辖16村；南刘岗乡辖14村；沙口集乡辖14村；大庄乡辖11村；野胡拐乡辖14村；仕望集乡辖17村；安张庄乡辖8村；南双庙乡辖13村；刘深屯乡辖8村；薛庄乡辖11村；大马村乡辖18村；大辛庄乡辖21村；边马乡辖22村；马神庙乡辖10村；紫岗乡辖13村；大严屯乡辖15村；张二庄乡辖14村；张辉屯乡辖12村；崔野冲乡辖9村；北台头乡辖12村；泊口乡辖13村；韩小汪乡辖13村；西南温乡辖5村；仓口乡辖11村。

1989年4月，全县乡镇合并为7镇、16乡。西南温乡并入魏城镇；大庄乡并入沙口集；

安张庄乡并入德政镇；刘深屯乡并入双井镇；南刘岗乡并入北皋镇；白枣林乡并入大磨乡；马神庙乡并入大辛庄乡；紫岗乡并入边马乡；张辉屯乡并入牙里镇；大严屯乡并入张二庄乡；韩小汪乡并入回隆镇；仓口乡并入车往镇；崔野冲乡并入泊口乡；薛庄乡并入南双庙乡。村随乡一块并入。

1996 年，撤销西康疃乡并入北皋镇，撤销白仕望乡并入魏城镇，魏县调整为 7 镇 14 乡。

2008 年 10 月，从魏城镇划出 19 个居民委员会成立魏州街道办事处。

至 2016 年，魏县辖 9 镇，12 乡，1 个街道办事处，542 个行政村，19 个居民委员会。魏城镇政府驻魏城镇东壁路，辖 29 个行政村，有耕地 2643.4 公顷，灌溉面积 1540 公顷。德政镇驻地德政村，位于县城东南 7.5 公里，总面积 28.7 平方公里，辖 17 个行政村，耕地 1697.3 公顷，沙口集乡辖 51 个行政村，驻沙口集，距县城东南 9 公里，总面积 58.4 平方公里。耕地 5034 公顷，灌溉面积 3421 公顷。双井镇驻地双井村，位于县城南 15 公里处，总面积 47.6 平方公里，辖 32 个行政村，有耕地 3448.5 公顷，灌溉面积 2499 公顷。牙里镇驻地牙里集，位于县城东南 27 公里处。总面积 49 平方公里，辖 33 个行政村，有耕地 3578 公顷，灌溉面积 2720 公顷。车往镇驻地车往村，位于县城西南 25 公里处，总面积 40 平方公里，辖 19 个自然村，26 个行政村，耕地面积 3251 公顷，灌溉面积 2720 公顷。回隆镇辖 29 个行政村，驻地回隆集，位于县城西南方向 31 公里处。总面积 45 平方公里，耕地面积 3560 公顷，灌溉面积 3193 公顷。东代固镇驻地东代固村，城东北 3.5 公里处，总面积 30 平方公里，辖 12 个自然村，15 个行政村，耕地面积 1513 公顷，灌溉面积 1413 公顷。棘针寨乡驻地棘镇寨村，位于县城北 6 公里处，面积 20 平方公里，辖 15 个行政村，耕地面积 1998.06 公顷，灌溉面积及 1630 公顷。野胡拐乡驻地野胡拐西村，位于县城南 9 公里处，总面积 24 平方公里，辖 17 个行政村，有耕地 1751.7 公顷，灌溉面积 987 公顷。仕望集乡驻地仕北村，位于县城迤南 8 公里处，总面积 25.6 平方公里，辖 17 个行政村，有耕地 1813 公顷，灌溉面积 1360 公顷。前大磨乡驻地大磨村，位于县城西迤南 8 公里处，总面积 53 平方公里，辖 29 个行政村，耕地面积 2909 公顷，灌溉面积 2121 公顷。院堡乡驻地院东村，位于县城西南 9.5 公里处。总面积 18.6 平方公里，辖 17 个行政村，耕地面积 1528 公顷，灌溉面积 1344.1 公顷。南双庙乡驻地南双庙村，位于县城南 13 公里处，总面积 42.5 平方公里，辖 27 个行政村，耕地面积 3242 公顷，灌溉面积 1425 公顷。泊口乡驻地泊口村，位于县城南迤西 21 公里处，总面积 36.7 平方公里，辖 29 个行政村，耕地面积 3329 公顷，灌溉面积 2377 公顷。北台头乡驻地北台头村，位于县城西南方向 17 公里处，总面积 27.6 平方公里，辖 13 个行政村，耕地面积 1978.2 公顷，灌溉面积 1978.2 公顷。大辛庄乡驻地大辛庄村，位于县城东南 23 公里处，总面积 45.78 平方，辖 32 个行政村，耕地面积 3434 公顷，灌溉面积 1880 公顷。边马乡驻地边马集，位于县城东南 25 公里处，总面积 60 平方公里，辖 36 个行政村，耕地面积 4004 公顷，灌溉面积 3046 公顷。张二庄乡驻地张二庄村，位于县城南 32 公里处，总面积 61 平方公里，辖 35 个行政村，耕地面积 43186 公顷，灌溉面积 3664.6 公顷。大马村乡驻地大马村，位于县城东南 28 公里处，总面积 22.1 平方公里，辖 12 个自然村，18 个行政村，耕地面积 1706 公顷，灌溉面积 1706 公顷。魏州街道办事处驻地魏城镇，辖 19 个居民委员会，总面积 26 平方公里，耕地面积 897 公顷，灌溉面积 897 公顷。

附件一

乾隆间并县部议

吏部为遵旨议覆事，文选司案呈吏科抄出本，部题前事，会议得直隶总督方观承疏称：魏县县治初在于村，后因漳水为害，迁于洹水镇，复改迁今治，皆不免于水患。今又经漳水灌浸，濠难修复，若境于内另行择地改建，必在距河稍远之处，而体察民情又复不愿远移。窃思建置固有常经，而制宜尤在因地。魏邑系繁难中治，所辖 337 村，于大名、元城二县，土地、人民犬牙相错，故词讼之涉户婚、田产者，往往三县并控，司道等详加相度，大名府属之大名县，附近府城地甚偏小，而附郭元城亦系中治，似不如将魏县裁汰，归并大名、元城管辖，无庸再议迁筑城属，庶经费不致多糜，而政治亦称简易。

查魏县漳河以南 288 村，河北 18 村，共计 306 村，均与大名县地界切近，应划归大名管辖；又东北 31 村，于元城县地界毗连，应拨归元城管辖。

再查大名县治逼近卫河，上年卫水漫堤入城，城垣浸损，虽较魏县为轻，然土城本属残缺，水后更须修筑。且该县密迩郡城，从前建置本未合宜，而郡城之内转系大名县所辖，以元城首邑反附寄外县，地方官民诸务每牵制未便，应请大名县治改移府城，与元城同为附郭之县。首大名，次元城，所有附城内之街道、关厢，划半分管。其大名旧管之府东关、北关、三里店 13 村，与元城毗连，县拨归元城县，余乃隶大名。计大名县原管村庄 225 处，额赋银 14710 两零，内除划归元城 13 村庄，额赋银 324 两处，尚存额赋银 14385 两零，加以受拨魏县 306 村，额赋银 45780 两零，共计额赋银 60160 两零。

地方既加广阔，额赋又增加数倍，兼有漳、卫二河修防紧要，应将大名县定为附郭，繁难沿河要缺，遇有缺出，拣选题补。至魏县知县、典史、教谕、训导及额设书役，悉行裁汰，管俸投食、存留银两，俱裁归起运项下报解。

魏县县丞一缺，管理漳河一应修防事务，仍令驻扎魏县旧治，归于大名县管辖，将魏县县丞印信，改铸为大名县管理漳河县丞关防字样。其大名县县丞一缺，管理卫河一应修防事务，仍令驻扎大名县旧治。至漳、卫二河民修提堰，向有派定成规，虽县治裁归，而村庄坐落如旧，其一切修防工程，应照旧例办理，无庸更张，至起推诿。其余寻常徭役，具应听改隶之县公同派分，以昭划一。魏县防泛弁兵应照旧存留，以资巡辑。

魏县额设科岁两考，取进文童 18 名，武童 15 名，廪增 20 名，县虽裁并而读书士子如旧，未便以分并之故，将入学名数遽议裁减。查裁县并学之例，小、中、大三学各计原额，递增至府学额数为止。今大名府学额，进文童 21 名、武童 20 名。大、元两县名额，进文童

18名，武童15名。若将原额入学名额，照大、元二县划分村庄之多寡，改拨各县管辖，则受拨村庄较多之大名县，势必加赠逾额，似未允当。今元城既受拨魏县31村庄，大名13村庄，应请于魏县文童18名，武童15名，各拨于元城两名；大名文童18名，武童15名，各拨与元城1名。大名县文童减定17，武童减定14名；魏县文童减定16名，武童减定13名。魏县童生照例另编为乡学字样，考试取进至考补廪增、出贡之处，悉照旧办理，注明学册，报部察核。所有乡学事务，必须专员经理。查大名县原设教谕一员、训导一员，除教谕仍管本学事务外，应请将训导一员分拨魏县乡学，另颁学记。每年文庙春秋丁祭，令训导主祭，原存书籍、祭器等物，悉归掌管，以专责成，文庙祭祀修理及先贤先儒专祭编银，仍旧支给。至大名县既议附郭，郡城内已有府，县文庙2座，大名自可与之合祭，毋庸令设，其原编祭银裁归充饷。如有先贤先儒专祭编款，仍请照旧支给。

再查元城县社稷、山川、风云、雷雨等坛春秋二祭，额编银两，业于乾隆13年（1748年）议裁，今大名县改为附郭首邑。所有旧治原编社稷等坛祭祀银两，亦应裁归充饷。大名县额设养廉600两，魏县额设养廉800两，归并之后，大名一县政务殷繁，应请照大县之例，酌定养廉银1000两，所有加增银400两，即在裁汰魏县养廉内拨给。魏县额设经费银200两，办公银100两，拨剩养廉银400两，典史养廉银31.52两，一并裁汰，解司归款充公。

魏县额设递马6匹，马夫3名，铺兵15名，该县事件既经裁归大、元二县管理，所有原设马夫、铺兵，自应一体酌裁归并。查大名府属附府之元城县，止有额马8匹，马夫4名。今大名既改为附府县分，应照元城一例，设马8匹，马夫4名，除该县原设马4匹、马夫2名为外，应于魏县额设马夫内，拨马4匹，夫2名，即由该县支给工料报销。其余魏县拨递马2匹、马夫1名应行裁汰，将马价、工料银两，报明户部充饷。至魏县原额铺兵15名，即拟该督于升斗铺等处，酌量安设铺递，应俟该督将所设铺递需用铺兵数目，查明报部，到日再行查核。其大、元二县传递公文及递解人犯，护送饷鞘等项，各按所辖村庄接递，如遇公共事件，经由一路者，按月轮流承值。

魏县额设孤贫口粮、冬衣、花布、银米等项，按大名、元城二县隶村庄，照例在于存留项下支给，其额外孤贫，亦照例随时收养。大名额贮谷一万石，今照大县之例，加增谷一万石，应将魏县现存谷石，拨归大名，作为常平额贮。其魏县余存谷史粜价，解司入拨报部。并令该督将大名府仓现存积设，以及民欠缓征谷石，酌拨元城二千石，大名4416石村贮。县仓仍照旧例，春间借给附郭农民以及护堤农民籽种、口粮之用，秋后还仓。至府仓厫座改作大名县仓廒，天雄书院改作大名县署，所以添建住房、库房、教谕、典史、漳河县承、衙署，准其将魏、大两县旧有各衙署及监仓、房屋拆运添建。大名府通判旧属，应酌加修理，该为天雄书院。至应缴魏县县印、学记，并改铸漳河县丞关防、乡学学记，以及应建应裁衙署、房屋等项事宜，应令该督另行题咨该管衙门办理等因。

乾隆23年5月20日奉旨依议

钦此

附件二

民国三年大（魏）元归并法

为详报筹拟大（魏）元归并办法，开褶绘图呈请核示事。窃知事自本年5月间，遵饬廉署元城县事，接任后叠奉文电饬催，速将归并事宜妥筹详报等因。

查此案自前清之季，倡议归并同城首邑，四、五年来，大、元、魏士绅各结党团，主并，主迁，主复旧，纷争不已，近岁益复嚣张。

自政局变而部议大定，固已不容旁挠，又经知事劝诫廉施，更觉彼此释然，无虞杆格。论归并正理，最要扫除畛域，使人民耳目一新，无复彼我之见，方为便利。知事本意如此，及体察各方面舆论，知其中颇有为难，则以习俗狃于大，魏合并之旧辙，为一隅所囿，而不可速化故也。

查魏县系于乾隆23年裁并入大，当时因学额仍旧，故独留学管、教官于旧城，名曰："乡学"，以别于大名固有之县学，讵此端一开，百事蝩仿，凡钱粮、差徭、词讼、胥役等项，原属大者曰县，亦曰本邑；原属魏者曰乡，亦曰新并，界限截然，百余年来，牢不可破，自新政举行，如警学、实业、自治各机关团体，莫不两两对立，畛域愈明。旧并之魏，既已积习相沿，现并之元，自必有词可籍，若强令一炉溶冶，转恐枝节丛生，而于财政尤多窒碍。

知事反复筹维，并与三处公正绅耆详加讨论，窃谓行政机关，事权必须统一，方能一致进行；地方财产收支，原各不同，无妨暂缓融合。庶几上符治体，下顺民情，当此人心易动之时，不得不出之以审慎。曾将委屈，面禀钧台，并将办法节略开摺，呈明在案，谨本此意，酌拟归并事宜十二条，开具清摺，绘具警察区域图说，详请核查，训示施行。

计开

（一）县名：系遵照部令，采用"大名府"旧称，重行定名为"大名县"。

（二）属址：自前年府级取消后，大名县即移入府属办公，今亦仍旧。

（三）祭祀：文庙等祭，自旧府以及大、元、魏共三、四处、自无并存之理。今专留府文庙一处并先农坛一处，按时致祭，以照诚壹而节烦费。其他文庙姑免迁除，仍听士民瞻仰，以顺舆情。

（四）仓谷：仍旧各存原仓，无庸合并，以免修仓之费用，移谷之耗失。

（五）监狱：查大，元两监相较。其宽广、坚固，钧元不如大，应将元城原有狱囚，并入大名监内，以免狱官分投顾。惟骤加三十余名，目下已乌笼房收容，日后犯或增多，更不得不宽留余地，拟拓展围墙一面，添盖笼房数间，约计五六百金，足以敷用，现已堪估招匠投标，如年内不及竣事，或俟明春再行动工，容与包工匠人商酌定规，另文详报。

（六）警察；从前大名警察原分七区，内本邑三区，新并四区；元城原有五区，共计十二区，今改编为中、东、西三大区，即以大名警长原辖之区域，属之中区；元城警长原辖之区域，属之东区；大名乡（指原魏县辖区）警长原辖之区域，属之西区。并按原有十二区之区域，分为十二驻在所，中区三、东区五、西区四，每所设巡官一员，以现在二区管改充之，各受本区管之指挥。每区设区管一员，以现在三警长改充之，并遵照新章，知事自任警长，三区管并廉充警佐。于城内设一警察所，警佐在所，则随同警长办理一切警务。其在区局，则各办本事分巡区内，即就分所为停顿办公之所。如是则局所地址均可仍旧，房屋亦无须修改，以省劳费。至警费出自亩捐等项，宜不分畛，汇总收复，薪饷、马乾多寡，向有参差，现已酌中，该归一律。

（七）学务：全境分中、东、西三学区，仍以大、元、魏旧界为区域，全县设一劝学所，设所长廉中区县视学一人，分社东、西区县视学各一人，并以从前大、元、魏视学员改充之，开具该员等职名，另文详情饬委。至学款虽亦出于亩捐，仍用以补助，各小学经费其用途与警款不同，若汇总收支，必有捐少领多，或捐多领少，不均之弊，地方易启争端，甚或因图领款而滥设学堂，于教育前途反多阻碍，现今各顾各区，以昭平允。

（八）县佐；从前大名有卫河县丞一员，驻龙王庙；漳河县丞一员，驻旧魏县；元城河工主簿一员，驻金滩镇。体察现在情形，金滩镇为水路大镇，宜设分防；旧魏治亦宜复计一员，以顾西路，其龙王庙距金滩镇近十余里，无设置之必要。至南路牙里集，地当充要，从前虽无分防佐杂，而有泛官驻此，今既无武泛，试宜设置佐员，以资助理，计以上，宜设县佐三处，此件虽现经奉饬筹议，其详细理由，图说经费的款，已另文专案详覆矣。

（九）县公署：办事机关均系参照历奉章程组织成立，房屋商敷用，器具已于春间置备。其元城废属，拟借于征收分局占用办公。

（十）全境官立、公立各学校名称；凡有冠以大名乡、魏县、元城等字样者，已令一律改为大名县某学校，其有同类同名，无可分别者，令按成立之迟早，编为第一、第二等目次以别之。俟办竣，令文汇详立案。

（十一）地方各团体：除商会只大名一处，应照新章改组外，余如教育会，弄会等，凡大、元、魏所皆有者，已令各从其类，合并为一，以符定章。俟呈覆齐全，另文汇祥。

（十二）元城县旧印，令文详缴。其各机关钤记之应废、应换者亦俟呈缴到县，另文详办理合登明。

第二章　自然环境

魏县为古黄河冲积平原的一部分，地势平坦，土壤肥沃。魏域系北温带大陆性气候，春夏秋冬四季分明。年日照时长，无霜期短，风力柔和，气温适中，极有利农作物生长。卫河

（御河）、漳河是魏县境内较早河流，历史上曾多次发生水灾，经过治理，现已成为服务于人民的工具。林木种类繁多，果树资源丰富，尤属鸭梨为最，以个大、皮薄、肉厚、渣少、清脆可口、营养丰富享誉国内外，是著名的中国鸭梨之乡，粮、棉生产基地，食用菌生产基地。

第一节　气　　候

一、气候特点

魏县属于北温带季风气候区，气候特点是：气候温和，四季分明，光照充足，雨量适中，雨热同季，无霜期长，干旱同期；全年的主导风向为南风，其次北风，东风、西风较少。年平均降雨量588.5毫米，多年平均蒸发量是降雨量的3.9倍。日照率年均57%。四季气温变化明显，温差较大，形成魏县春旱夏涝，十年九旱三涝的气候特点。四季的特点是：春季干旱多风，气温回升快，处于冷暖气频繁交替期，风力较大，蒸发量随之增大，季降水量占年总降水量的13%。季日照时数710小时，占年日照总数27.5%。

夏季　盛行副热带高压北上形成的温热偏南风，天气炎热多雨，降雨量多集中在7月下旬8月上旬，占年降水量的66.4%。雷雨、暴雨多集中于夏季。季日照时数741.2小时，占年日照量总数的28.4%。

秋季　冷暖空气交替过度季节。雨季已过，空气层稳定，风力较弱，雨量减少，能见度好，呈现出秋高气爽、天蓝、云白的情景。十月进入南北风交替期，短暂的秋季转入干冷的冬季。秋季降雨量占全年降水量的19%。季日照时数为613.7小时，占年日照总数的23.7%。

冬季　天气表现为干燥寒冷。日平均气温≦0℃的日照天数100天左右。常受内蒙古冷高压和西伯利亚寒流的影响，盛行大陆吹向海洋的干冷偏北风，天气寒冷，雨雪稀少，降水量占年总量的3.6%。季日照时数为530.4小时，占年日照时数的20.4%。

二、气温

魏县地处河北省南端，属华北平原中部，热量资源居全省前列。县境平均日照时数为7.1小时，年总辐射量为112.96千卡/平方厘米。年平均地温为16.2℃，年平均气温为13.2℃。一月最冷，平均气温为-2.4℃；七月份最热，平均气温为26.63℃。昼夜温差9-12℃。极端最低气温为-19.8℃，出现在1972年1月26日；极端最高气温为41.5℃，出现在2009年6月25日。

三、风情

县境受季风气候影响，春季、夏季多南风；秋季、冬季多北风。年平均大风日数为8

天，一年中春季大风日数最多，年平均大风为4.6天。夏季大风1天，秋季大风3.7天，冬季大风1.7天。

四、日照

魏县年平均日照时数为2221.8小时，日照率为50%，平均日照数为6.1小时。春季日照最多，平均652.1小时，占全年总时数的29.4%。其中最多的五月份平均250小时，占年总时数的11.3%；冬季较少，平均378.5小时，占全年总时数的17%，其中十二月份最少，平均180.8小时，占年总时数的8.1%；夏季介于冬春之间，分别为551小时和530.2小时。

五、气候

霜：初霜，最早九月二十二日，最晚十一月一日；终霜，最早四月十五日，最晚四月二十五日。

雪：初雪，最早十一月一日，最晚十一月十六日；终雪，最早三月七日，最晚三月二十三日。

土壤：表层结冻，最早十一月三日，最晚十一月二十六日；表层解冻，最早二月二十日，最晚五月十五日。

雷声：第一次雷声，最早三月十五日，最晚五月十五日；最后一次雷声，最早九月二十日，最晚十月十日。

第二节　物　　候

一、植物候

（一）粮食作物

小麦：九月耕种，来年二月返青，三月生长，四月抽穗，五月收割。

玉米：春玉米三月耕种，八月收割；夏玉米五月耕种，九月收割。

谷子：春谷三月耕种，八月收割；夏谷五月耕种，九月收割。

种植歌：谷雨前后，种瓜点豆。头伏萝卜二伏芥，三伏过来种荞麦。白露早，寒露迟，秋分种麦正当时。进入21世纪，气候变暖，种植时间错后。

（二）树木

果树：三月开花：桃花开、杏花败，梨花出来叫奶奶；

收果：七月枣八月梨（苹果），九月柿子红了皮。

毛白杨树：三月五日至二十日发芽；落叶十月五日至二十五日；

农谚：杨叶拍巴掌，离了棉衣裳。

冬季九九歌：一九二九不出手；三九四九冰上走；五九半凌渣散；六九打春季节换（春打六九头）；七九六十三，行人走路把衣单；八九柳芽显；九九燕子见；九九加一九，耕牛遍地走。

夏季九九歌：夏至人头九，羽扇拿在手；二九一十八，脱帽着罗纱；三九二十七，出门汗欲滴；四九三十六，卷席露天宿；五九四十五，炎热似老虎；六九五十四，乘凉进庙祠；七九六十三，床头摸被单；八九七十二，子夜盖被子；九九八十一，开柜拿棉衣。

二、动物候

大雁　始见于十一月上旬，绝见翌年二月中旬。农谚："数九寒天，大雁朝南。"

家燕　始见于四月十五日，绝见于十月八日。农谚："春暖花开，燕子归来。"

青蛙　四月上旬开始鸣叫；布谷鸟五月中旬开始鸣叫；蝉（知了）始叫于六月上旬，绝鸣于九月上旬；蟋蟀六月下旬始叫至七月上旬始叫，十月中旬终叫。

第三节　水　　文

一、河流

（一）漳河　古称衡漳、漳水。《尚书·禹贡》载"覃怀氐绩，至于衡漳"，《周官·职方氏》中"冀州其川漳"的"漳"，即指漳河，其源有二：清漳，出山西平定州乐平县南少山，南过和顺县、辽州县，入河北涉县交漳口会于浊漳。浊漳，出山西路安府长子县西发鸠山、长治县界，又北过屯留、潞城、襄垣县界，又东过黎城、平顺县界，河北涉县交漳口会于清漳；东经磁县讲武城南、临漳、成安、肥乡县、曲周县、巨鹿县、平舒县东入海。河道未入魏境。

漳河魏县段

明永乐年间，（1412 年），漳河始决入魏，知县杨文亨筑堤挡之。明成化十八年（1482 年），水再至魏县，漂田庐无数。宏治二年（489 年），水溢羊羔口，魏县大水，守屋皆倾，知县鲍奇筑护城堤、建长桥御之。

嘉靖初，漳水徙魏县城下。九年（1930年），徙回隆镇向大名县城北流。三十二年（1553年），漳卫合流，自回隆至上村，知府王太平筑双井至新河堤，开渠于双井之东，导之使复故道。三十六年（1557年），漳决魏县，县境汇为巨浸。隆庆三年（1569年），漳水溢平地丈余，合御河入大名县域，溺死者甚众。万历十六年（1588年），漳复徙于魏县南门外。二十一年（1593年），魏县知县田大年筑长堤，西至临漳县界，东迄王二庄，以捍御之。漳水遂北堤，复由成安、肥乡、曲周达于天津，魏县、大名始得间息。二十八年（1600年），给事中王德宪疏请塞北流，导致漳水仍由回隆至小滩，入御河以济运。下所司议魏县举人陈所志作《疏漳议》驳之，上之认可，德宪疏不能行。

清顺治初，由临漳北流，过邯郸河沙堡，又东北由永年、曲周合于滏。十年（1653年），复还故道。康熙初，由成安入广平县境，数决，民不能耕种数载。三十八年（1689年），巡抚都御史李光地议开支河以杀水势，由广平县入魏县境，过义井、西寺堡（今后屯）、寺庄，复由广平及元城（今大名）、馆陶并入御河，魏境再次患漳；自此始。三十九年（1700年），魏县知县王廷栋重修长堤，以护城东、南、西诸村。四十三年（1704年），魏县知县蒋蒂筑支河堤，复筑斜堤，以护城北诸村。广平县民争之，持械器与魏民相斗，蒂亲率民役逻守，身当其锋。未几带去，斜堤亦废，而漳由南徙入支河。

雍正五年（1727年），漳决成安，由抹疃村东下，至赵三家分为二入魏县境：一由院家堡（今院堡）、白仕望，过县域北，东代固村北、后罗庄村北，进大名县王儿庄；一由魏县马峰头、申家店，过县域礼贤台下，东抵马头、东庄，会于大名西店集。魏县知县来谦明筑堤于北河南岸以防水。于是临漳、成安以下，改而东流，过魏县、入大名县，东至馆陶县之南，会于御河，至大沽口入于海。

乾隆初年（1736年），城北一流干涸，水尽流于城南。一支自扬善村南出，东流过德政、杜二庄，北入大名县境；一支自临漳县域南出，经魏县仕望集分为两股，一股过韩道（今属大名）入大名境；一股过韩道南东入大名府城壕，又东北至善乐营入御河。漳河在域南十余年复移于域北。

乾隆二十一年（1756年），直隶总督方观承采纳魏县承扬骐建议，于上游北岸广平境内开支河十余里，东北注入义井故道以分其势。

乾隆二十二年（1757年），由临漳县羊羔村分为二支：北支由成安郑家庄向东入魏县境走嘉靖初故道，大水毁城。乾隆二十三年（1758年），南支经临漳县李岗入魏县境，经中三家、马神庙、罗庄入大名县境。

乾隆五十四年（1789年），由成安赵三家村入魏境，仍行嘉靖故道。

乾隆五十九年（1794年），由临漳三台村决口，向东南入河南省安阳县境，汇合安阳河在安阳县窦公村入卫河。

道光三年（1823年），漳河在安阳县境内决口，合安阳河，经内黄县入魏境，经张二庄入卫河（御河）。

同治四年至八年（1865－1869），漳水连续在双井、候村一带漫衍。

光绪十年（1884年），自蒲潭营分二支：南支经口儿头、郝村、车往、甘固、南台头、崔野冲、照河、木顶寺、扬善村、罗胜屯、寺南村、楼寺头、八里庄入大名境；北支经北皋屯、旧魏县村、杨柴曲、户村、郭枣林、双庙、刘深屯、蔡小庄、野胡拐、霍家庄、岸上、李家口、申桥向东入大名境。

中华民国十五年（1926年），自临漳小彭村入县境蒲潭营，经南上村、霍小屯北、口头村南、郝村南、车往南、黄甘固南、小营北、华营村北、苏庄南、中烟村北、东中烟村北、西田教村北、郭田教村东、南田教村南、东田教村北、紫岗村东、王井村北，入南乐县境。

民国二十一年（1932年），在境内赵庄村西北决口，向东经候村、西候村、东长兴、南长兴、效化村、东楼底、李庄、朱村、张村、边马、边小屯、东石固、任庄、于村、张庄、南旦疃、北旦疃、大马村、小马村、二马村、三马村、西疃、董庄、曹堤，至八里庄入大名境，在小康庄入卫河。

民国二十八年（1939年），在境内南上村西决口，经霍小屯北、口儿头、郝村南，车往北，黄甘固南、小营北、华营西、后佃坡西、前佃坡南、蒋村北、大杨村南、赵庄北、牙里集北、南长兴东南、效化村北、东楼底南、江庄北，经王井村西入南乐县境。

中华人民共和国成立后，漳河经临漳入魏境，经蒲潭营村西南、东上村西北、南户村南、任户村南、乔小庄西北、河岸上村南、郭枣林村东南、合义村北、蔡小庄南、刘深屯北、大王村南、东王村北、李家口南、段家庄南、南北拐村南、马神庙村北入大名。魏境内漳河长32.3公里，流经境内11个乡镇，河址至今未废。

20世纪60年代，漳河上游建库储水，岳城水库以下已形成时令河，除汛期外，平时都是干河。自明永乐十年（1412年）漳水入魏，至2016年，漳河流经魏域已达604年之久。

（二）卫河（御河）

卫河，魏域古称御河。源自河南省安阳市林县西山，东南流经淇县界，浚县淇门镇，经内黄县入魏境，经回隆镇、泊口乡、双井镇、河南村、曹家河、王夹河、牛庄、冯摆渡出境。东汉末，曹操在淇水口下大枋木，遏水入白沟，以通粮道。由此，淇水白沟相通，淇水口以上名淇水，以下（魏县界）称白沟。故《水经注》云："淇水东过内黄县为白沟。"隋大业中，引白沟为永济渠，魏县段称御河，间有知其为白沟者，但决没人称淇水。故《通志》云：田悦遣其将康惮出城西，与马燧战于御河上（注：御河在魏县）。炀帝引白沟水为永济渠即此。御河即白沟之改号，而白沟实淇水之别名。至元代，御河一直是贯穿南北的航运干道。明代以后，御河曾多次南迁，至中华民国时期，已成为与河南省的界河。至2016

卫河（御河）魏县段

年，御河自内黄县楚旺镇流入魏县境，过第六店村南，北留固村南，英封村东，入南乐县界。境内全长 15. 9 公里。因上世纪六七十年代上游建库储水，现在已成为时令河。

从东汉末至 2016 年，御河流经魏境已达 1928 年，御河是魏县人民的母亲河。

二、水源

（一）地上水

魏域除大气降水外，还有流经客水。据 1959 年至 1979 年《河北省水文年鉴》载及境内蔡小庄水文站记录：境内丰水年降水深 588. 5 毫米，合降水量 50. 08 万平方米；平水年（保证率 50%）降水量 565. 3 毫米，合降水量 48. 11 万立方米；偏枯水年（保证率 75%）降水量 459. 3 毫米，合降水量 39. 09 万立方米。多年平均降水日 61. 8 天。年降水四季分布不均匀，多年平均春季占 13%，夏季占 66. 4%，秋季占 17%，冬季占 3. 6%。而夏季降雨量大多集中在 7 月下旬、8 月上旬，俗称："七下八上" 的 20 天内。最大的降水是 1963 年，降水 1084. 1 毫米，造成水灾区 198%。最小的降水量是 1965 年，降水 231. 8 毫米，两者相差达 852. 3 毫米。

客水来源主要有漳河、卫河经流，民有渠灌区引水，东风渠灌区引水，军留灌区引水等。多年平均经流量 190800 万平方米。

（二）地下水

魏域属贫水区，地下水主要贮于第四纪多层结构的松散岩层中，经人工采取、侧向流出和潜水蒸发而排泄，以大气降水、地表水渗入河谷潜水侧向流入而补给。地下水自上而下分别以潜水（包括半承压水）和深压水的特征存在。根据地质特征和底板埋深，垂直方向可划分为 4 个含水岩组：即全新统地层、上更新统地层、中更新统地层、下更新统地层。

地下水多年平均量 11. 128 万平方米。境内地下水质分为：重碳酸 · 氯化物 – 钠镁型水；重碳酸 · 硫酸 – 钠镁型水；重碳酸 · 硫酸 · 氯化物 – 钠钙镁 4 个类型。水质矿化度在 0. 5 – 1. 5 克/升之间，利于农田灌溉和人畜饮水。

据卫生局和防疫站 1985 年对境内饮水氟中毒的调查：县内有氟中毒轻病村 65 个，中病村 3 个。这些村饮用井中水的含氟量一般在 1. 1 – 1. 7 克/升 4. 含氟量最高的村是马头村、小营村、大仓口村、前寺村、后寺村，为 2. 2 克/升。其它村饮用井水的含氟量均小于 1. 1 克/升。

浅井区主要分布在院堡、南刘岗、西康疃、韩小汪、车往、大马村、紫岗、大严屯等乡村一带。浅井适宜 40 – 70 米。分布在中部的野胡拐、刘深屯、双井等乡、村一带，适宜 205 – 300 米深度。

根据水均衡法计算，地下水的可开采资源，多年平均为 9308 万平方米，平水年为 7928 万平方米；偏枯年为 5162 万平方米。2008 年，魏县实施城镇面貌三年大变样工程，实现了县城"五河一湾、五湖一源相连，河渠、湖泊一体" 的生态水网（详见除涝灌溉工程）。在县城周围打造了 600 公顷生态水面，地下水上升了 1. 6 米。

第三章　人文环境

魏县历史悠久，约7000年前，魏域就有了古人类活动。魏县人民忠厚、尚义、重信、崇礼，淳正、朴实的风气流传至今。至2016年，辖9镇12乡1个办事处，450个自然村，542个行政村、19个居民委员会，总人口104万人，为河北省第一人口大县。

第一节　人　　口

一、人口沿变

魏县人口，元代前详实人口无据可查。明朝建立时，魏县人口不足5000人。明初，魏域是“靖南之役”主战场之一，战争过后，魏县尸骨遍野，血流成河，十室九空，路断人稀，原魏县居民仅剩9里（旧时县以下行政单位，以县统乡，以乡统里，一里辖五保，一保辖五户。后另有50户、80户、100户为一里之说。本文仅按第一种说法统计）。战争过后，魏县人口仅剩1125人。

自明永乐三年（1404年）起，从山西襄垣、高平、黎城三线、泽、沁二洲五处迁民至魏县，编户增至36里，人口增至14850人。明正统七年（1442年），全县共有4083户，17557人。明弘治五年（1492年），全县人口5994户，29920人。弘治十五年（1502年），全县有人口7641户，38208人，其中男24951人，女13257人。明万历二十二年（1645年），魏县有4621户，33672人。明天启四年（1645年），境内有10009户，50046人，丁5075名。崇祯十三年（1640年），因战争和灾荒，境内人口降至4020户，20103人，丁2038名。

清顺治三年（1646年），境内有编户4872户，24360人。清康熙二十年（1679年），境内有15535户，77677人，丁7878名。清光绪九年（1883年），境内有28870户，144350人。

中华民国二十三年（1934年），境内有33690户，182097人；1949年9月，境内70414户，295625人，其中男145861人，女149768人。

中华人民共和国成立后，社会安定，经济发展，卫生条件改善，人民生活水平不断提高，人口增长迅速。

1953 年，第一次人口普查，境内总户数 25301 户，人口 324949 人，户平均 4.3 人，年平均增长 5864 人，增长率 2.49%。

1964 年，第二次人口普查，境内总户数 99578 户，总人口 435381 户，户平均 4.37 人，年平均增长 10039 人，增长率 2.7%。

1982 年，第三次人口普查，境内总户数 125231 户，总人口 608750 人，其中男 303944 人，女 304806 人，户平均 4.8 人。年平均增长 9075 人，增长率 1.8%。

1990 年，第四次人口普查，境内总户数 152929 户，总人口 702808 人，其中男 361179 人，女 353650 人，户平均人口 4.64 人，年平均增加 14053 人，增长率 2%。

2001 年，第五次人口普查，境内总户数 136008 户，总人口 778266 人，平均每个家庭人口 4.4 人，自然增长率 6.60%，总人口中，男性为 393265 人，占总人口 50.5%，女性为 385001 人，占总人口 49.5%，性别比 100：102。

2010 年 11 月，第六次人口普查情况不祥。2013 年，全县总户数 225887 户，总人口 994340 人，平均每户 4.4 人。2015 年，全县总户数 239063 户，总人口 1043128 人，平均每户 4.36 人，是河北省第一人口大县。

二、人口密度

中华人民共和国成立后，魏县人口增长迅速，魏县人口密度也同时增长。1949 年，平均每平方公里 343.3 人。1950 年，增至 355 人。1960 年，增至 471 人。1970 年，增至 582 人。1980 年，增至 683 人。1990 年，增至 829 人。2009 年，增至 1041 人。2013 年，全县平均每平方公里 1143.48 人，因地理位置不同，各乡镇人口密度有异，全县人口密度最大的乡镇为东代固镇，每平方公里人口密度为 1351 人；最小的乡镇为前大磨乡，每平方公里人口密度 507 人。2015 年，全县平均每平方公里 1208.3 人。

三、人口构成

人口构成分为民族构成、性别构成、年龄构成、文化构成。

（一）民族构成

魏县民族以汉族为主，截至 2016 年，全县有 20 个民族，分别为汉族、蒙古族、壮族、回族、藏族、满族、侗族、瑶族、布依族、朝鲜族、傣族、苗族、土家族、彝族、白族、哈萨克族、佤族、景颇族、达尔族等。汉族人口占全县人口的 99.9%，19 个少数民族仅占全县人口的 0.1%。

（二）性别构成。中华人民共和国成立后，魏县人口性别比在 97.35－101.93 之间，低于全国人口性别比（102.47－102.83）。2013 年，因人民传宗接代倾向回潮，男性略多于女性，以 2001 年第五次人口普查统计，男女比例为 102∶98。2016 年，男性人口 536604，女性人口 513964，男女比 102.2∶97.8。

（三）年龄构成。据 2001 年第五次人口普查统计全县人口中，0－14 岁人口占总人口的 27.4%；16－64 岁的人口占总人口的 66.7%；65 岁以上人口占总人口的 5.9%。2016 年，0

-17 岁 302282 人，占总人口的 28. 32；18 -59 岁 594287 人，占总人口的 56. 12%；60 岁以上 153599 人，占总人口的 15. 56%。

（四）文化构成。中华人民共和国成立后，魏县人口受教育程度逐年提高，2013 年，大专以上人员占全县 0. 5%；高中（含中专）人口占全县 5. 4%；初中人数占全县 41. 7%；小学教育人数占全县 52. 4%；文盲人数已下降为 9. 57%，高于全国平均教育水平。2016 年，全县受教育人数占全县人口的 90. 43%。

第二节　教育　科技

一、教育

（一）古代教育

教育是兴邦之本。自古以来，魏县士绅都注重教育。据新编《魏县志》载：汉代重明经（学历），魏县人盖宽饶中明经，举方正，历任迁谏大夫、司马等，后官至司隶校尉（相当中纪委书记）。

隋代重秀才（相当于后朝中的进士），全国举秀才（后朝的进士）不足 10 人，而洹水（今魏县）人杜正玄、杜正藏、杜正伦，一门三人具中秀才。三杜文章齐天下，其中杜正伦曾为唐太宗儿子的老师，为后人所称颂。

宋代以来，境内有思诚洹阳等书院，并建有社学、义学、旧学多所，一直沿续到清末，造就魏县一批国家栋梁。宋代魏县人李清臣，7 岁读书，日数千言，过目不忘，出口成章，宋哲宗时官至尚书右丞（相）。刘安世，少时持论有识，登进士第后从学于大儒司马光，后官至谏议大夫。其忠孝正直，主持公道，群贤心服，朝臣数慑，人称殿上虎。

明、清时期，社会稳定，教育发展。明洪武初年（1368 年），县丞将德宏在县治东侧建儒学一处，经多次维修，一直坚持到清初。明嘉清四十五年（1566 年），知县李式在旧魏治启圣词前建思诚书院（何为思诚？意为魏人刘忠定公安世之学，思之不敢忘也）。明弘治元年（1488 年）始，境内先后建社学（官办公助）6 所，义学 12 处。书院数所，百年来，造就“邑人多擢高科，登显人者众多”。自刘庄村（现为王刘庄）学子刘宾中举，明天顺四年（1457 年）中进士始，先后考中进士、举人多名。其中明、清间文进士 23 名，武进士 22 名，文举人 82 名，武举人 117 名。在明代中期，魏县人在朝中居官者较多，民间流传“魏半朝”之说（指在皇帝跟前做官的人，有一半是魏县人）。先后数十人被皇帝旌表，治内石坊巍然在望。

（二）中华民国教育

中华民国时期，社学、义学改为学堂后，高等小学堂改为高级小学，初级小学堂改为初级小学。时大名魏县合并，在魏县原城内东南隅，洹阳书院及义仓旧址设县立第三完全小学校。民国十三年（1924 年），因学生增多，校舍不能容，复将城外文庙地址修筑校舍，取名高小分校。民国十七年（1928 年），改为完全小学校。魏县原境建立初级学校 217 所，女子初级小学校 3 所，就学人数 7361 人。另设民众学校 42 所，在校生 2210 人。民国二十六年（1937 年）“七七”事变后，魏县沦为敌占区。民国二十九年（1940 年），魏县建立抗日政府，先后建立蔡小庄、南骈村、东代固、回隆镇等抗日小学。

（三）中华人民共和国教育

1、小学教育

民国二十九年（1940 年），抗日政府在魏县农村建立抗日小学 120 所；教职员工 240 人；在校学生 960 余人。中华人民共和国成立后，政府重视教育工作，不断普及小学教育。至 2015 年，全县有完全小学 271 所，在校生 55228 人，专职教师 3408 人。

2、中等教育

民国三十四年（1945 年）十月，魏县创办第一所中学。至 2016 年，全县有普通中学 36 所，在校学生 22808 人，专职教师 1740 人。全县有高中 6 所，教学班 136 个，在校生 17272 人。魏县第一中学，创建于 1951 年，原地址位于魏州路 58 号。原名魏县中学；1975 年改成魏县第一中学。2003 年搬入新校区（石辛寨村东侧）。学校占地 19. 13 公顷，总建筑面积 6 万余平方米；绿化面积 7 万平方米；配备六个微机室、7 个多媒体教室、4 个物理实验室、2 个生物实验室，并建有 4 兆大型校园网，与北京 101 中学联网，做到了与全国名校资源共享。同时配备了 2 个电子阅览室、7 个电子备课堂、两个语音室及教室闭路电视教学系统和校园监控系统。现有教职员工 320 人，其中国家、省、市名师、优秀教师 115 名，特级教师 4 名，高级教师 56 名，中级教师 160 名，大学本科学历占 92%，研究生学历 6 名。现有 74 个教学班，在校生 4500 余人。2006、2007 年获邯郸市高考进步奖。2007 年，魏县一中应届毕业生刘莹同学高考总分 676 分，在邯郸市名列第四名，是邯郸市高考前十名中唯一在县城高中的学生，被北京大学录取，是建国以来魏县考生考上“北大”零的突破。

3、中等专业教育

1949 年冬，魏县在县城内开办了师范学校。1983 年，师范改为教师进修师范学校，在校职工 35 名。至 2015 年，共招生大专生 627 名，本科生 304 名，短期培训骨干教师、校长、新上岗教师 6008 人（次）。

1958 年，魏县开办农业学校，当年创办 24 所农业中学，配备教职工 145 名。1965 年，发展到 46 所。1983 年，何庄中学改为农业技术中学，高中在校学生达 824 名。1996 年 8 月，何庄农业技术中学合并到魏县综合职业技术教育中心。占地 2. 87 公顷

4、职业教育

1994 年，魏县建立职教中心。占地 7. 67 公顷，先后开设了中师、计生、财会、会统、艺术、企管、林果、农学、计算机、司法、政治、医士、建筑、预备役等十余个专业，培养各类人才 9000 余人，被省教育厅认定为“河北省首批农村劳动力转移培训基地”。2007 年，职教中心晋升为“河北省重点中等职业学校”。2015 年，该校“汽车维修技术”实训基地项目被省教育厅推荐上报为中央职业教育实训基地。

5、特殊教育

1995 年 3 月 20 日，魏县创办了特殊教育学校，2005 年，通过了省评估验收。至 2016 年，该校占地 0.17 公顷，教室 24 间，教师 30 名，分聋哑和培智 2 个专业，6 个教学班，在校生 66 人。

（四）学田

学田者，学校之田也。名学有田以养士，自古有之。一地治理需先有人才，储备人才需先进行教育，教育人才需先有经费，养以先之，教以济之，这样才能完成教育事业。故历代设学田之举，是教育培养人才之必须。

魏县民普事，俗雅士贤，号称易治，故学田不立，士多所失而不专。明代前情况不详，明清以来，有作为的官史，士绅，捐俸易田，用于供学士之费，士子贪者、困者、丧者，概无失业之累赘。据《魏县志》载：明嘉靖四年（1525 年），知县诸称置学田 1 顷；三十四年（1525 年）知县甄敬置学田 2.74 顷；三十五年（1556 年），知县朱淋置学田 2 顷 30 亩；万历三十年（1602 年），知县孙成泰割理刑厅官田 1 顷 6 亩 9 分；巩昌知府邑人赵时捐地 1 顷，又捐书院一所。

据《大名府志》云：魏域北高（皋）屯有学田 6 亩；双井集学田 1 顷零 9 亩 6 分 3 厘；岗上村学田 37 亩 5 分；北高（皋）学田地 11 亩；小德政（德政）学田地 5 亩；圪塔村学田地 40 亩；杨村学田地 40 亩；于村学田地 1 顷 48 亩 8 分；新寨村学田地 6 亩；河洛村地 54 亩；疃上村学田地 30 亩；李辛寨学田地 13 亩，城里（今魏城镇）学田地 30 亩，学基地 25 亩，谢圃厅 25 亩，署前学田地 3 亩；李家口盖（宽饶）公坟祭田地 19.71 亩；生员常虚己施地 84.9 亩；清乾隆二十八年（1763 年），学田拨归大名地 2 顷，坐落双井镇。二教村有学田地 12 亩；楼底村学田地 43 亩；梁庄学田地 20 亩；北秦固学田地 1 顷 75 亩。

民国二十三年教育局地数管理表

表 1-3-2-1　　单位/亩

坐落	亩数	坐落	亩数	坐落	亩数
双井集	12.000	双井集	12.000	磨庄	23.000
双井集	23.000	汤村	11.000	石兆固	3.000
双井集	4.500	野庄	15.000	石兆固	10.000
双井集	4.500	北皋屯	3.500	石兆固	8.000
双井集	8.600	北皋屯	3.500	公路固	5.000
双井集	8.000	北皋屯	4.000		
双井集	6.000	前辛寨	32.000		
双井集	5.000	前辛寨	24.000		
双井集	9.000	前辛寨	13.000		

续表

坐落	亩数	坐落	亩数	坐落	亩数
双井集	5.000	前辛寨	12.000		
双井集	4.200	前辛寨	12.000		
双井集	5.200	薛庄	12.000		

民国二十四年县立第三完全小学学田表

表 1-3-2-2 单位/亩

坐落	亩数	备考	坐落	亩数	备考
马于村北地	24.000		杜疃村南地	13.000	
马于村西地	124.000		北代固东地	10.000	
双井集南地	17.000		李辛寨南地	13.000	
双井集北地	13.000		李辛寨北地	20.000	
狮子口南地	140.000		魏县北关北地	23.000	
北皋集南地	10.700		魏县南门外	24.000	
北皋屯南地	43.700		谢疃村南地	20.000	
北皋屯北地	31.200		西马庄东北地	53.000	
江岗村西地	17.900		小寨村西地	45.000	
张岗村西地	41.500		大斜街辅地	18.000	
仓口村西北地	7.000		靳于村东地	22.500	
胡贯寺东南地	10.500		皋寨村西北地	7.000	
滩上村西地	13.000		总计	883.450	
滩上村东地	7.000				
魏县镇城内	26.620				
魏县镇东门外	40.000				

二、科技

魏域科技，历史久远。早在唐代，魏县人天文学家张遂（僧一行），研究制定了浑天铜仪，重新测定了150余颗恒星位置，系世界上第一个发现恒星的人。其亲手创制的测量天体长度和深度的天文仪器“夏矩”，经实地测量，求得了北极出地差一度，地上南北差351里又80步的数据。这个距离正好是地球子午线一度的弧长，相当于现在的130.03公里。他采取的科学方法比世界上第一次有目的的测量子午线一度弧长的方法还早90年，被世人称为杰出的天文学家。

中华人民共和国成立后，中共魏县县委、县政府重视科技发展，从人员、机构、设备、资金等方面提供保障，使科学技术得到持续发展。至2013年，农业科研项目有6项获省级奖；林业科研项目13项获省级奖；水利7项科研项目获省级奖；医药有7项科研项目获省级奖；其他科研项目有6项获省、市奖。

至2016年，全县各类专业技术人员达16900人，万人拥有专业技术人员191.75人；其中有技术职称人员8616人，有高级职称341人，中级职称4373人，初级职称3902人。

第三节　交通运输

一、交通

约公元前7000年前，魏古域就形成了原始的“人行小路”。约公元4000年前，“驼运路”在魏域已经出现。大禹治水，“陸行乘车”由回隆入魏境，从此魏古域有了贯穿南北的“车马大道”。周代魏域乡间道路分了等级。春秋战国时期，魏域为“晋、齐之咽喉”，“燕、赵、吴、楚之孔道”，军事道路在魏域纵横交错，四通八达。汉高祖十二年（前195年），设魏郡置魏县，在长达2000余年的历史长河中，魏县交通的发展，受邯郸、邺城、大名政治和军事中心的影响而跟随起落。但魏域交通始终处在重要位置。至清代乾隆二十三年（1758年），由于受并入大名县的影响，魏县由县降为乡镇，魏县的道路交通地位置逐渐衰落。

中华民国时期，军阀混战不断，无暇顾及交通建设，道路交通处于停止状态。“七七”事变后，日军占领魏县，为其侵略战争需要，修了部分公路。

中华人民共和国成立后，在魏县人民政府的领导组织下，迅速恢复了道路交通，经过66年的创新发展，公路交通取得了显著成效。至2016年，魏县有省级道路4条，即：邯郸至大名公路魏县段；安阳至聊城公路魏县段；定州至魏县公路魏县段；魏县至峰峰公路魏县段；境内全长82.81公里。有县级公路2条，即：大名丛善楼至峰峰公路魏县段；大马村至魏县牙里公路魏县段；境内长达62公里。有乡级公路13条，即：院堡至西康疃公路；双庙至河南楚旺公路魏县段；王刘庄至德政公路；刘深屯公路；拐里至礼教公路；双井至边马公路；回隆至河南田氏公路；常于村至白枣林公路；赵寨至西南温公路；漳河村至沙口集公路，双井至大辛庄公路；东红庙至况庄公路；常于村至泊口公路等，境内全长120.58公里。有专用公路2条，即：东代固至战备库公路；留固养水站公路；境内全长10.3公里。境内公路全长275.69公里。做到了路路通县城；全县村村通公路长达1181.2公里，通达561个行政村。

二、运输

魏县运输，源远流长。初，先人们用肩扛、背负、头顶、畜驼等自然运输方式。后来发明了车就用车拉。魏县古域“滨黄河之东，济水之西”是大禹治水之地，大禹“陆行乘车”曾涉足魏地。殷商时五迁其都，河亶甲时迁都于相（今河南内黄县），盘庚时迁于殷（今安阳县），魏域具为畿内。时商朝在今曲周县设“巨桥粮仓”以储存粮食。在广宗县大平乡（有说在丘县）置“沙丘行宫”，时魏县居中。时运粮的车舟，王公贵族来往的车队途经魏域，给交通运输带来了繁荣。车的发展，使运输量剧增。

春秋时期，魏域为卫国地，地处晋、齐之间，燕、赵、吴、楚之孔道，经营买卖的商车经常途径魏域。战国时期，魏域为魏国武侯别都，苏秦定六国之纵于此地，运输业较前繁荣。东汉建安九年（204 年），曹操开凿白沟（御河的前身）以通粮道。使之魏域“平原千里”，漕运四方，魏域成为曹操征战的重要水运干道。隋大业四年（608 年），隋炀帝诏征百万余人开挖大运河，修成后，域内水陆运输繁荣于往时。唐开年二十八年（740 年）魏州刺史卢晖疏通运河，在御河镇（今回隆镇）建房百余间，储存江淮运来的货物，转而运往各郡县。沧州的食盐、江淮的稻米、杭州的丝罗绸缎及军需品，均在魏域集散，仅江淮稻米，每年集散即达百万余斛之多（10 斗为 1 斛），邯郸邢州的赋粮也运到回隆，再运到洛阳，车来车往，一派繁荣景象，为纪念这一景象，魏县要道上的一个村专门改名车往，一直沿用至今。明嘉清二十一年（1498 年），明统治者命魏县出大车 6 辆，小车 350 辆，至山海关运送战略物质。中华民国 9 年（1920 年）大邯汽车路（邯大公路前身）修成，魏境先后有大邯、致远、大利等私营汽车公司经营的汽车通行。魏县东关设有汽车站。

中华人民共和国成立后，成立了魏县运输站（汽车站）。1983 年运输市场放开，个体运输异军突起，客运与国营运输相辅相成。2001 年，各种汽车进入百姓家庭。2016 年，魏县运输机动车辆发展至 6058 辆，开通客运线路 25 条，城乡公交已覆盖 21 个乡镇、1 个街道办，500 多个行政村，实现了村村通客车。对外运输发展迅速，魏县汽车站内客车可到达全国各大城市。个体客、货运输可到达全国任何地方。

第四节　邮政　电信

一、邮政

战国时，魏域交通要道上每隔 30 里设一驿站。秦始皇十九年（前 228 年），魏域设驿站 9 处。汉高祖十二年（前 195 年）始置魏县。驿站按规模大小分为“邮”，“亭”，“驿”，“传”四等。魏境设驿亭 9 处，由县法曹主管驿事。明洪武元年（1368 年）正月十六日，魏县建立了水驿和运递所，设有急递铺，受县驿承管理。明永乐十六年（1418 年），增设回隆驿。时境内有罗庄、沙口、双井、牙里、回隆、西寺堡等驿站，全县共有驿邮政人员 80 人。明代中后期（1542 至 1644 年），魏境沿道路每 10 里设一递铺，县衙东 1 里设县总铺，境内设有大寨铺、西寺堡铺、河下铺、沙口铺、双井铺、蒋村铺、集村铺、罗庄铺、北皋铺等。清光绪二十三年（1906 年），废除递铺驿站，设简庄、方里集、刘深屯、双井等地邮政信柜；在户村集、北皋集、双井集、边马集、双庙集等处设邮政代办处；在院堡集、沙口集、德政集设隔日邮政代办处。清宣统元年（1909 年）六月，魏县设“旱汇局”大清邮政局。

民国元年（1912 年）一月一日，“旱汇局”改为“中华邮局”。办理各种邮政通信业务。民国三十四年（1945 年）八月十六日，魏县全境解放，县抗日交通站接管中华邮局，更名为魏县邮电局，开办民间信函、地方报刊的收投业务。中华民国三十五年（1946 年）冬，魏县人民政府在驻地崔阁村，建立了全县第一个电话站。

中华人民共和国成立后，于 1952 年建立了双井邮政营业处和电话分站。1953 年 10 月，邮政局、电话站合并为魏县邮电局，双井合并为双井邮政支局。1956 年 4 月，建立北皋、牙里两个邮电支局和回隆邮电所。1958 年 11 月，建立车往、德政两个邮电支局和边马邮电所。1969 年邮电局分设魏邮政局和电信局，于 1973 年 10 月合并为魏县邮电局。1983 年 9 月增设农话站。1998 年 8 月，魏县邮政局分设为邮政局和电信局。至 2016 年，县邮政局城市投递实现了电动车化，乡邮递实现了摩托车化。

二、电信

有线通信始于清光绪二十八年（1902 年），时魏县有电话专线 3 条、分达北皋、院堡、吕村、回隆、张二庄、崔汪、双井、双庙等，并直达大名城。

民国二十六年（1937 年）“七七”事变后，境内电话毁于日军之手,，仅西关设一线，为日伪军侵略服务

民国三十四年（1945 年）八月十五日，日本投降后，魏县人民政府在崔阁村建第一个电话站，装有 5 门磁石变换机 1 台。

1949 年冬，变换机扩为 20 门，直通北皋、德政、榻甘固、大辛庄、牙里 5 个区公所。

1952 年，县电话站在县城增设 30 门总机 1 台。并增设双井电话分站。

1953 年 10 月，电话站、邮政局合并为魏县邮电局，设二层机构电话班，并对邯郸开通了长途电话业务。

1956 至 1967 年，增设北皋、牙里、车往、德政、边马邮电所，开始办理民用电话业务。

1973 年 10 月，电信业务分为：市内电话、长途电话、农村电话和会议电话。

1978 年，开通使用 400 门自动电话变换机，一些个体户、专业户私人住宅，开始安装直拨电话。

1993 年，邮电局原设备更换为 3000 门程控自动电话变换设备，同时开通使用自动传直电报和 126 名无线寻呼设备，全县实现了电话自动化，全县市话安装 1562 户，农话安装 226 户，BP 机、大哥大开始使用。手机开始在少数人中配备。

2007年，电话放号4233部，折机9327部，累计达到86124部；发展宽带1721部，折机617部，累计达到3625部，发展小灵通808部，折机885部，累计达到3478部；新增变换容量3857门，新增宽带容量1168线。

至2016年，固定电话总容量达到138399门，安装用户66105户，网上用户达到69886户；宽带用户达到9018户，魏县网通公司用户10700户。无线通电话：县内主要有中国移动、中国联通、中国电信、三家用户达21000户，均可保障全天候畅通。

第五节　医疗卫生

一、医疗沿革

明清时期，魏域有知名医生12人，其中明末苏州知府王时和之子王微，清大理寺卿崔维雅五世孙崔景浩医术超群，在魏县、大名一带享有盛名。中华民国初期，天主教传入魏县，西医也随之传入。时全县有西医14人，中医113人，大的村镇有店堂、药铺等。

中华人民共和国成立后，魏县执行国家制定的“面向工农兵，预防为主，团结中西医“三原则，逐步建立了县、乡、村三级医疗网络，全县人民医疗防病水平不断提高。至2016年，全县有县级医院3家；中心卫生院4家；乡镇卫生院21家；企事业单位医疗室8个；村级卫生机构1322个。

总占地26.67公顷。

二、县级医院

魏县人民医院位于县城魏州路西段，占地面积1.91公顷，建筑面积15600平方米。拥有职工392名，专业技术人员361名，专业科室43个，床位460张，医疗设备140台，先后被河北省卫生厅评为“百佳医院”，“二级甲等医院”。

魏县中医院　位于县城天安大道东段路北，占地3.6公顷，建筑面积4065.16平方米，职工360人，专业技术人员329人，设置34个科室，医疗设备63台，床位300张。先后被河北省卫生厅评为“先进中医院”，“二级甲等医院”，邯郸市“示范医院”，二级甲等医院。

魏县第二人民医院　位于双井镇，占地2.13公顷。全院有职工210人；专业技术人员189人；设5个病区，病床100张，医疗科室41个，医疗设备68台。先后被邯郸市卫生局评为“二级甲等医院”，首批命名“百佳医院”称号。

三、中心医院

魏城镇中心卫生院，位于县城魏都大街中段路东。占地1300平方米，建筑面积1200平方米。2013年，有职工67人，其中：医技人员59人，主治医生4人，设内、外、妇、儿科及放射、化验室等临床和辅助科室19个，床位30张。

牙里中心卫生院位于牙里镇政府驻地。占地1.33公顷。有职工91人，其中医疗技术人员4人，主治医生7人。设有内、外、妇、耳鼻喉科、眼科、骨科、放射科、彩超、心电图、骨境、CT、中医科、儿科、碎石科等，床位90张。

车往中心卫生院位于车往镇西头路南。占地1.5公顷，有医疗技术人员95人，其中医技人员14人，主治医师3人，设有内科、外科、妇科、五官科、骨科、中医科、儿科等。床位65张。

北皋中心医院位于北皋镇东北角。占地1.8公顷，有职工80人，其中医技人员64人，主治医生2名，设有内科、外科、妇科、儿科、骨科、中医科、五官科等，有床位60张。

四、乡（镇）卫生院

始于建国初期，至2016年，全县21个乡（镇），全部建有乡（镇）医院。医院医疗设备齐全，从业总人数1000名，其中技术人员850名，中级职称13名，中专以上学历达100%，总床位312张，常规检查能满足临床需要，内外妇儿等常见病可不出乡镇，全县21个乡（镇）卫生院全部达到了省卫生厅标准化乡（镇）卫生院标准。

五、企业农村卫生室

企业、农村卫生室始于1966年。至2016年，全县面向社会服务的企事业医务室有8个，医师和医士共20名，护士11名，其它技术人员10名。全县561个行政村和19个居民委员会均建有卫生室，村级卫生机构达1322个，乡村医生1596名，中专以上学历达到98%，取得执业证书的乡村医生达100%。

第二编

土 地 制 度

人类社会诞生之初，地旷人稀，生产落后，先民们以采集（野生果物）、渔猎为生，没有固定的生产生活用地，先民把土地、野果及野兽等都看成是天然财富，取之不尽，用之不竭，因而不存在土地制度问题。游牧时代后期，随着生产力的发展，逐渐形成了天然草地的循环牧制度，插草为标，于是各个氏族部落之间渐渐形成各自的土地使用势力范围，土地制度随之产生。

土地制度是反映人与人、人与地之间关系的重要制度。它既是一种经济制度，又是一种法权制度，是土地经济关系在法律上的体现，是构成上层建筑的有机组成部分。在漫长的历史长河中，魏域的土地制度几经变革，有着一个复杂的历史过程。在氏族公社时期，从土地的共有共耕到共有私耕，土地所有权、使用权开始分离；在奴隶社会时期，奴隶主贵族土地国有制——井田制，实际是国王所有，即所谓“普天之下，莫非王土”，这种土地制度实质是土地私有制，一直延续二千多年。在封建社会时期，土地私有制占据了主导地位，魏县大量土地掌握在诸侯、贵族手里，后又掌握在少数地主、富农手里，广大平民靠很少的土地或租种诸侯、贵族及地主、富农的土地为生，贫苦农民世代深受残酷剥削，整年辛劳难得温饱，一遇灾年，少地者被迫卖地，使土地愈来愈集中到少数大地主、大官僚手中，而越来越多的农民丧失土地，甚至根本就没有土地，无地者流离失所，背井离乡，四处乞讨，饿死、冻死的情况十分悲惨。

中华民国时期，魏县抗日民主政府建立后，进行了减租减息斗争，土地改革，斗地主分田地，农民翻身得解放，变地主土地所有制为农民土地所有制（私有），土地回到了广大农民手中。在魏县这块土地上，第一次实现了“耕者有其田”的土地制度。

中华人民共和国成立后的67年里，随着生产关系不断改变，土地制度也发生了很大变化，由农民土地私有制，后经历了农业生产合作化、人民公社集体化道路，改变了土地私有制形式，确立了农村土地集体所有、家庭承包经营的基本制度框架，实现了社会主义土地公有制。80年代初，魏县农村普遍推行农业生产责任制，将土地承包给农户耕种，调动了农民对土地增加投入、培养地力的积极性。90年代，进一步完善了承包责任制，促进了农业生产的发展，解放了生产力，至2016年土地承包责任制度未改变。

第一章　土地所有制

土地所有制是指在一定社会生产方式下，由国家确认的土地所有权归属的制度。土地所有制是生产资料所有制的重要组成部分，是土地制度的核心和基础。

原始社会，实行氏族公社土地公有制度；夏、商、周时期，实行土地国有制——井田制；春秋时期，井田制瓦解；战国时期，井田制被废除。封建时期，确立土地私有制。封建土地所有制，是封建地主阶级占有大量土地以剥削农民（农奴）剩余劳动生产力的土地私有制度。封建土地私有制包括奴隶主土地所有制、封建地主土地所有制。在封建社会，土地归个人占有和支配的土地分配模式，是随着社会生产力的发展，原始公社制度的瓦解和私有制制度的产生而逐步形成的。奴隶主土地所有制及封建地主土地所有制的共同特点是土地私有制，是农业劳动者和土地占有者相分离，劳动者无地，有地者不劳动。土地所有者和劳动者处于对立地位，两者之间是剥削与被剥削的关系。此外，虽然也存在着处于从属地位的个体农民拥有私有土地，但往往成为土地所有者兼并的对象，一直延续了两千多年。曹魏时期，实行屯田制；北魏到唐代中期，实行均田制。继之后的北齐、北周以及隋唐都承袭了这一制度。随着地主经济的发展壮大，土地兼并也随之日益严重，均田制形同虚设。唐代中叶，均田制退出历史舞台。北宋实行“不立田制，不抑兼并”，“田畴邸第，莫为限量”的土地政策，土地买卖普遍，“田宅无定主”，垦田大增，国有土地私有化。明、清时期，实行屯田和民田。清后期，民田在土地所有制结构中占据了绝对的主导地位。

魏县自西汉高祖十二年（前195年）建置以来，魏县土地所有制的演变大致经历了封建土地所有制、农民土地所有制和社会主义土地公有制阶段（即全民所有制和劳动群众集体所有制）。

第一节　土地私有制

一、奴隶主及封建土地所有制

夏王朝（约前21—约前16世纪），魏境为观扈国领地，“农率均田……初服于公田”。均田即授田，此制的公田是奴隶主贵族自己保留的，是由奴隶无偿代耕的田地；私田是奴隶主贵族授予奴隶自耕自食的田地，这是氏族公有制的残余制度。商代（约前1600年前后—

前 1046 年)，魏境土地为殷商王室所有，先民垦植的田地纵横阡陌，方里而井，中为公田，八家同养公田，公事毕，然后敢治私事，这是境内井田制的雏形。在周代，土地的占有关系是通过分封制实现的。

一夫 一顷	授田	授田
授田	公田	授田
授田	授田	授　田 方百步

井田制（周制）方一里

（《孟子·腾文公上》）

卫侯　康叔

西周的土地是奴隶社会的土地国有制，周王是全国土地的所有者，时魏境土地为周武王弟康叔所有，其它诸侯、卿、大夫和士等贵族阶层对所分封的土地，只有享有权而没有处置权，土地不能买卖和交换，不能私自转让和授受，土地的转受要通过王命。春秋时期，王室衰微，诸侯壮大，周王的最高土地所有权逐渐丧失，魏境最高土地所有权下移到卫国国君手中，小部分土地为齐国属之，形成了诸侯、诸侯下各级贵族农村公社等级占有以及部分田地分给村社员使用的多层次土地所有制结构。周定王十九年（前 588 年），晋国将疆域扩展到太行山以东，魏境并入晋国版图。

西周时期的土地制度资料

周敬王二十七年（前 493 年），晋国赵简子伐范氏、中行氏的都邑时曾誓师曰：“克敌者，上大夫受县，下大夫受郡，士田十万，遮人工商遂（人升为士)，人臣隶圉免（免去奴隶身份)。”（注见《左传》卷二十七)，首开军功赏田之例；周威烈王二十三年（前 403 年)，韩、赵、魏三家分晋，进入战国时期，魏境属魏国。文侯在位时，任用李悝为相，进行变法改革，其主要内容有：①废止世袭贵族特权，废除奴隶主的“过卿世禄”制度。②推行“尽地力”和“平籴法”等政策，鼓励农民耕作，发展封建经济，保护新兴地主阶级利益，削弱奴隶主势力。魏境的土地关系发生了剧变，土地买卖的事实已经发生，土地私有制度逐步取代了国有制而占据优势地位，奴隶土地所有制逐步走向崩溃，后被封建土地所有制代替。周显王二年（前367年），苏秦、苏代兄弟“释耨，学纵横长短之术以干禄。”苏秦在关东六国游说成功，在魏县佩六国相印时说：“且使我有雒阳负郭田二顷，吾岂能佩六国相印乎？”此话佐证东周已经存在拥有几顷好地的农民了。

秦统一中国后，于秦始皇三十一年（前216年），颁布命令：“使黔首自实田”。“废井田，开阡陌，任其所耕，不计多少”。封建土地私有制得到了法律上的认可和保护。汉代，土地私有制得到了进一步发展和巩固，汉高祖十二年（前195年），设魏郡置魏县，两汉时期土地买卖日益增多，土地兼并日趋激烈，当时境内已是“富者田连阡陌，贫者无立锥之地”。王莽始建国元年（9年），颁行“王田制”，境内士田改为“王田”，规定土地不许买卖，男子不满八口家，如果占田超过900亩，就要把多余的分给九族和邻里无地、少地的人；原来没有田地的，一夫一妻可分田100亩。始建国四年（12年），取消了买卖田宅的禁令，“王田制”夭折。

东汉后期，战争连绵，境域成了主战场，致使人民大量流亡，人口锐减，土地大片荒芜，农业衰落，遍地饥荒，自耕农和中小地主或瓦解流离，或依附于世家大族，土地私有制遭到严重破坏。建安年间（196－220年），曹操为了取得军粮则大兴屯田。三国时期，魏国文帝、明帝、齐王等置屯田屯区遍及魏郡、广平郡、阳平郡等地。屯田所占用的土地多是战乱后的无主荒地，屯田的发展，使封建地主土地所有制和自耕农土地所有制在整个社会经济中占主导地位。

西晋时期，魏境沿袭了曹魏时期的土地所有制度，晋秦始二年（266年），罢农官为郡县，魏郡典农中郎将和典农都尉由此改为郡县长官，民屯废止，国有土地迅速地向私有土地转化。太康元年（280年）晋武帝颁行占田制，魏县百姓占田，规定男子每人占田70亩，女子每人占田30亩，官员占田按职品，高低各有限额，一品官50顷，每低一品减少5顷，到九品官为10顷。占田制即是限制土地占有数量的制度，也是对土地私有制在法律上的确认。占田制的普遍实行，推动了魏县境内的农业发展，也抑制土地兼并的势头。

北魏太和九年（485年），孝文帝颁行“均田令”时，魏县土地实行分配，农民可分配一定数量的土地，这种特殊类型的封建土地所有制，具有土地国有制和私有制两重性质，其中国有制占主导地位，私有制占从属地位。均田制的推行，使农民的生产、生活比较稳定，开垦荒地增多，使大量隐户被编入国家户籍，增加了赋税，在一定程度上，促进了农业发展。

北魏时期（420－557年），依北魏治均田。天平年间（534－537年），规定每年10月还授田地，成丁授田，丁者还田不许买卖。北齐统治后，北齐文宣帝天保七年（556年），魏县废，并入贵乡县，县属清都尹。河清三年（564年），颁行均田新令，境内每个男子授露田80亩，永业田20亩，作为桑田或麻田，妇女40亩。由于北齐的永业田比北魏的桑田范围广，因而土地私有制程度也更高。

隋文帝开皇元年（581年），隋朝建立，隋以“均田制”为基础的“租庸调”法，县内实行18岁以上的男子受田100亩，其中20亩可传子孙，名“永业田”；80亩为“分田”，死后还官。

唐前期，魏县境内继续实行均田制，至天宝末年（757 年），安禄山起兵叛唐，一月之内占领河北全部。使魏县人民遭到抢劫蹂躏，户口锐减，大量田园荒芜，80% 的农户脱籍，“均田制”遭到严重破坏。自中唐经五代，对于土地买卖已不加限制，土地兼并日趋剧烈，地主田庄越来越多。

宋、辽、金时期，魏县对于国有荒地的开垦持自由放任的政策，只要照章纳税，不限顷亩，任意垦辟，并归私有，因而垦田大增，造成了国有土地私有化，土地私有制确立了统治地位。据《文献通考》记载，北宋元丰二年（1080 年）统计，河北路（含魏县）田地总面积为 2790. 6656 万亩，其中，官田 95. 0648 万亩，只占田地总面积的 3. 41%，而民田 2695. 6008 万亩，占田地总面积达 96. 59%。北宋实行“不立田制，不抑兼并”，“田畴邸第，莫为限量”的土地政策，土地可以买卖，致使土地买卖非常普遍，频繁的土地买卖使得社会上出现了“田宅无定主”的局面，土地私有制迅猛发展，在土地所有制结构中占据了支配地位。

辽、金时期，魏县的土地所有制的关系复杂化。土地原则上属国家所有，实际上大部分由领主占有，世代相承，禁止买卖。

元代，基本沿袭了金代的封建土地制度，土地所有制结构包括封建国家土地所有制、封建领主土地所有制、封建地主土地所有制和自耕农土地所有制，其中领主土地所有制，将大量土地和民户分给王公贵族，分地从一县到数县，分民从数百户到数万户，如太宗八年（1236 年），封太宗子定宗位分拨大名 6. 86 万户，广平路 1. 73 万户，魏县户数不详；在地主土地所有制和自耕农土地所有制中，自耕农土地是地主土地兼并的对象。

明太祖朱元璋

明代，国家在魏县占了大批土地，赐给各级贵族官僚，使得庄田连片。土地国有化和私有化两个过程交替进行，土地集中化和分散化两种趋势同时并存，其土地所有制结构的演变复杂化。明洪武元年（1368 年），魏县田地有官田和民田之分，官田，主要是屯田和庄田；民田，即私有土地。

明王朝为恢复经济，实行了有利于经济发展的政策。一是移民。永乐二年（1404 年），自山西向河北等地大批迁民，将山西襄垣、高平、黎城三县和泽（今山西晋城）、沁（今山西沁县）二州五处迁民至魏县，每人给地一百亩，使编户增为 50 里，共 59 里，1475 户。永乐年间，移民屯田更受到了朝廷重视，通常每户 50 亩为定额，时魏县人各给 100 亩。二是积极扶植小农经济，发展自耕农土地所有制。明初，国家承认农民的土地所有权，对于迁来之民，除拨给一定数量的熟地外，有余力者可以自行开垦战后的无主荒芜土地，顷亩不受限制，垦熟之后，即为垦者的土地所有权，以为永业，并且实行永不起科的政策，使自耕农土地所有制得以发展；三是抑制地主势力，限制地主土地所有制，建立了以自耕农土地所有制和国家土地所有制为主体的土地所有制结构。明代后期土地所有制发生了变化，实行民屯私有化，军屯私有化。嘉靖年间，大名府（含魏县）实行方田均税，后完成了土地清丈，民屯名存实亡，军屯田地多被屯官和势豪所侵占。据记载，魏县屯田1200顷。英宗（1436年）以后，朝政日益腐败，掀起了疯狂的占地运动，使土地高度集中，问题日趋尖锐。

清顺治元年（1644年），直隶的土地所有制分国有土地和私有土地。国有土地亦称官田，私有土地亦称民田。时，魏县土地国有化和私有化两种趋势同时并存，土地所有制结构复杂化。是年，清王朝首发“圈地令”，当时圈占的办法是跑马占圈，随意插标，绕以红绳，以示界限，圈田所到，田主随时被逐出，空中之物，皆为其有。因大批民田被圈占，大批汉民流离失所，饥寒交迫。清顺治六年（1649年）颁布诏令，规定招民垦荒，永准为业，五年免费，六年起科。康熙八年（1669年）撤销了藩产变价的命令，将未变价的地亩给予原种地人，改为民田，号为更名地，也称更明地，永为世业。康熙十二年（1673年）改为十年起科，并协助垦荒者解决生产资料问题，才使得自耕农土地所有制逐步发展起来。康熙二十四年（1685年），圈占土地停止，圈地先后持续了40余年。据《八旗通志》统计，共圈占土地1937.7万亩。

清道光年间（1821－1850年），曾占有良田千顷的西江庄村聂氏大地主，土地遍及大名府（含魏县）、北京、天津等地，佃户数百家，雇长、短工50余人，除收取地租外，还开设有帐房、钱庄、当铺、花行等。封建地主土地所有制使广大贫苦农民丰收之年不得温饱，一遇灾年，更是流离失所，四处乞讨。道光二十七年（1847年），魏县遭遇旱灾，颗粒无收，牛马多被杀吃，卖妻弃子者到处皆有，饿死病死者尸横遍野，更甚者父啖子肉，妻剖夫肠，人相食，土地荒芜。

清咸丰、同治、光绪、宣统四帝，土地私有制占据了主导地位。清代屯田实施200余年，直至咸丰年间，境内屯田面积时有扩大。光绪年间，慈禧太后执政，政治极端腐败，屯田遭破坏。《清朝文献通考》记载，光绪二十九年（1903年），令彻查屯田地亩，报官税契，听其营业，将屯晌改为丁粮。屯田出售为民田，荒地的开垦和土地的私有化，使得境内国有土地比重下降，私有土地比重上升，民田在土地所有制结构中占据了绝对的主导地位，魏县地主阶级因而占有大量耕地。

中华民国时期，魏县先后被北洋政府、国民政府、日侵略军所统治，这一时期的土地所有制结构依然包括国有土地和私有土地两部分，其中私有土地占据了绝对的主导地位。土地占有悬殊，两极分化严重，大量土地掌握在地主、富农手里，贫雇农民基本没有土地，只能向地主富农租种。贫雇农、佃户农租种地主、富农的土地，政治上受到压迫，经济上受到剥削。民国十三年（1924年），军阀勾结土豪劣绅，横征暴敛，残酷剥削人民，加之连年旱荒虫灾，土匪遍野，农民陷于水深火热之中，当时流传一首歌谣：“大名数十县，连年遭荒旱。秦晋直鲁奉，前后来侵占，民间无米吃，官家偏要面，民间无柴烧，官家偏要碳，寅年支了卯年粮，辰年又要支一半。”农民遭受了极大痛苦。民国二十四年（1935年），魏县有地主1264户，占总户的3.06%，自耕农23995户，占58.01%。农村土地高度集中，47%的耕地掌握在地主、富农手里，地主拥有的土地越多，权势越大。大地主家里设有管家、帐房、同事、保家、打手、伙计、丫环、妈子、侍女、车马轿夫，还有不等的武装自卫队等。西江庄村大地主聂致远占有土地上千顷。河岸上大地主申家占有土地上百顷，双庙汤家、德政史家也都有数十顷土地。辛亥革命时期，孙中山提出“平均土地，使耕者有其田”目标，在国民党执政的30多年中未能实现，魏县广大农民依然处于被剥削地位。民国三十二年（1943年），魏县大旱，春苗枯死，夏不能播，秋季绝收，数万贫（饥）民封门闭户，携妻带子外逃，在灾难中冻饿而死者万人。

二、自耕农土地所有制（农民土地所有制）

自耕农早在商周时期已出现。春秋战国时期，随着铁犁牛耕的发展，自耕农获得大量发展，形成并确立了以私有制为主体的多种土地所有制形式，自耕农是以小块土地私有制为基础，以单干家庭为经济单位，从事耕织相结合的个体农业劳动的农户，也是封建社会赋税、徭役的主要承担者，由于他们是个体生产者，经济地位极不稳定，两极分化极为显著。自己占有的土地和其他生产资料，依靠自己和家庭成员进行农业经营的个体农民，自耕农人数据多，而所占有的土地数量不及贵族和地主土地的30%。至清代没有太大的变化。

民国政府成立后，提倡耕者有其田未能实现。民国二十九年（1940年），魏县抗日民主政府成立后，经过减租减息、清算斗争、土地改革、土地复查的历史过程。1943年后，土地由地主所有逐步转为自耕农民所有（农民对所得的土地可自由买卖）。

第二节　土地公有制

一、氏族社会公有制

新石器时代（前7000－5000年），境内先民普遍采用石器、骨器，垦殖土地，进行原始生产。母系氏族时期，先民们种植水稻和粟，经历刀耕火种，懂得制造房屋，垦殖利用土地，步入农业定居阶段，把土地作为重要生产资料、财产。氏族公社成员共同劳动，共同享用劳动成果；父系氏族公社时期，由于生产的发展，耕作方式经历了从集体劳作到个体生产的变化。从仰韶文化遗址考证发现，（前5000－3000年），境内先民进行农业生产，土地制度经历了氏族公社土地所有制、国有土地所有制到土地私有制三个阶段，由公田石器、骨器耕种再到铜器耕种，至春秋时期后，出现铁器农具和牛耕的使用，大量的荒地被开垦出来，导致了许多私田出现，再加上战争频繁，劳动力不断减少。因税费改革，无论公田、私田，一律按地亩纳税，促使土地由国有向土地私有转化，新的封建土地所有制形成，氏族公有制日趋瓦解。

二、社会主义公有制

1949 年 10 月，中华人民共和国成立，随即开始了土地公有制的创建。1956 年，三大改造完成后，土地公有制基本建立起来。社会主义土地公有制，也称社会主义土地所有制，是社会主义社会劳动人民共同占有生产资料和劳动成果的所有制形式。包括社会主义全民所有制和集体所有制。

（一）劳动群众集体所有制

1946 年，经过土地改革和复查后，广大农民分得了土地，调动了农民生产的积极性，农业生产有了较大发展，但由于个体农民力量单薄，农具不足，资金缺乏，技术水平低，生产条件差，更无力从事水利建设，遇到自然灾害无法抵抗，而且土改后的农村又开始出现贫富悬殊，两极分化现象。

为了使农民彻底翻身，走共同富裕道路，避免出现两极分化和重新退入封建土地制度，党和政府引导农民组织起来，向集体化迈进。经过互助组、初级社、高级社三个阶段顺利地完成了农业社会主义改造，实现了农业合作社，将农民私有的土地逐步转变为劳动群众集体所有制。

1、建立农业生产互助组。土改复查后，1948 年，中共魏县县委、魏县人民政府号召分得土地的农民走“组织起来”的道路，成立互助组、变工队。互助组是在土地和其他生产资料私有制和分散经营的基础上实行劳动互助。在互助组阶段，虽然土地和其他生产资料仍然是私有的，所有制没有改变，但由于劳动互助，农民劳动者不仅在自己的私有土地上劳动，还要到互助组内其他农民劳动者的土地上劳动，因而，使劳动的范围扩大了，农业劳动开始具有某些直接的社会性，产生了社会主义萌芽。1951 年 12 月，中共中央作出《关于农业生产互助合作的决议》，号召农民“自愿互利，组织起来，发展生产”，魏县抓住时机，大力开展互助合作运动，广泛宣传组织起来发展农业生产的好处，互助组实行“自愿组织，民主协商，互助互利，等价交换，入组自愿，退组自由”的原则，生产资料（土地、牲畜、农具）为私人所有，独立经营、劳动互助、以工换工、差额补平。1952 年 5 月 9 日 -11 日，魏县召开了互助合作启发报告会，东田教村姜浩然、常于村刘振江、回隆集申德、杨甘固村童秀珍等互助组长在会上作了典型发言，认识到了组织起来的好

五十年代，魏县苗村合作社互助组在研究扩大种植面积计划

处。互助生产比单干强，组织起来节省人力畜力，节省时间，生产做活快，并能解决农具缺乏之困难。如四区刘深屯张汉互助组谷子亩产收到了千斤记录，吸引了个体农民积极走互助组合作的道路。组织起来不但劳力互助，而且还能经济互助，还能避免两极分化、天灾人祸，农民很快认识到了组织互助是社会主义必经之路。互助组的规模不等，有的三五户，有的十户八户，名称也不相同，互助组一般是在进行农业生产时，把各户的人力、畜力组合起来，互相调剂，互相帮助，互助对象，多是邻里和亲朋好友，彼此了解，互相信赖，换工计酬的办法组织起来，也简便易行。1952 年底，魏县已发展组社总数 11228 个，其中长互助组 6367 个，占组社总数的 56. 7%，临时互助组 4858 个，占组社总数的 43. 2%。农业生产合作社 3 个，占组社总数的 0. 027%。总土地面积 75414. 73 公顷，组、社土地 50174. 32 公顷，其中长互助组土地 27921. 87 公顷，临时互助组土地 22205. 47 公顷，农业生产合作社土地 47 公顷。农业总户数 70641 户，入组社户数 49295 户，占总户数的 70%。由于互助组的发展，充分显示出集体劳动生产的优越性。1952 年，魏县粮食总产量达到 14185. 3 万公斤，单产 125 公斤，每人平均生产粮食 429. 5 公斤，总产比没有互助组 1948 年的 9449. 06 万公斤增产 4736. 2387 公斤，增产 150. 1%，每亩单产增加 38 公斤，增加 143. 68%。见表 2－1－2－1，2－1－2－2，2－1－2－3，2－1－2－4。

1952 年魏县苗村农业生产合作社互助组单干户生产比较表

表 2－1－2－1 单位：斤、亩

项目	基本情况							产量											
	组社数	户数	人口	土地		耕畜	劳力	水地		旱地		水地		旱地		水地		旱地	
				水地	旱地			每亩最高产量	每亩平均产量	每亩最高产量	每亩平均产量	每亩最高产量	每亩平均产量	每亩最高产量	每亩平均产量	每亩最高产量	每亩平均产量	每亩最高产量	每亩平均产量
农业生产合作社	1	14	63	16	148	3	22	824	532	380	202			165	120			200	174
互助组	2	15	69	17	185	4	17	389	288	179	152	180	157	150	83	336	336	144	120
单干户	25	15	68	8. 1	120		21	325	247	251	77	130	111	110	57	162	152	152	91

1952 年魏县互助合作概况统计表

表 2－1－2－2　　单位：斤、亩

项目＼数目＼区别			一区	二区	三区	四区	五区	六区	合计
总户数			9443	10511	7478	12098	14893	14893	69262
组织起来	总劳力数	男	10571	9445	4496	6437	11722	11214	54315
		女	11081	9026	2396	4907	9677	11141	48228
		合计	21652	18801	6792	11344	21399	22355	102343
	总畜牲数（头）		2982	3319	2484	3707	5394	4240	22126
	总土地数（亩）		150500	181826	130279	203318	21615.3	219770	1098846.3
	组社数	临时互助数	351	635	864	696	1985	1275	1779
		长年互助数	289	230	359	545	397	625	2645
		农业生产合作社数		1					1
	占劳力总数%	临时互助数	12.5	17.3	53	30	27.8	24	22
		长年互助数	11.5	8.7	46	55	18.9	18	14.3
		农业合作社劳力		0.17					0.7
	占畜牲总数%	临时互助组牲畜	17.3	32	40	31.6	39	38	36
		长年互助组牲畜	23.8	10	28	31.9	23	28	23.9
		农业合作社牲畜		0.6					0.6
	占土地总数%	临时互助组土地	19.8	24.9	33	19.1	48	25	28.3
		长年互助组土地	20.5	7.1	21	21.23	17.3	19.7	17
		农业合作社土地		8.7					8.7
	占户总数%	临时互助组户	15.7	23	30	23.8	49	27.5	28.3
		长年互助组户	16.5	9.8	24	19.5	17	17.6	17.2
		农业合作社户		1.3					1.3
临时互助劳力占组织起来%			52.9		53				52.95
长年互助劳力占组织起来%			47.1		47				47.05

1952 年底魏县互助情况统计表

表 2－1－2－3　　单位：亩、个、人

项目			一区	二区	三区	四区	五区	六区	合计
村数			68	89	61	79	73	73	443
农业总人口户数			94. 4	10542	9021	12098	15011	14565	70641
人口数			42963	46703	34177	47726	63032	68914	303520
土地数			148272	176345	149767	162280	217652	276905	1131221
畜力数			3438	3578	2844	4634	4961	5510	24965
劳力数	男		7039	8875	6442	10080	11743	12479	56658
	女		6783	7952	5965	9587	10838	10840	51965
原有互助情况	二类互助组	组数	289	357	240	466	533	605	2490
		户数	1420	1718	1160	2198	2801	2558	11855
		人口数	6204	2365	4556	7374	11989	11148	43636
		土地数	29120	25755	17702	34425	40598	4147	189057
		畜力数	716	759	1045	1073	1290	1239	6122
		劳力数 男	1425	1824	1195	3046	2830	2710	3030
		劳力数 女	715	1400	954	2535	2217	1673	9494
	一类互助数	组数	351	510	341	468	510	780	2960
		户数	1482	3409	1574	1952	2162	3093	13672
		人口数	6467	10058	6909	8487	8892	13083	53896
		土地数	23636	47135	30667	34978	27592	47678	211686
		畜力数	517	861	743	1012	981	1515	5529
		劳力数 男	1478	2133	1738	1925	2090	3105	12469
		劳力数 女	807	1700	1352	12638	1838	1985	8950
评比后发展提高情况	一类提高到二类	组数	181	130	359	144	582	1396	
		户数		864	544	1444	603	2493	5948
		人口数		4122	2255	7856	298	12518	26987
		土地数		16082. 9	10905	28472	9684	43082	108226
		畜力数		389	300	882	281	1245	3097
		劳力数 男		1074	661	1367	650	9587	6329
		劳力数 女		605	172	1025	575	1419	4645
	二类中不计工转	组数		179	720	390	58	360	1651
		户数		924	2504	1802	368	1841	5655
		人口数		3484	13967	7299	1386	8664	23928
		土地数		13469	316	33009	6338	31595	98377

1952 年底魏县互助情况统计表

表 2－1－2－4　　单位：亩、个、人

项目				一区	二区	三区	四区	五区	六区	合计
评比后发展提高情况	到计	畜力数			386	739	1665	19	1779	4588
	工类	劳力数	男	222	1072	517	1844	391	1950	5996
			女	312	740	205	1236	299	1484	4276
	新发展的互助组	二类互助组	组数	605	261	1179	446	237	720	2474
			户数	3983	1301	4785	1933	1133	3283	11912
			人口数	14002	8155	10304	7749	5015	15804	55510
			土地数	47200	20515	450	17528	14813	56828	167188
			畜力数	1207	638	1175	959	536	1643	5433
			劳力数 男	3214	1451	950	1707	1104	3674	12325
			劳力数 女	2404	1084	470	1419	958	2489	9304
		一类互助组	组数	489	507	1792	588	501	381	2936
			户数	1907	2384	7660	2456	3351	1572	13462
			人口数	8212	11626	31825	11076	9336	7036	54952
			土地数	27840	35760	747	48178	30174	22879	19665
			畜力数	697	771	2070	1604	779	681	5279
			劳力数 男	2013	2397	1422	2596	1968	1644	12688
			劳力数 女	714	1837	615	2283	1693	1146	9095
现在互助的总情况	二类互助组	组数		894	628	2903	1088	896	2246	6367
		户数		4503	3091	12281	4866	4306	7021	26690
		人口数		20206	105120	38905	19236	19016	33372	114631
		土地数		76320	46270	1285	71007	63802	122524	418828
		畜力数		1923	1397	3062	2804	2352	3442	13203
		劳力数	男	4639	3275	2428	4652	4777	7516	27521
			女	3119	2484	752	3689	3176	5312	20208
	一类互助组	组数		840	1017	3386	761	858	630	4858
		户数		3389	5793	10334	3363	3877	2750	22558
		人口数		14416	21683	54354	13039	14534	11004	85010
		土地数		51476	82895	1408	61769	51260	31328.6	333082
		畜力数		1214	1632	3299	2024	1521	1150	8999
		劳力数	男	2491	4520	9001	3315	3487	2735	20847
			女	1521	3537		2723	3122	1702	14606

2、建立初级农业生产合作社。随着农业互助合作运动的发展，1951 年冬，半社会主义的农业生产合作社（初级社）在互助组的基础上开始产生。在自愿互利、土地入股、耕牛农具折价归社、土地劳力分配、财务帐目、经营管理、评工记分等方面摸索经验。1952 年

春，试办成立了3个农业生产合作社，作出典型示范，通过春耕、播种、间苗、除虫、积肥、施肥等生产环节，农作物当年增收两倍以上，给互助组树立了榜样，互助组比单干好，合作社比互助组好，并以此加以推广。1953年冬，魏县全面贯彻过渡时期的总路线和总任务，巩固提高互助组，积极发展初级农业生产合作社。初级社是在土地私有的条件下，实行了土地入股，统一管理，集中劳动，统一分配，并给予土地和其他生产资料一定的报酬。土地入股分红是初级社的显著特点。在初级社中，土地所有权仍归农民个人，但其使用权却归合作社，土地的所有权和使用权发生了分离，大批的互助组转入初级社，使互助组的数量逐渐下降，初级农业合作得到迅速发展。1954年，初级社已发展到了364个，8317户。1955年9月份，县委在全县范围内组织区、村干部学习贯彻党中央毛主席关于“农业合作社问题，只许办好，不许办坏”的指示精神，大张旗鼓地宣传发动，魏县出现了建立初级合作社的高潮。1955年底，魏县初级社已发展到1844个，入社农户55864户，入社户占总农户的73.7%，入社耕地64666.99公顷，基本上实现了半社会主义性质的农业合作社。

1954年出版的互助组丛书

初级社主要形式，一般以社为单位，社内农业生产实行统一规划、经营，全年生产计划年初制订，男女劳力由社集中使用和管理，根据农副业生产的劳动制度，工种差异，制订定额标准、合理评工记分，建立和健全财务帐册和财务制度，入社的生产资料由社统一安排使用，生产出来的产品按劳力、资料（土地）比例分红、劳动部分按工分计酬。分配方法有两种：一种是完全按土地与劳力比例分配，其中多数社采用“地六劳四”的分配方法，有的社将总收入作为100，公积金、公益金、土地投资扣40%，下余60%按地占32%、劳力占28%分配；少数社土地与劳动对半分红。第二种分配方法是，定产以内比例分配，超产部分奖励劳动，就是将土地的产量按照常年产量固定基数，在这个数目内按“地六劳四”分配，超过定产部分，则按“劳七地三”或按“劳八地二”或“劳九地一”的比例分配。

3、建立高级农业生产合作社。随着合作化运动的发展，1955年底，根据中共中央七届六中全会《关于农业合作社问题的决议》精神，魏县县委认真贯彻执行“全面规划，加强领导”的方针，选调了39人组成了农业合作社工作队，分六个组，赴区、乡、村配合基层干部宣传发动，有计划、有步骤地创办高级农业合作社。高级社的筹建分三步进行，第一步做好思想发动工作。首先，在党内酝酿，统一党内思想，引导农民走社会主义道路，提高社会主义觉悟；其次，摸清组织基础、社员思想（包括全社男女社员多少，其中积极要求转的多少，亦同意但不积极的多少，思想顾虑较大、坚决反对的各多少名）、社员成分（贫农、老下中农、新老上中农）、领导骨干、增产程度、公共财产等六个底，然后办理批报手续；第二步在各个组织成员中充分酝酿，并在群众中做好大张旗鼓地宣传活动，说明办高级社的意义、政策和十大好处（参见河北日报1956年1月14日社论），算好上年社员实际收入、高级社与初级社收入对比、对减少收入户分类排队的三笔帐，制订出后二年的生产规划。第三步召开建社大会，通过讨论制订社章，选举社干，建立组织、学习、生活、生产、财务、劳动管理等制度，开展生产竞赛。1955年底，试办了9个高级社。1956年，伴随着生产高潮的到来，农业合作社进入了新的阶段，当时运动的基本特点是：由小到大，由低级到高级，同年1月12日，魏县1844个初级社合并扩大为343个大社，并试办了103个高级社。1956年1月底，魏县共办成106个高级社，参加高级社的农户75832户，占魏县总农户的99%。在社的规模上：联乡社5个（13个乡），10761户；1乡1社70个，59835户；一村一社31个，5236户。实现了完全社会主义性质的高级合作化，从根本上改变了农村生产关系，完成了对农业的社会主义改造。

在建立高级社的过程中，魏县县委执行各项政策规定，妥善处理好几个具体问题：一是土地问题，由初级社转为高级社，土地一律转归农业全体社员集体所有，不能买卖和出租，取消土地分红，实行按劳取酬，但为了照顾社员日常生产需要，分给社员少量土地作为自用园地（自留地），其标准按全村每人平均土地的3－5%，原初级社社员的青苗转高级社统一经营，肥料、种子由高级社定价归还，原有庄基院落仍归社员私有；原坟地不变，允许继续埋坟，遇清明节允许其掘土添坟；国家建设占用高级社土地，所给之代价，为社员集体所有；原社或社员代管之土地、场地归高级社所有。二是耕畜和大型农具，水井、林木、果树、私有业田等视情况全部折价归社（初级社已折价的转入高级社），由社定期偿还欠款。三是股份基金的摊派。生产投资股份基金，按社员当年出工定额计算，1－3年清结一次摊派，公有化基金由土地平摊或地劳分摊。四是烈军属土地由社统一经营，不给土地报酬，视情况按人口、生活水平确定由社补给一定的劳动日。五是乡村干部待遇按误工情况分别对待，实行定额补贴。六是生活无依靠的老弱病残、孤寡困难户，适当安排劳动，不能维持生活的，从公益金中补助解决，使其达到五保（保吃、保穿、保烧、保教、保葬）的要求。七是对地主、富农入社土地、农具，除补交公积金、公益金外，余作股份资金。1957年，根据中央《关于整顿巩固农业合作社指示》，先后三次开展大规模的整风整社，进一步完善了高级社生产责任制，普遍实行"三定两包一奖赔"，年终结算兑现，体现了按劳分配、多劳多得原则，至此，魏县土地，除国有土地外，全部由农民土地所有制变成了农业生产合作社集体所有制。

4、建立人民公社。1958年8月4日，毛泽东主席到河北徐水县视察时，第一次提出搞人民公社后，中共中央作出了《关于在农村建立人民公社问题的决议》。中共河北省委根据中央精神制定《关于合作化规划草案》载：当前农业生产飞跃的增长和社会主义建设的全面发展，现有农业社的组织规模已经不适应这种新的形势，生产力的大发展迫切要求相应地调整生产关系，把小社并成大社，其性质和任务已经不是农业生产合作社了，为了形式和内容一致起见，定名为某人民公社。邯郸地委于8月14日－20日召开了并社工作座谈会，专题研究农业社的合并等系列变革问题，并作了建立人民公社的部署。23日中共魏县县委常委内部传达了地委精神，于同年8月27日在杨甘固召开并社工作会议，确定杨甘固、回隆、仓口、泊口四乡成立人民公社，并提出了建社具体要求。大体上分为两步：第一步，在8月底前大搞宣传发动，制订规划；第二步，妥善处理好各项具体问题，健全各种组织，清理财务帐目，讨论制订社章，总结建社工作。9月1日，县委印发《关于发动全党带动全民积极有步骤地开展人民公社运动的意见》，县委提出“全党动员起来，全民发动起来，苦干十昼夜，全面实现人民公社化”的口号。很快形成开大会、树红旗、搭架子、挂牌子，大办人民公社的高潮。人民公社的特点就是“一大二公”，“政社合一”，到9月底，魏县19个乡442个高级合作社合并改建成5个人民公社，下设37个管理区。人民公社建立后，为了适应新的跃进形势，提出了“组织军事化、行动战斗化、生活集体化、管理民主化”的要求，经过一个多月的筹建，魏县编野战团6个，营110个，连520个，排2510个，班11168个。并相应办起了食堂2786个，在食堂就餐的总计81809户，占总户数99.5%，就餐人数364583人，占农村总人口的99%。同年11月份，魏县行政区域全部划归大名县，并县后魏县5个公社调整为6个公社，大名县共12个公社，70个管理区。

人民公社是1958年8月在“大跃进”中建立的工、农、商、学、兵五位一体，政社合一的社会经济组织，是以社为核算单位，一切生产、生活资料归公社所有，无偿调拨，强调“一大二公”的社会主义优越性，致使普遍出现了高指标、瞎指挥、浮垮风、共产风。大名县委（含魏县）提出“苦干一年，实现吃饭、穿衣、生养、死葬、文化娱乐、文教卫生十不要钱”的供给制。实行大统一、大协作、大分配、大办丰产方“卫星田”，大办工厂等大呼口号的办法，打乱了所有制和按劳分配的原则，农业生产力受到破坏。在体制剧烈变动中，因大工厂、修路等，耕地减少。1959年，大名县委根据党中央郑州会议精神，对人民公社管理体制作了调整，实行公社、管理区、大队三级经济核算和公社、管理区、大队、小队四级管理。1961年4月，根据中共中央《六十条》体制下放的指示，魏县12个公社改为工作委员会，下设75个人民公社。同年6月，魏县、大名分治。魏县6个工委下设38个人民公社，519个大队、3177个生产队，后又调整为37个公社，实行以生产队为基本核算单位，四固定（即劳力、土地、耕畜、农具）和“三级所有，队为基础”新体制，并确定食堂愿办则办，不愿办的可停。1961年，大部分食堂散掉，其余在清算共产风、浮垮风、命令风、瞎指挥风、一平二调风等工作中相继解散。1962年春，部分土地分给农民自由种植，称自留地。允许社员开垦荒地，同年底，耕地比1961年增加200公顷。1964年，魏县在“农业学大寨”中平整土地，小块平大块，故道治理，耕地达到65259.53公顷。1983年，人民公社改为乡镇，大队、生产队分别改为行政村和村民小组，魏县设37个乡镇525个村，至此结束了“农村人民公社的政社合一体制”，土地归劳动群众集体所有。1986年6月25日，国家颁布了《中华人民共和国土地管理法》，法律规定集体所有的土地属于村农民集体所有，由村集体经济组织或者村民委员会经营、管理。农村集体所有制后土地属于村农民集体所有，由村民委员会或村民集体经济组织经营、管理，至2016年未变动。

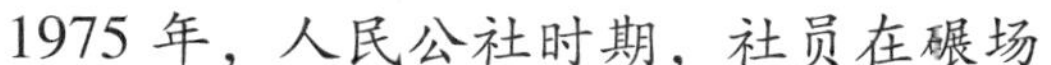
1975 年，人民公社时期，社员在碾场

大队社员平整土地

（二）全民土地所有制。

解放前，魏境土地荒芜严重，寺院庙宇、官田、学田、碉堡等占用之土地皆为公有。解放后，接收国民党时期留下的寺庙、寺院等处公产土地 66.67 公顷。在土改运动过程中，通过立法手段，把寺院、寺庙荒地和其他一些土地收归国家所有。建国后，因国家建设需要，依照法律规定，对农民集体所有土地实行征用，其土地属于全民所有（即国家所有）。1991 年，魏县国有土地 2574.2 公顷，其中河流占地 534.4 公顷，林地 2.37 公顷，交通占地 1209.5 公顷。1999 年，随着市场经济的发展和县城拆迁改造，魏县实行土地征收征用，县城规划后面积 13.8 平方公里，其中国有土地 4798 公顷。2000 年，魏县国有土地 5132.28 公顷。2008 年，魏县实施三年大变样，土地征收征用迅速增加，县城规模由 13.8 平方公里规划到 38 平方公里，国有土地面积 6270 公顷。2010 年，国有土地增加到 6730.22 公顷，至 2016 年，魏县国有土地 7089.5 公顷。

第二章　土地使用制

土地使用制度是土地财产制度的组成部分，是在一定土地所有制度下，人们使用土地的程序、手段、方式的规定。它涉及土地所有者与土地使用者之间的关系，涉及双方的经济关系，涉及双方的权利、义务以及国家对土地使用的管理。就所有权与使用权两者之间的关系而言，土地的自由转让和有偿使用构成了土地使用制度的两个主要特点，土地使用制度可分为所有权与使用权（以下简称：“两权”）相结合及“两权”相分离两大类。在“两权”分离条件下又可大体分为无偿使用制和有偿使用制两大类别。相邻土地使用制是土地使用制中的一个特殊组成部分。它是发生在土地相邻的权属单位间的土地使用关系，主要包括：通行、用水和排水、环境保护、管线设置、防险和采光等。归纳起来为两大类：一是允许邻人合理使用，二是拒绝或制止邻人的不合理使用土地。

1993 年，魏县已初步形成了城市土地市场及其运行机制，市场配置资源的基础性作用逐步得到有效发挥，土地参与宏观调控的作用明显增强，由土地带来的直接和间接收益成为地方政府筹集经济建设发展资金的主要渠道。10 月 5 日，魏县敲响了全市国有土地使用权公开拍卖第一槌。2002 年 5 月，明确了国有土地使用权实行招、拍、挂。2004 年 8 月 31 日，魏县经营性用地全部实行招、拍、挂制度。从此，魏县对农民集体土地实行征、转用及对国有土地实行招、拍、挂取得土地使用权方式一直延续至 2016 年未改变。

第一节　私有土地使用制

一、农村私有土地使用制

战国时期，魏境封建土地所有制已开始形成，原来农村公社的土地已变为个体农民的私有土地，原来国家分封和赏赐的田邑变成了贵族官僚的私有地产，而个体农民的私有土地较贵族、官僚的私有土地面积更广阔，地位更重要。当时自耕农土地使用制是私有土地最主要的使用制度。

秦汉时期，魏境由于土地兼并严重，富者田连阡陌，贫者身无立锥之地，自耕农纷纷破产，自耕农土地使用制的地位日趋下降。

曹魏时期，由于东汉末年魏境连年战争，魏境属魏国北帝边境，紧临赵国，属占略要地，百姓大批逃亡，由此造成了私有土地的自耕制使用方式向奴隶制使用方式转化。

西晋时期，由于魏境内自耕农经济地位下降，影响国家税收在一定程度上扼制了自耕农土地使用制向奴婢制使用方式转化的趋势。在北魏至唐前期的均田制下，境内土地使用制也有佃耕自耕两重性，但奴婢制经营方式在一定程度上受到了限制。唐代中期，均田制破坏，原来的永业田和口分田都成为个人私田，在整个唐后期至北宋时期，由于国家实行不抑制兼并政策，契约租田制成为占主导地位的经营方式，境内雇工经营制也有所发展，这种形式直延续到清代。

中华民国时期，伴随土地所有权的分散化，县境农村土地的使用制出现了土地所有权和使用权两者合一的土地使用制度占据了绝对优势。据调查，简庄、斗门、寺庄、李家口等 10 个类型村土地租佃情况，说明在土地所有权和使用权两者合一的土地使用制度下，中农、贫农和雇农所有的土地以自耕制经营方式为主，地主和富农所有之土地以雇工制经营为主，当时县境主要流行定租制和预租制，即定租不论年景好坏，增产不多交，欠收不少交，若遇灾荒年贫苦农民叫苦连天。预租是种地之前预先交租，贫苦农民无力缴纳，所以租佃较少。

在土地改革完成以后，从前的封建土地私有制变成了农民土地私有制，政府对分配给农民的土地发放土地所有证，并承认其自由经营，买卖及在特定条件下出租的权利，但当时农民大多耕种自有的土地，土地的使用权和所有权多半是统一的。自农业社会主义改造运动开始后，魏县农村土地买卖者日趋减少，在互助组阶段，农业劳动开始具有某些直接的社会性，同封建社会那种典型的自耕农经营方式已有显著不同。到了初级社阶段，土地的所有权和使用权发生了分离，当时魏县对农村土地买卖在地方性法规上虽然还没有禁止，但在实际工作中已防止农民不必要的出卖和典当土地。农民土地买卖、典当及其它转移，均应首先报请乡人民委员会审核，转报区公所或区人民委员会批准。1956 年，农村农业合作社完成以后，农民私有土地转为农业生产合作社集体所有，其中绝大部分由合作社集体种植，土地的使用权和所有权是由两者分离转为集体所有，集体经营的两权合一模式，只有少量的土地（约占耕地面积的 5%）作为自留地、宅基地无偿分给社员个人使用。1958 年，推行人民公社化以后，取消了农村私有土地使用制，形成了集体所有、集体经营的土地使用制度。

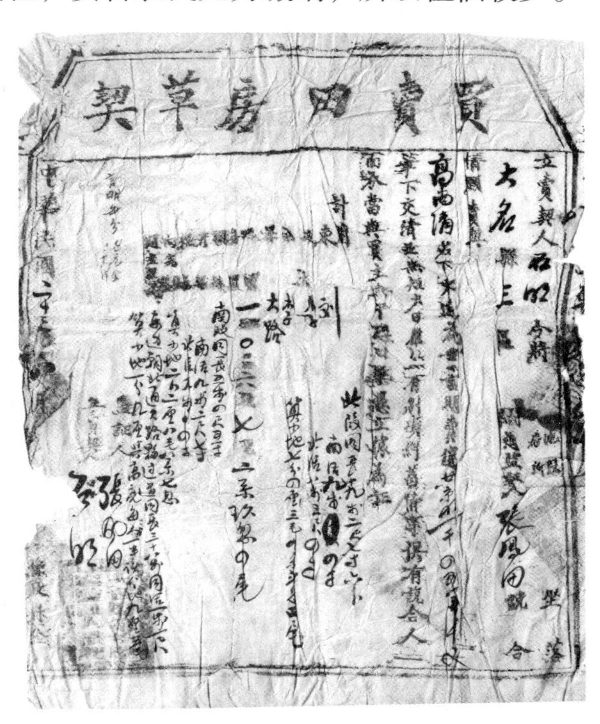
賣田房草契

民国二十二年（1933 年），大名县西区（今魏县）六区后罗庄村张某与高某买卖田房草契

二、城镇私有土地使用制

魏县城镇私有土地产生于战国时期，直到鸦片战争以前，土地使用权和所有权大多是统一的，土地租赁只是个别现象。解放后，魏县城镇私有土地自由买卖、出租、入股、典当、赠与或交换形式出现。私人使用私有土地是有偿使用，通过买卖不断转换土地占有关系，土地所有权不是固定不变的。中华人民共和国成立后，1953 年 12 月 5 日，魏县执行政务院公布实行《国家建设征用土地办法》的规定，国家机关、企业、学校、团体、公私合营企业、私营企业或私营文教事业等，如需使用私有土地者：国家企业性质使用私有土地通过购买、租赁等，同时支付地价和地租。租赁的形式，主要有两种，一是购买私人房屋，但地基按时付租；二是长期租用私人空地建房或作其他用途。国家非企业性质使用私有土地，经魏县人民政府批准，均采取征用的方法获得，征用后的土地，产权均属国家。1954 年，根据上级精神，魏县不允许国家性质的使用者租用私人土地的存在。“文化大革命”后，城镇大多数是私人自有土地，自己建房居住。1982 年后，魏县城镇私有土地全部收归国有，城镇私有

土地使用制不复存在。

第二节　集体土地使用制

一、农村宅基地使用制

1956 年，魏县农村农业合作化完成以后，便确立了农村社员宅基地的集体所有制，在之后的几十年时间里，农村社员宅基地的所有权属于集体经济组织，使用权属于农民家庭，实行土地使用权与所有权相分离的无偿使用，长期使用，严禁转让的宅基地使用制度。1962 年，实行“三级所有，队为基础”，农村社员的宅基地属生产队所有，一律不准出租和买卖，社员新建房屋的地点要由生产队统一规划，尽可能不占用耕地，并规定为社员长期使用，长期不变，生产队不能想收就收，想调剂就调剂，如买卖房屋后其宅基地使用权即随之转移给新房主，但宅基地的所有权仍归队所有。《人民公社六十条》规定，生产队是人民公社中的基本核算单位，生产队范围内的土地，都归生产队所有，包括社员的自留地、自留山、宅基地等等，一律不准出租和买卖，社员的房屋永远归社员所有。社员有买卖和租赁房屋的权利，社员新建房地点，要由生产队统一规划，尽可能不占用新地。通过这些规定，农村宅基地由原来的农民所有转变的集体所有，宅基地集体权得以确立。农民农村宅基地只有使用权。1963 年 3 月 20 日发布的《中共中央关于各地对社员宅基地问题作一些补充规定的通知》再一次强调了农村宅基地和房屋问题，规定：社员宅基地，包括有建筑物和没有建筑物的空白宅基地，都归生产队集体所有，一律不准出租和买卖，但仍归各户长期使用，长期不变，宅基地上的附属物，如房屋、树木、厂棚、猪圈、厕所等永远归社员所有，社员有买卖和租赁房屋的权利，社员在宅基地使用权的取利，先由本户提出申请，经社员大会讨论同意，生产队统一规划，予以解决，占有耕地报县人民委员会批准。中共十一届三中全会后，农村经济政策的改变促进了农业生产的发展，农民收入普遍增加，生活条件得以改善，要求占地盖房的越来越多，为了加强农村建房管理，魏县人民政府于 1985 年 8 月 3 日印发《关于农村宅基地确权发证的安排意见》，规定了农村宅基地的使用制度及对乱占滥用土地建房的处理意见。1990 年 5 月 4 日，魏县人民政府对农村宅基地清理发证作了补充规定：①凡按照魏县人民政府安排意见已丈量发证，地证相符的不再重新丈量，已丈量未发证的，把使用证发到用地者手中，已丈量发证但地证不符或未丈量的宅基，要重新丈量发证。②丈量发证原则上按现有使用面积为准，本户原有文书契约与实用面积相符的，丈量时可参考，不相符的一律作废，凡是使用的宅基地，房后留滴水 33 厘米，山墙留 15 厘米，如原定边界清楚没有争议的，可按原定边界丈量发证。③街道、巷道、出路均为公共使用，不计个人使用面积，任何人不得侵占或干涉他人使用，凡侵占一律退出，影响规划、交通、排水的建筑物要限期拆除，并根据情节轻重处以罚款。

农村宅基地的集体所有制已经载入国家和地方性法律法规，农村宅基地实行农村居民长期使用制，但不少人把宅基地误认为是使用者个人所有。又由于长期以来农村宅基地实行无偿使用制，致使农村早占、多占、滥占宅基地的现象极为普遍，这些造成了农村宅基地使用和管理上的混乱，浪费了土地资源，增加了土地纠纷，助长了宅基地审批上的优亲厚友，以地谋私等不正之风，因而农村宅基地除了依法加强管理外，对于使用制度也有待改革。1990年，魏县对农村宅基地使用制度进行改革探索。同年8月，在德政镇后小寨村对农村集体土地使用制度改革搞试点，实行农村宅基地有偿使用制度。1991年初，根据《农村宅基地有偿使用的调查报告》并在乡、村领导班子强，经济条件好，工作有一定基础的院堡乡进行试点。占用农村集体所有土地建房的农民和城镇非农业户口的居民，按照实际占地，每平方米年计0.05－0.6元向所在村民委员会交纳宅基地有偿使用费。同年4月25日，魏县人民政府印发《关于农村宅基地有偿使用暂行的规定》，规定：凡在本县境内占用集体土地建住宅的农户和个人（包括非农业人口），一律按照本办法缴纳有偿使用费，收费标准按批准宅基面积大小计算。宅基地面积0.4亩以下的（含0.4亩），每平方米收费0.05元；面积0.4亩以上0.5亩以内（含0.5亩），每平方米收费0.1元；面积在0.5亩以上0.6亩以内（含0.6亩），每平方米收费0.2元；面积0.6亩以上0.7亩以内（含0.7亩），每平方米收费0.4元；面积0.7亩以上，每平方米收费0.6元。对农村宅基地有偿使用费收取、管理、使用，按照"取之于土，用之于土"的原则，实行由乡（镇）村负责征收，土地管理部门协助，建立专帐，专人管理，实行乡管衬用，严禁挪用，挥霍浪费。实行"三公开一监督"，收费标准公开，收费数额公开，用途公开，每年公布一次，接受群众监督。收费总额80%留村，10%留乡，10%上交县。对五保户、烈属、残废军人、痴呆人、孤寡老人，可照顾一处宅基地不收费；对社会救济户由本人申请，村、乡同意，报土地管理部门批准，可减免。占多片宅基的，其中一片按标准收费，其它的宅基地按违法占地处理后，全部按照最高标准收费，直到退出所占宅基地。对拒不交有偿使用费的户，从滞纳之日起每月加收10%滞纳金。1991年底，魏县535个行政村，有173个村实行了宅基地有偿使用制度，占魏县总村数的32%，收取使用费65万元，退回多占庄基地1100片，土地273.3公顷，收回闲散地118.66公顷，收回用地申请751份，解决宅基纠纷650起。1992年，农村宅基地有偿使用工作大面积推开，同年4月份，魏县23个乡（镇）有偿使用的农村宅基地14万片，占宅基地总片数的80%，通过有偿使用，魏县共退出宅基地1500片，面积37.33公顷，收回闲散地240片，面积7.33公顷，撤回

1994年，全市农村宅基地清理发证工作现场会在魏县召开

建房申请300户，解决宅基地纠纷500起。1993年，国务院为减轻农民负担，宣布取消了37项涉及农民负担的收费项目，其中涉及土地方面有三项：①农村宅基地有偿使用费；②农村宅基地超占费；③土地登记费在农村收取部分。宅基地有偿使用费工作停止。1994年，魏县人民政府印发《关于农村宅基地清理发证工作的实施方案》，魏县土地管理局印发《关于对农村宅基地发证和完善管理档案意见的紧急通知》。8月底，查处了违法宅基1.2万份，拆除房屋58间，退出宅基地2700片，收回土地72公顷，收缴罚款221万元，发《集体建设用地使用证》15.5万本，收取证本费78万元。建立县、乡、村农村宅基台帐，实现一乡一档、一村一图、一户一卡、一宅一证的“四个一”管理，使农村宅基地开始纳入规范有序的管理轨道。10月22日邯郸市人民政府在魏县召开了农村宅基地清理发证工作现场会，县人民政府副县长杨志科作了经验介绍。魏县农村宅基地使用权的取得，实行了无偿划拨，无偿无限期使用制度，农村宅基地使用权不准单独出租、买卖和擅自转让，但村民房屋出卖后，宅基地的使用权即随之转移给新房主。

二、集体农用地使用制

（一）统一劳动，队为基础

1956年，社会主义改造完成以后，农民土地私有制转变为集体公有制，在农村集体土地所有制下，绝大部分农用土地实行集体所有、集体经营、集体使用的模式，土地使用权和所有权是统一的。1956年，农村合作社完成以后至1958年人民公社化以前，土地归高级农业社集体所有、集体使用、组织集体劳动，按照“各尽所能，按劳分配”的原则，实行工分制，按劳动出工多少来分配土地生产物。1958年8月，随着“大跃进”运动的开展，魏县又以小社合并大社，9月上旬，魏县的人民公社化完成，农村集体土地的农业合作社集体使用制被人民公社集体使用所代替。一是集体规模扩大化，魏县442个高级社合并扩建为5个人民公社后改为6个；二是生产军事化，劳动力按照军队编制编成了团、营、连、排、班统一领导，统一指挥，进行农业生产和建设；三是生活集体化，普遍建公共食堂，实行供给制，取消了家庭经济；由于这种土地使用制度远不适应农村生产力发展的状况，导致了农村生产力的破坏。鉴于此，从1961年开始，在坚持所有制不变，生产资料不变，基本核算单位不变，统一分配制度不变的同时，实行以生产小队为基本核算单位，“三级所有，队为基础”的土地使用制度，统一种植计划，统一耕地，统一生产投资，统一调配劳动力的原则下，田间管理采用六道工序（即播种、间苗、锄地、灌水、追肥、治虫等），按

1972年，李家口村一队陈队长和保管员给社员们分小麦

干活质量高低，评工记分制，提高了社员的生产积极性，统一劳动、队为基础的农用土地使用制度模式延续了20余年。

李家口村第二生产队社员在玉米地里追施化肥

李家口村第一生产队车装满了小麦向国库交售

上世纪50年代，人民公社期间，耕地、牲畜和农机具等生产资料都是集体所有，广大农民被称为社员。社员们在生产队从事各种各样的生产活动。年轻的男女劳力下田劳动，年纪大和体弱的进果园、菜园、苗圃，身强力壮的赶大车，忠诚老实的当饲养员或更夫，有文化、有一技之长的当会计、保管、电工、老师、农业技术员等等。社员平时出勤记工分，年终结账分红。口粮定量供应，吃饭、穿衣、烧柴以及瓜果蔬菜等生活资料，全靠生产队集体按劳分配供应。

（二）实行家庭联产承包责任制

中共十一届三中全会后，国家进行农村经济体制改革，1979年，魏县实行了以家庭联产承包责任制为核心的改革，废除了延续20多年的“三级所有、队为基础”的公社经济体制，出现了多种形式的农业生产责任制。在生产队统一计划、统一经营、统一核算的基础上生产，把土地按社员劳动底分固定到户，实行定种植计划、定产量、定征购、超产归社员个人的“三定一奖”办法，同时还有“小段包工”、“联产为组，计算奖惩”、“包工包产到户”等。1981年，魏县推行家庭承包责任制的有2304个生产队，占总数的72.4%，实行小段包工的生产队877个，占总数的27.6%。1982年，魏县按农村现有人口实行土地大包干，将土地所有权与经营权分离，生产队耕地、闲散地、鸡刨地等归类分等定级，按人口平均到户，由社员自己经营。生产大队或生产队与社员签订承包合同，合同书明确：承包户承包的土地面积、产量、产值，并向国家交售粮、棉、油、猪的任务，向集体交纳积累和统筹经费等（即两上交），年终结算兑现，除上缴部分外，收入全部归己。“大包干，大包干，直来直去不拐弯，交够国家的、留足集体的、剩下全是自己的”。由于“包产到户”从根本上打破了农业生产经营和分配上的“大锅饭”，使农民有了真正的自主权。土地的所有权归集体，个人只有使用权，社员的宅基地和自留地，属集体所有。1983年，为解决人地矛盾，均衡负担和便于收取税费，魏县兴起了动账不动地的“两田制”。即将承包田分为口粮田和责任田，一般情况下，口粮田只负担农业税，责任田除负担农业税，还要完成粮棉等国家定购任务，并以承包费形式负担村提留、乡统筹费。在“两田制”下，人口增减不调整土地，只在账上对减少人口的农户减少一份口粮田，增加一份责任田，上交承包费相应增加；对于增加人口的农户则在账上减少一份责任田，增加一份口粮田，上交承包费相应减少。1984年，全县贯彻落实中央1号文件精神，土地承包期延长为15年。首先，调整承包土地和核实人口，按照“大稳定，小调整”的原则，进行合并划方，适当调整；其次，扩大承包领域，发展商品生产，续订经济林木合同、副业合同等，建立了商品性生产基地；再次，搞好开发性承包，灭荒改碱承包，漳河故道承包，河渠路旁承包等。家庭联产承包责任制的推进和完善，克服了队与队、人与人之间的平均主义倾向，解放了生产力。签订承包合同，15年不变。

1991年，魏县一些较早实行家庭承包经营的生产队、组，第一轮土地承包即将到期，为了及时指导、调整，在原定的耕地承包期到期之后，重新进行调整。这是继1980年实行家庭联产承包责任制时原生产队为基础的基础上进一步完善，解决地块零散造成耕地管理难、社会化服务难等问题的一项重大举措，规定对私自改变土地用途，如起土、烧窑、私自建房出租或卖掉土地的一律顶承包户的口粮田，视情况移交土管部门依法处理。并续订土地承包合同期限30年。1998年，魏县为了稳定和完善以家庭联产承包为主的责任制，落实中办发［1997年］16号文件关于土地承包期延长30年不变的政策，促进农业生产和农村经济发展，向农户发《土地承包经营权证》，并执行国家修改的《中华人民共和国土地管理法》相关规定，土地承包经营期限为30年，在承包期内，经发包方同意，农户对土地承包经营权和使用权，可以自愿有偿的转包、转让、互换、入股，土地流转要签订书面合同，并报发包方和乡镇农业承包合同管理部门备案。2002年，国家颁布的《中华人民共和国农村土地承包法》进一步明确规定，耕地的承包期为30年；草地的承包期为30年至50年；林地的承包期为30年至70年，魏县规划林地承包期限为50年。2007年《中华人民共和国物权法》规定了耕地的承包期为30年，林地的承包期为30年至70年。魏县根据相关土地法律法规，重新调整土地承包期为30年，至2016年未变动。

第三节　国有土地使用制

一、农村国有土地使用制

夏、商、周时期，在奴隶国家制度下，魏域土地使用制度的典型模式是井田制，即将一定范围的土地划分为若干等量的方块田进行分配使用，每户农民可分得一块方田，称为私田，私田附近另有公田，公田上农活要由周围几户农民共同耕种。私田收获归农民个人所有，公田收获为国家所有，因而在井田制度下，土地的所有权和使用权是初步分离的，土地使用是有偿的。

秦汉时期，井田制逐步走向崩溃，助耕公田制度遭到破坏，劳役地租被实物地租所替代，此后，农村公社农民的份地固定化，不再进行土地的定期重新分配，确立了土地的长期占有使用制。

从战国时期到民国时期，在封建土地所有制下，农村国有土地使用制与私有土地使用制基本一样，但屯田制是一种特殊的封建国有土地使用制度，历代政府为了强兵足食，供军济国，设置专门的管理机构，提供全部或部分生产资料，按一定的组织方式，命令士兵、农民和罪犯垦种田地，其收获物部分上交以做军粮。东汉建安十年（205年）以后，曹魏政权在魏郡、广平郡、阳平郡等地大兴屯田，屯田有军屯和民屯。唐安史之乱后，魏境利用战乱后的无主荒地建立营田。周广顺三年（953年）被太祖郭威宣布废止，北宋时魏境屯田为军屯，利用戍兵耕种，这时土地所有权与使用权高度一致，所获产品全部上交。金代，魏境屯田有军屯和民屯，军屯占屯田的40%，民屯占60%，军屯皆属枢察院所辖，归千户所管理；民屯分属大司农和宣徽院所辖，归提领所管理。军屯屯户是国家用强制的手段签发或调拨的，民屯屯户是强行签发或招募而来的，官府为屯田户提供土地农具耕种和种子等，屯田户向国家交纳一定的粮食。至明代，魏境屯田是国有土地的主体。明洪武时规定，各卫所除留一部分守城操练外，大部分人员下屯耕种。在民屯制下，土地的所有权和使用权是分离的。清初屯田制是明代卫所屯田的延续，康熙年间卫所裁撤，实行屯丁银摊入地粮时，军屯名存实亡。

租田制是境内最常见的封建国有土地使用制度。将国有土地租于农民耕种而收取地租，这种土地的有偿使用形式在战国秦、汉时期就已经出现，到西晋时期成为定例。北魏至唐前实行均田制，其土地所有权是国有私有并存，其土地使用权相应地具有佃耕自耕两重性。唐后期至北宋时期，租佃制广泛存在于营田、职田、学田、仓田、公田等国有土地中，使租佃制成为占主导地位的国有土地经营形式后逐渐削弱。明、清时期又有所发展，佃户的土地使用权可以自由转让至社会主义改造后这种租佃制不复存在了。

奴婢制经营虽是封建国有土地一种重要的土地使用方式，它是由官府、奴婢在国有农田上统一耕种，收益归国家，这是一种典型的土地所有权和使用权合一的土地使用制度。产生于春秋时期，战国时期广泛存在，明清以后，国有土地的奴婢制经营消亡。

民国时期，农村国有土地实行租佃制经营方式，并且对于国有土地的使用权限有明确规定，在民国后期，魏县执行省政府规定，在国有农场中，土地承租者不得将所租用的土地出卖、转租、分租或雇工经营。

中华人民共和国建立后，国家进行了土地改革，“打土豪、分田地”，从地主手中夺回了土地，将土地依照人口平均分给了贫苦农民。1956年，政府又带领农民走集体化道路，一切土地归国家所有，并成立农业生产合作社的人民公社化道路，除了自留地和宅基地由农民使用之外，其余耕地都归集体经营。魏县农村实行国有土地的无偿使用，严禁转让的制度，即农村国有土地被无偿、无限期地分配给农民、农村集体或国营农业企业使用，除依法向国家缴纳农业税外，一律不再交地租，同时也规定使用者不得以国有土地出租、出卖、荒废或者以其它形式非法转让土地。国有土地按计划配置，实行行政划拨，不准买卖，土地资源处于一种无偿、无期限、无流动使用的状态，也就没有显现价值，也没有引起人们对土地的足够重视。国有土地旧的体制，带来土地资源的极大浪费。这种无偿使用，禁止转让制度一直沿续到20世纪80年代。

中共十一届三中全会后，土地开始走向更加规范化的有偿使用制度，特别是商业和工业用地，魏县根据不同的区域和地段确定不同的地价，1993年，魏县推出了土地使用招拍挂出让制度，以公开标价拍卖形式进行使用权转让，加强了对土地的监管力度，法律政策也不断出台。土地由无偿、无期限、无流动向有偿、有期限、有流动转变，规范了农村国有土地的管理。

二、城镇国有土地使用制

奴隶社会时期，商、周代，魏境土地为王室直接拥有，无需支付土地使用费。战国时期，经过千年的发展演变，魏境城镇格局的雏形基本形成，在封建土地所有制下，以后各朝代城镇国有土地也都无偿使用。

中华人民共和国建立后，魏县国家机关，驻军部队、学校使用国有土地，魏县人民政府无偿拨给使用。1954年，国营企业、公私合营企业使用国有土地，由政府按规定拨给使用，同时缴纳租金和土地使用费。私营企业或私营文教事业使用国有土地时，由魏县人民政府拨给使用，仍向政府交纳租金或使用费，其中，合乎减免条件者，可以酌情减免。二十世纪80年代以前，对土地只作为资源管理。企业事业单位使用国有土地，均为单一行政划拨，无偿无限期使用国有土地。

中共十一届三中全会后，随着社会主义计划经济体制向社会主义市场经济体制的转化，无偿使用制与经济的发展之间的矛盾日益突出，使用国有土地的一些单位，将土地私自出租、抵押、变相买卖、隐形交易，把政府应得的土地收益占为己有，土地资产流失，国家收益上出现了“空档”。1993年4月10日，魏县人民政府第一次召开了魏县国有土地使用制度改革会议，根据国务院颁布的《中华人民共和国城镇国有土地出让和转让暂行条例》精神，加强对国有土地出让管理工作，开始清理整顿土地隐形市场，并制定《魏县城镇国有土地使用权出让和转让实施细则》、《魏县国有土地使用权出让划拨实施办法》、《关于加强国有土地管理的通告》等一整套切合实际的便于操作的地方配套法规性文件。政府对城镇国有土地实行高度垄断，建设用地审批程序，由原来“先立项后给地”变为“先给地后立项”的用地审批制度，解决了建设用地审批手续繁琐所需时间长，待批准用地后，该项目的最佳时机已过的矛盾。在县城规划区内进行建设征用国有土地时，用地单位按一定地价付给被用地单位，采取行政划拨或对有条件竞价受让的以协议招标、拍卖的方式，取得土地使用权。土地使用权出让的最高年限为：公寓、住宅用地70年；工业、交通用地50年；教育、科技、文化、卫生、体育用地50年；商业、旅游、娱乐用地40年；综合用地或其他用地50年。受让人取得土地使用权后，按每年每平方米1元以下标准向县土地管理局缴纳使用金。受让人未按合同规定的期限和条件开发利用土地的，县土地管理部门有权对受让人提出警告，或并处以每平方米2－4元的罚款，责令限期纠正，逾期不纠正的，由县土地管理部门无偿收回土地使用权。出让期间，受让人需要改变出让合同规定的土地用途和规划建设要求时，必须事先向出让方提出申请，经土地管理部门和城镇规划部门核准后变更，重新签订合同或签订补充合同，按规调整土地使用权出让金，办理变更登记，换领土地使用证。

1993年10月5日，魏县“公开、公平、公证”地拍卖了国有土地使用权，敲响了全市国有土地使用权公开拍卖第一棰，拍卖土地649平方米，收取出让金13万元。自此，城镇居民获得土地使用权，须用资金购买。

1993年10月5日，魏县敲响了全市国有土地使用权公开拍卖第一槌

拍卖现场激烈竞争

1995年，成功地公开拍卖土地使用权6宗，为贸易局改造门店收取出让金30万元，活跃了魏县的商贸流通。

1996年12月10日，魏县人民政府对县城中兴街两旁土地使用权进行了拍卖，拍卖土地0.17公顷，收取土地出让金43万元；

1997年，公开出让国有土地使用权5宗，0.4公顷，收取土地出让金95万元；

1998年，公开出让国有土地使用权7宗，收取土地出让金110万元。

1999年，公开出让国有土地使用权13宗，1.1公顷，收取土地出让金300万元。

2000年，公开出让国有土地使用权63宗，1.5公顷，收取土地出让金400万元。

2001年，公开出让国有土地使用权6宗，0.2公顷，收取土地出让金46万元。

2002年，公开出让国有土地使用权10宗，收取土地出让金30万元；南市场临路土地拍卖，一间房（不足一分地）从3－4万元起价，拍卖最高的达到11.4万元。

2003年，公开出让国有土地使用权17宗，面积3.64公顷，收取土地出让金1130万元。

2004年，魏县国土资源局配合县土地出让办公室，对经营性用地一律实行招标、拍卖，挂牌方式供地，公开出让土地8宗、面积11.33公顷，收取土地出让金1600万元。

2005年，公开出让国有土地使用权1宗，面积0.5公顷，收取土地出让金112万元。

2006年，公开出让国有土地使用权2宗，面积1.92公顷，收取土地出让金1230万元。

2008年，按照市场经济体制要求，继续加大运用市场机制配置资源的力度，依法公开出让国有土地使用权 9 宗，面积 24. 6 公顷，收取土地出让金 4244 万元。

2009 年，公开拍卖国有土地使用权 12 宗，面积 18. 53 公顷，收取土地出让金 4926 万元。

2010 年，坚持经营性用地实行招拍挂制度，公开拍卖国有土地使用权 14 宗，面积 43. 13 公顷，收取土地出让金 18000 万元。

2011 年，进一步加大国有建设用地公开出让力度，公开出让国有土地使用权 16 宗，面积 33. 13 公顷，收取土地出让金 24450 万元。

2012 年，公开出让国有土地使用权 15 宗，面积 28. 28 公顷，收取土地出让金 12500 万元。

2013 年，公开出让国有土地使用权 17 宗，面积 33. 73 公顷，收取土地出让金 22000 万元。

2014 年，公开出让国有土地使用权 25 宗，面积 39. 33 公顷，收取土地出让金 15000 万元。

2015 年，公开出让国有土地使用权 37 宗，面积 76. 37 公顷，收取土地出让金 26370 万元。

2016 年，公开出让国有土地使用权 32 宗，面积 57. 05 公顷，收取土地出让金 24200 万元。

见：流程图 3 – 2 – 3 – 1。

魏县招标拍卖挂牌出让国有土地使用权流程图

图3-2-3-1

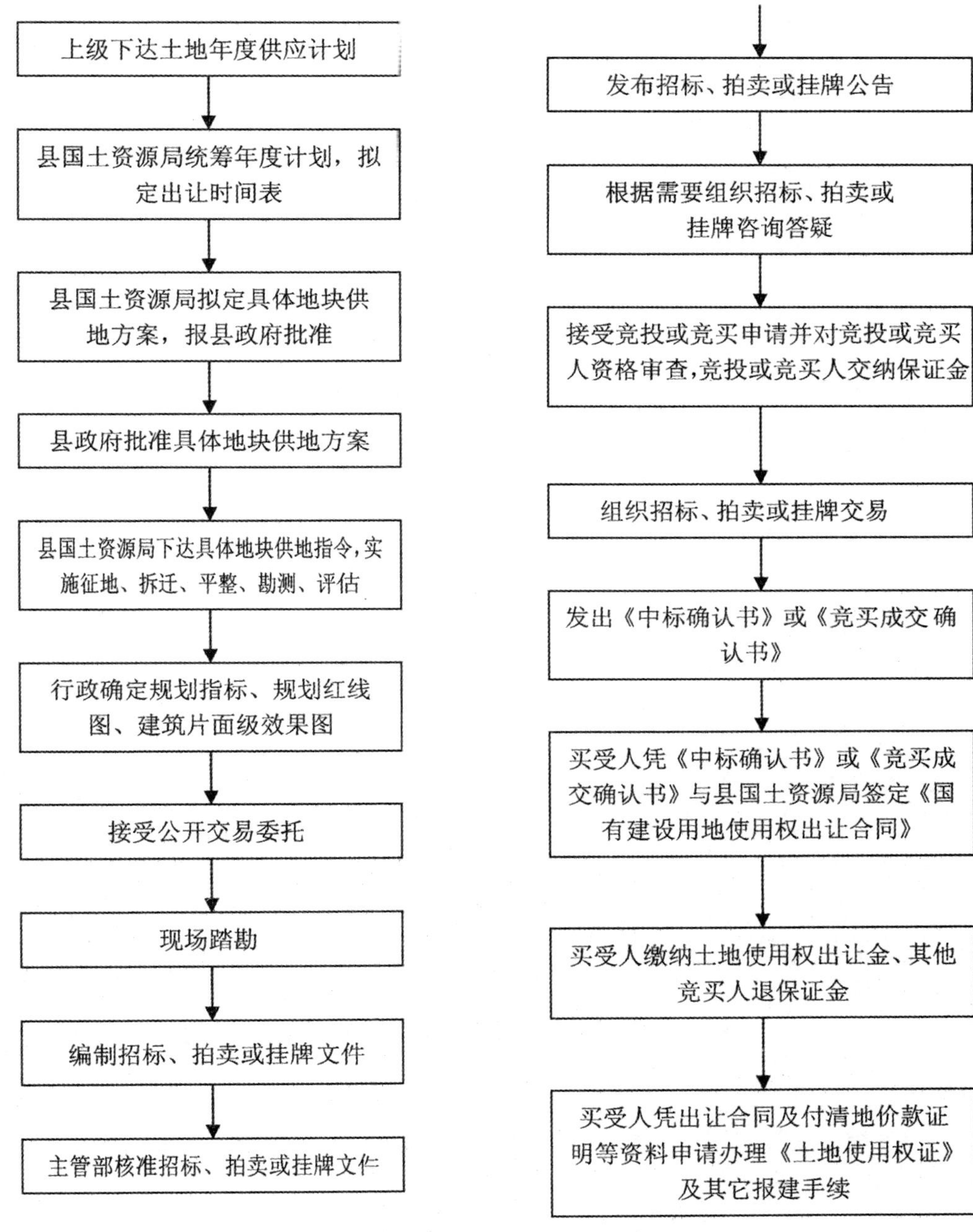

第三编

土 地 规 划

中国古代早有“早虑则不困，早预则不穷”之说，意在告诫后人，早作规划和考虑，则不会陷入困境。规划的重要特征是未来导向性，规划是依据过去和现在研究未来。正因为如此，规划不是时点行为，而是时期行为。

约前21世纪，夏代将土地规划为“方制万里，画野分州。列五服，任士作贡，定出九等赋则和九等贡品”，“令民得田之”向农夫收获纳赋。以后历代统治者围绕征缴赋税对土地进行了各种规划。

中华人民共和国成立后，土地规划是按其自然、经济区划的条件和生产发展的要求，为各经济部门和农业内部用地分配，确定合理结构。其目的是从全局出发，通盘解决与土地资源合理开发利用和农业发展有关规划问题。魏县围绕发展生产，搞好经济建设，逐步进行较系统的土地规划，先后编制了农业区划、林业发展规划、交通用地规划等专项土地利用规划。

1986年，《中华人民共和国土地管理法》颁布实施后，1991年，魏县加强土地利用的宏观控制和计划管理，同步编制了县、乡（镇）两级第一轮土地利用总体规划。1996年，同步编制了县、乡（镇）第二轮土地利用总体规划。2010年，同步编制了新一轮即第三轮（2010年－2020年）县、乡（镇）土地利用总体规划。

第一章　土地利用专项规划

土地利用专项规划是单项用地的利用规划或为解决土地的开发、利用、整治、保护中某一单项问题而进行的规划，是土地利用总体规划的有机组成部分，是在土地利用总体规划尚未编制的情况下，用以解决某个特定的土地利用问题所提出的一套措施、政策和方案。在内容的广度上，土地利用总体规划超过土地利用专项规划，而在内容深度上，土地利用专项规划超过总体规划。它是合理开发土地，提高土地的利用率和生产率，保护土地生态环境，获得最优的土地综合效益规划。分为农业区划、林业用地规划及沙荒地规划等。

1985 年，魏县开始实行农业区划和林业用地规划，1987 年，实施沙荒地利用规划、闲散地及废弃地利用规划。随着社会经济的迅速发展，建设用地规模逐年增大，耕地后备资源不足，人地矛盾突出，林地占用数量日益增多。2010 年，进一步对林业用地进行规划，规划期限（2010 年 – 2020 年）。

第一节　农业区划

农业生产与自然环境条件关系密切。在古代，县境农业的分布很大程度上受不同自然条件的制约，因而出现农业地区分异现象。早在 2000 多年前的《尚书 · 禹贡》就是分区叙述农业的著作。

中华人民共和国成立后，为配合编制国家五年计划，魏县农业资源调查和农业区划是 1978 年至 1985 年，合理利用和保护土地资源，因地制宜，扬长避短，发挥优势，向生产的深度和广度进军，促进农村经济协调发展，提高农业生产力。1984 年，魏县结合实际，三次开展农业资源调查和区划研究，将其列为全国科学技术发展规划的重点项目，魏县成立“农业区划办公室”，吸收乡（镇）企业，水利、林业、农机等部门的有关人员组成了专业组，对农业资源进行调查，在总结建国以来农业发展的经验教训，找出农村经济优势潜力及存在问题的基础上，根据不同的自然条件与社会经济条件、农业资源和农业生产特点，按照区内相似性与区间差异性和保持一定行政区界完整性的原则，对水土资源的合理开发利用和潜力、农业生产布局和结构调整、商品基地选建、因地制宜实行农业技术改造等，提出了新的论点和建议，制定 1985 年—2000 年农业发展区划，划分农业类型区，编写综合农业区划和乡（镇）农业区划。

1985 年 3 月，划分漳北北部草甸褐土果粮区、漳北南部潮土棉粮区、漳南东部潮土粮食区、漳南西部潮土粮棉果区等四个综合农业区。2001 年，农业区划工作停止。

一、漳北北部草甸褐土果粮区

1985 年，魏县把位于漳河北部，包括大庄乡、安张庄乡、东代固乡、城关镇、棘针寨乡、西南温乡、白仕望乡、院堡乡、南刘岗乡等九个乡（镇），126 个行政村，定为漳北北部草甸褐土果粮区，也是魏县著名特产—鸭梨的集中产区。1987 年，该区耕地 13813. 4 公顷，人口 172125 人，其中农业人口 161816 人，劳动力 62971 个，粮食总产量 34455 吨，农业总产值（1980 年价）4213 万元，农业机械总动力 54631 千瓦，机井 2103 眼，人均耕地 0. 08 公顷，每个劳动力负担耕地 0. 22 公顷，人均粮食 221. 4 公斤，劳均产值 609. 04 元，每亩耕地拥有动力机械 0. 26 千瓦。平均每 6. 5 公顷耕地有一眼机井，生产条件较好。该区土地属漳北漳河故道及其两侧倾斜平地，地形部位较高，地面高程 46. 5—57. 5 米，土壤以草甸褐土类的沙质壤土为主。耕作层养份含量有机质 0. 892—1. 325%，全氮 0. 066—0. 0965%；碱解氮 54—68. 5ppm[①]，速效磷 5. 78—10. 78ppm；速效钾 127—195ppm。适宜各种作物种植，尤宜鸭梨栽培，并已有 500 年以上的栽培历史，具有明显的鸭梨生产优势。

该区农业发展方向：在管好已有梨园基础上，有计划压棉增果，确保鸭梨生产基地规划的实现，在区域内路、渠上种草、种树，绿化环境，防止大气污染。规划至 2000 年栽培面积 266. 68 公顷扩大到 3333. 35 公顷，占全区耕地面积的 20%，鸭梨收入占经济收入的 30%。

二、漳北南部潮土棉粮区

1985 年，魏县把该区位于漳河北岸，包括西康疃乡、北皋镇、白枣林乡、前大磨乡、仕望集乡、野胡拐乡、德政镇、沙口集乡等 8 个乡（镇），121 个行政村，划定为漳北南部潮土棉粮区，也是魏县植棉老区。该区耕地面积 14294. 5 公顷，人口 124580 人，其中农业人口 122740 人，劳动力 43447 个，机械总动力 37083 千瓦，机井 1500 眼，人均耕地 0. 11 公顷，劳均耕地 0. 38 公顷，每亩耕地拥有动力 0. 17 千瓦，平均每 9. 53 公顷耕地有机井一眼，年粮食总产量 22449 吨，人均粮食 180. 2 公斤，农业总产值（1980 年价）2865 万元，劳均产值 558 元。年植棉 2800 公顷，占耕地的 19. 4%，亩产皮棉 80 公斤，不少地块突破了 100 斤大关。该区土地属漳河和漳北故道的河间洼地。土质：德政王庄以西为中壤，土层深厚，沙粘适中，王庄以东，为粘质潮土，重壤占 60%，除白枣林、仕望集、野胡拐、沙口集地下水贫乏外，其他乡（镇）地下水较好。

针对地下水资源贫乏的实际，1986 年，中共魏县县委、魏县人民政府提出了：以棉花为中心，综合发展种、养、加为发展方向，增加投入，着重兴修水利，大搞农田基本建设。

---

① 注：ppm 是溶液浓度（溶质质量分数）的一种表示方法，ppm 表示百万分之一，即 1 升水溶液中有 1 毫克的溶质，则其浓度（溶质质量分数）为 1ppn。20ppm 等于百分之 0. 002。

1990年，该区新增机井23眼，提高抗旱排涝能力，同时增施有机肥，增肥地力。主攻粮棉单产，提高种植经济效益，发展适合本区特点的饲养业。2000年，植棉3100公顷，占耕地的21%，亩产皮棉平均90公斤。2001年，该区未进行新的规划。

三、漳南东部潮土粮食区

1985年，魏县把该区位于漳河以南，东风渠以东，包括双井镇、马神庙乡、大辛庄乡、大马村乡、边马乡、紫岗乡、牙里镇、张辉屯乡、张二庄乡、大严屯乡等10个乡（镇），172个行政村，划定为漳南东部潮土粮食区。1987年，该区耕地面积20099.17公顷，人口199873人，其中农业人口197710人，劳动力66119个，人均耕地856平方米，劳均耕地0.3公顷，机械总动力50069千瓦，机井2358眼，每亩耕地拥有动力0.17千瓦，平均每7公顷亩耕地有机井一眼，年粮食总产量46540吨，人均粮食215.6公斤，农业总产值（1980年价）2982.1万元，劳均产值490.3元。该区土地属河旁洼地和扇间洼地，地形部位较低，以粘质土壤为主，其余为中壤土。自然养份较高，有机质含量1.13—1.47%，全氮0.074—0.135%；碱解氮45—140PPM，速效磷5.4—17.47PPM；速效钾160—241PPM。地上水条件较好，有军寨、留固两座扬水站，地下水较丰富，但不均匀。在双井镇东部，大辛庄乡西部，马神庙乡南部有3万多亩属苦水区，长期影响粮食的均衡增产，从双井镇的木顶寺往东北至大辛庄乡有一条盐碱地带，适宜种植棉花，在这一带还有盐化潮土2万余亩，粮食产量极低，甚至种不保收。建国初期这里曾有魏县“小粮仓”之称，该区发展方向巩固粮食生产基地，猛攻粮食单产，适当发展与小麦连作，提高经济效益。1990年，该区增加投入，大搞农田基本建设，新增农机井25眼。科学种田，改良土壤，培肥地力，粮食单产提高32公斤。1991年，在水利条件好的地方开发水产养殖项目，大力发展以本地黑猪为主的饲养业。

四、漳南西部潮土粮棉果区

1985年，魏县把位于漳河以南，东风渠以西，包括刘深屯乡、南双庙乡、北台头乡、车往镇、回隆镇、仓口乡、韩小汪乡、崔也冲乡、泊口乡、薛庄乡等10个乡（镇），116行政村，划定为漳南西部潮土粮棉果区。1987年，该区耕地面积11682.4公顷，人口156158人，其中农业人口154221人，劳动力53147个，机械总动力27169千瓦，机井2358眼，人均耕地1000平方米，劳均耕地0.31公顷，每亩耕地拥有动力0.11千瓦，平均每7.6公顷耕地有机井一眼，粮食总产量23002吨，人均粮食147.3公斤，农业总产值（1980年价）2434.6万元，劳均产值458.1元。土壤以轻壤和中壤为主，沙粘适中，适合各种作物种植，但养份较低。有机质含量0.7—1.4%，全氮0.058—0.096%；碱解氮45—140PPM，速效磷1.9—8.9PPM；速效钾98—180PPM。该区土壤较薄，生产条件较差，无地上水资源，水浇地面积占耕地面积60%，粮棉单产比较低，但增产潜力大。

该区增加投入，注重水利建设，新增机井15眼，同时加强机井管理，节约用水，增施有机肥，培肥地力，大搞农田基本建设，主攻粮棉单产，发展西瓜、小杂粮等缝隙农业，植树绿化，发展果树和葡萄栽培，积极发展饲养业，开发农副产品加工项目。

1991 年－2000 年，该区稳定种植作物面积由 15333. 41 公顷增加到 18666. 76 公顷，复种指数 190%；其中下限 13333. 4 公顷，占本区耕地的 74. 8%，棉花 2000 公顷增加到 3066. 65 公顷，占本区耕地的 13%，油料增加到 1000 公顷，蔬菜增加到 1333. 34 公顷。在确保粮食生产的基础上种西瓜增加到 666. 67 公顷，发展果树 2000 公顷。

见表 3－1－1－1

1987 年魏县综合农业划分区表

表 3－1－1－1　　　　单位：亩、人、个

区号	区域	主攻方向	乡镇名称	乡（镇）数	行政村数	耕地（亩）	占总耕地%	农业人口（个）	占总农业人口%	农业人口人均耕地（亩）	农业劳力	占总农业劳力%	每个劳力负担耕地（亩）
Ⅰ	漳北北部草甸褐土果粮区	建立鸭梨生产基地	大庄乡、安张庄乡、东代固乡、棘针寨乡、西南温乡、城关镇、白仕望乡、院堡乡、刘岗乡	9	126	207201	21. 3	161816	25	1. 3	62971	28	3. 3
Ⅱ	漳北北部潮土粮棉区	建立棉花生产基地	西康疃乡、北皋镇、白枣林乡、野胡拐乡、仕望集乡、大磨乡、德政镇、沙口集乡	8	121	214418	22	122740	20	1. 2	43447	19	4. 9
Ⅲ	漳南东部潮土粮食区	建立粮食生产基地	双井镇、马神庙乡、大辛庄乡、张辉屯乡、边马乡、张二庄乡、紫岗乡、牙里镇、大严屯乡	10	172	301486	31	197710	31	1. 5	66119	29	4. 6
Ⅳ	漳南西部潮土粮棉果区	建立粮棉果综合生产基地	刘深屯乡、双庙乡、台头乡、崔也冲乡、薛庄乡、车往乡、仓口乡、回隆镇、小汪乡、泊口乡	10	116	250236	25. 7	154221	24	1. 6	53147	24	4. 7
合计				37	535	973341	100	636487	100	1. 5	225684	100	4. 3

附：

魏县城关镇
农业发展总体规划（摘要）
（1986—2000 年）

魏县城关镇农业发展总体规划，是在魏县人民政府的布署和领导下进行的。通过对城关镇农业资源的普查，基本上摸清了该镇农业资源的底数。为科学利用农业资源。充分发挥城关镇的资源优势。制定 1986 年——2000 年农业发展总体规划。

在制定城关镇农业发展总体规划时，根据镇的具体情况，找出了有利因素和不利因素，制定符合实际的指标。这些指标，即考虑到了当前，也考虑到了长远，总的要达到在本世纪末工农业总产值翻两番的目标。

本规划以 1986 年为基数，分别制定 1988 年、1990 年、1995 年、2000 年的发展规划。

城关镇总面积为 3043.35 公顷，下辖二十四个行政村，总人口为 42700 人（1986 年），其中农业人口为 32244 人。占总人口的 75.5%，农业总劳力为 14099 人，总耕地面积为 1954.28 公顷，每个农业人口平均占有耕地 0.06 公顷，每个农业劳动动力负担耕地 0.14 公顷。

城关镇农业发展总体规划，包括土地、人口、种植业、林业、畜牧业、农机水利、乡（镇）企业等方面。现将土地利用规划，林业发展规划以表的形式记下。见表 3-1-1-2，3。

1980 年-2000 年魏县城关镇土地利用规划表

表 3-1-1-2　　单位：亩

项目＼年度	1980	1986	1988	1990	递增率	1995	递增率	2000	递增率	备注
总土地面积	45650	45650	45650	45650	0	45650	0	45650	0	
农用面积	29446	29314	26217	23076	-6.2	20043	-2.8	17908	-2.2	
林果耕地	5973	5973	9014	12100	15.9	15000	4.4	17000	2.5	有林地
厂矿工业占地		132	172	212	11	312	8	412	5.7	
村镇居民点占地	8927	8927	8937	8947	0.06	8960	0.07	9000	0.04	
水利交通工程占地	1340	1304	1310	1315	0.2	1315	0	1330	0.2	

1980－2000 年魏县城关镇林业发展规划表

表 3－1－1－3 单位：亩、万株

项目＼年度	1980	1986	1988	1990	递增率	1995	递增率	2000	递增率	备注
宜林地面积	35830	35830	35830	35830	0	35830	0	35830	0	
有林地面积	5973	7700	9014	12100	15.9	15000	4.4	17000	2.5	果园灌木林
经济林面积	5882	7509	8828	11000	11.7	14500	5.7	16500	2.6	
四旁村面积	37	23.8	25	30	9.5	31	0.7	35	2.5	万株
林木复合率	13.1	13.1	19.7	26.5		32.9		37.2		

第二节 林果业发展用地规划

林地是森林资源的重要组成部分，是林业产业发展和林业生态建设的基础。编制林地保护利用规划是依法履行林地资源管理职责、提升林地管理水平、保障林业可持续发展的需要，规划好、保护好和利用好林地，对建立森林植被为主体的国土生态安全体系，处理好生态建设与经济发展、长远利益与当前利益，全面推进以生态建设为主体的林业现代化建设具有十分重要的意义。

1985 年，魏县进行了林业用地区划，划定时限为 1985 年－2000 年。1987 年，魏县进行了速生丰产林用地规划，时限为 1987－1989 年。2001 年后，纳入了“十三·五”期间林地保护利用规划。

一、林业区划

魏县重视林业发展，上世纪 50 年代，结合治理漳河，在堤岸和河区大力营造了固岸、护堤林；60 年代在漳河决口处、故道荒滩，营造了固河林；70 年代结合农田基本建设，以路、渠为主题，营造了农田防护林，这是历史上林业生产的三大发展期，对改造自然环境起到了一定作用，但由于林业生产的发展进度缓慢，至 70 年代林木覆盖率仅有 5.68%，林业资源量少、质劣，远跟不上人民生活生产的需要。1984 年，魏县在总结经验教训的基础上，将全县划分为漳北、漳南两个区，对林业资源进行调查和林业区划，区划时限为 1985 年至 2000 年，目的是振兴林业调整林业布局，促进农村产业结构和合理利用土地，实行全面改革，并提出了每个区的发展方向和布局以及采取的主要措施。是年 5 月初，魏县采取招聘、考试的办法，择优录用了 30 人，由林业局一名副局长挂帅，组成了专业队伍，开始对林业资源进行调查，至 1985 年 1 月上旬止，历时 8 个月，完成了林业资源调查任务。

1985 年 2 月，魏县划入河北第六区“河北平原防护用材林区的第三亚区即黑龙港低平原农田防护经济林业亚区”，为三级区划。在河北省二级区划控制下，魏县以土壤类型为基础，结合各林种树生长情况，发挥地方优势，并征求其它专业区划意见，把全县划为漳北褐土、梨、苹果经济林区和漳南潮土杨、榆、桐防护用材林区两个林区。1989 年 4 月，全县乡（镇）合并为 7 镇、16 乡。对漳北褐土、梨、苹果经济林区涉及到的乡（镇）：西南温乡并入城关镇，大庄乡并入沙口集，南刘岗乡并入北皋镇，白枣林乡并入大磨乡，安张庄乡并入德政镇；涉及到的村庄：北皋镇的苗村、栗村、陈村、六座楼村、沙窝村、张柴曲村、杨柴曲村、魏东北村、魏后村、屯北村、屯南村、屯中村、屯西村、西街村、东街村、南街村、北街村、李谢庄村、姜谢庄村、王谢庄村、焦岗村等。对漳南潮土杨、榆、桐防护用材林区涉及到的乡（镇）：刘深屯乡并入双井镇，马神庙乡并入大辛庄乡，紫岗乡并入边马乡，张辉屯乡并入牙里镇，大严屯乡并入张二庄乡，韩小汪乡并入回隆镇，仓口乡并入车往镇，崔野冲乡并入泊口乡，薛庄乡并入南双庙乡；涉及到的村庄：北皋镇的魏西村、魏东南村等。至 2016 年，两个林业区未有新规划。

（一）漳北褐土、梨、苹果经济林区

1985 年 2 月，魏县把位于漳河北部的城关镇，德政镇、东代固乡、白仕望乡、西南温乡、棘针寨乡、大庄乡、安张庄乡、沙口集乡、野胡拐乡、仕望集、大磨乡、白枣林乡、院堡乡、南刘岗乡、西康疃乡等 16 个乡（镇）的全部村庄和北皋镇的 22 个村，划定为漳北褐土、梨、苹果经济林区。该区共有 245 个行政村，278406 口人，占全县的 44.92%，其中农业人口 269463 人，土地面积 36941.65 公顷，其中耕地面积 28629.78 公顷，占全县耕地面积的 56.93%，占本区总面积的 77.5%，人均耕地 0.11 公顷。

是年 3 月，魏县人民政府把该区确定为（1985 年 –2000 年）魏县鸭梨的生产基地。1991 年，被河北省人民政府命为全省五大梨产区之一，该区生产的鸭梨历来以个大、质优畅销国内外，林业生产以鸭梨为主发展经济林。1992 年，通过农业结构的调整，该区建成了全省鸭梨生产基地，同时高标准绿化路、渠，建成以农田网为主的防护林体系，使全区有林地面积达到 8666.67 公顷。四旁树达到 450 万株，人均 15 株。果树发展到 7333.3 公顷，人均 0.4 亩，森林覆盖率达到 20% 以上。同时在林业政策上实行倾斜，明确规定树权长期不变，谁栽归谁所有，允许继承。并与育果苗农户订立包销 10 年合同，解除农民的后顾之忧。2016 年，对该区未做重新划定工作。

（二）漳南潮土杨、榆、桐防护用材林区

1985 年，魏县把位于漳河南部的双井镇、牙里镇、回隆镇、车往镇和双庙乡、刘深屯乡、薛庄乡、马神庙乡、大马村乡、边马乡、大辛庄乡、紫岗乡、张辉屯乡、张二庄乡、大严屯乡、崔也冲乡、泊口乡、韩小旺乡、仓口乡、台头乡等 20 个乡（镇）的全部村庄和北皋镇的魏西、魏东南两个村划定为漳南潮土杨、榆、桐防护用材林区。该区共 290 个行政村，341375 人，占全县总人口的 55.8%，其中农业人口 333621 人，土地面积 47666.64 公顷，占全县总面积的 55.38%，其中耕地面积 36941.65 公顷，占全县耕地面积的 56.93%，占本区总面积的 77.5%，人均耕地 0.78 公顷。

1986 年，魏县针对本区土壤条件一般，覆盖率低，经营水平差，自然灾害多、农业产量低、经济收入少等特点，确定（1985 年 –2000 年）该区林业生产发展方向以营造规格化的农田防护林体系为重点。在绿化好已有路渠的同时，在较大网络内增设林带，特别是东西向的主林带，使最大网络部超过 26. 67 公顷一般保持在 13. 33 –20 公顷，建立起农田防护林体系，以路、渠、河堤的高标准绿化为主，同时搞好农林间作和四旁绿化，在立体条件较好的地方，有计划地适当发展一部分速生丰产林，分户承包，提倡和鼓励专业户造林，改善农田小气候，提高森林覆盖率，减少自然灾害，逐步生产较多的木材，增加经济收入来满足国家建设和群众生活的需要，使全区有林地面积达到 5333. 36 –6666. 7 公顷，四旁树 650 万株，人均 16. 3 株，速生丰产林 3333. 35 公顷，果树发展到 2000 公顷，森林覆盖率达到 13%以上。全区实现农田林网化。

是年，各乡（镇）、村都制订了乡规乡约，明确严格的赏罚制度，利用黑板报、广播、开会、演电影等各种机会广泛宣传爱林护林，对路渠林网的树木采取多种形式承包到户，落实到人；对农林间作采取统一规划，统一栽植，分户经营，谁的地块归谁所有；对速生丰产林和果园采取分户承包，联户经营、专业户经营等多种方式。明确规定统一采伐，统一更新，不得任意乱砍滥伐，更不允许毁林盗伐。见表 3 –1 –2 –1，2，3。

1985 年魏县林业区划基本情况分区统计表

表 3 –1 –2 –1　　单位：万亩

项目／区划名称	面积		人口		土壤		农耕地		乡（镇）数		行政村数	国营苗圃数	备注
	总数	%	总数	%	总数	%	总数	%	完整	部分			
全县合计	127. 12	100. 00	61. 98	100. 00	108. 23	100. 00	97. 23	100. 00	37		535	1	
漳北褐土梨、评估经济林区	57. 62	44. 62	27. 84	44. 92	47. 01	43. 44	43. 07	41. 92	16	1	245	0	
漳南潮土杨榆防护用材林区	71. 50	55. 38	34. 14	55. 08	61. 22	56. 56	55. 41	56. 93	20	1	290	1	

1985 年魏县林业区划范围

表 3－1－2－2　单位：乡镇、村

项目 / 乡镇村 / 区名	完整乡镇	部分乡镇	
		乡镇名	村名
漳北褐土利苹果经济林区	城关镇、德政镇、东代固乡、棘针寨乡、白仕望乡、西南温乡、院堡乡、大磨乡、刘岗乡、康疃乡、白枣林乡、仕望集乡、野胡拐乡、沙口集乡、安张庄乡、大庄乡	北皋镇	苗村、栗村、陈村、六座楼、沙窝、张柴曲、杨柴曲、魏东北、魏后、屯北、屯南、屯中、屯西、西街、东街、南街、北街、李谢庄、姜谢庄、王谢庄、焦岗。
漳南潮土杨榆桐防护用材林区	双井镇、牙里镇、车往镇、回隆镇、双庙乡、薛庄乡、刘深屯、马神庙乡、大辛庄乡、边马乡、大马村乡、紫岗乡、张辉屯乡、大严屯乡、张二庄乡、崔也冲乡、泊口乡、韩小汪乡、沧口乡、台头乡	北皋镇	魏西、魏东南

1985 年魏县林业资源分区统计表

表 3－1－2－3　单位：亩

区划名称 / 项目			全县合计	一区 漳北褐土梨、苹果经济林区	占全县%	二区 漳南潮土杨榆桐防护用材林区	占全县%
林业用地面积			136387.33	73215.18	53.68	63172.15	46.32
活立木总蓄积			273032.12	128538.91	47.08	144493.21	52.92
有林地	合计	面积	511198.33	38990.41	76.16	12207.92	23.84
		蓄积	52299.89	25896.53	49.52	26403.36	50.48
	用材林	面积	3799.00	820.4	21.60	2987.60	78.40
		蓄积	10878.98	2809.51	26.04	7978.47	73.96
	防护林	面积	8615.03	4333.01	50.30	4282.02	49.70
		蓄积	41511.91	23087.02	55.62	18424.89	44.38
	经济林面积		38784.30	33837.00	87.24	4947.30	22.76
未成林造林地			6769.50	3094.40	45.71	3675.10	54.29
固定苗圃地			4373.90	1317.80	30.13	3056.10	69.87

续表

项目＼区划名称		全县合计	一区 漳北褐土梨、苹果经济林区	占全县%	二区 漳南潮土杨榆桐防护用材林区	占全县%
无林地		74045.60	29812.57	40.26	44233.03	59.74
四旁树	株树	7379528	3409142	46.20	3970386	53.80
	蓄积	220732.23	102642.38	46.50	118089.85	53.50
	折合占地	22139.00	10227.50	46.20	11911.50	53.80
森林覆盖率		5.28	8.54		3.37	

二、速生丰产林用地规划

1986 年，魏县依速生丰产林用地为基准，进行规划用地。1987 年，开始至 1989 年止，分三个年度进行了用地规划。1986 年底，调查统计，全县毛白杨育苗面积 23.47 公顷，可产苗 52.8 万株；沙兰杨 81.67 公顷，产苗 245 万株；泡桐 145.27 公顷，可产苗 109 万株；69 杨 461 公顷，可产苗 2.6 万株；榆树 102.67 公顷，可产苗 770 万株；刺槐 21 公顷，可产苗 126 万株。

1987 年 2 月，魏县把大辛庄乡、南双庙乡、马神庙乡、张辉屯乡、崔也冲乡、牙里镇、张二庄乡、车往镇、仓口乡、泊口乡、台头乡、北皋镇、枣林乡、西康疃乡、仕望集乡、野胡拐乡、沙口集乡、安张庄乡共 19 个乡（镇）和一个东北农林场，划定为速生丰产林基地，并进行了资源调查。这 19 个乡（镇）共有 107 个村，总人口 140760 人，占全县人口的 22.2%，总土地面积 26124.2 公顷，占全县总土地面积 30.3%，其中耕地 15476 公顷，林业用地面积 5708.5 公顷，占全县林业用地 42.8%，林木覆盖率为 3.72%，在基地范围内，宜林地较多，林木较少，发展速生丰产林潜力大。

是年 3 月，魏县根据调查结果，按照林业部颁发的《造林调查设计规程》和河北省林业厅颁发的《河北省速生丰产用林基地造（营）林总体调查设计工作细则（试行）》的要求及魏县划定的 19 个乡（镇）为速生丰产林基地的宜林地分布特点，进行速生丰产林用地规划，规划时限为 1987 年－1989 年，规划用地地势平坦，均为熟化的次耕地和耕地。面积 4262.89 公顷，适宜种植树种以毛白杨为主的速生丰产用材林，需毛白杨苗 100.71 万株，沙兰杨 24.96 万株，泡桐 22.13 万株，刺槐 30.5 万株，榆树 5.67 万株。

是年 4 月，采用了乡、村、小班三级区划，小班是营林建设的基本单位。在区划小班时，即照顾乡村界线的完整性，又结合路、渠的走向，区划小班，全县共区划了 202 个小班，每个小班平均面积为 21.11 公顷，最小的 9.33 公顷，最大的 39.33 公顷。全县规划 4260 公顷速生丰产林基地，根据各乡的苗木，劳动力情况，本着集中连片，先易后难的原则，按照设计的 7 个造林类型和《规程》的要求，实现三年建成基地。从 1987 年开始到

1989 年分三个年度落实到各乡、村、小班。任务下达后，各乡、村组织劳力按照要求实行育苗户与需苗单位签订供苗合同进行施工，保质、保量按时供应所需良种壮苗。

见：1987－1989 年造林年度任务规划表 3－1－2－4

1987－1989 年分年度苗木规划表 3－1－2－5

1987 年－1989 年造林年度任务规划表

表 3－1－2－4　单位：亩

造林年度	合计	1987 年	1988 年	1989 年
面积	63948	22568	27337	19038

1987－1989 年分年度苗木规划表

表 3－1－2－5　单位：亩、万株

年度	项目	树种				
		毛白杨	沙兰杨	69 杨	泡桐	白榆
1987	造林面积	14503.5	4458	511	2483	612.5
	需苗量	38.26	10.70	1.22	5.46	1.72
	育苗面积	192.1	53.5	6.1	109.2	5.7
1988	造林面积	12293.5	3471	1679	4106	787.5
	需苗量	32.43	8.33	4.03	9.03	2.21
	育苗面积	162.3	41.7	20.2	180.3	7.1
1989	造林面积	11376	2469	1095	3472	626
	需苗量	30.01	5.93	2.63	7.64	1.74
	育苗面积	150.1	29.6	13.1	152.8	5.8
合计	造林面积	38173	10398	3285	10061	2026
	需苗量	100.71	2496	7.88	22.13	5.67
	育苗面积	503.5	124.8	39.4	442.3	18.9

1990 年后，魏县未单独进行速生丰产林用地规划，将其纳入了“十三·五”期间林地保护利用规划之中。

附：

十三·五期间林地保护利用规划（摘要）

2010年，魏县把林地与耕地放在同等重要的位置，高度重视林地保护和利用管理，空间上和时间上对全县林地资源的保护、利用和开发作出总体安排。依据《全国土地利用总体规划纲要（2006－2020年）》和《全国林地保护利用规划纲要（2010－2020）》制定《魏县林地保护利用规划（2010－2020年）》（以下简称《规划》）。

本次《规划》以2005年河北省林业局对魏县森林资源二类调查数据为基础，依据县域国民经济发展和环境建设需要，在充分征求县各相关部门的意见和建议的基础上，确定魏县2020年林地保护目标。到2020年，全县林地保有量增加到10226公顷，占国土总面积的11.86%。

（一）林业资源现状调查

2003年3月，魏县实施了世行贷款第三期造林项目、退耕还林及其匹配造林工程、治沙工程、绿色通道建设工程、河渠绿化、村屯绿化等一系列林业工程，有力地推进了全县造林绿化进程。全县所有交通干线及漳河大堤、卫河大堤绿色通道全部进行绿化，面积2.2万公顷。

2004年，利用退耕还林及匹配项目，按照建设新农村新民居，打造和谐生态人居环境的要求，大打村屯绿化攻坚战，在全县450个自然村村内街道、庭院及四周闲散地，见地植树、见缝插绿，实现了全部绿化，村庄绿化覆盖率达到35%－60%。按照“建农田网格，筑生态屏障”的要求，整合农业开发、基本农田整理、标准粮田及生态水网建设等农业项目资金，进行实施绿化工程。

2005年，根据河北省林业资源二类调查结果，魏县林地面积12542公顷，其中有林地面积10785公顷，有国营苗圃场1个，经营面积133.33公顷，育苗面积70公顷，年出合格苗158万株。森林覆盖率为12.51%（不含村庄及四旁植树），生态树种（以栽培杨为主）面积4502公顷，果树（以梨树为主）面积6280公顷，人工未成林1438公顷。为邯郸市唯一一个绿化达标县。

2010年，全县共营造生态林网40000公顷以上，宜林地农田林网控制率达95%以上。同时，积极培育造林大户的示范基地建设，带动全县开展大片造林工作，2010年，全县片林面积达12666.73公顷，其中33.33公顷以上片林达到30多个。

至2016年，魏县是河北省林果生产大县、“全国绿化模范县”、“省级园林县城”，“中国鸭梨之乡”、“河北省优质梨生产基地县”、“河北省无公害果品基地”、“中国优质鸭梨基地重点县”。“中国名优果品县”、“国家地理标志保护产品”。

（二）林地保护利用存在的问题

魏县境内有漳河、卫河两条季节性河流，年断流长达9个月，地表水难以满足林地用水的要求，不断开采地下水导致水资源严重短缺。沙化土地资源相对丰富，尽管适合多种农作物生长，但部分土地贫瘠且产效低，分布不均匀，宜林地质量不高，同时因县财力有限，难以满足全县10785公顷林地的开发管理及保护利用的需要。林地生产率只有25立方米/公顷，远低于全国平均水平。

（三）规划期限和规划目标

2010年3月，魏县人民政府依据林业资源现状调查数据和针对全县林地保护利用存在的问题，经过认真分析，对魏县林业发展用地规划进行专题研究，制定魏县林地保护利用规划（2010－2020年）。

1、规划期限

总体规划期限是2010年－2020年。近期规划时限2010年－2015年，远期规划时限至2020年。

2、规划目标

——林地总量适度增加。到2020年，林地保有量增加到10226公顷，占国土面积的11.86%。其中：纯林9826公顷，占保护林地总面积的96%；水浇地（宜林地）8180.8公顷，占保护林地总面积的80%；旱川地（及部分沙荒地）面积2045.2公顷，占保护林地总面积的20%；通道绿化和作业道3093公顷，占保护林地总面积的30.2%。

——森林保有量稳步增长。到2020年，森林保有量达到10343公顷，森林覆盖率达到13%左右。

——林地保护利用结构逐步优化。到2020年，商品林地达到9826公顷，占林地总量的96%。其中重点商品林地达到7860.8公顷，占到林地总面积的80%。

——林地生产力逐渐提高。到2020年，林地生产率达到27立方米/公顷以上。

——建设项目征占用林地规模得到严格控制。2011－2020年，全县征占用林地总量控制在333公顷以内。

到2020年规划期末，在保护好已有林地资源的基础上，进一步植树造林、幼林抚育。加大植树造林和种植结构调整力度，大力发展经济林。规划造林分年度实施，先易后难，近期规划至2015年，有林地面积增加728公顷；到2020年，林地面积增加1398公顷。见表3－1－2－6

2010年－2020年造林规划表

表3－1－2－6　　单位：公顷

规划年度	总计	商品林	
		用材林	经济林
总计	1398	1065	333
2015	728	545	183
2020	670	520	150

第三节　沙荒地利用规划

魏县沙荒地的形成与河流存在着直接关系，它是由漳河主流沉积而成，其地物质组成以沙质沉积物为主，并多呈条带状分布。

1956 年，漳河在魏县河岸上向南决口，1963 年在东王村东又向南决口，在决口处和决口冲积扇的上部，形成了沙质决口冲出堆和沙质决口扇形地。

1986 年，全县沙壤土面积为 9256. 67 公顷，占土壤面积的 12. 6%；沙荒地面积为 780. 33 公顷，占土壤面积的 1. 08%。主要分布在全县 14 个乡（镇），25 个村和一个国营林场。沙荒地分为：漳北故道沙荒区，漳河沿岸沙荒区，漳南故道沙荒区。分别记述如下：

漳北故道沙荒区：漳北故道是明清年间漳河摆动后遗留下来的河道主流沉积而成，漳北故河道从西向东穿过境内院堡乡、白仕望乡、西南温乡、魏城镇、棘针寨乡、东代固乡 6 个乡（镇）进入大名。沿故道有沙带 1172. 67 公顷，经多年治理与改造，已改为沙壤土高产优质鸭梨基地或农田。1986 年，有沙荒地 86. 07 公顷，为沙质草甸褐土，分布在院堡乡、白仕望乡、西南温乡 3 个乡，至 1997 年，该区沙荒地全部利用，其利用形式是以鸭梨为主的果园。

漳河沿岸沙荒区：漳河沿岸沙荒区在魏县中部漳河沿岸，包括河床两侧沙质河漫滩和漳河决口沙质扇形地，其土壤类型为沙质潮土。漳河在魏县境内由康疃乡入境至沙口集乡出境，途经康疃、仓口、北皋、白枣林、双庙、野胡拐、刘深屯、马神庙、沙口集等乡，全长 33 公里。漳河为季节性河流，每逢山洪暴发，洪水倾斜而下，在沙床两侧形成大片河漫滩外，也曾流洪喷沙。1956 年和 1963 年漳河两次决口，在决口处形成两片沙滩。漳河流经魏县已属中下游，冲积物颗粒较细，一般沙粒都在 1mm 以下。受冲积物沉降规律作用，河漫滩由河床向外，由西向东，沙粒逐渐变细，沙壤和壤质土逐渐变细，土壤类型由沙质到壤质、粘质土。1986 年，河床外，共有沙荒地 549. 74 公顷。1997 年，利用 522. 07 公顷，其中林果面积 443. 8 公顷，杂粮 78. 33 公顷。2003 年，该区的 27. 67 公顷未利用沙荒地全部开发利用。

漳南故道沙荒区：分布在魏县南部，是由于历史上漳河摆动后留下的数条故道组成。主要包括仓口至大马村、泊口至紫岗，张二庄至紫岗，及回隆沿县界等 4 条故道。经过多年改造利用，绝大部分已拓为沙壤农田，较大沙滩只有王也冲至简庄和张辉屯两片沙荒地。1986 年，该区共有沙荒地 145. 73 公顷，1997 年该区沙荒地全部利用，其主要利用形式是防护林。

魏县沙荒地利用规划是从 1986 年开始至 1997 年结束。之后的沙荒地利用规划分别列入了魏县第二轮、第三轮土地利用总体规划中，没有作单项沙荒地利用规划。

第四节　闲散地、废弃地利用规划

随着耕地后备资源的日趋减少，闲散地、废弃地的利用程度已成为影响制约建设用地组卷报批、影响占补平衡指标的主要因素. 也是影响经济发展建设的一个重要瓶颈，魏县创新思维、多措并举，通过实施村庄闲散废弃地复垦和开发利用，既补充了耕地，解决了占补平衡难题，又治理了空心村。1989 年魏县对全县闲散废弃地进行了清理调查，并进行规划利用。规划期限是从 1989 年开始至 1996 年结束。至 2016 年，未对闲散地、废弃地作单项规划。

一、闲散地，废弃地类别、数量调查

1989 年，根据河北省、邯郸地区区划办公室的统一部署，魏县区划办公室在各乡（镇）土地员、统计员的大力配合下，对全县不同类型的闲散、废弃土地资源进行调查，同时丈量填表，经过反复核实，掌握了全县闲散、废弃土地的确切情况，闲散废弃地总面积 1199. 96 公顷，废弃交通占地 0. 73 公顷，撂荒农田 4 公顷，坟丘占地 200. 76 公顷，沙荒地 303. 13 公顷，可利用总面积 916. 08 公顷，能恢复耕地面积 235. 03 公顷，占全县耕地总面积的 0. 36%。这些土地分布零散，土质脊贫，不适合集约化利用，但若发动群众开发，进行科学改良，平整增肥，配套水利设施，可得到较好的经济、社会、生态三大效益。具体闲散、荒废土地及可利用的数据如下：

荒废坑塘：总面积 469. 56 公顷，可利用面积 394. 05 公顷，利用率 84%，其中用于农耕 32. 4 公顷，植树 63 公顷，栽果 0. 13 公顷，养鱼 14. 63 公顷，建房 15. 13 公顷。

废弃窑坑：总面积 154. 97 公顷，可利用面积 147. 97 公顷，利用率 95%，其中利用农耕 81. 03 公顷，植树 63 公顷，建房 3. 13 公顷，难以利用的 7 公顷。

废弃灌渠：总面积 66. 8 公顷，可利用面积 66. 8 公顷，利用率 100%，其中可用于农耕 36. 4 公顷，植树 30. 4 公顷；废弃交通占地：总面积 0. 73 公顷，利用面积 2 亩，利用率 18%，农耕 2 亩，田间小道废弃地不用时一般都被农民垦殖，故而废弃交通占地很少。

撂荒农田：总面积 4 公顷，利用面积 4 公顷，利用率 100%，其中可用于农耕 3. 87 公顷，植树 0. 13 公顷。

坟丘占地：总面积 200. 76 公顷，占闲散废弃地总面积的 16. 7%，若改革农村的殡葬制度，这部分土地绝大部分可还耕。

沙荒地：总面积 303. 13 公顷，利用面积 303. 13 公顷，利用率 100%，其中用于农耕 81. 33 公顷，植树 131. 2 公顷，栽果 76. 4 公顷，养鱼 0. 67 公顷，牧草地 10. 8 公顷。

二、利用规划

依据 1989 年全县清理调查出的闲散地、废弃地中可利用总面积为 916. 08 公顷，根据其地理位置、地势、地貌、土质结构、水利条件技术水平等，做到因地制宜，统筹兼顾，合理开发，综合利用，以达到经济、社会、生态三方面的最佳效益，制定如下规划：

1990 年，利用面积 366. 27 公顷，其中利用农耕 104 公顷种植粮食作物 50 公顷，种植棉花 8 公顷，油料类 1. 33 公顷，菜 10 公顷，其它如麻类、药材类 34. 67 公顷，植树 206. 8 公顷，栽果 33. 4 公顷，养鱼 7 公顷，牧草地 3. 33 公顷，建房 8 公顷，其它 3. 73 公顷，总产值达 80. 99 万元。

1993 年，利用面积达到 506. 9 公顷，用于农耕 152. 2 公顷（种植粮食作物 70 公顷，棉花 15. 2 公顷，油类 1. 67 公顷，菜 13. 33 公顷，其它 52 公顷，植树 273. 6 公顷、栽果 46. 77 公顷，养鱼面积 10. 67 公顷，牧草地 5. 33 公顷，建房占地 10. 27 公顷，其它占地 8. 07 公顷，总产值 122. 76 万元。

1996 年，利用面积达 42. 87 公顷，用于农耕 18. 87 公顷，植树 9. 07 公顷，栽果 6. 8 公顷，养殖 6. 53 公顷，建房 1. 6 公顷。

1997 年至 2016 年，魏县对闲散地、废弃地规划列入了魏县第二轮、第三轮土地利用总体规划中，没有作单项利用规划。

见：流程图 3 －1 －4 －1

魏县土地利用专项规划编制审查流程图

图3-1-4-1

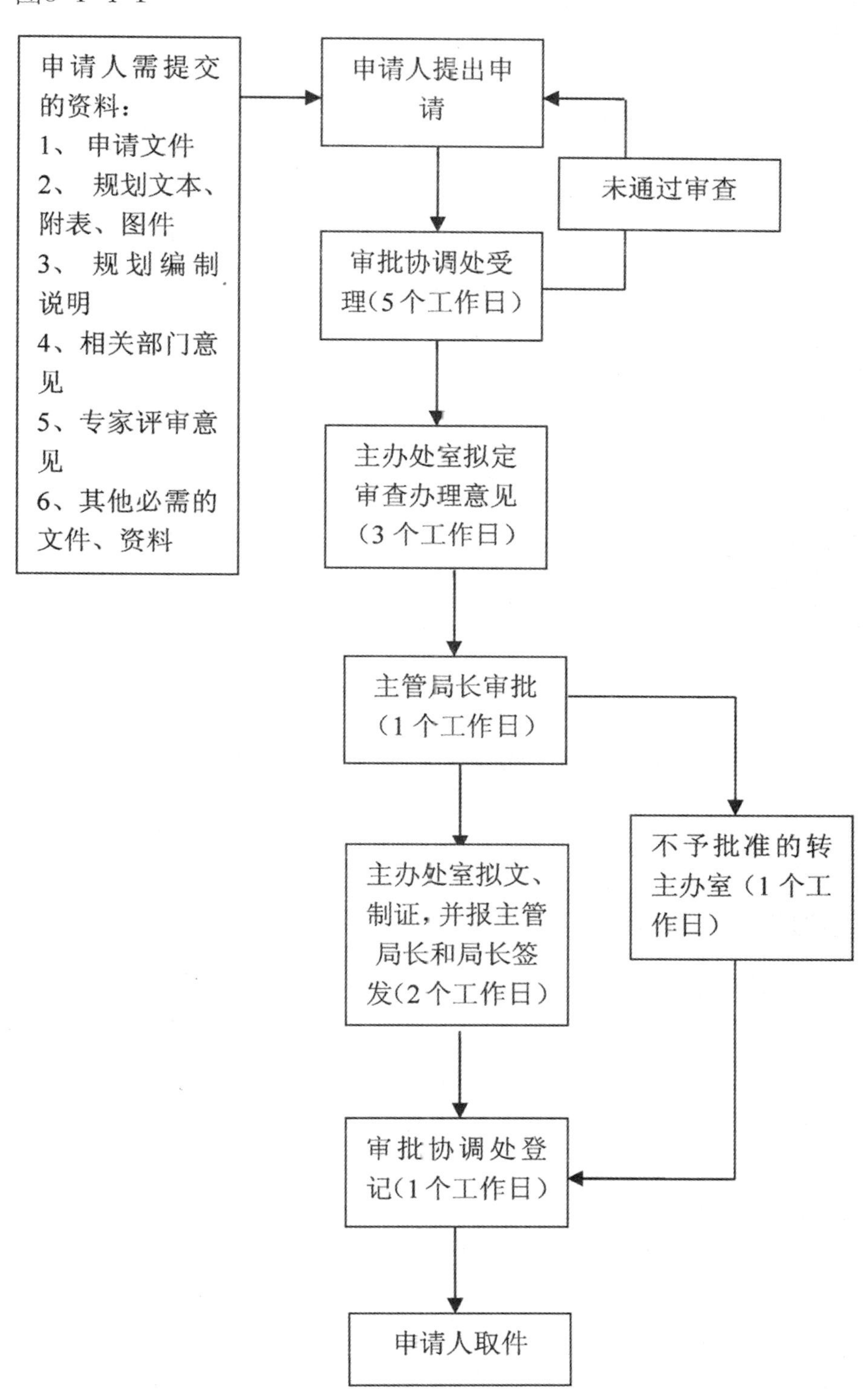

第二章　土地利用总体规划

土地利用总体规划是一种多类型、多层次的规划体系，它是解决跨部门、跨行业的土地利用问题。魏县土地利用总体规划从1991年开始，依据《中华人民共和国土地管理法》(1986)第15条的要求，国务院（1987）80号文件批转国家土地管理局关于开展县级土地利用总体规划的指示，国家土地管理局关于《请抓紧编制土地利用总体规划的通知》精神以及邯郸地区行署《关于搞好土地利用总体规划的通知》的明传电报要求，进行编制而成的，本次编制规划工作第一次从上到下，形成了县、乡（镇）、村三级规划体系。1993年，魏县土地利用总体规划获河北省省土地管理局应用科学技术一等奖，获国家土地管理局优秀成果二等奖。

随着经济建设快速发展，1996年在第一轮土地利用总体规划的基础上，通过实际实施，针对存在的问题，同步编制了县、乡（镇）第二轮土地利用总体规划。2010年，根据新修订的《中华人民共国土地管理法》，实施土地用途管制制度，进一步强化土地管理，严格保护耕地，同步编制了新一轮（2010年－2020年）县、乡（镇）土地利用总体规划。

第一节　县级土地利用总体规划

一、第一轮土地利用总体规划

《河北省魏县土地利用总体规划》（以下简称：第一轮规划）以1990年为基础年，以1995年为规划阶段性目标年，规划年至2000年，展望到2010年。第一轮规划从1991年12月份到1992年12月份历经1年时间，完成了魏县土地利用总体规划编制任务，规划编制情况如下：

（一）运作过程

第一轮规划以中国人民大学为技术依托，分为四个阶段（准备阶段——专题研究阶段——方案的编制阶段——方案的验收鉴定和报批阶段）进行。

1991年11月21日，魏县人民政府专门召开了规划专题会议，成立了以副县长秦兰秀为组长，县土地管理局局长肖相朝、副局长赵文海、李庆福等为副组长，吸收县计划委员会、农办、城建局、科委、农业局、林业局、水利局、统计局、乡（镇）企业局、土地管理局等14单位领导参加的魏县土地利用总体规划领导小组，县土地管理局设立土地利用总体规划办公室，负责具体工作。聘请联络员，提供规划所需资料。

1991年12月8日—1992年5月20日，中国人民大学土地管理系教授林增杰为技术顾问，北京农学院副教授王邻孟、人民大学讲师张占录、研究生王益群、王浏与魏县土地管理局工作人员共同开展工作。依据珍惜和合理利用每寸土地的国策及“一要吃饭，二要建设”与保护环境的原则，结合魏县土地利用现状、国民经济发展十年规划和“八五”计划，收集相关资料，期间共收集文字、图件资料310份，包括土地详查、土壤普查、农业综合区划、国民经济统计资料、魏县国民经济和社会发展十年规划和“八五”计划、人口普查、城镇村规划、交通、水利以及气候、水文资料；省、市和兄弟县的规划资料等，并将收集的资料进行系统分类编目。

1992年5月20日—6月30日，根据编制方案的需要和魏县实际，对收集的有关资料进行分析研究，选择了土地利用现状分析、土地适宜性评价，人口和土地需求量预测，土地生产潜力分析四个专题进行研究，提供科学依据。

1992年7月1日—10月20日，对专题研究的成果采用土地利用分区和土地利用调整指标相结合的方法，根据不同的投入水平和实施措施编制出了3个土地利用总体规划初步方案及说明。经过协调、论证和征求专家意见，对三个初步方案从经济效益、社会效益和生态效益三个方面进行了比较选优，并做了修改，确定一个最佳方案。根据确定的方案，把指标分解到各乡（镇），各乡（镇）参考土地适宜性评价图将指标落实到地块上，经统计面积后，反馈并修正县级方案，经过一下一上的反复过程，最终完成县、乡两级的土地利用总体规划方案。

1992年10月21日—12月20日，组织河北省专家组进行专家鉴定验收，并提交魏县人民政府审议通过，按照审批权限呈报审批，最终专家一致通过，验收合格。

（二）土地利用分区

土地利用分区，是根据土地用途的不同，划分的利用地区，即以土地本身所能提供利用的适宜性为基础，结合国民经济、社会发展和环境保护的需要，确定土地的主导用途所进行的用地分区。1991年，全县共划分了基本农田保护区，一般农业用地区，果园用地区，林业用地区，居民点及工矿用地区等5种用地区，并规划至2000年。至下限年，规划内容全部落实。见表3－2－1－1。

2000年土地利用分区面积表

表3－2－1－1　单位：亩

土地利用分区	面积（亩）	占全县总面积%	占全县耕地总面积%
基本农田保护区	555991.2	43.1	67.6
一般农业用地区	267214.2	20.7	32.4

续表

土地利用分区	面积（亩）	占全县总面积%	占全县耕地总面积%
果园用地区	213339.5	16.6	
林业用地区	70847.3	5.5	
居民点及工矿用地区	152622.9	11.8	
未利用土地	5472	0.4	
水域	24332.3	1.9	
合计	1289819.4	100	

1、基本农田保护区：主要包括宜农评价中的1－2级土地以及一部分适宜等级略低，但其交通、水利条件较好的有待进一步开发改造的现有中低产田。2000年，全县规划有基本农田保护区37066.27公顷，占耕地的67.6%，占全县土地总面积的43.1%。基本农田保护区内农作物生产，可基本满足未来对粮食与经济的需要，该保护区内的主要保护措施，按规划划定基本农田保护区面积，由图上落实到地块，并设立永久性保护标志，不断改善基础设施，尤其是加强水利设施建设，努力提高土地生产率，使其达到高产、稳产田的标准。上级与县有关农田基本建设的投资及扶持农业生产的资金、物资、发展基金，优先安排投放保护区，以更好地改善农业生产基本条件，制定基本农田保护公约。保护区内的土地，只能用于种植粮食与经济作物，任何单位与个人不得随意改变用途，擅自侵占或改变用途的，按有关法规、条例及公约严肃处理。

2、一般农业用地区：是指除基本农田保护区以外的耕地，即土地宜农评价级别低的一部分农田。一般农业用地区，2000年，全县规划为17814.36公顷，占耕地的32.4%，占土地总面积的20.7%，

3、果园用地区：是指现有园地及规划期用于种植果树的土地。这部分土地一般是土地适宜性评价等级较高的宜园土地，规划2000年果园用地区有14222.7公顷，占全县土地总面积的16.6%，

4、林业用地区：即用于林业生产的林业用地，规划2000年全县林业用地区面积达到4723.18公顷，占土地总面积的5.5%，林地主要分布在村庄周围及路渠两旁和“双十字”地带部分地区。

5、居民点及工矿用地区：该区主要指城镇居民点、农村居民点及独立工矿的用地。2000年，居民点及工矿用地区为10174.91公顷，占全县土地总面积的11.84%，由于独立工矿建设用地分布面广、零星、划片较为困难，故除将占地较大的魏城镇等几个乡（镇）所在地在五万分之一县级土地利用总体规划图上上图之外，其余均落实到万分之一乡级土地利用总体规划图上。

（三）工作成果

县级成果包括文字成果和图件成果。

（1）文字成果

①魏县土地利用总体规划方案

②《魏县土地利用总体规划方案》说明。

③魏县土地利用现状分析报告。

④魏县土地适宜性评价报告。

⑤魏县人口和土地需求量预测报告。

⑥魏县土地生产潜力分析报告。

⑦魏县土地利用总体规划技术报告。

⑧魏县土地利用总体规划工作报告。

（2）图件成果

①魏县土地利用总体规划图。

②魏县土地利用现状图。

③魏县土地适宜性评价图。

二、第二轮土地利用总体规划

1996 年，《魏县土地利用总体规划（1997 –2010 年）》（以下简称“第二轮规划”）期间，建设用地总量增加 1906. 7 公顷，满足了城镇基础设施和公共服务设施用地需求，保障了曲魏线，安聊线等基础设施建设，合理安排了电力、果品市场等产业发展用地。同时，积极实施退耕还林，园地、林地面积增加 105 公顷。见图：3 –2 –1 –2。

1997-2010年魏县土地利用总体规划图

图3-2-1-2

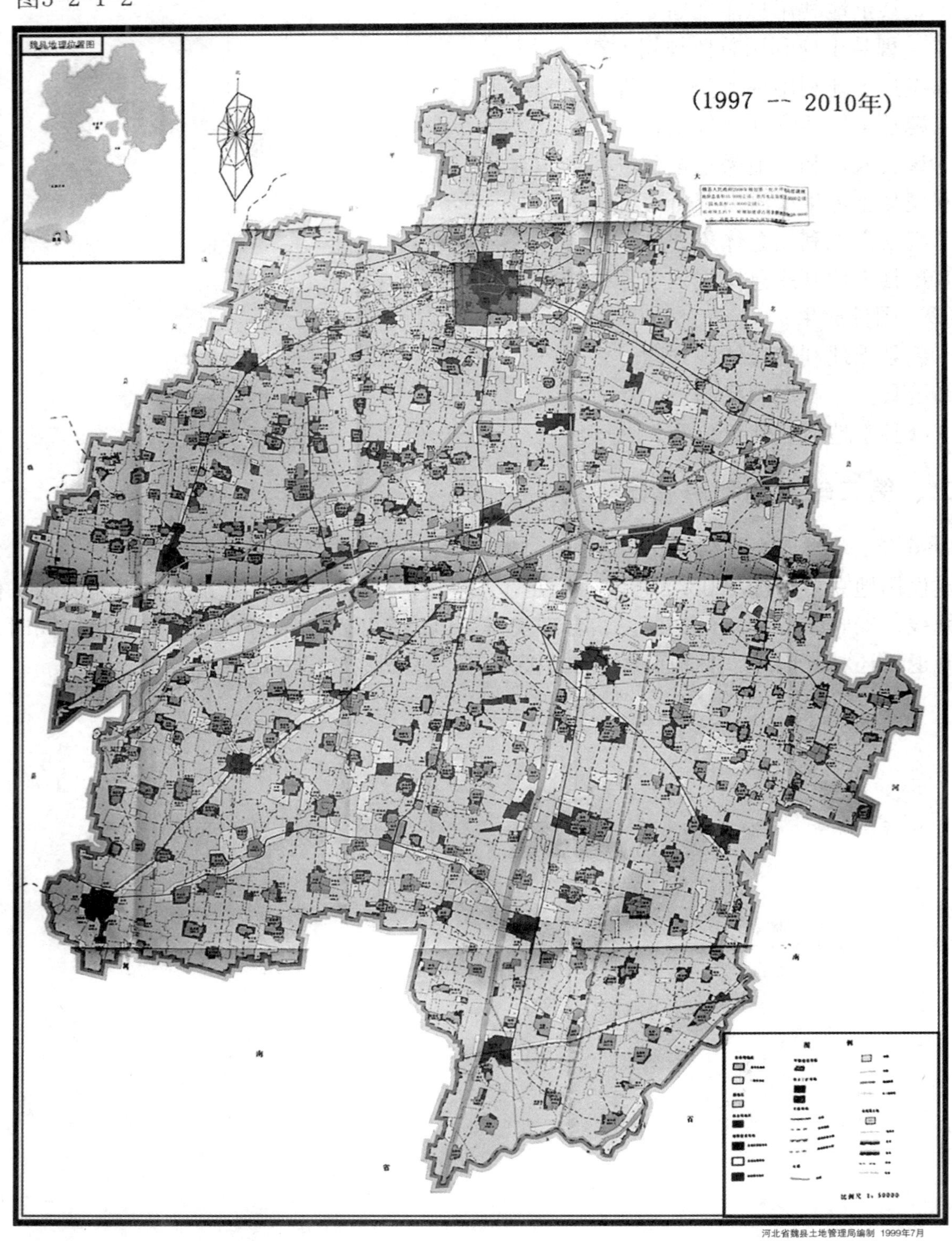

河北省魏县土地管理局编制 1999年7月

三、第三轮土地利用总体规划

2010年，《魏县土地利用总体规划（2010－2020年）》（以下简称“第三轮规划”），为魏县行政区域范围内的全部土地，总面积为863.63平方公里，以2009年为基础年，以2015年为近期目标年，2020年为规划目标年。批准实施后，贯彻最严格的耕地保护制度，落实土地用途管制，妥善处理保障发展与保护资源的关系；合理安排各类各业用地，促进城乡一体化发展和区域协调发展，构建环境友好型土地利用模式，而编制的第三轮规划。

（一）规划目标

第三轮规划目标是以严格保护耕地和基本农田为前提，坚持保护土地资源，保障科学发展，高效集约土地利用，实行“保护优先、城乡统筹、节约集约、绿色生态”的土地利用战略。优化城乡用地结构和布局，统筹协调城乡经济社会发展和环境建设；提高建设用地节约集约利用水平，优先挖掘使用存量建设用地，合理安排新增建设用地；按照城市园林化，田、水、路、林、村绿色网络化，县域全绿化，国土生态化的要求，建设园林式城市。对耕地和基本农田实行严格保护，规划至2015年全县耕地保有量保持在61485公顷，2020年，全县耕地保有量保持在61413.3公顷，基本农田稳定在54560.5公顷以上。实施优先节约集约利用闲置和低效建设用地，控制增量，盘活存量，规划至2015年375.1公顷，2020年，新增建设用地规模控制在577.0公顷以内。对城镇工矿用地控制，规划至2015年不超过105平方米/人均，2020年，不超过95平方米/人均。严格落实建设用地调控目标，至2020年，全县建设用地总量控制在13023.9公顷以内，城乡建设用地规模控制在12116.9公顷以内，交通水利及其他建设用地控制在907.0公顷以内。

（二）空间管制

2009年，按照保护资源与环境优先，有利于节约集约用地的要求，确定基础数据。2010年，进行划定建设用地管制边界，划定允许建设区、有条件建设区、限制建设区、禁止建设区等四个建设区域，形成建设用地空间管制分区。

1、允许建设区。2011年，把位于中心城区、经济开发区、各乡（镇）和村庄聚集区等区域划定为允许建设区。土地用途分区中的城镇村建设用地区和独立工矿区属于该区。主要分布在县城玉泉河以东、北部民有湖南北两侧、东部兴源大街以东魏都工业园区、天安大道南北两侧等区域。该区土地面积为12116.9公顷，占全县土地总面积的14.03%。

2、有条件建设区。2011年，把位于中心城区、回隆镇和张二庄乡等乡（镇）允许建设区周边，以及新民居安置区（其中中心城区有条件建设区主要布局在东部工业发展区、益民山以南的定魏公路两侧、赵寨村东南玉泉路西等区域，与规模边界形成有条件建设区）确定为有条件建设区。该区土地面积为5045.2公顷，占全县土地总面积的5.84%。见图：3－2－1－3

2010-2020年魏县土地利用总体规划图

图：3-2-1-3

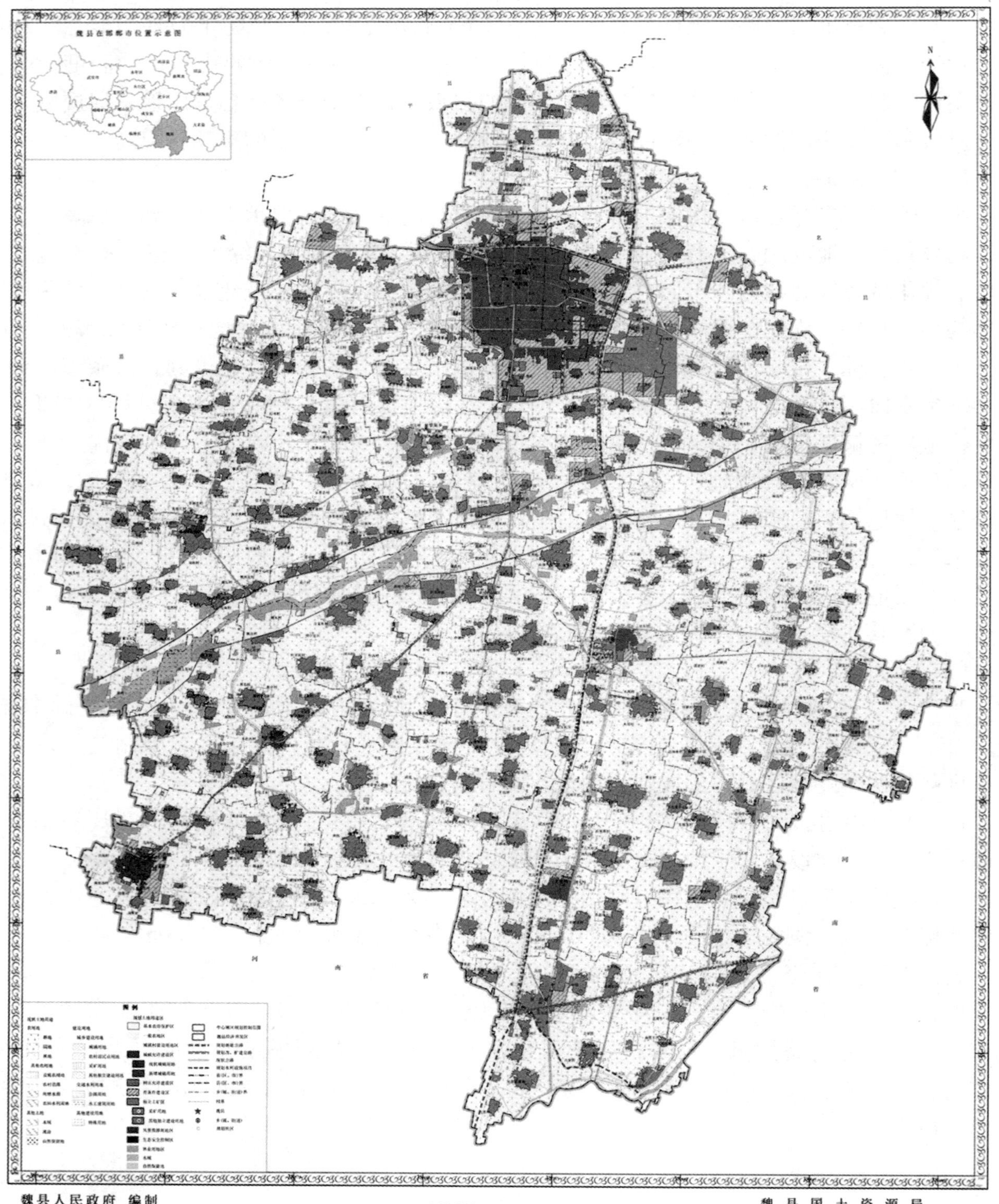

3、限制建设区。2011 年，把位于允许建设区、有条件建设区和禁止建设区以外，禁止城镇和大型工矿建设，限制村庄和其他独立建设，控制基础设施建设，以农业发展为主的空间区域。土地用途分区中的基本农田保护区、一般农地区、林业用地区和风景旅游用地区都属于该区。该区土地面积为 68467.1 公顷，占全县土地总面积的 79.28%。

4、禁止建设区。2011 年，把位于禁止建设用地边界所包含的空间范围，具有重要资源、生态、环境和历史文化价值的各类建设开发的区，确定禁止建设区域。包括漳河及沿岸防护带、长安河、玉泉河等以及中心城区范围内作为绿化带保留的区域划为禁止建设区。土地用途分区中的生态环境安全控制区属于该区。该区土地面积 733.5 公顷，占全县土地总面积的 0.85%。

见表：3-2-1-4，5，6，7。

2009-2020 年魏县土地利用主要调控指标表

表 3-2-1-4　　单位：公顷（亩）

指标	2009 年	2015 年	2020 年	上级下达 2020 年指标	指标属性
总量指标					
耕地保有量	61618.2 (924273)	61802.7 (927041)	61902.0 (928530)	61413.3 (921200)	约束性
基本农田保护面积	55446.6 (831700)	54813.3 (822200)	54813.3 (822200)	54560.5 (818408)	约束性
园地面积	4558.7 (68380)	4235.3 (64880)	4202.9 (63044)	4370.8 (65562)	预期性
林地面积	3053.1 (45796)	3255.8 (48837)	3365.0 (50475)	5720.0 (85800)	预期性
牧草地面积	0.0	0.0	0.0	0.0	预期性
建设用地总规模	12991.9 (194878)	13012.7 (195191)	13023.9 (195359)	13024.4 (195366)	预期性
城乡建设用地规模	12117.0 (181755)	12116.9 (181754)	12116.9 (181754)	12117.4 (181761)	约束性
城镇工矿用地规模	1534.2 (23013)	2287.4 (34311)	2693.0 (40395)	2213.1 (33197)	预期性

续表

指标	2009 年	2015 年	2020 年	上级下达 2020 年指标	指标属性
增量指标					
新增建设用地总量	–	375.1 (5627)	577.0 (8655)	577.0 (8655)	预期性
新增建设占用农用地规模	–	253.2 (3798)	389.6 (5844)	389.6 (5844)	预期性
新增建设占用耕地规模	–	193.4 (2901)	297.5 (4463)	297.5 (4463)	约束性
土地整治补充耕地规模	–	611.0 (9165)	940.0 (14100)	940.0 (14100)	约束性
效率指标					
人均城镇工矿用地(平方米/人)	–	105	95	95	约束性

注：表中增量指标为核减 2006－2009 年魏县共安排落实新增建设用地（批次用地）总量后数据，2006－2009 年魏县共安排落实新增建设用地（批次用地）总量为 84.1 公顷，其中，新增建设占用农用地 67.7 公顷，占用耕地 36.5 公顷。

2009 年魏县土地利用现状表

表 3－2－1－5　　单位：公顷

地类 行政单位	农用地						建设用地						其他土地			土地总面积
	总计	耕地	园地	林地	牧草地	其他农用地	总计	城乡建设用地			交通水利用地	其他建设用地	总计	水域	自然保留地	
								小计	城镇工矿	农村居民点						
魏城镇	4618.4	2344.0	2038.3	15.8	0.0	220.3	1698.3	1513.9	717.3	796.6	183.4	0.8	48.0	0.0	48.0	6364.8
德政镇	1976.9	1810.4	31.0	29.6	0.0	105.9	375.7	338.5	29.2	309.4	37.2	0.0	12.8	0.0	12.8	2365.4
北皋镇	5803.7	5193.4	1.3	459.5	0.0	149.5	935.0	888.9	89.4	799.5	46.0	0.0	198.7	168.5	30.2	6937.4
双井镇	4099.4	3723.2	31.0	197.9	0.0	147.3	651.3	582.5	70.9	511.6	67.8	1.0	126.0	34.3	91.7	4876.7
牙里镇	4032.7	3768.2	38.6	67.2	0.0	158.7	773.1	735.8	94.2	641.6	37.2	0.1	29.3	0.0	29.3	4835.1
车往镇	3708.3	3120.8	52.2	454.4	0.0	80.9	575.5	536.4	34.3	502.1	38.9	0.2	186.3	154.0	32.3	4470.1
回隆镇	3682.9	3339.0	1.8	233.9	0.0	108.3	712.6	699.4	173.8	525.6	13.3	0.0	17.9	0.0	17.9	4413.4
东代固乡	2434.8	535.1	1757.0	16.7	0.0	126.1	420.8	389.1	0.0	389.1	30.9	0.8	20.2	0.0	20.2	2875.8
棘针寨乡	2386.3	1810.6	420.7	15.5	0.0	139.5	397.3	387.7	23.2	364.5	9.6	0.0	11.0	0.0	11.0	2794.6
沙口集乡	5235.5	4768.7	85.2	198.4	0.0	183.2	738.6	635.1	26.3	608.8	103.5	0.0	209.4	83.2	126.3	6183.5
野胡拐乡	2182.0	1790.6	13.9	302.9	0.0	74.6	350.9	304.6	11.3	293.3	46.4	0.0	79.0	59.8	19.2	2611.9
仕望集乡	2044.3	1798.6	24.0	136.2	0.0	85.5	329.5	324.0	10.9	313.1	5.5	0.0	7.1	0.0	7.1	2380.9
前大磨乡	3045.4	2737.8	2.5	206.5	0.0	98.7	594.6	553.7	69.6	484.1	40.9	0.0	71.5	41.8	29.7	3711.5

续表

地类 行政单位	农用地						建设用地						其他土地			土地总面积
	总计	耕地	园地	林地	牧草地	其他农用地	总计	城乡建设用地			交通水利用地	其他建设用地	总计	水域	自然保留地	
								小计	城镇工矿	农村居民点						
院堡乡	1810.0	1658.8	22.2	64.5	0.0	64.5	324.4	304.4	10.6	293.8	19.3	0.7	3.9	0.0	3.9	2138.2
双庙乡	3577.9	3282.6	3.8	203.7	0.0	87.9	668.1	632.6	31.1	601.5	35.3	0.2	177.1	90.7	86.5	4423.1
大辛庄乡	3967.1	3835.0	4.7	52.1	0.0	75.3	480.6	443.1	31.2	412.0	37.4	0.1	127.9	20.3	107.6	4575.6
大马村乡	1927.5	1863.6	0.7	17.7	0.0	45.5	274.0	265.8	6.2	259.6	8.2	0.0	37.7	0.0	37.7	2239.2
边马乡	4308.7	4175.7	0.7	56.8	0.0	75.5	696.4	681.9	7.3	674.6	14.5	0.0	87.5	0.0	87.5	5092.5
张二庄乡	5005.5	4713.0	3.2	92.9	0.0	196.5	933.4	873.2	60.6	812.6	60.3	0.0	175.5	89.1	86.4	6114.4
台头乡	2168.4	2016.5	2.0	107.5	0.0	42.4	409.1	395.5	19.0	376.5	13.5	0.2	109.7	76.3	33.4	2687.3
泊口乡	3556.1	3332.9	24.0	123.5	0.0	75.8	652.6	630.7	17.8	612.9	22.0	0.0	62.5	0.0	62.5	4271.2
合计	71571.8	61618.2	4558.7	3053.1	0.0	2341.9	12991.9	12117.0	1534.2	10582.8	870.7	4.2	1799.0	817.8	981.2	86362.7

2009－2020年魏县土地利用结构调整表

表3－2－1－6　　单位：公顷

地类		2009年		2015年		2020年		规划期间面积增减
		面积	比重（%）	面积	比重（%）	面积	比重（%）	
土地总面积		86362.7	100.00	86362.7	100.00	86362.7	100.00	0.0
农用地	耕地	61618.2	71.35	61802.7	71.56	61902.0	71.68	283.8
	园地	4558.7	5.28	4325.3	5.01	4202.9	4.87	－355.8
	林地	3053.1	3.54	3255.8	3.77	3365.0	3.90	311.9
	牧草地	0.0	0.00	0.0	0.00	0.0	0.00	0.0
	其他农用地	2341.8	2.71	2088.1	2.42	1948.2	2.26	－393.6
	农用地合计	71571.8	82.87	71471.9	82.76	71418.1	82.70	－153.7
建设用地	城镇建设用地	1077.3	1.25	1796.3	2.08	2170.0	2.51	1092.7
	农村居民点用地	10582.8	12.25	9829.5	11.38	9423.9	10.91	－1158.9
	采矿用地	453.4	0.52	461.6	0.53	466.0	0.54	12.6
	其他独立建设用地	3.5	0.00	29.6	0.03	57.0	0.07	53.5
	交通水利用地	870.7	1.01	840.8	0.97	824.7	0.95	－46.0
	其他建设用地	4.2	0.00	55.0	0.06	82.3	0.10	78.1
	建设用地合计	12991.9	15.04	13012.8	15.07	13023.9	15.08	32.0
其他土地	水域	817.8	0.95	900.7	1.04	945.3	1.09	127.5
	自然保留地	981.2	1.14	977.4	1.13	975.4	1.13	－5.8
	其他土地合计	1799.0	2.08	1878.1	2.17	1920.7	2.22	121.7

2009年魏县各乡（镇）土地用途分区面积表

表3－2－1－7　　单位：公顷

乡（镇）名称	辖区面积	基本农田保护区	一般农地区	城镇村建设用地区	独立工矿区	风景旅游用地区	生态环境安全控制区	林业用地区
魏城镇	6364.8	2283.5	1371.1	2200.9	25.9	54.5	0.0	211.5
德政镇	2365.4	956.8	862.1	408.4	29.9	2.6	0.0	51.0
北皋镇	6937.4	4649.8	734.3	791.1	61.4	0.0	168.5	467.4
双井镇	4876.7	3317.4	616.0	539.8	11.7	0.0	40.3	204.5
牙里镇	4835.1	3471.0	574.9	643.6	10.0	0.0	0.0	68.3
车往镇	4470.1	2982.0	285.7	522.0	3.5	0.0	154.4	459.8
回隆镇	4413.4	3074.6	394.8	644.8	32.3	0.0	0.0	242.3
东代固乡	2875.8	830.6	1481.8	427.7	6.0	19.1	0.0	47.1
棘针寨乡	2794.6	1759.9	618.0	347.0	26.6	2.7	0.0	18.6
沙口集乡	6183.5	4335.8	755.8	548.9	27.6	0.0	80.6	202.2
野胡拐乡	2611.9	1624.5	280.5	266.3	12.2	0.0	59.9	306.5
仕望集乡	2380.9	1443.2	440.7	310.0	11.6	0.0	0.0	151.8
大磨乡	3711.5	2526.1	347.4	460.7	70.2	0.0	41.8	211.5
院堡乡	2138.2	1520.4	262.2	263.5	10.7	0.0	0.0	65.8
双庙乡	4423.1	2960.0	455.8	559.7	40.0	0.0	91.2	206.7
大辛庄乡	4575.6	3539.1	490.0	314.2	31.4	0.0	20.3	52.8
大马村乡	2239.2	1736.9	239.5	200.8	6.2	0.0	0.0	18.2
边马乡	5092.5	3733.9	732.6	474.2	7.3	0.0	0.0	57.3
张二庄乡	6114.4	4247.7	747.9	736.0	61.0	0.0	0.0	86.8
台头乡	2687.3	1812.7	278.2	351.1	19.6	0.0	76.3	109.2
泊口乡	4271.2	3109.3	359.2	583.5	17.9	0.0	0.0	125.5
合计	86362.7	55915.2	12328.6	11594.0	523.0	78.8	733.5	3365.0

第二节　乡（镇）土地利用规划

魏县乡（镇）土地利用规划编制工作是在1991年开始的。2000年后，乡（镇）土地利用规划进入了全县土地利用总体规划，同步编制，同步实施。

一、编制过程

1991年，在编制乡（镇）土地利用规划时，针对乡级土地管理人员少，素质有待进一步提高的实际，采取综合平衡（将县、乡两级总体规划有机结合起来，使得乡级规划能充分体现县级规划的指导作用，县级规划更符合实际）、县、乡结合（县、乡两级总体规划密切结合）、一步到位将用地指标落实到乡、村，将面积统计精确到土地适宜性评价单元，增强规划的可操作性，便于规划的实施，其具体方法，把指标分解到各乡（镇），落实土地利用分区位置，结合土地适宜性评价图，考虑到土地利用长远方针与目标，将县级规划指标分解到乡。在划分指标与土地利用分区布局落实时，果园的重点发展区集中在漳北魏城镇、东代固乡、白仕望乡等乡（镇）及“双十字”地带，以体现建立漳北果园区和“双十字”地带果林区的战略。基本农田保护区除果园区之外都是宜农评价等级为一、二级的耕地。此外，对一部分交通方便，距离居民点较近的宜农评价等级较低的耕地也列入基本农田保护区，以达到切实保护耕地的目的。在安排果园区与基本农田保护区时，如遇宜果评价与宜农评价等级均为一级或二级时，漳北地区优先安排果园用地，漳南地区优先安排基本农田保护区，其它情况优先选择适宜性评价等级较高的用途为原则安排用地，在此基础上，完成县级总体规划草案，绘制五万分之一县级总体规划图，作为乡级总体规划的基本控制，以指导各乡、镇土地利用总体规划方案的编制。县级规划草案下达到各乡（镇），用地指标作为乡级总体规划的控制，乡级规划将指标分解到各村，结合万分之一土地适宜性评价图，对县级规划利用分区界线进行修正，将分界线与适宜性评价单元线结合，以提高规划的可操作性与精确度，修正时，果园用地除漳北果园外，原则上不占用宜农评价一、二级耕地。居民点用地不占耕地，以占未利用土地为主，并注意居民点外形的规整性，其它所有宜农评价一、二级耕地均列入基本农田保护区内，由此编绘出乡级土地利用总体规划图。

二、规划成果

乡（镇）级土地利用规划是为县级土地利用规划服务的，也是编制县级土地利用总体规划的依据，根据外业的资源调查和内业的资料整理形成了主要图件成果如下

（一）各乡（镇）土地利用总体规划说明书

（二）各乡（镇）土地利用总体规划图

（三）各乡（镇）土地利用现状图

（四）各乡（镇）土地利用适宜性评价图

附：

1991－2000 年
德政镇土地利用总体规划（摘要）

根据《中华人民共和国土地管理法》第 15 条“各级人民政府编制土地利用总体规划，地方人民政府的土地利用总体规划经上级人民政府批准执行”的规定和《中共中央、国务院关于进一步加强土地管理，切实保护耕地的通知》中“各级政府要按照提高土地利用率，占用耕地与开发、复垦挂钩的原则，以保护耕地为重点，严格控制占用耕地，统筹安排各业用地的要求，认真做好土地利用总体规划的编制、修订和实施工作”的精神，在魏县人民政府的统一部署下，德政镇人民政府决定，对原编制的《德政镇土地利用总体规划（1991 年－2000 年）》进行修订。

此次修编规划以魏县土地利用总体规划下达的各项控制指标和土地利用控制布局与分区，本镇的土地利用现状和自然、社会、经济条件为基本依据。

此次修编规划以 1996 年为基期，2010 年为规划期。其中：1997 年－2000 年为近期；2001 年－2010 年为远期。

一、概况（略）

二、土地利用现状与存在问题（略）

三、土地利用指标调整

根据魏县土地利用总体规划下达的控制性指标及本镇的土地利用实际情况，对本镇土地利用指标在规划期内做了必要调整，调整方案如下：

（一）耕地指标调整

1996 年末，耕地面积为 1616.79 公顷，占总面积的 68.33%。至 2010 年，耕地面积将增加到 1712.36 公顷，净增加 95.57 公顷。规划期间补充耕地 99.51 公顷，其中：整理复垦 92.92 公顷，土地开发 6.59 公顷；规划期间减少耕地 3.93 公顷，转为建制镇用地。

至 2000 年，耕地面积将增加为 1636.29 公顷，占总面积的 69.15%，净增加耕地面积 19.51 公顷。期间补充耕地 20.84 公顷，其中：整理复垦 18.84 公顷，土地开发 2 公顷；期间各项建设占用耕地 1.33 公顷，全部转为建制镇用地。

（二）园地指标调整

1996 年末，园地面积为 150.79 公顷，占总面积的 6.37%。至 2010 年，将减少至 102.31 公顷，占总面积的 4.32%，净减少 48.49 公顷，其中：转为耕地 42.5 公顷，转为建制镇用地 5.99 公顷。

至 2000 年，园地规划面积将减至 143.66 公顷，占总面积的 6.07%，净减少 7.13 公顷。

所减少园地全部转为建制镇用地。

（三）林地指标调整

1996年末，全镇有林地面积为77.27公顷，占总面积的3.26%。至2010年，规划林地面积减少到57.49公顷，占总面积的2.43%，净减少19.79公顷。林地减少用于城镇建设。

至2000年，规划林地面积减少到71.94公顷，占总面积的3.04%，净减少5.33公顷。林地减少主要用于城镇建设。

（四）居民点及独立工矿用地指标调整

1996年，全镇居民点及独立工矿用地面积为273.49公顷，点总面积的11.56%。至2010年，规划居民点及工矿用地面积为298.16公顷，占总面积的12.60%，净增加24.67公顷。至2000年，居民点及工矿用地面积为279.91公顷，占总面积的11.83%，净增加6.42公顷。

（五）交通用地指标调整

1996年末，全镇有交通用地69.67公顷，占总面积的2.94%，2010年，规划交通用地面积67.38公顷，净减少2.29公顷。规划末年，交通用地面积不变。

（六）水域指标调整

1996年末，全镇共有水域面积164.2公顷，占总面积的6.94%。到2010年，规划水域面积129.55公顷，占总面积的5.48%，净减少39.07公顷。其中35.6公顷转变为耕地，3.47公顷转变为建制镇。

到2000年，规划水域面积减少到154.57公顷，占总面积的6.53%，净减少9.63公顷。其中8公顷转变为耕地，1.6公顷转变为建制镇。

（七）未利用土地指标调整

1996年末，全镇有未利用土地面积14.04公顷，占总面积的0.59%。至2010年，规划未利用土地面积减至5.43公顷，占总面积的0.23%，净减少8.61公顷，其中6.59公顷开发为耕地，2.03公顷转变为建制镇。

至2000年，规划未利用土地面积减至10.2公顷，占总面积的0.43%，净减少3.83公顷。其中2公顷开发为耕地，1.83公顷转变为建制镇。

四、土地利用分区

本镇土地利用分区采取的是用地分区方法。用分地区是按照土地基本用途划分的区域，对土地的用途具有较强的限制性。根据本镇的自然条件、社会经济条件并结合土地利用现状，全镇共划分了八种用分地区。

（一）农业用地区

农业用地区是指为发展农业生产需要划定的土地利用区域。区内用地以耕地为主，还包括沟渠、道路及为农业生产服务的设施用地，以及分布在耕地内的其他零星地类。

全镇农业用地区面积为1774.54公顷，占总面积的74.99%。其中，区内耕地面积为1712.36公顷、公路用地15.38公顷、农村道路46.8公顷。

（二）园地区

园地区是指为发展果、桑以及其他多年生作物需要划定的土地区域。划入园地区的土地主要是集中连片、优质高产的种植园地。处于园地中的沟渠、道路和为园业生产服务的设施用地及分布在园地内的其他零星用地也一并划入园地区。

全镇园地区面积为103.91公顷，占总面积的4.39%。其中，区内有园地102.31公顷，公路用地面积为1.6公顷。

（三）林地区

林地区是指发展林业和改善生态环境需要划定的土地区域。除规划建制镇需要占用的林地外，其余现有林地及宜林未利用土地都划入林地区。沟渠、道路及一些零星用地也一并划入林地区。

全镇林地区面积为57.49公顷，占总面积的2.43%。

（四）城镇建设用地区

城镇建设用地区是指城镇建设需要划定的土地区域。与城镇建成区紧密相连的部分农村居民点用地和其他部分园地、林地、未利用土地划入了城镇建设用地区。

城镇建设用地区的面积为92.55公顷，占总面积的3.84%。

（五）村镇建设用地区

村镇建设用地区是指村镇建设需要的土地区域。根据本镇的具体情况，除规划转为建制镇外的其他农村居民点，按现有用地范围划定村界镇用地区。

全镇村镇用地区面积为180.64公顷，占总面积的7.63%。其中：区内村镇建设用地区177.97公顷，公路2.67公顷。

（六）独立工矿用地区

根据本镇的具体情况，现有独立工矿用地除规划复垦以外，划入独立工矿用地区，另外规划中不再增加新的独立工矿用地区。

全镇划定独立工矿用地区面积为28.57公顷，占总面积的1.21%。其中：区内独立工矿用地面积27.26公顷，特殊用地0.37公顷，公路0.93公顷。

（七）水域区

水域区是指天然形成或人为开辟的河流、坑塘、苇地、滩涂或水利工程设施用地区域、沟渠等。除农田水利工程用地外，其他水域均划入了水域区。

全镇水域区面积为123.13公顷，占总面积的5.20%。其中坑塘水面为0.71公顷，沟渠122.42公顷。

（八）未利用土地区

未利用土地区是指在规划期内暂时不列入开发利用的土地区域。根据本镇现有未利用土地中除城镇建设占用及部分开发为耕地外，余下的未利用土地全部划入未利用土地区。

全镇未利用土地区面积为5.43公顷，占总面积的0.23%。

五、基本农田保护区的划分

根据土地利用总体规划的要求，对农地区进一步划分了基本农田区和一般农田区，对划定的基本农田区实行特殊的保护政策。基本农田保护区的划定严格按照国务院发布的《基本农田保护条例》和原国家土地管理局颁布的《基本农田保护区规划规程》进行。保护措施按《基本农田保护条例》及河北省、邯郸市基本农田保护具体办法执行。

全镇现有耕地面积1616.79公顷，其中划定基本农田保护区面积为1472.89公顷，耕地保护率为91.1%。

六、实施规划的主要措施（略）

见流程图3－2－2－1。

魏县土地利用总体规划编制审查流程图

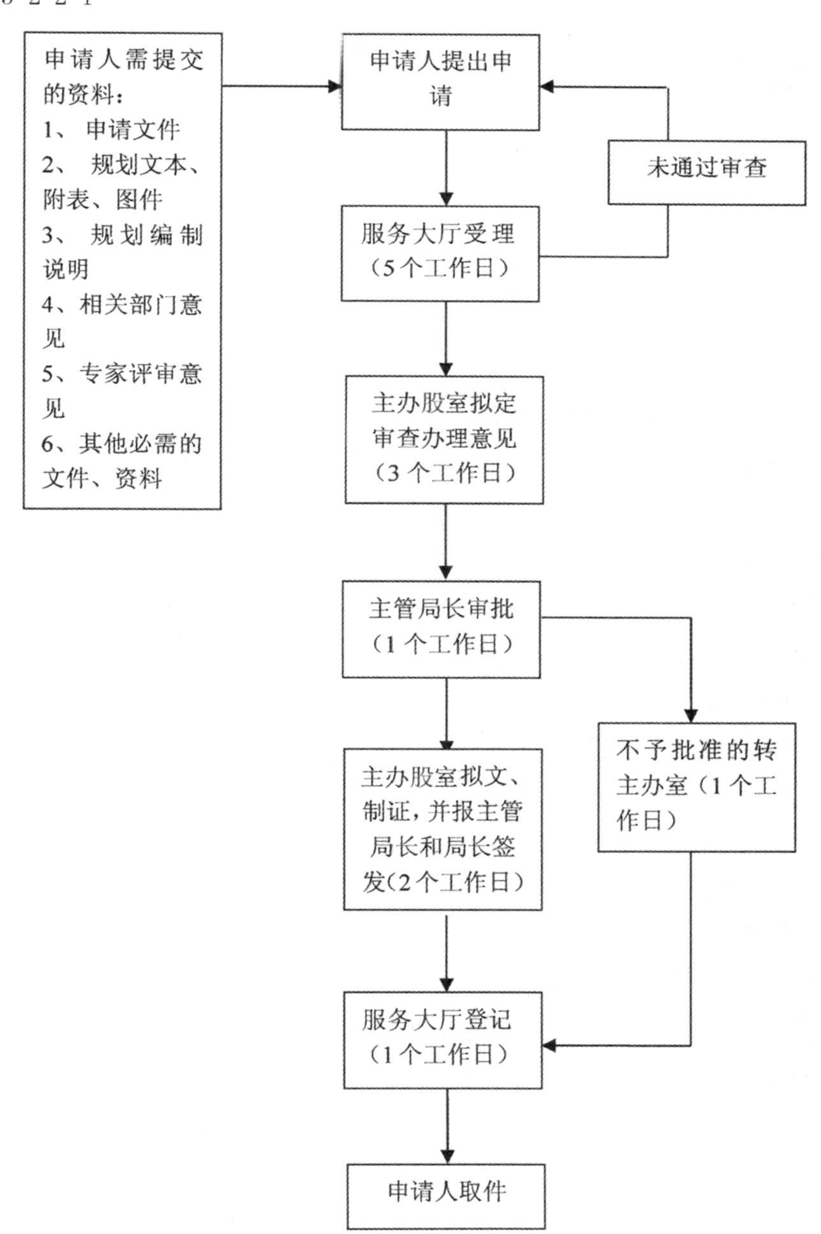

第三章　城乡规划

随着魏县城市经济快速发展，县城面积逐步扩大，现行的《魏县城市总体规划（2008－2020)》已经不能起到指导魏县经济社会发展的作用，新的城市总体规划编制势在必行。2012 年，魏县根据《中华人民共和国城乡规划法》和建设部《城市规划编制办法》等有关法律、法规，由魏县人民政府聘请全国首批取得城市规划甲级资质资格的上海同济城市规划研究院编制了《魏县城乡总体规划（2012－2030)》（以下简称：城乡规划）。该项规划起步为 2012 年，2016 年，近期规划涉及县城规划的“五湖一湾、五河一源”等工程全部完成。

第一节　规划总则

魏县处于京津冀都市经济圈、中原经济区和山东半岛蓝色经济圈的激烈竞争中，积极融入上升为国家战略的冀中南经济区，紧紧把握国家十二五规划的脉搏，落实十八大“五位一体”建设方针，十八大三中全会全面深化改革的指导思想，注重产业结构，引导东部产业转移，借助市域基础设施建设，实现高速发展。

规划期限为：2012－2030 年。近期为 2012－2017 年；远期为 2018－2030 年；远景为 2030 年以后。规划分城乡和中心城区两个层次。

2012－2030 年，城乡规划范围：魏县县域的行政管辖区，面积为 863.63 平方公里。

2012－2030 年，中心城区规划范围：南至益民河、东至开明街、西至文体街、北到民有河，面积 60 平方公里。

2012－2030 年，规划区界定：以行政区划划定总面积为：229.6 平方公里。其中涵盖：街道办事处、魏城镇、东代固乡、棘针寨乡、仕望集乡、德政镇和沙口集乡。该规划区界定为强制性内容。见：图 3－3－1－1。

2012－2030 年，规划中坚持生态优先、以人为本、区域协调、城乡统筹、突出特色与相关规划协调一致原则，统筹城乡发展，不断改善民生，确保社会稳定，全力构建实力魏县、活力魏县、生态魏县、和谐魏县、幸福魏县。

魏县城乡总体规划（2012-2030）

图3-3-1-1

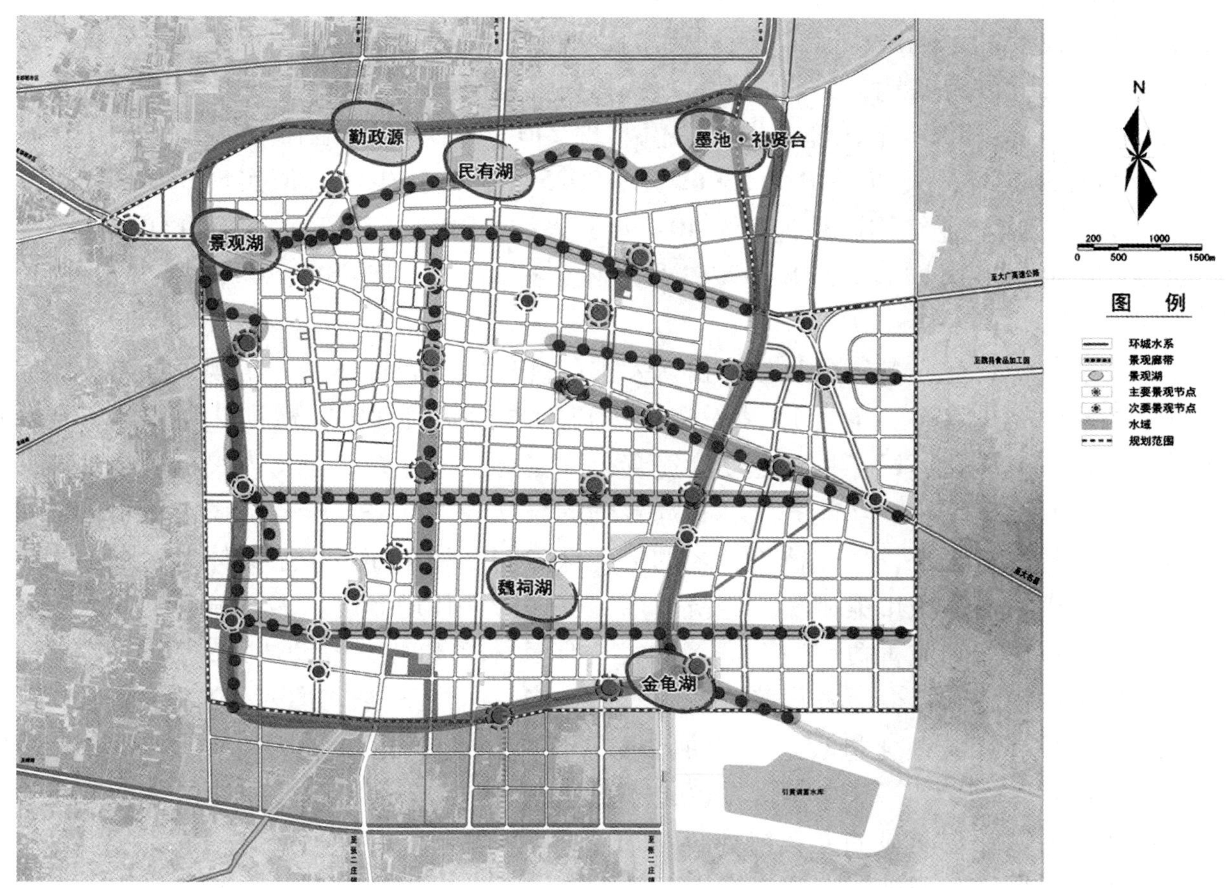

第二节　城乡发展战略与目标

一、发展战略

2012－2030年，产业发展战略：加快产业聚集，强化特色产业，培育新兴产业。

2012－2030年，城乡统筹战略：明晰城乡结构，突出“轴”“核”带动，完善设施配套。

2012－2030年，空间整合战略：优化用地布局，明确功能结构，突出城市特色。

2012－2030年，交通促进战略：构建内部路网，加强区域联系，完善设施建设。

2012－2030年，魅力彰显战略：梨乡水城·魏都，文化旅游之城，宜业宜居之都。

二、发展目标

城乡发展总目标：把魏县建设成为邯郸市最具发展潜力的城市、城乡一体化建设的先行区、绿色生态发展的示范区；邯郸东部重要的工业基地、现代化农业示范基地、资源再生示范基地、生态文化旅游基地；争取撤县建市，构建具有区域竞争力、多元综合性魏州市。

经济发展目标：2017 年，魏县生产总值实现 240 亿元，年均增长 14.8%，三次产业结构调整为 17：36：47，人均 GDP 为 23762 元；2025 年，魏县生产总值实现 680 亿元，年均增长 13.9%，三次产业结构调整为 16：40：44，人均 GDP 为 62963 元；2030 年，生产总值达到 1200 亿元，年均增长 12.0%，三次产业结构调整为 15：45：40，人均 GDP 达到 107142 元。

社会发展目标：建立各级各类教育协调发展的现代国民教育体系，至规划期末，教育整体水平达到省内先进水平。全县 15 岁及以上人口的平均受教育年限达到 9 年以上，普及高中阶段教育；实施文化惠民工程，建立和完善公共文化服务体系，丰富人民群众精神文化生活；逐步建立起结构完善、功能齐全、布局合理的医疗服务网络，全县居民健康水平的主要指标达到国家的平均水平，建立覆盖城乡的卫生保障制度和医疗卫生服务体系；加强房地产市场调控与管理，落实城市廉租房、经济适用房等保障性住房制度，做好城镇低收入家庭的住房保障工作；建立和完善覆盖城乡居民的社会保障体系和社会救助体系；统筹城乡发展，完善农村的基础设施和社会服务设施，改善农村环境与居住条件，建设社会主义新农村。

城市建设目标：城镇化进程进一步加快，2017 年，城镇化水平达到 44.5%，2025 年，城镇化水平达到 52.78%。2030 年，城镇化水平达到 58.04%。建设彰显地区文化底蕴，风貌环境重塑，地域文化凸显的人文魏县。

环境建设目标：全面推行清洁生产，做好污染源治理再提高工程，搞好饮用水水源保护区的环境保护工作，巩固城区环境按功能区达标的成果，逐步实现蓝天、碧水和绿地的目标，促进居民由传统的生产、生活方式及价值观念向环境友好、资源高效、系统和谐、社会融洽的生态文化转型，培育一代有理想、有文化、高素质的生态社会建设者。

第三节　城乡产业发展规划

实施“工业强县、商贸兴县、农业稳县”战略，实现工业化、城镇化、农业现代化“三化”同步，打造冀东南区域次中心产业集聚中心、商贸物流中心、文化旅游中心。2017 年，实施空间布局，规划魏县形成“三廊、五园、四基地”的产业链。

三条产业发展走廊：沿原邯大公路产业发展走廊，主要布置魏县经济开发区，即工业和现代服务中心；沿新定魏线产业发展走廊，主要布置再生资源加工工业园区和特色农业加工区；沿从峰线产业发展走廊，主要布置糖果产业园区。

五大产业园区：特色农业加工园区，积极发展高效农业，加快推进基础设施的完善和生态环境的整治；再生资源加工工业园区：形成回收－加工－销售一条龙产业链条，重点是再生物资市场、塑料、橡胶、金属等重点项目建设；糖果产业园区：增加高档次、深加工、高附加值产品比重，促进产业集群优化升级；都市型产业园区：建设高档次、服务型产业，重点农副产品、装备制造产业等；食品加工园：建设以食品制造、饮品制造和农副食品加工产业为主。

四大农业基地：鸭梨标准化示范基地：包括魏城镇、东代固、棘针寨等乡（镇）。依托龙腾速冻公司、天仙果品市场等市场需求，在魏城镇、东代固等乡（镇）原有的基础上扩大鸭梨种植面积；畜牧养殖基地：包括双井镇、南双庙乡、泊口乡、台头乡 4 个乡（镇）。在现有基础上实现畜牧养殖规模化经营；食用菌生产基地：包括院堡乡和北皋镇 2 个乡（镇）。发展食用菌加工企业，延长加工链条，形成“魏县食用菌”品牌。建设“冀东南食用菌大县”；无公害蔬菜基地：包括仕望集乡、德政镇、野胡拐乡、沙口集乡和大辛庄乡 5 个乡（镇）。依托龙腾速冻、绿鑫食品、永丰果蔬汁等农业产业化企业，延长农业链条，实现蔬菜种植的效益最大化，推动蔬菜产品的提档升级。增加林木种植面积，建设生态县，以纺织服装业带动发展棉花种植。

城镇化水平与城镇人口规模：2017 年，城镇化率达到 44.5%，总人口达到 101 万人，其中城镇人口约 45 万人。2025 年，城镇化率达到 52.78%，总人口达到 108 万人，其中城镇人口约 58 万人。2030 年，城镇化率达到 58.04%，总人口达到 112 万人，其中城镇人口约 65 万人。

附：表 3－3－3－1

2012－2030 年魏县城乡发展目标一览表

表 3－3－3－1　　单位：元、亿元、平方公里、%

目标	指标	单位	发展目标			
			2012 年	2017 年	2025 年	2030 年
经济发展类	地区生产总值	亿元	120.13	240	680	1200
	年均地区生产总值增长率	%	11.1	14.8	13.9	12.0
	人均国内生产总值	元	12303	23762	62963	107142
	产业结构比		18.1∶34.0∶47.9	17∶36∶47	16∶40∶44	15∶45∶40
	财政收入	亿元	5.7	15	40	60
	财政收入年均增长率	%	20.1	21	13	8
	社会消费品零售总额	亿元	54.9	50	80	170
	工业增加值占 GDP 比重	%	24.06	35	30	25

续表

<table>
<tr><th rowspan="2">目标</th><th rowspan="2">指标</th><th rowspan="2">单位</th><th colspan="4">发展目标</th></tr>
<tr><th>2012 年</th><th>2017 年</th><th>2025 年</th><th>2030 年</th></tr>
<tr><td rowspan="5">社会发展类</td><td>城市化率</td><td>%</td><td></td><td>44. 5</td><td>52. 78</td><td>58. 04</td></tr>
<tr><td>中心城区建成面积</td><td>平方公里</td><td>21. 99</td><td>30</td><td>42. 8</td><td>51. 36</td></tr>
<tr><td>新农合参保率</td><td>%</td><td>100</td><td>100</td><td>100</td><td>100</td></tr>
<tr><td>每千人医生数</td><td>人</td><td>2. 3</td><td>2. 8</td><td>5</td><td>5</td></tr>
<tr><td>高中阶段教育毛入学率</td><td>%</td><td>80</td><td>85</td><td>90</td><td>100</td></tr>
<tr><td rowspan="4">人民生活类</td><td>人口数量</td><td>万人</td><td>97. 65</td><td>102</td><td>108</td><td>112</td></tr>
<tr><td>人口自然增长率</td><td>‰</td><td>6. 06</td><td>7. 0</td><td>6. 0</td><td>5. 0</td></tr>
<tr><td>城镇登记失业率</td><td>%</td><td>3</td><td>2 以内</td><td>2 以内</td><td>2 以内</td></tr>
<tr><td>城镇人均建设用地面积</td><td>平方米</td><td>–</td><td>120</td><td>115</td><td>110</td></tr>
<tr><td rowspan="4">生态环境类</td><td>森林覆盖率</td><td>%</td><td>15</td><td>20</td><td>25</td><td>30</td></tr>
<tr><td>主要污染物排放强度</td><td></td><td>–</td><td>下降 15%</td><td>下降 25%</td><td>下降 50%</td></tr>
<tr><td>城市生活污水集中处理率</td><td>%</td><td>75</td><td>85</td><td>95</td><td>100</td></tr>
<tr><td>城市生活垃圾无害化处理率</td><td>%</td><td>50</td><td>80</td><td>90</td><td>100</td></tr>
</table>

第四节　城乡用地发展规划

一、建设用地指标控制

1、县城建设用地指标控制。中心城区近期（2017 年）人均建设用地控制在 100 平方米左右，远期（2030 年）人均建设用地控制在 110 平方米以内。

2、中心镇、一般镇乡建设用地指标控制。近期（2017 年）中心镇人均建设用地控制在 120 – 130 平方米以内，一般镇乡人均建设用地控制在 120 平方米以内。

二、建设用地规划

2015 年，建设用地控制在 12186. 9 公顷；2020 年，建设用地控制在 11753. 5 公顷；2030 年，建设用地控制在 12097. 2 公顷。2015 年、2020 年、2030 年，建设用地占比分别为 14. 11%、13. 61% 和 14. 01%。

三、非建设用地规划

2015 年，非建设用地面积为 74175. 8 公顷，占县域总面积的 85. 89%。2020 年，非建设用地 74609. 2 公顷，占县域总面积的 86. 39%。2030 年，非建设用地 74365. 5 公顷，占县域总面积的 85. 99%。

四、城乡建设用地增减挂钩

2020 年、2030 年，乡村建设用地分别为 53. 86 平方公里和 39. 95 平方公里。存在 24. 64 平方公里和 38. 55 平方公里的乡村建设用地置换空间。

见表　中心城区近期（2017 年）建设用地平衡表 3 – 3 – 4 – 1

中心城区远期（2030 年）建设用地平衡表 3 – 3 – 4 – 2

2012 – 2030 年城乡用地汇总表 3 – 3 – 4 – 3

中心城区近期（2017 年）建设用地平衡表

表 3 – 3 – 4 – 1　　单位：公顷、平方米

用地代码	用地名称		用地面积（hm^2）	占城市建设用地比例（%）	人均城市建设用地面积（M^2）
			规划	规划	规划
R	居住用地		1094. 21	36. 47	36. 47
A	公共管理与公共服务设施用地		281. 07	9. 37	9. 37
	其中	行政办公用地	65. 56	2. 19	2. 19
		文化设施用地	28. 35	0. 95	0. 95
		教育科研用地	111. 39	3. 71	3. 71
		体育用地	31. 46	1. 05	1. 05
		医疗卫生用地	34. 38	1. 15	1. 15
		社会福利用地	6. 90	0. 23	0. 23
		文物古迹用地	2. 08	0. 07	0. 07
		宗教用地	0. 94	0. 03	0. 03
B	商业服务业设施用地		314. 80	10. 49	10. 49
M	工业用地		327. 75	10. 93	10. 93
W	物流仓储用地		11. 51	0. 38	0. 38
S	道路与交通设施用地		521. 49	17. 38	17. 38
	其中：城市道路用地		499. 67	16. 66	16. 66
U	公用设施用地		39. 31	1. 31	1. 31

续表

用地代码	用地名称	用地面积（hm^2）	占城市建设用地比例（%）	人均城市建设用地面积（M^2）
		规划	规划	规划
G	绿地与广场用地	409.86	13.66	13.66
	其中：公园绿地	289.39	9.65	9.65
H11	城市建设用地	3000.00	100.00	100.00

注：近期 2017 年规划人口为 30 万人。

中心城区远期（2030 年）建设用地平衡表

表 3－3－4－2　　单位：公顷、平方米

用地代码	用地名称		用地面积（hm）	占城市建设用地比例（%）	人均城市建设用地面积（M）
			规划	规划	规划
R	居住用地		1726.83	33.62	35.98
A	公共管理与公共服务设施用地		368.83	7.18	7.68
	其中	行政办公用地	66.28	1.29	1.38
		文化设施用地	43.03	0.84	0.90
		教育科研用地	170.86	3.33	3.56
		体育用地	38.82	0.76	0.81
		医疗卫生用地	38.95	0.76	0.81
		社会福利用地	7.86	0.15	0.16
		文物古迹用地	2.08	0.04	0.04
		宗教用地	0.94	0.02	0.02
B	商业服务业设施用地		455.17	8.86	9.48
M	工业用地		617.11	12.02	12.86
W	物流仓储用地		59.45	1.16	1.24
S	道路与交通设施用地		1022.87	19.92	21.31
	其中：城市道路用地		991.17	19.30	20.65
U	公用设施用地		51.08	0.99	1.06
G	绿地与广场用地		834.67	16.25	17.39
	其中：公园绿地		519.17	10.11	10.82
H11	城市建设用地		5136.00	100.00	107.00

注：远期 2030 年规划人口为 48 万人

2012－2030年城乡用地汇总表

表3－3－4－3　单位：公顷、平方米

<table>
<tr><td rowspan="2">用地代码</td><td rowspan="2" colspan="3">用地名称</td><td colspan="4">用地面积（公顷）</td><td colspan="4">占城乡用地比例（%）</td></tr>
<tr><td>现状2012年</td><td>近期2017年</td><td>中期2025年</td><td>远期2030年</td><td>现状2012年</td><td>近期2017年</td><td>中期2025年</td><td>远期2030年</td></tr>
<tr><td rowspan="6">H</td><td colspan="3">建设用地</td><td>12751.8</td><td>11701</td><td>12044</td><td>12185</td><td>14.77</td><td>13.55</td><td>13.95</td><td>14.11</td></tr>
<tr><td rowspan="5">其中</td><td colspan="2">城乡居民点建设用地</td><td>11849.1</td><td>10540</td><td>10804</td><td>10916</td><td>13.72</td><td>12.20</td><td>12.51</td><td>12.64</td></tr>
<tr><td rowspan="2">其中</td><td>城镇建设用地</td><td>3999</td><td>4800</td><td>6204</td><td>6921</td><td>4.63</td><td>5.56</td><td>7.18</td><td>8.01</td></tr>
<tr><td>村庄建设用地</td><td>7850.1</td><td>5740</td><td>4600</td><td>3995</td><td>9.09</td><td>6.65</td><td>5.33</td><td>4.63</td></tr>
<tr><td colspan="2">交通水利用地</td><td>889.1</td><td>1089</td><td>1150</td><td>1170</td><td>1.03</td><td>1.26</td><td>1.33</td><td>1.35</td></tr>
<tr><td colspan="2">其它建设用地</td><td>13.6</td><td>72</td><td>90</td><td>99</td><td>0.02</td><td>0.08</td><td>0.10</td><td>0.11</td></tr>
<tr><td rowspan="4">E</td><td colspan="3">非建设用地</td><td>73610.9</td><td>74661.7</td><td>74318.7</td><td>74177.7</td><td>85.23</td><td>86.45</td><td>86.05</td><td>85.89</td></tr>
<tr><td rowspan="3">其中</td><td colspan="2">水域</td><td>817.8</td><td>760</td><td>720</td><td>698</td><td>0.95</td><td>0.88</td><td>0.83</td><td>0.81</td></tr>
<tr><td colspan="2">农林用地</td><td>71811.9</td><td>73001.7</td><td>72788.7</td><td>72689.7</td><td>83.15</td><td>84.53</td><td>84.28</td><td>84.17</td></tr>
<tr><td colspan="2">其它非建设用地</td><td>981.2</td><td>900</td><td>810</td><td>790</td><td>1.14</td><td>1.04</td><td>0.94</td><td>0.91</td></tr>
<tr><td colspan="4">城乡用地合计</td><td colspan="4">86362.7</td><td colspan="4">100</td></tr>
</table>

五、城乡村庄建设规划

迁并模式：采取撤村改居、联片聚合、整体搬迁、控制发展、原址改造等调整策略。推动中心社区建设。

迁并方案：规划期末，规划90个中心社区，原村庄并入城镇的114个，其中28个村庄并入中心城区，86个村庄并入其他乡（镇）。其他村庄整合并入中心社区。

附表：表3－3－4－4

2009年魏县各乡（镇）村庄迁并整合情况一览表

表3－3－4－4　　单位：公顷、人、村

乡（镇）	新农村社区个数	新农村社区名称	人口	用地面积	包含村	备注
回隆镇	6	回隆镇	27100	230.35	东街村、北街村、西街村、南街东村、南街西村、南营村、南栗村、步村、任庄村	
回隆镇	6	刘庄营新型农村社区	3000	25.50	冯庄村、刘庄营村、西张庄村	
回隆镇	6	韩村新型农村社区	4000	34.00	崔小汪村、梁小汪村、韩北村、韩西村、韩东村、韩南村	
回隆镇	6	六上新型农村社区	2000	17.00	六上村、后张庄村	
回隆镇	6	李大汪新型农村社区	3000	25.50	李大汪村、孔大汪村、常大汪村	
回隆镇	6	赵村新型农村社区	2100	17.85	西赵村、东赵村、后赵村、后朋固村、前朋固村	
双井镇	6	双井镇	21600	183.60	双西村、双东村、双南村、双北村、河南村、北照河、野庄村	
双井镇	6	刘街新型农村社区	4000	34.00	永西村、永东村、刘街村、更化村、后文义村、前文义村	
双井镇	6	樊圈新型农村社区	5000	42.50	樊圈村、贾圈村、前王圈、后王圈、东王圈、董圈、陈圈、马郑圈	
双井镇	6	东寨新型农村社区	1800	15.30	东寨村、西寨村、茜圈村、东北庄、付夹河	
双井镇	6	张照河新型农村社区	2000	17.00	张照河、姬照河、李照河	
双井镇	6	木西新型农村社区	2000	17.00	木西村、木东村、木南村	

续表1

乡（镇）	新农村社区个数	新农村社区名称	人口	用地面积	包含村	备注
北皋镇	7	北皋镇	24600	209. 10	东街、西街、南街、北街、王谢庄村、姜谢庄村、李谢庄村、东张岗村、张才曲村、杨才曲村	
		北刘岗新型农村社区	5000	42. 50	北刘岗村、王岗村、东李岗村、西李岗村、邵岗村、关岗村、焦岗村	
		六座楼新型农村社区	5000	42. 50	六座楼村、栗村、苗村、陈村、沙窝村	
		陈岗新型农村社区	5000	42. 50	米岗村、后石岗村、西张岗村、孟岗村、南刘岗村、前石岗村、江岗村	
		坡头新型农村社区	4400	37. 40	西坡头村、北坡头村、东坡头村、孙庄村、南坡头村	
		屯村中心市区	5000	42. 50	西康疃村、东康疃村、屯西村、屯中村、屯北村、屯南村、魏后村、魏西北村、魏东北村	
		营村新型农村社区	4400	37. 40	小凹村、大凹村、西上后村、西上前村、营西村、营东村、营南村	
张二庄镇	6	张二庄镇	23900	203. 15	西烟、中烟、平村、张庄屯、路庄、南阎庄、张二庄前、张二庄	
		普安新型农村社区	4000	34. 00	宋屯、后普安、西普安、东普安、	
		大严新型农村社区	6000	51. 00	大严屯、刘庄、东中烟、刘田教、韩田教、曹田教	
		辛庄新型农村社区	4600	39. 10	北辛庄、南辛庄、礼教、北英丰	
		第六店新型农村社区	5000	42. 50	第六店、南英丰东、南英丰西、东留固、西留固、北留固	
		军寨新型农村社区	3500	29. 75	军寨、北善村	

续表 2

乡（镇）	新农村社区个数	新农村社区名称	人口	用地面积	包含村	备注
魏城镇	4	南温新型农村社区	8400	71.40	西南温、东南温、南温店、北罗营、王营	其中：赵寨、疃上、小北关、皇小庄、河里东、河里西、董河下、刘河下、李辛寨、冯辛寨并入中心城区。
		梁河下新型农村社区	6000	51.00	梁河下、朱河下、庞庄、白仕望	
		常于新型农村社区	8200	69.70	常于村、邢于村、魏于村、马于村、孟于村、后王村、前王村	
		王辛寨新型农村社区	6200	52.70	王辛寨、栗辛寨、南辛寨、范辛寨	
东代固乡	2	阎庄新型农村社区	13200	112.20	前阎庄村、后阎庄、北代固村、北张庄村	其中：东代固村、张固村、西代固村、房小庄村、翟小庄村、并入中心城区。
		罗庄新型农村社区	12500	106.25	前罗庄村、后罗庄村、邵村	
棘针寨乡	4	棘针寨乡	3200	27.20	侯庄村、棘针寨村、徐小庄村、里八庄村	
		义井新型农村社区	4200	35.70	义井村、王横村	
		南寺庄新型农村社区	6400	54.40	南寺庄村、北寺庄村、仁里村、后屯村、前屯村	
		马胡寨新型农村社区	6200	52.70	相公庄村、邓二庄村、马胡寨村、老君堂村	
德政镇	3	德政镇	2700	22.95	德一村、德二村、德三村、德四村	其中：青化里村、马庄村、前小寨村、后小寨村、大寨村、安上村、安张庄村、后西营村、柏二庄村并入中心城区。
		王庄新型农村社区	10000	85.00	王庄村、刘庄村	
		生疃新型农村社区	6300	53.55	生疃村	

续表3

乡(镇)	新农村社区个数	新农村社区名称	人口	用地面积	包含村	备注
沙口集乡	7	沙口集乡	3100	26.35	集东村、集西村、陈小屯	
		小杨庄新型农村社区	4700	39.95	东张庄村、刘屯村、张庄村、郑二庄村	
		大庄新型农村社区	6700	56.95	大庄村、北辛庄、马头村、前西营村、陆十疃村	
		漳河新型农村社区	6700	56.95	漳河村、大杨庄村、河沟村、沙疙瘩村	
		南北拐新型农村社区	6700	56.95	南北拐村、斗门村、岗上村、大屯村、牛冯庄村	
		南沙口新型农村社区	4700	39.95	南沙口村、杜二庄村、段家庄村	
		大斜街村新型农村社区	4700	39.95	大斜街村、小斜街村、李家口村	
车往镇	6	车往镇	7900	67.15	车往东村、车往西村	
		郝村新型农村社区	5000	42.50	郝南村、郝东村、郝中村、魏西村、魏东村	
		口头新型农村社区	5000	42.50	口头村、栗庄村、南上东村、南上西村、东上村	
		黄甘固新型农村社区	5000	42.50	黄甘固村、杨甘固村、小营村	
		仓口新型农村社区	5000	42.50	大仓口村、东仓口村、前仓口村、北仓口村、西仓口村	
		霍小屯新型农村社区	5400	45.90	霍小屯村、郭小屯村、王小屯村、秦庄村、保定庄村	
野胡拐乡	5	野胡拐乡	3300	28.05	野东村、野西村、蔡东村	
		合义新型农村社区	3000	25.50	合义村、蔡西村、蔡中村、张街村	
		红庙新型农村社区	5000	42.50	前红庙村、西红庙村、冯红庙村、东红庙村、高八庄村	
		大路固新型农村社区	3000	25.50	大路固村、连路固村、霍家庄村	
		岸上新型农村社区	3000	25.50	岸上村、大王村	

续表 4

乡（镇）	新农村社区个数	新农村社区名称	人口	用地面积	包含村	备注
前大磨乡	7	前大磨乡	2000	17.00	前大磨村、后大磨村	
		后寺新型农村社区	5000	42.50	后寺村、前寺村、张庄村、王庄村、破井村、东薛村	
		公议新型农村社区	3500	29.75	公议会村、乐善会村、和顺会村、恩善会村	
		连枣林新型农村社区	3500	29.75	连枣林村、赵枣林村	
		白枣林新型农村社区	4000	34.00	白枣林村、李枣林村、后崔村、前崔村、郭枣林村	
		后才曲新型农村社区	4000	34.00	后才曲村、栗才曲村、韩才曲村、任才曲村、李才曲村	
		南户新型农村社区	3900	33.15	南户村、魏户村、连户村、任户村、连才曲村	
院堡乡	5	院堡乡	5000	42.50	院堡西村、院堡中村、院堡东村	
		来庄新型农村社区	2500	21.25	东来庄村、西来庄村	
		磨庄新型农村社区	3800	32.30	磨庄村、岳庄村、西薛村、况庄村	
		陶三家新型农村社区	4000	34.00	陶三家村、连三家村、杨三家村、司三家村、马丰头村	
		中三家新型农村社区	2500	21.25	中三家西村、中三家中村、中三家东村	
南双庙乡	6	南双庙乡	4200	35.70	双南村、双北村、双中村	
		马头新型农村社区	6000	51.00	马头一村、马头二村、董庄村、薛村、曹野马村、尹野马村	
		狮子口新型农村社区	8700	73.95	狮子口村、申村、汤村、安乐村、王村、朱村、马村、申铺村、大李村	
		清华新型农村社区	6000	51.00	清华村、简庄村、西照河村	
		集西新型农村社区	6000	51.00	集西村、集东村、姜村、河岸上村	
		马街新型农村社区	3000	25.50	马街村、聂街村、郭街村、吕街村	

续表5

乡（镇）	新农村社区个数	新农村社区名称	人口	用地面积	包含村	备注
大马村乡	5	大马村乡	2400	20.40	东北村、东南村、西北村、西南村	
		东马新型农村社区	3000	25.50	东马村、西疃村	
		二马新型农村社区	2000	17.00	二马村、三马村	
		南旦疃新型农村社区	3000	25.50	南旦疃村、北旦疃村、楼寺头村、邓村	
		曹堤新型农村社区	5200	44.20	曹堤村、董庄、东八里村、中八里村、西八里村、康北村、康南村	
大辛庄乡	6	大辛庄乡	3800	32.30	大西村、大东村	
		庙西新型农村社区	4000	34.00	庙西村、庙东村、申桥村、辛江庄村	
		马河新型农村社区	4000	34.00	马河村、凡村、冯摆渡村、勃庄村、牛庄村、吕庄村、马庄村	
		南秦固新型农村社区	5000	42.50	南秦固村、北秦固村、张辛庄村、曹辛庄村、李辛庄村、王辛庄村、苗辛庄村	
		中高新型农村社区	4500	38.25	中高村、前高村、高高村、侯高村、曹夹河村、王夹河村	
		郭村新型农村社区	4100	34.85	西郭村、东郭村、邓村、刘庄村、小辛庄村、梁庄村	
边马乡	6	边马乡	8000	68.00	边中村、边南村、边北村、边小屯村、李庄村、朱村	
		冯堤新型农村社区	6500	55.25	南冯堤村、北冯堤村、南堤村、东田教村、东吕村、汪庄村、王庄村、王井村	
		三教新型农村社区	8500	72.25	郊化村、三教村、二教村、紫岗村、东楼西村、东楼底村	
		东石固新型农村社区	7500	63.75	东石固村、任庄村、于村、张村、张庄村、寺里村、寺南村	
		东扬善新型农村社区	5300	45.05	东扬善村、西扬善村、罗屯村	
		范骈新型农村社区	5300	45.05	范骈村、南骈村、任骈村、董骈村、袁骈村、尚骈村	

续表 6

乡（镇）	新农村社区个数	新农村社区名称	人口	用地面积	包含村	备注
北台头乡	4	北台头乡	6700	56.95	台前村、台后村、台东村、台西村	
		小王庄新型农村社区	5100	43.35	小王庄村、西野马村、南台头村	
		杜甘固新型农村社区	4500	38.25	杜甘固村、尹甘固村、汤后村、汤前村	
		方里集新型农村社区	4500	38.25	方里集村、乔小庄村	
泊口乡	5	泊口乡	4700	39.95	泊口村、生庄、中庄	
		张庄西新型农村社区	7500	63.75	张庄西、江东、江西、李庄、耿庄	
		井东新型农村社区	8500	72.25	井东南、井东北、井西、前佃坡、后佃坡、华东、华西、华北、华南	
		河北新型农村社区	8000	68.00	河北、大王庄、阎庄、崔也冲、马头三村	
		郭野冲新型农村社区	6500	55.25	郭野冲、后野冲、赵野冲、王野冲	

六、城乡生态环境保护和资源利用规划

（一）环境保护目标

2017 年，全县工业污染得到全面控制，城镇和农村环境污染得到有效治理，中心城区建成国家环境保护模范城市。

2030 年，全县各方面污染得到全面控制，中心城区建成国家生态园林城市。大气环境功能区在县城规划区范围内进行，依据用地功能布局，执行《环境空气质量标准》（GB 3095－2012）中的二级标准。

（二）土地资源利用与保护规划

1、切实保护耕地。未经批准，任何单位和个人不得改变或占用基本农田重点保护区。基本农田保护区范围内的村庄和居民点建设应少占、不占农田；区域性的交通、能源、水利等基础设施选址，应尽量避让基本农田；创新耕地占补平衡和基本农田保护机制，严格耕地占用补偿制度；严格控制建设用地总量，严格控制农用地特别是耕地转用总量。

2、合理利用土地。经济发展与土地资源保护利用相统一，统筹安排各类用地。根据城

市土地利用布局，合理确定城乡土地利用规模，优化土地利用结构，提高土地使用效益。完善土地利用政策机制，完善土地市场建设，加强城乡规划对建设用地总量的控制和土地开发与管制的引导。

七、中心城区用地布局规划

（一）城市发展方向

2017－2020年，中心城区采用“南拓、北控、西接、东延、中优”城市发展策略。综合城市用地空间、城市发展动力等诸多因素，未来魏县城区主要向南、东南方向发展，规划形成“三轴、三心、六区”的空间结构。

（二）城市建设用地结构

2017年，结合城区用地布局规划，规划远期（2030年）城市建设用地为51.36平方公里，相对应的人均建设用地为107平方米/人，符合国家标准。

（三）居住用地规划

2030年，规划居住用地规模1726.83公顷，占城市建设用地的33.62%，人均用地35.98平方米。

结合魏县城区具体情况，居住社区规划以主次干道为框架，规划居住用地形成勤政源片、城西片、核心片、东代固片、建元片、新寨片、魏祠片、新城片8个居住片区。

中心城区规划居住社区一览表

表3－3－4－5　　单位：公顷

片区名称	居住用地规模（公顷）	安纳人口（万人）	拆迁安置用地（公顷）	安置人口（万人）
勤政源片	136.89	3.80	14.24	0.40
城西片	226.94	6.31	23.53	0.65
核心片	297.50	8.27	–	–
新寨片	247.97	6.89	32.46	0.90
魏祠片	221.62	6.16	32.20	0.89
新城片	172.04	4.78	24.40	0.68
建元片	187.75	5.22	23.32	0.65
东代固片	236.12	6.57	15.00	0.42

八、中心城区公共设施规划

（一）公共管理与公共服务用地规划

2017－2020年，魏县城区规划公共管理与公共服务设施用地为368.83公顷，占城市建设用地的 7.18%，人均 7.68 平方米。

2030 年，规划行政办公用地为 66.28 公顷，占城市建设用地的比例为 1.29%，人均行政办公用地面积 1.38 平方米；

（二）文化设施规划

2030 年，文化设施用地为 43.03 公顷，占城市建设用地的 0.84%，人均用地 0.90 平方米。

2030 年，中心城区文化设施用地一览表

表 3－3－4－6　　单位：公顷

序号	项目名称	面积（公顷）	位置
1	老年活动中心	4.04	广源街天安大道交叉口西南侧
2	纪念馆	0.75	礼贤街东壁路交叉口西南侧
3	图书馆	1.69	龙乡大街民山街交叉口东北侧
4	县级宣传中心	6.86	万泉街水城路交叉口西北侧
5	科技馆	2.43	广源街一行路交叉口东南侧
6	县级文化活动中心	5.09	梨乡大街天雨路交叉口东南侧
7	梨文化展览中心	2.36	礼贤街翟东路交叉口东北侧
8	儿童活动中心	0.81	水城路龙乡大街交叉口东南侧
9	社区文化活动中心	4.36	玉泉街太行路交叉口东南侧
10	社区文化活动中心	0.78	望远街科教路交叉口东北侧
11	社区文化活动中心	0.83	礼贤街魏州路交叉口西南侧
12	社区文化活动中心	0.28	魏都大街未来路交叉口东南侧
13	社区文化活动中心	1.18	玉泉街东壁路交叉口西南侧
14	社区文化活动中心	0.97	礼贤街一行路交叉口东北侧
15	社区文化活动中心	1.28	玉泉街天雨路交叉口东北侧
16	社区文化活动中心	1.92	魏州路安东街交叉口西北侧
17	社区文化活动中心	1.61	广源街建元路交叉口东南侧
18	社区文化活动中心	1	天泽路开发街交叉口东北侧
19	社区文化活动中心	2.62	魏都大街水城路交叉口西北侧
20	社区文化活动中心	1.34	龙乡大街水城路交叉口东南侧
21	社区文火活动中心	0.94	魏都大街科教路交叉口东南侧

续表

序号	项目名称	面积（公顷）	位置
22	社区文化活动中心	0.58	隆康街未来路交叉口东南侧
23	社区文化活动中心	0.99	东明街洹水大道交叉口东南侧
24	园区文化活动中心	0.89	顺河街民生路交叉口东北侧

（三）教育科研设施用地规划

根据历年魏县出生率计算和《城市居住区规划设计规范》标准，2030 年，远期中心城区，魏县高中人数约为 18000 人，初中生人数约为 18000 人，小学生人数约为 36000 人。规划新建高中 3 个，初中 6 个，小学 22 个。规划教育科研用地为 170.86 公顷，占建设用地的 3.33%，人均教育科研用地为 3.56 平方米。

2030 年，中心城区中小学规划一览表

表 3－3－4－7　　单位：公顷

类别	名称	位置	占地面积（公顷）	备注
高中	魏县第一高级中学	天安大道龙乡大街交叉口西南侧	17.2	现状
高中	东明路高中	东明街魏州路交叉口东北侧	0.78	规划
高中	广源高中	天安大道广源街交叉口西南侧	9.63	规划
高中	安东高中	长安大道安东街交叉口东南侧	7.25	规划
初中	魏县第四中学	望远街魏州路交叉口东南侧	4.38	现状
初中	魏县二中	龙乡大街科教路交叉口东南侧	6.69	现状
初中	实验一中	魏都大街天河路交叉口西南侧	3.55	现状
初中	东明中学	未来路东明街交叉口西北侧	4.09	规划
初中	梨乡中学	长安大道梨乡大街交叉口东南侧	3.51	规划
初中	凌园中学	凌园路广源街交叉口西南侧	4.84	规划
初中	玉泉中学	玉泉街洹水大道交叉口西北侧	6.07	规划
初中	广源中学	天安大道广源街交叉口东南侧	5.25	规划
初中	天雨中学	玉泉街天雨路交叉口西北侧	4.85	规划
小学	魏县第四完小	梨乡大街未来路交叉口东北侧	3.5	现状
小学	魏县第三完小	望远街长安大道交叉口东南侧	2.41	现状

续表

类别	名称	位置	占地面积（公顷）	备注
小学	魏县第二完小	礼贤街尚品路交叉口西北侧	2.47	现状
小学	魏县第一完小	开元路魏都大街交叉口东北侧	1.03	现状
小学	科教小学	科教路玉泉街交叉口东南侧	2.53	规划
小学	兴源小学	兴源街一行路交叉口西南侧	3.99	规划
小学	魏东小学	玉泉街魏州路交叉口东北侧	1.95	规划
小学	紫荆小学	紫荆路玉泉街交叉口东南侧	1.95	规划
小学	花苑小学	花苑路福安街交叉口西北侧	3.1	规划
小学	隆康小学	花苑路隆康街交叉口西北侧	2.71	规划
小学	国强小学	广源街国强路交叉口东北侧	2.56	现状
小学	安东小学	安东街魏名路交叉口东北侧	2.6	规划
小学	天泽小学	开发街天泽路交叉口西北侧	2.98	规划
小学	魏都小学	魏都大街天安大道交叉口西北侧	2.4	规划
小学	广源小学	三田东路广源街交叉口东南侧	3.92	规划
小学	河湾小学	魏都大街河湾路交叉口东南侧	2.62	规划
小学	建元小学	建元路翟隆街交叉口东南侧	2.91	规划
小学	天安小学	天安大道梨乡大街交叉口东南侧	2.52	规划
小学	洹水小学	洹水大道礼贤街交叉口东南侧	2.52	规划
小学	太行路小学	玉泉街太行路交叉口西南侧	1.86	规划
小学	魏东小学	魏东路梨乡大街交叉口西北侧	7.1	规划
小学	天雨小学	玉泉街天雨路交叉口东北侧	2.74	规划
小学	礼贤小学	天雨路礼贤街交叉口东北侧	2.81	规划
小学	天泽小学	龙乡大街天泽路交叉口西南侧	2.3	规划
小学	水城小学	水城路魏都大街交叉口西南侧	2.64	规划
小学	梨乡小学	水城路梨乡大街交叉口西北侧	0.5	规划
小学	园区小学	天安大道顺河街交叉口东北侧	3.13	规划
特殊	爱国文武学校	梨乡大街水城路交叉口东北侧	4.56	现状
特殊	魏县教师进修学校	育才街东壁路交叉口西北侧	0.38	现状
特殊	魏县职教中心	龙乡大街科教路交叉口东北侧	4.76	现状
特殊	成人教育学校	洹水大道魏都大街交叉口东北侧	0.17	现状

（四）体育设施用地规划

2030 年，规划在龙乡大街和科教路交叉口西南侧建设县级综合体育活动中心，包括游泳馆、篮球场、羽毛球场、体育馆等设施。规划体育用地总用地面积为 38.82 公顷，占城市建设用地的 0.76%。

2030 年，中心城区体育设施用地一览表

表 3－3－4－8　单位：公顷

序号	名称	位置	面积（公顷）
1	游泳馆	礼贤街民有路交叉口东南侧	3.08
2	魏县综合体育活动中心	科教路龙乡大街交叉口西南侧	11.53
3	县级综合体育馆	政府路东源南街交叉口西南侧	3.89
4	社区体育活动中心	玉泉路太行路交叉口西南侧	1.05
5	社区体育活动中心	魏东路礼贤街交叉口东南侧	2.04
6	社区体育活动中心	凌园路广源街交叉口东北侧	2.56
7	社区体育活动中心	紫荆路玉泉街交叉口西北侧	1.94
8	社区体育活动中心	魏州路安东街交叉口西南侧	1.95
9	社区体育活动中心	洹水大道礼贤街交叉口东南侧	4.46
10	社区体育活动中心	魏都大街天安大道交叉口东北侧	1.8
11	社区体育活动中心	广源街科教路交叉口东北侧	1.53
12	社区体育活动中心	永和路玉泉街交叉口东南侧	1.89
13	社区体育活动中心	水城路龙乡大街交叉口西北侧	1.39
14	社区体育活动中心	水城路梨乡大街交叉口东北侧	1.92

（五）医疗卫生设施用地规划

按照“县级医院、社区卫生服务中心”两级配套医疗卫生服务设施规划。2030 年，规划医疗卫生设施总用地面积为 38.95 公顷，占城市建设用地的 0.76%。

2030 年，中心城区医疗卫生设施用地一览表

表 3－3－4－9　单位：公顷

序号	设置区域	单位名称	位置	占地面积（公顷）	备注
1	县级	魏县人民医院	望远街魏州路交叉口西北侧	4.01	现状
2	县级	魏县精神病医院	玉泉街开元路交叉口西北侧	3.86	现状

续表

序号	设置区域	单位名称	位置	占地面积（公顷）	备注
3	县级	妇幼保健院	望远街天安大道交叉口西北侧	3.85	现状
4	县级	中医院	礼贤街天安大道交叉口西北侧	2.35	现状
5	县级	魏县综合医院	天安大道东源北街交叉口东南侧	15.1	规划
6	社区级	社区卫生服务中心	玉泉街开元路交叉口东北侧	1.58	规划
7	社区级	社区卫生服务中心	魏东路礼贤街交叉口西南侧	0.64	规划
10	社区级	社区卫生服务中心	魏州路梨乡大街交叉口东南侧	0.98	规划
11	社区级	社区卫生服务中心	紫荆路玉泉街交叉口西北侧	0.73	规划
12	社区级	社区卫生服务中心	光荣路望远街交叉口西南侧	1.1	现状
13	社区级	社区卫生服务中心	魏都大街东壁路交叉口东南侧	0.11	现状
14	社区级	社区卫生服务中心	未来路隆康街交叉口东南侧	0.6	规划
15	社区级	社区卫生服务中心	民生路科研街交叉口西北侧	0.92	规划
16	社区级	社区卫生服务中心	天河路民山街交叉口东南侧	0.95	规划
17	社区级	社区卫生服务中心	天雨路玉泉街交叉口西南侧	0.94	规划
18	社区级	社区卫生服务中心	水城路龙乡大街交叉口东北侧	1.01	规划
19	社区级	社区卫生服务中心	水城路梨乡大街交叉口东南侧	0.75	规划
20	社区级	社区卫生服务中心	开发街天泽路交叉口东北侧	0.75	规划

（六）社会福利设施用地规划

2030年，规划社会福利设施总用地面积为7.86公顷，占城市建设用地的0.15%。

2030年，中心城区社会福利设施用地一览表

表3－3－4－10　　单位：公顷

序号	设施名称	位置	面积（公顷）
1	城北养老院	梨乡大街翟东路交叉口西北侧	1.2
2	孤儿院	天安大道玉泉街交叉口西北侧	1.98
3	老年人活动中心	科教路玉泉街交叉口东南侧	2.2
4	光荣养老院	望远街科教路交叉口西北侧	1.52
5	儿童福利院	天泽路龙乡大街交叉口东南侧	0.95

（七）商业设施用地规划

2030 年，在规划区内建设新义乌南方商贸城和城南商贸市场；农副产品交易市场、服装批发市场、再生济源交易市场、装备制造交易市场；城北农贸市场、城南农贸市场。规划商业用地 368. 18 公顷，占城市建设用地的 7. 17%。

2030 年，中心城区专业市场分布情况一览表

表 3－3－4－11　　单位：公顷

名称	类型	位置	面积
农副产品交易市场	交易市场	科技街南侧，顺河街东侧	8. 38
再生资源交易市场	交易市场	水厂路北侧，万泉路西侧	10. 57
装备制造交易市场	交易市场	同科路南侧，科技街西侧	6. 56
服装批发市场	交易市场	同科路北侧，科技街西侧	6. 07
新义乌南方商贸城	商贸市场	魏州路南侧，万泉街西侧	5
城南商贸市场	商贸市场	民山街西侧，天泽路北侧	6. 61
城北农贸市场	农贸市场	开元路北侧，望远街东侧	4. 27
城南农贸市场	农贸市场	洹水大道南侧，望远街东侧	2. 79

（八）工业与物流仓储用地规划

1、工业用地规划

2030 年，规划期末，城区工业用地为 617. 11 公顷，占城市建设用地 12. 02%，人均 12. 86 平方米。规划将工业园区分为服装产业园、家居建材园、装备制造园、再生资源利用园、农副产品加工园等 5 个产业园。

2、物流仓储用地规划

2030 年，规划期末，规划在兴源河东侧、长安大道南侧规划建设仓储物流用地。作为工业园区物资输入和输出的保障。中心城区物流仓储用地为 59. 45 公顷，占城市建设用地 1. 16%，人均 1. 24 平方米。

（九）其他城市工程用地规划

其他城市工程用地规划（略），详见 2012－2030 年《魏县城乡总体规划》

第四编

土 地 利 用

土地利用是指人类对土地自然属性的利用方式和目的意图，是一种动态过程，是由土地质量特性和社会土地需求协调所决定的土地功能过程。

20 世纪，由于人口急剧增长，而可利用的土地资源相对减少，由于客观历史原因，多年来，土地资源分类标准不统一，土地数据数出多门，对国土资源规化管理产生不利影响，人口向城市集中的趋势日益扩大，已形成新的矛盾。进入 20 世纪 90 年代，魏县的土地保护、改造和利用等管理工作，已列入议事日程，土地利用问题逐渐得到县委政府的重视。

至 2016 年，土地利用的整体环境发挥了作用，奠定了坚实基础。

第一章　农 用 地

农用地就是用于农业生产的土地，土地利用分类中的一级分类。包括耕地、园地、林地、牧草地、其他农用地（包括畜禽饲养地、设施农业用地、农村道路、坑塘水面、养殖水面、可调整养殖水面、农田水利用地、田坎、晒谷场等）以及田间道路和其他一切农业生产性建筑物占用的土地等。农用地利用的合理性标准要求达到环境、社会、经济、生态等方面效益的统一，以保持良性循环，永续利用。

第一节　耕　　地

宋代前，境内耕地数量不详。北宋末，境内耕地 114495 亩。元至正二十年（1360 年），耕地 109995 亩。万历六年（1578 年），耕地 814050 亩。万历二十二年（1595 年），耕地 1872100 亩。清康熙年间，耕地 551025 亩。民国二年（1913 年），耕地 522000 亩。民国十一年（1922 年），耕地 446636 亩。

新中国成立后，耕地面积从 1949 年的 72400 公顷，增加到 1952 年的 75667 公顷，净增 3267 公顷。1964 年耕地面积为 65260 公顷，至 1993 年耕地面积为 64667 公顷，其中水浇地 57533 公顷，占耕地总面积的 88%，旱地 7133.4 公顷，占耕地总面积的 12%。2009 年耕地面积为 61823 公顷，其中水浇地 56031 公顷，占总耕地的 90.6%，旱地 5792 公顷，占耕地总面积的 9.4%。2013 年，耕地面积为 61296.21 公顷，其中水浇地 55528.05 公顷，占耕地总面积的 90.6%，旱地 5768.56 公顷，占耕地总面积的 9.4%。

2014 年，耕地面积为 61020.88 公顷，其中水浇地 55269.83 公顷，占耕地总面积的 90.57%，旱地 5751.04 公顷，占耕地总面积的 9.43%。2016 年，耕地面积为 60678.87 公顷，其中水浇地 54999.92 公顷，占耕地总面积的 90.6%，旱地 5751.04 公顷，占耕地总面积的 9.4%。

各乡（镇）之间，人均耕地差异不甚明显，低于人均 0.072 公顷的乡（镇）主要分布在漳河北，高于人均土地的乡（镇）主要分布在漳河南。据 1993 年统计结果显示，人均耕地最多的乡是大辛庄乡，人均耕地 0.144 公顷；人均耕地最少的乡是东代固乡，人均 0.055 公顷。据 2009 年统计结果显示，人均耕地最多的乡是大辛庄乡，人均耕地 0.127 公顷；人均耕地最少的乡是东代固乡，人均 0.053 公顷。2013 年，人均耕地最多的乡是大辛庄乡，人均耕地 0.096 公顷，最少的乡镇是东代固乡，人均耕地 0.052 公顷。2016 年，人均耕地面积最多的乡镇是大辛庄乡，人均耕地 0.102 公顷，人均耕地面积最少的乡镇是东代固镇，人均耕地 0.012 公顷。

第二节　园　　地

魏县的园地主要是梨园、苹果园、桃园等。建国初，园地面积仅 267 公顷。1957 年 - 1961 年，933 公顷。1984 年 - 1993 年，1723 公顷。1993 年，魏县人民政府决定实施“北果南移工程”，园地面积迅速发展到 9000 公顷。果园占地多的乡镇有：东代固乡为 32.1%，人均 0.055 公顷。白仕望乡为 21.7%，人均 0.021 公顷。魏城镇为 16.72%，人均 0.012 公顷。棘针寨乡为 12.58%，人均 0.008 公顷。院堡乡为 6.53%，人均 0.009 公顷。德政镇为 6.47%，人均 0.008 公顷。沙口集乡为 3.9%，人均 0.007 公顷。这 7 个乡（镇）除院堡乡、沙口集乡外，其余都分布在魏城镇周围，形成水果集中生产区。1993 年以后，因为经济效益等原因，大量果树被砍伐，退园还耕。2003 年，根据土地利用变更调查，全县共有果园地 4377.69 公顷。2004 年，全县共有园地 4370.79 公顷，比 2003 年减少 6.9 公顷。2005 年，园地面积没有变化。2006 年，全县共有园地 437.17 公顷，比 2005 年增加 0.95 公顷。2007 年，全县共有园地 4366.2 公顷，比 2006 年减少 5.54 公顷。2009 年，全县园地面积减少至 4610 公顷，果园占地多的乡镇有魏城镇为 45.5%（魏城镇合并白仕望乡），人均 0.031 公顷；东代固乡为 39%，人均 0.06 公顷；棘针寨乡为 9.1%，人均 0.02 公顷；这三个乡镇的园地面积占全县园地面积的 93.6%，并紧紧相临，形成了水果集中生产区。2010 年，全县园地面积 4516.36 公顷，比 2009 年减少 93.6 公顷。2011 年，全县园地面积 4496.28 公顷，比 2010 年减少 20.08 公顷。2012 年，全县园地面积 4475.47 公顷，比 2011 年减少 311.85 亩。2013 年，受价格、市场等因素的影响，全县园地面积减少至 4447.2 公顷。2014 年，全县园地面积 4450.81 公顷。2015 年，全县园地面积 4647.44 公顷。2016 年，全县园地面积 4405.25 公顷。

第三节　林　　地

据《三国志》载：郑浑为“魏郡太守，……。以郡下百姓苦乏材木，乃课树榆为篱，并益树五果；榆皆成藩，五果丰实，入魏郡界村落整齐如一，民得财，足用绕。”这是最早关于文字记载的植树和果树情况。

明清《魏县志》记载，因漳河泛滥“水淤没，鲜有正材”。民国期间，境内沙滩皆光秃裸露，全县基本上无大片林，仅在居民点周围有栽树的习俗。民国三十四年（1945年），抗日政府大力提倡植树造林，全县出现了植树造林高潮。民国三十七年（1948年），全县建成片林67676亩，森林覆盖率达1.5%。

新中国成立后，魏县经常开展群众性的植树造林活动，林地面积不断增加。1952年，全县林地面积333公顷。1958年，发展到1333公顷，同年掀起“大炼钢铁”运动，树林毁坏严重。1959年，降至1000公顷。在3年经济困难时期，一些树皮成了充饥食物，造成1962年林地面积下降至267公顷。1963年至1965年，全县开展大规模的沙滩造林活动，林地面积增至1927公顷。1966年“文化大革命”开始后，林地面积骤减。1983年减至1568公顷，比1966年的1927公顷减少了355公顷。

1983年国家颁布《全民义务植树条例》后，魏县县委、人民政府每年春季都发动全县群众义务植树，加之80年代实行改革开放，林业政策放宽，群众在承包地上、村周围及“四旁”植树逐渐增多。是年底，全县林业用地达9093公顷，四旁植树738万株，人均11.9株。1993年，全县林地面积13475公顷，占全县总面积的4.8%。2003年，根据土地利用变更调查，全县共有林地4417.17公顷。2004年林地面积没有变化。2005年，全县共有林地4416.03公顷，比2004年减少1.14公顷。2006年林地面积没有变化；2007年，全县共有林地4416.7公顷，比2006年增加0.67公顷。随着经济的快速发展，木材用量的不断增加，人口增多、宅基地划批等因素，占用大量林地，致使全县树木减少。2009年，全县的林地面积减至3084公顷，占全县总面积的3.6%，比1993年减少10391公顷。2010年，全县林地面积3053.08公顷，比2009年减少30.92公顷。2011年，全县林地面积3047.96公顷，比2010年减少5.12公顷。2012年，全县林地面积3047.97公顷，比2010年减少15.47公顷。2013年，全县的林地面积减至3032.49公顷。2014年，全县林地面积2991.87公顷。2016年，全县林地面积2961.06公顷。

第四节　其它用地

一、育苗用地

民国十一年（1922年），成立大名县（含魏县）苗圃事务所。时，魏县属大名西区，境内有桑园五片。民国二十年（1931年），苗圃用地5公顷。民国二十三年（1934年），境内大旱，苗圃因旱无存。建国后到1953年，境内有苗圃地10公顷。1958年，魏县苗圃用地14.4公顷。人民公社化后，以社队育苗为主，每年用地不等。据统计，1972年12月，全县已投入林业采种、育苗活动达35000人次，自采种子12000斤，其中紫穗槐1000斤，洋槐1500斤，育苗66.66公顷，占地区分配任务的20%，超过本县1971年的五倍。1983年以后，农村实行了家庭联产承包责任制，苗圃用地逐年增加，据1991年土地利用调查统计，全县苗圃用地 42.6 公顷，1997 年苗圃用地 45 公顷。2004 – 2009 年，通过土地整治，开发苗圃场 6.67 公顷，2013 年，全县有 13.33 公顷名优品种示范种植园，有黄金、黄冠、丰水、绿宝石、圆黄、红香酥等 30 多个新品种。

二、畜牧业用地

魏县的畜牧业，属于农业区畜牧业，大家畜多用于农业和运输业。小家畜和家禽为广大农民的家庭副业，均为院舍饲养，没有专门占用土地。建国后，集体生产时期，全县 3254 个生产小队，均设有饲养院舍，或大或小都占用一定面积的土地。1958 年“大跃进”中的养猪场，属浮夸风的产物。因而一轰而散，皆未长期占地。1983 年后，实行家庭联产承包责任制，全县各生产队的饲养院舍先后不复存在。

进入 80 年代后期，全县农牧、家禽基本上回归到农户分散养殖，已形成规模的养鸡专业户李勤堂等 30 户，共用地 2.46 公顷，养猪专业户周东太等 12 户，用地 2.8 公顷。2013 年，全县畜牧业用地 213 公顷。

2016 年，全县猪、牛、羊、鸡等养殖场共计 136 家（规模：猪 500 头以上、牛羊 100 头以上、蛋鸡 10000 只以上），占地 5.44 公顷。

三、渔业用地

建国前，魏县的渔业全为天然捕捞。到 60 年代，仍为“河里有鱼河里捕，坑里有鱼坑里捞”，没有把渔业生产列入农业生产计划内。70 年代后，党和国家号召“农、林、牧、副、渔全面发展”，有的生产大队或生产队开始利用坑塘养鱼。1974 年，大磨公社乐善会、和顺会和恩善会三个大队合伙养鱼。在百亩大坑中投放数万尾鱼苗，靠天然肥水养鱼。1976 年夏，仅捕捞鲜鱼 1 千多公斤。因管理不善，经济效益低而停止。

中共十一届三中全会后，中共魏县县委和人民政府十分重视畜牧和养殖业。建立健全畜牧管理机构，实行一系列奖励政策和制度，激发农民养鱼的积极性，荒废多年的坑塘水域开始利用起来。

据查，全县各类水域面积为 3757.5 公顷，其中大小坑塘 350 多个，水域面积 232 公顷，可利用面积 24.5 公顷。1983 年，东代固乡北张庄和北代固两个村，坑塘养鱼 0.6 公顷（水面），每年为市场提供鲜鱼 6000 多公斤。以后，紫岗乡的高村、安张庄乡前西营、大严屯乡礼教等村，利用坑塘 3.1 公顷水面养鱼，每年向市场提供鲜鱼 7000 多公斤。1997 年，全县水面养鱼面积为 12.66 公顷水面，年产成鱼 13000 多公斤，年产值 65000 多元。

20 世纪 90 年代，魏县各类水域面积 3760 公顷，其中大小坑塘 750 个，面积 2553 公顷，可利用坑塘水域面积 24.53 公顷，已养鱼坑塘面积 3.7 公顷；苇藕塘面积 3 公顷；河沟面积 3500 公顷，河沟水域面积 364 公顷，可养鱼面积 39.7 公顷，后水域面积逐年减少。2008 年，建设梨乡水城，魏县新增水域面积 240 公顷，养鱼户多是借助这些水资源养鱼。2009 年，总投资 50 多万元，占地 0.67 公顷的大地甲鱼（中华鳖）养殖基地在魏县疃上村建成，该基地填补了魏县甲鱼规模养殖业的空白。该基地中华鳖存栏量 1.4 万多只，其中成鳖 700

多只，幼鳖7000多只，年可创效益50多万元。全县养殖池塘面积5公顷，产量110吨，其中鱼类98吨，其他12吨。

2013年，开挖了长安河、玉泉河、魏源河、天河、金龟湖等水系工程，生态水域面积扩大至1500公顷。至2016年，全县水域及水利设施面积1811.93公顷。

第二章　建设用地

建设用地，分为国家建设用地、集体建设用地和其他建设用地等。是指建造建筑物、构筑物的土地，是城乡住宅和公共设施用地，工矿用地，能源、交通、水利、通信等基础设施用地，旅游用地，军事用地等。付出一定投资（土地开发建设费用），通过工程手段，为各项建设提供的土地。是利用土地的承载能力或建筑空间，不以取得生物产品为主要目的的用地。

第一节　国家建设用地

1975年，魏县国家建设用地17.07公顷（其中耕地13公顷，非耕地0.13公顷）。1987年后，魏县国家建设用地纳入计划，上级下达指令性用地指标不准突破，不准转入下年。建设用地者，首先申请建设项目，待有关部门批复后，再持有关文件向魏县人民政府土地管理部门提出用地申请，经魏县人民政府审查批准后，由土地管理部门无偿拨给用地单位使用。1987年，上级下达国家建设用地指标4.67公顷，魏县实际审批用地2.4公顷。1990年，上级下达用地指标52.7公顷，其中耕地21.4公顷，非耕地31.3公顷，实际审批了187个单位的建设用地，总占地24.7公顷，其中国家建设用地4.13公顷。1993年，审批国家建设用地9宗，占地0.26公顷，节约用地指标47.3公顷。1994年，3年来建设用地审批管理情况中，共审批国家建设用地41宗，占地24.58公顷，其中耕地22.16公顷。2005年上报2个批次建设用地，全部经省厅批复，面积20.33公顷。2006年，上报1个批次建设用地，全部经省厅批复，面积4.38公顷。2007年，上报4个批次建设用地，全部经省厅批复，面积24.4公顷。2008年，上报2个批次建设用地，全部经省厅批复，面积21.23公顷。2009年，已向上报批7个批次建设用地和大广高速连接线以及东代固变电站两个单独选址项目，全部经省厅批复，面积628.31公顷。2010年，全县共上报河北省国土资源厅3个批次建设用地，全部经河北省国土资源厅批复，面积59.41公顷。向上申请11座砖窑厂置换项目，可置换出建设用地 75.33 公顷。2011 年，上报 3 个批次建设用地，全部经省厅批复，面积 23.27 公顷。2012 年，上报 7 个批次建设用地，全部经省厅批复，面积 40.64 公顷。2013 年，争取计划指标 33.8 公顷，上报省国土资源厅并经省政府批复 6 个批次建设用地，批准用地总面积 103.93 公顷。2014 年，共争取用地指标 102.46 公顷，其中计划指标 50.6 公顷，增减挂钩指标 19.8 公顷，占补平衡指标 31.9 公顷。上报省厅 9 个批次项目，共计 93.93 公顷，已全部批复，有力解决了惠凌空调、卡威重工、福尔通用飞机、姚顺制衣、百冠重工、中再生、王派电动车、和兆益祥、桑德循环经济等一大批重点工业项目用地。2015 年，共争取建设用地指标 102.5 公顷，其中，计划内指标 70.06 公顷，城乡建设用地增减挂钩指标 32.46 公顷。2016 年，向上积极争取到计划内指标 70.06 公顷，组卷上报 4 个批次建设用地，省政府批复 70.5 公顷。

一、县城占地

魏县故城始建于西汉高祖十二年（前 195 年），后因水患多次迁移。明洪武三年（1370），迁至五姓店（今魏城镇），史称明城。旧城于清乾隆二十二年（1757）毁于洪水，旧时建筑多掩埋于地下。

1949 年，县政府驻崔阁村，占地不详。1950 年，县政府搬进今县城，经过 28 年的辛勤建设，1978 年，已把县城建设成为全县政治、经济、文化中心，县城面积达 6 平方公里。

中共十一届三中全会后，魏县城乡建设进入了协调发展阶段，在调整经济结构、合理布局的基础上，加快了城乡建设步伐。1984 年，进行县城总体规划，县城建设管理工作逐步

明清魏縣城区图

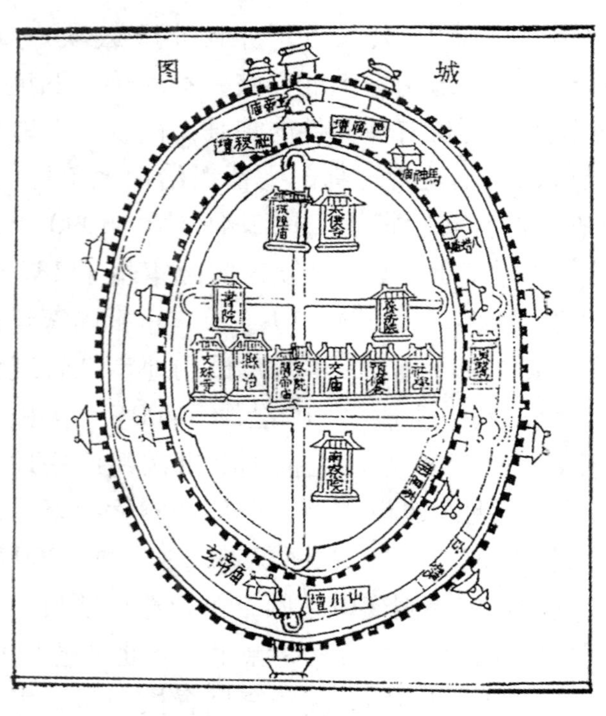

2016 年
魏县城区略图

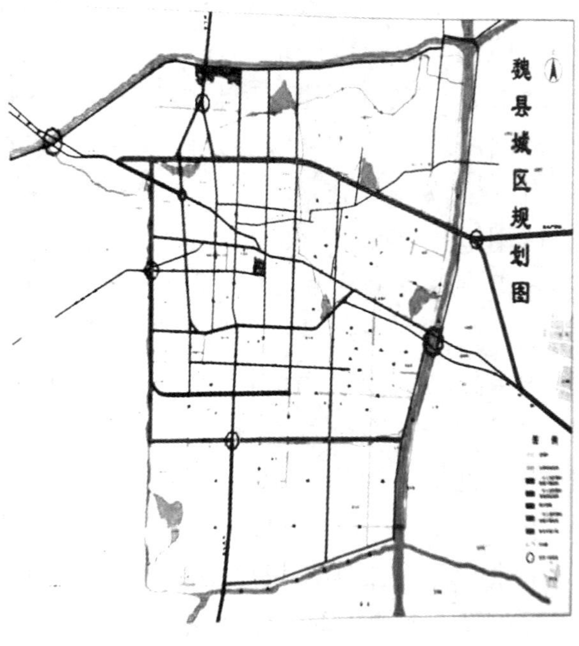

规范化、制度化。1985 年，完成 17.5 平方公里 1：1000 地形测绘和 1：5000 缩图任务，基础资料调查搜集和水文地质普查工作，编写了县城规划大纲，同年 6 月 3 日，报经河北省人民政府批复实施。2000 年，魏县大打县城建设翻身仗，对县城市政设施进行了大力度改造建设，初步形成了五纵六横的道路框架结构。

2008 年，魏县大力实施城镇化带动战略，对县城进行了新的总体规划，提出了建设冀东南区域中心城市的发展目标，县城建设实现了跨越式发展，同年 8 月，魏县进行县城总体规划修编。2009 年，县城控制区面积 38 平方公里，城区已形成七纵九横道路框架结构。年底，再次对县城总体规划进行调整，并将县城周边的魏城镇、德政镇、棘针寨乡、东代固乡、野胡拐乡等 5 个乡镇纳入城乡一体化发展范围，构筑“1 +5”发展格局。到 2020 年，“1 +5”规划区面积达到 175 平方公里，人口规模达到 48 万，全县城镇化率达到 48%。

二、城镇、城乡住宅用地

1950 年 10 月，中共魏县县委和县人民政府分别由崔阁、郭家堂村迁驻魏镇。当时城区内除政府机关外无非农业人口，随着城市基本建设，以人民剧院为中心，逐渐展开了市政建设。1978 年前，机关干部及其家属多居住公房，或单位建公房。1978 年后，由县财政局统一规划，自建公助，每户用地面积不超过 80 平方米。同时，出现了购买宅基建私房现象。1982 年，禁止私人建房，县城居民人均居住面积 5.5 平方米。1985 年，城区共有街道 11 条，总长 8039 米，城镇人口 14730 人。1995 年，市区面积发展到 17.5 平方公里，非农业人口 703295 人。住宅用地 6866.65 公顷，人均 0.97 平方米。2003 年，城市和建制镇用地 708.42 公顷，农村居民点用地 8512.4 公顷。2006 年，农村居民点用地 8523.29 公顷，增加了 10.89 公顷。2007 年，城市和建制镇用地 709.1 公顷，增加了 0.68 公顷，农村居民点用地 8523.42 公顷，增加了 0.13 公顷。2009 年，市区面积 758.2 公顷，全县城市和建制镇用地 1103.01 公顷，农村居民点用地 10560.45 公顷。2010 年，中心域区面积按田河为界计算，共计划占地 46.1 平方公里。实际占地 38 平方公里全县城市和建制镇用地 1136.71 公顷，农村居民点用地 10658.23 公顷。2011 年，全县城市和建制镇用地 1136.71 公顷，农村居民点用地 10620.85 公顷。2012 年，全县城市和建制镇用地 1149 公顷，农村居民点用地 10648.29 公顷。2013 年，城市和建制镇用地 1158.91 公顷，农村居民点用地 10704.09 公顷。2014 年，城市和建制镇用地 1159.26 公顷，农村居民点用地 10840 公顷。2016 年，城市和建制镇用地 1161.23 公顷，农村居民点用地 11485.03 公顷。

三、公共设施用地

（一）城内供排水

1、供水

1995 年，建自来水公司和供水厂（后称第一水厂）。2016 年 6 月，运用南水北调水源饮用河水。另有工厂和单位水塔 8 座，备水能力 137.6 立方米，地下管网 10.2 公里，日供水 3000 吨，共用地面积 1.91 公顷。

2013 年，开始建设魏县第二水厂，该水厂位于天河路南，魏祠以西，康疃村以东，总占地面积 5.3 公顷，备水能力 8000 立方米，地下管网 140 公里，日供水量 30000 吨，供应县城及城区乡镇 80 余平方公里居民生产，生活用水。

至 2016 年，全县水厂、河水供水量达 33000 吨，地下管网 150 余公里，用地面积 7.21 公顷。城区供水面积达 100%，满足了县城居民生产、生活用水。

2、排水

城区内原利用自然沟壕排水，70 年代部分沟壕被平为宅基地建房。进入 80 年代后，随着工业的发展和人口的增加，生产和生活污水排水量的增加，将城区划为五大排水系，共计排水沟 25 条，总长 21380 米，占地总面积 52382 平方米，其中城内明暗沟面积 11900 平方米，城外明渠占地 51192 平方米，基本上解决了污水和沥水的排泄。见表 4－2－1－1

1984 年－1997 年魏县县城排水设施情况表

表 4－2－1－1　　单位：米

所在街道	类型	截面 m×cm	长度 m	沟面	备注
中华路	砖彻暗沟	0.5×1.1	1000×2	沟面	
政府街	砖彻暗沟	0.5×1.5	1000×2	双沟	
振兴街	砖彻暗沟	0.5×1.5	1000×2	双沟	
健康路	砖彻暗沟	1×1.7	1900	双沟	
陵园街	砖彻暗沟	0.7×1.5	400	单沟	
陵园南街	砖彻暗沟	0.7×1.5	550	单沟	
南明沟	土沟	底 1.5×高 1.7×上口 3	850	单沟	
北明沟	土沟	底 1.5×高 1.7×上口 3	700	单沟	
东明沟	土沟	底 1.5×高 1.7×上口 3	4000	单沟	
体育场	函洞	底 1.5×高 1.7×上口 3	700	单沟	
贸易街	砖沟	1×1.8	330	单沟	
政法街	砖彻暗沟	1.5×1.8	360	单沟	
陵园街	砖彻暗沟	1.5×1.8	454	单沟	
公园西路	砖彻暗沟	0.5	120	单沟	
育才街	砖彻暗沟	40	350	单沟	
菜市场	砖彻暗沟	30	350	单沟	
公园路涵洞			100	单沟	
合计			17164		

2000 年旧城改造后，城区主干道全部铺设了直径为 1 米，长约 1.5 米的水泥管道。2003 年，县城排水设施建设坚持与县城建设“同步规划、同步设计、同步施工”的原则。同年，铺设了龙乡大街、天安大道、育才街排水管线 4500 米，形成了相互衔接、畅通无阻的县城道路排水体系，县城排水能力得到增强。2008 年，投资 20 万元，对县城 10 万余米长排水管道、暗沟、明渠和 1400 余座沉淀井、收水井进行彻底清淤和疏通。

至 2016 年，县城排水管道长达 93260 米，其中水泥管道排水沟 19 条，盖板排水沟 6 条，单位居民小区都建有排水暗沟。

（二）电力系统用地

1961 年，于县城东安张庄建成变电站，与华南电网并网，占地 0.39 公顷。由于电网供电不足，满足不了工农业生产的需要。1987 年，建成中烟 35 千伏变电站，所带 10 千伏配变 226 台，1178 千伏安，占地 0.3 公顷。1982 年，建成双井 35 千伏变电站，所带 10 千伏配变 266 台，10200 千伏安，占地 0.33 公顷。1984 年，建成陈庄 35 千伏变电站，所带 10 千伏配变 427 台，22380 千伏安，占地 0.1 公顷。1987 年，建成北皋 35 千伏安，占地 0.27 公顷。1990 年建成车往 35 千伏变电站，所带 10 千伏配变 284 台，占地 0.14 公顷。全县六个供电所，33 个乡镇电管站，供电系统共占地 9.19 公顷。其中局占地 0.42 公顷。

1991 年 11 月，建成安张庄变电站，位于安张庄村北 0.5 公里处，占地 0.27 公顷。

1996 年 2 月，建成牙里变电站，位于牙里镇北 0.5 公里处，占地 0.27 公顷。

1998 年 12 月，建成回隆变电站，位于回隆镇东 2 公里处，占地 0.24 公顷。

2000 年 7 月，建成大辛庄变电站，位于大辛庄乡东 0.5 公里处，占地 0.15 公顷；同年 11 月，建成城北变电站，位于县城北 1 公里处，占地 0.15 公顷；同月，建成院堡变电站，位于院堡乡东 1 公里处，占地 0.15 公顷。

2004 年 7 月，建成梨乡变电站，位于县城龙乡大街中段，占地 0.28 公顷。

2005 年 5 月，建成礼教变电站，位于张二庄乡东 6 公里处，占地 0.11 公顷；同年 6 月，建成沙口集变电站，位于沙口集乡北 0.5 公里处，占地 0.27 公顷；同年 8 月，建成泊口变电站，位于泊口乡西 1 公里处，占地 0.17 公顷（2.55 亩）；同年 9 月，建成园区变电站，位于县城东魏都工业园内，占地 0.11 公顷。

2006 年 9 月，建成野胡拐变电站，位于野胡拐北 0.5 公里处，占地 0.12 公顷；同年 10 月，建成康疃变电站，位于康疃村南 0.5 公里处，占地 0.13 公顷；同年 12 月，建成大磨变电站，位于前大磨乡南 1 公里处，占地 0.17 公顷。此外，还建有陈庄变电站、边马变电站、东代固变电站、双庙变电站。

2016 年，魏县共有 23 个变电站。魏县域内有 220 千伏变电站 1 座，110 千伏变电站 4 座，35 千伏变电站 17 座，拥有 35 千伏线路 29 条 101 公里、10 千伏线路 101 条 1706.84 公里，低压线路 3347 条 3872 公里、配电变压器 4284 台，共占地 11.81 公顷。

（三）邮电业用地

魏县自古设递铺、驿站。驿站按规模大小分设“邮”、“亭”、“驿”、“传”四个等级。到清光绪三十二年（1906 年），废除递铺、驿站，分别在境内简庄、方里集、刘深屯等村镇设乡村四日班邮政信柜。在户村集、北皋集、双井集、边马集、双庙集等处，设四日村镇邮政代办。清宣统元年（1909 年）六月，魏县设旱汇局。局址在西关玉德昌药栈，租房 2 间，有职工 4 人。开办民间信函和地方报刊收投业务。

1949 年，魏县人民政府在政府驻地崔阁村，建立了全县第一个电话站，装有五门磁石交换机一台，主要负责党政军机关的通讯业务。

1952 年初，邮政局迁至县城北街路东（今址），占地 0.28 公顷。1953 年 10 月，双井邮政所和双井电话站合并为双井邮电局；占地 0.19 公顷。

1956 – 1985 年，先后建立了牙里、北皋、双井、车往、德政、边马 6 个邮电支局，占地 0.71 公顷。回隆、院堡两个邮电所，占地 0.25 公顷。

1997 年，全县邮电事业用地面积 1.43 公顷，其中县局占地 2846.6 平方米。

1998 年，县邮电局改为邮政局。

2001 年，县邮政局在魏都南大街西侧建设，新址占地 0.511 公顷。

2016 年，邮政局共设德政、回隆、双井、北皋、车往 5 个邮政所，共占地 0.49 公顷。

四、工业用地

（一）工业沿革

魏县工业，由来已久，早在战国时就有了冶炼业。以后各代，重视手工业，开始制造生产生活用品及刀枪等武器。民国 13 年（1924 年），国民政府创立惠民工厂（后改为裕民工厂）、平民工厂，织造草帽和织造合股线布等。抗日战争时期，县内的双井、柏庄、蔡小庄、双庙等村，设立了枪支修理所，多在农户家不占用耕地。

1952 年冬，王振刚等人合股建成了魏县铁业生产合作社，租用民房 3 间。

1954 年，在中华北街征地 0.28 公顷，建厂棚 8 间，库房 5 间。

1958 年，把集体企业合并、转厂或升级。在“以钢为纲”的思想指导下，在全县范围内掀起了群众性的土法大炼钢铁的大会战，盲目兴建了一批炼焦厂、炼铁厂、小土炉和土化肥、土农药等。由于缺乏严肃的科学态度，产品质量低劣，随一哄而起，又一哄而散，所占用土地，先后复耕为田。

1962 年，魏县机械厂定为邯郸地区拖拉机定点大修厂，更名为“邯郸地区魏县农业机械修造厂”，扩建后占地 7.67 公顷。

20 世纪 70 年代，在省地工业的带动下，魏县先后兴建了罐头厂、造纸厂、纺织厂、农药厂、化肥厂、中药厂、麦芽厂、五金厂、玻璃制品厂等工矿企业。据统计，此期工业用地 17.6 公顷。

中共十一届三中全会后，魏县工业生产进入了健康发展的新时期。企业推行各种责任制，境内工业空前发展。1997 年底，全县工业企业（指全民、集体，以下同）共有 163 个，其中国有 10 个，集体 90 个，总产值 70951 万元。主要产品有：中成药、化肥、尿素、农药、造纸、纸箱、水泥、水泥制品、塑料制品、自动翻斗三马、油漆等 30 多个品种。全县工业占地 30.53 公顷，其中国有工业占地 15.33 公顷，集体企业占地 15.2 公顷。全县工业用地基本合理，但也有一些乡镇企业用地存在着多圈少用和使用率较低的现象。

（二）工业园区

魏都工业园位于魏县县城东侧，为省级经济开发区。区内邯大公路贯穿东西，规划建设的大广高速魏县连接线西口位于园区内。2005 年，被列入邯郸市十大园区之一。2006 年，由河北省城乡规划设计院编制完成总体规划，并通过专家评审，列入城市建设和上地利用总体规划，规划面积 9 平方公里。2008 年，魏县确立了“做强一极，打造三区”的发展战略，做强一极，即做强魏都工业园，使之成为县域经济最大的增长极；打造三区，即打造回隆糖果食品加工、张二庄再生物资加工和双井农产品加工三个全民创业聚集区。2009 年，建成面积 1.5 平方公里，进驻项目有：兴达创业、锦鲜制衣、锦辉紧固件、柏林药业企业项目等 45 个，建成投产企业 33 个。

为推进全县经济发展，全面实现“工业立县”。2013 年 9 月，又规划建设了工业园区东区。2016 年，该园区占地面积 13.26 平方公里，现已入驻王派车业、姚顺制衣、君恒药用玻璃、中再资源再生、昶乾建材、爱斯特瑞亚等省、市重点项目 40 余家，县工业园区总占地面积 333.33 公顷。

回隆糖食品加工项目聚集区：位于回隆镇。2007 年，邯郸市规划设计院和河北工程大学建筑学院为园区编制了总体规划，并通过专家评审，正式列入城建总体规划和土地利用总体规划。园区总体规划面积 3 平方公里，建成面积 1.2 平方公里，入驻企业 50 余家。

张二庄再生物资加工项目聚集区：位于定魏线东侧张二庄乡境内。规划建设面积 4.1 平方公里。2016 年，建成面积 1.4 平方公里。

双井农产品加工项目聚集区：位于省道定魏线魏县界中段双井镇，2008 年规划占地 2.5 平方公里。2011 年，建成面积 2.3 平方公里，拥有各摊点 1000 余家，入驻项目 50 余个。2016 年，增建面积 1.1 平方公里，入驻项目 18 家。

五、交通用地

（一）地方铁路

邯郸至大名常马庄线：始建于 1966 年 10 月 5 日，同年 12 月 5 日全线正式通车，全线 76 公里，其中魏县境内线长 21.5 公里。设棘针寨、魏镇和漳河村三站。开办客运和货运两种，占地 15.65 公顷。

中共十一届三中全会后，随着改革开放的进一步深入，国营、集体和个体客货车辆日益增加，运输市场竞争激烈，地方铁路客运、货运逐渐减少，被迫于 1985 年底，全线停止了运行。

（二）公路

省道邯郸至大名公路：始建于民国九年（1920 年）。始于邯郸，途经成安、广平、魏县至大名县，全长 70 公里，魏县段全长 18.3 公里。1978 年 7 月，改建了邯大公路魏县境内东风渠以西段的 8.23 公里二级公路工程，路基宽 12 米，路面宽 9 米，总投资 84.84 万元，占地 32.92 公顷。1994 年，新建了邯大二汽专用公路，邯大二汽专用公路从化肥厂至大名县界，全长 12.3 公里。1997 年，修建了邯大公路魏县环城段，从赵寨至化肥厂，全长 8.376 公里。1999 年，改建邯大路北线赵寨至大名县界段，全长 15 公里。

省道安聊公路：建于“日伪时期”。1954 年重修，全长 230 公里。由张二庄入魏县境，向东经张二庄、张庄屯、大严屯，于南辛庄村东出县境，全长 11 公里。1973 年，对路面进行了重新建筑。为柏油路，路基宽 9 米，路面宽 7 米，总投资 33 万元，占地 8.51 公顷。1990 年，将安聊公路魏县段建为二级公路。2000 年，对安聊公路魏县张庄前至北辛庄段进行了大修，境内全长 11.1 公里。

省道魏县至广平公路：它是由乡间小道逐渐发展起来的。解放后曾多次修复。1984 年，将魏广路魏县段 7.8 公里改造为三级公路，路基宽 8.5 米，路面宽 6 米，占地 6.04 公顷。1998 年 12 月，将魏县至广平段、魏县至张二庄段连接贯通而成定州至魏县公路，魏县境内全长 40.6 公里，于魏县棘针寨乡后屯村北 K248 + 322 米处入境，途经棘针寨乡、魏城镇、德政镇、野胡拐乡、双井镇、牙里镇、张二庄乡等乡镇，占地面积 517.65 公顷。

省道魏县至峰峰公路：建于民国二十二年（1933 年），1990 年，升为省级公路。始于魏县西关，途径成安、临漳、磁县。魏县段自西关起，途径梁河下、白仕望、常于村、岳庄至院堡村西出县界，境内全长 11.19 公里。

省道定州至魏县公路：始建于 2009 年。境内从双井始，途径大王村、岸上、东马庄、后小寨、安张庄、张固、东代固、阎庄、相公庄、于仁里村东出境。全长 26 公里，占地 83.2 公顷。

县道蔡小庄至回隆公路：全线长 20 公里。1976 年 10 月，经邯郸地区交通运输系统革命委员会批准，将蔡小庄至回隆段公路改建为三级公路。路基宽 8 米，路面宽 6 米，总投资 72 万元，占地 14.57 公顷。

县道院堡至康疃公路：全长 11 公里。该路原为联村乡间大车道，1981 年 9 月，改建为三级公路。院堡至北皋段路基宽 8 米，路面宽 6 米。北皋至西康疃段路基宽 6 米，路面宽 4 米，总投资 31.2 万元，占地 10.67 公顷。

县道双庙至楚旺公路：县境内全长 12.5 公里。1983 年 6 月，改建为三级公路，主线路基宽 8.5 米，路面宽 6 米，工程总投资 47.7 万元，占地 16.67 公顷。

县道王刘庄至德政镇公路：1981 年修建，全长 3 公里，路基宽 6 米，占地 3.2 公顷。

县道大马村至拐里公路，自邯大路斗门东段始，向南经南北拐、至大马村，全长 17 公里，占地 13.13 公顷。

县道双井至边马公路：自双井南 500 米向东南，经东杨善至边马，全长 11 公里。该路原为乡间易公路，1986 年月，改建为三级公路，路基宽 8.5 米，路面 6 米，工程总投资 47 万元，占地 8.51 公顷。

东代固公路：该路为一般乡间大车道。1979 年 10 月，改建为四级战备公路，路基宽 6 米，路面宽 4 米，全长 7.8 公里，占地 6.03 公顷。

县道留固扬水站公路：是县交通局于 1975 年组织修建的水利专线公路，全长 2.5 公里，路基宽 6 米，路面宽 4 米，占地 1.9 公顷。

1997 年，调查统计，全县交通用地总面积为 1412.55 公顷，占土地总面积的 1.64%，其中铁路占地为 16.25 公顷，公路占地为 21.979 公顷，农村道路 1176.57 公顷。2016 年，全县交通总用地面积 2078 .87 公顷。

（三）县城街道

1995 年，县城断头路多、疏通力差、承载力小。为改变这一状况，1999 年县委、政府实施城建工程，开辟了九条街道。2008 年县委、政府立足道路先行，实施了城建“66226”工程，即：“六纵通北环、六横达西环、建好两环城、新建拓宽两干线、扮靓六个口”为主要内容的城建工程，至 2016 年全部完成，共占地 275.77 公顷。

1、六纵通北环

“六纵通北环”：即以城北新建长 9.8 公里、宽 50 米、双向 4 车道的长安大道为北环，将城区龙乡大街、望远街、魏都大街、礼贤街、梨乡大街、兴源大街 6 条街道北延到北环路。

望远街北延：原望远街仅至一行路，2008 年梨乡水城建设中将望远街北延至民有河。一行路至长安大道，长 635 米，红线控制宽度 30 米，混凝土路面宽 14 米，两侧人行道各宽 8 米，占地 1.39 公顷。长安大道至民有河，总长度 1332 米，其中南段长 755 米，红线控制宽度 40 米，柏油路面宽 20 米，两侧人行道各宽 5 米，再向外绿化各宽 5 米。北段长 577 米，红线控制宽度 50 米，柏油路面宽 18 米，占地 4.36 公顷。

魏都大街北延：原魏都大街仅至一行路，向北为一条狭窄的土路。2008 年，梨乡水城建设中将魏都大街北延至长安大道，2008 年 11 月建成通车。北延路段长 652 米，红线控制宽度 25 米，柏油路面宽 12 米，两侧人行道各宽 6.5 米，占地 1.2 公顷。

魏都大街再次北延：2009 年 9 月 20 日正式开工建设，该路段全长 1285 米，红线控制宽度 50 米，主路面宽度 24 米，向外依次为绿化带各宽 4 米，慢车道各宽 4.5 米，两侧人行道各宽 4.5 米，占地 4.75 公顷。

礼贤街北延：原礼贤街仅至一行路，2008 年，将该路由一行路北延至长安大道，北延路段长 703 米，红线控制宽度 30 米，柏油路面宽 14 米，两侧人行道各宽 8 米。礼贤街再次北延，于 2009 年 9 月 20 日正式开工建设，该路段全长 1288 米，红线控制宽度 50 米，主路面宽度 24 米，向外依次为绿化带各宽 4 米，慢车道各宽 4.5 米，两侧人行道各宽 4.5 米。占地 4.77 公顷。

梨乡大街北延：原梨乡大街仅至一行路，2008 年，将梨乡大街北延至长安大道，11 月建成通车。北延路段长 746 米，红线控制宽度 50 米，主路面宽 16 米，两侧绿化带各宽 2 米，慢车道各宽 7 米，人行道各宽 8 米，占地 2.78 公顷。

兴源大街北延：原兴源大街仅至魏州路，2008 年，将该路向北延至长安大道，11 月建成通车。北延路段长 1480 米，红线控制宽度 40 米，混凝土路面宽 25 米，占地 4.38 公顷。

龙乡大街改造：2009 年开始进行改造，长度为 1700 余米，改造后的标准为红线控制宽度为 50 米，主路面宽 26 米，两侧绿化带各宽 5.5 米，慢车道各宽 3 米，人行道各宽 3.5 米，占地 6.29 公顷。

2、六横达西环

“六横达西环”：即以城西新建10公里长、双向6车道、河带路宽136米的玉泉街为西环，将长安大道、开元路、魏州路、东壁路、洹水大道、天安大道6条街道西延到西环路。

长安大道：2008年建成通车，该道路全长10公里，红线宽度70米，双向4车道，建设标准为一级公路，占地51.85公顷。

开元路西延：开元路向西原为邯大公路段，2008年，对该路段进行改造，11月改造完成。西延路段长1253米，红线控制宽度50米，路面为三块板结构，主路面宽24米，两侧绿化带各宽4米，慢车道各宽3米，人行道各宽6米，占地4.64公顷。

魏州路西延：原魏州路仅至龙乡大街，2008年，将该路西延至玉泉街，11月建设完成。西延路段长620米，红线控制宽度36米，主路面宽14米，两侧绿化带各宽2米，慢车道各宽3.5米，人行道各宽5.5米。2009年对魏州再次西延，全长699米，红线控制宽度36米，路带河结构，此段河道设置在路北侧，占地2.52公顷。

东壁路西延：原东壁路仅至龙乡大街，2009年，将该路西延至魏峰公路，9月上旬竣工。西延路段长915米，红线控制宽度25米，主路面宽12米，两侧人行道各宽6.5米，占地1.69公顷。

洹水大道西延。原洹水大道仅至龙乡大街，2009年，将该路西延至玉泉街。2009年初开工建设，9月上旬竣工。西延路段长731米，红线控制宽度50米，主路面宽16米，向外依次为绿化带各宽4米，慢车道各宽5米，两侧人行道各宽8米，占地2.71公顷。

天安大道：2008年，对该路段坑洼、破损、龟裂路面进行了挖补整修，整修总面积1200平方米。2009年，再次对该路进行整修，整修路段长2690米，红线控制宽度70米，三块板结构，主路面宽24米，向外依次为绿化带各宽3.5米，慢车道各宽7米，两侧人行道各宽12.5米，占地18.83公顷

3、环城生态旅游观光路

2008年8月15日，开工建设益民河、兴源河观光路，10月15日顺利完工，路面宽6米，路肩宽2米，全长12.9公里，占地10.32公顷。

4、新建拓宽两干线

“新建两干线”：即新建大广高速（大庆至广州）连接线，以结束魏县不通高速公路的历史；以新建南北长10公里、双向6车道、宽60米的新定魏线县城段作东环，畅通魏县南北交通主动脉，占地60公顷。

大广高速魏县连接线：属规划新建干线，一级公路建设标准，东起大广高速，西至长安大道。全长4.12公里，宽12米，占地4.94公顷。

定魏线拓宽改造：2009年8月，开工建设天安大道至益民山公园段（老定魏线北段）和益民山公园至益民河段（老定魏线南段），12月建成。老定魏线北段长度为660米，主车道24米，两侧绿化带各宽4米，慢车道各宽4.5米，人行道各宽4.5米，红线控制宽度为50米，占地3.3公顷。老定魏线南段长度为660米，在原有路面的基础上，两侧各加宽5米，使主路面达到24米，两侧人行道各宽2米，路面宽28米，占地1.85公顷。

新定州至魏县线：2009 年 10 月 12 日对省道定魏线进行改建。定魏公路新线位于兴源河西侧，该工程总投资 5.9 亿元。全长约 26 公里，其中跨漳河特大桥长约 1986 米，公路设计采用一级公路标准，县城段设计为双向六车道，其中控制宽度 60 米，路面宽度 32 米，全线占地 83.2 公顷，2012 年建成通车。

2013 年，魏县境内有省道 4 条（邯大线 19.55 公里、魏峰线 12.88 公里、安聊线 11.186 公里、新定魏线 40.1 公里），通车里程 83.708 公里；县道 3 条（大牙线 38 公里、丛峰线 39 公里、老定魏线 20 公里），通车里程 97 公里；乡道 47 条，通车里程 435 公里；村道 320 条，通车里程 508.4 公里；全县通车总里程 1124.108 公里。

2014 年，全县交通运输用地 2061.05 公顷，其中，公路用地 789.47 公顷，农村道路用地 1271.58 公顷。

2016 年，全县交通运输用地 2078.87 公顷，其中，公路用地 851.49 公顷，农村道路用地 1227.38 公顷。

六、水利用地

魏县的水利用地，主要是防洪和排灌工程用地。

（一）防洪河堤用地

防洪用地，主要在漳河和卫河两岸。最早的防洪堤是汉堤，也叫金堤，据《黄河史志资料》第 3 期《河南武陟至河北馆陶黄河故道考查报告》载：境内（魏县）尚有汉堤的残堤两段。一段自南辛庄起，经高堤、冯堤至吴村（南乐县境）以北的漳河故道；另一段在漳河故道之北，由曹堤向东北入大名县境。宋开宝六年（973 年）正月，发民夫修筑魏县段黄河堤（玉海）；明弘治四年（1491 年），知县鲍琦主持修筑了护城堤，高丈余，周长八里，以御洪水。

民国《大名县志》载，境内诸古堤有：漳河旧堤，长 30 余里；御河旧堤，长约 31.8 公里，高一丈，阔二丈；田公堤，长 55 里；蒋公堤，长堤三道，计长 30 余里；横堤，南北横亘二里；漳河新堤，在境内漳河两岸，南岸堤长 80 里，北岸大堤长 50 里。

1949 年，修复漳河大堤 66 公里。

1985 年，调查统计，全县已固定漳、卫两河，修筑堤防三道，长 80.5 公里，占地为 534.54 公顷。

1996 年 8 月，洪水对漳河堤防工程的损坏，1999－2000 年，集中对漳河堤防进修加固，完成左堤岸上村至南沙口村段 4300 米和右堤旧魏县村至刘深屯村段 13900 米复堤，对郭枣林村至岸上村段右堤 7500 米和刘深屯村至马神庙村右堤 1.21 万米的堤顶进行了硬化。至 2013 年，魏县境内的漳河左堤（主堤）自临漳县大呼村入境，经蒲潭营村、南北拐村等 27 个村庄，由岗上村东出境至大名县常马庄村，长 32.3 公里。右堤自临漳县申小屯村入境，经南上、方里集、东王村、申桥等 18 个村庄至马神庙村，长 29.84 公里。

（二）排灌工程用地

解放前，境内没有大型排灌工程用地，灌溉水井，每眼约占用地 6.15 平方米。

康熙三十八年（1699年），直隶巡抚李光地为分流漳河水势，在上游广平县境内开一支河，经县境北部数村，复由广平经大名卫河。

光绪三年（1887年）秋，练军协同民夫开挖引河一道，长七、八里。

民国十二年（1923年），由驻军十五军混成旅参谋长何遂等人主持，开挖干渠一条，人称“何公渠”，长约66里。以上各河渠占地不祥。

建国后，中共魏县县委和魏县人民政府十分重视排灌工程的建设，先后组织全县人民固定河床，修筑堤防、开渠引水、打井灌溉。经近五十年的艰苦不懈的努力，完成了四大排水系统和四大灌溉区，初步形成了防洪、除涝、渠灌、井灌工程体系。

1、四大排水系统：

老沙河排水系统：城关排水渠，长7.4公里；东风一排支，长18.5公里；东风二排支，长约6.7公里；相公庄排水渠，长约5公里；院堡分支，长12.2公里。另外，开挖支沟10条、斗沟35条、农沟138条，总长达238.2公里。

魏大馆系统：魏大馆排水渠，长34公里；民有二排支，长13.1公里；高潮渠长5公里；新后沟，长3公里；江村沟，长1.5公里；沙窝排水渠，长4.2公里；柴曲排水渠，长8.2公里；邯大公路沟，长7.5公里；罗庄支渠，长2.6公里；魏大界沟，长7.5公里；大庄支渠，3.5公里；郑二庄支渠，长1.2公里；路固排水渠，长6.1公里；民有渠二支南线退水渠，长3公里；民有渠六分干北线退水渠，长l公里；魏元路沟，长3.3公里。共16条于支渠，总长104.4公里。

小引河系统：东风渠（上段），长20公里；超级支渠，长7.2公里；薛庄排水渠，长11.5公里；马河排水渠，长8公里；吕庄排水渠，长8公里；跃进排水渠，长3.5公里。共6条干支渠道，总长58.2公里。

冀豫边界系统：留固沟，长6.5公里；英封沟，长8.2公里；安聊路沟，长5公里；宋村沟，长10.5公里；万里庄沟，长4公里；车固沟，长1.5公里；滑河屯沟，长2.5公里；牙里故道沟，长9公里；总长47.2公里。

2、四大灌区

民有渠灌区：民有渠东西贯穿县境，宽约25米，全长14500米，占地36.23公顷。

东风渠灌区：东风渠纵贯魏县南北，宽约75米，长43公里，占地322.33公顷。

军留灌区：干渠2条，南北分干渠2条，支渠20条，全长36.5公里；

丰收渠灌区：丰收渠，长12公里，灌溉面积2000公顷；高潮渠，长35公里；跃进渠，长22公里，年灌溉1万亩；何公新渠，长30公里。

据调查统计，全县扬水站42处，现已废除36处。沟渠总长1156公里，占地1846.66公顷，水工建筑占地340.6公顷。1997年，全县水利用地总面积为2187.26公顷。至2016年，全县水域及水利设施用地1181.98公顷。

（三）五河一湾和五湖一源用地

2008年，“城镇面貌三年大变样”开始后，县委、县政府立足实际，利用已有的河道，实施了“五河一湾、五湖一源”以及河带路工程，先后开挖了10公里长长安河、15公里长漳河湾、10公里长玉泉河、3公里长天河、3公里长魏源河以及金龟湖、民有湖、景观湖、墨池，疏浚扩挖了10公里长益民河、15公里长民有河、10公里长兴源河，实现了“五河一湾相通、五湖一源相连、河渠湖泊一体”，打造了9000余亩生态水面，地下水位上升了1.6米，打造了水多、园多、景观多的县城。2016年底，共疏浚扩挖河道86公里，蓄水1200万立方米。

“五河一湾”：即长安河、兴源河、益民河、玉泉河、民有河、漳河湾。

长安河：紧临长安大道。第一次于2008年底开挖，2009年初完成，设计标准为：上口宽18米，底口宽6.8米，深3.5米，边坡1：1.6。第二次扩挖于2009年7月10日开工，9月24日完工，开挖土方40多万立方米。同年底，完成了对长安河南坡2900米、北坡1600米的衬砌任务。溢流坝于2009年7月29日开工兴建，2009年9月12日完工，开挖回填土方2300立方米，衬砌石料600立方米。占地27公顷。

兴源河：原东风渠魏县段。2008年，对兴源河进行整修改造，修造后，长度8.3公里，上口宽60米，底口宽20米，总蓄水量227万立方米。占地90公顷。

益民河：原魏大馆排水渠魏县段，于2009年1月25日动工清淤，开挖土方26万立方米。3月25日全线竣工，该工程全长4600米，设计底宽25米，口宽43米，总蓄水量55万立方米，渠两岸栽植观赏性植物。占地19.78公顷

玉泉河：是在城西开挖建设的一条新河，2009年开工建设，全长6520米，连接城北民有河和城南益民河。玉泉河北段1100米，于2009年3月进行测量开挖完毕，设计标准为：上口宽18米，底口宽10米，深2～3米，边坡1∶1.6。其中邯大公路以北东岸宽2米，西岸宽15米。玉泉河南段长5420米，于2009年9月11日开始动工开挖，12月底完工。设计标准为：底口宽29米，上口宽69米，深2～3米，边坡1∶1.6。占地39.37公顷。

民有河：原民有渠魏县段，2008年，对民有河进行整修改造，整修河道长8.6公里，整修后，上口宽22米，底口宽7米，总蓄水量45万立方米。占地18.92公顷

漳河湾：地处县城北旧漳河故道，2008年12月24日，漳河湾扩挖整修工程开工，2009年1月18日，漳河湾渠道整修扩挖工程全面竣工。开挖整修后的漳河湾，全长7996米，口宽17米，底宽9米，渠深2.5米。漳河湾右岸硬化渠岸路8公里，建设桥梁、闸涵9座。改造后的漳河湾方便了农业灌溉，有效补充了地下水，是魏县生态游的一条精品线路。2010年元月25日，漳河湾第二次扩挖工程开工，全长15公里，北扩西段（景观湖至望远街）河道口由17米扩至39米。东段（望远街至兴源河）河道上口由17米扩至39米。以上两段外扩挖后不再修路，设置成9～12米宽的河岸路，适当位置种植竹林。占地58.57公顷。

“五湖一源”：即建设景观湖、民有湖、金龟湖、玉泉湖、长安湖、勤政源。

景观湖：位于龙乡大街东、西两侧，长安大道南侧。2009年4月1日开工奠基，总面积23.73公顷，分东西两个区，东区7.33公顷，西区16.4公顷。其中，湖区水面面积6.67公顷，总蓄水量50万立方米。

民有湖：位于漳河湾中段，利用原有渠底地势进行适当开挖整修。总面积33.33公顷，其中水面面积6.67公顷。分东、西两个湖区，中间建有一座63米长的九拱跨湖大桥。

金龟湖：位于兴源河与益民河交叉口处，在此四向拓展，顺势成湖，占地 8 公顷。

玉泉湖、长安湖正在建设中。

勤政源：2009 年 4 月 1 日开工奠基，位于县城北定魏线东、西两侧，该公园分为东西两个区，东区依托民有河，以生态水面为主，辅以休闲广场、文化柱、景观台等，占地约 21. 33 公顷；西区依托原有梨园，中间修建小路、亭台，安装道路灯、庭院灯，占地约 6. 67 公顷。东西两区共占地 28 公顷。

天河：位于天河路东段，全长 1538 米，2009 年开工建设，设计标准为：上口宽 51. 6 米，下口宽 39. 6 米，渠底高程 45. 86 米，渠深 3 米，渠沿设栏板或栏杆。占地 7. 9 公顷。

2013 年，全县水域及水利设施用地 1921. 59 公顷，其中，河流水面用地 389. 43 公顷，坑塘水面用地 61. 79 公顷，内陆滩涂用地 364. 45 公顷，沟渠用地 876. 99 公顷，水利工程建筑用地用地公顷 228. 93 公顷；2014 年，全县水域及水利设施用地 1921. 46 公顷，其中，河流水面用地 389. 44 公顷，坑塘水面用地 61. 84 公顷，内陆滩涂用地 364. 46 公顷，沟渠用地 877. 01 公顷，水工建筑用地用地公顷 228. 89 公顷；2016 年，全县水域及水利设施用地 1811. 93 公顷，其中，河流水面用地 389. 3 公顷，坑塘水面用地 60. 39 公顷，内陆滩涂用地 261. 27 公顷，沟渠用地 870. 41 公顷，水工建筑用地用地公顷 230. 59 公顷。

2009 年，国土资源局干部和职工参加长安河建设工程

七、公益事业用地

（一）文化设施用地

1. 文化馆用地

1949 年 10 月，建立魏县文化馆，当时，租用城内郭孟兰两间临街房办公。1950 年 6

月，迁至政府西大街（今址），馆内设阅览、图书、广播三室。1981 年增建办公楼二十间，1985 年又增建容纳四百人的曲艺厅，占地 0.23 公顷（不含乡镇文化站）。

2. 剧场用地

1951 年，由陈青林等人在县城建成一座简易剧场，名为“兴华戏院”，总面积为 6500 平方米，其中剧场面积 1500 平方米。1973 年至 1975 年，“兴华戏院”翻新扩建落成，1980 年改名为“魏县人民剧院”，2012 年拆建改为商业用地，建成了水城广场。

3. 电影院用地

中共十一届三中全会后，随着人民生活日益提高，全县先后恢复建成了回隆、方里集、南寺庄等 6 处影剧院，占地 2.16 公顷。

1962 年，建成魏县电影院，占地总面积 3400 平方米，1980 年至 1982 年，翻新建成甲级影院，放映区面积 968 平方米，设座 1008 个。另外，还修建了工人俱乐部。

1983 年，建县电影公司一处，乡镇电影管理站 7 个，乡镇专业影院 2 座，共计占地 0.49 公顷。1995 年，电影市场的急速下滑，将电影院原有场地租给韩国一家娱乐业主开办国际俱乐部，电影院放映工作停止，开展 35 毫米县城流动放映业务。2003 年，电影院改租给石家庄维明超市。2006 年，电影院改为企业。

4. 广播站用地

1958 年 9 月，建立魏县有线广播站，呼号为“魏县广播站”。1978 年，架设专杆专线 1756 杆 175.6 千米，全县各乡（镇）建成广播站。全县 456 个生产大队通广播。

1989 年 11 月，改建成魏县调频广播电台。1991 年 1 月 1 日正式试播。呼号为“魏县人民广播电台”。

2009 年 9 月，投资 80 多万元建成魏县人民广播电台，10 余个精品栏目和一大批精彩节目。

1979 年 7 月，建成魏县电视差转台，覆盖面积 30 平方公里。

1995 年 4 月，建成魏县有线电视台，占地 0.33 公顷。

2001 年 5 月，建成使用魏县广播电视中心。

5. 图书馆用地

1988 年，魏县正式建立图书馆，馆址在县城振兴东街（开元路），面积 1200 平方米，房屋 12 间。1993 年，由河北省文化厅拨专款 10 万元，县自筹部分资金，重新在原址建起了图书馆大楼，建筑面积 960 平方米，房屋 36 间。2001 年，因城市建设拍卖。2005 年，在礼贤街西侧建设新图书馆，建筑面积 1200 平方米。

（二）体育设施用地

魏县体育活动历史悠久，清末兴修学堂，少数学校初设体育课。主要活动有跑步、跳高、跳远、跳绳，后发展有滑梯、单杠等简单活动项目。

民国时期，县立高小和初级小学校，有 6 人简易篮球场（单一球栏）。

中华人民共和国成立后，认真贯彻毛泽东“发展体育运动，增强人民体质”的指示，各类学校设立了体育课，配备了体育教师。1958 年，建立了魏县体育运动委员会，广泛开展群众性体育活动。

20 世纪 50 年代，魏县人民政府重视体育工作，全县各学校均建立了专门操场。

20 世纪 60 年代，北皋、何庄两处中学建立了 200 米田径场，占地 0.8 公顷。

1976 年，县体委建成一个 400 米田径场，占地面积 1.53 公顷，为全县开展田径活动开辟了新的场地。

1996 年底，全县有田径场地 14 个，占地 18.66 公顷。蓝排球场 11 个，占地 600 平方米。常年参加体育活动有 10 余万人。体育设施总计占地 24.2 公顷。

2006 年，在生态公园和老干部活动中心建起 2 处体育健身苑，健身苑内安装各种健身器材，占地 5 公顷。

2008 年，魏县体育场 17220 平方米土地进行了开发，改为住宅用地。

（三）学校教育用地

隋初，创科举制度，县境内私人讲学者日渐增多。明洪武初，县丞蒋德弘在县治东南偶督工建造儒学一处。至天液三年（1459 年），知县杨春，曾多次重修。弘治元年（1488 年），知县鲍琦踵才在旧魏城东街建修社学一所。

明嘉靖四十五年（1566 年），知县李弑在旧魏城启圣祠前始建“思诚书院”。明万历二十八年（1610 年），知县张正岳闻书院在启圣祠前，譬如面墙而立，大不利于文运，适值书院摧残，因而拆旧材木，改建于县署西，于是年八月告成。因县系洹水径流之处，六国时诸候曾盟于此，志其地恐失其名，故易“思诚”曰“洹阳”。洹阳书院在以后的文教振兴中起到了重要作用。数百年来，邑人擢高科、登星仁者，先后数百人旌表、石坊巍然在望。清同治甲戌年（1874 年），“洹阳书院”改为县立第三高等小学。嘉靖年间，知县李冕修复社学一所，并先后在双井集、沙口集增建办公助社学 2 所。

康熙五十四年（1715 年），全县义学十五处（免费上学）。旧魏县城内 2 处，东门外 1 处，双井集 2 处，中三家、边马、南秦固、罗胜屯、院堡、郭枣林、大寨村、沙口集、小斜街、仕望集各 1 处。后因学迭兴废，只留下 3 处。1 处在旧城内，邑人崔维雅建；1 处在双井集，由邑人申乾建；1 处在中三家村，由邑人韩爵建。

民国十三年（1924 年），在原大名第三完全小学的基础上（原有房室 80 余间），又增筑校舍，作为三高小学分校，附设师范讲习科。

民国二十三年（1934 年），境内县立、公立完全小学 5 所，私立完全小学 1 所，就学人数 775 人。女子初级小学 3 所（分别设在德政集、张仕望、马头村），初级小学 220 所，在校学生 5940 人。

民国二十九年（1940 年），抗日政府从各村动员知识份子，办抗日小学 120 多所，学生 960 余人。其中高级小学校 3 处，分别设在魏县镇、老君堂、蔡小庄，学生 300 余人，其校舍多设在庙宇、祠堂或村民闲散院里。

中华人民共和国成立后，国家百废待举，无力投资大量资金用于学校基本建设。为适应迅速发展的教育事业的需要，魏县乡村普遍将庙宇、祠堂、教堂、宅地等公用房屋改造为小学校舍。如牙里集、崔阁、张庄、沙圪塔等处完小校舍均由宅地改造的。回隆镇完小由三庙改造，魏镇完小由城隍庙改建，简庄完小由教堂改建。

1956 年，牙里集、双井、德政、北皋、大辛庄、车往、何庄七处中学同时建成，每处中学均占地 2.87 公顷，统一设计，除双井中学建四座教室外，其它六处中学均为两座教室。

1971 年，全县中学 207 处，其中 199 处社办和队办中学。

1975 年底，全县普通中学调整为 93 处，有房屋 7930 间，占地达 4.8 公顷（48150 平方米）。小学 519 处，有房屋 3751 间，占地 9.4 公顷（93772 平方米）。

1978 年建立魏县第二中学，占地 0.57 公顷。

1987 年，全县投资 2951 万元，其中集资 2300 万元，改建校舍 7489 间。其中，建楼房 27 处，计 639 间。改建、维修 3864 间。

经过 40 多年的努力建设，全县中小学数量增大，校容校貌发生了根本的变化。1997 年，全县中小学占地总面积 119.12 公顷，校舍建筑面积 168400 平方米，其中办公用房 3700 平方米，教职工宿舍 34500 平方米，学生宿舍 6000 平方米，其它用房 7000 平方米，并有一半以上达到省规定标准。

1998 年，县委、魏县人民政府坚持“治穷先治愚、兴县先兴教”的指导思想，动员全党，发动全民，大打了一场“普九”工作翻身仗。一年间，全县投入建校资金达 8000 万元，动用各类车辆 1.4 万辆（次），动土 7.1 万立方米，沙石 1.9 万立方米，扩地中搬迁 58 户，拆民房 290 多间，迁移坟墓 305 座，新建扩建小学 296 所，新建扩建乡镇中学 28 所，扩地 154 万平方米，新建校舍 6935 间。

2000 年 4 月，魏县第二中学迁入科教路 280 号，学校占地 3.67 公顷，总投资 1400 余万元，建有教学楼、男女生宿舍楼、餐厅、综合礼堂及附属设施，总建筑面积 15000 多平方米。2001 年 5 月，县委、魏县人民政府依托县职教中心成立第三中学，学校占地公顷 7.6667 公顷，总建筑面积 2 万余平方米。

2002 年 7 月，魏县第四中学在原魏县第一中学的基础上组建成立，占地 5.33 公顷，建筑面积 16457 平方米。

是年 11 月，魏县特殊教育学校购买并改建了县老干部活动中心，占地 0.1667 公顷，楼房 24 间，配备了活动室、远程教育接收室、多媒体室、微机室等。

2003 年 2 月，魏县第一中学迁入天安大道 486 号，占地 19.13 公顷。学校先后投资 8000 万元，建成六栋教学楼、四栋实验楼、四栋宿舍楼、五个临时餐厅及其配套设施，总建筑面积 60000 余平方米。

2004 年 7 月，双井镇中学与魏县第五中学合并，改称为“魏县第五中学分校”，该校当年扩地 0.4 公顷。

2006 至 2011 年，魏县新征地 19.3 公顷，新建标准化学校 9 所，其中，魏县第三完小征地 4 公顷，德政镇大寨中心小学、院堡乡中心小学、沙口集乡杜二庄联小、大辛庄乡大西小学、双井镇前王圈小学、魏城镇王营小学、边马乡中心小学 7 所小学各征地 2 公顷，院堡乡岳庄联小征地 1.33 公顷。同时，扩地 3.47 公顷，改扩建学校 4 所，其中，北皋镇六座楼小学扩地 0.93 公顷、沙口集乡陈小屯联小扩地 0.2 公顷、北皋镇南刘岗小学扩地 1.33 公顷、双庙乡中心小学扩地1公顷。

2011年－2016年，魏县棘针寨乡北寺庄小学、大磨乡枣林联小、边马乡楼底小学、边马乡冯堤联小、张二庄乡东留固小学、车往镇郝村北小学、北台头乡南台头小学、泊口乡蒋西小学、牙里镇侯村联小9所学校各征地2公顷，棘针寨乡义井小学征地0.6公顷，建成了标准化学校。张二庄乡中心小学扩地1.53公顷，双井镇双南小学扩地0.67公顷，泊口乡崔也冲小学、北皋镇西上后小学各扩地0.33公顷，进行了改扩建。同时，特教学校新征地1公顷。

（四）医药卫生用地

旧社会多为中医，医药卫生用地很少。自古，中医多坐堂施治，或走乡行医，不设店堂施治者不占场地。民国初期，天主教传人魏县，西医也随之传人魏县。大的村镇均设立店堂、药铺，所占房地产，多为自己房产。

民国三十七年（1948年）八月，成立济民医院，原在魏城镇南街。1954年5月，魏县卫生院改名为魏县人民医院。1958年11月，魏县与大名合并，魏县人民医院更名为大名县第二医院。1961年5月，魏大两县分县，遂恢复原称。1976年，医院迁至西关（今址）。1996年，医院进行扩建，占地1.8公顷（18009平方米），建筑面积9106平方米。进入21世纪，为满足全县医疗需求，该院又进行扩建，现该院占地1.91公顷（19162平方米），有住院楼、医技楼等建筑面积15600平方米。

1990年4月，成立魏县中医院，总占地0.31公顷。1993年底，先后建住院楼六十间，建筑总面积4065.16平方米。2009年在县城天安大道东段北侧开工建设新中医院，2010年竣工投入使用，占地3.6公顷，建筑面积22000平方米。

魏县第二人民医院：前身是1952年成立的大辛庄区（第四区）卫生所，1958年迁到双井镇。1969年1月27日，双井地段医院更名为双井地段防治院。1973年2月，双井地段防治院更名为双井分院。2002年8月，升格为县级医院（副科级），更名为魏县第二人民医院。2006年10月，双井镇卫生院并入魏县第二人民医院，共占地2.13公顷，建筑面积14000平方米。共有职工总数112名，设6个病区，病床150张。

魏县妇幼保健院：前身是魏县妇幼保健站，成立于1956年5月，占地面积0.2公顷（2000平方米）。1981年3月，县妇幼保健站与魏镇区分院合并，称为魏县妇幼保健院。1990年4月，撤销妇幼保健院，恢复了县妇幼保健站。1996年6月，投资100余万元在县洹水大道征地0.23公顷，建综合办公楼1500平方米。2003年，经县委、县政府批准，改站建院，升为副科级单位。2014年在县城天安大道西段建成新址并投入使用，占地2.67公顷，建筑面积15000平方米。

魏县卫生防疫站：成立于1956年9月，1958年11月魏县与大名县合并，县防疫站并入大名县防疫站。1961年5月，魏大分县，县防疫站迁回原址，恢复原称。魏县原卫生防疫站与县卫生局同址，占地0.19公顷（1933平方米），有楼房66间，建筑面积1502平方米，干部职工30人。2005年2月1日，县卫生防疫站正式更名为魏县疾病预防控制中心，搬迁至天安大道西段，占地0.53公顷，建筑面积2600平方米，房屋87间，干部职工31人。

1997年，全县有专业卫生机构3个，医院、卫生院37个，厂矿卫生所12个，病床666张，共占地8.42公顷。2016年，全县共有医院3个、疾控中心1个，妇幼保健院1个、卫生院21个，病床2288张，共占地26.67公顷。

五、行政事业用地

旧县衙的直属机构，设有“八班、十三房”。自明洪武三年（1370年）至清乾隆二十二年（1757年），旧县治均设在970亩大小的魏镇老城区内。乾隆二十二年（1370年）魏县大水毁城后并入大名。民国二十九年（1940年）年六月，魏大分家，建立魏县抗日政府，驻地无定所。1950年7月，县委和政府迁驻魏镇（今魏城镇）。1997年底，全县行政事业机构54个，各乡（镇）所在地均有较大发展，全县行政事业单位占地面积为159.98公顷。至2016年，全县行政事业单位103个，乡（镇）21个，街道办事处1个，共占用土地面积155.2公顷。

第二节　集体建设用地

集体建设用地，又叫乡（镇）村建设用地或农村集体土地建设用地，是指乡（镇）村集体经济组织和农村个人投资或集资，进行各项非农业建设所使用的土地。集体建设用地分为三大类：乡（镇）企业用地、农村居民宅基地及农村公益性公共设施用地。

一、乡镇企业用地

新中国成立初期，在百废待兴的形势下，魏县利用集资、投股等形式兴办、各类型小型生产服务性企业。如商业、加工、农机具修理制造等，据调查，占地规模小，用地性质单一，土地利用率高。到第一个五年计划完成时止，全县乡镇企业56个，占地13.3公顷。60年代至70年代初期，城乡非农业建设规模逐渐扩大，一些乡（镇）企业用地无计划占用，破坏土地严重。1978年中共十一届三中全会以后，全县乡（镇）企业迅猛发展，出现了乡（镇）办、村办、联户办、个体办企业的新局面，企业用地日增。

1982年，魏县人民政府规定，社队工副业兴办砖瓦厂用地必须经社员代表大会讨论通过，报省政府批准。1987年后，魏县乡（镇）企业用地纳入了计划，上级下达的指令性用地指标不准突破，也不能转入下年，对乡（镇）企业征用土地实行由用地者持立项批准文件，向县土地管理部门提出书面用地申请，并一次性交纳各项费用（土地补偿费、安置补助费、耕地占用税、土地管理费、土地登记费等）后，县土地管理部门根据项目性质，生产规模，进行现场勘测，帮助选址，核定地类，确定占地面积，并组织用地与被用地双方签订用地协议，办理征地手续。政府批准后，发放准建证和土地使用证。1987年，上级下达乡（镇）企业用地指标20公顷，实际用地5.9公顷。1990年上级下达用地指标52.7公顷，其中：耕地 21.4 公顷，非耕地 31.3 公顷。实际审批乡（镇）企业用地 14 宗，1.47 公顷，其中：耕地 1.113 公顷，非耕地 0.07 公顷。1992 年审批乡（镇）企业用地 61 宗，占地 14 公顷，其中：非耕地 11.2 公顷，非耕地 28 公顷。1993 年审批乡（镇）企业用地 37 宗，占地 4.8 公顷，其中：耕地 2.27 公顷，耕地 2.5 3 公顷。1994 年，审批乡（镇）企业用地 39 宗，占地 5.26 公顷。1995 年，审批乡（镇）企业用地 38 宗，占地 6. 07 公顷。1997 年，审批乡（镇）企业用地 16 宗，占地 0.793 公顷。1998 年，审批乡（镇）企业用地 12 宗，占地 0.275 公顷。1999 年以后，乡（镇）企业用地不再进行审批。

二、农村居民住宅用地

魏县地处平原地带，祖先早在七千多年前就在这方土地上定居。建国前，农村住宅用地没有作过统计，住宅面积，贫富之间差距很大。境内无特大庄园，但百亩左右大的庄园也有十几户。河岸上申志庭人称千顷大户。其庄园始建于清末，共分住宅区、栈房区、粮仓、饲养区和祠堂五大部分，占地 6.67 公顷，西江村聂进士，建于清道光年间，占地 6.67 公顷。二教史秀才，宅第五门相照，占地 2.67 公顷。大王村刘鹤年，其庄园建于清末，占地 4 公顷。疃上村的外国“老天爷”、双庙村的汤耀武、河南村的文举连凤台、德政村的史老成等，其宅基地建筑也十分豪华。贫雇农没有土地，以出卖劳动力为生的，居住房舍极为简陋。据统计，民国三十五年（1946 年），全县 75836 户农民中，有 3684 户一贫如洗。有的借住地主家的牛棚，有的住破庙，有的住地窑，没有劳动能力的乞讨者，则到处漂泊。

解放后，在中国共产党的领导下，实行土地改革政策，广大贫雇农分得了土地，分得了房，实现了农民土地所有制。农民的土地、宅基、房产受到法制保护。20 世纪 50、60 年代，国不富、民不强，农民居住条件改善缓慢，居住的多是术秸顶，土打墙的房子，少数盖有砖瓦房。

中共十一届三中全会以后，随着农村经济的发展，广大农民居住条件大有变化，一般农民都住上了新盖的砖瓦房，有的还住上了楼房。仅 1978 年至 1980 年，农村新建房 53670 间，计 708444 平方米。1983 年，全县一年新建房 48660 间，计 642312 平方米。是年底，全县农村 151404 户，619781 人，住房 56343727 间，计面积 8028372 平方米，户均 3.721 间，人均 12 平方米。1987 年至 1997 年，批新宅基地 3015 户，占地 75.98 公顷。1991 年，经详查，村庄居住占地 7792.37 公顷。1995 年，利用现状调查结果，全县农村 170605 户，人口 750828 人，宅基用地 7827.46 公顷，户均 458.6 平方米，人均住房 23.4 平方米，比 1983 年人均增加 11.4 平方米，农村宅基地处于饱和状况。

1987 年后，魏县农村建房用地纳入计划，对符合下列情形之一的，允许申请宅基地：①农村居民户，除身边留一子女外，其他子女男到女方落户或女到男方落户，确需另立门户的；②农村居民人口超过本村人口平均数一倍，确属缺少宅基地的；③集体经济组织招聘的技术人员要求在当地落户的；④回乡落户的离休、退休、退职的干部、职工及退伍回乡的军人，确实无房居住的；⑤回乡定居的华侨（港、澳、台胞）。需要宅基地的居民由本人向村民委员会提出书面申请，村民委员会将申请宅基地户主名单、占地、位置等贴榜公布，听取群众意见，经审核同意后再张榜公布上报户主名单。由申请人填写《农村宅基地申请表》，报经乡（镇）政府同意，由乡（镇）政府报县人民政府土地管理部门审核。经县人民政府批准后，由村民委员会张榜公布，并向县人民政府土地部门领取《宅基用地许可证》后，方可建筑住宅。竣工后，建住宅户提出申请验收，经验收合格，由县级人民政府发给《集体土地建设用地使用证》。1987 年，上级下达农村建房用地指标 52 公顷，实际审批农民建房用地 14.3 公顷。1989 年，审批农民建房用地 117 片，占非耕地 1.93 公顷。1990 年，审批 128 片，占非耕地 10.7 公顷。1992 年，审批 92 片，占地 1.6 公顷。1993 年审批 178 片，占非耕地 3 公顷。

1994 年，全县统一换发宅基地使用证，共换发 155000 本。1995 年核发宅基证书 43 本，占非耕地 1.14 公顷；1996 年核发宅基证书 54 本，占非耕地 1.46 公顷；1997 年核发宅基证书 62 本，占非耕地 1.68 公顷；1998 年核发宅基证书 536 本，占非耕地 14.5 公顷；1999 年核发宅基证书 430 本，占非耕地 11.6 公顷；2000 年核发宅基证书 876 本，占非耕地 23.6 公顷；2001 年核发宅基证书 978 本，占非耕地 25.1 公顷，办理土地抵押证 31 本；2002 年 7 月 1 日，河北省施行《河北省农村宅基地管理办法》，其中第八条规定：农村村民需要使用宅基地的，应当向村民委员会提出申请，由村民委员会公布并提交村民会议或者村民代表会议讨论。经讨论同意并公布后，逐级报乡（镇）土地管理机构、县（市）土地行政主管部门审核和县（市）人民政府审批。县（市）人民政府批准后，村民委员会应当公布批准使用的宅基地。2002 年核发宅基证书 816 本，占非耕地 21.6 公顷。2003 年，核发宅基证书 750 本，占非耕地 19.5 公顷。2004 年核发宅基证书 632 本，占非耕地 16.5 公顷。2005 年，核发宅基证书 460 本，占非耕地 11.7 公顷。2006 年核发宅基证书 420 本，占非耕地 10.6 公顷。2007 年，核发宅基证书 386 本，占非耕地 9.2 公顷。2008 年，全县开展了“城镇面貌三年大变样活动”，县城控制区范围扩大至 38 平方公里，对县城控制区范围内 41 个村庄的宅基地进行了冻结。2008 年核发宅基证书 200 本，占非耕地 4.8 公顷。2009 年，宅基地暂停审批。

第三节　其它建设用地

其它用地指在境内的宗教、坟基、日伪据点和水域用地。

一、宗教用地

自古以来，县境内各村都建有大小不同的庙宇，百亩以上的寺庙有 30 多处，另有庙地 56 公顷，土改时寺庙土地均收归农会分给了农民。20 世纪 80 年代后，封建迷信日渐抬头，全县先后兴建大小庙宇 40 多处。约占地 6 公顷。

同治五年（ 1866 年），法国教徒到大名（含魏县）传教，遂之，天主教也传人县境，最早的当数东杨善村，依照西式，建造了教堂。以后南关、来庄等村先后建教堂7处，文革时期有的被拆除。80年代后，先后复修教堂4处，占地1.233公顷。2016年，全县共有庙宇、教堂70余所，具体占地面积不祥。改造扩建庙宇4座，分别为双井镇双南村报恩寺，占地面积0.06公顷；仕望集乡胡庄村普渡寺，占地面积0.67公顷；东代固镇西代固村玉皇庙，占地面积0.35公顷；牙里镇靳庄村铜玉皇庙，占地面积0.42公顷。

二、民航用地

1985年5月，中国民用航空河北省管理局魏县电台征占地1.0147公顷。

三、坟基用地

魏县，数千年来均实行土葬，并以宗族分支为单位选拔茔地。

也有开明官吏，地方善士，百姓，为一方捐资捐地，提供贫困人家死后殡葬，收录无地者遗弃，暴露之遗骸，世人颂之为善举。魏县志书自明代已有记载。清道光二十七年，府、兵备道，知县诸吏，各捐俸廉，购地以做义冢，并做掩埋之费。时魏县有义冢十二处：

魏县西堤场一处，计地2亩，县长石碍置。

魏县西郭处一处，计地10亩，知县金协广置。

魏县城西一处，计地6亩，县民韩锦、高进施。

魏县城南一处，计地2亩，明布政使王光租施。

魏县城北一处，计地4.5亩，明知县童汉臣置。

清化里一处，计地5亩，明佥事张应福施。

仕望集一处，计地2亩，县民连世人、可福臻施。

小汪村一处，计地2.4亩，清布政使崔维雅施。

泊儿村一处，计地1亩，省祭辖爵施。

胡贯庄一处，计地2亩，乡民王魁施。

来儿庄一处，计地1.1亩，乡民薛学高施。

野冲村一处，计地1.2亩，乡民郭志施。

1958年和1970年，两次易风移俗，平掉坟头，提倡深埋或火化，但收效甚微。20世纪80年代，勘舆扎茔的旧俗又开始回潮，而且出现了封大坟头、刻石立碑等，死人向活人争夺土地现象。据东代固乡统计，全乡坟头占地5.73公顷。

2016年，据不完全统计，全县约有坟基19.6万个，占地约155.62公顷。

四、日伪军事占地

民国二十六年（1937年）“七、七”事变后，于同年十一月八日，日本侵略军400余人进驻魏县县城内第三高小。民国二十九年（1940年）四月，日伪军分别在西关村西建筑中心据点，驻日军一个中队，占地5.13公顷。伪军450人，占地5.33公顷。后在境内申村、木顶寺村、回隆镇、牙里等村，建筑据点（俗称炮楼）53处，占地总面积68.32公顷。民

国三十四年（1945 年）八月，日军投降以后，这些据点所占地，先后被复垦为耕地。见表 4－2－3－1

抗日战争期间日伪军据点综合情况表

表 4－2－3－1　单位：亩、人

项目 据点名称	建据点时间	占地（亩）	驻军人数		攻克或离去时间	备　注
			日军	伪军		
西关中心据点	1940. 4	77	50	450	1945. 8	日军红部 77 亩
前王村据点	1943. 9	20	8	35	154. 5	村西北 300 米
王营据点	1943. 11	15	10	20	1945. 8	
棘针寨据点	1942. 1	30	2	108	1944. 3	
邵村据点	1940. 8	11		25	1945. 9	
王庄据点	1941. 11	20	10	30	1943. 7	
生疃据点	1914. 11	3. 5	10	30	1945. 12	
柏二庄据点	1940. 9	50	15	21	1945. 8	
沙口集据点	1940. 9	12		25	1944. 3	
陈小屯据点	1945. 2	12		150	1945. 4	
刘屯据点	1940. 8	13	40	80	1945. 4	
东二庄据点	1944. 5	12	15	60	1945. 4	
野胡拐据点	1941. 10	30	12	35	1943. 9	
张仕望据点	1940. 3	11	12	50	1945. 9	
北皋据点	1942. 2	25		500	1945. 5	
旧魏县据点	1942. 4	15		250	1945. 11	
泊儿村据点	1938. 11	80	15		1945. 8	
马丰头据点	1942. 3	25		500	1945. 11	
三家据点	1942. 2	10		50	1945. 9	
北坡头据点	1938. 10	11	25	140	1945. 4	
牙里据点	1940. 4	27		240	1945. 6	
二教村据点	1941. 8	15		540	1945. 6	
韩田教据点	1941. 8	10		120	1947. 2	
南刘庄据点	1942. 2	11		120	1947. 2	

续表

项目 据点名称	建据点时间	占地（亩）	驻军人数		攻克或离去时间	备　注
			日军	伪军		
礼教据点	1942. 2	11		30	1947. 2	
东中烟据点	1942. 2	11		120	1947. 2	
第六店据点	1942. 2	15		120	1947. 2	
张二庄据点	1941. 8	15		650	1945. 8	
中烟据点	1940. 4	15		200	1945. 8	
张庄据点	1940. 4	20		502	1945. 8	
张辉屯据点	1941. 8	20		1000	1945	
闫庄据点	1944. 2	10		180	1944. 4	
王野冲据点	1944. 2	地主家	14	90	1943. 4	
木顶寺据点	1941. 2	20		450	1947. 1	
董庄据点	1939. 5	地主家		240	1945. 8	
边马据点	1941. 6	15		100	1945. 8	
朱村据点	1941. 6	10	36		1944. 12	
西扬善据点	1941. 4	15	24		1945. 8	
范骈村据点	1940. 4	15	25		1945. 4	
大西据点	1939. 1	12		55		
大辛庄据点	1943. 8	12			1944. 5	
大马村据点	1943. 9	15		30	1945. 8	
回隆据点	1940. 8	25	25	2000	1945. 8	东北角
保定庄据点	1940. 8	12	10	300	1945. 9	
乔小庄据点	1941. 8	30	12	35	1944. 4	
台头（小王庄）据点	1940. 8	15		100	1943. 5	
尹甘固据点	1941. 6	地主家		20	1943. 5	地主家
华营据点	1940. 8	30	12	500	1945. 9	
井头据点	10940. 8	25		500	1945. 8	
郝村据点	1940. 8	25		85	1945. 8	

第四节　未利用地

未利用地是指农用地以外的土地，主要包括荒草地、盐碱地、沼泽地、沙地、裸土地、裸岩等 。

未利用地包括未利用土地、其他未利用地两个二级地类。未利用土地又分为：①荒草地。树木郁闭度 <10%，表层为土质，生长杂草，不包括盐碱地、沼泽地和裸土地。②盐碱地。表层盐碱聚集，只生长天然耐盐植物的土地。③沙地。表层为沙覆盖，基本无植被的土地，包括沙漠，不包括水系中的沙滩。④裸土地。表层为土质，基本无植被覆盖的土地。⑤裸岩石砾地。表层为岩石或石砾，其覆盖面积>50%的土地。其他未利用土地又分为：①其他土地。未列入农用地、建设用地的其它水域地。②河流水面。天然形成或人工开挖河流常水位岸线以下的土地。③湖泊水面。天然形成的积水区常水位岸线以下的土地。④苇地。生长芦苇的土地，包括滩涂上的苇地。⑤冰川与永久积雪。表层被冰雪常年覆盖的土地。

魏县未利用土地主要分布在村庄周围的坑塘或废弃地，主要为荒草地、沙地和裸土地。

中华民国时期，人少地多，未利用土地占地总面积达20%左右。新中国成立后，随着人口增加，未利用地逐渐减少。1949 年，未利用地 16.67 公顷。1952 年，未利用地 13.333 公顷。1964 年，未利用地 1000 公顷。1988 年后逐年开发利用。1993 年未利用土地 773.6 公顷，占土地总面积的 0.9%。其中：荒草地 813.4 公顷，占未用地的 10.5%；沙地 186 公顷，占 24.09%；其他未用地 506 公顷，占 65.4%。2003 年，全县共有未利用地 711.4 公顷，其中，荒草地 75.22 公顷，占 10.57%；沙地 100.42 公顷，占 14.11%；裸土地 59.42 公顷，占 8.35%；其它未利用地 476.36 公顷，占 66.96%。2004 年，全县未利用地没有变化。2005 年，全县共有未利用地 644.55 公顷，减少面积全部为荒草地。2006 年，全县未利用地较 2005 年没有变化。2007 年，全县共有未利用地 643.52 公顷，减少面积全部为其它未利用地。2009 年，根据第二次全国土地变更调查，对土地类别进行重新调整分类。2013 年，全县共有未利用地 975.84 公顷。2014 年，全县共有未利用地 907.83 公顷。2016 年，全县共有未利用地 896.18 公顷。

第五编

土地整治

土地整治是指在一定区域内，按照土地利用总体规划确定的目标和用途，以土地整理、复垦、开发和城乡建设用地增减挂钩为平台，推动田、水、路、林、村综合整治，改善农村生产、生活条件和生态环境，促进农业规模经营、人口集中居住、产业聚集发展，推进城乡一体化进程的一项系统工程。土地综合整治事关长远、牵动全局，只有拓宽视野，整体谋划，创新思路，统筹推进，才能实现“政府得土地、农民得实惠、城乡得发展”。土地整治是指对低效利用，不合理利用，未利用土地进行治理，对生产建设破坏和自然灾害损毁的土地进行恢复利用，以提高土地利用率。土地整治是盘活存量土地，强化节约集体用地，适时补充耕地和提升土地产能的主要手段。内容上包括农用地整治，建设用地整治，未利用地开发和土地复垦。

上世纪50年代，魏县对漳河故道沿岸沙荒地进行开发利用。80年代对居民搬迁砖窑厂用地的集体土地进行复垦和东风渠沿岸国有土地进行开发利用等。1999年，《中华人民共和国土地管理法》修订后，提出了“国家鼓励土地整理”。2003年，国土资源部颁发的全国土地开发整理规划，包括土地整理，土地开发和土地复垦工作。2012年3月，国务院批准正式实施，全国土地整治规划（2011－2015年）首先在概念上统一了“土地整治”这一术语，从土地开发整理到土地整治，其内容和外延发生了变化；其在范围上由孤立、分散转为集中连片，并延伸到城镇；内涵上由增加耕地数量到提高耕地质量转变；内容上由农用地整理为主，向建设用地及工矿建设用地、未利用地开发复垦与综合整治转变。随着社会不断发展和人类进步，土地整治工作越来越受到人们的重视，土地整治不仅能为魏县平整出大量耕地，促进土地集约化经营，增加农民收入，防止水土流失等方面发挥着巨大作用。是实现耕地总量动态平衡的有效途径，是解决耕地不足和人地矛盾的重要举措。

第一章　土地开发

土地开发从广义上来讲指因人类生产建设和生活不断发展的需要，采用一定的现代科学技术的经济手段，扩大对土地有效利用范围或提高对土地利用深度所进行的活动。包括对尚未利用的土地进行开垦和利用，以扩大土地利用范围，也包括对已利用的土地进行整治，以提高土地利用和集体经营的质度。以狭义的角度理解，土地开发主要是对未利用土地开发，实现耕地总量动态平衡。

魏县是资源贫乏的平原县，人多地少，土地后备资源不足。可开发的土地主要分布在漳河两岸、卫河北岸、古河道、零星坑塘、东风渠两侧、废砖窑厂、村周围闲散土地等。1986年以前，土地开发复垦工作由有关单位和乡镇分散进行，没有一个系统的归口单位，工作进度不大。1987年后，魏县土地管理局把稳定耕地面积作为一项长期战略任务来抓，坚持开源与节流并举的方针，把土地开发复垦工作列入重要日程。1988年，县政府制定《关于荒废土地利用的暂行规定》《关于东风渠两岸国有土地集中发展林果生产的实施细则》、《关于漳河两岸开发区林果生产的规划方案》，并逐步理顺了土地开发中各部门之间的职能分工，编制下达全县土地开发利用计划，纳入魏县国民经济和社会发展计划，使土地开发工作走上正规。

至2016年，共开发土地3126公顷。

第一节　漳河故道开发

1986年5月，由县农业区规划办公室、农业局、计委联合组成调查组，历时四个月，对魏县境内漳北故道、漳河沿岸、漳南故道三个荒废地区进行了调查，三个沙荒区面积为780公顷，占全县耕地面积约1.2%，在评估的基础上做出了开发利用规划。1988年，全县共开发土地130公顷，其中沙荒地74公顷，废弃砖窑27公顷，闲散地25公顷，其它土地4.67公顷。1989年11月至1990年4月，魏县农业区划办公室、魏县土地管理局、魏县统计局联合组织队伍，密切配合，对魏县境内闲散、废弃土地资源进行了调查，通过深入乡村，实地勘察，逐块丈量，共有闲散废弃土地面积为1230公顷，可开发利用面积为920公顷，占全县耕地面积的1.4%。以上两次调查，对可开发的土地资源进行了综合性分析、评价，提出了开发后的利用方向。是年，为鼓励农民对荒地、闲散地、废弃土地的开发利用，魏县人民政府制定了“谁开发谁经营，五年内不交征购提留”的优惠政策。并在资金上给予扶持，在政策上激发群众对土地开发的积极性，全县共开发土地132公顷。1990年，全县共开发土地467公顷。1991年，全县共开发土地426公顷。1992年，全县共开发土地186公顷。1993年，开发110公顷。1994年，开发71公顷。1995年，开发92公顷。1996年，开发70公顷。1997年，开发111公顷。2000年，开发40公顷。2002年，开发81公顷。2005年，开发52公顷。2008年，开发70公顷。2009年，开发50公顷。2011年，开发90公顷。2012年，开发98公顷。2013年，开发45.99公顷。2014年，开发51.35公顷。2016年，开发72.55公顷。

一、沙荒土地开发

魏县境内的沙荒地形成与河流存在有着直接联系。主要是漳河主流沉积而成，其地面物质组成以砂质沉积物为主，多呈条带状分布。从魏县沙荒地历史演变来看，大体上分三个类型：一、由于历史上从明清年间至1945年，漳河先后有多次摆动，在故道河床上留下了多个沙带；二、漳河上游暴雨，漳河携带大量泥沙溢出河床，在南北大堤内形成沙质浸滩；三、1956年漳河在魏县河岸上村向南决口。1963年，在东王庄村又向南决口，在决口大流处冲击成了沙质冲击堆和沙质决口扇形地，因泥沙冲击成的沙荒地在全县形成了3个沙荒区：漳北故道沙荒区、漳南故道沙荒区、漳河沿岸沙荒区，面积780公顷。解放前，由于生产力不发达，人们抵御自然灾害能力差，这些沙荒地成为“故道沙荒滩，风刮沙起难种田”的不毛之地。土改后，这些土地虽然分给了农民耕种，但由于受一家一户的小农自耕生产的条件限制，没有能力开发和改造这些沙荒地。1956年，成立了高级合作社，继后转为人民公社，土地交合作社统一耕种，集体的力量不断壮大，摆脱了小农生产条件的限制，抵御自然灾害，改造自然的能力不断提高。1956年9月，魏县县委向全县提出了奋战10年，开发改造沙荒地的号召。2016年，共开发沙荒地113.33公顷。

二、沙荒地改造

漳河沿岸故道有沙荒地113.33公顷，分布在西南温、院堡乡、魏城镇、棘针寨乡、东代固乡、沙口集乡等乡镇。

1958年后，开始把漳河沿岸平整北故道，并全部种上了果树。东代固乡、西南温乡是老果区，利用故道沿岸沙荒地植鸭梨62公顷，经过施肥，浇水、耕种等农业开发改造措施，已成为沙壤土地，年收入70万元，人均收入416元。

院堡乡院西村是新果区，从1975年开始，平整开发漳河故道30公顷，全部种植梨树。沙荒经开发改造，变成了绿洲，使故道两侧农田也得到了保护，改善了生产条件，使粮食亩产从1979年的330公斤增加到1984年481公斤，棉花由1979年亩产16.5公斤增加到1984年的65公斤。1986年，亩产棉花70公斤，粮食亩产490公斤。1989年，亩产棉花80公斤，粮食亩产500公斤。1992年，亩产棉花82.5斤，粮食亩产500公斤。1995年，亩产棉花80公斤，粮食亩产550公斤。1999年，亩产棉花85公斤，粮食亩产550公斤。2002年，亩产棉花90公斤，粮食亩产600公斤。2006年，亩产棉花95公斤，粮食亩产650公斤。2009年，亩产棉花102.5公斤，粮食亩产775公斤。2010年，由于受种植结构的调整，棉花不再大面积种植，主要改种小麦、玉米。种植结构调整后，年亩产粮食增加至1050公斤。2016年，小麦亩产在600公斤、玉米700公斤左右徘徊。

魏县的经济林主要是指果园，魏县是鸭梨盛产地，积累了丰富的种植经验。开发沙荒地提高土壤肥力种植果树，使其既符合土壤条件，又能发挥种植技术，对此采取两种措施：

普遍提高土壤有机质含量。提高土壤有机质含量是从根本上增加土壤养分，改善土壤理化性质，增强土壤蓄水保肥能力的重要措施。通过培肥地力，1983年土壤普查时魏县耕作层有机质从0.951%，提高到目前1.195%。但仍有近20%的耕地土壤耕层有机质低于1%，属于低肥力土壤。因此，近期内应大力推广秸秆还田，增施有机肥，使土壤有机质提高到1.5－2%，大面积建设高产稳产田。

科学施用化肥。科学施用化肥就是根据土壤养分含量、土壤供肥能力和农作物需肥规律，科学制定施肥方案，用地养地相结合，实现高产、低成本、高效益，土壤有机质在1.2%左右，碱解氮平均64.7%，速效磷9.96mg/kg，速效钾84.4mg/kg，属中等肥力水平。小麦产量要达到400kg/亩，亩施粗肥4方，纯氮10－2kg，P2O56－8kg/亩，K2O4－6kg/亩。

土壤氮磷比失调及缺磷、缺钾是影响农作物增产的限制因子，科学施肥，一方面调整氮磷比为6－8:1，另一方面要因地制宜增磷补钾。

三、营造防护林

1957年，魏县营建了国营林场，至1963年，6年时间，林场营建防护林48公顷，育各种苗圃57公顷，年采伐林材3000多立方米，蓄积量3900多立方米，不仅能有效固定飞沙，保护农田，而且还为全县提供树苗100多万株。同年，魏县西吕村新华农业社营建三个护林带固沙，使全社34公顷沙荒地首先得到了开发改造田，当年亩产达到150斤，在河北省农业展览会，展出了该村沙荒地变粮仓的事迹。崔野冲乡赵野冲村，利用漳河故道沙荒地营造防护林35公顷，“昔日风刮沙起，如今林起沙伏”，使周围20公顷沙地变为良田，粮食产量由造林前100多斤增加到400斤。同时，从1975年，开始共伐木材1100立方米，积累资金25万元，支持了农业建设。1989年后，由于农村经济体制改革，以村民个体户为主，营造经济速生林，主要以用材为主。1993年，全县共营建防护林400公顷，达到了社会、经济、环境、效益的统一。2002年，实施退耕还林工程，全县共完成营造林5333.33公顷。主要分布在车往镇、沙口集乡、北皋镇、院堡乡、野胡拐乡、南双庙乡、回隆镇、泊口乡、张二庄镇、北台头乡、魏城镇、棘针寨乡、前大磨乡、双井镇、大辛庄乡、仕望集乡及漳河两岸，两条省级公路两侧，林种设计均为生态林。2004年，全县共完成营造林5360公顷。2007年，全县共完成营造林5436公顷。2010年，全县共完成营造林5869.6公顷。2013年，全县共完成营造林6666.7公顷。2014年，全县共完成营造林5962.8公顷。2016年，全县共完成营造林57.43公顷。

第二节　东风渠开发

1958 年至 1960 年开挖的东风总干渠，南北贯穿魏县全境，南接卫河（御河）、流经县境内长 21.5 公里，涉及 12 个乡镇的 57 个行政村，渠两岸宽 60 米的国有土地、长期闲置未用，沿岸村庄有的建砖窑占用，有的建房挖土，使原来平整的土地，变得坑凹高低不平，为扩大耕地面积，增加农业发展后劲。1988 年 6 月，魏县土管局组织人员进行了调查，并向魏县人民政府写出《关于开发东风渠两岸国有土地的报告》。县政府批准报告，并做出将东风渠、漳河两岸建成林果双十字带的战略决策。10 月，县政府下发《关于搞好东风渠两岸国有土地开发的通告》，制定《关于东风渠两岸国有土地集中发展林果生产的实施细则》。12 月 20 日，县政府召开东风渠两岸国有土地开发动员会，县直有关部门、沿岸有关乡镇、村负责人参加了会议。会上学习了县政府的通告和开发的决定，县长齐尔柞作了动员报告。会后，由县土地管理局、农业局、林业局、农业开发办公室、政府办公室抽人组成东风渠两岸国有土地开发办公室。

为鼓励农民的开发积极性，本着谁开发谁受益、谁投资谁分成，谁管理谁得补偿的原则，县政府制定优惠政策：一是划段划方开发承包，每方面积不少于 0.4 公顷或实行大户、联户承包经营；二是承包期为 20 年，可以继承、可以转让，合同到期，由乡镇、村重新制定标底进行招标承包。同等条件下、原开发承包户优先；三是承包办法由乡镇村组织实施，承包费基数按照前期稍低，逐年递增，逐步稳定的原则确定。前 10 年每公顷交纳承包费 1050 元，10 年后再交果树承包费；四是土地承包后，由县土管局统一发放土地开发许可证。承包合同签订后进行公正，依法保护开发承包户的合法权益；五是在资金上给予扶持，打一眼深井给予贴息贷款 1.9 万元，一眼浅井 0.1 万元，铺设防渗管道一米补助 5 元，一棵果树补助 0.5 元；六是由林业局在技术上给予指导；七是物资供应实行倾斜政策，栽一公顷果树供应柴油 300 公斤，化肥 1500 公斤。用这些优惠规定深入向群众进行宣传。群众有了定心丸，形成了一个群众性的开发运动，共有 4 万多人参加开发，投工 140 万个，当年就平整开发土地 227 公顷。魏县土地局作为职能部门，土地开发主管单位，充分发挥其职能作用，颁发《土地开发许可证》925 本，截止 1989 年底，东风渠两岸 579 公顷土地全部开发。栽果树 182 公顷，产值 30 多万元。1990 年，创产值 97 万元。2016 年，由于政策和经济体制改革，以村民个体户为主，除种植树木外，营造小片林，以用材为目的，一般树木长成檩条、梁材即进行采伐，形成更新采伐周期。多者 8 至 10 年之间，所以年创产值不再是累计相加关系，而是时多时少。

第二章　土地整治

2006年12月，魏县被确定为国家基本农田保护示范区，在5年期限内规划设计安排基本农田整治项目16个，整治规模面积12887.48公顷，其中国家级投资整治项目5个，规模面积6746.23公顷，项目投资13753.9万元，占总投资的57.68%；省级投资整治项目4个，规模面积4289.08公顷，项目投资9007.1万元，占总投资的33.84%；市级投资整治项目4个，规模面积1390.16公顷，项目投资2919.34万元，占总投资的10.97%；县级投资整治项目3个，规模面积444.01公顷，项目投资932.41万元，占总投资的3.50%。2016年12月，全县共整治土地规模面积21468.28公顷，新增耕地面积988.61公顷，土地整治项目的实施为魏县的农业生产条件、现代农业发展和新农村建设及耕地总量动态平衡等方面奠定了坚实基础。

整理土地宣传牌

第一节　国家级投资项目

一、南双庙乡项目

2007年8月17日，河北省国土资源厅批准实施的魏县南双庙乡基本农田整治项目，国家投资2309万元，整理规模面积1550.35公顷，该项目涉及双南村、双中村、双北村、郭街村、吕街村、聂街村、马街村、河岸上村、集中村、集西村、小姜村、申铺村、马村、朱村、王村、安乐村、大李村共17个村和一个农场。平整土方727600立方米，新增耕地面积48.58公顷，打机井19眼，建机井房81座，建涵洞49座，挖排水沟50208米，铺设防渗管道 189980 米，安装 50KVA 变压器 15 台，架设高压线 12451 米、低压线 2000 米，修 3.5 米宽田间道路 25104 米、2 米宽生产路 14260 米，植树 68128 株，该项目所有工程已全部投入使用。

2007 年南双庙乡国家级基本农田整理项目招标现场

二、车往镇项目

2008 年 6 月 3 日，河北省国土资源厅批准实施的魏县车往镇基本农田整理项目，国家投资 3226.39 万元，整治规模面积 1644.74 公顷，该项目涉及车东村、车西村、栗庄村、黄甘固村、郝东村、郝中村、郝南村、郝北村、东仓口村、大仓口村、西仓口村、北仓口村、口头村共 13 个村。平整土方 141500 立方米，土地翻耕面积 16.43 公倾，新增耕地面积 49.37 公顷，打机井 100 眼并配套，建机井房 300 座并配首部，建涵洞 55 座，挖排水沟 125560 米，铺设防渗管道 175900 米，安装 50KVA 变压器 75 台，架设高压线 10450 米、低压线 26270 米，修 3.5 米宽田间道路 1396.8 米、2 米宽生产路 4119.8 米，植树 66558 株，该项目所有工程已全部投入使用 。

土地整理项目区内

（架设高压线）

通过实施灌溉与排水工程、田间道路工程以及其它工程措施，实现田、水、路、电综合整治，改善农田基础设施条件，提高了土地利用率和生产能力，促进了农业和农村经济的持续健康发展。

三、张二庄等项目

2015年8月13日，国家投资的魏县张二庄镇、泊口乡、牙里镇、边马乡、沙口集乡、仕望集乡、院堡乡和北皋镇16667公顷高标准基本农田建设项目正式被批准立项建设实施。

张二庄镇张二庄村等26个村高标准基本农田建设项目，整治规模2827.34公顷，总投资2508.02万元，该项目共涉及张二庄、张二庄前、南阎庄、路庄、平村、北善村、军寨、张庄屯、中烟、西烟、东中烟、宋屯、后普安、东普安、西普安、大严屯、西留固、北留固、东留固、礼教、曹田教、韩田教、刘田教、刘庄、北辛庄、部分南辛庄等26个行政村，项目区新建4米宽田间道路22196.8米，3米宽田间道路9031.74米，2.5米宽田间道路328.05米，新打机井97眼并配套，铺设防渗管道2041.16米，架设高压线14860.26米，低压线15036.26米，安装50KVA变压器71台并配套，该项目通过验收。

泊口乡申庄村等28个村高标准基本农田建设项目，整治规模2565.94公顷，总投资2225.03万元，该项目共涉及井东北、井东南、井西、蒋东、蒋西、张庄东、张庄西、生庄、申庄、大王庄、河北、后佃坡、前佃坡、马头一村、马头二村、马头三村等28个行政村，项目区新建4米宽田间道路10688.41米，3米宽田间道路13018.16米，2.5米宽田间道路1121.32米，新打机井123眼并配套，架设高压线12622.99米，低压线23944.38米，安装50KVA变压器73台并配套，100KVA变压器3台并配套，该项目通过验收。

牙里镇牙西村等24个村高标准基本农田建设项目，整治规模2029.55公顷，总投资1829.30万元，该项目共涉及牙东村、牙北村、牙西村、牙南村、侯东村、侯西村、卞村、苏庄村、胡村店村、前大堡村、后大堡村、南长兴村、北杨庄村、后马庄村、西刘庄村、西长兴村、长兴西村、西南庄村、小侯村、西侯村、赵庄村、安庄村、西吕村等24个村行政村，项目区新建4米宽田间道路21062.2米，3米宽田间道路10321.5米，新打机井45眼并配套，架设高压线10207.92米，低压线4419.98米，安装50KVA变压器24台并配套，100KVA变压器31台并配套，该项目通过验收。

边马乡效化村等24个村高标准基本农田建设项目，整治规模2105.14公顷，投资1792.90万元，该项目共涉及边中村、边南村、边北村、边小屯村、朱村、王庄村、张村、于村、任庄村、东石固村、紫岗村、东田教村、高堤村、南冯堤村、东吕村、王井村、江庄村、东楼底村、东楼西村、二教村、效化村、三教堂村、东杨村等24个行政村，项目区新建4米宽田间道路17416.97米，3米宽田间道路6776.53米，新打机井40眼并配套，架设高压线11607.62米，低压线3836.44米，安装50KVA变压器30台并配套，100KVA变压器14台并配套，该项目通过验收。

沙口集乡等二个乡陈小屯村25个村高标准基本农田建设项目，整治规模3324.05公顷，投资2654.33万元，项目区新建4米宽田间道路35747.28米，3米宽田间道路12112.5米，3.5米宽田间道路75米，2.5米宽田间道路607.23米，新打机井62眼并配套，架设高压线17716米，低压线3457米，安装50KVA变压器76台、100KVA变压器22台并配套，该项目通过验收。

仕望集乡仕北村等16个村高标准基本农田建设项目，整治规模1189.27公顷，投资957.35万元，该项目共涉及崔阁村、郭仕望村、刘家拐村、何庄村、后连街村、前连街村、浅滩村、仕北村、仕南村、仕中村、贤孝门村、张街村、张仕望村、砖井村、胡庄村、郭家堂村等16个行政村，项目区新建4米宽田间道路8693米，3米宽田间道路15989米，3.5米宽田间道路366米，2.5米宽田间道路50米，2米宽田间道路4782米，架设高压线80米，安装50KVA变压器6台并配套，该项目通过验收。

院堡乡东来庄村等17个村高标准基本农田建设项目，整治规模1168.66公顷，总投资1079.86万元，该项目共涉及院堡东村、院堡中村、院堡西村、西薛村、中三家西村、杨三家村、况庄村、磨庄村、马丰头村、岳庄村、司三家村、东来庄村、中三家村、陶三家村、西来庄村、中三家中村、连三家村等17个行政村，项目区新建4米宽田间道路12775米，3米宽田间道路5651米，3.5米宽田间道路825米，2.5米宽田间道路489米，2.4米宽田间道路301米，新打机井33眼并配套，生活垃圾外运1875立方，架设高压线3489米，低压线1248米，安装50KVA变压器31台并配套，该项目通过验收。

北皋镇北刘岗村等21个村高标准基本农田建设项目，整治规模1842.52公顷，总投资1699.37万元，该项目共涉及北刘岗村、西张岗村、后石岗村、六座楼村、孙庄村、西坡头村、关岗村、东张岗村、陈村、苗村、焦岗村、西李岗村、东李岗村、南刘岗村、邵岗村、王岗村、孟岗村、陈岗村、江岗村、北坡头村、东坡头村等21个行政村，项目区新建4米宽田间道路9874米，3米宽田间道路21408米，3.5米宽田间道路1423米，2.5米宽田间道路4056米，新打机井48眼并配套，架设高压线4907米，低压线1154米，安装50KVA变压器33台并配套，该项目通过验收。

第二节　省级投资项目

一、蒲潭营村项目

2003年12月14日，省级投资的魏县北皋镇蒲潭营村未利用地开发占补平衡项目正式被河北省国土资源厅批准立项建设实施，整理规模面积222.13公顷，新增耕地面积183.12公顷，批复使用资金466万元，平整土方1120000立方米，打机井17眼，铺设防渗管道18000米，安装50KVA变压器5台，架设高压线2440米，修2米宽生产路6400米，植树62000株，该项目通过验收。

二、野胡拐乡项目

2007年11月6日，投资的魏县野胡拐乡省级土地整理项目正式被河北省国土资源厅批准立项建设实施，整理规模面积552.73公顷，新增耕地面积67.63公顷，批复资金580万元，该项目涉及野西、野东、东红庙、高八庄村4个行政村。平整土方23.36万方，打机井7眼，并配潜水泵14台，建机井房24座，建涵洞12座，铺设防渗管道24400米，安装50KVA变压器6台，架设高压线2880米、低压线3680米，修3.5米宽田间道路6820米、2米宽生产路6500米，植树8467株，该项目所有工程已全部投入使用。

三、双井镇项目

2007年11月6日，投资的魏县双井镇野庄村基本农田整理项目正式被河北省国土资源厅批准立项建设实施，整理规模面积1187.11公顷，新增耕地面积41.02公顷，批复资金2324.16万元，该项目涉及木南村、双南村、李照河村、姬照河、张照河、北照河、永东村、永西村、野庄共9个村。平整土方327130立方米，打机井46眼，建泵站88座，建涵洞48座，挖排水沟16205米，铺设防渗管道153320米，安装50KVA变压器完成27台，架设高压线13205米，修3.5米宽田间道路17213米、2米宽生产路22128米，植树82823株，该项目所有工程已全部投入使用。

四、台头乡项目

2007年11月13日，投资的魏县台头乡基本农田整理项目正式被河北省国土资源厅批准立项建设实施，整理规模面积1225.97公顷，新增耕地面积38.02公顷，批复资金2137万元，该项目涉及台东村、台前村、台后村、台西村、西野马村、小王村、南台头村、尹甘固村、汤前村、汤后村共10村。平整土方量为97.4万立方，打井72眼，建井房169座并配套．安装首部169套，建169个泄水井，铺设地下管道137990米，安装50KVA变压器61台，架高压线13540米、低压线30440米，2米宽，修生产路17285米，3.5米宽，修田间路15835米，排水沟33336米．涵洞及农机进田口392处，植树65273棵，该项目所有工程已全部投入使用。

附：

基本农田整理项目效益

以魏县双井镇基本整理项目投资效益如下：

该项目于2007年12月27日开始施工，至2013年完成土地平整工程、农田水利配套工程、农田道路工程、农田防护林工程。

一、静态经济效益

（一）项目完成后经济效益

该项目竣工后，耕地总面积1187.11hm^2，根据项目区的自然条件优势和本县农业产业结构调整方向，项目区主要种植小麦、玉米、棉花等作物。具体种植结构：按 2：1 的比例计算，801.09 hm^2 的耕地为小麦和玉米轮作，386.02 hm^2 的耕地种植棉花。

（1）生产成本

农业生产资料成本构成：种子、肥料、农药、用电量、机械作业费等。依据当地生产经营状况，确定生产资料成本。

2007 年整理后农业生产耕作成本构成表

表 5－2－2－1　　单位：元/亩

项目	小麦	夏玉米	棉花
总成本（元/亩）	222.50	211.00	232.00
用种	20.00	18.00	21.00
肥料	85.00	81.00	87.00
农药	7.00	6.00	8.00
用电量	23.50	21.00	26.00
作业动力费	22.00	20.00	25.00
其他	65.00	65.00	65.00

（2）年效益

项目区整理后，项目区形成旱能浇，涝能排的高产、稳产田 1156.83 hm^2。

2013 年项目区整理后年经济效益分析

表 5－2－2－2　　单位：元/平方千米、万元、公斤

农作物	小麦	夏玉米	棉花
耕种面积	801.09	801.09	386.02
单价	1.20	1.00	11.00
单产	7200.00	7500.00	1030.00
单位产值	8640.00	7500.00	11330.00
单位投入	3337.50	3165.00	3480.00
单位纯收入	5302.50	4335.00	7850.00
总产量	5981.89	6231.13	412.36
总产值	717.82	623.12	453.60
总投入	277.28	262.95	139.32

续表

农作物	小麦	夏玉米	棉花
纯收入	440.54	360.16	314.27
总产值合计	1794.54		
总投入合计	679.55		
纯收入合计	1114.97		

（二）项目区实施前经济效益

整理前，项目区水浇地的面积为1102.31hm^2，旱地的面积为12.27hm^2。项目区主要种植小麦、玉米、棉花等作物。具体种植结构：按2：1的比例计算，其中384.98hm^{2}的种植棉花，其余水浇地和旱地轮作种植玉米和小麦，整理前的生产成本和经济效益。

2013年整理前农业生产耕作成本构成表

表5－2－2－3　单位：元/亩、元

项目	小麦	夏玉米	棉花
总成本	214.50	205.00	224.00
用种	20.00	18.00	21.00
肥料	81.00	78.00	83.00
农药	7.00	6.00	8.00
用电量	21.50	20.00	24.00
作业动力费	21.00	19.00	24.00
其他	64.00	64.00	64.00

2013年项目区整理前年经济效益

表5－2－2－4　单位：元/平方千米、万元、公斤

农作物	小麦	夏玉米	棉花
耕种面积	717.33	717.33	384.98
单价	1.20	1.00	11.00
单产	6450.00	6750.00	930.00
单位产值	7740.00	6750.00	10230.00
单位投入	3217.50	3075.00	3360.00
单位纯收入	4522.50	3675.00	6870.00

续表

农作物	小麦	夏玉米	棉花
总产量	4966.24	5197.23	358.03
总产值	595.95	519.72	393.83
总投入	247.73	236.76	129.35
纯收入	348.21	282.96	264.48
总产值合计	1509.51		
总投入合计	613.85		
纯收入合计	895.66		

（三）投入产出

新增总产值＝1794.54－1509.51＝285.03（万元）

新增纯收益＝1114.97－895.66＝219.31（万元）

投入产出比＝（新增总产值÷项目总投资）×100%

＝285.03÷2324.16×100%＝12.26%

投资收益率＝（新增纯收益÷项目总投资）×100%

＝219.31÷2324.16×100%＝9.44%

投资回收期＝1÷投资收益率＝1÷0.0944＝10.59（年）

每万元投资新增耕地数量＝新增耕地面积÷项目总投资

＝41.02÷2324.16＝0.02（hm^2/万元）

通过分析计算，项目区总投资2324.16万元，每万元投资新增耕地数量0.018hm^2/万元，实施后每年可新增总产值285.03万元，投入产出比为12.26%，每年新增纯收益219.31万元，投资收益率为9.44%，投资回收期不足11年。经过整理，项目区基础设施条件得到全面完善，投产后，生产力水平有一个逐步提高的过程，因此，实际投资回收期会高于计算值，经济效益更为明显。

综上所述，魏县双井镇野庄（等）村基本农田整理项目建成后，社会、生态、经济效益均十分显著，规划方案切实可行，能够带动地方农业经济的发展，为基本农田整理项目的典范。

二、社会效益

基本农田整理是土地开发整理的新领域，旨在改善基本农田的农业生产条件，提高其质量，增强其农业综合生产能力。项目竣工后，项目区内土地利用结构得以调整，田块布局更合理，道路、水利、电力等基础设施得到完善，对维持社会稳定、耕地总量动态平衡和促进社会主义新农村建设等方面意义重大。

（一）增加耕地面积，提高土地利用率和农业生产力效果。

该项目的实施，通过对项目区内现有未利用地、废弃沟渠以及现有耕地中的闲散地块、农村道路等的整理，项目区内未利用土地得到利用，田间道路和沟渠得到重新规划，将新增耕地41.02 hm^2，新增耕地率为3.36%，人均新增耕地面积0.0030hm^2，新增耕地供养人数235人，大大增强了农业发展后劲，提高了粮食自给率，并在一定程度上缓解目前紧张的人地矛盾，提高了基本农田标准，对保持魏县耕地总量动态平衡、促进人口、资源与环境的可持续发展具有重要意义。

（二）耕地质量提高，耕地产出率增加。

通过土地平整，修建农田水利设施、种植农田防护林，项目区内基础设施得到完善，再结合施用有机肥、种植作物逐步秸秆还田等生物措施，从而提高了耕地质量，农业生产效率显著提高，公顷增加粮食量2103.88公斤。

（三）增加项目区内农民收入，增加就业机会，促进社会稳定。

整理后，项目区农业基础设施得到完善，有效提高和稳定了农民的收入，农民人均收入增加131元/人；通过整理，开创了新型城郊型农业，并以此作为新的经济增长点，创造更多的就业岗位，有效地缓解就业矛盾；通过整理，土地权属得到重新调整，减少今后土地利用过程中可能引发的各种纠纷，有利于保持农村地区的社会稳定。

三、生态效益和环境影响

项目生态环境的保护与发展主要是依靠有效的工程措施、生物措施和科学合理的管理措施来实现。通过基本农田整理，项目区1187.11 hm^2 土地得到整理，修筑了相应水利设施、电力设施和其他配套设施。在田间道路两侧营造了农田防护林，防护林保护面积1187.01 hm^2，可有效地防止干热风，使项目区的生态环境和农田小气候得到较大程度的改善，景观生态、水土保持效果明显。

通过对水利、道路、防护林、电力、土地平整和土壤改良等工程的建设，使项目区真正形成“田成方、路成行、林成网”的农田生态系统。

第三节　县级开发项目

土地开发是一项系统性工程，魏县土地管理局会同县农业开发办公室，林业局、农业局等部门通力协作，搞好土地开发的服务工作。农开办、林业局负责土地资源调查，进行可行性论证和技术指导，司法部门及时对承包合同进行公证。使农民对开发出来的土地放心，大胆承包，激发了农民开发土地的积极性。

通过调查，魏县共有闲散废弃土地资源面积为1200公顷，能开发面积916公顷，这部分土地资源分布零散，大部分在村庄周围。为了开发利用这部分土地，1989年，魏县土地管理局开始制定开发计划，每年结合计划委员会，把开发利用闲散地作为一项计划指标下达到各乡镇，年底验收后并列入乡镇目标考核，再由乡镇结合各村闲散地存量把开发数量落实到村。

一、魏户村项目

魏县大磨乡魏户村位于漳河北岸。1990 年，积极响应政府号召，日夜奋战，不仅完成了政府下达的 8.7 公顷荒地开发种植果树要地任务，还自筹资金 7200 元，动土 6300 方，投工 2380 个，将村周围 16.93 公顷坑凹不平的土地全部平整。种植果树 12670 棵，建鱼塘一个。1991 年，被县政府授予“土地开发先进单位”。1993 年，所种植果树就得到收益，仅果树一项就收入近 14 万元。

1994 年 4 月，魏县召开土地开发复垦表彰会，会上对在土地开发中百亩以上的村进行了表彰。共表彰魏户村等 11 个村，每村奖锦旗一面，现金 2000 元，化肥 2 吨，这种做法一直延续到 2002 年底。2003 年，除了废弃闲散地、漳河故道土地开发统称为未利用地开发外，投资也改为政府投资，开发整治后归还村集体，农民直接受益。

二、河岸上村项目

2005 年 11 月 6 日，邯郸市国土资源局批准实施的魏县南双庙乡河岸上村滩涂地开发占补平衡项目，整治规模面积 60.22 公顷，政府投资 154 万元，平整土方 185000 立方米，新增耕地面积 59.36 公顷，并配套基础设施，打机井 5 眼，建机井房 5 座，修 3 米宽田间道路 1200 米、2 米宽生产路 2000 米，植树 10400 株，该项目通过验收。

三、李家口村项目

2008 年 10 月 10 日邯郸市国土资源局批准实施的魏县沙口集乡李家口村未利用地开发占补平衡项目，整治规模面积 44.88 公顷，政府投资 68 万元，平整土方 215000 立方米，新增耕地面积 39.46 公顷，并配基础设施，打机井 5 眼并配置潜水泵 5 台，建机井房 5 座，安装 50KVA 变压器 2 台，修 4 米宽田间道路 1500 米、2 米宽生产路 500 米，植树 6100 株，该项目通过验收。

2011 年 12 月 28 日，邯郸市国土资源局批准实施的魏县沙口集乡李家口村未利用地开发占补平衡项目，整治规模面积 35.64 公顷，政府投资 146.01 万元，组织 800 人次，大型挖土机设备 11 台，平整土方 67025 立方米，新增耕地面积 29 公顷，并配套基础设施，打机井 2 眼并配套，建机井房 2 座，铺设防渗管道 4400 米，安装 50KVA 变压器 2 台，架设高压线 560 米、低压线 220 米，修 4 米宽田间道路 425 米、2 米宽生产路 2050 米，植树 1390 株，该项目通过验收。

四、西寨村项目

2013 年 4 月 15 日，县投资邯郸市国土资源局批准实施的魏县双井镇西寨村未利用地开发占补平衡项目，整理规模面积 18.04 公顷，政府投资 142.88 万元，平整土方 102204 立方米，新增耕地面积 10.02 公顷，并配套基础设施，运输填埋 312.62 立方米，打机井 1 眼并配套潜水泵 1 台，建机井房 1 座，建闸阀井 9 座，铺设防渗管道 2649 米，安装 50KVA 变压器1台，架设高压线路400米，修3.5米田间道路1395米、2米生产路425米，改建2米生产路360米，该项目已通过验收。

五、边北村项目

2013年12月18日，邯郸市国土资源局批准实施的魏县边马乡边北村、大马村乡楼寺头村未利用地开发占补平衡项目，边马乡边北村项目整理规模面积14.69公顷，政府投资128.80万元，平整土方42938立方米，新增耕地面积13.45公顷，并配套基础设施，打机井5眼并配套，建机井房5座，铺设防渗管道1681米，安装50KVA变压器1台，架设高压线路105米，修3米宽田间道路1326米、2米宽生产路535米，建标志牌1座，该项目通过验收。

六、楼寺头村项目

大马村乡楼寺头村项目整治规模面积13.26公顷，新增耕地面积8.99公顷，政府投资87.9万元，平整土方30148立方米，打机井3眼并配套，建机井房3座，铺设防渗管道1681米，安装100KVA变压器1台，架设高压线路60米，地埋电缆敷设441米，修3.5米宽田间道路730米、2米宽生产路377米，建标志牌1座，该项目已通过验收。

七、其它村项目

2014年11月18日，邯郸市国土资源局批准实施魏县北台头乡乔小庄村、方里集村占补平衡项目。

乔小庄村项目：整治规模面积24.97公顷，魏县人民政府投资107.53万元，平整土方60142立方米，新增耕地面积24.51公顷，并配套基础设施，打机井2眼并配套，建机井房2座，铺设防渗管道4466米，安装50KVA变压器2台，架设高压线路877米，建标志牌1座，该项目通过验收。

方里集村项目：整治规模面积26.41公顷，新增耕地面积26.01公顷，政府投资120.97万元，平整土方68974立方米，打机井5眼并配套，建机井房5座，铺设防渗管道3154米，安装50KVA、100KVA变压器1台，架设高压线路1055米，地埋电缆敷设768米，建标志牌1座，该项目通过验收。

2016年5月9日，邯郸市国土资源局批准实施魏县野胡拐乡蔡西村，前大磨乡南户村、郭枣林村，南双庙乡马街村，沙口集乡南北拐村占补平衡项目。

野胡拐乡蔡西村项目：整治规模面积14.1公顷，新增耕地面积13.17公顷，政府投资102.08万元，平整土方39946立方米，打机井2眼并配套，建机井房2座，铺设防渗管道2840米，安装100KVA变压器2台，架设高压线路763米，建标志牌1座，该项目通过验收；

前大磨乡南户村村项目：整治规模面积27.26公顷，新增耕地面积18.7493公顷，政府投资156.16万元，平整土方33081立方米，打机井8眼并配套，建机井房8座，铺设防渗管道3455米，安装50KVA变压器5台，架设高压线路2206米，地埋电缆敷设1375米，建标志牌1座。

前大磨乡郭枣林村项目：整治规模面积 15.7753 公顷，新增耕地面积 11.39 公顷，政府投资 84.58 万元，平整土方 41696 立方米，打机井 1 眼并配套，建机井房 1 座，铺设防渗管道 1644 米，安装 100KVA 变压器 1 台，架设高压线路 813 米，地埋电缆敷设 188 米，建标志牌 1 座，该项目通过验收。

南双庙乡马街村项目：整治规模面积 10.40 公顷，新增耕地面积 8.7845 公顷，政府投资 105.46 万元，平整土方 29736 立方米，打机井 2 眼并配套，建机井房 2 座，铺设防渗管道 1515 米，安装 100KVA 变压器 2 台，架设高压线路 645 米，新建田间道路 3 米宽 1135 米，建标志牌 1 座。该项目通过验收。

第三章　土地复垦

土地复垦在 20 世纪 50 年代末称其为“造地复田”。60 年代初，为了克服自然灾害带来的吃粮困难，群众自发地在坑塘、旧村址上垫土种植蔬菜和粮食。在“以粮为纲”的年代，土地复垦的概念一般是指将废弃的土地重新开垦为农田种植农作物。随着时代的发展，土地复垦的内涵在扩展，即土地复垦后的用途不再仅仅是种植农作物，也可以植树造林，进行水产养殖，或是作为建设用地。1988 年国务院颁布的《土地复垦规定》，将土地复垦定义为“对在生产建设中因挖损、塌陷、压占等造成破坏的土地，采取整治措施，使其恢复到可供利用状态的活动”。广义定义是指对被破坏或退化土地的再生利用及其生态系统恢复的综合性技术过程；狭义定义是专指对工矿业用地的再生利用和生态系统的恢复。

第一节　居民点搬迁土地复垦

魏县野胡拐乡合义村位于漳河南岸行洪区域内，而全村的耕地大部分在漳河北岸，生活、生产极为不便。1985 年，经上级批准全村搬迁到漳河北大堤外，迁后旧村腾出的土地 22 公顷。1993 年，村党支部、村委会研究并经村民代表讨论，决定将这些废弃土地全部复垦。魏县土地管理局组成了专门技术班子，深入到实地测量、定桩、规划，进行适宜性评价，考察论证之后，又帮助调动推土机一台。经过六个月的工作，全村投资 20 万元，动土 11.5 万立方米，投工 3 万个，使旧村址所占土地全部复垦，变成了良田，并建起了一个养牛厂，不仅使人均增加土地 0.15 亩，而且实现了当年开发，当年受益。1995 年，野胡拐乡蔡小庄村旧址复垦 100 公顷；张二庄乡刘田教村旧村址复垦 24 公顷。1997 年，漳河故道黄甘固村周围闲散地复耕 8 公顷。

第二节　砖瓦窑用地复垦

1975 年以前，全县有砖窑 26 座，占地面积 73 公顷。中共十一届三中全会以后，农民的收入普遍增加，农村出现了前所未有的建房热，再加上城镇建设和乡镇企业的发展，建筑规模的不断增大，带动砖瓦窑迅速发展。

1985 年，魏县的砖瓦窑占地复垦工作，由于部门多，而土地实行多头分散管理，没有统一进行监督检查；再加上用地单位缺乏自我约束机制，没有必要的强制措施，复垦工作处于自发状态。1986 年后，魏县政府根据国务院《土地复垦规定》和《河北省土地复垦实施方法》等有关规定，对砖瓦窑加大采土区复垦力度，结合魏县实际，制定了多项措施，做到计划用地，计划复垦，用土不毁地，烧砖不减产。

1994 年，全县砖瓦窑 87 座，占地面积 291.7 公顷，一是浪费土地资源严重。由于设备差，砖产量小，但占地数量大，每生产百万块砖占地超过了 4 公顷。二是未经批准占地面积大，全县未被批准的砖窑厂 13 座，占地面积 40.66 公顷。三是超过批准占地面积 37 公顷。四是占用耕地量大，共占用耕地 257 公顷。五是毁地严重，复垦率低，多数是集体砖厂，承包者更换频繁，只顾烧砖赚钱，不注意合理取土。有的取土深度在 3 米以上，破坏了土壤的植被，难以复耕，致使大片土地荒芜。砖窑厂占地已被当地人们称之为“地老虎”。1997 年 9 月，魏县人民政府印发了《关于加强砖窑场用地管理，严禁占用耕地新建设砖窑厂的通告》，通告中要求，在年底要对原来已建的砖窑厂进行一次认真的清理、登记、发证。人均耕地一亩以下的村庄，严禁占用耕地新建设砖厂。确实需建的，严格控制占用耕地数量，做到合理布局。《通告》中还要求，各砖窑场在清理后制定每年度的土地复垦计划，凡达到复垦标准的，批给采土用地。

1998 年，魏县土地管理局组织执法人员对全县砖窑厂占地进行了清理。全县共有砖窑厂 87 座，占地面积 291.7 公顷，其中可复垦面积 42 公顷。每个砖窑厂都绘制了蓝图，建立了管理档案。清理后，对砖窑厂占地复垦制定了三条措施：一是采土与复垦相结合，砖窑厂申请采土的同时，必须报年度复垦计划，本着谁采土，谁复垦，用几亩，造几亩的原则，各砖窑场与县土地管理局签订复垦合同。二是批准采土用地后，按每亩 500 元标准预交土地复垦押金。经验收合格后，退回押金，复垦不合格者，不退押金，每亩并处 200－1000 元罚款。三是每年三月份召开一次砖窑厂复垦总结会。对土地复垦好的砖窑厂，前三名分别奖励 1000－3000 元，并在资金政策上给予扶持。

通过砖窑厂的专项治理，全县砖窑厂可复垦的 42 公顷土地已全部复垦。北皋镇陈村砖窑厂是 1975 年建的老砖厂，占地 10.4 公顷，由于时间长，承包人多次变换，取土不科学，留下一个 4 公顷的大坑，该厂因地制宜，出动三台推土机，投工 300 个，平整土地 3.33 公顷，全部种植大棚蔬菜，当年收益 13 万元。大磨乡砖厂是 1990 年建的砖厂，占地 12 公顷，该砖厂始终坚持合理取土，至 1999 年，该厂共计出工 400 多个，平整土地 5 公顷，将 19 年的采土用地全部复耕。北台头乡尹甘固村砖厂是 1993 年在盐碱地上建的砖厂，该厂边采土边复垦，做到了“采土烧砖不见坑，用地复垦粮不减。”2001 年，全县砖窑复垦土地 52 公顷。2002 年，全县砖窑复垦土地 46 公顷。2003 年，全县砖窑复垦土地 10 公顷。2005 年，全县砖窑复垦 16 公顷。2009 年，全县砖窑复垦土地 18 公顷。2011 年，全县砖窑复垦土地 30 公顷。2013 年，全县砖窑复垦土地 28. 533 公顷。2016 年，全县砖窑复垦地 131. 2 公顷。

附：

（2010 年砖窑厂采土复垦合同）样式

为了加强砖窑厂用地管理，加大采土区复垦力度，做到计划用地，计划复垦，用土不毁地，烧砖不减产，根据国务院《土地复垦规定》和《河北省土地复垦实施方法》等有关规定、经县政府批准，对你厂老采土区鉴定如下复垦合同：

一、已起过土的采土区

亩，应复垦面积亩，今年底前达到耕种条件，需种植的地面平整，边沿整齐规范，具备烧水、排水和施肥条件，根据情况可种植农作物、树木和养殖等。需复垦的土地可实行承包或交换给原被占的村民。今年复耕 30%，明年六月底前全部复耕。

二、按每亩 500 元的标准，交纳土地复垦押金。到期经验收复垦合格的，退还复垦押金。到期未按合同复垦的，没收复垦押金，处以每亩 200 元至 1000 元的罚款，并不予批准新的采土区。

三、于今年　月　　日前，窑厂将应交的复垦押金送到土管局财务股，可减收 10%，拒不交复垦押金，依法强制执行。

四、合同到期后，土管局将组织一次全面检查验收，按照土地复垦的面积、质量排出名次，前三名分别奖励 1000 元到 3000 元。完不成任务的，责令停止生产，限期复垦。到期仍完不成任务的，按违法占地从重处罚。

魏县国土资源局　　　　砖窑厂

签章　　　　签章：

2010 年　月　日

第六编

土地保护

土地是农业的根本。土地保护，从广义讲，也是生态保护。在漫长的封建社会里，有些开明的封建统治者为了保障其国家财税的来源，也常采用一些修筑河堤、防范洪水淹没耕地的措施，保护土地。解放后，党和政府十分重视土地保护工作，从事土地保护的组织逐渐完善，措施日益加强。在魏县县委和政府的领导下，农业、水利、林业、农业、环保等有关部门，在各自的工作范围内，有计划地开展修筑堤防、开挖渠道、兴修水利、植树造林、大搞农田水利基本建设，为土地保护作了大量工作，改变了境内农业生产条件，促进了经济发展方式转变。“十分珍惜合理利用土地和切实保护耕地”是中国的基本国策，落实好这一国策，需要全社会来共同行动。本着对国家负责，对人民负责的态度，魏县除在全面落实最严格的耕地保护制度外，还积极引导和鼓励项目建设，尽量使用未利用地，少占甚至不占耕地，健全长效管理机制，落实共同监管责任，严肃查处土地违法案件。2006 年，魏县被国家确定为基本农田保护示范区之一，为促使魏县起到典型“示范”和“样板”作用，依据《中华人民共和国土地管理法》、《基本农田保护条例》、《河北省基本农田保护条例》等有关法律法规和国务院《关于坚决制止占用基本农田进行植树等行为的通知》（国发明电〔2004〕1 号）和省、市关于基本农田保护检查的有关精神，魏县政府从实际出发，出台制定了多项基本农田保护制度，为基本农田保护奠定了坚实的工作基础。

第一章　宣传报道

土地是人类赖以生存的基础。自古以来，封建王朝都把土地视为基业。“率海之滨莫非王土”是封建统治者引为自豪的最大本钱，故历代统治者重视土地，采取各种方式宣传土地、保护土地。

中华民国成立后，临时大总统孙中山即提出了耕者有其田的号召，并以此作为宣传革命的口号。

中华人民共和国成立后，中共魏县县委、魏县人民政府利用各种形式，大力宣传“土地法大纲”，改革土地所有制，顺利实行了土地个体经营到集体所有的演变。中共十一届三中全会以后，改革了土地经营制度，使人民真正得到实惠。历史上的土地变革胜利，宣传工作功不可没。1986年，《中华人民共和国土地管理法》实施，县委、县政府更加重视宣传工作。1990年，国务院确定每年6月25日为全国土地日，魏县的宣传力度不断加大，科学用地意识不断提高，珍惜和利用土地已形成了共识。

第一节　宣　　传

一、清代及前

自西周始，土地祠、庙遍及全国城乡，以土地神作为宣传土地的中心。魏县百姓在每年春节，都要祀祭土地神，向土地神祈祷帮助，以求来年风调雨顺，五谷丰登。据《陔余丛考》卷载：今翰林院及吏部所祀土地神，相传为唐之韩昌黎，不知其所始……。又《宋史徐应镳传》载：“临安太学，本岳飞故地，故岳飞为太学土地神。今翰林、史部之祀昌，盖亦仿此”。证实官方也在祀祭土地神。祀祭本身也是一种宣传的形式。

在慢长的封建社会里，土地宣传以迷信的方式较多，统治者除把土地神化外，还把土地的异常看作神的旨意。据《旧唐书、五行志》载：建中初，魏县（时县城在旧县庙，今县城东北25里处）西南40里（今魏县北皋一带），一夜之间忽然土地长高四、五尺者数亩，里人骇之。时魏博节度史田悦至士长之地称王，僭署告天，乃以其长土处为坛，以祭魏州功曹，韦稔为益土，颂以媚说……。“清代，法定州、县官史，在朔望二日向百姓宣讲圣谕……。”推行迷信宣教。

二、中华民国时期

民国期间，统治者为了整顿土地契税，催征积欠田赋等，制定并颁发了一些条例和规章，但这些规章和条例基本上沿用过去的老办法，或在报刊上刊登，或张贴告示晓喻群众，舆论宣传流于形式。

第一次国共合作形成后，中国共产党开始彻底改变土地宣传方式。民国二十四年（1935年），中共河北省特派员王从吾来到魏县，利用“天门会”活动的名义，进行革命宣传。组织“除奸团”和穷苦农民，抢收地主的麦子。是年农历六月初一，在王从吾亲自领导下，组成了“武装革命游击大队”，举行了蔡小庄农民武装革命暴动，数百名游击队员高举红旗，肩披红袖章，高呼“打倒土豪劣绅”、“反对贪官污吏”、“取消苛捐杂税”等口号，游行示威，掀起了历史上空前未有的农村大革命。

民国三十四年（1945 年）九月，抗日战争胜利后，魏县县委根据地委指示，组织发动贫雇农开展雇佃活动。各区、联防村都成立了雇佃组织，在全县范围内开展了减租减息、增资倒佃斗争。宣传工作是发动群众开展减租减息的主要手段。全县党政军和群众组织，在宣传教育中采用了不同形式和方法：（一）县委通过听取汇报和检查减租实行情况，及时召集各方代表参政会、村代表会、农民与地主的联席会等，宣传减租减息政策，正确处理租佃纠纷。同时，在减租斗争中注意培训、选拔骨干，壮大组织，以保证减租减息工作顺利开展；（二）各区根据自己的优势，利用各小学宣传队、冬学民校、民间艺人，编演了不少减租减息课本、街头剧、曲艺、歌曲以及其它形式的宣传品；（三）各村农民通过组织和领导农民进行减租减息的具体斗争，进一步扩大了减租减息的影响和宣传。木顶寺村地主段某某，由于曲解抗日政府减租减息法令，公开在联席会上说他没有剥削行为。为了说服段某某，农会组织贫雇农骨干进行多次练兵和发动群众，最后通过算细账说服了他，地主段某某面对群情激愤的群众和铁的罪恶事实，才低头认罪。通过强大的群众斗争攻势，使这场减租斗争取得了完全胜利。实现了“按数纳差，合理负担”。在这次减租减息斗争中，使群众深刻理解和领会到了政府减租减息法令的正确性，看到了团结的力量和斗争的胜利的影响。

民国三十六年（1947 年）至民国三十七年（1948 年）土改运动中，魏县县委根据冀南三地委土改、整党会议精神，结合县内地主反攻倒算、中农怕平分，贫农怕倒算等实际问题，强调打击反攻倒算的恶霸地主，强化贫雇农的领导地位和利益。利用多种形式，配合运动，在全县宣传解释土地法，让广大人民群众知道：（一）土地革命，不是打乱平分，是要废除封建和半封建半殖民地剥削的土地制度，从地主手里夺回土地，实行耕者有其田；（二）农村中一切地主的土地及公地，由农会接收。连同农村中其它一切土地，按全村全部人口，不分男女老幼，统一平均分配；（三）地主必须拿出全部土地、财产，真正在政治上、经济上低头，然后再分给地主同等的一份土地。

在土改宣传中，宣传形式多种多样：（一）通过大小会向群众宣读土改法令；（二）让罪大恶极地主戴高帽子游街示众，灭其威风；（三）通过演文明戏、曲艺、歌曲等文艺形式向群众宣传。但贯穿始终的有效方法，就是组织贫雇农诉苦，即在斗争地主大会上，用贫雇农的切身经历的痛苦事实，控诉地主封建势力的罪恶，以苦引苦，使诉苦运动由小到大。通过不同形式的宣传，使广大群众受到了教育，划清了敌我界线，提高阶级觉悟，增强了斗志，树立起广大群众理直气壮地斗地主、分田地、闹翻身的士气。

三、中华人民共和国时期

中华人民共和国成立后，20 世纪 50 年代，魏县土地所有制与土地经营制开始由互助组逐步向初级社转变。在农业社会主义改造过程中，魏县先后宣传了饶阳县五公村耿长锁办的五公乡农业生产合作社、遵化县西四十里铺村办的“穷棒子社”等办社经验。这些初级社，实行土地入股，按股分红，统一经营，包工包产和合理分配的管理方式，迎合了农民的要求。实现了增产增收，显示了初级社的优越性。通过宣传，促进了全县农业合作社的发展。到 1956 年 10 月，全县全部实现了合作化。

中共十一届三中全会后，魏县在土地利用和土地经营宣传上，主要有两个内容：（一）调整种植结构，改变过去片面追求以粮为纲的作法，在保证粮食逐年增长的同时，因地制宜，发展经济作物和多种经营，合理利用土地资源；（二）土地经营制度改革，把“统一出工，集体劳动”的集体经营管理体制，转变为包干到户的家庭联产承包责任制。

从 20 世纪 50 年代到 1986 年，魏县土地宣传都是在结合党的农业政策宣传而进行的，没有专门的土地宣传。

1987 年 1 月 1 日《中华人民共和国土地管理法》正式实施后，魏县土地管理局进行了认真学习和宣传。

土地立法，标志着中国土地管理工作由单一的行政管理，走向了由行政、法律和经济相结合的管理轨道。广泛深入的宣传土地法规，让广大干部、群众知法、守法是管好土地的基础。在宣传形式上，除会议宣传外，还利用宣传材料、刷写大字标语、过路标语、橱窗、有线广播讲座、黑板报等形式进行宣传。在宣传方法上，与全国“九法一例”普法教育相结合，与《中华人民共和国土地管理法》配套法规的宣传相结合。并运用执行《中华人民共和国土地管理法》正反两方面的典型事例，对广大干部群众进行宣传教育。1987 年，全县举办土地管理法律法规学习班 2 期，培训宣传骨干 36 人次，印刷专题材料（包括翻印中央、省、市有关规定、指示、通知）2000 余册。刷写大字标语、过路标语 2500 条，出黑板报 40 期。建立 6 个宣传小组，宣讲 15 次。全县受教育者 50 万人次，约占全县总人口的 80% 以上。

通过宣传，大讲土地公有制的意义，破除土地私有制的观念，讲私自占地违法，树立依法管理土地的观念，加深对土地法规的理解和认识，使广大人民群众自觉做到珍惜土地，合理利用土地。西南温乡南温店村，未经审批，私自划分 76 片宅基地，占地 1.52 公顷。经宣传、学习《中华人民共和国土地管理法》后，村委会及时召开了群众会，宣布原划 76 片宅基地全部作废。南双庙乡河岸上村 12 户群众私自占地建房，通过学习法律，主动进行了拆除，恢复了地貌。

1988 年，在宣传方面，着重在广度和深度上下功夫，消灭死角，扩大教育面。主要做法是：（一）对重点村和建制镇进行巡回广播；（二）在县城内设广播站，每天广播2－4小时；（三）书写大字标语，要求各乡每村至少书写3－5条标语，不定期更换黑板报。据统计，全县共书写大字标语2000多条，更换黑板报500多期，更换县城内宣传栏五期；（四）举办由主抓土地管理的乡（镇）长、土地管理员、法庭庭长和县直各单位负责人参加的培训班两期，培训业务人员340人；（五）加强新闻报道，在宣传土地法规过程中，抓了好与坏两个方面典型的新闻报道和信息反馈工作；共撰写稿件31篇，其中被报纸采用2篇，广播电台采用23篇，被上级转发的3篇。

通过宣传，全县受教育人数达85%以上，提高了依法管理土地和合理利用土地的透明度，增强了广大干部群众珍惜土地和合理利用土地的观念。

在宣传过程中，注意结合本县实际，用算帐对比的方法，在宣传内容上，重点抓“转变观念”教育。首先进行国策观念教育。通过有关人均土地少，土地资源贫乏的国情教育，来改变长期留在人们头脑中的“地大物博”的传统观念。解放前，魏县有28万人，耕地73333.7公顷，人均耕地0.25公顷。到1986年，全县人口增至65万人，土地减少到64933.66公顷，人均耕地0.1公顷。通过算帐对比，增强广大群众的实际感和危机感，群众反映说：“不算不知道，一算吓一跳，照这样下去，不要多久，就没有地种了，子孙后代吃什么?”。强大的舆论攻势，增强了广大干部群众珍惜土地和合理利用土地的自觉性。双庙乡狮子嘴村群众郭××，三月，在承包的土地上建房4间，已垒2米多高的墙，通过宣传土地法，认识到这是违法行为，进行了拆除，恢复地貌。据统计，由于宣传，全县主动退回不合理宅基地600多片，合计土地面积14公顷。

1991年6月25日，是中国第一个全国土地日。魏县抓住这个机会，采用多种形式，开展宣传活动。全年出动宣传车305辆（次），乡乡到村村进，走一路宣传一路；书写大字标语10000条，悬挂路标270幅，印发宣传材料16000册，放映电影《土地与人》30场，设咨询处24个，咨询1000余人次，举办培训班10期，培训村干部、砖厂厂长300多人次，并在县城和重点乡镇举行了四次千余名学生上街游行的大型宣传活动，全县受教育率达85%以上。

在运用各种舆论工具和宣传阵地广泛进行宣传的同时，还注重结合各项工作开展宣传。三月，在逐村清理工作中，重点宣传了清理农村宅基地和确权发证的意义和目的；四月，开展了土地宣传月活动，把制止“三乱”工作与宣传工作有机结合起来；五月，结合清理窑厂，重点宣传了加强砖瓦窑厂管理，搞好土地合理利用和复垦工作的宣传；六月，结合全国土地日和《中华人民共和国土地管理法》颁布五周年庆祝活动，着重宣传了深化农村土地改革方面的内容；七、八月，结合建立基本农田保护区，重点宣传了切实保护有限的耕地资源方面的内容；九、十月，重点宣传了推行农村宅基地有偿使用重要性和必要性。达到了每做一项工作，都以宣传开道，深入进行国土教育。使依法管理土地、依法用地、依法查处违法占地的新风气初步形成。如三月，在开展逐村清查工作中，通过宣传教育，何庄村有76户群众主动退出多占宅基地2.1公顷。又如在魏城镇清理时，清理出乱批乱占庄基26片，其中12片属于隐形案件，占地0.26公顷，全部收了回来。据统计，全县共清理出隐形案件

570起，共清理土地112.6公顷。

在宣传过程中，土地管理局从两个方面抓起。一是注意了在形式上多管齐下。坚持土地管理宣传多样化，经常化；二是在宣传内容上狠抓了三个结合：（一）结合县情讲国情，即结合本县实际，算好人口猛增和土地锐减的对比帐，使广大干部群众树立国策观念；（二）结合案例讲法律，针对多数群众不懂法的实际情况，注意发挥案例本身的教育作用，每处理一起有代表性的案例，都要及时的到发案地召开群众大会或把宣传车开到现场，向群众讲解案例的性质、违犯律条和处理办法。1995年10月，在处理康疃乡孙庄村农民申××在耕地上违法建小砖窑时，申××一家不服处罚，一些群众也不理解，想聚众闹事，阻止执行公务。县宣传车在他家门前连续宣传了近2个小时，围观的群众近百人，强大的舆论攻势给违法占地者造成很大的心理压力，终于自认了处罚；（三）结合对象讲要求。在宣传工作中，根据不同的对象，因人施教，各有侧重。如对基层领导干部，重点宣传要按宅基地审批权限办事，依法管理土地等问题；对农民群众则重点宣传珍惜和合理利用耕地等方面的内容。由于加大了宣传的广度和深度，使广大干部群众树立了国土观念和法制观念。据统计，全年群众自觉抵制和举报乡村干部擅自批划宅基地的达49起。其中干部多占和优亲厚友的3起，退回批划的不合理宅基地700片，合计土地17.3公项。

1997年，以土地使用制度改革为主题，开展了土地法律法规宣传工作。在抓好经常性宣传的同时，紧紧围绕土地使用制度改革，在全县范围内开展三次较大规模的宣传活动：一是在三月份集中时间大力宣传宅基地有偿使用的目的、意义和方法。在这期间，县政府先后召开两次由23个乡镇长参加的专题会议，全面安排部署了农村宅基地有偿使用工作。二是结合第二个全国土地日宣传庆祝活动，利用多种形式，大造土地使用制度改革的政治舆论：（一）组织了1000多名中小学生锣鼓喧天上街游行宣传；（二）在7个建制镇设立土地法律法规咨询处，广泛开展了土地咨询活动；（三）主管县长发表以土地使用制度改革为内容的电视广播讲话；（四）局领导走上街头深入基层进行宣传；（五）出动宣传车到各乡镇巡回宣传；（六）县政府印发通告300份，制订4个有关文件，召开由县直各部门主要负责人参加的新闻发布会，并利用大字标语、黑板报、广播等形式开展宣传活动。据统计，全年共印发宣传材料12000份，出宣传栏14期，黑板报30期，放录象带6盒，书写大字标语3000条。

魏县国土资源局利用每年4月22日地球日进行上街宣传活动

2002年，在宣传《中华人民共和国土地管理法》和进行土地使用制度改革中，县土地管理局以“土地、市场、经济”等为内容，开展宣传活动。一是在三月份集中开展以保护耕地，促进经济发展为重点的宣传月活动，组织专门班子，巡回23

个乡镇粉刷标语；二是结合清理整顿土地市场，县政府制订《关于清理整顿土地市场的安排意见》，发布通告。召开由县直各单位副股长以上、驻魏各单位负责人、七个建制镇镇长和县直规划区内的19个村干部参加的新闻发布会；三是认真开展了纪念全国“土地日”宣传活动，组织1000多名干部职工和学生上街游行宣传。在县城和七个建制镇设立了咨询站。据统计，全年共印发宣传材料16000份，出动宣传车670辆次，更换宣传栏26期，录制录音带14盒，张贴标语1500条，悬挂过路标语340条，粉刷大字标语1500条，电视讲座4次，辑印文件汇编6000册。

2007年，魏县围绕“6. 25土地日”宣传主题，采用不同形式，把宣传工作引向深入，先后举办乡镇、村两级干部土地法规培训班和各乡镇土管人员岗位培训。共培训2959人（次）。围绕“6·25”全国土地日，拿出2万元作为宣传经费，加大宣传力度。县政府印发《关于开展全国土地日宣传活动的通知》。在纪念6·25全国土地日坐谈会上，县委书记、县长分别作重要讲话。主管县长发表了电视讲话，在每天的黄金时间，先后播放《土地与人》和《土地》两部电视教育片，在主要交通要道，树立五个永久性的过路标语牌坊，悬挂过路标语32幅，设立咨询站27个，印发传单19000份，组织军乐队和千余名干部、学生上街游行宣传，全县受教育面达90%以上。

2009年6月25日，县国土资源局长郭峰带领干部职工上街宣传

2011年，围绕6·25土地日”宣传主题，大造声势，广泛宣传，县人大、县政府组织召开庆祝6·25土地日座谈会，县电视台播放专题片，《魏县周报》增设土地宣传专刊，并与魏县文化馆、县书画协会联合举办大型的庆祝6·25土地日书画展。市、县有关领导及64名书画爱好者挥毫泼墨，创作一幅幅集欣赏与教育为一体的优秀作品，印发宣传材料30000多份，书写大字标语620条，设咨询站26个，各乡镇出动巡回宣传车693辆（次），

全县受教育人数为90%以上。

2013年，魏县围绕“6·25”宣传主题，认真组织，精心安排，开展形式多样、内容多彩的宣传活动。县人大、县政府、县政协组织召开了庆祝6·25土地日座谈会，《魏县电视台》当天专增土地宣传专题报道。全县设咨询站38个，印发宣传材料50000多份，书写宣传标语2000多条，各乡镇出动巡回宣传车800余辆，受教育人数达95%以上。

2014年，魏县国土资源局干部职工上街宣传土地法律法规。

2016年，魏县围绕“6·25”宣传日，开展为期1周的宣传活动。在6·25土地日座谈会上，县委书记、政府县长、县人大、县政协领导分别作重要讲话和针对魏县实际就土地管理工作提出指导性意见。晚间黄金时间主管县长在县电视台发表土地管理宣传讲话。全县设咨询站32个，现场解答咨询群众3200人（次），印发宣传材料48000份，书写宣传标语2500条，各乡镇出动巡回宣传车890辆，受教育人数达97%以上。

第二节　通讯报道

通讯报道，其突出的特点是“短、平、快”，即文章简短，内容平实，时效性强。信息调研以其形式灵活、指导性强而越来越引起国土资源局领导班子的重视。做好土地信息调研工作是业务人员发挥参谋助手作用的具体体现。

一、信息调研

信息调研是管理和利用土地的重要措施之一。魏县国土资源局围绕县委、县政府的中心工作，进行信息调研活动，撰写了大量的信息调研资料。据统计，1987年至2016年，组织土地信息调研活动98次，参加调研活动189人次，编撰各种土地信息880条，146余万字。其中，向县委、县政府呈报有关土地管理工作436份。被河北省人民政府、省国土资源厅、邯郸市人民政府、市国土资源局内部刊物采用各类信息116篇，县委、政府采用信息296篇（条），为领导决策提供了重要的参考依据。

二、通讯报道

通讯报道是党的宣传工作重要内容和组成部分。县土地管理局成立以来，支持和组织写作骨干宣传土地的方针政策，及时向党刊党报反映魏县土地动态，弘扬正气，揭露和批判不正之风，起到积极的舆论作用。

1995 年，乡镇建砖瓦窑，农村乱占宅基，乡镇企业乱占耕地的日益增多。针对这种情况，县国土资源局制定《乡、镇村办企业用地管理办法》、《关于农村宅基地管理办法》等文件，有效地遏制了乱占滥用耕地现象。报道骨干及时编写消息《用地先申请烧砖须持证》和《土地这边独好》的评论文章，分别在《河北经济日报》、《邯郸日报》上发表。

2002 年，为落实省、市保护耕地会议精神，县国土资源局积极开展砖瓦窑土地复垦工作，并圆满完成了土地复垦任务，编写了《魏县砖窑土地复垦力度大、效果好》、《废窑坑变成“聚宝盆”》等文章，先后被《河北日报》、《邯郸日报》采用。

2010 年，为配合全面贯彻落实《中华人民共和国土地管理法》宣传“十分珍惜和合理利用每寸土地，切实保护耕地”这一基本国策。制定《国有土地使用权出让划拨实施办法》《越权批地和乱划宅基地问题的处理办法》等文件，加大执法管理力度，加强了保护土地的措施，编写《魏县土地执法措施硬》和《魏县土地执法动作大》等文章，被省、市新闻媒体单位采用发表。

为了宣传土地执法管理工作中的先进模范人物和事迹，先后撰写《悠悠黄土情》、《心牵魂系黄土地》、《土地卫士》等人物通讯，分别在《中国国土资源报》、河北省《土地与经济》和邯郸市《邯郸经济》报刊上发表。

至 2016 年，魏县国土资源局共在各级报纸、刊物、内参等媒介上发表各类文章 598 余篇，其中国家级 66 篇，省级 183 篇，地、市级 110 篇，县级 239 篇。

在国家、省、市（地）报刊杂志上被采用稿件选载记述如下：

常玉秋：《魏县土地信访结案率达 94%》1995 年 2 月 8 日《中国土地报》。

常玉秋：《面对说情者》1995 年 4 月 20 日《邯郸日报》。

常玉秋：《魏县强化土地管理，80% 以上乡（镇）实现——无违法批地、无违法管地、无违法用地》，1995 年 8 月 11 日《邯郸日报》头条。

常玉秋：《土地拍卖槌声脆》1995 年 11 月 20 日《河北日报》头条。

新河、冠贤：《魏县土地执法动作大》1995 年 12 月 9 日《河北日报》。

李日山、杨勇、董双林：《废窑坑变成“聚宝盆”》1995 年《邯郸日报》。

常玉秋：《魏县 82 座砖瓦窑戴上“金箍咒”》1996 年 4 月 2 日《河北经济日报》二版头条。

常玉秋：《魏县采取综合措施保护耕地》1996 年 4 月 30 日《中国土地报》。

常玉秋、王之平：《魏县建起耕地保护网》1996 年 5 月 9 日《河北日报》。

徐展、常玉秋：《魏县有个肖局长》1996 年 5 月 16 日《中国土地报》。

常玉秋、蒋振东：《土地守护神》1996 年 6 月 11 日《河北日报》。

王之平、常玉秋：《用土先申请，烧砖须持证，魏县砖瓦窑用地管理规范化，82 座砖瓦窑戴上了“金箍咒”》1996 年 6 月 25 日《邯郸日报》二版头条。

常玉秋：《护好保命田—魏县保护耕地暨土地复垦工作会议印象》1996 年 10 月 18 日河

北省《土地经济》杂志。

常玉秋:《魏县砖窑厂复垦土地多》1996 年 11 月 5 日《河北日报》。

邵　森:《让“地老虎”还田，向“废坑”要粮》1996 年 11 月 12 日《邯郸日报》。

张　军:《一片赤诚献热土》1996 年 11 月 23 日《信息大观报》。

李新民:《生命线在这里延伸》1996 年 12 月 10 日《河北经济日报》。

常玉秋、杨淑梅:《悠悠黄土情》1996 年河北省《土地经济》杂志。

王之平、常玉秋:《心牵魂系黄土地》1996 年《邯郸经济》杂志。

肖相朝:《练内功求发展—造就一支能打善战的土地队伍》1996 年《邯郸经济》杂志。

王俊峰:《强化土地管理繁荣魏县经济》1996 年《邯郸经济》。

王俊峰:《强化措施，专项治理—以突击复垦为重点加强砖窑厂规范管理》1996 年河北省《土地经济》。

魏县人民政府:《以“四个一”为重点推进农村宅基地规范化管理》。

常玉秋:《魏县信访别出心裁，上访变“下访”》1996 年《土地经济》。

王之平:《硬化措施，强化管理—魏县农村宅基地实现规范化管理》。

常玉秋:《魏县“占一垦一”措施硬》1995 年河北省《土地经济》杂志。

常玉秋、王之平:《魏县规范农村宅基地管理》1996 年河北省《土地经济》杂志。

常玉秋:《土地这边独好》1996 年 6 月 6 日《邯郸日报》。

常玉秋、王晓丽:《魏县聘请老干部调解宅基纠纷案》1996 年河北省《土地经济》杂志。

常玉秋:《魏县建起耕地保护网》1996 年 6 月 25 日《河北日报》。

常玉秋:《公开、公平、公正—魏县国有土使用权公开拍卖侧记》1995 年 12 月 2 日《邯郸日报》。

常玉秋:《魏县占一亩耕地垦一亩荒地》1996 年 7 月 10 日《河北日报》。

常玉秋、王之平:《魏县强化三级土地管理网》1996 年 12 月 17 日，《河北日报》。

常玉秋:《魏县基本农田保护区达 81.4%》1996 年 5 月 13 日《邯郸日报》。

王之平、范建纲:《魏县砖瓦窑土地复垦力度大效果好》1996 年《土地经济杂志》。

常玉秋:《魏县成立土地案件办公室》1997 年《邯郸日报》。

常玉秋:《魏县土地管理局注重提高人员素质》1996 年《邯郸日报》。

双林、玉秋:《魏县土地执法措施硬》1996 年《邯郸日报》。

常玉秋:《加大执法力度规范使用条件—魏县土地管理局键全三级管理网络》1997 年《邯郸日报》。

常玉秋:《夕阳融纠纷　邻里得睦处—魏县土地管理局成立老干部民调理事会》1996 年《邯郸日报》。

常玉秋:《拍卖响槌声—魏县国有土地拄卖侧记》1995 年《邯郸晚报》。

常玉秋:《魏县土地管理局保持信访先进称号》1996 年《邯郸日报》。

常玉秋：《魏县狠刹“三乱”歪风》1996 年河北省《土地经济》。

常玉秋：《魏县土地管理局深入乡（镇）听“其言”》1996 年《土地经济》。

茜秀臣、王书华：《魏县农村宅基实现“四个一”管理》。《河北日报》

2003 年后，魏县国土资源局在各级报刊杂志上刊出的新闻作品，以表格形式表述 6 – 1 – 3 – 1。

2003 年—2013 年，历年新闻媒体采用选载作品表

表 6 – 1 – 3 – 1

作者	时间	新闻（文章）标题	被采用媒体
王之平 常玉秋	2003 年 5 月 26 日	腾飞中的鸭梨之乡	《中国国土资源报》第四版头条
许光辉 常玉秋	2004 年	破解“难题”魏县土地信访探析	《河北国土资源》杂志第二期
常玉秋 王之平	2004 年	为了梨乡大地	《世纪之交辉煌与展望》陕西出版社
许光辉	2005 年	小事不能小看 – 魏县土地信访工作记略	《河北国土资源》杂志第六期
常玉秋	2006 年	魏县依法拆除新建砖窑	《河北国土资源》杂志第九期
常玉秋	2006 年	魏县实施“万亩开发复垦”工程	《国土资源监管与执法工作实务》地质出版社出版发行
王海涛 常玉秋	2007. 4. 21	求真务实搞服务 完善体制树形像	《河北经济日报》 河北经济网
王海涛 常玉秋 刘学良	2007 年 6 月 9 日	魏县国土资源局开展“双提双服一树立”活动	《河北经济日报》 河北经济网

续表1

作者	时间	新闻（文章）标题	被采用媒体
常玉秋	2007年3月6日	魏县局六项措施推进依法行政	邯郸国土新闻
	2007年5月8日	魏县局打造农民幸福的航空母舰	邯郸日报四版
	2007年6月12日	魏县打造和谐国土	邯郸国土新闻
	2007年11月期	打造万亩田富于农家园	《邯郸经济》杂志二期
	2007年8月	魏县被国家确定为基本农田保护示范区	《河北国土资源》杂志第八期
	2007年9月25日	魏县打造农民幸福田造福子孙后代	国土资源部信息网
	2007年10月20日	魏县挂牌出让土地	国土资源部信息网
	2007年12月18日	在位一天　干好一天 记魏县沙口集国土所王国瑞	中国国土资源报五版
	2007年4月21日	求真务实　树国土形象	河北经济日报
	2007年5月26日	魏县东北庄砖厂被依法拆除	河北经济日报
	2007年8月	魏县被国家确定为基本农田示范区	《河北国土资源》杂志
	2007年8月	魏县对砖窑厂依法拆除图文并茂	《河北国土资源》杂志
	2007年9月	围绕重点搞服务求真务实树形象	《河北国土资源》杂志
	2007年9月	浅析土地执法现状	《河北国土资源》杂志
	2007年10月	魏县国土资源走上法制化轨道	《河北国土资源》杂志
	2007年11月	履行职责　服务三农 魏县局打造农民幸福的航空母舰	《河北国土资源》杂志
	2007年12月	魏县实施万亩开发复垦工程	《河北国土资源》杂志
	2007年12月	拍卖土地合法吗	《河北国土资源》杂志
	2007年12月	鸭梨的传说	《河北国土资源》杂志

续表 2

作者	时间	新闻（文章）标题	被采用媒体
李丽英	2007 年 7 月 16 日	李世民龙乡历险记	邯郸日报
茜秀臣 封新河	2007 年 1 月 24 日	垦得方寸土　换来五谷良	邯郸日报
荣军强	2008 年 5 月 12 日	魏县专项整治砖瓦窑	《中国国土资源报》第六版
常玉秋	2008 年 7 月 24 日	魏县国家级基本农田保护示范区建设初见成效	邯郸市国土资源网
荣军强	2008 年 8 月 28 日	魏县集中清理违法占地	《中国国土资源报》第四版
常玉秋	2008 年 10 月 30 日	魏县千名乡村干部接受国土法律法规培训	河北省人民政府网
常玉秋 刘小飞 刘冠军	2008 年 11 月 24 日	八年干戈化玉帛	《中国国土资源报》第六版
李志远	2009 年 1 月 6 日	应先转让再办变更登记手续	中国国土资源报
常玉秋 刘冠军 刘小飞	2009 年 3 月 28 日	魏县春季“打虎”行动	省政府网
	2009 年 4 月 7 日	魏县又增 2300 亩耕地	国土资源报
	2009 年 4 月 7 日	魏县又增 2300 亩耕地	中国国土资源网
	2009 年 6 月 22 日	“四到位”树国土新形象	河北经济日报
刘小飞 刘冠军	2009 年 7 月 7 日	召开行风评议恳谈会	邯郸市国土资源网
刘冠军 刘小飞	2009 年 7 月 31 日	国土资源报	魏县拆除 25 座砖厂
常玉秋	2009 年 12 月 30 日	魏县：履行职能服务“三农”	三农资讯网 （邯郸）
常玉秋 刘小飞 刘冠军	2009 年 6 月 22 日	魏县国土资源局“四到位”树立新形像	《河北经济日报》 第四版
刘小飞	2010 年 10 月 4 日期	魏县整治“地老虎”动真招	河北土地观察
刘小飞	2010 年 第四期	魏县国土资源局开展春季攻势活动	河北土地观察
刘冠军	2010 年 6 月 4 日	梨乡的饸饹	国土资源报
	2010 年 6 月 25 日	情缘“6. 25”	国土资源报

续表3

作者	时间	新闻（文章）标题	被采用媒体
刘小飞	2010年4月2日	魏县局清理违法用地30多起	国土资源报
	2011年2月19日	国土资源局上班敲警钟	河北土地观察
	2011年3月6日	国土资源局上班敲警钟	市局简报
	2011年10月16日	为了希望的田野	河北土地观察
	2012年3月31日	开展集中整治月活动	河北土地观察
	2012年4月27日	深入开展学习雷锋活动	河北土地观察
	2012年8月20日	向灾区献爱心	河北土地观察
	2013年1月26日	做到四个加强、提升工作效能	河北土地观察
张新东	2013年9月29日	魏县国土资源局化解一宗信访积案	河北土地观察
刘小飞	2013年12月27日	魏县国土资源局严把公车使用关	河北土地观察

第二章　基本农田保护

基本农田是指根据一定时期人口和国民经济对农产品的需求以及对建设用地占用情况的预测而确定的长期不得占用和基本农田保护区规划期内占用的耕地。它包括长期不得占用的耕地和在基本农田保护区规划期内不得占用的耕地两种。

为保护全县基本农田，魏县从1991年9月，开始建立基本农田保护区。当时，土地问题正面临着严峻形势，除去合理的农民建房和国家建设占用外，乱占、滥用土地的现象也相当严重，全县耕地从1955年到1985年，平均每年以255公顷的速度在减少，人口每年则以9407.8人的速度在增长，人均耕地由3.7亩减少到1.5亩。如不严格管理和控制，必将影响到国民经济的发展和危及子孙后代。为了加强对基本农田的保护好管理，确保全县基本农田面积的稳定，保护国民经济发展和人民生活对耕地的基本需求。根据《中华人民共和国土地管理法》，省《基本农田保护区实施办法（草案）》和有关土地法规。在各乡镇编制土地利用总体规划的同时，开展建立基本农田保护区工作。

第一节　范　　围

基本农田保护区，由县人民政府提出指标后，由各乡镇具体划定，以村落实地块。魏县划定保护区的范围包括：一、确保全县人民口粮生产所必要的大部分农田，其中，土地肥沃、集中连片、成方成块，水利条件较好的稳产高产优先重点保护；二、确保保护区内农田水利设施和农田水利配套工程。如机井、灌溉渠道、扬水站、排灌水闸等；三、所属保护区内的道路及渠桥涵等也要保护起来。

基本农田保护标志

1992 年，全县 535 个行政村完成了基本农田划定和建立保护区，建立一级农田保护区 875 片，二级保护区 1431 片，三级保护区 525 片，基本农田保护面积 50000 公顷。

1994 年，全县 541 行政村完成基本农田划定，建立保护区。建立一级农田保护区 885 片，二级保护区 1461 片，三级保护区 534 片，基本农田保护面积为 50533 公顷；1997 年，全县 545 行政村完成了基本农田划定，建立了保护区。建立一级农田保护区 892 片，二级保护区 1473 片，三级保护区 531 片，基本农田保护面积 5133. 36 公顷。

2001 年，全县 548 行政村完成基本农田划定，建立了保护区。建立一级农田保护区 919 片，二级保护区 1489 片，三级保护区 546 片，基本农田保护面积 5240. 03 公顷。

2003 年，全县 553 行政村完成基本农田划定，建立保护区。建立一级农田保护区 927 片，二级保护区 1504 片，三级保护区 562 片，基本农田保护面积 54770 公顷。

2004 年至 2007 年，全县 551 行政村完成基本农田划定，建立保护区。建立一级农田保护区 945 片，二级保护区 1531 片，三级保护区 625 片，基本农田保护面积为 54971 公顷；2008 年，全县 556 行政村完成了基本农田划定，建立了保护区。建立一级农田保护区 975 片，二级保护区 1543 片，三级保护区 654 片，基本农田保护面积 54609 公顷。

2009 年至 2012 年，全县 557 行政村完成基本农田划定，建立保护区。建立一级农田保护区 986 片，二级保护区 1567 片，三级保护区 689 片，基本农田保护面积 55204 公顷。

2013 年，全县 561 个行政村完成了基本农田划定，建立保护区。建立一级农田保护区 985 片，二级保护区 1587 片，三级保护区 714 片，基本农田保护面积为 54560 公顷。

2016 年的 25 年期间，累计改建或新建基本农田保护区 175 个，设立保护区牌 3026 个，保护地块619块，全县21个乡镇和一个街道办事处、561个行政村，全部做到了田间有标志、墙上有图表、乡镇村有档案，户户有卡片，保护有措施，为建立稳定高产连片田，提供了保证。

第二节　类　　型

1995年，魏县对基本农田进行分区，以土地的自然条件，土地生态环境、土地质量、产量水平、生产条件及保持乡（镇）级区界的完整性为依据。一般分为粮食作物区、棉花作物区、油料作物区和蔬菜作物区等，根据《土地肥力保养条例》和魏县具体情况，确定基本农田保护区等级标准为：

一级保护区：地势平坦、土壤肥沃，耕层土壤质地为轻壤、中壤、地力上等，保水保肥，有水源保证，排灌设施配套齐全，旱涝保收，面积集中连片，产量水平为高产区，一般粮食亩产在250公斤以上，棉花亩产皮棉65公斤以上。根据以上标准，

2016年，魏县一级保护区面积为38420公顷。

二级保护区：地势平坦、耕层土壤质地沙壤、轻壤，地力中等，保水保肥能力一般，水利条件较差，排灌设施基本配套，土地面积集中连片，产量水平在县内为中产区，一般粮食亩产在200公斤以上，棉花亩产皮棉55公斤以上。是年，魏县二级保护区面积14000公顷。

三级保护区：地势不太平，土壤质地为沙土，沙壤，地力不等，保水保肥能力差，基本上无灌溉水源和排灌设备，多为旱地，土地面积集中连片，产量水平在本地为低产区。一般粮食亩产在175公斤以下，棉花亩产皮棉50公斤左右。2016年，魏县三级保护区面积为10100公顷。

第三节　措　　施

为了加强对基本农田保护区的保护和管理，各乡镇在完成基本农田保护区划定工作后，及时制定了对保护区保护措施。如沙口集乡，根据县《农田保护区》的文件精神，对本乡基本农田保护区的管理制定了五条保护措施。并督促各村结合实际，研究制定出相应的实施管理办法及乡规民约，以规范人们的行为，保证保护措施的落实。1998年县政府综合各乡镇的基本保护措施，制定全县的基本农田保护措施：

一、土地管理和农业部门，负责基本农田保护区的规划、统计、管理、登记、建设等工作。

二、强化土地管理，依法检查监督保护措施的落实情况，并查处破坏保护区的非法案

德政镇基本农田保护碑

件。

三、不经国务院批准，不准占用保护区内的土地搞非农业建设。不得随意改变土地用途。

四、遇到有特殊情况非占不可的，必须经国务院批准，严格按照法定程序办理审批手续，并加收占地补偿。

五、“五不准”：不准占用基本农田进行植树造林，发展林果业和搞林粮间作以及超标准建设方田林网；不准以农业结构调整为名，在基本农田内挖塘养鱼、建设用于畜禽养殖的建筑物等严重破坏耕作层的经营活动；不准违法占用基本农田进行绿色通道和城市绿化隔离带建设；不准以退耕还林为名违反土地利用总体规划，将基本农田纳入退耕范围，除法律规定的国家重点建设项目以外；不准非农建设项目占用基本农田。

六、保护区内的土地不得荒芜，对撂荒者，按有关土地管理规定罚收荒芜费，第二年仍不耕种者，加倍罚收荒芜费，并限期恢复生产或收回土地使用权，另行安排使用。

七、基本农田保护区要改善培肥地力，各乡镇政府要建立土壤肥力监测网点，定期调查土壤肥力情况，提供科学的施肥依据方案。对地力上升的给予一定数量的奖励，下降的给予一定数量的处罚。

八、加强领导，层层建立责任制，县级领导分包乡镇，乡镇领导分包各村，村干部分包各户，逐级签订责任状，一级抓一级，使基本农田保护措施切实落实到实处。

九、建立基本农田保护区养地基金。基金来源：（一）耕地占用税县内留成部分；（二）乱占乱用和荒芜土地的罚没收入；（三）征占保护区的土地加收的土地补偿费。养地基金由县土地管理局掌握，主要用于农田开发和改良土壤等项目，专款专用，不准挪作他用。

2008 年，市耕保处来魏县调研耕地保护工作

2008 年市政府、县政府签订耕地保护责任书

十、定期研究保护区的建设和管理，充分发挥群众监督作用，及时处理存在问题，逐渐完善管理措施，以提高经济效益和社会效益。

至2016年，该保护措施未有变动，并得到落实。

第三章　土地利用与改良

魏县境域，是由古黄河、卫河和漳河冲击而成的平原。而漳河又善决善徙，自明代以来，先后在县境内改道多次。河道多变，水灾频繁，沿河一带，到处是沙荒芦地。勤劳的魏县人民，为了抗御风沙自然灾害，自古就有植树造林和防风固沙的传统。中华人民共和国成立后，魏县人民政府十分重视植树造林、防沙固沙工作，制定了一系列工作措施和优惠政策，同时鼓励农民自发开展植树造林和防沙固沙活动。2016年，全县植树造林面积873公顷，防沙固沙面积8631公顷。

第一节　植树造林

《三国志》载：郑浑为“魏郡太守……，以郡下百姓，苦乏木材，乃课树榆为篱，并益树五果；榆皆成篱，五果丰实。入魏郡界（含魏县），村落整齐如一，民得财，足用饶。”这是村落、宅旁植树的生动描写，也是魏县梨树历史考证的最早文字依据之一。到魏晋南北朝，由于宗教思想广泛流行，寺庙大兴建，村村有庙宇，寺庙院内栽树之风盛行，到元、明时期，魏域水灾频繁，为了抵御水患，在漳河、卫河沿岸筑堤、植树。初步形成护堤河林带；到了清代，已开始园林绿化。民国期间，政府开始提倡办农业，倡导全民植树，境内植树面积较前有增加。

民国三十四年（1945年），魏县抗日政府大力倡导植树造林，全县出现了植树造林高潮。据民国三十七年（1948年）统计，全县植育成林73公顷，四旁零星植树118万株，有果树399公顷11万株，林业覆盖率仅达到1.5%。

中华人民共和国成立后，党和政府重视植树造林治理沙荒地工作，据当时调查统计，当时县境内有沙碱荒地2000公顷，沙荒地主要分布在回隆、简庄、东北庄、院堡、东代固等一带村庄；碱荒地主要分布在骈村、郑二庄以及漳河沿岸的茜圈、马神庙等村庄。造林原则是：因害设防，因地制宜。1949年12月，在全县第一届人民代表大会上，政府号召全县人民行动起来，投入冬季植树造林活动。据1950年春统计，全县植树造林4690万多株，1951

年春，回隆新华农业初级社，突击十天植树 40 公顷，1953 年，一区东代固村栽种果树 20 公顷，六区回隆植树 405 公顷。

1954 年在院堡、简庄、马神庙、枣林、夹河、小侯村、郑二庄等村沙碱荒地植树 12.8 公顷，其中春季植树 7.3 公顷；秋季植树 4.8 公顷。同年，全县公路在邯大线、安聊线、魏元线等公路两旁都栽上了柳树。在大堤两旁植树造林，加强了堤防的防护。

1955 年春，在白仕望、马神庙、夹河等沙碱地区补植造林 16 公顷。

1956 年，中央制定“农业发展纲要”，提出“绿化祖国，人人有责”的口号。当年，全县植树造林活动出现了高潮，并制定了规范和要求：有路、有渠就有树。当年，在沙碱荒地植大片林 270.8 公顷，回隆补植造林 61.6 公顷，从而千亩沙荒得到了控制。

1958 年以后的三年困难时期，林木遭到了大量的砍伐，生态环境受到了破坏。

1963 年，漳河特大洪水，在旧魏县、杜甘固、双庙、茜圈、申桥等堤段决口十多处，因洪水冲击，新增加沙荒 134 公顷，同年冬季至 1964 年春，因地制宜，沿漳河南北两堤，营造大面积防护林和固沙林。旧魏县、郝村、杜甘固一带，以栽植苹果树为主，河岸上、乔小庄等村，以栽植榆、杨树为主，其中河岸上村营造榆树片林 28.6 公顷，生长旺盛，起到了防护河床和固沙的作用，东代固公社沿东风渠两岸营造果园 60 公顷；东北庄、茜圈、申桥等村，以种植杨、榆、柳、刺槐为主；赵野冲、小侯村简庄等村庄交界处的漳河故道上，营造了以刺槐为主的近千亩大片林区，是全县唯一保留下来的最大面积的人工林区。

1972 年，根据省林业会议精神，县委、县革委提出两年大育苗，三年上纲要的口号，结合全县农田基本建设，掀起了植树造林高潮。全县林、路、田、渠统一规划，统一树种“大白杨”。以路、渠为骨架，营造了农田防护林带。1974 年，全县动员 8 万余人，植树 1100 万株。1975 年，全县共绿化道路 1069 条，长达 5570 华里；渠道植树 337 条，长达 1200 华里。牙里、小汪、棘针寨等 27 个公社，345 个大队，林、渠、路配套成龙，初步实现园林化村庄。邯郸地区多次在魏县召开了林业现场会，推广了棘针寨公社义井村等村育苗和四旁植树绿化先进经验。

1984 年，由于林业政策的稳定，又出现了曹田教、大严屯、李谢庄等 20 多个绿化村。随之，又兴起一个以农林间作，路渠更新绿化为内容的植树造林热潮。

1989 年，向省申报了世界银行贷款造林项目。

1990 年 5 月批准，定名为“国家造林项目”县，并重新筛选了 2600 公顷宜林地为速生丰产林基地，同年 7 月，河北省召开了项目造林工作会议，在 8 月至 9 月间，省、市、县签订了协议书，确定项目林面积为 2600 公顷，其中杨树 2466 公顷。

1993 年，完成全部造林和造林后抚育工作。该项目总投资 519 万，其中世界银行贷款 50.4 万元（特别提款权），特别提款数折合人民币 310 万元，省、市配套资金 77.09 万元，县配套资金 51.9 万元，由造林单位提供配套资金 79.7 万元（劳务折抵）。

1994 年冬，又在狮子口、西上前、贤孝门、院东等村造林 967 公顷，树种为杨树。

1997 年，院堡乡、北皋镇、仕望集乡等又植树造林 986 万株。

2000 年，全县共造林 1730 万余株。

2004 年，实施退耕还林工程，全县在车往镇、沙口集乡、北皋镇、双井镇、大辛庄乡、泊口乡、仕望集乡以及漳河两岸，两条省级公路两侧，共完成造林面积 5533. 33 公顷。林种设计均为生态林，主要有窄冠白杨 1 号、3 号和中林—46 杨等。窄冠白杨 1 号、3 号树种是从山东农大科技学院引入魏县，其品种具有生长快、树冠窄、根系分布深，又具有树干通直、树形优美、抗旱性较强的特点。

2007 年全县共造林 452 公顷。

2008 年全县造林 278 公顷。

2009 年冬至 2011 年春，全县造林 685 公顷。

2016 年底，全县造林 873 公顷。

第二节　土地改良

一、改造沙地和漏沙地

1995 年，魏县沙土和通体沙壤土面积 7586. 8 公顷，占土壤面积的 10. 5%。漏沙地是上层轻—中壤，下层沙土（或沙壤），面积 11092 公顷，占土壤面积的 15. 4%。二者通病漏水漏肥。

2003 年，魏县改良利用，改善土质，克服漏性，提高肥力，利用多种途径改造过沙地和漏沙地。其方法：一是调整布局，沙地退耕还林，种树种草，发挥优势。二是深翻治沙，对沙层浅而沙层又薄的土壤，可进行深翻，将薄层沙土翻上来，调解沙粘比例，改善土体构造，增强保水保肥能力。但沙层深而厚的土壤不宜进行。三是适度深耕，保护犁底层。在泥沙地长期形成的犁底层，具有相当的保水保肥作用，不可破除以防漏水漏肥。四是增施有机肥，种植绿肥，改善土壤结构，增加土壤养分。五是化肥分次施用，为减少水肥的渗漏损失，在氮肥的施用上应“少量多次”，按作物生育期分几次施用，不应将氮素化肥一次做底肥用。

深犁土地，防沙治沙

2016 年，有效改造过沙地和漏沙地 14860 公顷，使粮食单产提高 30% 左右。

二、改造红粘土

1995 年，魏县粘土地面积 9638. 7 公顷，占土壤总面积的 13. 4% 。改良的主攻方向是克服和改善土质粘重和板结的不良物理性状，发挥其自然肥力较高的优势。

2003 年后，魏县加大改良措施：一是大搞秸秆还田，增施沙性有机肥。秸秆还田要求每年每亩还田小麦或玉米秸秆 200 – 250 公斤（干量）；施用有机肥每年每亩施用 3 方以上；二是逐年加深耕作层，打破犁底层，改善通透状况，促使土壤熟化。可使耕作层加深到 25 – 30 厘米，尔后实行每二、三次深耕间隔一次浅耕的深浅轮耕制；三是掌握粘土特性，适时耕作。秋耕前可进行一次深中耕，以利保墒和提高秋耕质量。

2016 年，魏县实施科学用水，巧种巧管，易涝区建立健全排涝系统，防止了沥涝成灾。共改造红粘土地 1678. 46 公顷，粮食单产提高 26% 。

三、改造盐碱地

1995 年，魏县盐化土地面积较大，经多年治理改造已逐年减少，面积 1454. 2 公顷，大部分为轻盐化土。

2003 年后，魏县加大其改良利用措施：一是大量增施有机肥，种植绿肥，逐渐培肥地力，以肥改碱；二是平整土地，小畦细灌，防止点片积盐危害作物；三是精耕细作，防盐保苗。秋早耕、春晚耕，干犁干耙创造小坷垃；深开沟、浅覆土，增加播量，增加密度；晚定苗、勤补苗，早耕勤锄等都是行之有效的防盐保苗措施；四是种植耐盐碱作物品种，如棉花、高粱、谷子等；五是加强深井建设，建立灌排系统，深井淡水灌溉，浅井抽水排盐，灌排结合以水治盐；六是采取综合措施，搞好旱作农业；七是实行抗旱保墒的耕作制度。最大限度地纳雨蓄墒和减少蒸发，提高水分生产率。采取及时浅锄保墒，及时收获、灭茬、耕耙，适时播种，顶凌耙耢，播前镇压提墒，深开沟播种，地膜覆盖或粉碎秸秆覆盖，有效地增加雨水入渗和抑制地面蒸发；八是培肥能力，提高土壤自身抗旱能力。大量沤制有机肥，搞好秸秆还田，把有机肥的施用量由每亩 2 – 3 方提高到 5 – 6 方。并采取粮豆、粮棉间作、套作，实行生物养地；九是合理布局，种植耐旱作和耐旱品种。旱地可以适当扩大棉花、谷子、甘薯等耐旱作物及大豆类作物。在作物品种上也要力求耐旱、耐瘠。

2016 年，有效改造了盐碱地面积 2468. 8 公顷，使粮食亩增加产 28% 左右。

第三节　土壤分区

1995 年，魏县对各种土壤类型特征进行综合分析，本着因地制宜、扬长避短、发挥优势的原则，2003 年，魏县划分为四个改良利用区。

一、漳北潮褐土果、粮、棉、菜高产培肥区

本区包括：魏城镇、棘针寨乡、东代固乡、德政镇北部、沙口集乡北部、院堡乡、北皋镇北部。该区以壤质潮褐土为主，土质粘适中，耕性良好，土壤熟化程度高，适合耕种各种作物。浅层淡水大部分是弱富水区，部分是贫水区，水利设施较好。该区适宜建成果、粮、棉、菜商品基地。由于地貌和利用措施的差异又分为两个改良利用片：

（一）故道缓岗治沙培肥鸭梨高产片。本片位于魏县北部漳河故道，横穿院堡乡、魏城镇、东代固乡3个乡镇。特点是地形部位较高，土壤以沙质和沙壤质潮褐土为主，土层深厚，疏松通气，但易漏水漏肥。本片有500多年的种植鸭梨历史，技术管理经验丰富，是理想的鸭梨生产基地。

（二）缓斜平地果、粮、棉、菜高产培肥片。本片位于北部漳河故道两侧二坡地上，包括北皋镇北半部、院堡乡、魏城镇、棘针寨乡、东代固乡、德政镇北部、沙口集乡北部。该片土壤以轻壤和中壤潮褐土为主，土层深厚、沙粘适中，耕作层养分含量较高，适宜发展粮、棉、果、菜商品基地。

二、漳北潮土粮、棉、菜高产灌溉培肥区

本区包括：前大磨乡、野胡拐乡、仕望集乡、德政镇南部、沙口集乡南部、北皋镇南部，根据土壤特点又分为两个改良利用片：

（一）缓斜平地粮、棉高产灌溉培肥片。该片属漳河北侧冲积扇，包括北皋镇中南部、前大磨乡、仕望集乡、野胡拐乡、沙口集乡南片。特点是土层深厚、耕作层沙粘适中，通透性适中，耕性良好，适于各种作物种植，但土壤耕作层养分含量较低，地下浅层淡水贫乏，大部分是贫水区，小部分为弱富水区，适宜粮、棉、油、菜种植。

（二）扇间洼地改粘培肥粮食高产片。该片位于漳河冲积扇和漳北冲积扇之间的扇间洼地，包括沙口集乡、德政镇的部分地区。特点是土质粘重、通透性弱、耕性差、易旱易涝。但土壤自然肥力高，保水保肥力强，发老苗不发小苗，种植粮食作物有较大增产潜力。

三、林、果、粮、油区

本区由漳河河漫滩，漳南决口扇形地和漳南故道组成。土壤特点是土壤质地轻，通透性好，但易漏水漏肥，耕作层养分含量低，大部分灌溉条件差，种不保收，因此应重点发展林、果、油。依据地形部位的差异，又分为两个改良利用片：

（一）河漫滩油、粮、棉改土培肥片。本片属漳河河漫滩，大王村以西主要是沙质和沙壤潮土，大王村东以轻壤质潮为主。漳河堤内因行洪而不宜种树，故大王村以西应以种植油料为主，同时发展多年绿肥作物，回沙改土，作为畜牧业饲草，大王村以东可同时发展粮棉油。

（二）决口扇和故道改土培肥林、果、粮、油片。本片由漳南三个决口扇形地和三条漳河故道组成，属漳河主流沉积而成的沙质潮土和沙壤质潮土，肥力较底，灌溉条件较差。因

此，改良利用上应发展林果为主，粮食自给，油料为辅。

四、漳南潮土粮棉油灌溉培肥区

该区位于漳河南部，包括漳南 11 个乡镇，又分为四个改良利用片：

（一）缓斜平地粮、棉、油灌溉培肥片。本片分布在漳南冲积扇二坡地上，包括回隆镇、车往镇、泊口乡、台头乡、张二庄乡、牙里镇、南双庙乡等乡镇。该区土层深厚，以轻壤和中壤质潮土为主，沙粘适中，适宜各种作物生长，但地下水源不足，旱地较多，耕作层养分较底，是粮、棉、油主要产区。改良重点是增施有机肥和氮、磷、钾肥，开发深层地下水。

（二）扇间洼地改粘灌排粮食高产培肥片。本片由大马村乡、大辛庄乡、边马乡、双井镇等乡镇的部分区域组成，土壤质地中壤至重壤，该片所处地形部位较低，地下浅层淡水东部为富水区，西部为弱富水区和贫水区，土壤养分含量较高，但因土质粘重，通透性差，耕性不好，易旱易涝，所以应改良结构，健全排灌系统，建成魏县粮食高产基地。

（三）河旁洼地改粘培肥粮食高产片。本片位于卫河北侧洼地，主要在张二庄乡粘土面积 70%，其余为中壤，土质粘重，土壤潜有肥力较高，地下浅层淡水较丰富，水质好。因此，该片应在改善土壤结构上下功夫，合理灌排，充分利用地下水，建成粮食高产基地。

（四）灌排、培肥、改盐粮棉片。本片包括边马乡、南双庙乡、双井镇、大辛庄乡、泊口乡等乡镇的 1454. 2 公顷盐化潮土。主要改良方向是改盐培肥，总的原则是坚持水利、耕作、生物相结合，综合治理，发掘生产潜力。

2016 年，魏县划分的四个改良利用区，大面积改良成了高产稳产田，亩均增产 30% 左右。

第四章　开展“三无”乡（镇）、村活动

1991 年，魏县土地管理局在加强土地执法监察，强化土地管理的同时，以实施《河北省土地管理条例》为契机，坚持“防查结合，预防为主”的方针，抓好乡（镇）、村基层土地管理工作，提高土地执法水平，并在全县开展创建无违法批地、无违法管地、无违法用地“三无乡（镇）、三无村”活动。制 定具体内容和标准，把宣传教育和巡回检查、落实责任制有机结合起来，促进广大干部群众增强依法管地、依法用地观念。

第一节　“三无”乡（镇）村标准

1991年7月7日，魏县土地管理局在全县印发了开展创建“三无”乡（镇）、村活动通知，制定了“三无”乡（镇）村达标标准，当年达标“三无”乡（镇）5个，“三无”村48个。

一、“三无”乡（镇）村标准

（一）无违法批地

全乡（镇）对农村宅基地和乡（镇）企业用地，按规定报批，无越权批地，对申请宅基地的乡（镇）、村要逐户审查，严格把关，无骗取批准现象，乡（镇）领导和土地管理人员无点头许诺或口头允许等情况，全乡（镇）各类建设用地文件齐全、手续完备。

（二）无违法管地

全乡（镇）领导和土地管理人员能认真宣传，坚决贯彻土地法律法规，查处各类土地案件符合法律程序，在土地管理中不徇私舞弊，不感情用事，不优亲厚友，不收受贿赂，秉公执法，按照职权范围管好本辖区的各类土地。

（三）无违法用地

用地单位和个人无未经批准占地建房案件，无私自扩大用地面积现象，无私自变更土地使用用途等现象。

二、“三无”村标准

1991年8月，魏县土地管理局利用一个月时间，在德政镇后小寨村进行了试点，利用经验，制定了创建“三无”村达标标准，及时在全县推广。

（一）无未批先占土地

农村群众无未批先占土地行为。申请宅基地，村办、个户办企业用地，均能在履行批准手续后占地，无超面积占地现象。

（二）无违法管地

农村干部带头执行国家土地法律法规，管好本村土地，无违法管地。在划分农村庄基地时，实行村民建房户数、申请建房户名单、建房审批结果“三公开”制度，不优亲厚友，办事公正。

（三）无乱取土

农村村民建房用土由所在村委会统一规划和合理安排，指定取土区域，限制取土深度，及时复耕，无乱取土毁坏耕地现象。

第二节　“三无”乡（镇）村目标措施及效果

1991 年 7 月，魏县土地管理局以魏土（1991）1 号文件形式印发到各乡（镇）人民政府及乡（镇）土地管理所，就开展“三无”乡（镇）、村活动，结合本县实际，制定工作目标措施。

一、工作目标。1991 年 8 月，在创建“三无”乡（镇）、村活动中，魏县土地管理局对各乡（镇）、村进行分类排队，定出目标，规定 1991 年每个乡（镇）要有 25% 的村达到“三无”标准；1992 年每个乡（镇）要有 60% 的村达到“三无”标准；1993 年，每个乡（镇）有 80% 以上的村达到“三无”标准。

二、工作措施。1991 年 8 月，在创建“三无”乡（镇）、村活动中，魏县土地管理局在抓好面上工作的同时，抓好创建“三无”工作，实行局领导挂帅，股室包建乡（镇），土地管理所包建置村。各股室、土地管理所与局签订了责任书，明确责任人，列入年底目标考核，每半年检查一次，年底验收。凡验收达到标准的，授单位奖旗一面，奖责任人现金 50 元。达不到“三无”标准的，除通报批评外，罚款 30 元，保证年底验收时按工作目标达到“三无”标准。同时，魏县土地管理局立足本县实际，运用电视台、报刊、板报、图片展览，义务咨询等多种形式和舆论工具，开展宣传教育活动，做到乡乡到，村村进、户户讲，使广大基层干部和群众从思想上统一认识，明白保护土地和创建“三无”乡（镇）、村的目的和意义，提高知法和守法的自觉性。

1992 年 4 月 11，魏县土地管理局在牙里镇召开创建“三无”乡（镇）、村活动专题现场会。会上，牙里镇、院堡乡、西康疃乡介绍创建“三无”乡（镇）、村的活动情况。5 月 20 日，魏县人民政府召开由各乡（镇）分管乡（镇）长，土地管理所全体参加的土地管理工作会议，县政府领导肯定了创建“三无”乡（镇）、村活动的成绩，同时找出存在的问题，制定了改进措施，

三、效果。1991 年建立“三无”乡（镇）5 个，“三无”村 48 个。

1992 年 10 月，魏城镇常小庄村村民常芝，全家 9 口人，两儿子都已结婚，还挤在一个院内，有人劝他在自己分得的闲散地内建几间房，常芝说：“咱不干这违法的事”。按规定向村委会递交了庄基地申请书。魏县土地管理局还利用典型案件教育群众。魏县白仕望乡南辛寨村李某，未经批准在耕地建房，在魏县人民法院配合下，对其强行拆除，并召开现场会，将拆除情况录成磁带，在全县巡回宣传。当年建立“三无”乡（镇）10 个；“三无”村 120 个。

1995 年 5 月，魏县共有 20 个乡（镇）达到“三无”乡（镇）标准，占全县乡（镇）总数的 87%，“三无”村达标 452 个，占全县行政村总数的 84%，1995 年 12 月，达到“三

无”标准的乡（镇）有：魏城镇、棘针寨乡、沙口集乡、德政镇、西康疃乡、野胡拐乡、仕望集乡、北皋镇、院堡乡、大磨乡、泊口乡、双井镇、边马乡、南双庙乡、大辛庄乡、牙里镇、张二庄乡、车往镇、回隆镇、大马村乡、白仕望乡、东代固乡，共计22个乡（镇）达到“三无”乡（镇）标准，占全县乡（镇）总数的95%。

1991年、1993年、1994年、1995年分别被河北省土地管理局评为“土地执法模范县”。

1995年，牙里镇被国家土地管理局评为“土地管理三无乡（镇）”活动先进乡（镇）。

第七编

土 地 质 量

土地质量是指土地健康条件，尤其是指土地利用和环境管理的可持续性能力。

魏县地处河北省南端，冀豫两省交界处，邯郸市东南部。位于北纬 36°3′36″～36°26′30″，东经 114°43′42″～115°07′24″之间。华北平原腹地，太行山东麓。地貌属山前平原。县境地势平坦，自西向东缓缓倾斜，海拔多在 45.5 米至 58.5 米之间。其土地特点、土壤质量、粮棉种植、林果栽培，与山区土地土壤有别，与周围诸县植物种类各有不同。优越的地理位置与良好的自然条件，为魏县农业、牧业、林业发展奠定了良好基础，特别为魏县鸭梨生长，提供了优越的自然条件。

第一章　地貌与土壤

魏县属华北地带南段宁晋断陷区。地形地貌是第四纪后漳河携带大量泥沙冲积而成的扇形平原。在漳、卫河河床两侧，南北防洪堤内形成了河漫滩。漳河河漫滩在王村以西多为沙壤土和沙质土，王村以东多为轻壤土和沙壤土；卫河河漫滩均为沙壤土，形成了北皋镇、沙口集乡一带洼地；漳河及漳南之间，仓口至小汪，台头至大马村一带洼地；在张二庄故道以南、卫河以北形成张二庄至大严屯一带洼地，这块洼地为静水沉积的粘质土和中壤土。德政镇王庄以西多为中壤，以东多为粘土。

由于地形条件的改变，影响着土壤排水、积水状况及水、气、热的再分配，进而影响着土壤的发育。在相对地形部位较高，成土年龄较长的漳北故道冲积扇，地下水较深，土壤受降雨和灌溉淋溶，粘粒下移，心土粘化作用明显，常见假菌丝体，在地下水升降频繁干湿交替下，心土以下有氧化还原反应，底土常见锈纹锈斑，发育成潮褐土区。在土壤发育年龄较短，地下水位较浅的中南部，地下水直接参与成土过程，心土以下有锈纹锈斑，发育成潮土区。蒸发量大大超过降水量，是土壤盐渍化的气候条件，在潮土区的二坡地下缘和洼地边周，盐分随地下水上升聚于地表，形成盐化潮土区。但由于近几年长期干旱，地下水位大幅度下降，加上人工改造，盐化潮土已向脱盐化方向转化。

魏县成土母质单一，至2016年，全县土壤发育在近代漳河冲积母质上，水平方向的质地变化，服从于紧沙、漫淤、不紧不慢出两合土的沉积规律。从缓岗向洼地过渡，沉积物则由粗到细，随漫流方向展开，大体成带状分布。垂直方向，沉积物相互覆盖，且因地形的变化影响了沉积的厚度和层次，使沉积物粗细相间，多呈透镜体，土体构型复杂，土壤种类繁多。

第一节　地质地貌

一、地质

魏县属华北地带南段宁晋断陷区，魏境分布着新生代第三纪和第四纪地层。第四纪地层厚度大约在500－600米，大部分是河流冲积、洪积沉积物。底板埋深在20－70米之间，岩性为粉、细中沙，局部粗砾沙，岩性特征以灰黄、褐黄色砂粘土夹砂层为主，另有黑色淤泥质粘性土夹粉细沙层结构疏松，底板埋深 70－200 米之间，岩性以粗砂为主，局部砾石，属于上更新统地层，为冲积沉积物，西浅东深。其特征为灰黄、棕色或浅棕黄色沙粘土及沙粘土夹砂层粘性土，见黄土状结物。埋深 200－420 米，属中更新统地层，为黄河冲积、洪积沉积物。其特征上段为锈黄、红黄、棕褐色粘性土夹锈黄色沙层，土层内见长石及钙质小白点，具有黄土状碎块结物；下段为棕红、棕褐色粘性夹砂层。埋深在 400－600 米，属于下更新统地层，是冲积湖积冰水沉积物。其岩性特征为红色、紫色、紫灰色或灰绿色粘土及沙粘土夹砂层，粘土细赋，有灰白条纹和斑点。埋深 580 米－1200 米，属于河相、湖相沉积地层，其岩性特征为深红棕、棕黄色及少量兰灰色的泥岩、砂质泥岩与粉、细砂岩、中粗砂岩及含砾粗砂石呈不等厚互层状，含丰富锰质结核及钙质结核。埋深 1200－1620 米，为河湖沉积成地层，其岩性特征上，中部为深红棕、灰黄、兰灰色泥岩、砂质泥岩与中、粗砂岩、粉、细砂岩呈不等厚互层状。下部以红棕、浅紫、灰黄、兰灰色泥岩、砂质泥岩、夹粉、细砂岩。底部为一层含石英、燧石中砂岩性，是主要的热储含水层，1620－1750 米（未穿）属下第三系下新统河湖相、近海相成因地层，其岩性特征为红棕、棕黄、兰灰色及少量紫红色泥岩、砂质泥岩、间夹中细粒砂岩，为主要热储含水层。见魏县地层结构表

魏县地层结构表

表 7－1－1－1　　　　单位：米

<table>
<tr><td colspan="3">地层分期</td><td rowspan="2">埋藏深度</td><td rowspan="2">成因类型</td><td>沉积物岩性特征</td><td>矿化度</td></tr>
<tr><td colspan="2">统</td><td>段</td><td></td><td><1</td></tr>
<tr><td colspan="2" rowspan="2">全新统</td><td>上</td><td>0－18</td><td rowspan="2">近代冲积</td><td rowspan="2">灰黄、褐黄色粘沙土、沙粘土夹沙层，结构疏松</td><td></td></tr>
<tr><td>下</td><td>18－70</td><td></td></tr>
<tr><td rowspan="5">更新统</td><td rowspan="2">上更新统</td><td>上</td><td>70－110</td><td rowspan="2">冲积</td><td rowspan="2">灰黄、浅棕黄色粘沙土、沙粘土夹沙层，结构较为松散</td><td rowspan="2"></td></tr>
<tr><td>下</td><td>110－200</td></tr>
<tr><td rowspan="2">中更新统</td><td>上</td><td>200－360</td><td rowspan="2">冲积</td><td rowspan="2">上段锈黄色棕色粘土夹沙层。下段棕红色、棕褐色粘土夹沙层，结构稍疏松</td><td rowspan="2"></td></tr>
<tr><td>下</td><td>360－420</td></tr>
<tr><td>下更新统</td><td></td><td>420－560</td><td>冲积</td><td>红棕色、棕色偶见紫红色厚层粘土夹灰绿、锈黄色细沙粉细沙</td><td><1</td></tr>
<tr><td rowspan="2">上第三纪</td><td colspan="2">上新统</td><td>600－1000</td><td></td><td>粘土夹灰白点，偶带岩石点</td><td></td></tr>
<tr><td colspan="2">下新统</td><td>1000－1800</td><td></td><td>棕黄、浅棕色粘土层、砂质粘土岩与浅棕色粉砂岩</td><td></td></tr>
</table>

续表

地层分期		埋藏深度	成因类型	沉积物岩性特征	矿化度
统	段				<1
下第三纪	渐上新统	1800－2500 未揭穿			
	渐下新统	2500 米以下未揭穿			

二、地貌

地貌是地球表面各种形态的总称，也叫地形。

（一）地貌特征：魏域是古黄河冲积而成的华北平原一部分，地表平坦，地势由西南向东北缓缓倾斜。地面开阔平整，一望无际。海拔高度在 45.5 米～58.5 米之间。地面坡降为 1/2300。漳河于县西南入境，从县中部向东南方向横贯全境。境内流长 32.3 公里；卫河（御河）于县南部入境，曾从南到北流入全境。因多次滚动，现位于县域南端，流经魏境八个村庄，全长 15.9 公里。因历代河水为患，两河在境内改道频繁，境内形成明显河流故道有 5 条：即院堡（古称院家堡）至县域北至邵村故道；车往至双井至大马村故道；车往至牙里至王井故道；张二庄至紫岗故道；回隆至河南省故道等，形成魏域故道缓岗、漳卫河滩地、缓斜平地等河间凹地，这是魏境独特的地貌特点。另外，由于历代人民为抗击水患造成的伤害，先后在河流两侧筑有防水堤防多条；中华人民共和国成立后，先后开挖了东风渠、跃进渠、丰收渠等 8 条干支渠道，纵横交错，全长 103.7 公里。2000 年，中共魏县县委、人民政府实施以城市建设带动县域经济发展的战略；2008 年实施三年大变样，依照魏县梨乡水城的战略，先后开扩、新建道路多条，实施环县域生态水网工程，开挖环城湖、河，增加水面 600 公顷，这些人为工程，使魏县部分地貌发生了巨大变化。

（二）地貌类型及分布：1、故道缓岗：为河道自然堤，一般高出地面 0.5 至 2 米，土质以沙壤土为主，地势起伏不平。位于境内 5 条河流故道两侧，面积约 8293.33 公顷，占全县耕地的 12.83%。

2、滩地：分布在河流防洪堤内，共约 4600 公顷，占全县耕地面积的 7.11%。

3、缓斜平地：分布在缓岗与河间洼地之间的开阔地带，面积共约 4750 公顷，占全县耕地的 7.35%。

4、河间洼地：分布在故道之间，地面比周围低 0.5 米左右，主要分布在德政、沙口集以北，安张庄、大庄以南，薛庄至双井至大马村和张二庄至大严屯、紫岗一带，面积约 13300 公顷，占全县耕地面积的 20.57%。

第二节　土　　壤

土壤是土地资源的重要组成要素，其理化性质及生产能力直接影响甚至决定着土地资源的特性和适宜性。土壤质地含量基本上反映了土壤的耕作性能及保水、保肥性能，而土壤有机质则反映了土壤肥力的高低。中性土壤适宜多数作物生长，而强酸性土壤和强碱性土壤经过改良才能使用。

一、土壤分类

魏县土壤是耕种历史悠久的农业土壤，在自然条件和耕种措施的长期作用下，形成不同类型的土壤。依据土壤发生学的观点，把自然土壤和农业土壤视为有机整体，以土体条件、土体构型、肥力状况为基础，以诊断层次的差异为依据，采取土类、亚类、土属、土种四级分类系统。2016 年，魏县土壤分为：2 个土类、3 个亚类、8 个土属、59 个土种。

土壤类型命名采取连续命名的学术名称，即表层质地——间层状况一亚类，盐化土壤的命名是表层质地一间层一盐化程度分组成（亚类）。根据土壤分类原则，魏县土壤分类见表 7－1－2－1

魏县土壤分类情况表

表 7－1－2－1　　单位：个　公顷

<table>
<tr><th>土类</th><th>面积
（公顷）</th><th>亚类</th><th>面积
（公顷）</th><th>土属
名称</th><th>土种
（个数）</th><th>面积
（公顷）</th><th>占土壤
面积%</th></tr>
<tr><td rowspan="3">褐土</td><td rowspan="3">15582. 6</td><td rowspan="3">潮褐土</td><td rowspan="3">15582. 6</td><td>沙质潮褐土</td><td>1</td><td>86. 05</td><td>0. 12</td></tr>
<tr><td>壤质潮褐土</td><td>14</td><td>14552. 27</td><td>20. 17</td></tr>
<tr><td>粘质潮褐土</td><td>2</td><td>944. 3</td><td>1. 3</td></tr>
<tr><td rowspan="5">潮土</td><td rowspan="5">56569. 5</td><td rowspan="3">潮土</td><td rowspan="3">55115. 3</td><td>沙质潮土</td><td>3</td><td>694. 27</td><td>0. 96</td></tr>
<tr><td>壤质潮土</td><td>21</td><td>45726. 6</td><td>63. 4</td></tr>
<tr><td>粘质潮土</td><td>9</td><td>8694. 47</td><td>12. 04</td></tr>
<tr><td rowspan="2">盐化
潮土</td><td rowspan="2">1454. 2</td><td>SO4－CL
盐化潮土</td><td>6</td><td>967. 7</td><td>1. 34</td></tr>
<tr><td>CL－SO4
盐化潮土</td><td>3</td><td>486. 5</td><td>0. 67</td></tr>
</table>

注：表中数据为 1983 年第二次土壤普查数

二、土壤分布

（一）沙质潮褐土：主要分布在院堡乡漳河故道河床上，面积很小。

（二）壤质潮褐土：主要分布在漳北故道两侧二坡地上的院堡乡、魏城镇、棘针寨乡、东代固乡，以及北皋镇、德政镇、沙口集等乡镇的北部。

（三）粘质潮褐土：主要分布在棘针寨乡、东代固等乡的低地平面上，面积较小。

（四）沙质潮土：零星分布在野胡拐乡王村以西漳河河漫滩，南双庙河岸上和双井镇东王村两个漳河分洪决口冲积锥，泊口乡的王野冲村、赵野冲村，牙里镇的张辉屯村一带漳河故河道上。

（五）壤质潮土：除潮褐土区外，全县其他各乡都有分布，主要分布在漳河两侧和漳南几条缓岗两侧的二坡地上。

（六）粘质潮土：粘质潮土分布的主要地貌类型是扇间洼地。主要分布有三大块，一是德政镇中部和沙口集乡中部连成一块。二是薛庄村、双井镇、大辛庄乡、大马村乡一线。三是张二庄乡一带。其他各乡也有零星分布。

（七）盐化潮土：硫酸盐—氯化物盐化潮土，主要分布在大辛庄乡、边马乡、双井镇接壤处的二坡地下缘；氯化物—硫酸盐化潮土，主要分布在薛庄、崔野冲之间的二坡地下缘。全县盐化潮土面积分布较小。

三、土壤特征及养分含量

（一）潮褐土类：只包含一个潮褐土亚类，总面积 15582.6 公顷。占土壤总面积的 24.1%，分三个土属、17 个土种。总的特征是：表土灰棕色，屑状结构，熟化程度较高，土体沉积层次明显，受机械淋溶影响，心土有明显粘化现象，40－90 厘米有假菌丝体，底土常见锈纹锈斑。

1、沙质潮褐土属：包含沙质潮褐土一个土种，发育在明清两代漳北故道主流沉积母质上，面积 86.05 公顷，占全县土壤面积的 0.12%。

沙质潮褐土大部分为通体沙质，无明显层次，有部分土体出现沙壤间层。不保水、不保肥，土壤肥力低，耕作层有机质 0.14%、全氮 0.018%、碱解氮 38.7mg/kg、速效磷 1.82 mg/kg、速效钾 43 mg/kg，宜种植果树或材林。

2、壤质潮褐土属：发育在漳北故道两侧二坡地上，表层地随缓岗向低平地过渡而成沙壤——轻壤——中壤过度，沙粘适中。土色较鲜，受机械淋溶，土层粘化现象明显，30－90 厘米有假菌丝体，底土有锈纹锈斑。依据土壤构型的不同，该土属分为 14 个土种。现就分布面积较大的 9 个土种：

（1）沙壤质潮褐土：分布在漳北故道两侧缓岗及二坡地上部，面积 1003.1 公顷，占土壤面积 1.4%。土壤构型以通体沙壤为主，有部分地片土体中有轻壤或沙土间层。土壤稍有结构，表土一般为屑粒状，30－60 厘米有假菌丝体。土壤耕性和通透性都好，但保水保肥性差，发小苗不发老苗，耕作层有机质含量 0.78%左右，全氮 0.068%，速效磷 6mg/kg，速效钾 120mg/kg，利用上以种植果树、棉花、红薯为主。

（2）沙壤质腰粘潮褐土：面积 12807 公顷，占土壤总面积的 0.2%，以东代固乡为主。沙壤质腰粘潮褐土，土体构造上松下紧，是蒙金型土壤，表层疏松通气，耕性良好，心土土质粘重，保水保肥。但面积较小，利用上以棉花，果树为主。耕作层养分为有机制 0.915%、全氮 0.785%、碱解氮 112.7mg/kg、速效磷 5.13mg/kg、速效钾 140mg/kg。

（3）轻壤质潮褐土：群众称二合土。连片分布在漳北故道两侧二坡地上半部。面积 9614 公顷，占土壤面积的 13.3%，是潮褐土亚类中面积最大的土种。表层轻壤，心底土大部分为轻壤，也有中壤或沙壤间层，30－100 厘米有假菌丝体，一米以下质地较为复杂，该土体构型较好，通透性和耕性都较好，一般耕作层有机质 0.79%，全氮 0.078%，速效磷 8mg/kg（高的可达 30mg/kg），速效钾 155 mg/kg，熟化程度高，适宜种植鸭梨、苹果、桃、杏等水果和各种农作物。

（4）轻壤质底沙潮褐土：主要分布在北皋镇的刘岗一带及魏城镇等，面积 318.87 公顷，占全县土壤面积的 0.44%，其土体构造是上紧下松，表层为轻壤疏松通气，心土多为轻壤，少部分为中壤和沙壤。30－60 厘米常见假菌丝体，底土有较厚沙土层，漏水漏肥现象明显，耕作层养分：有机制 0.89%、全氮 0.065%、速效磷 5.7mg/kg、速效钾 110mg/kg，适宜种植各种植物。

（5）轻壤质夹粘潮褐土：主要分布在棘针寨乡、魏城镇、东代固乡等乡镇。面积 238.2 公顷，占全县土壤面积的 0.35%。该土种心土有薄层重壤间层，有一定的保水保肥作用，活土层 18－20 厘米，疏松易耕，通透性强，底土沙壤至中壤间有，适宜种植鸭梨和各种果树。

（6）轻壤质腰粘潮褐土：表土轻壤，心土有 20－44 厘米粘土间层，面积 495.287 公顷，占土壤总面积 0.69%。主要分布在魏城镇、院堡乡等乡镇。该土种有较好的土体构型，表层轻壤，疏松通气，耕性好，心土中有中层厚度的重壤，保水保肥，适宜多种作物生长。耕作层有机质含量 0.92%，全氮 0.075%，速效磷 6.8mg/kg，速效钾 148mg/kg，适宜种植果树和小麦玉米等农作物。

（7）轻壤质底粘潮褐土：面积 73.3 公顷，占全县土壤面积的 1.02%，主要分布在院堡乡南部，魏城镇北部及西南温一带，该土种有较好的土体构型，表土轻壤，50 厘米以下有 20－90 厘米的重壤间层。上松下紧、表土疏松，通透性较好，保水保肥，是优质的农业土壤。耕作层有机质平均 0.939%。全氮 0.0717%，速效磷 7.8 mg/kg、速效钾 128.7mg/kg，适宜种植树和农作物。

（8）中壤质潮褐土：面积 2090.7 公顷，占土壤总面积的 2.9%，主要分布在北皋镇、魏城镇的白仕望、棘针寨乡、东代固乡、沙口集乡的大庄村等地的二坡地下部。该土种表层较轻壤粘重，熟化程度高，但易起坷垃，心底土较紧实，保水保肥力较强，土壤比较肥沃，耕作层养分各取样之间差异较大，有机质平均 1.07%、全氮平均 0.079%、碱解 N68.5 mg/kg、速效钾 157.9mg/kg，适宜种植果树和农作物。

（9）中壤质底沙潮褐土：面积 1485.2 公顷，占土壤总面积的 2.06%，主要分布在北皋镇东部和北部、白仕望乡南部、棘针寨乡北部、大庄村一带。该土种有明显的上紧下松土体构型，但由于表土中壤，熟化度较高，心土层大部分有30厘米左右的中壤或重壤，阻止水肥下渗，故仍有较好的保肥保水能力，耕作层有机质平均含量1.07%，全氮0.8%、碱解氮62.5mg/kg、速效磷6.5mg/kg、速效钾178mg/kg，适宜种植小麦、玉米、谷子、大豆种植。

（二）粘质潮褐土属：面积944.3公顷，占土壤总面积的1.3%，分布在棘针寨和东代固乡地形较低的地方，该土属又分布为2个土种：

1、重壤质潮褐土：通体以重壤为主，部分地片有中壤间层，面积309公顷，占全县土壤面积的0.4%，该土种通常土质粘重，不易耕作，易旱易涝，但土壤自然肥力较高，生产潜力较大。耕作层有机质平均1.14%、全氮0.09%、速效磷7.3mg/kg、速效钾195mg/kg，有利于农作物生长。

2、重壤质底沙潮褐土：面积635.27公顷，占土壤总面积的0.88%，分布在棘针寨乡北部和东代固乡南部。该土种土壤粘重，有明显上紧下松土体构型，表土通透性和耕性都差，底土有较厚沙壤层，不利保水保肥，但由于沙壤出现部位较深，上部粘土层较厚，水肥下渗不太明显，所以土壤仍有较好肥力。耕作层有机质平均1.18%、全氮0.088%、速效磷10.8mg/kg、速效钾195mg/kg，适宜种植各种农作物。

（三）潮土土类：潮土是魏县主要农业土壤，分布面积56569.5公顷，占全县土壤面积的78.4%，其中包括潮土、盐化潮土2个亚类；沙质潮土、壤质潮土、粘质潮土、硫酸盐氯化物盐化潮土、氯化物硫盐盐化潮土5个土属，42个土种，适宜种植粮、棉、油菜等。

（四）潮土亚类：是魏县面积较大的土壤类型，面积55049.8公顷，占全县土壤面积76.3%。总的性态特征是：表土灰棕色，屑状或碎块状结构，土体内沉积层次明显，地下水参与成土过程，底土有锈纹锈斑。按冲积物类型可分为沙土、壤土、粘土3个土属，33个土种。现状面积在千亩以上的24个土种如下：

1、沙质潮土：发育在漳河主流沉积母质上，面积629.9公顷，占土壤总面积的0.87%。主要分布在野胡拐乡、前大磨乡南部、北皋镇南部以及泊口乡北部、牙里镇北部、车往镇南部漳河故道上，南双庙乡河岸上、双井镇小王村以东漳河决口冲积锥上。该土种以通体土为主，单粒结构，无明显层次，不保水不保肥，土壤肥力低，以种植林果为主。耕作层养分低，有机质0.195%、全氮0.022%、速效磷2.67mg/kg、速效钾45mg/kg，适宜种植各种农作物。

2、沙质底粘潮土：表土沙质，50厘米以下出现厚层重壤而命名，是1956年漳河河岸上向南分洪侵蚀表土，喷沙覆盖耕地心底上形成了，面积74.8公顷，占土壤总面积的0.13%。该土种上松下紧，保水保肥性能较好，但由于表土沙层较厚，耕作层养分含量低，底土养分含量较高。耕作层有机质含量0.37%、全氮0.04%、速效磷2.6mg/kg、速效钾54mg/kg，适宜小麦、玉米等农作物生长。

3、沙壤质潮土：发育在缓岗和接近缓岗的二坡地上部，面积5805.19公顷，占全县土壤面积的8.05%，沙壤质潮土土体构型较复杂，表土沙壤，心土沙壤、轻壤、沙土都有，但出现部位和厚度不一。该土种保水保肥性能不同，所以耕作层养分状况差异也较大，有机质含量为0.49% -1.176%，全氮0.032 -0.071%、速效磷1.54 -11.176mg/kg，适宜种植棉花和花生。

4、沙壤质腰壤潮土：面积259.9公顷，占总土壤面积的0.38%，主要分布在车往镇、北皋镇的康疃一带、张二庄乡的大严屯一带。该土种表土疏松通气，耕性好，心土有中壤间层，保水保肥能力较好。耕作层有机质平均含量0.87%，速效磷5.54mg/kg，是小麦、玉米的主产区。

5、沙壤质腰粘潮土：面积85.37公顷，占总土壤面积的0.12%，主要分布在泊口乡、北台头乡、南双庙乡。该土种具有上松下紧土体构型，耕作层疏松通气，耕性好，心土有较厚重壤间层，保水保肥作用好，即有利于作物苗期生长，又保证了作物后期发育，耕作层有机质平均含量0.822%，速效磷平均为6.56mg/kg，适宜种植小麦、玉米。

6、沙壤质底粘潮土：面积1439.1公顷，占全县总土壤面积的1.99%，主要分布在双庙乡、双井镇、北台头乡、车往镇、前大磨乡。该土种土体构型上松下紧，活土层疏松通气，耕性好，底层重壤间层较厚，有一定保水保肥性能，但由于上部沙壤较厚，土壤肥力不高，耕作层有机质平均含量0.77%、全氮0.053%、速效磷3.94mg/kg、速效钾94mg/kg，适宜种植棉花、大豆、花生。

7、轻壤质潮土：魏县分布面积最大的土壤类型，面积14811.7公顷，占魏县土壤总面积的20.5%，主要分布在中南部。该土种土体构型复杂，活土层轻壤，18 -24厘米，活土层疏松通气，耕性良好，犁底层不明显，心土沙壤——中壤，底层沙壤——重壤，土体构型好，土壤水肥气热比较协调，土壤有较好肥力。耕作层有机质0.97%、全氮0.0697%、速效磷5.12mg/kg、速效钾138mg/kg。但因蒸发量大大超过降水量，土壤毛管作用强烈，地下水上升较高，盐分易积于地表，故使土壤产生次生盐渍化的危险，适宜种植小麦、玉米、高粱农作物。

8、蒙金型轻壤质潮土：是表土轻壤，而在土体种出现重壤间层的土壤类型。根据重壤间层出现的部位和厚度可分为夹粘（浅位薄层），腰粘（浅位中层）、体粘（浅位厚层）、底粘（深位厚层）4个土种。其中轻壤夹粘潮土面积504.5公顷，分布在沙口集乡、野胡拐乡、白枣林乡、牙里镇一带及其他乡镇；轻壤底粘潮土，面积3466.3公顷，分布在野胡拐乡、前大磨乡、南双庙等乡镇。蒙金型轻壤质潮土都具有上轻下重的土体构型，表土轻壤，活动土层18 -25厘米，水、肥、气、热比较协调，土壤温度较高，适宜作物力的苗期生长。心土有较厚重壤间层保水保肥，有利于作物中后期发育，是建设高产稳产田理想的土壤类型。魏县耕作层有机质含量平均0.974%、全氮0.074%、速效磷2.32mg/kg、速效钾111mg/kg，是魏县棉花基地。

9、漏沙型轻壤质潮土：土体中出现障碍性沙土间层的土壤类型。依据沙土层出现的部位和厚度，可分为夹沙、腰沙、体沙、底沙4个土种。其中轻壤夹沙潮土面积33.07公顷，分布在沙口集乡、南双庙乡、牙里镇、车往镇等乡镇；轻壤腰沙潮土，面积535.4公顷，分布在回隆、沙口集、前大磨、南双庙等乡镇；轻壤体沙潮土，面积382.2公顷，分布在台头乡、泊口乡、双井镇、牙里镇等乡镇；轻壤底沙潮土，面积1303.5公顷，分布在边马乡、牙里镇、泊口乡、回隆镇等乡镇。漏沙型轻壤质潮土都具有上紧下松的土体构型，表土轻壤疏松，通透性适中，耕性良好，作物苗期生长良好，而土体中出现的沙层易漏水漏肥，且沙层出现部位越高，厚度越大，对作物影响亦越大，作物生长的中后期易脱水脱肥，导致作物早衰。耕作层养分为：有机质1.03%、全氮0.075%、速效磷2.6mg/kg、速效钾110mg/kg，适宜种植棉花、花生、豆类。

10、中壤质潮土：魏县分布面积较大的土壤类型，在全县潮土区各乡镇均有分布。以沙口集乡、野胡拐乡、双井镇、大马村乡、大辛庄乡、边马乡、张二庄乡、回隆镇、南双庙乡等乡镇分布面积较大。面积9094.2公顷，占全县土壤面积12.6%。中壤质潮土熟化程度较高，表土中壤，心底土常有轻壤和重壤间层，是轻壤向重壤过度性土壤。因整个土体质地较重，保水保肥性能较好，养分含量较高，但通透性较差，土壤空气少，温度低。耕作层有机质平均1.16%、全氮76.8%、速效磷6.7mg/kg、速效钾177mg/kg，宜种植小麦、玉米。

11、漏沙型中壤质潮土：中壤质潮土土体中出现沙土或沙壤间层的土壤类型。依据沙层出现部位和厚度又分为夹沙（浅位薄层）、腰沙（浅位中层）、体沙（浅位厚层）、底沙（深位厚层）4个土种。其分布面积为：中壤质夹沙潮土，面积324.3公顷，分布在德政、南双庙乡、张二庄乡等乡镇；中壤腰沙潮土，面积1550.8公顷，分布在北皋镇、牙里镇、张二庄等乡镇；中壤体沙潮土，面积1134.7公顷，分布在双井镇、边马乡、牙里镇、车往镇等乡镇；中壤底沙潮土，面积3284.5公顷，分布在沙口集乡、车住镇、仕望集乡等乡镇。该土种土体具有上紧中松或上紧下松的土体构型。上部中壤31－53厘米，质土稍偏粘重，耕性比较良好，但易起小坷垃，有较好的保水保肥性。下部心底土有不同层位和厚度的沙层，易漏水漏肥，而且沙层出现部位越偏上，厚度越大，对农业生产影响就越大。由于底层质地差异较大，所以底层养分的回升程度也有差异。耕作层养分为：有机质0.95%，全氮0.08%，速效磷3.17mg/kg，速效钾129.7mg/kg，盛产小麦、玉米。

12、重壤质潮土：通体以重壤为主，部分地块有中壤间层，面积3775.8公顷，占全县土壤面积的5.2%，主要分布在张二庄乡、大马村乡、大辛庄乡、双井镇、德政镇、沙口集乡等乡镇。该土种通体土质粘重，土体内外排水不畅，湿时泥泞，干时紧硬，通气性和耕性都差，土壤比较肥沃，但土性冷凉，养分分解缓慢，前劲小，后劲足，发老苗不发小苗，耕作层有机质1.33%，全氮0.084%，速效磷9.07mg/kg，速效钾198mg/kg，适宜种植玉米、高粱、豆类等。

13、重壤质底壤潮土：表层为重壤，50厘米以下出现厚度轻壤间层的土壤类型，主要分布在张二庄乡、大马村乡、边马乡、南双庙乡、沙口集乡等乡镇，面积2651.5公顷，占全县土壤总面积的3.6%。该土种上紧下松，50厘米以上土质粘重，通透性和耕作性都差，50厘米以下有较厚轻壤间层，使之产生较好的通透性，土壤空气较多，温度也有所提高，有利于植物根系下扎，土壤保水肥性能没有显著降低。耕作层有机质含量1.22%，全氮0.1%，碱解氮97.5mg/kg，速效磷7.42mg/kg，速效钾241mg/kg，适宜种植小麦、玉米、高粱。

14、漏沙型重壤潮土：表土为重壤，心土和底土中出现沙层的土壤类型，依据沙层出现的部位和厚度，分为夹沙、腰沙、体沙、底沙 4 个土种。其分布为：重壤夹沙潮土，面积 16.3 公顷，主要分布在大马村乡；重壤腰沙潮土，面积 275 公顷，主要分布在南双庙乡、张二庄乡、泊口乡等乡镇；重壤体沙潮土，面积 200.3 公顷，主要分布在南双庙乡、大马村乡、边马乡等乡镇；重壤底沙朝土，面积 1073.5 公顷，主要分布在德政、大马村乡、车往镇、大辛庄乡、张二庄乡等乡镇。漏沙型重壤质潮土都是具有明显的上紧下松土体构型，活土层 20 厘米左右，质地粘量，耕性差，心底上有一定的漏水漏肥性。但由于上部有 34－60 厘米的重壤，因此耕作层仍有较高的养分含量，耕作层有机质 1.2%，全氮 0.085%，速效磷 5mg/kg，速效钾 182mg/kg，适宜种植棉花、红薯、花生、芝麻等。

（五）盐水潮土盐类：面积 1454.2 公顷。主要分布在双井镇、边马乡、大辛庄乡 3 乡镇接壤一带和双庙、泊口乡的低平地周围。按其盐分组成分硫酸盐一氯化物盐化潮土和氯化物一硫酸盐盐化潮土两个土属，又按盐分含量、表层质地和间层结构划分为 9 个土种。现以分布面积较大的 5 个土种分述如下：

1、轻壤质轻盐化硫酸盐一氯化物盐化潮土：主要分布在大辛庄乡、边马乡，面积 237.3 公顷。旱季耕作层全盐量 0.097－0.142%，拿苗七成以上，旱季地表可见盐霜，雨后板结，气热不足。种植作物以小麦、玉米、棉花为主。耕作层养分为：有机质 0.75%，全氮 0.049%，速效磷 3.6mg/kg。速效钾 127mg/kg。

2、中壤质中盐化硫酸盐一氯化物盐化潮土：主要分布在边马乡，面积 137.6 公顷。旱季耕作层全盐含量 0.49%，地表有明显盐霜，雨后易形成潮湿油亮盐结皮。随着地下水位下降，盐化程度有所改善，但是由于其土体结构紧密，空气少，温度低，影响作物生长发育，特别对苗期影响较大，一般拿 5－7 成苗。因此，增施有机肥，深耕翻，勤中耕就非常必要。耕作层养分含量：土壤有机质 0.92%，全氮 0.066%，速效磷 10.3mg/kg，速效钾 105.8mg/kg。

3、中壤质底沙重盐化硫酸盐一氯化物盐化潮土：主要分布在大辛庄乡、双井镇、边马乡 3 乡镇接壤一带，面积 280.9 公顷，占土壤总面积的 0.39%。现在，随着地下水位下降，盐分随着降雨和灌溉淋溶到下层，盐化程度有所改善。但总的来说，该土层土壤性较差，春季地表易起盐霜，影响作物苗期生长，一般拿 5 成苗。耕作层养分一般为：有机质 0.83%，全氮 0.08%，速效磷 7.4mg/kg，速效钾 169mg/kg。

4、轻壤质盐化氯化物一硫酸盐盐化潮土：主要分布在南双庙乡和泊口乡，面积 309 公顷，一般拿苗 7－8 成，耕作层有机质 0.65%，全氮 0.043%，速效磷 3.25mg/kg，速效钾 96mg/kg。

5、中壤质夹沙轻盐化氯化物一硫酸盐盐化潮土：分布在双庙乡，面积 120 公顷，旱季耕作层全盐含量 0.123%，拿 8 成苗，耕作层有机质 0.8%，全氮 0.0615%，速效磷 2.64mg/kg，速效钾 105mg/kg。

上述 5 类潮土、适宜种植粮、棉及各种水果。

四、土壤理化性质

（一）土壤的物理性质

土壤质地是土壤的重要农业性状，是影响土壤肥力高低、耕性好坏、生产性状优劣的基本因素之一。魏县土壤的成母质为近代漳河冲积物，土壤质地依附河流的沉积规律："紧沙、慢淤、不紧不慢出两合土"。漳河在魏县多次泛滥改道，沉积物相互覆盖，土壤沉积层理明显。

魏县耕作层土壤质地以壤质土（沙壤、轻壤、中壤）为主，耕地面积63585.5公顷，占土壤总面积的88%，是农业生产上一种理想的土壤。壤质土砂粘含量比较适宜，兼有砂土和粘土的优点，克服了砂土和粘土的缺点，因而表现出通气透水性良好，保水保肥性强、土温比较稳定，既发小苗又发老苗，适宜种植各种作物。粘质土面积9638.8公顷，占土壤总面积的13.36%。该土壤粘粒多，通透性差，内外排水不畅，易旱易涝，耕作困难。改良粘土结构，使之发挥有机养分含量高的特点，避其短处，生产潜力才能得以发挥。沙土780.3公顷，占土壤总面积的1.08%。该土壤易耕作，通透性好，但保水保肥性差，养分含量低，为宜林、宜改土壤。

（二）土体结构

魏县土壤质地在一米土体内排列组合较为复杂，但大体可分为松散性、蒙金性、漏沙性、紧实性、匀质型五种。

1、松散型：以通体沙质为主，无明显层次，包括沙质草甸褐土和沙质潮土，面积780.3公顷，占土壤总面积的1.08%。松散型土壤通透性强，易漏水漏雨肥、土壤肥力较低。通体沙壤土680.8公顷，占土壤总面积的9.44%，主要分布于漳河故道两侧、漳卫河河漫滩和决口扇形地上部。土壤通透性好，保水保肥性差，有前劲少后劲，作物易脱肥早衰，应以增施有机肥，提高土壤肥力。

2、蒙金型：是上松下紧的土体构型，表土为轻壤或沙壤，疏松通气，水、肥、气、热状况协调，有利于作物苗期生长。心土、底土则较紧实，托水保肥，作物后期供肥供水充足。该土体构型既发小苗又发老苗，是建设高产稳产农田的最佳土壤。面积9383.7公顷，占土壤总面积的13%。

3、漏沙型：是上紧下松的土体构型，表土轻壤或中壤，心底土有20－100厘米的沙土沙壤间层。土壤漏水漏肥，作物中后期易脱肥早衰。该土壤类型分布11092公顷，占土壤总面积的15.37%。

4、紧实型：土壤表层质地为重壤的土壤类型，面积9638.8公顷，占土壤总面积的13.36%。土壤质地粘重，通气透水性差，作物易受内涝灾害。保水保肥性强，有机质分解缓慢，自然肥力较高，而有效性较低，前劲小，后劲足。土性冷，温时泥泞，干时紧硬，耕性不良，群众称之为养老苗养小苗的冷土地。增施沙性有机肥，改良其结构，合理耕作和灌排适当，协调水、肥、气、热状况，是高产稳产粮食生产的基地。

5、夹层型：这类土壤为通体轻壤、中壤、或壤粘相间。土壤质地沙粘适中，通透性好，耕性适中，水、肥、气、热比较协调，肥劲平缓，发小苗又发老苗，适宜种植各种作物，俗称"两合土"，是魏县面积最大的农业土壤，其分布面积为3.45万公顷，占土壤总面积的47.74%。

（三）土壤结构

土壤结构是指土壤颗粒的排列形式、孔隙大小、分配特性及稳定程度。它影响土壤的水、肥、气、热及作物根系在土体中的穿透状况。因此，土壤结构的好坏，对土壤肥力因素、微生物活动及耕性都有很大影响。

土壤结构与各层次质地有密切关系。沙土多为单粒状结构，沙壤和轻壤多为屑粒状和屑状结构，中壤多为屑状或小块结构，重壤多为块状结构。魏县土壤有机质含量较低，对土壤颗粒的凝聚作用弱。其结构主要靠土壤中碳酸钙胶结，所以结构普遍较差，主要靠耕作、种植、施肥等农业措施创造临时性结构，以协调水、肥、气、热状况，可保障粮、棉丰收。

（四）土壤结构不良性状

1、板结：魏县土壤在灌水或大雨后，表层板结现象比较普遍。其原因有三：一是有机质含量少，耕作层多为屑状或碎块状结构，不稳定，遇雨或灌水后易分散，重新胶结而造成板结。二是质地比较均一，而且颗粒较细，易板结，三是碳酸钙含量较高，一般在4－7%。土壤板结加速了水分蒸发，使土壤紧实，影响大气与土壤的气体和热量的交换，从而影响作物生长发育。

2、坷垃：魏县耕作层土壤中壤和重壤的面积较大，由于质地粘重，耕性较差，往往因耕耙不及时或耕作粗放易形成坷垃，影响土壤保墒和作物的出苗及生长发育。

3、紧实：魏县土壤母质均为漳河冲积沉积物。心底土层受淋溶作用和灌溉、干湿交替、冻融交替等作用影响，多呈紧实的碎块和块状结构，土壤容重一般大于1.4克/cm^3，孔隙度小，不利于作物根系生长，同时对整个土体的空气状况、水分保管、物质转移、土温变化等都有一定影响。

（五）土壤容重和孔隙

魏县主要土壤表土容量一般为1.33－1.44克/cm^3，心土容量一般为1.4－1.59克/cm^3，底土容量一般为1.45－1.67克/ cm^3，孔隙度在40－49.8%之间。土壤容重偏高，总孔隙度偏小，土壤较紧实，对作物生长不利。但是，根据多年种植经验，农民已总结出在生产中增施有机肥，增加土壤有机质，改善土壤结构，提高耕翻质量，创造优良的土壤条件等方法，使小麦、玉米等农作物，达到了亩产500至600公斤。

五、土壤化学性质

（一）土壤养分含量水平

1993年，魏县对土壤耕作层养分进行化验，农业用地耕作层土壤有机质含量平均1.195%，变幅为0.49%－1.7%；全氮平均含量为0.0857%，变幅为0.0342%－0.1354%，碱解氮平均含量为64.7mg/kg，变幅为24－167mg/kg；速效磷平均含量为9.96mg/kg，变幅为1.3－31.7mg/kg；速效磷平均含量为84.4mg/kg，变幅为35－190mg/kg。见表7－1－2－2

1993 年魏县农业用地耕作层养分平均含量表

表 7 - 1 - 2 - 2　单位：公斤、克

项目＼含量	含量范围	平均值
有机质%	0. 347 - 1. 962	1. 195
全 N%	0. 0335	0. 0857
碱解 N mg/kg	24 - 111	64. 7
速效 P mg/kg	1. 24 - 55. 41	9. 96
速效 K mg/kg	35 - 190	84. 4

按照全国第二次土壤普查土壤养分分级指标，魏县土壤养分含量总体水平为有机质属中等水平，全氮含量属中等水平，碱解氮属中等水平，速效磷属中等水平，速效钾属中等水平，即总体上说，魏县耕作层养分含量为中等水平。至 2013 年未对大面积土壤进行重新化验。

（二）土壤酸碱性

1995 年，魏县土壤碳酸钙含量较高，耕作层 PH 值在 7 - 8. 5 之间，据测定，土壤 PH 值是 6. 5 - 7. 5 时，磷的有效性最高，PH 值在 7. 5 - 8. 5 时，土壤中的水溶性和弱酸溶性磷酸盐易于土壤中的钙离子形成磷酸三钙沉淀而降低磷的有效性，魏县土壤全磷含量高，而速效磷含量低，其主要原因就是 PH 值偏高，造成施入土壤中的速效磷被固定的结果。

（三）土壤代换量

土壤代换量也叫阳离子代换量，它的大小表示了土壤吸收养分和释放养分能力的大小，是显示土壤保肥、供肥能力强弱的重要指标。代换量大的土壤，其保肥能力强、供肥稳，作物不易脱肥，肥料利用率高；代换量小的则相反。魏县土壤代换量属中下等，一般多在 10 - 16me/100 克土。土壤代换量与土壤质地有明显相关性，随着土壤质地由轻变重，代换是由低到高，沙壤代换量在 6 - 12me/100 克土，轻壤代换量 12 - 14mr/100 克土，中壤代换量 13 - 19me/100 克土，重壤代换量 18 - 27me/100 克土。土壤代换量还与土壤有机质含量密切相关，有机质含量越高，其代换量越大。有机质含量在 1% 以上的，代换量多为 13 - 27me/100 克土，有机质在 0. 5 - 1% 的，代换量为 8 - 19me/100 克土，有机质小于 0. 5% ，代换量一般在 4 - 10me/100 克土。

（四）土壤可溶性盐与土壤盐化

魏县盐化土壤面积过去较大，六十年代统计为 6000. 67 公顷；七十年代，下降到 4666. 67 公顷，经治理盐化面积逐年缩小；第二次土壤普查时，盐化土壤面积 454. 2 公顷，占土壤总面积的 2. 01% 。主要分布在边马乡、大辛庄乡、双井镇交接地带和原薛庄乡、崔野冲乡 2 乡之间。20 世纪 80 年代，依据含盐成分，可分为硫酸盐一氯化物盐化潮土和氯化物一硫酸盐盐化潮土两类。表土全盐含量，硫酸盐一氯化物盐化潮土在 0. 087 - 0. 67% ，氯

化物一硫酸盐盐化潮土在0.0913－0.129%。轻度盐化潮土888.6公顷，对作物影响较小，但易造成缺苗断垄；中度盐化潮土284.67公顷，对作物影响较大，缺苗3－5成，造成减产；重度盐化潮土280.93公顷，大部分缺苗4－5成，小部分缺苗5成以上，严重影响作物产量。2009年，据水利部门测定，盐化土区地下水含盐量大多在2g/升，中盐化和重盐化潮土区多在4－6g/升，已不影响农作物种植。

（五）土壤微量元素

土壤微量元素主要来源于成土母质、大气及火山烟雾等，其有效性与土壤类型、酸碱度、氧化还原电位等土壤条件有关。第二次土壤普查时，分析测定了铜、铁、锰、锌四种微量元素，情况如下：

1、魏县土壤有效铁含量丰富。58%的土壤含量在5.3－10mg/kg，42%的土壤含量在10－16.7mg/kg。质地不同，土壤有效铁的含量也有明显差异。所处地形部位较高的沙壤质潮褐土和沙壤有质潮土，有效铁平均含量分别为7.5mg/kg和6.85mg/kg；而处在洼地的粘质潮土有效铁平均含量为11.95mg/kg。

2、魏县土壤有效锰含量平均8.19mg/kg，属中等水平。全县仅有38%的土壤有效锰含量较高，且各乡镇间差异不大。

3、魏县土壤有效铜平均含量为1.13mg/kg。含量较高的占40%，各乡镇差异不大，含量最少的车往镇为0.93mg/kg，也在中上等水平。

4、魏县耕作层土壤有效锌平均含量为0.55mg/kg，属中下等含量水平。全县有38%的土壤有效锌含量较低，含量最低的为泊口乡，仅为0.27mg/kg，属极度缺锌土壤。

六、土地资源有利和不利因素

魏县各种土壤类型的调查分类，系统观察，化验分析，综合比较，土壤资源有以下有利因素和障碍因素。

（一）土壤改良利用的有利因素

1、土层深厚，地势平坦。魏县土壤土层深厚，地势平坦，坡降1/2300，有利于农业机械化耕作和农田水利建设。

2、72.7%的土壤耕作层质地适中，不沙不粘。58.6%的土壤土体构型较好，有通体轻壤、通体中壤和蒙金型土壤类型，适合种植各种作物，生产潜力较大。

3、2016年，魏县配套机井11000眼，并有灌区。军留灌区已建成275公里长的灌溉渠道，灌溉控制面积32333.33公顷，占全县土壤面积的50%。同时，全县已建成总长259公里的排涝沟渠，80%的耕地可基本控制沥涝灾害。

4、全县土壤耕作层养分含量达到中等以上水平的各养分类型面积比例为：有机质为53.2%，全氮为49.6%，速效磷45.6%，速效钾100%。同时，30.5%的土壤N、P、K含量同时达到了中等以上水平。

5、气侯适宜。魏县属温带季风气候区，热量和光照充沛，无霜期较长，为充分利用土壤潜力提供了优越的气候条件。

6、土壤类型较多，有利于农、林、牧全面发展。

（二）土壤利用的障碍因素

1、魏县沙土和通体沙壤面积7588.7公顷，占土壤总面积的10.5%，这些土壤结构差，漏水漏肥，作物产量低而不稳。另外，还有1.11万公顷土壤为漏沙地，不保水不保肥，占土壤总面积的15.4%。

2、粘土地9638.7公顷，占土壤面积的13.4%，此类土壤质地粘重，耕性差，结构不良，易旱易涝，在改良耕性和结构上需采取措施。

3、盐化土1454.2公顷，占土壤面积的2.01%。作物受盐碱威胁，不易全苗，影响农作物产量。

4、50%的乡村土壤肥力较低。全县耕作层有机质在1%以下的五、六级地占46.8%，全氮小于0.05%的五、六级地中50.4%，速效磷小于5mg/kg的五、六级地占53.4%。且全县78%的乡村土壤N：P在9：1以上，氮磷失调面积占农业土壤面积的79%。

5、23.7%的农业用地仍无水利灌溉条件，耕作粗放，广种薄收。

6、农业结构布局不够合理，5300公顷左右的漳河故道宜林地，开垦为粮田，种不足收，应退耕还林，发挥其优势。土地利用还较单一，而且连年重茬种植，加重了病虫害蔓延。

7、旱、雹、风等自然灾害较多，旱灾年份成灾率29.6%，成灾面积占25.1%，涝灾年成灾率50%，成灾面积占21%，风雹灾害面积虽不大，但发生频繁。

七、土地利用存在的问题

（一）管理不善，浪费耕地现象严重。据国民经济手册数据，1996年末实有耕地64689公顷。2002年已减少到62100万公顷，6年减少耕地2639公顷。至2016年，全县土地减至59280公顷，14年时间减少土地2820公顷。减少耕地主要用于城镇、乡村、道路、企业建设等。如不采取措施，必将带来严重的社会和经济后果。

（二）用地养地不协调，重用轻养。土地是一个独立的生态系统，要保持这个系统中物质和能量的正常运动及完整性，就要保持整个系统中各要素的不断协调，这样才能使土地生产力不断提高。否则，整个系统的平衡将被破坏，土地生产力将会不断下降。1970年-1980年，在耕地利用方面，存在重用现象，1980年后，受工农比较利益影响，掠夺性使用土地现象更为明显。在肥料的施用上又缺乏科学性，重化肥轻有机肥。重氮磷轻钾肥，忽视微肥，从而影响土地生产力的提高。据农业局1983年至1993年连续11年土壤养分监测，魏县耕作层土壤速效钾平均每年下降4-5mg/kg，部分耕地由原来的富钾变为缺钾。近年来，因重视施用微肥、有机肥，情况有所好转。

（三）土地遭受不同程度污染。70-80年代，农业上大量使用六六六粉、DDT等高毒高残留农药，至2016年魏县仍有些土壤还存在超标现象。随着乡镇企业的发展，企业排放污水及烟尘等，对农业环境造成轻度污染；地膜使用后不及时回收、劣质食品袋混在垃圾中制成有机肥施入土壤，不易降解，既影响了土壤结构，又妨碍作物根系生长，对土壤造成不同程度的污染；劣质磷肥的施用，也给土壤带来污染。

第二章　土壤利用

总体原则是：地尽其利，土宜其用，扬长避短，发展优势，按最大经济效益办事。

第一节　合理布局

一、农林牧合理布局

魏县土壤资源丰富，类型较多，有利于农林牧合理布局、全面发展。但由于过多强调粮食生产，导致产业结构不合理，农业生产发展比较缓慢。魏县是以农业生产为主的大县，农业用地稳定在 53000 公顷左右。在作物布局上贯彻“不放松粮食生产，同时发展多种经营”的方针，并掌握因地制宜、扬长避短、发挥优势的原则，做到既能充分利用自然资源，又能保护自然资源，逐步建立合理的农业生态系统。林果生产上，一方面发挥魏县鸭梨产业优势，改善品质，提高质量，重振魏县鸭梨雄风。另一方面，大力发展名、特、优无公害小杂果，创造更好的经济效益。同时，将 3400 公顷种不保收的漳河故道等临时性农业用地发展为速生丰产林，使全县林果业生产面积占总土地面积的 15% －20%。

二、内部结构调整

魏县农作物布局的调整，重点是调整好粮、棉、油、菜种植比例，不同粮食种植比例体现以下两个方面。

（一）粮食作物

在提高单产、改善品质、增加总产量的前提下，适当控制面积。全县粮田面积稳定在 4 －4. 3万公顷左右。其中：小麦种植面积由常年的 4. 3 万公顷压缩到 3. 85 公顷至 4 万公顷；玉米面积控制在 2. 5 万公顷，重点压缩旱地和低洼地；谷子种植面积稳定在 1500 －2000 公顷；甘薯种植面积扩大到 4000 －5500 公顷，重点利用沙性地；豆类种植面积扩大到 4000 －5500 公顷。同时大力提倡玉米、豆类间作，充分利用土壤资源，逐步增加生物固氮在氮素营养中的作用。

（二）经济作物

1、棉花：本着因地制宜，适当集中的原则，逐步建立优质商品棉基地，提高单产，增加总产。棉花面积稳定在5000－7000公顷，种植样式上提倡粮棉间作、瓜棉间作套种等高效种植模式。

2、油料：油料作物适当增加，面积宜有4000－5000公顷，种植样式宜采用粮油间作等高效模式。

3、瓜菜：种植面积应发展到100－200公顷，逐步向高档、优质、无公害化发展，各种栽培设施形式合理搭配，科学安排茬口，做到常年供应，创造更好的经济效益。

第二节　提高土地效益

一、珍惜土地

1950年，魏县农业耕地73333公顷，农业人口30.57万人，平均每个农业人口占有耕地2.4公顷。

1983年土壤普查数为6.87万公顷，农业人口60.3万人，每个农业人口占有耕0.11公顷。

2002年，魏县耕地面积为62050公顷，农业人口72.6万人，人均耕地0.09公顷。人口增长，村镇占地，乡镇企业占地及公路占地迅速增加，造成耕地面积骤减的主要原因。

2016年，宅基扩建，全县人口增加至104万人，耕地面积59280公顷，全县人均耕地0.06公顷，低于全国平均水平。珍惜土地，保护耕地是魏县全县人民的当务之急。

二、提高土壤肥力

2003年前，农民片面认为碳酸、尿素等化肥能使粮棉增收，忽视了传统的有机肥料使用，致使土壤变硬，土地养分减少，粮棉产量降低。

2003年后，魏县对土壤肥力用养并重，不断提高土壤肥力养份。

（一）提高土壤有机质含量。

提高土壤有机质含量是从根本上增加土壤养分，改善土壤理化性质，增强土壤蓄水保肥能力的重要措施。自1983年开始，通过30年的培肥地力，魏县耕作层有机质从1983年土壤普查时的0.95%，增加到2013年的1.12%。但是，全县仍有近20%的耕地土壤耕作层有机质低于1%，属于低肥力土壤。因此，全面推广秸秆还田，增施有机肥，使土壤有机质提高到1.5－2%，魏县才能大面积建设高产稳产田。

（二）科学施用化肥

科学施用化肥，就是根据土壤养分含量、土壤供肥能力和作物需肥规律，科学制定施肥方案，实施用地养地相结合，实现高产量、低成本、高效益。魏县土壤有机质在1.2%左右，碱解氮平均64.7%，速效磷9.96mg/kg，速效钾84.4mg/kg，属中等肥力水平。至2016年，亩施粗肥达到4方，纯氮10－2kg，P2O56－8kg/亩，K2O4－6kg/亩。

科学施肥，调整氮磷比为6－8：1，因地制宜增磷补钾，才能使土地达到最大效益。

第三章　耕地宜植种类

魏县境内的土地植物属华北植物体系。因为地处平原，土地多为耕地，野生植物较少。自然植被多为田间杂草，沙土地常见茅草，星星草等。壤土地常见有马唐、马齿苋等，粘土地常见刺菜、苍耳等。农民种植作物主要有冬小麦、玉米、棉花、谷子、花生、甘薯、大豆、油菜等，乔木大都为人工种植，主要林木有杨、柳、榆、槐、椿、桐等，主要经济林木有枣、桃、梨、苹果、杏等。

魏县耕种历史悠久，长期的人工垦殖，土壤不断转化为农业土壤。沙质土已建成大面积水果基地和杨树、桐树等速生用材林。壤土和粘土地，主要是小麦、玉米一年两熟，小麦、花生一年两熟、小麦、玉米间作大豆一年两熟，棉花、花生一年一熟等。随着种植结构调整，粮棉连作、粮菜间作、粮瓜套种面积不断增加，蔬菜生产迅速发展，耕作质量明显改善。增施有机肥及秸秆还田的大力推广，加上精耕细作，使土壤结构和水热条件大有改善。

2016年，魏县农田灌溉面积57560公顷，其中井灌3266.68公顷。魏县肥沃的土地，优越的自然条件，使这块土地上生长的鸭梨外观端庄，个大皮薄、肉厚核小、汁多渣少、甜香味美，名扬国外。1995年被 国家农林部命名为“中国鸭梨之乡”。

第一节　农作物种植

魏县农作物种类繁多，计有186种，其中粮食作物以小麦、玉米、谷子为主，高粱、薯类、大麦、豆类次之，荞麦、旱稻等有零星种植；经济作物以棉花、花生、油菜、芝麻为主，蓖麻、线麻、向日葵、药材等有零星种植；蔬菜类主要有大白菜、茄子、豆角、菠菜、大葱、西红柿、韭菜、青椒、洋葱、灰子白、胡萝卜、白萝卜、芥菜、水萝卜、蔓菁、莴苣、辣椒、大蒜、芹菜、茴香苗、空心菜、花菜、南瓜、黄瓜、冬瓜、菜瓜、西葫芦、丝瓜等。

一、粮食作物

（一）小麦。传统品种主要是“三月黄”，建国前产量低微，一般亩产在20公斤－30公斤之间徘徊。建国后农业合作化初期，引种的洋小麦（蛐子麦），亩产产量也只是50公斤左右，不抗倒伏。

20世纪50年代后期，引进的“平原50”，每公顷平均975公斤。

60年代，引进的“石家庄54”、“邯选2号”、“丰产3号”，每公顷平均1537.5公斤。

1973年，为提高复种指数，盲目引进“可春14号”、“阿夫”等春小麦种，强制种植，每公顷不超过750公斤。“泰山4号”、“品三九”、“农大95”、“东方红1号”等，平均每公顷产1747.5公斤。

丰收在望的小麦

1978年后，推广“冀麦23”、“冀麦24”，每公顷产2092.5公斤。

1981年后，推广“7808”、“农大162”、“冀麦15”、“3039”、“石家庄54”、“郑州3号”等，平均每公顷产4215公斤，旱涝保收地块高过每公顷产量的4500公斤。

2016年平均每公顷产6975公斤。

（二）玉米。传统品种有小黄玉米、小白玉米，每公顷产750公斤。

20世纪50年代，引进“三马牙”，每公顷单产975公斤。后引进的“冀综1号”、“朝鲜日”、“白马牙”，每公顷产1215公斤。

60年代中期，推广杂交品种“双跃150”，平均每公顷产1530公斤。

70年代初期推广杂交品种，主要有“邯杂1号”，平均每公顷产2430公斤。

1978年，全县实现了玉米杂交化，主要有“郑单2号”、“单玉13”、“邯杂1号”、“胜利105”、“双跃3号”、“京黄113”等，产量一般每公顷稳定在2700公斤左右。

1979年，全县实行生产责任制后，大面积种植“烟单13”、“郑单2号”、“京早7号”、“邯三二”、“丰七一”、“邯杂1号”等，平均每公顷产量3750公斤，高产地块多则达到4500公斤。

2016年平均每公顷产8055公斤。

（三）谷子。传统品种有“落花红”、“三指红”、“刀把齐”等，产量低微，每公顷产600公斤至750公斤。

20世纪50年代中期，引进“东风谷”、“承农2号”等，平均每公顷产1125公斤。

1993年种植的有“7406”、“青到老”、“豫谷1号”等，高产地块每公顷可达6000公斤。

2016年，每公顷达7200公斤。

（四）红薯。历史上漳河故道附近村庄有少量种植，每公顷不超过6750公斤。新中国成立后，引进“胜利百号”、“玉林4号”等，平均每公顷产15000公斤。

20世纪60年代，开始大面积种植，最高每公顷31500公斤；有一种说法是“要想富，种红薯”。

2016年种植面积702.53公顷，平均每公顷产33500公斤。

（五）高粱。多在地边、田埂上种植，人少食用，多作饲料。传统品种有“黄落伞”，每公顷产量不超过750公斤。

20世纪70年代，在“要过江，种高粱”的口号下，发展杂交高粱（当地称多穗高粱），该品种秆如甘蔗，含糖分甚高，全县大面积种植，每公顷产高粱45000公斤。

2016年，种植面积12公顷，每公顷产13600公斤。

（六）豆类。主要种植白豆（即黄豆）、黑豆、绿豆、红小豆、豇豆、大青豆等，历来多为小块零星种植或间作。

1949年，全县种植11088公顷，总产9979200公斤，平均每公顷900公斤。

1975年，种植20404公顷，总产36010595公斤，平均每公顷1764.88公斤。

1990年，种植6887公顷，总产13842000公斤，每亩产133.33公斤。

2016年，总产为19264800公斤，每公顷2757.27公斤。

2013年魏县粮食产量表

表7－3－1－1　　单位：亩、公斤

作物名称	种植面积	总产	亩产
小麦	635400	303002	676
玉米	610250	310541	509
谷子	734	114	155
高粱	180	17	92
薯类（折粮）	10538	2466	234
大豆	6729	639	95
花生	12233	2349	192
油菜花	1680	1613	125
芝麻	38	20	53
棉花	23052	1475	64
蔬菜	98292	382484	3891

二、经济作物

（一）棉花：建国前，魏县传统种植“白绒黄”，每公顷只有150公斤左右。

新中国成立初期引进“斯字二号”，产量有所增加。1965 年引进“岱幅棉”，平均每公顷 350 公斤。

1972 年引进冀邯 3 号，全县种植 3967 公顷，每公顷 495 公斤。

1979 年后，棉农多种植“鲁棉一号”和“冀棉 9 号”。

1982 年春，推广种植“冀棉 11 号”、“冀棉 12 号”，取代了“鲁棉 1 号”，同时还引进了夏播棉品种“中棉新 10 号”和“辽棉 9 号”，套种于麦垄间，效益俱佳。

1983 年，全县播种面积达 14033 公顷，平均每公顷产皮棉 555 公斤，总产达 7788315 公斤。

1988 年播种面积 14033 公顷，总产 779，31 万公斤，相当于 1949 年的 6. 23 倍，为单产历史最高水平。

2016 种植面积 24406 公顷，总产量 2196540 公斤，亩产 60 公斤。

（二）油料：建国前，魏县油料作物主要种植油菜、芝麻、花生、蓖麻等，产量低微。

1949 年种植 1974 公顷，总产 16582 公斤，每公顷产 840 公斤。

1951 年后播种面积呈下降趋势，一直徘徊在 536 公顷至 1313 公顷之间，每公顷产量徘徊在 710 至 1050 公斤之间。

1993 年，播种面积稳定在 1318 公顷至 1973 公顷之间。除 1972 年平均每公顷产量 825 公斤之外，其它年份每公顷产量不超 600 公斤。

2016 年，种植面积 1821. 93 公顷，总产量 472200 公斤，每公顷 2325 公斤，亩产 155 公斤。

第二节　林木种类

魏县树木种类，属暖温带植物区系，有亚热带的亲缘树木，也有耐寒植物；既有古老树种，又有较年轻的树种，全县树种共有 34 科，51 属，70 个品种。

魏县种植树种主要有杨、柳、榆、槐、桐、椿 6 大树种。70 年代，引进了兰考泡桐树。至 2016 年，林地 16222 公顷。

一、杨树

该树种经林业科研部门精心选育，种类不断增加，品种也越来越多。

（一）毛白杨，具有树干通直，材质好，生长快等特点。1968 年从河南省中牟县引进大官杨，大官杨生长迅速，易于成活，在魏县推广很快，是 20 世纪 70 年代发展方田林网的主要品种。该树易于感染天牛虫害，材质脆弱，现已不发展。

（二）小叶杨是魏县的古老品种，由于生长较慢，20 世纪 50 年代仅在东代固村东北地、北辛庄村南路边有种植，现已绝迹。

（三）沙兰杨，欧洲里杨派。1975年，从易县科研所引进，1980年又从河南大批调进，其生长迅速，易于繁殖，是群众植树的主要树种。多种植于路边地头，村周围闲散地带。

（四）中林－46杨，1990年从山东荷泽林科所引进中林－46杨种条20000根繁育苗林，1992年开始大面积推广。现种植33.33公顷。

二、榆树

魏县榆树多为白榆，种植较普遍，多种植于庭院或村边闲散地带。该树成才快，叶皮、果均可食用，是旧社会穷人度荒灾年的替代食品。现多在村边及闲散地种植。

三、槐树

魏县种植的槐树多为刺槐和国槐，刺槐原产美国。20世纪从欧洲引入青岛，后传入魏县，该树生长迅速，对土壤适应性强，适应于庭院、沙滩、路旁栽培。花开白色，香、甜可食，是养蜂蜜植物。国槐，属本土树种，仅限庭院和街道栽种，现不多见。

四、泡桐

以兰考泡桐为主，遍及全县。主要栽植于庭院、田间、路旁。该树种生长迅速，材质价值较高，种植数量已超过其它树种。

五、柳树

全县主要有旱柳、垂柳两种，多栽植于坑塘、堤坊、坟地，是喜水树种，1998年后，自然旱象严重，水资源匮乏，水位下降，栽种数量减少。

（一）旱柳，在田野的坟地上偶而可见。

（二）垂柳，县城的部分街道上有种植。2016年，魏县注重城市建设，在建河湖水系旁大量种植了该柳树。

六、椿树

椿树生长较慢，魏县已不重点栽种，有零星见到的臭椿树，多为自生自长。

第三节　经济林木

魏县经济林木主要有梨、桃、苹果、杏、石榴、葡萄、核桃、李子、柿子、梅、等树种。以梨、桃、苹果、杏、枣树为最多。2016 年，果园面积 10481 公顷，其中梨园面积 6956 公顷。

一、梨树

鸭梨，魏县栽培历史悠久，是魏县一大特产。主要分布在魏城镇、东代固乡、棘针寨乡、院堡乡、德政镇等乡镇，并逐渐向漳南延伸。2016 年，全县栽培面积达 9000 公顷。

魏县梨树的种植源远流长，三国时，曹魏时期已有种植。《三国志》载：郑浑"任魏郡大守……又以郡下百姓，苦乏材木，乃课树榆为篱，并益树五果（梨为五果之一）；榆皆成藩，五果丰实。入魏郡界，村落齐整如一，民得财足用饶。明帝闻之，下诏称颂，布告天下"。时魏域鸭梨已成规模，并成为魏国的五果基地。北宋已有鸭梨种植文字记载，至今已有一千多年的历史。全县 23 个乡镇、一个街道办事处、535 个行政村均有栽种，重点分布在魏城镇、东代固乡、德政镇、沙口集乡、棘针寨乡、车往镇、院堡乡等 8 个乡镇。

1993 年，全县梨树的栽培面积为 438. 7 公顷，占耕地面积的 10. 2%，总产量 5298 万公斤，占全县总收入的 13%。鸭梨占梨树种植面积的 85%，其它为砘子梨、紫酥梨、红梨、红雪花梨、白雪花梨、红面梨、小红面梨、白面梨、大白面梨（白天面）、小白面梨、鸭鸭面梨、雪花梨、京白梨、银白梨、秋白梨、梨椿梨、香水梨、苹果梨、蜜梨、皇冠梨、黄金梨、半斤酥梨、秋子梨、油秋梨、鸭广梨、安梨，大、小伏梨等，品种达 35 种之多，占魏县梨树种植面积总数 15%。魏县梨品种众多，尤以鸭梨名扬海内外，素有"梨乡"之称。

1995 年被国家命名为"中国鸭梨之乡"。

魏县鸭梨除具备《本草纲目》记载的主治"热咳、止渴、切片贴烫火伤止痛不烂、中风不语……润肺凉心、消痰降火、解疮毒、酒毒"等作用，还具有个大、皮薄、核小、渣少、汁多、味美之特点，在国内外享有盛誉。畅销全国各地。1959 年，开始出口，远销亚、欧、美等多个国家和地区。1985 年河北省果品鉴评会上被评为鸭梨品系第一名。有位南方客人吃罢魏县鸭梨后赞曰："宁可卖掉家中驴（指摩托车）也得吃上魏县梨。"可见人们对

魏县鸭梨的青睐。

鸭梨生产是魏县的一大优势，是魏县国民经济的重要支柱。中共魏县县委、魏县人民政府历来重视梨树的栽培与发展，全面实施以鸭梨兴县的具体规划。1985年提出：“前三年打基础，后四年大发展，逐步建成鸭梨生产基地县”的目标。并制定了优惠政策，如延长果树承包期，一包50年不变；所植果树10年内按粮田征收农业税；果园允许继承、转让等。进一步提高了果农发展梨树的积极性。

1992年，全县鸭梨面积达到6533.3公顷，其中挂果梨树面积2400公顷。

1993年，县委、县政府决定实施“北果南移”工程，发展鸭梨树7700公顷，348万株。

2013年，鸭梨种类增多，质量提高。全县梨树面积4393公顷，年产鸭梨148031000公斤，

2016年，种植鸭梨面积6959公顷，产梨192648000公斤，亩产1850公斤。

附：

鸭梨考

梨，古称“果宗”，意为水果之祖，又称“玉乳”、“密父”、“圆果”、“快果”等。世界上的梨分为东方梨系和西方梨系两大类型，东方梨系起源于中国，世称中国为“园林之母，梨果之乡”。

中国梨树栽植，据考已有三千多年历史，《周礼》、《诗经》、《庄子》等都有多处记载。秦汉以后梨树栽培有较大发展，《史记．货殖列传》载：“千树梨，其人与千户侯。”三国时期，曹魏定都邺城（今临漳西），《魏文帝诏》有“御梨大如拳，甘如凌”的记载。据《三国志》载：时“郑浑为魏郡太守……，以郡下百姓，苦乏材木，乃课树榆为篱，并益树五果（梨为五果之一）；榆皆成藩，五果丰实，民得财，足用饶。”时魏域距魏郡近在咫尺，当有梨树种植。

成书于一千四百年前的《齐民要术》一书，对梨树的变异、嫁接方法等管理技术作了详细的记述。

魏县古域，“滨黄河之东，济水之西”，且气候适宜，地肥水足，极适梨树的种植。至

今传于魏县“中秋节梨果祭月”的风俗，与《周礼》记载的“梨果祭祖”十分相似，如以此推算魏县种梨的历史，至迟应始于三国魏黄初年间（220－226）。最早关于梨树栽植记载的是明正德《大名府志》：“宋吕夷时旧有梨树数千，又植桃树数千。”据清《一统志》载：“宋，韩琦时，于压沙寺种梨千株，春花盛开，任人游赏，明公多咏之。”时域内梨树规模宏大，大的梨园已达数千株，春暖花开，数十里外的民众前来观看梨梅（梨花），至今梨区老人还传说着数百年前的盛况。按此计算，魏县梨的种植当在千年以上。据清《魏县志》载：康熙十一年（1672 年），知县毛天骐游魏台时曾写下这样的诗句：“长林响梨叶，秋光遍原埠。”《魏县志. 风俗》载：“魏有康叔之遗教，人多质直，其终岁勤动，大抵力树，梨熟则远趋江南之利，团迎树阴，税粮半由此出，而孀居嫠妇仰事、哺育尤赖之。”从鸭梨销往江南可看到鸭梨的种植规模，从“税粮半由此出”可窥其经济价值。时魏县应为远近闻名的鸭梨之乡。

民国时期，兵匪割据，民不聊生，果品无销路，一担梨换不了二升米，鸭梨发展受阻。日军入侵魏县后，修堡筑围，果园惨遭破坏，大片果树毁于战火，仅魏城镇、东代固周围，就被日军用于修炮楼砍掉上千亩梨园。据 1949 年统计，全县仅剩梨树 800 公顷，其中鸭梨只有 600 公顷。

新中国成立后，中国共产党和人民政府重视果树生产，发放果树贷款，调整粮果比例，推广先进技术，使果树生产得到较大发展。20 世纪 50 年代初，省果树研究所和华北果树研究所的科技人员尹继训、张良焕、鼓福援、张景辉等专家先后来魏县推广果树病虫害防治和栽培技术，控制了病虫危害，梨树取得丰产，果品质量提高，果农的生产积极性明显提高，形成了新中国成立后第一个发展果树高潮。

1957 年，魏镇区东代固村裴向荣的实验园，经科学管理，由果研所经县领导李庆堂、武堃、孙守祯等参加验收，平均每亩产梨达 5250 公斤，好果率上升到 90%。

1962 年，东代固裴向荣的实验田第三次验收，夺得每亩产梨 11250 公斤的收成，好果率达 98%。

1964 年，旧魏西、郝村北、永西、华营、南沙口、岸上等村先后栽植了大面积的梨树，形成了第二个发展果树高潮。

1978 年，中共十一届三中全会后，实行家庭联产承包生产责任制，林果政策逐步落实，果树由个人和专业承包。明确政策，确权发证，推广技术，增加投资，广大干部群众果树生产的积极性空前高涨。

1984 年，经过农业、林业规划，果树生产开始走向科学化、区域化集约经营。亩产万斤园、果树专业户成批涌现。

2016 年，全县梨树种植面积达 6950 公顷，产梨 192648000 公斤。

二、桃

魏县桃的栽培历史悠久。明正德《大名府志》载："许留守又植桃树万株，明公多题咏之。"

魏县桃品种繁多。20世纪60年代引种了岗山白和大久保2个品种，80年代以后引进蟠桃、北京红、九月菊、雪桃、黄肉桃等，进行培育鉴定。

1993年，全县共栽种桃树567.7公顷，总产4826万公斤。涉及23个乡镇274村。重点产桃的乡镇为：魏城镇、东代固乡、白仕望乡、棘针寨乡、德政镇、沙口集乡、车往镇、回隆镇等乡镇。主要品种：大久保、早久保、晚九保、岗山白300号、岗山白500号、岗山白800号、北京一号、北京二号、九月菊、庆丰、雪桃、黄肉桃、秋香、水蜜桃、深圳蜜、五月鲜、四月半、山桃、土桃、蟠桃、油光桃、大红桃、早花露、京玉、白凤、晚黄金、吊枝白、甘露蜜、南口早、绿化九号、无核桃等。

2016年，桃树种植面积1100公顷，亩产量6326公斤。

三、苹果

魏县历史上只有当地"棉苹果"等少量品种零星栽植，成片苹果栽培始于1958年。当时回隆镇西街、方里集公社、东楼底村首先引种栽培苹果13.3公顷，其主要品种为元帅、红星、金帅、国光、红玉、大旭、鸡冠、玉霞、印度、祥玉、白龙、倭锦、红魁、露、赤阳、黄魁、付花皮、丹顶等。

1964年，发展起来的苹果园有旧魏县西3公顷，南沙口133公顷、郝村北8公顷、岸上4.7公顷、回隆南街东6.7公顷。1968年引进胜利、葵花、华农一号、秦冠、7206等品种。

1975年，从回隆镇西街苹果园选育出一株短枝红星芽变品种，并在一些村嫁接、繁殖。

1984年、1985年两次从河北农大三分场引进长富、秋富等着色系富士品种，并在东代固乡邵村等村改接、试栽、培育、发展。

1986年，从中国果树所青县司马庄试点及山东和河北省果研所引进新红星、金矮生等苹果新品种在院堡乡院西村、回隆镇西等处试栽。

1988年，从内丘引入"王林"苹果在义井试栽，同时还从山东烟台地区引入"玫瑰红"苹果。

1990年，从昌黎县省果树研究所引进了长富1、红富6、长富12等。

1993年底，全县共栽培苹果404.7公顷，总产282万公斤，涉及22个乡镇121村。主要产苹果的村有：东代固乡、董河下村、旧魏西村、杜甘固村、东上村、南沙口村、李家口村、蒲潭营村、回隆镇西街村、南街东村、南街西村、院西村、义井村、尹甘固村、马街村、郝村北村、蔡小庄村等。

2016年，魏县有苹果品种：元帅、红星、新红星（短枝红星）、艳红、玫瑰红、红冠、金冠、早金冠、金矮生、金丰、秦丰、鸡冠、红祝、红魁、黄魁、红玉、甘红玉、倭锦、印度、白龙、烟青、大国光、红国光、白粉皮、大旭、大绿、玉霞、花嫁、祥玉、醇霰 、付花皮、丹顶、赤阳、葵花、胜利、富士、长富 1、长富 2、长富 6 、长富 12、秋富 1、王林、华农一号等品种，种植面积 1000 公顷，每公顷产量 39006 公斤。

四、杏

杏树为魏县乡土树种，优良品种红甜核、黄甜核就原产魏县。始于秦代。新中国成立后的 20 世纪 50 年代为盛期，沿漳河故道村庄多有种植。由于近年来杏树产量低，多数品种易受晚霜危害，且大多树患焦叶症，杏树的栽培逐年减少。

2013 年，全县共载植杏树 6. 7 公顷，总产 2. 4 万公斤，亩产 238. 81 公斤。

2016 年，魏县杏品种有：大红杏、二红杏、红甜核、黄甜核、白甜核、水白杏、麦黄杏、土接土、土杏、木桃杏、菜籽茬、大红袍、关爷脸等，种植面积 9 公顷，总产 3. 92 千公斤，亩产 290. 37 公斤。

五、枣

枣树为魏县乡土树种，枣树栽培在魏县历史悠久。始于三国，盛于隋唐。

明洪武二年（1369 年），朱元璋下令，推行种枣树，魏县枣树得到较大发展。康熙年间《魏县志》中有“魏土枣乃基本业”，“枣课一百一石四斗”。

民国二十六年（1937 年）至民国三十四年（1945 年）由于日军修建炮楼，大片枣林毁尽，成片枣树所剩无几，又加上枣树产量低，效益小，百姓重视不够，至 1949 年，仅剩 6. 7 公顷，其余多为农户庭院零星栽植。

1981 年，县供销社从沧州引进金丝小枣在郑二庄搞枣、粮间作，结果不理想，株数很少。

2016 年，魏县枣树品种有核桃纹、十月青、老婆枣、亚铃枣、大铃枣、扁核枣、布袋枣、酸枣、罐子枣、蚂蚁枣、长蚂蚁枣、龙枣、金丝小枣、梨枣、冬枣等，种植面积 8. 5 公顷。

六、小杂果树

魏县除栽种上述果树外，还零星栽种有山楂、葡萄、李子、甜子、花红、冬果、石榴、花椒、无花果、软枣、柿子、树莓、海棠、杜梨等多种杂果。

葡萄除乡土品种外，新中国成立后，1958 年从郑州果树研究所引进玫瑰香、卡拉等。

1980 年从昌黎河北果树研究所引进巨峰，首先在回隆镇回隆西街栽植。

1986 年从北京植物园引入红瑞石，从中国果树研究所（辽宁熊岳）引种先锋、黑奥林、潘那尼、乍娜等新品种在回隆镇西街栽种。

1987 年郝村北引进牛奶葡萄品种，至 2013 年在全县推广。

2016 年，种植面积 2. 5 公顷，年产 46000 公斤。

核桃，以前多零星栽植，1958 年开始在小侯村等处育苗并成片栽种 20 公顷，2013 年，多数农户植于院内或闲散地。

山楂的成片栽种是从20世纪50年代开始，80年代后期有所发展。至2013年，全县栽培近333公顷。见表7－3－4－1。

2016年魏县栽培树种分属统计表

表7－3－4－1　　单位：科种

科	属	种	科	属	种
松科	松属	油松			
	雪松属	雪松	卫矛科	卫茅属	华北卫茅
柏科	侧柏属	侧柏、洒金柏、千头柏	槭树科	槭属	复叶槭、元宝枫
	柏木属	柏木	无患子科	栾树属	栾树
	圆柏属	桧柏、龙柏	鼠李科	枣属	枣
杨柳	杨属	毛白杨、银白杨、小叶杨、加杨、大关杨、沙兰杨、欧美杨、小美杨、剪直杨、北京杨、意214、意69杨	葡萄科	葡萄属	葡萄
			锦葵科	木槿属	木槿
			梧桐科	梧桐属	青桐
悬铃木	梨树	杜梨、鸭梨、砘子梨、雪梨、伏梨、银白梨、白绵梨、红绵梨	石榴科	石榴属	石榴
	苹果属	山丁子、海棠、苹果、花红	柳科	柳	旱柳、垂柳
	山楂属	山楂		属	杞柳、龙须柳
	蔷薇属	月季	胡桃	胡光	核桃
	李属	李、杏、桃	榆	榆	白榆
桑科	桑属	桑、大叶桑	黄	黄属	小叶黄杨、大叶黄杨
	构属	构树	杨	杨属	瓜子黄杨
	无花果树	无花果	柿子科	柿属	柿树、黑枣
苏木科	皂角属	皂角		丁香	北京丁香
蝶形花	槐属	国槐 龙爪槐	夹竹桃科	夹竹桃属	夹竹桃
	刺槐属	刺槐 香花槐			
	紫穗槐属	紫穗槐	玄参科	泡桐属	泡桐
云香科	花椒属	花椒	禾本科	竹属	刚竹
苦木科	臭椿属	臭椿	紫葳科	陵宵花属	兰洲陵霄属
楝科	楝属	苦楝			
	香椿	香椿			

第八编

税费与地价

随着人类社会的发展，土地税费、土地价格经历了一个从无到有，从简到繁的历史进程。魏境的土地价格是在井田制度下，土地的使用权和所有权初步分离时出现了租佃关系，随即产生了租佃价格。随着土地私有制的确立和封建土地所有制基本结构的形成，土地价格随之产生，不同时期，不同的经济目标，土地价格也进行了不同的调整。魏境土地税收的雏形产生于奴隶社会时期，夏、商、周时代，奴隶国家所有的土地按等级分配使用，对平民实行劳力课征，什一而税，具体的征收方式是助耕公田。

春秋战国时期，产生了真正意义上的土地税收，由过去的助耕公田演变为按土地的多少来征收。中华民国时期，魏境农村土地税统称田赋，征收国币，后改为实物。

中华人民共和国成立后，逐步消灭了土地私有制，实行了土地的社会主义公有制，即全民所有和劳动群众集体所有制，与历代封建王朝不同的是国家建设征用土地的补偿是照顾到国家、集体、个人三者利益，土地税收也是按照“取之于民、用之于民”的原则，用于进行经济建设和发展福利事业。分等定级是按不同时期的发展需要、地理位置的增值空间进行定级估价，彰显土地的优越性。

第一章　土地税收

土地征税是随着朝代的更替，赋税兴革多变，名目繁杂。夏代，实行井田制，每人土地50亩，上交5亩贡赋；商代，井田制，每人土地70亩，助耕7亩为公田；周代，井田制，每人土地100亩，上交10亩粮税。贡、助、彻都是魏境内井田制初期的赋税制度。春秋战国时期，废井田、开阡陌，赋税制度发生变革。境内实行“初税亩”，即不分公田、私田，凡占有土地者，均须按亩交税。

秦汉时期称田租，唐代，有田租和地税。宋代，按亩征收，官田、民田税项均称赋，田赋名称始于此。清代，魏县田赋以征粮银为主。中华民国时期，分夏、秋两季征收田赋，赋率按土地类别、等级定为三等九则，分等分则定率，正税外代征附加税多种。

1940年，魏县成立抗日民主政府，1941年，开始征收公粮，中华人民共和国成立后，公粮改为农业税。1946年，开征契税，1950年，规定凡土地买卖、典当、赠与或交换，由承受人依照条例纳税。1958年，开征房产税，后停，此后，国家发布了土地方面征税的有关法规条例，至2016年，魏县先后开征了城镇土地使用税、耕地占用税、土地增值税等。

第一节　田　　赋

一、明清田赋

（一）赋税。是历代政府以土地为对象所征的赋税。明代，魏县实行赋役制（赋为田赋；役为徭役），有夏税、秋粮、马草、站银、马价、草料六项系正供钱粮；地亩派丁徭有：银差、力差、听差、额支、待支、杂支，系杂办钱粮地丁摊派。明嘉靖五年（1527年），魏县耕田4432顷10亩6分2厘（以此数征银），其中：优免地435顷10亩3厘6毫，行差地3230顷17亩5分1厘3毫，寄庄地766顷83亩7分1厘。额外地：麻斤窑场地40亩，学院学田57亩，按院学田地63亩9分5厘，大名府学田和赡田3顷4亩1分零6丝，西区（魏县）学田2顷45亩，儒学田4顷22亩。

明万历三年（1575年），奉文仿行江南“一条鞭”法（即把原来的田赋、徭役和杂税合并起来，折成银两，分摊在田亩上，按田亩多少收税），不分银差、力差、听差，合并于地丁银通融派丁，在官雇役，规定银差编银7901两2钱4厘4毫，力差编银4122两8钱6

分，听差编银500两。

明天启四年（1625年），魏县编户5075户，丁49134人，地亩岁征夏税小麦4480石2斗（约折合134. 万斤），折银10454两6钱；征马草193379束5分，折银6978两9钱3分6厘2丝；征站银1065两6钱（协济河间、顺德、广平三府驿站）[①]；纳班匠银（含特种工艺上贡者）29名，征银13两5分；征人丁丝折绢（按人口征收的丝棉折成品稠布）601疋1丈2尺，折银4200两7钱5分2厘；征窑场地苘麻150斤（窑场废地种麻收入），折银2两7钱，以上共征银22928两6钱1分。

清代田赋以征银为主，税率各有不同，征取时间分夏、秋两季，夏征叫“上忙”秋征叫“下忙”，按田亩分上、中、下三等征收。上等田每亩征银1分6厘4毫3丝3忽，中等田每亩征银1分4厘2毫3丝。

清顺治十六年（1659年），刘庄、蒲潭、郝村、车往、仓口归并魏县时，屯田额31056亩7分7厘，每亩征收正银2分3厘3毫，共征银723两6钱2分2厘7毫零1忽。

康熙五十一年（1712年），清政府将丁税摊入田赋中征收，称之为地丁银，从此，中国历史上几千年延用的人头税基本被废除。

光绪十二年（1886年），清政府又改变了征银规定，魏县征收每两银折铜币加手续费（10文）、马饷费等，合计每两银折铜币260文，加重了农民负担。

清代末年，除征收田赋外，附加费名目日益增多，至民国初全省附加费名目多至105种。

（二）徭役。除粮田外，课以丁口者曰役。16岁叫成丁，成丁要服役；60岁以后免役。也有以职官地位免役的。役分三种，按户计算的叫“里甲”[②]；按丁计算的叫“徭役”或“均徭”；临时派遣的叫“杂泛”。

均徭三年一编。一曰银差[③]出银免役；二曰力差[④]出力免役；三曰听差[⑤]予银听差。

（三）里甲（按户计证）。

里甲，每年一派。一曰额支，二曰待支，三曰杂支，四曰役支。实行“一条鞭”法后，不分支项，均按均徭派征，统归银差。

额支银75两5钱。

待支银550两3钱3分3厘。

杂支银330两。

---

① 驿站（传）：古代供传递公文的人和来往官员途中歇宿换马的处所。清代的邮政制度，各省内地听役的叫驿。专为军报而设的叫站。

② 明州县统治的基层单位，后转为明三大徭役（里甲、杂泛、均徭）名称之一。以邻近的一百十户为一里，从中摊丁多田多的十户轮流当里长，一百户分十甲，每甲十户。

③ 明均徭之一。指应役户交银代役。后并入田赋。

④ 中国历史封建政府强制平民所服的劳役，为徭役形式之一。

⑤ 古指探听消息的人。《荀子、议兵》：“十里之国，则有百里之听”。杨京注：“听犹耳目也、或曰渭间谍者”。

盐钞银 318 两 7 钱 5 分 3 厘。

加编天津、旅顺兵饷银 1038 两 6 分。

加添守宿伙夫 147 名，曲食共银 317 两 5 钱 2 分。

加添经略公费 14 两 3 钱 2 分。

二、中华民国田赋

中华民国时期（以下简称：民国），魏县（原大名西区）以田赋、附加税款为大宗；次为买典契税，另外还沿袭清旧制征亩捐、税捐、行捐等地方捐税，而当时灾祸濒至，地方多故，地方财力竭蹶万状，政府摊款甚多，以田赋为例，除征收田赋正税之外，尚征附加额作径征费用。征收税赋时更有所谓局费、解费等陋规，额外勒索，漫无规定，形成正税不过十之二、三，而无形之附加乃至十之七、八，实为豪夺民财，假公肥私，无补国库，平民不苦正税而苦附税。民国元年（1912 年），北京政府改革旧制，附加一律并入正税，化私为公。县内旧费革除，新费又加。民国十一年（1922 年），田赋征银 5724 两零 3 分，折银洋 105165.2 元。民国十七年（1928 年），国民政府财政部颁发限制征收田赋附加办法八条，令各省遵行，但终未收效。据大名县志（含魏县）：民国二十年（1931 年），田赋分额内额外两项征收：征收正税额洋 16000 元，地方附加税额 118000 元。

（一）田赋（分额内额外两项征收）

额内：行差地：民国十一年（1922 年）除去修邯大（邯郸至大名）汽路占地 120 为亩零 3 分，现有行差地 347915 亩 5 分 7 厘。每亩征正加银 8 分 7 厘 2 毫 5 丝，共征银 30357 两 7 钱零 9 毫。

寄庄地①。民国十一年（1922 年）除去邯大汽路占地 54 亩 9 分 4 厘 8 毫，实有寄庄地 67663 亩 8 分 3 厘 2 毫，每亩征正加银 9 分 6 厘 7 毫，共征银 6543 两 09 分 5 毫。

屯田②。清顺治 16 年（1659 年），刘庄、蒲谭、郝村、车往、仓口归并魏县时，在山西路州卫屯田原额 31056 亩 7 分 7 厘，每亩征收正加银 2 分 3 厘 3 毫，共征银 725 两 2 钱 1 分 3 厘。

以上额内三项共地 446636 亩 1 分 6 厘 2 毫，共征银 37626 两 1 分 3 厘。

额外（学杂田税）：

学院学田 57 亩，每亩征租银 1 钱 2 分 2 厘 8 毫，共征银 7 两。

按院学田 63 亩 9 分 5 厘，每亩征租银 1 钱 2 分 5 厘 1 毫，共征银 8 两。

本府（大名）学田并瞻田 304 亩 1 分 4 厘，每亩征租银 1 钱，共征银 30 两 4 钱 1 分 4 厘。

魏县学田地 425 亩，每亩征租银 1 钱 2 分，共征银 51 两。

魏县儒学田 422 亩，每亩征租银 1 钱零 7 毫零 5 忽，共征银 42 两 4 钱 9 分 8 厘。

---

① 中国封建社会中地主在本籍外置备土地，设庄收租。

② 汉以后历代政府为取得军队给养，利用士兵或农民垦种的荒废田地。

麻斤窑场原额共地40亩，每亩征租银8分7厘5毫，共征银2两7钱。

以上额外6项共地1132亩零9厘，折大地503亩1分5厘1毫，共征银122两4钱6分2厘。

（二）差徭

分常年应征及额外摊派。应征地有：月车、柴草、凉棚。额外的有：考棚、填宅、祭天棚座等，皆系前清陋规。民国四年（1915年），以差徭积弊太深，改为折差，其应完纳钱数，随粮代征。据民国十七年（1928年）财政调查表记载，按田赋每征银1两，折征京钱660文，合制文330文。民国23年（1934年）7月，已奉令裁撤。

（三）附加税

包括房田契税、印花税、烟酒税、营业牌照税、屠宰税、牲畜税、车税等。地方税附加，至多不超过正税之半。

1. 田房契税

卖契正税6分……。

2. 印花税[①]

甲类计15种应贴印花税额。

按承种、地亩、字据等7种。各贴1分。各项银钱收据等6种，银钱在1元以上者，贴1分，10元以上者，贴2分。支取钱物凭摺及贸易所用之账簿一角。

乙类计14种应贴印花税契。

按公司股票及不动产典买契据，各等皆以银数，自1元以上者1分起，至满5万元者贴1.5元止。

丙类计45种应贴印花税额。

按除例举30种外，如采矿执照等以亩计算……。

（四）地方款

据民国十七年（1928年）财政调查表记载有：

1、教育经费。

①亩捐：全县额银45724两零8分2厘，每两银带征学款银洋1角2分，共征洋5486元。

②各捐：田房卖契加收洋496元；牲畜加捐银洋1426元。

2、自治经费

税捐：田房卖契2分，田房典契捐7厘，屠宰税加收洋1500元。

（五）抗日战争和解放战争时期税赋。民国二十六年至三十四年（1937年－1945年），魏县的土地税收多是为人民武装部队筹粮筹款。人民政权所控制的村庄适当多筹，两方政权

---

① 印花税：国家对商业、产权等行为所书立或使用的凭证收的税，采用在凭证上贴花税票的办法，1624年创于荷兰，1913年在中国开征此税。1958年与商业流通税。货物税、营业税合并简化为工商统一税。

并存的村庄少筹，而敌占区的资敌负担却超过解放区公负负担的5倍还多，如一、八、九区每亩每月资敌5升（折7.5公斤上下），个别敲诈还不算，而解放区每亩全年不超过13.5公斤（小米）。1945年魏县共征粮345万公斤，其中包括粮票（指当时下乡干部吃群众饭的能折实粮票，可顶公粮）4.1万公斤，款（冀钞：俗称冀南票。1948年5月以后，成为华北解放区的本位币。1948年12月，停止发行，每100元折合第一套人民币1元）811.6万元，柴草133.5万公斤。同年秋征任务是在平汉战役结束后，伪匪又乘机深入二、三、八、九区搔扰情况下，从11月份开征。三区正在突击征收时，遭敌破坏，被迫停了几天，八区西部根本不能进行，拖延很长时间也未征齐。

经过土地改革，土地税改为农业税，农业税的征收执行《冀南区公平负担暂行办法》（以下简称公负法），表8－1－1－1。

1945年魏县土地改革时期农业税征收税率表

表8－1－1－1　　单位：亩、%

人均标准亩	1	2	3	4	5	6	7	8	9	10
负担率%	5	10	15	18.5	21.5	23.3	24.6	25.6	26.3	27

根据以上负担率，经群众评议出产量，计算出应征数，根据“公负法”精神，魏县民国三十四年（1945年）夏征任务的分配是按照不同地区和不同收成，确定不同的征收定量，在根据地（即新解放区）并以产麦为主的地区，每产收成115斤的征13斤，90斤的征11斤，75斤的征10斤，60斤的征8斤，45斤的征6斤。在敌占区（大部分旱地，最好的小麦产量不超过45斤），每亩征3.6斤，魏县夏征负担土地共518155亩。征工业品和物共折750万元（冀钞），征粮150万斤。见表8－1－1－2。

1945年麦征完成情况表

表8－1－1－2　　单位：公斤，元

项目 \ 数额 \ 区别		1	2	3	4	5	6	7	合计
款数		969128	867878	157696	219531	153914	614442	928061.9	910650.9
白布	尺	3317.9	6391	1556.5	3805.8	313.6		10144.3	25529.1
	折款	94671	203338	59960	133204	10651		927674	1429498
棉花	斤		27	222	24.5			1111.6	1385.1
	折款		4216	37984	4900			201047	248147

续表

项目 \ 数额 \ 区别		1	2	3	4	5	6	7	合计
子弹	粒	180	202	153	702	105		561	1903
	折款	10800	14104	11515	56454	6175		36455	129503
纸	领		1		59			4	64
	折款		800		194700			16000	211500
折款合计		1074599	1090336	1680421	408789	1555972	144429	1455795	7410341
柴（斤）			257357	642313		833378	724907	219930	2677885
粮（斤）		73607	42856	515791	110140	396706	463256	94465	1696821

民国三十五年（1946 年）麦征完成公粮 1139749 公斤，地粮 569874 公斤，合计 1709623 公斤（缺五区未报）超过任务 18000 公斤。

民国三十六年（1947 年），全年完成公粮、地粮 781100 公斤（含柴草折粮）。

附：1946 年第六区李家口村公负合计表。见表 8－1－1－3。

1946 年第六区李家口村公负合计表

表 8－1－1－3　　单位：人/亩、元

项别 \ 成份	户数	人口			土地		动产	标准地	负担地	
		原有	应计负担人口		现种地	标准地	折合标准亩	应计亩数	总亩数	占总标准地%
			应计负担人口	占原有数%						
贫农	88	278	271	97%	1046. 3	961. 8		961. 8	513. 7	53. 5%
中农	110	431	425	98. 6%	2599. 2	2452. 3		2452. 3	2244	92%
富农	49	188	178	96%	2037	1633. 9		1633. 9	2331. 7	136%
地主	7	22	22		537. 6	503. 6		503. 6	795. 9	158%
老弱孤寡及其他	11	13	13		52. 2	48. 2		48. 2	40. 1	72%
赤贫	1	2	2							

附：

一、大名县（含魏县）地亩田赋

大名县中区（内有今魏县村庄）

额内：

行差地九百七十一顷八十三亩二分二厘九毫，每亩征正加银九分五厘六毫四丝零，共征银九千二百九十四两一钱六分五厘。（查大名田赋额内，向有优免地一项。自民国二年，上忙，罢除优免，故并入行差地内计算。）

按《大名县志》：优行地为九百七十七顷六十一亩有余，清道光六年（1826年），开除新开卫河占地五顷六十六亩五分二厘三毫。民国十一年（1922年），开除大邯汽路占地一十一亩二分四厘八毫，实剩如上数。

寄庄地[①]二百二十三顷零五亩七分三厘九毫，每亩征正加银一钱一分一厘三毫零，共征银二千四百八十二两六钱三分八厘。

按《大名县志》：寄庄地为二百二十五顷八十四亩五分有奇。清道光六年，开除新卫河占地二顷七十八亩七分八厘一毫，实剩如上数。

额外：

学院府，县儒学项下，学赡各田，共地三顷四十四亩八分五厘七毫八丝，每亩征银一钱，共征银三十四两四钱八分五厘七毫零。

按院本府项下，学田[②]、祀田[③]，共地三顷六十四亩零二厘五毫，每亩征银五分，共征银一十八两二钱零一厘二毫。

本县儒学项下，赋济贫生赡田[④]，共地六十七亩，每亩征小米、小麦各六升，共征本色小麦四石二升，小米四石二升。

按以上三款系旧大名县八项学田，兹将每亩征银同者并合计算，以省繁文。

麻斤窑场地：共地四十六亩七分七厘九毫八丝，每亩征银本分八厘四毫八丝，共行银一两八钱零。

以上额外，共地八顷二十二亩六分六厘二毫，折大地一顷八十二亩八分一厘三毫零，共征银五十四两四钱八分零。

耗银：中区每正银一两，加征一钱三分，上开各项银数，均系兼正耗计算。

按耗银一项，天清乾隆五十三年（1788年），随同正银统计疏题，至嘉庆十六年（1811年），留支银两改解司库兑收后，以向附于起运项下者，则曰“耗银”，其向来附于存留项下者，则说曰“改归耗银”。

行差人丁：原额共三万零三百九十八丁，每名纳银四钱五分，共征银一十两零三钱五分，以上丁将银于清雍正二年（1724年）按各县钱粮均分，每正银一两征丁匠二钱零二丝六忽八微，摊入地粮银两征收。

注：①寄庄地：中国封建社会中地主在本籍外置备土地，设庄收租，称寄庄。明至清，

地主阶级为逃避徭役，多在外地买田立庄，或假借外地官僚在本地设立田庄。

②学田：旧中国属于学校的田地，以地租人为祭祀、教师薪俸和补助学生及贫士的费用。

③祀田：旧中国祠、庙留和祭祀的田地。

④赋济穷生赡田：旧时备作赋济和的田地。

大名县东区（内有今魏县村庄）

额外：

行差地三千七百九十七顷一十八亩二钱五厘二毫，每亩征正加银七分一厘三毫零，共征银二万七千一百一十一两八钱八分三厘，旧大名县归并行差地一十五顷一十一两三分八厘四毫。仍照前大名县旧额，每亩征正加银九分五厘六毫零，共征银一百四十四两五钱四分九厘三毫。旧魏县归并行差地二百一十三顷五十五亩四分三厘三毫，仍照前魏县旧额，每亩征正加银八分七厘二毫零。共征银一千八百六十三两四钱零零五毫。以上行差连归并，共地四千零二十五顷八十五亩零六厘九毫，每亩各征银不等，共征银二万九千一百一十九两八钱三分二厘八毫。

寄庄地二百顷零零九十七亩三分二厘一毫，每亩征正加银七分九厘一毫零，共征银一千五百八十九两六钱八分零八毫零。旧大名县归并寄庄地一十一顷一十七亩八分九厘五毫。仍照前大名县旧额，每亩征正加银一钱一分一厘三毫零，共征银一百二十四两四钱二分二厘零。旧魏县归并寄庄地九十三顷一十八亩九分五厘一毫，仍照前魏县旧额，每亩征正加银九分六厘七毫零，共征银九百零一两五额，每亩征正加银九分六厘七毫零，共征银九百一两五钱二分一厘三毫零。以上寄庄连归并，共地三百零五顷三十四亩一分六厘七毫，每亩各征银不等，共征银二千六百一十五两六钱四分一厘三毫。

按元城县地粮奏册，大名归并寄庄地为一十一顷一十八亩二分二厘。民国十一年，开除大邯汽车路占地三分二厘五毫，实剩如上数。

额外：

本府、盐院、学院、本道、本县、按院六项学田，共地一十三顷二十九亩三分四厘，每亩征租银一钱，共征银一百三十二两九钱三分四厘。

本府、本县两项学田，共地四顷一十八亩，每亩征租银五分，共征银二十两零九钱。

学院学田地，一顷一十四七分八厘四毫，每亩征租银一钱二分八厘七毫零，共征银一十四两七钱八分四厘。

本府教官修补宅舍并赡田，本县儒学并赋济贫生学赡各田，共地六顷三十五亩一分一厘七毫，每亩各征本色小麦，小米各六升，共征本色小麦三十八石一斗零七合，小米三十八石一斗零七合。

荒田籽粒地二十一顷四十一亩八分一厘，每亩征银三分五厘，共征银七十四两九钱六分三厘三毫零。

备边籽粒地一十三顷五十三亩六分五厘一毫零，每亩征银五分零八厘九丝零，共征银六十八两八钱八分八厘八毫。

马厂籽粒地五十四顷五十一亩六分五厘一毫零，每亩征银五分零八厘九丝零，共征银六十八两八钱八分八厘八毫。

二、民国十八年（1929 年）大名西区（今魏县）各村户口、土地粮银数

魏县自清乾隆二十三年（1758 年）合并于大名以后，为大名西区。民国十八年奉省命改订区制，将全大名县原三大区划分为十小区，以一、二、三属中区（即大名县）；四、五、六属西区（即魏县）；七、八、九、十属东区（即元城县）。

按：第二区分所设在边马集，管辖76 村，其中魏县42 村；第三区公所设在牙里镇，管辖45 村，全属魏县；第四区公所设在沙口集，管辖93 村；第五区公所设在方里集，管辖72 村；第六区公所设在魏镇，管辖 73 个村；第七区公所管辖69 村，其中魏县7 村。以上共332 村，23.3 万人，地亩粮银 48409.26 两。本表土地仅按行差地亩计算，寄庄地、额外、学院学田地等，均不在土地计算之内。兹将各村户口、粮银数附录如下：见表8－1－1－4。

民国十八年（1929 年）大名西区（魏县）户口、土地粮银表

表 8－1－1－4　　单位：人、户、亩、两

区别	乡别	村名	户数	人口	土地	粮银数（两）	区别	乡别	村名	户数	人口	土地	粮银数（两）
2	1	边马集	233	1396	83.21	72.645	3	1	简　庄	82	1062		148.33
		边小屯	43	253	24.03	20.975			木顶寺				
	3	东吕村	153	808	48.45	42.296		2	东候村	183	1108		155.51
	4	冯　堤	226	1391	92.92	81.122		3	王野冲	113	470		75.9
	5	高　堤	155	809	55.36	48.326			张野冲				
		东田教	49	399	66.81	58.326		4	赵野冲	181	892		103.76
	6	南辛庄	297	1457	96.41	84.168		5	西候村	42	1439		169.92
	7	紫　岗	166	1007	87.11	76.048			耿　村				
	8	东楼底	281	1402	149.45	130.473			西辛庄				
	9	西楼底	242	1294	150.03	130.976			杨　庄				
	10	朱　村	124	762	75.40	65.824		6	张辉屯	530	2900		353.6
	11	李　庄	125	723	66.48	58.039		7	牙里集	500	2589		245.21
	12	东石固	142	832	108.89	95.059		8	张大堡	354	1984		205.33
		任　庄	26	131	13.96	12.186		9	胡村店	203	1234		104.17
		于　村	43	439	27.33	23.857		10	效化村	346	1810		214.44
	13	罗胜屯	132	802	81.90	71.49		11	南西长兴	220	1000		137.84
		东扬善	102	670	76.33	66.638		12	东长兴	207	1234		116.02
	14	范骈村	152	872	78.00	68.066		13	卞　村	88	1126		102.56
	15	西郭村	68	363	40.01	34.931			苏　村				
		辛刘庄	51	299	25.40	22.177		14	赵　庄	21	897		78.7
	16	东郭村	62	303	36.34	31.724			安　庄				
		邓　村	46	237	27.81	24.277		15	张二庄	478	2513		308.92
	17	寺李村	123	439	67.13	58.6		16	西吕村	130	908		105.99
		寺南村	42	236	25.52	22.279		17	宋　屯	210	1029		98.44
	18	楼寺庄	111	624	66.302	57.893		18	军　寨	287	1238		138.37
		张　庄	68	370	52.38	45.725		19	前普安	126	661		62.57
		张　村	56	323	40.82	35.633		20	后普安	11	509		50.55
	19	梁　庄	43	275	8.63	8.407			崔　庄				
		旦疃南	32	159	15.80	13.795		21	北善村	101	545		55.55
		旦疃北	31	115	18.46	16.116		22	南平村	03	526		42.53
	20	三马村	112	525	72.21	63.04			北平村				
		二马村	95	494	66.96	58.456		23	中　烟	46	1910		172.26
	21	小马村	107	509	45.64	39.839			西　烟				
		西　疃	58	305	39.16	34.184		24	东中烟	87	496		54.38
	22	大马村	298	1321	170.19	148.575		25	刘　庄	102	739		60.17
	23	曹　堤	168	785	84.48	73.749		26	北留固	265	1454		130.84
		董　庄	20	112	20.42	17.824		27	第六店	366	1454		130.84
		小康庄	33	165	14.85	12.961		28	大严屯	262	2132		119
	34	八里庄	195	1075	109.63	95.708		29	田　教	295	1540		109.49

续表1

区别	乡别	村名	户数	人口	土地	粮银数（两）
3	30	礼　教	148	1576		130.55
3	31	南英封 北英封	32	1067	87.94	76.77
3	32	张　汪	332	1724	120.56	105.25
3	33	潮　汪	141	1564	95.98	83.79
4	1	沙口集 岭　上	34	125	290.09	253.25
4	2	陈小屯	140	915	284.62	248.47
4	3	南沙口 段家庄	52	1140	387.98	338.71
4	4	沙圪塔	140	690	241.27	210.63
4	5	漳河村	100	484	123.87	108.14
4	6	斗　门	146	734	245.92	214.69
4	7	大屯村 牛　庄 冯　庄	27	882	313.97	274.1
4	8	南北拐	210	955	303.20	264.69
4	9	马神店	323	1714	634.15	553.61
4	10	申桥樊村 新江庄 闫摆渡 马河崔庄	74	1272	463.22	404.39
4	11	李家口	207	1108	386.83	337.7
4	12	杜二庄	114	547	227.11	198.27
4	13	大小斜街	208	988	270.10	235.8
4	14	岸上西 岸上村	71	826	351.45	306.82
4	15	大　庄 河　沟	23	1116	307.40	268.36
4	16	陸十疃	181	815	209.80	182.98
4	17	大小杨庄	204	1034	384.39	335.57
4	18	郑　庄	102	526	183.35	160.1
4	20	岗上、高马庄 武马庄 孙马庄	18	1002	354.55	309.89
4	21	马头村	190	1042	257.38	259.61
4	25	东王村 大王村 更化村	46	879	369.11	322.23

区别	乡别	村名	户数	人口	土地	粮银数（两）
4	26	茜、马、董陈圈 东北庄 西北庄	62	829	333.33	291
4	27	王、郑、贾、樊圈 南王圈	239	1056	372.58	325.61
4	28	前后文义	153	757	210.16	183.47
4	29	西西寨 东西寨 曹夹河	90	819	268.13	234.08
4	30	付夹河	171	780	245.57	214.38
4	31	王夹河	141	672	243.89	212.92
4	32	前高村 中高村 高高村 候高村	76	1497	511.97	466.95
4	33	大辛庄 栗辛庄	40	1739	451.8	393.8
4	34	李曹苗 王张辛庄	83	1034	305.77	266.94
4	35	李未城 吕　庄 牛　庄 马　庄 中未城	14	930	462.61	403.86
4	37	南、北秦固	149	863	246.01	214.77
4	38	双井镇 河北村	72	2116	414.27	361.66
4	39	野　庄	161	792	201.97	176.32
4	40	河南村	185	867	289.73	252.93
4	41	木顶寺	245	1250	203.53	177.68
4	42	小清花 西照河 张照河 东李会 东照河 北照河 前照河	45	2426	649.55	567.06

续表2

区别	乡别	村名	户数	人口	土地	粮银数（两）
4	43	南骈村	95	2085	372.07	324.82
		张骈村				
		任骈村				
		南骈村				
		西杨善				
		袁　街				
	44	大康庄	256	1229	246.71	215.38
5	1	方里集	277	1395	308.05	268.93
	2	后东庄	205	1204	376.97	329.1
	3	集　村	166	968	218.80	191.02
	4	河岸上	200	1214	329.31	287.49
	5	西江庄	129	788	506.09	441.82
	6	西户村	144	819	209.76	183.12
	7	南户村	126	793	186.35	162.68
	8	后柴曲	104	752	242.91	212.06
	9	任柴曲	108	623	295.29	257.79
	10	杨柴曲	103	615	247.66	216.21
	11	沙窝村	96	581	147.95	129.16
	12	六座楼	98	589	199.91	178.54
	13	北皋镇	486	2510	48.36	422.2
	14	北刘岗	156	802	373.30	225.89
	15	南刘岗	117	674	205.62	179.57
	16	孟　岗	133	711	143.21	125.02
	17	陈贯岗	97	623	138.68	121.067
	18	西李岗	123	644	109.26	95.38
	19	苗　村	208	1023	302.18	263.8
	20	李谢庄	188	957	280.87	245.2
	21	旧魏县	333	1562	512.30	447.24
	22	北高屯	184	931	504.01	440
	23	小康疃	137	724	232.07	202.6
	24	江岗村	104	689	184.51	161.18
	25	前石岗	96	678	165.75	148.19
	26	北坡头	144	835	236.85	260.77
	27	西坡头	95	619	129.30	112.88
	28	蒲潭营	160	808	196.72	346.34
	29	南上村	123	712	199.48	174.15
	30	口儿村	193	995	321.49	280.66
	31	郝　村	237	1283	415.18	362.45
	32	东上村	106	627	163.06	142.39
	33	西上村	97	576	233.06	203.46
	34	南坡头	124	707	214.14	186.94
5	35	车往营	233	1302	146.14	127.58
	36	霍小屯	140	764	280.32	224.72
	37	郭小屯	103	585	80.50	70.28
	38	保定庄	128	703	121.05	105.68
	39	刘庄营	123	712	207.40	181.02
	40	回隆集	240	1260	267.70	233.7
	41	南果庄	96	696	99.29	86.77
	42	大任庄	139	801	195.95	171.06
	43	韩小汪	170	956	334.17	291.73
	44	梁小汪	94	603	86.21	75.26
	45	明德庄	130	697	104.25	91.01
	46	崔小汪	146	867	215.05	187.73
	47	秦小屯	135	710	258.61	225.77
	48	大仓口	190	1023	201.41	175.83
	49	小仓口	142	811	250.99	219.11
	50	张　庄	97	630	86.76	75.74
	51	留儿庄	174	809	69.05	60.28
	52	井儿头	333	1787	222.22	194
	53	南张庄	257	1432	220.77	192.73
	54	蒋　村	163	897	119.12	103.99
	55	申　庄	197	1002	195.85	170.98
	56	阎　庄	146	774	182.59	159.4
	57	王　庄	98	616	106.54	93.01
	58	马头集	202	1045	225.75	197.08
	59	董　庄	107	607	190.75	166.52
	60	薛　庄	98	654	142.60	124.49
	61	崔野冲	116	667	146.11	127.55
	62	郭野冲	160	873	195.28	170.48
	63	北台头	253	1341	452.55	395.08
	64	西野马	170	895	235.30	205.42
	65	尹野马	99	674	186.72	163.01
	66	申　铺	143	813	190.87	166.63
	67	申圪村	309	1725	433.73	378.65
	68	刘深屯	475	2360	617.40	538.99
	69	双庙集	412	2012	460.10	401.67
	70	李圪村	303	1721	439.56	383.74
	71	西江村	160	855	64.60	56.4
	72	合义村	157	867	166.57	145.42

续表3

区别	乡别	村名	户数	人口	土地	粮银数（两）	区别	乡别	村名	户数	人口	土地	粮银数（两）
	1	义井村	171	859	216.74	189.21		41	郭家堂	108	572	180.099	157.27
	2	里八庄	179	859	248.48	216.92		42	大路固	188	884	204.78	178.77
	3	徐小庄	131	725	258.19	225.46		43	小路固	100	615	176.72	154.28
	4	西寺堡	84	419	110.07	99.58		44	王刘庄	139	817	247.73	216.27
	5	后屯村	93	394	107.13	93.52		45	浅疃村	80	409	122.88	107.22
	6	棘针寨	135	623	176.80	154.35		46	东红庙	181	603	203.56	180.33
	7	老君堂	104	501	193.72	169.12		47	前红庙	200	763	243.33	212.43
	8	北寺庄	337	1401	331.41	289.32		48	张仕望	151	926	248.02	216.52
	9	南寺庄	130	521	172.97	151		49	刘家拐	124	922	223.68	195.27
	10	邓二庄	100	470	154.72	135.07		50	崔家庄	136	922	221.84	193.67
	11	马胡寨	106	533	126.83	110.72		51	胡　庄	140	883	219.93	191.98
	12	西代固	125	579	146.24	127.67		52	何家庄	122	693	206.80	180.54
	13	大罗庄	571	2576	630.39	550.33		53	仕望集	195	1382	280.94	245.26
	14	东代固	259	1428	335.44	292.84		54	破井村	156	863	224.73	196.19
	15	柏二庄	142	704	192.26	167.84		55	院堡集	270	1350	361.74	315.8
	16	翟小庄	140	640	207.67	181.29		56	常于村	143	851	244.88	213.78
	17	小辛庄	106	505	111.08	96.97		57	靳于村	168	1139	348.98	304.66
	18	东　关	119	613	137.85	120.31		58	马于村	173	877	247.58	216.14
	19	东小门	90	449	86.03	75.1		59	西薛村	104	608	240.25	209.74
6	20	德政镇	315	1641	421.10	367.62	6	60	北来庄	127	678	177.08	154.59
	21	生熟疃	159	1211	318.43	277.99		61	况家庄	95	540	141.64	123.65
	22	马　庄	149	923	257.57	224.81		62	泊二庄	335	1993	594.23	518.76
	23	大寨村	147	746	232.36	202.85		63	前大磨	167	870	267.78	233.77
	24	前西营	175	730	283.36	247.37		64	胡贯前	130	581	152.82	132.95
	25	张固村	140	724	182.88	159.65		65	胡贯后	101	589	184.05	160.68
	26	梁河下	159	924	225.03	196.45		66	连三家	80	356	114.70	100.13
	27	石辛寨	187	1037	259.54	226.58		67	杨三家	203	1064	230.87	201.55
	28	白仕望	153	704	246.72	215.39		68	中三家	182	977	289.18	252.45
	29	河里村	100	606	127.73	111.51		69	郭枣林	221	1444	350.75	306.2
	30	西　关	156	881	170.41	148.77		70	赵枣林	183	1024	287.61	251.08
	31	北　关	132	687	196.22	171.3		71	南仕望	121	772	216.96	189.41
	32	疃上村	192	923	248.13	216.62		72	野胡拐	188	1029	363.40	317.25
	33	南　关	200	1119	167.45	146.18		73	蔡小庄	182	1332	357.98	312.52
	34	三里铺	202	1022	187.09	163.33		54	邵　村	162	525	219.07	191.25
	35	岗井村	131	660	107.81	94.12		55	张　庄	113	318	201.55	175.95
	36	杜疃村	198	1064	189.78	165.68		56	前阎庄	95	520	130.58	114
	37	谢疃村	150	725	167.26	146.02		57	北代固	72	355	103.20	90.09
	38	康疃村	96	606	159.59	139.32		58	后阎庄	94	688	78.27	68.33
	39	栗辛寨	89	253	88.67	77.41		59	王　村	140	324	161.24	14076
	40	南辛寨	107	453	199.40	116.46		60	相公庄	60	501	61.94	54.07

三、一九四九年魏县人民政府税收工作意见

今年税收总的精神，是根据省政府首届团政会议决定来执行的，我们结合本县情况，提出以下几个问题：

（一）对今年税收政策认识

几年来，由于上级正确领导和全体人民的踊跃缴纳赋税，保证了战争供给，打败了日本帝国主义及美帝国主义支持的蒋匪，建立了新中国，这说明人民纳税所换来的成果是非常重大的，但在今天战争将要结束，开始和平建设国家之际，有些人认为负担要减轻，为了最后消灭蒋匪残余，巩固国防，保卫胜利果实，还要供给部队，新老解放区都要恢复和发展生产，大家动手医治战争创伤，所以负担不能马上减轻，特别是今年全省水灾较重，咱县旱灾也不小，上级对人民负担尽量不加重，从整个来说比上年减轻，往年每负担亩公粮，平均二十五斤，今年只要产量真实就不超过二十二斤米。特别是今年秋征上级决定大量征收经济作物均高于市价，同时还取消了战勤负担，便利群众生产，相对的也是减轻了群众负担，另一方面为了逐渐改善人民生活就必须恢复与发展生产，恢复与发展生产需要有本钱，政府征收的粮食除供给部队工作人员开支外，就是恢复与发展生产的资本，农工业生产增加了多收不多拿，对应也就减轻了负担。人民政府的税收，是取之于民用之于民的。

新农业税则的精神，就是发展生产、保证供给，使劳动生产的农民致富，勤劳生产的多收不多征，怠于耕作者少收不少征，这就是奖励劳动发展致富的农业税政策。

工商业也是如此，大家都赚一家不赚也得拿，大家不赚一家赚了也不拿。

（二）关于分配任务中几个原则问题与办法

县税收全年任务，工业税一千七百一十万零四千八百六十八斤，上级批准我们灾情减免三百五十八万四千八百六十斤，除去麦征九百九十万一千五百七十斤，秋季还该公粮三百五十五万八千四百二十七斤，加上秋季地粮八十万斤，共四百三十三万斤（八区例外）商业税秋季接受六万斤（交易税不在内），对任务的布置是根据以下原则：

1、根据地质好坏常年产量，魏县未经评产，很真实的依据没有，仍以去年公负标准亩作根据，不真实的可从新划片分等，（如去年二区沙地每亩折二分四厘），以达到大体平衡合理，每亩负担公粮最多不超过二十斤，地粮不超过五斤，全年公地粮不超过二十七斤，产量不真实的可以突破。在非灾区最多不超过总收入百分之二十，灾区最多不超过百分之十五。

2、根据灾情大小，予以减征或免征，省政府指示全年六成年景不算灾，灾情计算以户为单位不能按块减灾，实事求是，不扩大不缩小，有多大是多大。

在非灾区个别户无力缴纳者亦可减征——部分或全部，由村评议区批准执行，对灾区歉收四成以上不到五成者减征四成，歉收五成以上不到六成者，减征六成，歉收六成以上不到七成者减征八成，歉收七成以上者全部豁免，而村对户必须有调查有领导，严格防止平均分配，适当的予以照顾与减免。

3、彻底完成任务不留尾欠——不使先缴者吃亏。造成尾欠原因是分配任务时的一般化，

对烈军工属和老弱孤寡照顾不到或没有帮助群众算细帐具体解决困难，为克服此缺点，在布置任务时我们首先贯彻“该减免的户计算妥当，然后再布置整个任务”。

4、免征点的扣除——对一般人口扣除一亩，无劳力的烈军工属及老弱孤寡户扣除一亩半至二亩半，革命军人及革命职员以及烈士均在其本人家中扣除，但薪金制干部及合作社顾员、公费生、（半公费扣半个）不扣除，南下的干部要扣除。牲口、骡马扣七分，牛驴扣四分。

5、为照顾国需民有，解决工业原料，便于农民缴纳，除征收粮食外，征收棉花、花生、大麻子，但一定保证成色。

①棉花标准——干、白、净、中喷花，每斤籽棉折米三斤至三斤七两，并决定大量收购。

②花生仁——以干、净、饱不霉坏为标准，每斤折米一斤四两到二斤，很瘦的也可送站，但不按折合率，按出油率比市价少高些。

③大麻子——干、净、均匀、饱满为标准，每斤折米一斤半到一斤二两。

④粮食——以干、净、饱为标准，过扇车，强调在村掌握成色，不好的仓库拒绝入仓，折合率黑黄豆斤四两折米一斤，黑豆斤二两折米一斤，红粮斤半折米一斤，黄玉米斤五两折米一斤，谷子斤六两折米一斤。

另外在征收经济作物当中各村户可自行合理交换，棉花多的可多缴棉花，花生多的缴花生仁，以保证经济作物的完成。

以上这些征收办法，即是农业税收政策，应当很好给群众解释，认真执行。

6、关于工商税：是国家财政收入的重要部分之一，按全国来说农商业各占一半，邯郸专区占四分之一。在性质上和过去国民党的苛杂税是根本不相同的，税收是革命的税收，保证民族工业的发展，促进农村经济的繁荣，提高全国人民物资生活的目的，对税收如何执行呢？原则上工业应轻于商业：群众日用必须品应轻于奢侈化装品，商业户资金不满二百斤者应免征，副业不征收。所称家庭副业是指农民利用农闲时间所经营的纺织、养猪、运输、肩挑小贩、淋盐、卖豆腐豆芽等，及其他主业以外的生产，其资本和范围较小者，其收益辅助家庭生活的，如季节性较大的经营（如糖房、鸡房、油房）则照商业税征收其商业部分。

（三）几个具体问题

1、入仓问题——粮食部分送仓库，经济作物部分送站，县计划设漳河北魏镇、漳河南简庄两个站，负责收棉花、花生、大麻子，各村原则上是义运，往返百里以外按百里百斤运费不超过十斤，由仓库开支。

2、荒地黑瞒地——对荒地仍贯彻生荒三年不负担，黑瞒地我们为澄清土地，在征收时号召自报，对自报者不处罚，若不自报被查出者，可根据其家庭情况经县批准追缴一年至三年的负担，对各村任务不再增加。

3、公产村公有地、堤根地，均是谁耘谁收谁负担，出租地原则上由出租人负担，如前有契约按契约办事，机关生产地同。

4、征收时粮票不抵公粮，以后由仓库兑换，缴公粮不准脱秤，尾欠柴草随秋粮征齐。

5、银行、合作社贷粮贷款，为了进一步扶植群众生产，可根据贷款户家庭情况收回一部分或全部，花生棉花粮一定要收回。

6、征收村干吃饭，专署规定以村为单位，按完成任务数千分之三包干发给。

7、今年征收工作极为复杂，各区、村成立征收委员会，区、村长为主任，区由财政助理、建设助理、合作社主任组成，村由村公所书记、农会主任、妇会主任、民兵队长、自卫队长等组成，统一掌握与领导征收工作，领导重点主要掌握年景灾情，贯彻负担政策，作到负担大体平衡合理，以切实掌握征收经济作物，防止过去所发生怕麻烦片面群众观点及单纯任务观点和平均主义的偏向。

第二节　农业四税

农业田税包括：农业税、农林特产税、耕地占用税和契税、房产税。其中农业税是国家对一切从事农业生产有农业收入的单位和个人征收的一种税，俗称“公粮”。中国历史上有记载的农业税收为春秋时期（前594年），鲁国实行的“初税亩”，汉代叫“租赋”，唐朝称“租庸调”。民国政府时期叫“田赋”。1949年，中华人民共和国成立后，继续征收农业税。中国为传统的农业国，农业税收一直是国家统治的基础，国库收入主要来自农业税，从现代意义来看，农业税一直被农民称为“皇家国税”，尽管农民负担问题一直困扰着农民，但农民一直认为纳税是一种义务。2005年，魏县废止了农业税，实行了2600年的农业税至此成为了历史。

一、农业税

农业税征收，历史久远，是地方财政收入的重要组成部分。据史料记载，始于春秋时期鲁国的“初税亩”，汉初形成制度，是按照土地常年产量及规定税率征收后的一种古老税种。新中国成立以后，废田赋，改征农业税，农民历年所欠田赋旧额一律豁免，农业税以征实物（粮食）为主，延续了2600年的历史。

1949年，为贯彻华北人民政府《农业税则》平衡农民负担，魏县用了五年时间逐步进行查田定产、核定田亩数及等级工作，纠正原来负担不合理现象，这是建国后农税征收的基础及当时魏县的中心任务。共征公粮折米（除因灾减征358万斤）1352.4万斤，每亩负担公粮不超过22斤（含地粮5斤）；每14两麦顶1斤米。

1950年，全县6个区，445个行政村，66974户，299904口人，旱地25357.07公顷，骡马876头，牛驴23601头，共折合标准亩87037.4公顷，扣除人口免税点20431.1公顷，牲口免税点684.6公顷，负担亩为65921.73公顷。规定地粮征收（即：农业税附税）每亩全年征45斤（其中解省、地共1斤）；公、地粮总负担不得超过农民农业收入的25%。全年共征公粮折米（除因灾减免28.6万斤）2654万斤，每亩负担27斤。

1951 年，魏县组织了小学教员、行政干部等 500 余人投入这一工作。秋季征公粮折米 693.7 万斤（麦征数失散）其中地粮 278.6 万斤，占共征数的 40%。

1952 年，为保证抗美援朝战争胜利，供应城市的需要，实行公、地粮合并计算征收，采取定产计征的办法，又聘请了 36 名协助员，配合 5 名册籍室干部和六个区的财政助理，进行了实习训练，在查田上采取了“自报公议，联合勘察，地邻联保”等措施，共查报出瞒地 2219.41 公顷，占总土地的 3.3%，使魏县地亩数基本澄清。在定户上采取了“联评、并与、占队、调整”等措施，共调整了小马村、疃上村、斗门村等 15 个村的产量，调高了 3 个村，调低的 12 个村，共降低总产折合 2.47 公顷。还与大名县、广平县、南乐县等邻县签订“评协议书”，解决了县界结合部土地悬殊问题。基本达到了固定产量标准，群众满意地说：“千朝万代没见过这样的负担公平，瞒地户再也不能沾光了”。从此，农业税征收走上了“依率计征，依法减免，合理负担，稳定负担”的轨道。最高每亩负担 23.4 斤，最低 21.4 斤。

1953 年，根据每年的“河北省农业税工作指示”进行夏征和秋征，总的原则是评实产量、核实年景，计算出当年常年产量和应征数，逐级布置，征收到户（或初级农业合作社）。其中：1955 年执行的是 1954 年的负扫亩、1953 年的差别率。农场一律按常年产量的百分之十征收公粮。省自筹粮和乡自筹粮两项合计一般不超过 11%，最高不超过 12%。1956 年，农业税分成比例，上解 50%，县留 50%。

1957 年，在土地亩数、产量没变动的情况下，一律保持上年的税率，个别农产按当地农业社的税率提高 10—20%。纳税单位是：农业社、社员自留地、个体农产。

1958 年，按照《中华人民共和国农业税条例》规定，农业税的征收，实行比例税制，废除原来的累进税和部分免税的办法。按常年产量征收农业税。（一）、对于个体农产。除按照当地社之税率五年不变定产税额征收外，再加五成征收。（二）、省、乡附加执行河北省规定的各为 7%。

1961 年，魏县对农业税负担进行了大幅度调减，调减后基数占调减前 1957 年基数率 51.8%，税额 45.9%。实行差别税率最高 11 斤，最低 6 斤。这一年平均税率为 8.29%，比 1956 年降低 9.3%，比 1952 年降低 16.5%。

1962 年，为了掌握调减后负担的均衡，对农业税负担又作了进一步调整。调整后税率为 8 个等级；每亩税率 13 斤的两个大队、12 斤的 5 个大队、11 斤的 17 个大队、8 斤的 141 个大队、6 斤的 11 个大队。

1963 年，魏县灾情严重，减征 278 万公斤。

1964 年 8 月，根据 1962 年农业税负担调整后，水利建设、国家基本建设和 1963 年遭受洪水引起的土地增减、土质变化，为促进农业税负担平衡合理和农业生产发展，对农业负担实行改革，原则是：根据稳定负担的精神，促进农业生产迅速恢复和发展，本着保证依率计征总税额的前提下，以生产队为单位，该增的增，该减的减，只算耕地、常产基数，不调整税率。这一年的平均税率略高于 1962 年。

以后的 30 年，粮食产量逐年增加，但农业税负担的平均税率一直保持住 1962 年的水平上。特别是中共十一届三中全会以后，随着农村经济体制改革的不断深入，农业总产值和人均收入明显提高。虽然在一定时期，农业税征收的绝对额有一定增加（如两次粮食提价等），但农民的实际负担是降低的。按粮食总产与征税比较，1961年总产7048万公斤，依率计征560.5万公斤（小米），每百公斤粮食负担8公斤米。而1985年总产为13729万公斤，比1961年提高将近一倍，依率计征571万公斤，每百公斤粮食负担4公斤米，比1961年减轻50%。

1985年，改征收实物（米）为折征代金。代金的计算，按所产农产品的当时比例收购价，每斤小米为壹角一分七厘。坚持“基数到村、任务到户，以米折算、征收代金、常年征收、年终结算”的原则。对计税土地、常年产量、依率计征任务基础数字建立帐表，县财政掌握到村和乡，村掌握到户。

改征代金，不调整税率。其增收部分的50%上解中央，20%上解省，20%上解地区，10%留县，主要用于补充农业税征收经费和适当奖励完成任务好的乡、村。1986年起，将省原集中的10%农业税附加，改为5%；下余的5%留县重点用于扶持贫困乡（镇）中、小学修缮和乡村道路建设。

1987年，调整农业税计税米价，由1985年的每斤小米二角一分七厘，调整为二角三分，比1985年增收19万元。

1988年，每斤米价比1987年又增加二厘三。是年夏季征收完成全年任务249.6万元，比1987年增收30.6万元，居邯郸地区第一名。

1989年，调整计税米价位二角四分八厘三。

1992年，调整为三角零一厘四，当年增收税额61万元，居邯郸地区第一名，并获河北省农税、农财工作先进单位。

1993年，在遭受严重雹灾的情况下，农业税收仍居全市第二位。见表：8-1-2-1、8-1-2-2。

1952年-1984年农业税（实物）完成情况表

表8-1-2-1　　单位：万/斤

年度	计税面积（亩）	常年产量（万斤）	平均税率%	依率计征税额（万斤）	亩负税（斤）	减免税额（万斤）	以前年度尾欠（万斤）	其它计征（万斤）	应征税额（万斤）	实征正税			尾欠	实征地方附加		
										合计（万斤）	秋季	夏季		合计万斤	占正税%	其中省附（万斤）
1952	1066744	11351	22	2497	23.4	71		128	2554	2555	1421	1134				
1953	1073763	11295	20.9	2365	22	391			1974	1949	510	1439				
1954	1072824	11128	22.2	2439	22.7	209			2108	2326	1071	1255		86	4	86
1955	1079801	11071	20.9	2317	21.5	209			2108	2141	1338	803		107	5	107

续表

年度	计税面积（亩）	常年产量（万斤）	平均税率%	依率计征税额（万斤）	亩负税（斤）	减免税额（万斤）	以前年度尾欠（万斤）	其它计征（万斤）	应征税额（万斤）	实征正税			尾欠	实征地方附加		
										合计（万斤）	秋季	夏季		合计万斤	占正税%	其中省附（万斤）
1956	1064184	14372	16.0	2305	21.7	742			1563	1563	1234	329				
1957	1064224	14259	16	2280	21.4	3			2277	2293	1571	722		176	8	176
1958	1110015	147371	15.4	2671	24.1	158			2513	2513	1642	871		232	9	232
1959	1107182	17349	15.4	2669	24.1	40			2629	2629	1750	879				
1960	1107088	17320	15.4	1670	24.1	259			2411	2396	2012	384				
1961	959782	13518	8.29	1121	11.7	51			1070	10170	373	697		33	3	
1962	931435	13148	8.7	1135	12.4	55			1098	1098	579	519		76	7	54
1963	931304	1344	8.8	1154	12.4	556	4		602	603	702	-99		39	6	26
1964	931386	13146	8.77	1154	12.4	121	1	2	1036	1036	700	336		132	13	102
1965	931380	13146	8.8	1154	12.4	149	1	0.2	1006.2	1006.2	726	280.2		114	11	76
1966	930973	13139	8.8	1153	12.4	40	30	3	1146	1146	602	544		155	14	111
1967	928734	131018.8	8.8	1150	12.4	28			1122	852	202	650	270	118	14	85
1968	928792	18.83100	8.8	1150	12.4		270		1420	1142	300	842	278	160	14	114
1969	928712	13100	8.8	1150	12.4	25	278		1403	795	460	335	608	77	10	53
1970	928712	13100	8.8	1150	12.4	2	607		1755	1079	1010	84	661	77	7	21
1971	128450	13095	8.8	1150	12.4		661		1811	1070	429	641	741	123	11	87
1972	928450	13096	8.8	1149.6	12.4	42.4	741		1848.2	1107	639	468	741.2	86	8	64
1973	927943	13089	8.8	1149	12.4	17	741		1873	1133	754	379	740	134	12	90
1974	927917	13088	8.8	1149	12.4	12	740		1733	1140	818	322	737	141	12	98
1975	927837	13087	8.8	1149	12.4	156	739		1508	1362	1115	247	371	174	13	114
1976	927586	13084	8.8	1149	12.4	12	371		1150	1207	1200	7	301	169	14	121
1977	27544	13082	8.8	1149	12.4	300	301		1312	907907	893	14	243	65	7	31
1978	927477	13081	8.8	1148	12.4	79	243		745	51064	977	87	248	76	7	33
1979	927386	13080	8.8	1148	12.4	651	248		477	477512	531	-19	233	71	14	51
1980	927386	13080	8.8	1148	12.4	677	233	6	693	6477	139	338	豁免	67	14	48
1981	927313	13079	8.8	1148	12.4	455			442	442693	190	503		82	12	54
1982	927312	13079	8.8	1148	12.4	706			924	9442	241	201		62	14	44
1983	921846	13008	8.8	1142	12.4	218			1151	115924	788	136		67	7	30
1984	921684	13006	8.8	1142	12.4	47		56		115	1095	56		153	13	109

1985 年－1993 年农业税折征代金完成情况表

表 8－1－2－2　　单位：万元、万斤

年度	计税面积（万亩）	常年产量（万斤）	平均税额%	依率计征税额（万斤）	亩负税（元）	折金额（万斤）	减免税额（万元）	应征税额（万元）	实征正税（万元）			实征地方税附加（万元）		
									合计	夏季	秋季	合计	占正税%	其中省附加
1985	92	13005	8.8	1034	2.7	248	48	200	200	200		28	14	20
1986	92	13005	8.8	1034	2.7	247.7	33.1	214.6	214.6	214.6		30.5	14	10.7
1987	92	13005	8.8	1141.6	2.8	262.6	43.6	219	219	219		30.7	14	11
1988	92	13003	8.8	1141.6	2.9	265.2	15.6	249.6	249.6	261.6	－12	34.9	14	12.5
1989	92	13002	8.78	1141.2	3	283.5	18.9	264.6	264.6	279.6	－15	37	14	13.2
1990	92	13000	8.78	1141.2	3	283.4	23.8	259.6	259.6	279.6	－20	36.3	14	13
1991	92	12998	8.78	11141.2	3	283.4	23.8	259.6	259.6	279.6	－26	35.5	14	12.7
1992	92	12998	8.77	1140	3.7	343.6	55	288.6	288.6	344.3	－55.7	40.4	14	14.5
1993	92	12996	8.77	1140	3.7	343.6	53	290.6	290.6	340.6	－50	40.7	14	14.5

1994 年，农业税计税米价为每公斤 1.08 元，税率 8.77%，当年计征农业税 670.06 万元。1996 年，魏县实行寓税费收支于一体的农村税费改革，即“一道税、一口清、一次征”的征收管理办法，计税米价调整为 1.7 元，共征收农业税 1073.3 万元。

1998 年，计税米价调整为 1.64 元，完成农业税 857.79 万元。

2000 年，计税米价调整为 1.24 元，完成农业税 631.3 万元。

2001 年，计税米价调整为 1.14 元，完成农业税 494.5 万元。

2002 年，魏县农村深化税费改革，实行费改税，税率调整为 6.91%，完成农业税 4768.2 万元。

2003 年 4 月，河北省财政厅印发关于《农业税社会减免管理办法（试行）》的通知，规定 5 种可减免农业税。

2004 年 7 月，国家对农村税费实施改革试点，推进减征、免征农业税改革试点，出台了减轻农民负担政策，用五年时间在全国范围内全面取消农业税，同时推进综合配套改革。是年，魏县农业税税率降低了 3 个百分点，由 6.91% 调整为 3.91%，计税米价不变，完成农业税 2813 万元。

2005 年，魏县作为国家级贫困县之一，全部免除了农业税，不再征收。

2006 年 1 月 1 日，国家废止了《农业税条例》。是年，魏县全面取消农业税，并向农户按地亩数发放农业补贴。

二、农林特产税

农林特产税是农业税的组成部分。是按照水果等农林产品收入而依率计征的一种税。20世纪50年代初期，农林特产并入农业税征收，当时梨果等少数品种征税，收入不多的零星农林特产暂不收税。

1957年，随着征税范围的扩大，品种的增多，特产税的收入也日益增加。

1983年9月，特产税由税务部门移交财政部门。

1984年，又对特产税实行县乡（镇）分成办法，调动了乡（镇）协征积极性。

1987年，魏县鸭梨面积2773.3公顷，按正常年总产可达3000万公斤。遍及23个乡（镇），涉及265个村6万户。按1991年计算，征税220.4万元，占年度财政收入的12%。

1987年6月，根据河北省人民政府征收农林特产税通知精神，经邯郸行署批准正式开征农林特产税，税率为5%。征收范围为梨、桃、苹果、杏等水果类。税率按国家规定的最低税率5%计征；价格按近三年来市场平均价格0.25元计算。征收方法：（1）以亩定产计征；（2）开征农林特产税的水果亩数不再计征粮田税；（3）农林特产税仍按原来的4%加收乡附加，归乡使用；（4）省附加仍保持原来基数，不再加征上解；（5）由乡（镇）财政所负责、以村或联户为单位，坚持现金结算。方案确定后，计税额一定三年不变。开征的品种及总产、收入、计税。见表8－1－2－3：

1978年魏县农林特产税统计表

表8－1－2－3　单位：公斤、万元

品种	总产（万公斤）	总收入（万元）	计税额（万元）	备考
梨	2373.3	1186.6	59.33	
苹果	112.2	56.1	2.8	
桃杏	21.7	10.8	0.5	
合计	2507.2	1253.5	62.6	

1988年7月，根据省政府规定，将原执行5%的税率，调整为6%，这一年征税占全区总额88.6%，当年征税50万元，占当年财政收入的4%。

1989年8月，根据《河北省农林特产农业税实施办法》规定，税率调整为15%，完成税额94.4万元，占当年财政收入的6.4%。

1991年1月至5月，按照县政府的要求，在全县开展了农林特产税源普查：（1）农户申报面积、果树棵数以及产量；（2）村建评产小组，根据农户申报进行互评；（3）评产小组进行实地勘察，确定计税额；（4）税额张榜公布；（5）建立台账，以及根据每年棵数大小、收获情况以及市场行情，进行个别修订税额。通过这次普查实行据实征收，避免了按统计数字分配任务出现苦乐不均、税负不等现象，当年实征税额220.4万元，占财政收入的

12% 。

1992 年，根据省财政厅通知，为方便果农外运销售果品，对原执行必须办理的“农林特产品外运完税证明单”以及“起运查验征收农林特产税”的规定停止执行。对各乡镇完成超额部分，实行县乡 4：6 分成，并实行据实征收，本年实征税额达到开征以来最高水平。

1993 年，根据国务院“关于调整农林特产税”的通知，为使农林特产税最大程度地接近据实征收，降低了部分产品的税率：苹果、梨、桃、葡萄等水果类的征收税率，由原来的 15% 降到 12%；果用瓜由 10% 降为 8%；水产养殖类同果用瓜原本由 8% 降为 7% 。由于 9 月特大雹灾，果品受到严重损失，通过灾后实地评产，本年减少税额达 140 万元。

1994 年，农林特产税额率调整为：鸭梨 12% 、苹果 12% 、桃 10% 、杏 10% 。征收办法采取查财征收、定征收、查检征收、定额征收。当年完特产税 525.1 万元。

1997 年，鸭梨种植面积扩大，亩产增产，当年完成特产税 690 万元。

2000 年，农村实行税费改革，魏县停征农林特产税。

见表 8 －1 －2 －4：

1987 －1997 实征税占农业税财政收入比例表

表 8 －1 －2 －4　单位：万元

年度	实征税额（万元）	占当年农业税%	占当年财政收入%
1987	46.8	21.4	4.6
1988	50	20	4.0
1989	94.4	35.7	6.4
1990	127.6	49.2	7.8
1991	220.4	86.9	12
1992	220.9	64.2	11
1993	120	35.2	4.9
1994	525.1	61	7.5
1997	690	67	12

三、耕地占用税

耕地占用税是指依照《中华人民共和国耕地占用税条例》和《河北省耕地占用税实施办法》的规定，对占用耕地建房或从事其它非农业生产建设的单位和个人征收的税种。按照实际占用的耕地面积为计税依据一次性征收。耕地占用税由地方税务机关或财政征收机关负责征收管理。

1987 年 12 月 5 日，魏县人民政府印发《关于征收耕地占用税的通知》开始起征。按省核定的每平方米5元的税率，由财政部门一次性征收，其收入纳入国家预算，60%上交中央、10%上交地区、30%留县。1984年4月1日以前已获准征用耕地已超过两年未使用的，按规定税额加征两倍以下的耕地占用税。凡申请占用耕地单位和个人，应首先向所占耕地的乡（镇）提出申请，并按申请占地向财政部门预交耕地占用税。县土地管理局根据申请书和财政部门的预交款证明，进行研究批准。在征收过程中，各乡（镇）和县土地管理局按征收总额，分别提取1%的手续费。1990年，所征税款除省、县提取5%征收经费后，将税款按“三、七”比例分别交入中央和地方金库。

1993年，魏县人民政府印发《关于加强耕地占用税征收工作的通知》规定：按照“先纳税，后批地”的原则，用地单位和个人预交耕地占用税，多退少补，与农业税类合并征收。是年，征收农业和耕地占用税429万元。1994年，耕地占用税与农业税分离，单独征收耕地占用税，征收耕地占用税52.6万元。1995年，征收58.6万元。1996年，征收93.7万元。1997年，征收耕地占用税223.6万元。1998年，征收耕地占用税243.3万元。1999年，征收耕地占用税253.7万元。2004年，征收耕地占用税105.3万元。2005年，征收耕地占用税105万元。2009年，征收耕地占用税234万元。2010年，耕地占用税的征管职能由财政部门划转地税部门征管，当年征收耕地占用税707.24万元。2011年，魏县按每平方米20元征收，当年征收耕地占用税1870.91万元。2013年，魏县加强耕地占用税和契税征收管理，采取加强宣传，设立咨询台、悬挂标语、出动宣传车、入户讲解；源头控管，组织税务、财政、国土、建设部门定期召开联席会，严格落实土地、房屋转移环节“先税后证”制度；强化征管，对房地产企业销售不动产营业税的监控，及时掌握楼盘的销售情况；定期巡查督导，借助GPS测量工具重点对园区企业和新建项目进行检查，核实企业用地类型和实用土地面积，确保相关税收应收尽收。是年，征收耕地占用税6523.11万元，并对建设工程中标、房产交易、已供土地等信息进行分析汇总，补征耕地占用税70万元。耕地占用税和契税“两税”同比上年多增收2219万元。

2014年，魏县进一步健全征管制度，加大征收力度，确保耕地占用税及时足额入库，深入宣传税收政策，营造良好的纳税环境，加强部门协调融合，定期与国土资源局、发展改革局、国税等部门沟通联系，调取国土部门耕地审核情况，及时了解掌握、耕地出让、占用等相关信息，从源头上防范税款流失，在全县组织开展全面摸底排查、记录每个纳税户的纳税耕地面积，并对耕地占用税率调整为每平方米25元，征收耕地占用税10112.65万元。2015年，征收耕地占用税12236.63万元。2016年，征收耕地占用税15381.93万元。

四、契税　房产税

（一）契税

契税是在土地、房屋因买卖、赠与、典当或交换而发生产权转移时，按照双方订立的契约，向产权承受人征收的一种税，是我国一个古老的税种。它起源于东晋“估税”，当时规定凡有契券的田宅、奴婢、牛马等买卖行为者，每万钱须向官府输纳四百（卖者输三，买者输一），名曰“输估”；对无契券者，从价百抽四，由卖方缴纳，名曰“散估”。北宋开宝二年（969 年）改名“印契钱”，凡民间典买田宅，要在两月内向官府输钱，每贯钱输四十文（合 4%），由买方缴纳，完纳印契钱后，经官府加盖印章，以示保护产权，俗称“红契”，元代改名“契本钱”，并逐渐改名“契税”。以后历代沿用契税名义，但税率的征收范围各有不同，清代顺治四年（ 1647 年）规定买典按 3% 给税，清末提高到买 9%，典 6%。宣统三年（1910 年）正税、捐输加收各三分。

民国时期基本沿袭清制税率“买 9 典 6”。民国二十三年（1934 年），规定买 6 典 3。民国三十年（1941 年），买卖土地不够市价 30% 者，则按市价 30% 征税，另立新契，原契无效。超过市场 30% 者，按原地价征税。民国三十年（1941 年），以粮为标准，按当时价格折成冀钞纳税。群众斗争所得土地，按现时价评进行税契。堤、河、公路占地，一律收税契。各村成立税契委员会，以雇佃主任为主（村干可以参加），负责办理契税工作，按税额 5% 给予报酬（即手续费）。民国三十二年（1943 年），国民党政府公布契税条例，规定买卖、赠与、占有契税率为 15%，典契 10%，分析交换契 6%，同时实行统一格式的官印、契纸，征收工本费，称为官契。有时地方随契税附加其他捐费。民国三十五年（1946 年）3 月，魏县人民政府制定《田房契税办法》，规定：税率买契税按买价征收 4%；典契税按典价征收 2%；不论典卖或补换均收契纸工本费每张 8 元。

1950 年，规定范围为房屋和土地两种不动产，后限于房屋。1953 年 – 1955 年，征收 5. 9 万元，所得税款全部纳入县预算收入。1955 年，由于农业互助合作运动蓬勃兴起，契税稀少，便取消这种手续费。以后各乡（镇）办理契税所需经费，依照《契税暂行细则》适当补助，但最多不得超过纳税额的 2%。1956 年，由于农业合作社运动全面推开，土地都入社，土地契税工作随之结束。1970 年 12 月，规定城乡私人房屋在进行买卖、典当、赠与或交换时，由承受人依法交纳契税。采用比例税率：（1）按买价计征的为 6%；（2）按典价计征的为 3%；（3）按现价计征的为 6%。

1987 年 4 月，为了切实保障人民房屋所有权，又恢复开征此税，凡在 1980 年 12 月 31 日前买卖、典当、赠与、交换房屋者，按契税率交纳契税。征收范围暂定城关、北皋、德政、双井、牙里、车往、回隆七个镇。契税税率为买契按买价金额 6% 纳税；典契按典当金额 3% 纳税；赠与税按现值价格 6% 纳税；交换契双方价值相等者免征；房屋价值不等者，其超过部分按买卖房屋税率计征。

1991 年，征税款 2. 7 万元。1992 年和 1993 年两年共办理 200 件，个人买卖房屋 7895 平方米，成交额 133. 2 万元，按 6% 税率征税款 8 万元。1994 年，征收契税 6. 6 万元。1995 年，征收契税 6. 6 万元。1996 年，征收契税 11. 1 万元。

1997 年，国务院发布了《中华人民共和国契税暂行条例》规定，土地和房屋的买卖交易中，购房或购地的单位和个人要缴纳契税，税率为成交价的 3% – 5%。如果个人购买的是自用普通住宅，可以享受减半征收契税的优惠政策，当年征收契税 11. 1 万元。1998 年，魏县人民政府印发了《关于切实做好契税征收工作的通知》，实行契税减免报批制度，对集资建房的由集资建房单位统一按房屋造价（含地价）总额的 4% 代扣代缴契税，财政部门给纳税人开具免税证明，征收契税 13. 3 万元。2000 年，征收契税 16. 7 万元。2006 年，设立了缴费服务大厅，实行窗口办公，当年征收契税75万元。2009年，征收契税504万元。

2010年，契税的征管职能由财政部门划转地税部门征管，3月3日，河北省首份“契税”完税凭证在魏县地税局成功开具，税额为872.69元，完税凭证号为00372101，标志着“契税和耕地占用税”由地税部门正式征管。2013年，魏县加强契税征收管理，采取加强宣传，源头控管，强化征管，定期巡查，完成征收1869.4万元。2014年，征收契税（土地部分）1707.6万元。2015年，征收契税（土地部分）2397.26万元。2016年，征收契税1487.25万元。

（二）房产税

房产税是以房地产为征税对象，按房价、地价或出租租金收入，向房地产所有人征收的一种税。它是一种古老的税种。新中国成立后，在新的体制中仍被划为地方税。1953年12月，魏县规定房产税率为1.2%，地产税率为1.8%（后有变动）。1958年1月，开征农民房产租赁税，后房产征收方法多次变动或停征。

1986年9月15日，国务院正式发布了《中华人民共和国房产税暂行条例》，规定房产税在城市、县城、建制镇和工矿区征收。房产税由产权所有人缴纳，产权属于全民所有的，由经营管理的单位缴纳；产权出典的，由承典人缴纳；产权所有人、承典人不在房产所在地的，或者产权未确定及租典纠纷未解决的，由房产代管人或者使用人缴纳。是年10月1日，魏县正式对内资企业及个体户改征房产税，以房产余值为课税对象，税率为1.2%；以房产租金收入为课税对象的，税率为12%。同时，对国家机关、人民团体、军队自用的房产；由国家财政部门拨付事业经费的单位自用的房产；宗教寺庙、公园、名胜古迹自用的房产；个人所有非营业用的房产等经批准实施减免征税。1995年，征收房产税39.1万元。1996年，征收房产税48.1万元。1997年，征收房产税69.7万元。2000年，征收房产税79万元。2002年，征收房产税112万元。2004年，征收房产税144.95万元。2009年，征收房产税161.42万元。2011年，实行每半年缴纳一次，上半年三月份征收，下半年九月份征收，每次征期为一个月，征收税率不变，当年征收159.41万元。2013年，征收房产税293.41万元。2014年，征收房产税292.38万元。2015年，征收房产税1064.77万元。2016年，国家出台了房产税优惠政策，为居民供热使用厂房及土地免征房产税，征收房产税332.11万元。

附：

魏县抗日政府田房税契办法

一、村成立税契委员会以雇佃主任为主召集组成（村干可参加）抽税款的百分之五报酬。他的任务是登记办理税契手续评定地价。

二、买契税按税价征收百分之四；典契税按契价征收百分之二；不论典买或是补换均收纸价每张定为八元。

三、三十年以前买卖土地不够今天市价百分之三十者，按市价百分之三十征税，另立新契，原契无效，超过时价百分之三十者按原地价纳税。三十年以后以粮为标准按当时价格折成冀钞纳税。

四、已办税契而损失者按黄契税，如契约全部损失经村干部证明实行田房清丈量尽四邻取够，准予补契，只收纸价不再征税，如原契损坏尚残存一部为凭者，准予补契或换契，只收纸价不再征税。

五、群众斗争所得土地按现时地价评议进行税契。

六、以前交敌人税契者，无效。

七、赎地工作未处理清者不税，但如有个别情形经雇佃会批准可税。

八、堤河公路占地一律税契。

九、地价确定按当时地价格，由村税委会评定。

十、在赎地前已税契者：

1、未赎回又增价格者，可由买主换契按增加之数目照章投税。

2、赎回一半者，将原契交出注销，按双方所得之地亩另换新契，只交纸价不再征税。但卖主赎回地部分之税额，应交付买主。

3、全部赎回者，买主须将红契退交原卖主，原卖主可执红契到税契委员会另换新契，作为补契款应由双方按分益比例分摊。

4、在赎地前未税契经赎地后赎回一半者，由买主按照实得地亩照章投税，卖主赎回部分换契过拨。

十一、人民投税之契约确系先典后买者，得以原典契税款抵买税契款，不足之数再照额补交。但适用此条必须买属于一人者为限，并须将原契呈验。

十二、民户因折产，将田房分开，必须各人单持一契者应将原契呈验，分别另换新契只收纸价，不再征税。

十三、今后买典契之成立在未照章投税以前不得另行转移产权。

十四、经清丈后，因土地数改一律换契时应装原契呈验，得于免税换契。

十五、典契在法定回赎年限内者依原契价，已逾法定年限内者以买契论。

十六、凡田房典契，有效时间，未照章投税，至原出典人回赎时始发觉者，应由该承典人依法补税，不另处罚。

十七、向无投税者买地在规定期限照章投税不予处罚。

十八、填写契纸不准涂改如有错误交区注销，另赎新契。

十九、不论老契、新契、红契、白契，一律进行检验盖戳，该补契者补契，该换契者换契，该税契者税契。

二十、征收税款一律按本币，以元为单位计算之。

二十一、买契成立时卖主应将旧契交出并于新契内证明张数，不得隐匿扣留。

二十二、在税契中如查有隐瞒地，追交粮和罚粮全给群众，如在边村只交公粮交政府一半，罚粮全给群众。

二十三、县装契纸发到区村登记后，带款到区买纸填写盖章后交区转县（带契款），县检查不差时盖印发还。

二十四、人民书立契约时，新旧业主与说合人并产邻同赴税契委员会，书写加盖村公所图章，并由村长农会主任雇雇佃主任签名盖章以为证明。

二十五、立契应书写本人姓名，不准用堂名或代名，书写时要用毛笔小楷字。

二十六、书写契约以一产一契为原则，不得归并不相连接之田房合立一契。

二十七、罚则：

1、确定三四两月为税契期，在此期间而不投税，延缓过期者，即予处罚。其办法：延期一月至三个月者，每月加收一分，延期三月六月者每月加收二分，延期半年以上者，按原税额三倍至五倍处罚之。

2、契约投税后，发觉有匿假情事者，除勒令更换契约补交短税额外，并依下列各项分别处理。

（1）买典人按匿假部分应纳额七倍处罚。

（2）卖主出典人按匿假部分应纳额二倍处罚。

（3）说合人按匿假部分，应纳税额一倍处罚（如系数人者，平均负担）。

3、凡办理税契补换契约人员，如有登记证明不实或受贿放纵舞弊者经发觉后，依惩治贪污办法分别治罪。

一九四六年三月

五、减免与照顾

1949年，根据省政府首届财政会议精神，魏县明确了“免征点的扣除”：对一般人口扣除0.07公顷（一亩）；无劳力的军、烈、抗、工属及老弱孤寡户扣除0.1公顷至0.17公顷（一亩半至二亩半）；革命军人及革命职员以及烈士均在其家中扣除：但薪金制干部及合作社雇员、公费生不扣除，南下干部要扣除。

1950年3月，为了正确执行免税点的扣除，明确了照顾对象：老弱病残孤寡无劳力，而家境贫苦生活困难者；城工地下工作队员，有证明确系被陷害者即算烈士，其家属按烈属待遇；烈、军、工属之弟、妹，不满16岁者；荣军因伤口复发而死者（病死例外）亦算烈士：城市工商业人口兼营农业，其收入者50%以上是依靠农业收入生活者；逃荒在外之灾民，亦应照顾；配合任务牺牲之民兵，够烈士条件者以上均在家扣除免税点。

1951年，为贯彻执行省政府“农业税灾欠减免办法”的命令，凡农作物因水、旱、风、雹、病、虫其它不可抗拒的灾害而致欠成灾者，以户为单位，按下列标准减免：欠收二成以上不到三成的，按受灾成数降低一成减征：欠收三成以上不到五成的，按受灾成数减征四成；欠收七成以上者，全部免征。

1953年，规定农作物欠收六成以上者，全部免征。1956年又改为欠收五成以上者全部免征。

1962 年，对农作物受害减免农业税作了新规定。农作物的欠收成数，系指农作物欠收后的实际产量低于计税的常年产量的比较而言。但为了奖励发展经济作物，对于棉花、薯类灾后产量按 70% 计算，作为灾后和实际产量。其它作物一律按灾后实际产量的 90% 计算。根据小灾不减、较大灾害适当减免、特大灾害全免原则，依照下列规定减免。

1983 年，为了支持贫困社队发展生产、改变面貌，停止执行“从 1979 年起对每人平均口粮在 300 斤以下，收入者 40 元以下的生产队免征农业税和 1980 年实行的免税一定三年的办法”。

1992 年，农业遭受严重旱灾。地表水断流干枯，地下水位持续下降，给农作物带来毁灭性灾害。全县 2. 8 万公顷粮食作物，受灾在 8 成至绝收的就有 12 万公顷；18. 67 万公顷经济作物，受灾在 8 成至绝收的就有 1 万公顷。邯郸市财政局根据灾情，下达当年减免税指标 55 万元，为 345 个村 43210 户农民购买面粉 21 万公斤、玉米 50 万公斤，支持灾民渡过灾荒。

1993 年 9 月 13 日上午 8 时 25 分至 9 时零 5 分。全县 11 个乡镇遭受了近百年罕见的暴风雨和冰雹袭击。其中白仕望、魏城镇等 6 个鸭梨主产区乡镇灾情最重。鸭梨受灾 1933. 3 公顷、减产 3500 万公斤；棉花受灾 2066. 67 公顷，减产皮棉 70 万公斤；蔬菜、粮薯等以上四项直接损失 5173 万元。为此，邯郸市财政局将年初下达的 260 万元征收任务，调减为 110 万元。经过努力工作，当年实际完成农林特产税 120 万元，减收 140 万元。

1994 年，对农林特产税的减免有新规定：对新垦荒山、荒坡、滩涂水面的农林特产。自有收入三年始，经县政府确定，分别免征 3 –7 年和 1 –3 年的农林特产税；对农业科研单位和院校从事科学实验取得的农林特产品收入，经县政府批准，免征农林特产税；各种野生农林特产品收入一律免税；对农林特别是老、少、边穷地区的贫困户，纳税确有困难的经县以上人民政府批准，适当给予减免税照顾。

2005 年取消农业税。

见表 8 –1 –2 –5，6。

1956 年魏县农业合作社减免情况表

表 8 –1 –2 –5　　　　单位：成数

欠收成数	应减成数	欠收成数	应减成数
不到一成的	不减征	4. 2	5. 3
一成以上不到三成	实灾实减	4. 3	5. 6
3. 0	3. 1	4. 4	5. 9
3. 1	3. 2	4. 5	6. 2
3. 2	3. 3	4. 6	6. 6

续表

欠收成数	应减成数	欠收成数	应减成数
3.3	3.4	4.7	6.8
3.4	3.5	4.8	7.2
3.5	3.6	4.9	7.6
3.6	3.8	5.0	8.0
3.7	4.0	5.1	8.4
3.8	4.2	5.2	8.8
3.9	4.4	5.3	9.2
4.0	4.7	5.4	9.6
4.1	5.0	5.5	全免

1956 年个体农户减免情况表

表 8－1－2－6　　单位：成数

欠收成数	应减成数
不到 2 成	不减征
2 成以上不到 4 成	实灾实减
4 成以上不到 4.5 成	按欠收成数提高 0.5 成减征
4.5 成以上不到 5 成	按欠收成数提高 1 成减征
5 成以上不到 5.5 成	按欠收成数提高 1.5 成减征
5.5 成以上不到 6 成	按欠收成数提高 2 成减征
6 成以上	全部免征

第三节　土地增值税

土地增值税是以土地和地上建筑物为征税对象。指转让国有土地使用权、地上的建筑物及其附着物并取得收入的单位和个人，以转让所取得的收入包括货币收入、实物收入和其他收入为计税依据向国家缴纳的一种税赋，不包括以继承、赠与方式无偿转让房地产的行为。土地增值税的税率是以增值额为计税依据，指以转让房地产增值率的高低依据来确认，按照累进原则设计，实行分级计税，增值率高的，税率高，多纳税；增值率低的，税率低，少纳税。

1996年，魏县按照四级超率累进税率进行征收。（1）增值额未超过扣除项目金额50%部分，税率为30%；（2）增值额超过扣除项目金额50%，未超过扣除项目金额100%的部分，税率为40%；（3）增值额超过扣除项目金额100%，未超过扣除项目金额200%的部分，税率为50%；（4）增值额超过扣除项目金额200%的部分，税率为60%。是年征收土地增值税2万元。1997年，征收土地增值税2万元。2000年，征收土地增值税16万元。2001年至2004年停止征收土地增值税。2005年，征收土地增值税13.46万元。2009年，征收土地增值税234.21万元。2011年，征收土地增值税272.82万元。2013年，开通了国、地税联合办税服务窗口，方便了纳税人，避免了税收流失，并对5家房地产企业实施了土地增值税清算，入库土地增值税4080.82万元。2014年，征收土地增值税3641.57万元。2015年，征收土地增值税2847.05万元。2016年，征收土地增值税2471.57万元。

第四节　城镇土地使用税

城镇土地使用税是以土地面积为课税对象，对城市、县城、建制镇和工矿区范围内使用土地的单位和个人，按其实际占用的土地面积每平方米计税征收，属于以有偿占用为特点的行为税类型。

1987年以前，魏县对城镇国有土地实行无偿行政划拨的办法，划拨给用地单位和个人使用，没有收税。1988年9月27日，国务院第17号令发布了《中华人民共和国城镇土地使用税暂行条例》。1989年，魏县人民政府根据上级精神，结合县实际情况，对有关问题作了规定，对土地使用税每平方米年税额在县城、建制镇、工矿区0.2元至4元开始起征。同时，对国家机关、人民团体、军队自用的土地；由国家财政部门拨付事业经费的单位自用的土地；宗教寺庙、公园、名胜古迹自用的土地；市政街道、广场、绿化地带等公共用地；直接用于农、林、牧、渔业的生产用地；经批准开山填海整治的土地和改造的废弃土地，从使用的月份起免缴土地使用税5年至10年；由财政部部门规定免税的能源、交通、水利设施用地和其他用地等经批准实施减免征税。1995年，征收城镇土地使用税94.663万元。1996年征收城镇土地使用税46.89万元。1997年，征收城镇土地使用税7.8万元。1999年，征收城镇土地使用税28万元。2001年，征收城镇土地使用税52万元。2002年，征收城镇土地使用税88万元。2005年，征收城镇土地使用税57.67万元。2006年，为了合理利用城镇土地，调节土地级差收入，提高土地使用效益，加强土地管理，在组织财政收入和加强宏观调控方面发挥应有的作用，并对税额标准及时调整，在原有的基础上提高2倍。魏县县城、建制镇、工矿区、土地使用税每平米年税额0.6元至12元，当年征收城镇土地使用税45.96万元。2007年，征收城镇土地使用税255.221万元。2009年，征收城镇土地使用税599.86万元。2011年，城镇土地使用税征收644.64万元。2013年，征收城镇土地使用税833.69

万元。2014 年，征收土地使用税 1947.68 万元。2015 年，征收土地使用税 315.82 万元。2016 年，国家出台了城镇土地使用税优惠政策，为居民供热所使用的厂房及土地免征城镇土地使用税，征收土地使用税 1053.35 万元。

第五节　印 花 税

印花税（Stamp duty）是一个很古老的税种（也称凭证税）。分为甲乙丙丁 4 种类，除丁类外，甲乙丙均与土地有关。按地亩面积计算、按不动产典契计算，按证照以亩计算。

清代末年印花税

清光绪十五年（1889 年），海军事务大臣奕劻奏请清政府开办用某种图案表示完税的税收制度，并将其称为印花税。清光绪二十二年（1896 年）和 光绪二十五年（1899 年），时任外交官陈壁、伍廷芳分别再次提出征收印花税。光绪二十九年（1903 年），清政府正式办理印花税，但遭到各省反对，只得放弃。

辛亥革命后，北洋政府于 1912 年 10 月正式公布了《印花税法》，民国二年，1913 年正式实施。

民国时期印花税

新中国成立后，由于税收不统一，1950 年 1 月 30 日，中央政府公布了《全国税政实施要则》，12 月公布了《印花税暂行条例》，1951 年 1 月公布了《印花税暂行条例施行细则》，从此统一了印花税。1953 年，魏县开始征收印花税。1958 年，取消了印花税并入工商统一税。1988 年 8 月 6 日，中华人民共和国国务院 11 号令发布《中华人民共和国印花税暂行条例》，规定重新在全国统一开征印花税。是年 10 月 1 日，魏县正式恢复征收印花税。1989 年，征收印花税 18.8 万元。1992 年，征收印花税 101 万元。1995 年，征收印花税 6 万元。1999 年，征收印花税 30 万元。2002 年，征收印花税 17 万元。2005 年，征收印花税 17.77 万元。2009 年，印花税征收 102.42 万元。2011 年，征收印花税 82.1 万元。2013 年，对纳税人开展了股权转让涉税信息核查，征收印花税 0.12 万元。2014 年，征收印花税 7.8 万元。2015 年，征收印花税 22.5 万元。2016 年，征收印花税 11.3 万元。

1988 年印花税

附：1994 年 –2016 年土地税收统计表，见表 8 –1 –5 –1。

1994年－2016年土地税收统计表

表8－1－5－1　单位：万元

年度	农业税	耕地占用税	契税	印花税	房产税	城镇土地增值税	城镇土地使用税	土地和海域有偿使用收入
1994	670.06	52.6	6.6				5	
1995	632.5	58.6	6.6	6	39.1		94.663	
1996	1071.3	93.7	11.1	10.1	48.1	2	46.89	
1997	976.3	223.6	11.1	11.3	69.7	2	7.8	
1998	857.79	243.3	13.3	20.5	70	2.2	5	
1999	665.8	253.7	14.4	30	61	5	28	117
2000	631.3	212.1	16.7	5	79	16	7	
2001	494.15	214.4	8.9	6	25	23	52	
2002	4768.2	130		17	112		88	
2003	4727.6	137		17	127		43	
2004	2813	105.3		17.34	145		54.9	
2005		105	6	17.77	88.88	13.46	57.67	
2006		106.3	75	30.11	61.97	47.39	45.96	
2007		106	40	54.07	66.7	70.72	255.22	
2008		177	234	74.3	69.06	52.35	265.07	
2009		234	504	102.42	161.42	234.21	599.86	
2010		707.24	872.69	82.1	138.41	393.49	578.62	
2011		1870.91	1892.66	59	159.41	1272.82	644.64	
2012		2313.7	1305.83	39	216.25	2965.8	641.32	
2013		6523.11	1869.4	0.12	293.09	4080.82	833.69	
2014		10112.65	1707.06	7.8	292.38	3641.59	1947.68	
2015		12236.63	2397.76	22.5	1064.77	2847.05	315.82	
2016		15381.93	1487.25	11.3	332.11	2471.57	1053.35	

第二章　土地规费

土地规费指申请土地所有权、土地使用权或他项权登记时，除契税外，按照规定应交纳的相关费用及工本费等。

光绪年间经征局所订章程，“……规定为每亩官契一纸，概纸工本费银一两”。“以二钱归藩署，一钱归各（经征）局承办员司，二钱归地方官衙书吏家丁，以五钱存局专备税契纸张工本及提赏得力员司之用”。因年代久远，实施情况不祥，以后中华民国、中华人民共和国各有相关规定。

第一节　土地有偿使用费

土地（国有土地）有偿使用费是指以出让、租赁、作价出资（入股）等方式有偿使用国有土地的单位或个人，按照国家规定的标准和方法，向国家缴纳的土地资源性收益，包括土地出让金、土地租金、土地收益金、新增建设用地土地有偿使用费、场地使用费等。新增建设用地土地有偿使用费是指国务院或省级人民政府在批准农用地转用、征收土地时，向取得出让等有偿使用方式的新增建设用地的县、市人民政府收取的平均土地纯收益。随着改革开放的不断深入，社会主义计划经济体制向社会主义市场经济转化。

1990 年开始，魏县农村宅基地使用制度探索搞试点，实行农村宅基地有偿使用制度，1991 年 4 月 25 日，魏县人民政府印发《关于农村宅基地有偿使用暂行的规定》，规定非农业建设用地按实际占地，每平方米 0.05 -0.6 元向所在村民委员会逐年交纳有偿使用费。是年底，收取农村宅基地使用费 65 万元。1992 年，大面积推开。1993 年，制定《关于窑厂用地有偿使用的暂行办法（试行）》，按占地类型收取有偿使用费，每平方米 0.05 -0.5 元，已对 42 个砖窑厂收取使用费 11 万元。1993 年底，农村宅基地有偿使用费和砖窑厂用地有偿使用费收费停止。2008 年，恢复收取土地有偿使用费 63.58 万元，2009 年，收取土地有偿使用费 135.15 万元。2010 年，土地有偿使用费收费停止。

第二节　土地管理费

土地管理费是指土地行政主管部门办理建设用地手续时收取的用于开展土地利用现状调查、变更调查、城镇地籍调查，实地调查被征拨土地的面积、地类、界限、权属和地面附着物状况，拟定征拨用地方案，协调征拨用地中的矛盾等各项业务工作，以及为了这些工作而开展的业务培训、宣传教育、经验交流、信息化建设所必需的业务工作经费。包括土地征迁管理费（征地管理费）、非农业建设征拨未利用土地管理费、临时用地管理费和采挖用地管理费。征（拨）用土地，必须交纳一定的管理费。

1984年，国务院123号文件确定收取土地管理费，是年农业部、国家计委、建设部联合印发《关于征用土地费实行包干使用暂行办法》规定收取费用的具体标准。1985年，魏县执行河北省《关于征用土地费实行包干使用暂行办法》，规定县级人民政府收取的土地管理费总额的10%上交省，15%上交地（市），留75%专款专用，主要用于征地、拆迁、安置工作的办公费、会议费、交通工具费用，招聘土地管理人员的工资、福利费、差旅费、业务培训、宣传教育、经验交流和其它必要的费用，其它部门和个人不得提取和挪用。1987年，开始收取土地管理费。1992年，执行河北省财政厅印发价涉费字［1992］597号文件制定标准，即：亩总产值的2—4%。1993年，魏县人民政府规定私人住宅使用的国有土地，每平方米收取0.2元。1994年，收取土地管理费15.4万元。1995年，收取土地管理费7.3万元。1996年，收取土地管理费18.21万元。1997年，收取土地管理费125.31万元。2006年，收取土地管理费1.94万元。2007年，收取土地管理费16万元。2008年，收取土地管理费7.19万元。2009年，收取土地管理费6.05万元。2010年，土地管理费停止收取。

第三节　工本费及土地登记费

一、土地证本费（工本费）

土地证，是土地所有者或土地使用者享有土地所有权或者使用权的法律依据。土地证书是土地权利人依法拥有土地使用权利的法律凭证，一套住房应当拥有房屋所有权证和土地使用权证，两证齐全才算获得了完整的权利。凡依法取得国有土地使用权或集体土地建设用地使用权的单位和个人，向土地主管部门申请办理土地证书。

清代前土地登记费不详，光绪年间经征局所订章程……，规定为百亩官契一纸，概收工本费银一两。

民国时期，土地证由权利人申报地价或他项权利价值，收取证本费《土地营业执照》，每张只收工本费5角，土地他项树种证书每纸费视地价及权利价值不同而异。

建国后，每份两张收人民币0.3元。1985年每证收工本费人民币2元。1986年《土地管理法》颁布实施后，执行新标准，土地证书工本费收费标准为：普通证书，个人每证5元，单位每证10元；国家特制证书，单位和个人均为每证20元；对“三资”企业颁发土地证书的工本费收费标准为每证20元。拥有土地所有权或使用权的单位或个人在办理土地登记时，可根据实际需要，自愿选择普通证书或特制证书并缴纳相应的证书工本费。

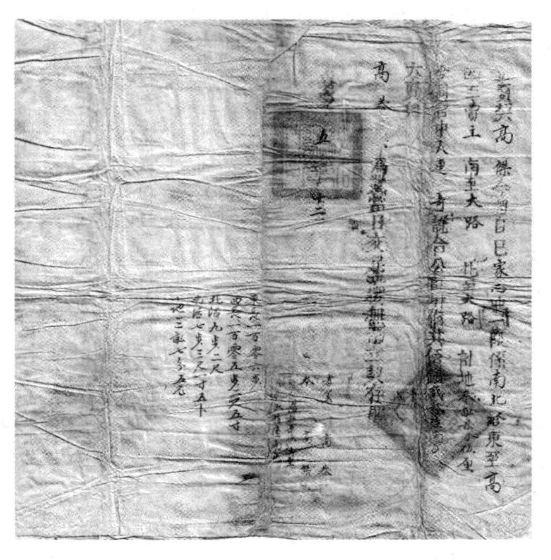

民国时期土地登记证

1985年，魏县人民政府印发《关于农村宅基地确权发证的安排意见》规定为1966年5月31日以前为老宅基地。1966年6月1日以后为新宅基地。宅基证每证1.5元。发证后，过去的宅基地的证件如：契约、文书、遗嘱、分单等一律作废，以宅基地使用证为凭证，受法律保护。

1994年，魏县统一换发了《集体土地建设用地使用证》，老宅基证每证5元，新宅基证每证10元，共收取证本费30万元。1995年，收取证本费30.2万元。1996年，收取证本费1.3万元。2004年，证本费取消。

二、土地登记费

土地登记（变更登记）费是指土地行政主管部门依法对土地所有者、使用者或他项权利者的土地权属情况登记造册、核发证书时进行的外业土地测量、权属调查、定界埋桩和内业面积量算、标绘宗地图、绘制各种图件等项工作而收取的业务工作经费。民国时期，土地总登记费按申报地价或他项权利价值，在1000元以下的收取1元，1000元以上未满5000元的收取2元，5000元以上未满1万元的收取5元，1万元以上的收取10－30元。建国后，土地登记费与工本费合并，只收契费。

1986年《中华人民共和国土地管理法》实施后，魏县征收土地登记费是依据国家土地管理局、测绘局、物价局、财政部（1990）国土（籍）字93号文件执行规定具体收费标准。其收费标准：党政机关、团体、全额预算管理事业单位土地使用面积在2000m^{2}以下每宗地收200元，每超过500m^{2}以内加收25元，最高不超过700元；企业、自收自支预算管理单位土地使用面积在1000m^{2}以下每宗地收100元，每超过500m^{2}以内加收40元，最高不超过4万元；差额预算管理事业单位土地面积在5000m^{2}以下每宗地收300元，每超过500m^{2}以内加收25元，最高不超过1万元；城镇居民住房用地面积在100m^{2}以下每宗地收13元，每超过50m^{2}内加收5元，最高不超过30元。地籍测绘费：按照国家测绘局国测发

〔1993〕082 号文件规定标准执行。

魏县从 1993 年开始收取，1996 年，收取土地登记费 3 万元。2006 年，收取土地登记费 0.01 万元。2007 年，收取土地登记费 3.59 万元。2009 年，收取土地登记费 3.96 万元。2011 年，收取土地登记费 541.4 万元。2012 年，收取土地登记费 28.29 万元。2013 年，收取土地登记费 43.91 万元。2014 年，收取土地登记费 9.57 万元。2015 年，收取土地登记费 19.83 万元。2016 年，收取土地登记费 13.93 万元。

第四节　国有土地使用金

1990 年，魏县对国有土地使用金的收取，是依据《河北省城镇国有土地使用权出让和转让实施办法》和《邯郸市城镇国有土地使用权出让和转让实施细则》规定执行，受让人取得土地使用权后，县土地管理局向用地者收取每年每平米 1 元土地使用金。1992 年，魏县开始收取国有土地使用金，当年收取 3.9 万元。1993 年 3 月 20 日，魏县人民政府印发《关于魏县城镇国有土地使用权转让实施细则》规定受让人取得土地使用权后，应每年向土地管理部门交每平方米 0.5—1 元的土地使用金，当年收取国有土地使用金 2.4 万元。1994 年，收取国有土地使用金 0.9 万元。1999 年，国家重新修订了《土地管理法》，实行土地用途管制制度，加大了土地使用金的收缴力度，当年收取国有土地使用金 35 万元。2000 年，魏县停止收取。

第五节　国有土地出让金

国有土地使用权出让金又叫国有土地使用权出让收入，简称土地出让收入或土地出让金，是政府以出让等方式配置国有土地使用权取得的全部土地价款，包括受让人支付的征地和拆迁补偿费用、土地前期开发费用和土地出让收益等。其全部土地价款来源于以招标、拍卖、挂牌和协议方式出让国有土地使用权所确定的总成交价款；转让划拨国有土地使用权或依法利用原划拨土地进行经营性建设应当补缴的土地价款；变现处置抵押划拨国有土地使用权应当补缴的土地价款；转让房改房、经济适用住房按照规定应当补缴的土地价款；改变出让国有土地使用权的土地用途、容积率等土地使用条件应当补缴的土地价款，以及其他和国有土地使用权出让或变更有关的收入等。其土地出让金主要使用于征地和拆迁补偿支出；土地开发支出；支农支出；城市建设支出；其他支出等。

魏县对土地出让金的收取是依据原国家土地管理局《划拨土地使用权管理暂行办法》（［1992］1 号令）的有关规定执行，土地使用权出让金区别土地使用黑户、出租、抵押等不同方式按一定比例收取，最低不得低于标准地价的4%。1993年，魏县通过公开拍卖国有土地使用权，敲响了全市国有土地使用权拍卖第一槌，开始收取土地出让金，当年收取13万元。1994年，收取土地出让金1.2万元。1995年，魏县执行国家土地管理局出台的《协议出让国有土地使用权最低确定办法》规定，收取土地出让金43.5万元。1996年，收取土地出让金43万元。2000年，收取土地出让金400万元。2002年，收取土地出让金30万元。2003年，收取土地出让金1130万元。2005年，收取土地出让金112万元。2006年，收取土地出让金1230万元。2008年，收取土地出让金4244万元。2009年，收取土地出让金4800万元。2010年，收取土地出让金18000万元。2011年，收取土地出让金24450万元。2012年，收取土地出让金12500万元。2013年，收取土地出让金22000万元。2014年，收取土地出让金15000万元。2015年，收取土地出让金26370万元。2016年，收取土地出让金24200万元。

第六节　土地整治费

土地整治系指对低效利用、不合理利用、未利用以及生产建设活动和自然灾害损毁的土地进行整治，提高土地利用效率的活动。土地整治是盘活存量土地、强化节约集约用地、适时补充耕地和提升土地产能的重要手段。魏县将土地整治与农村发展，特别是与新农村建设相结合，是保障发展、保护耕地、统筹城乡土地配置的重大战略。魏县对土地整治费的收取是依据河北省［1992］134号文件规定标准执行，是从其代收的土地出让金和土地使用金总额中分别提取2%的业务费，主要用于：为开展土地有偿使用工作所支付的调查研究费、办公用品费；对有偿使用土地地域内的勘探设计费；对土地价格进行评估所需费用；为开展土地有偿使用工作所支付的广告宣传费、咨询费；土地出让、转让给外商过程中的外方中介人佣金；土地在进行出让、转让（拍卖、招标等）时所付出的场地佣金；从事土地有偿使用工作的业务人员培训费；查处未补办出让手续而擅自转让、出租、抵押原属行政划拨土地使用权的单位和个人所发生的开支；临时借用人员的工资、补贴等开支；奖励在土地出让、转让工作中做出突出成绩的单位和个人等。

1995年，魏县开始收取土地整治费，当年收取土地整治费8.4万元。1996年，收取土地整理费58.6万元。1997年，收取土地整理费65万元。1998年，土地整理费停收。

第七节　土地资源费

土地资源具有数量有限、位置固定、不可替代性的特点，是指已经被人类所利用和可预见的未来能被人类利用的土地。土地资源既包括自然范畴，即土地的自然属性，也包括经济范畴，即土地的社会属性，是人类的生产资料和劳动对象。收取土地资源费，是以体现土地资源的国家所有，增加财政收入，制止低价批地和滥建开发区，节省土地资源，也是调节区域间经济发展不平衡的手段。

魏县对土地资源费的收取是依据魏政［1992］42 号文件规定的标准执行，从 1992 年开始收取土地资源费，当年收取土地资源费 22. 4 万元。1993 年，收取土地资源费 27 万元。1995 年，收取土地资源费 6. 5 万元。1996 年，停止收取该项费用。

第八节　土地罚没款

为强化土地管理，依法保护耕地，合理利用土地，对违法占地的单位和个人按照国家有关法律法规和地方性有关规定条款依法进行处罚。1982 年 5 月 30 日，魏县人民政府印发《关于禁止乱占滥用耕地建房的布告》，规定：擅自占地建房的，要限期拆除或作价处理，或收归公有，并处罚款。1983 年 1 月 15 日魏县人民政府印发《关于村镇建房用地管理实施细则》（试行稿）规定：社员在自留地和承包的责任田建房侵占耕地的要限期拆除，并报公社管委会批准酌情给予罚款 100 - 1000 元，罚款归大队和公社所有。

1985 年 8 月 30 日，魏县人民政府印发《关于农村宅基地确权发证的安排意见》规定：未经任何单位批准，私自强占宅基地的，按当年亩产值的 10 至 15 倍罚款。1990 年 3 月 25 日，魏县人民政府印发《关于清查处理各类违法占地及毁坏耕地的通告》规定：对未经批准或骗取批准占用土地的，责令退出，限期拆除或没收在非法占地上的建筑设施，并每亩处 500—1000 元的罚款；对超过占土地部分处每平方米 3—5 元的罚款。对批准占地之日起，两年内不使用的，取消用地单位使用权，收回土地证书，并按前三年平均产值罚收荒芜费；对改变土地使用用途的，每亩处以 1000—2000 元的罚款；对买卖抵押或以其它形式非法转让土地的，双方当事人各处以 1000—2000 元的罚款；企业占地期满不归还土地的，每亩处以 300—500 元的罚款。对越权批划宅基地，无效，影响规划的一律拆除，恢复地貌，并处以 300—500 元罚款。不影响规划，符合要宅基条件的每片处 500 元罚款。超占宅基地的超占部分每平方米处以 2—5 元的罚款。私自买卖、转让宅基地的，收没非法所得，并处买卖双方 300—500 元的罚款；对砖窑厂在耕地上起土毁坏耕地的处以每平方米 5—10 元的罚款并限期恢复地貌。超过用地标准和起土深度的，每亩处以 300—500 元的罚款。买土烧砖的，没收非法所得，限期恢复地貌，并处买卖双方 200—500 元的罚款。对乱起土毁坏耕地的，没收运土工具，每平方米处以 10—20 元罚款。同年 5 月 4 日，魏县人民政府印发《关于农村宅基地清理发证的补充规定》每片宅基地超过规定（四分）一分的，罚每平方米 1—3 元，二分每平方米罚 2—4 元，三分以上罚每平方米 3—5 元，并划为两片使用。同年县委政府印发《关于清理干部职工在县城规划区内建私房的实施细则》规定：居民超过批准面积的处超出部分每平方米10—20元的罚款，未经批准或骗取批准非法建房的，依法拆除没收非法占地上建筑设施，责令退还土地，每处处以300—500元的罚款。买卖或其他形式转让宅基的，没收非法所得，处双方各以每分100—200元的罚款。同年，魏县土地管理局印发《关于对公路两旁违法占地的处理意见》，对未经土地管理部门批准在公路两旁的耕地和闲散地上盖房者，经商、办企业，每亩处以500—1000元的罚款；作宅基地的每处处以300—500元的罚款。

1991年，县委农村工作部印发《关于并块划方实行"两田制"中一些问题》的补充规定：凡在责任田起土的，一律按土地管理法有关规定给予罚款，起土深一米以上（含一米）每平方米罚款20元以上，起土深0.5—1米，每平方米罚款10—20元，起土深0.5米以下的罚款5—10元。1991年9月12日，魏县人民政府印发《关于加强砖窑厂占地管理，严禁占用耕地新建砖窑厂的通告》规定：未经批准非法占耕地新建砖窑厂的一律拆除，并处以每平方米2—15元的罚款，对买土烧砖毁坏耕地的，没收非法所得。限期恢复地貌，并对双方各处以500元以内罚款。1992年3月14日魏县人民政府印发《关于坚决制止违法占地建砖窑厂通知》［1992］42号规定：1991年，建起的砖窑厂每年每座窑向县土地管理局交纳破坏耕地资源费5万元。1992年，建起的砖窑，全部收归集体所有，每年每座窑向土地管理局交纳破坏耕地资源费10万元。1993年3月20日，魏县人民政府印发《魏县土地开发及土地市场管理暂行办法》规定：受让人未按出让合同规定期限和条件开发利用的，处以每平方米3元罚款，非法转让土地使用权的，没收其非法所得，并处非法所得50%以下罚款，当年罚款27万元。1994年8月9日，魏县人民政府发布了《关于清理违法占地建房的通告》规定：1982年6月1日后的宅基地，未经魏县人民政府批准的，仍属违法占地，按规定每片罚款100—200元，尔后符合条件申报补办手续。当年罚款223.72万元。1995年，收缴土地罚款6.6万元。1996年，收缴土地罚款10万元。1997年，魏县人民政府印发了《关于加强砖窑厂用地管理严禁占用耕地新建砖窑厂的通知》，对违法占地加大处罚力度，对未经批准非法占耕地新建砖窑厂的一律拆除，并处以每平方米2—5元罚款，收缴罚款17万元。2005年，魏县人民政府印发了《关于严格土地管理切实保护耕地的意见》，发布了《关于在全县范围内清理各类非农业建设违法用地的通告》利用6个月时间，对违法占地集中清理，严格查处制止乱占耕地歪风，收缴罚款180.26万元。2006年，开展查处土地违法违规案件专项行动，重点排查新增建设用地，收缴罚款391.75万元。2010年，收缴罚款578.85万元。2011年，魏县人民政府发布了《关于加强土地管理，严禁私自买卖土地的通知》，并召开了全县卫片执法检查工作安排部署动员会，对卫片拍照的违法占地真拆除，真复耕，对情节严重的并除罚款处理，收缴罚款731.97万元。2013年，魏县人民政府印发了《关于进一步规范砖瓦窑管理限制粘土砖厂生产的通知》，对不符合生产条件的粘土砖瓦窑厂分步骤、分批次、逐年关停，对超深超面积起土的进行处罚，收缴罚款514.49万元。2014年，收缴土地罚款604.48万元。2015年，收缴土地罚款739.67万元。2016年，收缴土地罚款679.25万元。

附：1994年－2016年土地收费统计表。见表8－2－8－1。

2013年魏县国土资源局收费项目。见表8－2－8－2。

1994—2016 年土地收费统计表

表 8 -2 -8 -1 单位:万元

项目\年度	1994	1995	1996	1997	1998	1999	2000	2001	2002	2003	2004	2005	2006	2007	2008	2009	2010	2011	2012	2013	2014	2015	2016
土地管理费	15.4	7.3	18.2	125.3	32.1	28.6	6.25	9.96	4.36	8.17	2.1	2.3	1.94	16	7.19	6.05							
土地整治费		8.4	58.6	65																			
土地使用费	40	60	5.8	107.1																			
土地登记费			3	2.6	3.1	5.2	3.9	2.87	3.45	3.2	2.6	2.1	0.01	3.59	3.1	3.96	6.2	541.4	28.29	43.19	8.57	19.83	13.93
土地证本费	30	30.2	1.3	3.2	3.1	2.69	2.2	2.36	2.53	2.69													
土地评估费	0.5	0.7	0.3	0.6	1.1	1.03	0.9	0.86	1.2	1.26	1.13	1.3	1.5	2.76	0.83	1.39	0.46	0.02					
土地罚没款	222	6.6	10	1.7	2.9	3.78	5.64	9.86	15.63	37.6	89.78	180.26	391.75	473.32	742.4	573.23	578.85	713.97	737.82	514.49	604.48	739.67	679.25
国有土地出让金	1.2	43.5	43	95	110	300	400	46	30	1130	3304	112	1230	1384.6	4244	4800	18000	24450	12500	22000	15000	26370	24200
国有土地使用金	0.9					35																	

2016年魏县国土资源局收费项目一览表

表8－2－8－2　单位：亩、元、平方米

收费项目	计量单位	收费标准	批准机关及文号	备注
一、征地管理费			（1995）冀财农字第82号	
1、实行全包征地方式				
①一次性征耕地1000亩（含）以上	征地费总额	不超过1.5%		其它土地2000亩（含）以上
②征用耕地1000亩以下	征地费总额	不超过2%		其它土地2000亩（含）以上
2、实行半包征地方式				
①一次性征耕地1000亩（含）以上	征地费总额	不超过1%		其它土地2000亩（含）以上
②征用耕地1000亩以下	征地费总额	不超过1.25%		其它土地2000亩（含）以上
3、实行单包征地方式				
①一次性征耕地1000亩（含）以上	征地费总额	不超过0.75		其它土地2000亩（含）以上
②征用耕地1000亩以下	征地费总额	不超过1%		其它土地2000亩（含）以上
二、新增建设用地土地使用费	元/平方米	14	财综字（1999）117号	
三、耕地开垦费	元/平方米	10－15	《河北省土地管理条例》第29号	
四、土地复垦费	元/平方米	5－20	《河北省土地管理条例》第29号	
五、土地闲置费	元/年．平方米		《土地管理法》第37号	
1、本市内环线以内	元/年．平方米	12		
2、内、外环线之间	元/年．平方米	8		
3、外环线以外	元/年．平方米	4		
六、土地登记费			（1990）国土〔籍〕字第93号	

续表 1

收费项目	计量单位	收费标准	批准机关及文号	备注
七、土地权属调查、地籍测绘				
1、党政机关、团体	2000 平方米（含）以下	200 元		每超过 500 平方米加收 25 元最高不超过 700 元
2、企业	1000 平方米（含）以下	100 元		每超过 500 平方米加收 40 元最高不超过 40000 元
3、全额、差额预算事业单位	500 平方米（含）以下	300 元		每超过 500 平方米加收 25 元最高不超过 10000 元
4、城镇居民住房	100 平方米（含）以下	13 元		每超过 50 平方米加收 5 元，最高不超过 30 元
八、基本农田保护区占地补偿费			河北省基本农田保护条例	
1、三级基本农田	征占地实际价格	30 – 60%		
2、二级基本农田	征占地实际价格	60 – 80%		
3、一级基本农田	征占地实际价格	80 – 100%		
九、土地评估费			计价格〔1994〕2017 号	
1、宗地评估				
（1）100 元以下	土地价格总额	4%		
（2）101 – 200 部分	土地价格总额	3%		
（3）201 – 1000 部分	土地价格总额	2%		
（4）1001 – 2000 部分	土地价格总额	1.5%		
（5）2001 – 5000 部分	土地价格总额	0.8%		

续表2

收费项目	计量单位	收费标准	批准机关及文号	备注
（6）5001－10000部分	土地价格总额	0.4%		
（7）1000以下部分	土地价格总额	0.1%		
2、基准地价评估				
（1）5平方公里以下	万元	4－8		
（2）5－20平方公里	万元	8－12		
（3）20－50平方公里	万元	12－20		
（4）50平方公里	万元	20－40		
十、土地测绘费			发改价格〔2004〕3031号	
1、房产测绘				
（1）住宅楼用房	元/平方米		1	
（2）商业楼用房	元/平方米		1.5	
（3）多功能楼用房	元/平方米		2	
2、建筑用地拔地定桩	件/元		2000	4点/件

第九节　土地税费收入

魏县是个农业大县、人口大县，没有矿产资源，在以经济建设为中心的形势下，为保障地方经济的发展，土地收入成为全县财政收入的重中之重。从1993年，敲响全市国有土地使用权公开拍卖第一槌始，魏县公开拍卖土地槌声不断，历年土地收入（包括土地税收和土地规费）、全县财政收入以表格形式记述如下，见表8－2－9－1。

1994 年—2016 年魏县土地收入占全县财政收入比例表

表 8－2－9－1　单位：万元

年度	土地税费			财政收入	占县财政收入比例 %
	土地税收	土地规费	合计		
1994	1709.66	341.4		3318	61.82
1995	1363.1	210.6	1573.7	4240	37.11
1996	2610.2	179.91	2340.11	5584	47.91
1997	1793.9	299.11	2093.01	6561	31.9
1998	1198.79	162.2	1354.99	7809	17.35
1999	1074	376.3	1450.3	7772	18.66
2000	962.3	418.8	1381.1	6827	20.23
2001	789.15	61.69	850.84	7033	12.1
2002	4321	57.17	4378.17	9925	44.11
2003	4264	1182.92	5446.92	10305	52.86
2004	3030.24	3318.8	6349.04	8158	77.83
2005	289.01	112	401.01	7603	5.27
2006	366.43	1739.08	2105.51	9141	23.03
2007	592.71	2000.08	2592.79		
2008	871.78	5151.26	6023.04		
2009	1835.91	5703.39	7539.3		
2010	2772.55	18668.88	21441.43		
2011	5899.44	30685.36	36584.8		
2012	7482.4	13387.1	20869.5	56693	36.81
2013	13600.23	22779.18	36379.41	57021	63.8
2014	17709.08	15604.49	33313.57	66264.28	50.27
2015	18869.53	27109.67	45979.2	70585	65.14
2016	20737.51	24879.25	45616.76		

第三章　土地价格

土地价格是土地经济作用的反映，也叫地价，是土地权利和预期收益的购买价格，即地租的资本化。魏县的地价是以土地使用权出让、转让为前提，一次性支付的多年地租的现值总和，是土地所有权在经济上的实现形式。土地价格高低取决于可以获取的预期土地收益（地租）的高低和利息率的大小。

政府为了实现不同时期，不同的经济目标，也会在不同时期采取不同的经济政策来调节土地价格，从而使土地价格变动受到影响。在经济发展不稳定，通货膨胀和房地产业发展过快时，政府往往会采取对土地买卖征重税、减少土地投资计划，提高银行利率等办法来抑制房地产市场的发展。在经济萧条时期，政府一般采取税收、利率等优惠政策，刺激土地投资，使土地价格回升。

第一节　土地所有权价格

土地所有权价格是指人们购买土地所有权而支付的代价，它又可分为土地买卖价格和土地征用价格。

一、土地买卖价格

境内土地买卖价格源于战国时期，秦汉以后，土地买卖现象越来越频繁。通过土地买卖不断转换土地的占有关系，并造成土地兼并现象。为了抑制土地兼并，调节土地占有关系，发展农业经济，北魏至唐前期的历代统治者曾在境内实行过均田制，对土地买卖加以严格限制。均田制消灭以后，统治者实行不兼并的土地政策，使土地买卖在更大程度上发展和成熟起来。但是，清朝末年以前的魏县境内土地买卖价格缺乏记载，土地价格变化已难考其详。民国时期境内地价涨落是与社会经济因素的变化密切相关的。民国初年（1912 年），境内人口不断增长，造成土地需求的增加，引发地价上涨。此外，由于农业生产技术的提高和经济作物的发展，田亩产值增加，地租随之增加，进而造成地价上涨。民国十九年（1930 年）农业经济衰落，天灾人祸交相为害，使得卖地者多，买地者少，土地价格下跌。民国二十六年（1937 年），日本侵略军占领魏县，局势动荡，捐税繁重，地价再次下跌。民国三十三年（1944）12 月，魏县后罗庄高植卖地 2 亩，卖麦子 1 石 4 斗。民国三十五年（1946 年），魏县三区农民刘士德卖了 4 亩地，倒贴买主 5 斗米。

解放后，魏县进行了土地改革，从前的封建土地私有制变成了农民土地私有制，政府对分配给农民的土地发放土地所有证，并承认其自由经营、买卖及在特定条件下出租的权利。当时土地所有权与使用权多半是统一的，1952 年以后，随着合作社的进行，魏县农村土地买卖者越来越少，土地价格也越来越低，直至基本绝迹。

改革开放后，农村实施家庭联产承包责任制，人们对土地的认识程度有大的改观，农村土地价格逐年上升。根据地位置、交通便利情况土地买卖价格不同，每亩土地价格在 500－2000 元间。进入 2000 年后土地价格每亩 50000－200000 元。2016 年，土地每亩价格 500000 元以上。

二、土地征用价格

土地征用价格，是指国家在征用个体或者集体所有土地时所必须付给的费用。这是一种特殊的土地价格，一方面它表现为对被征用土地者的一种补偿，另一方面，这种征用是法律赋于政府的权力，征用价格是法律规定的，被征地者既不得阻碍征地也不得随意要价。土地的征用价格包括两个方面的内容：一是单纯土地价格，即土地资源价格和土地资产价格；二是土地附带价格，即地上附着物补偿费和被征地者安置补助费。

民国时期，土地征用价格被称为土地征收价格。民国九年（1920 年）华北五省大旱成灾，颗粒无收，民不聊生，魏县更甚，当时的北洋政府在北京组织成立了"国际救灾委员会"进行救灾工作，同时外交部也通过驻外使馆，向当地侨胞劝募赈事所得赈款除救济灾民外，还用以发展公用事业。时美国红十字会华洋义赈会牧师侯理定与县知事张鲁询协商，推美国红十字会长贝克君办理，争取"以工代赈"方式，运送洋款 16 万元，修筑大名至邯郸汽车路一条（时称大邯汽车路），占地由美国红十字会以每亩 8 元的代价收归公有，粮银请准当时的省政府豁免。民国十七年（ 1928 年）7 月 27 日公布施行的《中华民国土地征收法》规定：土地所有人及关系人因土地征收通常之损失，应由兴办人补偿之，如土地所有人已依不产登记呈报其地价时，兴办事业人得照所呈报之价额给予补偿；土地附着物应由兴办事业人给予迁移费，于一定期限内迁移之，土地附着物若因迁移致不能为从来之利用时，其所有人得要求一征收之。民国十八年（1929 年）大名西区（含魏县）执行《河北省修治公路征收土地章程》规定的征用土地的价额及附着物迁移费并因征收所受损失的补偿费标准。民国二十二年（ 1933 年）境内由官方出钱购地，摊派民力修治大名经魏县至磁县公路。

中华人民共和国成立之初，国家建设征用土地的办法尚未出台，当国家建设占用私有土地时，其土地价格皆由土地占有者和土地所有者双方商定，一般地价要高出当地市场价格。

1953 年 12 月，魏县执行河北省于 1953 年 7 月 9 日公布施行《河北省征购、征用土地及安置被占地农民试行办法》，该办法规定：私有土地每亩征用价格应等于 3—5 年常年产量的总值，可稍高于市价，不得低于市价。1958 年，魏县执行国务院重新修订公布的《国家建设征用土地办法》土地补偿费标准降至 2—4 年定产量的总值。对被征用土地上的附着物及农作物按公平合理的原则发给补偿费；对被征用土地的农民政府给予安置。

1982 年 5 月 14 日，国务院公布施行《国家建设征用土地条例》后，魏县的土地补偿费和安置补助费标准一般高于《条例》规定的标准。

1986 年 6 月 25 日，国家公布施行《中华人民共和国土地管理法》，河北省根据此法制定《河北省土地管理条例》，并于 1987 年 4 月 27 日公布施行，该条例对于征用土地价格做了详细规定。魏县执行最高标准。

1990 年，魏县人民政府印发《关于国家建设乡（镇）企业用地管理的规定》，实行征用土地费包干，国家建设、乡（镇）企业征用土地，由县土地管理部门统一组织进行，用地单位一次性向土地管理部门交纳土地补偿费、安置补助费、耕地占用费、土地管理费、土地登记费等费用。土地管理部门负责组织用地与被用地单位双方，根据国家有关法律政策规定进行协商，确定或裁定有关事宜。

1995 年魏县土地分类补偿地价参照表

表 8－3－1－1　单位：万元、亩

项目 类别	补偿安置费用标准（万元/亩）	土地所处位置	备注
一类地价	1.7－2.4	县城规划内的繁华区和交通要道两沿	
二类地价	1.2－1.7	县城周围村庄土地	
三类地价	0.7－1	县内主要公路两沿及建制镇	
四类地价	0.4－0.7	其它土地	

在实际实施过程中，地价比上述标准要高 50% 以上。1995 年，魏县中兴街开发建设，征用县城周围杜疃村的土地时，土地补偿费每亩 35000 元。西关、西小门、南关村土地补偿费每亩 40000 元以上。2005 年，魏县对征用、征收土地重新调整土地补偿标准和区片综合地价。2008 年，魏县对征收土地标准和综合地价进行调整。2012、2015 年，魏县征地区片地价进行调整。见表 8－3－1－2，8－3－1－3，8－3－1－4，8－3－1－5，8－3－1－6。

2005 年魏县征地统一年产值补偿标准表

表 8－3－1－2　单位：万元、公顷

区域编号	统一年产值标准		补偿倍数	补偿标准		补偿标准区域
	元/亩	万元/公顷		万元/亩	万元/公顷	
魏县	1175	1.76	17	2.00	30.00	魏县
Ⅰ	1321	1.98	17	2.25	33.75	魏城镇
Ⅱ	1242	1.86	17	2.11	31.65	北皋镇、车往镇、回隆镇、双井镇、牙里镇
Ⅲ	1136	1.70	17	1.93	28.95	棘针寨乡、仕望集乡、东代固乡、前大磨乡、沙口集乡、野胡拐乡、张二庄乡、北台头乡、南双庙乡、边马乡、德政镇、院堡乡、泊口乡
Ⅳ	1098	1.65	17	1.87	28.05	大辛庄乡、大马村乡

2005 年魏县征地区片综合地价表

表 8－3－1－3　单位：万元、公顷

区片编号	区片价		区片范围
	万元/亩	万元/公顷	
Ⅰ	3.60	54.00	东关、南关、石辛寨、杜疃
Ⅱ	3.55	53.25	大北关、河里东、东小门、皇小庄、三 田、冯辛寨
Ⅲ	3.49	52.35	常小庄、冯小庄、吴辛寨、岗井

2008 年魏县征地区片地价补偿标准表

表 8－3－1－4　单位：万元、公顷

区域编号	补偿标准		补偿标准区域
	万元/亩	万元/公顷	
Ⅳ	3.11	46.65	魏城镇
Ⅴ	2.91	43.65	北皋镇、车往镇、回隆镇、双井镇、牙里镇
Ⅵ	2.84	42.60	棘针寨乡、仕望集乡、东代固乡、前大磨乡、沙口集乡、野胡拐乡、张二庄乡、北台头乡、南双庙乡、边马乡、德政镇、院堡乡、泊口乡
Ⅶ	2.80	42.00	大辛庄乡、大马村乡

2008 年魏县征地区片综合地价表

表 8－3－1－5　单位：万元、公顷

区片编号	区片价		区片范围
	万元/亩	万元/公顷	
Ⅰ	3.96	59.40	东关、南关、石辛寨、杜疃
Ⅱ	3.91	58.65	大北关、河里东、东小门、皇小庄、三田、冯辛寨
Ⅲ	3.84	57.60	常小庄、冯小庄、吴辛寨、岗井

2012 年魏县征地区片地价表

表 8-3-1-5　　单位：万元、公顷

区片编号	区片价		区片范围描述	
	元/亩	万元/公顷	乡（镇）	行政村
Ⅰ	45545	68.32	德政镇	覆盖魏县规划确定的中心城区所涉及的行政村内的集体土地，涉及德政镇安张庄村、柏二庄村、德四村、德一村、后小寨村、刘庄村、马庄村、王庄村。
			东代固乡	覆盖魏县规划确定的中心城区所涉及的行政村内的集体土地，涉及东代固乡北代固村、东代固村、房小庄村、前阎庄村、西代固村、翟小庄村、张固村。
			棘镇寨乡	覆盖魏县规划确定的中心城区所涉及的行政村内的集体土地，涉及棘镇寨乡老君堂村。
			仕望集乡	覆盖魏县规划确定的中心城区所涉及的行政村内的集体土地，涉及仕望集乡陈庄村、崔阁村、郭家堂村、浅疃村。
			魏城镇	覆盖魏县规划确定的中心城区所涉及的行政村内的集体土地，涉及魏城镇常小庄、大北关、东关、东小门、董河下、杜疃、冯小庄、冯辛寨、岗井、河里东、河里西、皇小庄、康疃、李辛寨、刘河下、南关村、三田、石辛寨、疃上、魏集、吴辛寨、西关、西小门、小北关、谢疃、赵寨村。
Ⅱ	42318	63.48	德政镇	覆盖德政镇扣除区片Ⅰ后的其他行政村的集体土地，涉及安上村、大寨村、德二村、德三村、后西营村、前西营村、前小寨村、青化里村、生町村。
			东代固乡	覆盖东代固乡扣除区片Ⅰ后的其他行政村的集体土地，涉及北张庄村、后罗庄村、后阎庄村、前罗庄村、邵村。
			棘针寨乡	覆盖棘针寨乡扣除区片Ⅰ后的其他行政村的集体土地，涉及北寺庄村、邓二庄村、侯庄村、后屯村、棘针寨村、里八庄村、马胡寨村、南寺庄村、前屯村、仁里村、王横村、相公庄村、徐小庄村、义井村。
			仕望集乡	覆盖仕望集乡扣除区片Ⅰ后的其他行政村的集体土地，涉及郭仕望村、何庄村、后连街村、胡庄村、刘家拐村、前连街村、仕北村、仕南村、仕中村、贤孝门村、张街村、张仕望村、砖井村。
			魏城镇	覆盖魏城镇扣除区片Ⅰ后的其他行政村的集体土地，涉及白仕望、北罗营、常于村、、东南温、范辛寨、冯辛寨、高刘庄村、后王村、靳于村、栗辛寨、梁河下、马于村、孟于村、南温店、南辛寨、庞庄、前王村、王辛寨、王营、魏于村、西南温、邢于村、朱河下。
			野胡拐乡	包括岸上村、大路固村、东红庙村、冯红庙村、高八庄村、前红庙村、西红庙村全域的集体土地，以及野东村、野西村、岸上村、霍家庄村和连路固村 5 个村的河堤以北区域的集体土地。

续表 1

区片编号	区片价		区片范围描述	
	元/亩	万元/公顷	乡（镇）	行政村
Ⅲ	39155	58.73	北皋镇	包括北街村、北刘岗村、北坡头村、陈村、陈岗村、大凹村、东街村、东康疃村、东李岗村、东坡头村、东张岗村、关岗村、后石岗村、江岗村、姜谢庄村、焦岗村、李谢庄村、栗村、六座楼村、孟岗村、米岗村、苗村、南街村、南刘岗村、南坡头村、前石岗村、沙窝村、邵岗村、孙庄村、屯北村、屯南村、屯西村、屯中村、王岗村、王谢庄村、魏东北村、魏后村、魏西北村、西街村、西康疃村、西李岗村、西坡头村、西上后村、西上前村、西张岗村、小凹村、杨才曲村、营东村、营南、营西、张才曲村全域的集体土地。
			车往镇	包括保定庄村、北仓口村、车往东村、车往西村、大仓口村、东仓口村、东上村、郭小屯村、郝北村、郝东村、郝南村、郝中村、黄甘固村、霍小屯村、口头村、栗庄村、南上东村、南上西村、前仓口村、秦庄村、王小屯村、魏东村、魏西村、西仓口村、小营村、杨甘固村全域的集体土地。
			回隆镇	包括北街村、步村、常大汪村、崔小汪村、东街村、东赵村、冯庄村、韩北村、韩东村、韩南村、韩西村、后朋固村、后张庄村、后赵村、孔大汪村、李大汪村、梁小汪村、刘庄营村、六上村、南街东村、南街西村、南栗村、南营村、前朋固村、任庄村、西街村、西张庄村、西赵村全域的集体土地。
			沙口集乡	包括北辛庄、陈小屯村、大屯村、大斜街村、大杨庄村、大庄村、东张庄村、斗门村、杜二庄村、段家庄村、岗上村、河沟村、集东村、集西村、李家口村、刘屯村、陸十疃村、马头村、南北拐村、南沙口村、牛冯庄村、沙疙瘩村、小斜街村、小杨庄村、漳河村、郑二庄村全域的集体土地。
			双井镇	包括北照河、陈圈、东北庄、东王村、东寨村、董圈、樊圈村、付夹河、更化村、河南村、后王圈、后文义、姬照河、贾圈村、李照河、刘街村、马郑圈、木东村、木南村、木西村、前王圈、前文义、茜圈村、双北村、双东村、双南村、双西村、西寨村、野庄、永东村、永西村、张照河村全域的集体土地。
			牙里镇	包括安庄村、北杨庄村、卞村、曹庄村、长兴东村、长兴西村、冯屯村、侯东村、侯西村、后大堡村、后马庄村、胡村店村、靳庄村、楼东村、楼西村、母街村、南长兴村、南杨庄、牛庄村、前大堡村、任村、苏庄村、西长兴村、西侯村、西刘庄村、西吕村、西南庄村、小侯村、牙北村、牙东村、牙南村、牙西村、赵庄村全域的集体土地。
			野胡拐乡	包括蔡东村、蔡西村、蔡中村、大王村、合义村全域的集体土地，以及野东村、野西村、岸上村、霍家庄村和连路固村 5 个村的河堤及其以南区域的集体土地。
			张二庄乡	包括北留固、北善村、北辛庄、北英丰、曹田教、大严屯、第六店、东留固、东普安、东中烟、韩田教、后普安、军寨、礼教、刘田教、刘庄、路庄、南辛庄、南阎庄、南英丰东、南英丰西、平村、宋屯、西留固、西普安、西烟、张二庄、张二庄前、张庄屯、中烟村全域的集体土地。

续表2

区片编号	区片价		区片范围描述	
	元/亩	万元/公顷	乡（镇）	行政村
Ⅳ	37009	55.51	泊口乡	包括泊口村、崔野冲、大王庄、耿庄、郭野冲、河北、后佃坡、后野冲、华北、华东、华南、华西、江东、江西、井东北、井东南、井西、李庄、马头二村、马头三村、马头一村、前佃坡、生庄、王野冲、阎庄、张庄东、张庄西、赵野冲、中庄村全域的集体土地。
			前大磨乡	包括白枣林村、东薛村、恩善会村、公议会村、郭枣林村、韩才曲村、和顺会村、后才曲村、后崔村、后大磨村、后寺村、乐善会村、李才曲村、李枣林村、栗才曲村、连才曲村、连户村、连枣林村、南户村、破井村、前崔村、前大磨村、前寺村、任才曲村、任户村、王庄村、魏户村、张庄村、赵枣林村全域的集体土地。
Ⅴ	34863	52.29	南双庙乡	包括安乐村、曹野马村、大李村、董庄村、郭街村、河岸上村、集东村、集西村、简庄村、姜村、吕街村、马村、马街村、聂街村、清华村、申村、申铺村、狮子口村、双北村、双南村、双中村、汤村、王村、西照河村、薛村、尹野马村、朱村全域的集体土地。
			台头乡	包括杜甘固村、方里集村、南台头村、乔小庄村、台东村、台后村、台前村、台西村、汤后村、汤前村、西野马村、小王庄村、尹甘固村全域的集体土地。
			院堡乡	包括东来庄村、况庄村、连三家村、马丰头村、磨庄村、司三家村、陶三家村、西来庄村、西薛村、杨三家村、院堡东村、院堡西村、院堡中村、岳庄村、中三家东村、中三家西村、中三家中村全域的集体土地。
			边马乡	包括北冯堤村、边北村、边南村、边小屯村、边中村、东楼底村、东楼西村、东吕村、东石固村、东田教村、东扬善村、董骈村、二教村、范骈村、高堤村、江庄村、李庄村、罗屯村、南冯堤村、南骈村、任骈村、任庄村、三教堂村、尚骈村、寺里村、寺南村、王井村、王庄村、西扬善村、效化村、于村、袁骈村、张村、张庄村、朱村、紫岗村全域的集体土地。
			大马村乡	包括北旦疃村、曹堤村、东八里村、东北村、东马村、东南村、董庄、二马村、康北村、康南村、楼寺头村、南旦疃村、三马村、西八里村、西北村、西南村、西疃村、中八里村全域的集体土地。
			大辛庄乡	包括北秦固村、勃庄村、曹夹河村、曹辛庄村、大东村、大西村、邓村、东郭村、凡村、冯摆渡村、高高村、侯高村、李辛庄村、梁庄村、刘庄村、吕庄村、马河村、马主村、苗辛庄村、庙东村、庙西村、南秦固村、牛庄村、前高村、申桥村、王夹河村、王辛庄村、西郭村、小辛庄村、辛江庄村、张辛庄村、中高村全域的集体土地。
全县总面积：86362.69公顷			全县（市/区）平均征地区片价	39053元/亩 58.58万元/公顷

2015年魏县征地区片地价表

表8-3-1-6　　单位：万元、公顷

<table>
<tr><th rowspan="2">区片编号</th><th colspan="2">区片价</th><th colspan="2">区片范围描述</th></tr>
<tr><th>元/亩</th><th>万元/公顷</th><th>乡（镇）</th><th>行政村</th></tr>
<tr><td rowspan="5">Ⅰ</td><td rowspan="5">70000</td><td rowspan="5">105</td><td>德政镇</td><td>安张庄村、柏二庄村、德四村、德一村、后小寨村、刘庄村、马庄村、王庄村。</td></tr>
<tr><td>魏城镇</td><td>常小庄、大北关、东关、东小门、董河下、大北关、杜疃、朱河下、冯小庄、冯辛寨、岗井、河里东、河里西、皇小庄、康疃、李辛寨、南关村、三田、石辛寨、疃上、魏集、吴辛寨、西关、西小门、小北关、谢疃。</td></tr>
<tr><td>东代固乡</td><td>北代固村、东代固村、房小庄村、前阎庄村、西代固村、翟小庄村、张固村。</td></tr>
<tr><td>棘针寨乡</td><td>老君堂村。</td></tr>
<tr><td>仕望集乡</td><td>陈庄村、郭家堂村、浅疃村。</td></tr>
<tr><td rowspan="6">Ⅱ</td><td rowspan="6">62000</td><td rowspan="6">93</td><td>北皋镇</td><td>包括北街村、北刘岗村、北坡头村、陈村、陈岗村、大凹村、东街村、东康疃村、东李岗村、东坡头村、东张岗村、关岗村、后石岗村、江岗村、姜谢庄村、焦岗村、李谢庄村、栗村、六座楼村、孟岗村、米岗村、苗村、南街村、南刘岗村、南坡头村、前石岗村、沙窝村、邵岗村、孙庄村、屯北村、屯南村、屯西村、屯中村、王岗村、王谢庄村、魏东北村、魏后村、魏西北村、西街村、西康疃村、西李岗村、西坡头村、西上后村、西上前村、西张岗村、小凹村、杨才曲村、营东村、营南、营西、张才曲村全域的集体土地。</td></tr>
<tr><td>德政镇</td><td>安上村、大寨村、德二村、德三村、后西营村、前西营村、前小寨村、青化里村、生疃村集体的土地。</td></tr>
<tr><td>车往镇</td><td>包括保定庄村、北仓口村、车往东村、车往西村、大仓口村、东仓口村、东上村、郭小屯村、郝北村、郝东村、郝南村、郝中村、黄甘固村、霍小屯村、口头村、栗庄村、南上东村、南上西村、前仓口村、秦庄村、王小屯村、魏东村、魏西村、西仓口村、小营村、杨甘固村全域的集体土地。</td></tr>
<tr><td>回隆镇</td><td>包括北街村、步村、常大汪村、崔小汪村、东街村、东赵村、冯庄村、韩北村、韩东村、韩南村、韩西村、后朋固村、后张庄村、后赵村、孔大汪村、李大汪村、梁小汪村、刘庄营村、六上村、南街东村、南街西村、南栗村、南营村、前朋固村、任庄村、西街村、西张庄村、西赵村全域的集体土地。</td></tr>
<tr><td>东代固乡</td><td>北张庄村、后罗庄村、后阎庄村、前罗庄村、邵村。</td></tr>
<tr><td>沙口集乡</td><td>包括北辛庄、陈小屯村、大屯村、大斜街村、大杨庄村、大庄村、东张庄村、斗门村、杜二庄村、段家庄村、岗上村、河沟村、集东村、集西村、李家口村、刘屯村、马头村、南北拐村、南沙口村、牛冯庄村、沙疙瘩村、小斜街村、小杨庄村、刘屯村、马头村、陆十疃村、河沟村、沙疙瘩村、陈小屯村漳河村、郑二庄村全域的集体土地。</td></tr>
</table>

续表1

区片编号	区片价		区片范围描述	
	元/亩	万元/公顷	乡（镇）	行政村
Ⅱ	62000	93	魏城镇	赵寨村、白仕望、北罗营、常于村、东南温、高刘庄村、后王村、靳于村、刘河下、栗辛寨、梁河下、马于村、范辛寨、孟于村、南温店、南辛寨、庞庄、前王村、王辛寨、王营、魏于村、西南温、邢于村、集体的土地。
			仕望集乡	郭仕望村、何庄村、后连街村、胡庄村、刘家拐村、前连街村、仕北村、仕南村、仕中村、贤孝门村、张街村、张仕望村、砖井村、崔阁村。
			棘针寨乡	北寺庄村、邓二庄村、侯庄村、后屯村、棘针寨村、里八庄村、马胡寨村、南寺庄村、前屯村、仁里村、王横村、相公庄村、徐小庄村、义井村。
			双井镇	包括北照河、陈圈、东北庄、东王村、东寨村、董圈、樊圈村、付夹河、更化村、河南村、后王圈、后文义、姬照河、贾圈村、李照河、刘街村、马郑圈、木东村、木南村、木西村、前王圈、前文义、茜圈村、双北村、双东村、双南村、双西村、西寨村、野庄、永东村、永西村、张照河村全域的集体土地。
			牙里镇	包括安庄村、北杨庄村、卞村、曹庄村、长兴东村、长兴西村、冯屯村、侯东村、侯西村、后大堡村、后马庄村、胡村店村、靳庄村、楼东村、楼西村、母街村、南长兴村、南杨庄、牛庄村、前大堡村、任村、苏庄村、西长兴村、西侯村、西刘庄村、西吕村、西南庄村、小侯村、牙北村、牙东村、牙南村、牙西村、赵庄村全域的集体土地。
			野胡拐乡	包括蔡东村、蔡西村、蔡中村、大王村、合义村全域的集体土地，以及野东村、野西村、岸上村、霍家庄村、岸上村、大路固村、东红庙村、冯红庙村、高八庄村、前红庙村、西红庙村、连路固村的集体土地。
			张二庄乡	包括北留固、北善村、北辛庄、北英丰、曹田教、大严屯、第六店、东留固、东普安、东中烟、韩田教、后普安、军寨、礼教、刘田教、刘庄、路庄、南辛庄、南阎庄、南英丰东、南英丰西、平村、宋屯、西留固、西普安、西烟、张二庄、张二庄前、张庄屯、中烟村全域的集体土地。

续表 2

区片编号	区片价		区片范围描述	
	元/亩	万元/公顷	乡（镇）	行政村
Ⅲ	53400	80.1	泊口乡	包括泊口村、崔野冲、大王庄、耿庄、郭野冲、河北、后佃坡、后野冲、华北、华东、华南、华西、江东、江西、井东北、井东南、井西、李庄、马头二村、马头三村、马头一村、前佃坡、生庄、王野冲、阎庄、张庄东、张庄西、赵也冲、中庄村全域的集体土地。
			前大磨乡	包括白枣林村、东薛村、恩善会村、公议会村、郭枣林村、韩才曲村、和顺会村、后才曲村、后崔村、后大磨村、后寺村、乐善会村、李才曲村、李枣林村、栗才曲村、连才曲村、连户村、连枣林村、南户村、破井村、前崔村、前大磨村、前寺村、任才曲村、任户村、王庄村、魏户村、张庄村、赵枣林村全域的集体土地。
			南双庙乡	包括安乐村、曹野马村、大李村、董庄村、郭街村、河岸上村、集东村、集西村、简庄村、姜村、吕街村、马村、马街村、聂街村、清华村、申村、申铺村、狮子口村、双北村、双南村、双中村、汤村、王村、西照河村、薛村、尹野马村、朱村全域的集体土地。
			台头乡	包括杜甘固村、方里集村、南台头村、乔小庄村、台东村、台后村、台前村、台西村、汤后村、汤前村、西野马村、小王庄村、尹甘固村全域的集体土地。
			院堡乡	包括东来庄村、况庄村、连三家村、马丰头村、磨庄村、司三家村、陶三家村、西来庄村、西薛村、杨三家村、院堡东村、院堡西村、院堡中村、岳庄村、中三家东村、中三家西村、中三家中村全域的集体土地。
Ⅳ	47490	71.24	边马乡	包括北冯堤村、边北村、边南村、边小屯村、边中村、东楼底村、东楼西村、东吕村、东石固村、东田教村、东扬善村、董骈村、二教村、范骈村、高堤村、江庄村、李庄村、罗屯村、南冯堤村、南骈村、任骈村、任庄村、三教堂村、尚骈村、寺里村、寺南村、王井村、王庄村、西扬善村、效化村、于村、袁骈村、张村、张庄村、朱村、紫岗村全域的集体土地。
			大马村乡	包括北旦疃村、曹堤村、东八里村、东北村、东马村、东南村、董庄、二马村、康北村、康南村、楼寺头村、南旦疃村、三马村、西八里村、西北村、西南村、西疃村、中八里村全域的集体土地。
			大辛庄乡	包括北秦固村、勃庄村、曹夹河村、曹辛庄村、大东村、大西村、邓村、东郭村、凡村、冯摆渡村、高高村、侯高村、李辛庄村、梁庄村、刘庄村、吕庄村、马河村、马庄村、苗辛庄村、庙东村、庙西村、南秦固村、牛庄村、前高村、申桥村、王夹河村、王辛庄村、西郭村、小辛庄村、辛江庄村、张辛庄村、中高村全域的集体土地。
全县总面积：86362.69 公顷			全县平均区片价	58859 元/亩 88.29 万元/公顷

第二节　土地使用权价格

土地使用权价格是人们为取得土地使用权而支付的一定的经济代价，其实质是地租。长期以来，农地使用权价格被称为地租。境内的土地租佃关系产生于奴隶社会。在夏、商、周三代的井田制下，土地使用权和土地所有权是初步分离的，土地使用是有偿的。农民助耕公田，具有租税合一的性质：做为什一之税，它是国家政治权力的经济体现，做为劳役地租，它是国家土地所有权的经济体现。战国时期以后，劳役租制被实物分成租制所代替，其地租率基本上是50%。到了宋明时期，开始出现实物定额租制，但那时还仅是偶然的经济现象，与实物分成租制相比，所占比重很小。在正常年景，实物定额租的租额与实物分成租的租额基本上是相等的，租率在50%左右。到了明代中叶，境内又出现了货币租制，在正常年景，货币租制与实物制的租额也基本上是相等的，租率在50%左右。

清代，分成租制向定额租制转化，实物租制向货币租制转化，这是境内封建地租发展演变的基本内容。

中华民国时期，境内实物分成租、实物定额租和货币地租三种地租形态并存，据调查，民国二十三年（1924年）境内地租形态分布的百分率是：实物分成租占53.2%，实物定额租占35%，货币地租占11.8%。

在实物分成租制下，地主和佃户对于土地收入的分配多实行对分制，地租率50%。在实物定额租制下，境内谷租的租额为每亩土地2斗。在货币地租制下，民国二十三年（1934年），境内租额为1.5元左右。

从战国时期到抗日战争以前，随着单位面积土地产量的不断提高，农地使用权价格是逐渐上升的。抗日战争爆发后，民国二十九年（1940年）魏县成立了抗日民主政府。为了扩大抗日民族统一战线，团结一切可以抗日的力量，减轻农民的地租负担和所受的高利贷剥削，民主政府开展了减租减息运动，实行的是“二五减租”，即规定地租一律照原租额减少25%，农地使用权价格下降约25%。

民国三十五年（1946年）开始，开展了土地改革运动，各家各户都分得了一些土地和其他生产资料，农地租佃现象趋于消灭。土地改革结束以后，农地租佃关系又有些抬头。农业合作社运动开展以后，农地租佃现象再度趋于消灭，农业合作化完成以后，农地租佃现象长期消亡，农地使用权价格随之消亡。

中共十一届三中全会以后，改变了农村经济体制，发展起来的土地承包制在一定程度上造成了土地使用权和土地所有权的分离。其实，这种土地承包制也是一种土地租佃关系，而土地承包费就是农地使用权价格。然而，由于土地承包缺乏市场机制，因而土地承包标准带有随意性。农地使用权价格不稳定，农地使用权市场有待规范化。

中华人民共和国成立以后，城镇土地租赁行为受到国家的严格控制，1993年3月20

日，根据《中华人民共和国城镇国有土地使用权出让和暂行条例》和《河北省城镇国有土地使用权出让和转让实施办法》，魏县结合实际，制定《魏县城镇国有土地使用权出让和转让实施细则》，对土地的使用权出让按照一定程序采取协议、招标和公开拍卖三种形式。1993 年 10 月 1 日，魏县公开招卖了一宗国有土地使用权，敲响了全市国有土地使用权拍卖第一槌，拍卖土地 0. 061 公顷，每平方米 214 元。1995 年，公开拍卖国有土地使用权 4 宗，每平方米 172 元。1996 年，拍卖土地使用权 8 宗，面积 0. 17 公顷，每平方米 250 元。1997 年，公开拍卖国有土地使用权 5 宗，面积 0. 4 公顷，平均每平方米 237 元。1999 年，公开拍卖国有土地使用权 13 宗，面积 1. 1 公顷，平均每平方米 272 元。2000 年，公开拍卖国有土地使用权 63 宗，面积 1. 5 公顷，平均每平方米 267 元。2001 年，公开拍卖国有土地使用权 6 宗，面积 0. 2 公顷，平均每平方米 230 元。2002 年，公开拍卖国有土地使用权 10 宗，其中南市场临路土地拍卖，一间房（不足一分地）从 3 – 4 万元起价，拍卖最高的达到 11. 4 万元，每平方米 2110 元。2003 年，公开拍卖国有土地使用权 17 宗，面积 3. 64 公顷，平均每平方米 310 元。2005 年，公开拍卖国有土地使用权 1 宗，面积 0. 5 公顷，平均每平方米 224 元。2006 年，公开拍卖国有土地使用权 2 宗，面积 1. 92 公顷，平均每平方米 640 元。2008 年，公开拍卖国有土地使用权 9 宗，面积 24. 6 公顷，平均每平方米 172 元。2009 年，公开拍卖国有土地使用权 11 宗，面积 18. 53 公顷，平均每平方米 258 元。2010 年，公开拍卖国有土地使用权 14 宗，面积 43. 13 公顷，平均每平方米 417 元。2011 年，公开拍卖国有土地使用权 16 宗，面积 33. 13 公顷，平均每平方米 738 元。2012 年，公开拍卖国有土地使用权 156 宗，面积 28. 28 公顷，平均每平方米 442 元。2013 年，公开拍卖国有土地使用权 17 宗，面积 33. 73 公顷，平均每平方米 652 元。2014 年，公开拍卖国有土地使用权 75 宗，面积 39. 33 公顷，平均每平方米 381. 3 元。2015 年，公开拍卖国有土地使用权 37 宗，面积 76. 3 公顷，平均每平方米 345. 6 元。2016 年，公开拍卖国有土地使用权 32 宗，面积 57. 05 公顷，平均每平方米 424. 2 元。

第四章　土地分等定级

为适应城镇土地使用制度改革的需要，加强对国有土地使用权有偿出让、转让的管理，促进土地市场健康发展，全面科学、合理地使用管理土地，魏县人民政府于 1995 年成立了土地评估委员会，是年 5 月魏县土地管理局与河北农业大学共同开展魏县县城土地定级估价工作。

第一节　定　　级

1995 年，魏县县城的土地定级估价依照国家土地管理局颁布的《城镇土地定级规程》和《城镇土地估价规程》为依据，坚持主导因素、地域分异、级差、权益、定量与定性互相结合的综合方法，对县城区域的土地面积 9.16 平方公里，进行了评估，并按照自然地块及权属单位的完整性进行了确定土地级别。魏县城区土地定级估价，划分为四个土地级别。

其划分范围及分布规律是：一级地大致包括健康路（现望远街）以东、贸易街（现一行路）以南、工会俱乐部以西、粮食局以北的老城区范围，该范围内中华路（现魏都大街）和振兴街（现开元路）、政府街（现魏州路）交汇贯通交通便利，基础设施完备，商服职能齐全。高度的社会经济集聚效益促进了该片土地的繁荣，使其成为商服业发展的优越地段。

二级地包括除大北关、东关和一级地之外的建成区范围，并沿中华（现魏都大街）路向南延伸至外环路（现洹水大道）。这片区域基础设备完备，但商服繁华度逐渐降低。

三级地包括西外环路（现龙乡大街）以东、大北关以南、东关以西、南市场以北除去一、二级地之外的范围。该级土地基础设施不太完备，商服繁华程序较低，但交通条件和环境状况尚好，是近期规划区，具有很大的发展潜力。

四级地沿三级地外围向外扩张至估价区边缘。这里主要是工业用地区及未建成区，城市景观差，基础设施不健全，商服繁华程度很低。

为完成上述工作，魏县建立了机构，制定工作方案，分步进行实施。其工作程序见下图：见图 8－4－1－1。

1995 年定级工作程序框图

图 8－4－1－1

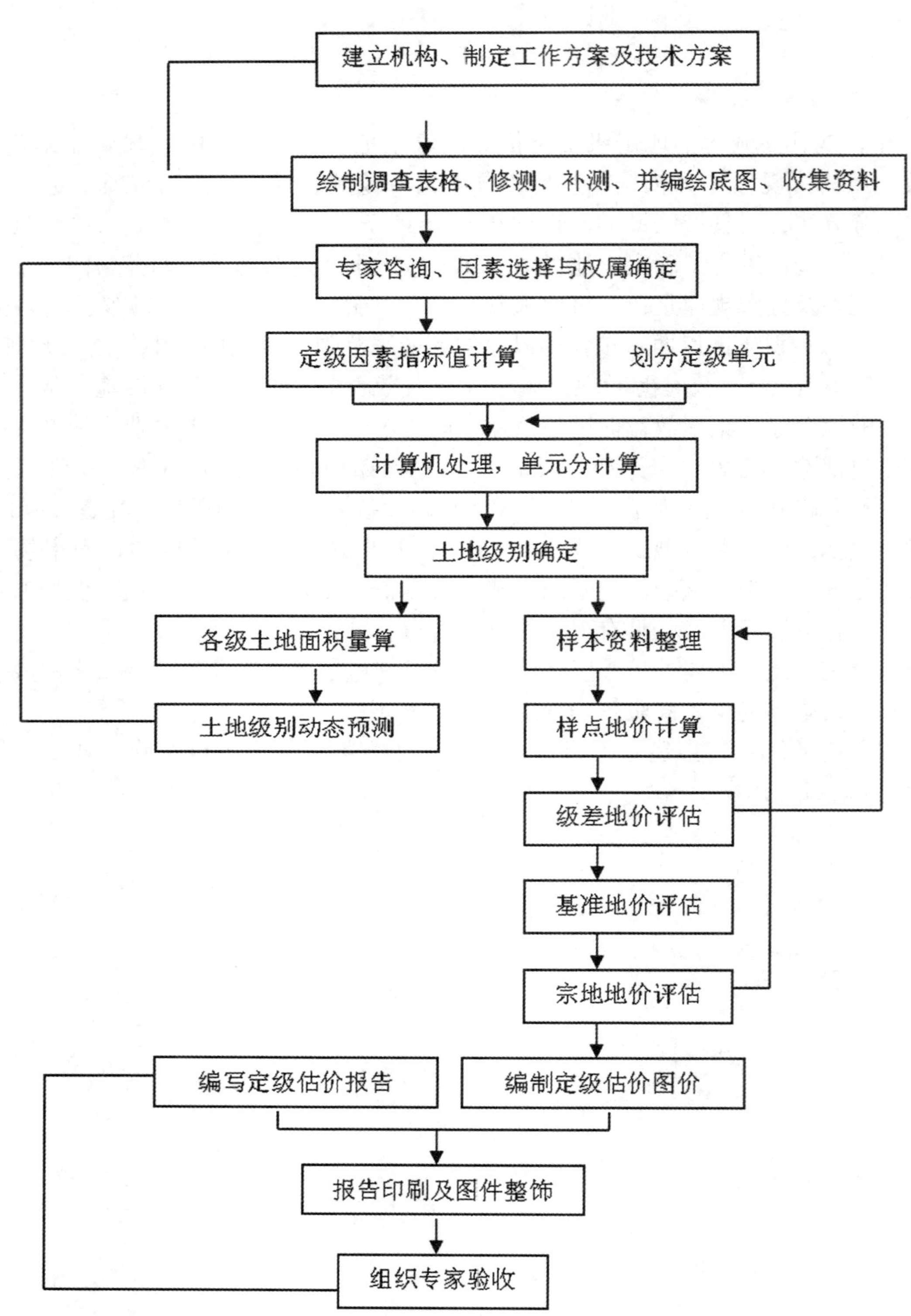

1995 年，魏县县城的总体规划制定县城的近期发展方向为：重点往南，适当往东，老城区重点填空、补齐，并规划了城镇布局以及道路网、给排水等各项基础工程。据此，县城各级土地的发展方向是：

一级地：在已有的土地级别基础上，向南发展至南关，随着城区的重点填空补齐，各种设施的齐备，政法街（现东壁路）东部两侧的土地发展为一级地。该级地主要利用方向为商业、服务业和住宅，基本不安排工业。所采取措施是加强旧城改造，把用地效益较低的工业迁出一级地。

二级地：维持北部边界不变，向西发展至外环路东侧，向南发展至南市场南侧，东部沿振兴路有所延伸。该级地是近期规划发展区，发展潜力极大，土地利用的关键问题是加强各种基础设施、配套设施的建设，形成紧凑、高土地利用率的格局，以机关、住宅用地、商业、服务业用地为主。

三级地：西部和北部边界基本不变。南部边界向南有所推移，并沿魏县至双井公路向东发展，东部沿邯大路（现开元路东段）向东延伸至面粉厂和棉麻公司。该级地主要为仓储用地、工业用地及部分住宅用地。

四级地：短时期内变化不大，只是随着县城的发展，四级地范围向南略有扩大。该级土地主要为工业用地，土地利用中应形成明确的功能分区，讲求集聚效益，并注意加强环境治理。见表 8－4－1－2。

1995 年魏县县城土地级别范围表

表 8－4－1－2　　单位：级

土地级别	东	西	南	北
Ⅰ	由机械厂西侧，往东经机械厂南侧，向南经养老院西侧，百货仓库西侧，工会俱乐部东侧至文教局东侧	以健康路（现望远街）为界	从收购站，公安局，直属粮库，向南经粮食局西侧，南侧至镇人民政府西侧，往北至水利局，再由政府县委南侧往西至文教局	以贸易街为界
Ⅱ	沿陵园西侧，到企业局，包括东小门，至电力局（现文侯大酒店），向南至水果库一线为界	由土产西仓库，石油公司，往南至二中（现四中），包括西小庄、南关。	以外环路为界	贸易街（现一行路）以北大北关以南包括烟酒公司食品公司，区公所机械厂，农贸市场和部分住宅区

续表

土地级别	东	西	南	北
Ⅲ	以大北关以东，常小庄村南，外贸仓库以西、东关村东、南边沿至杜疃的公路为界	至外环路西侧	外环路南市场、脱水莱厂、南市场	至皇小庄村南河流和大北关
Ⅳ	铁路以东，以及棉织厂	沿河流从河里村内穿过，到石辛寨西侧边沿	Ⅱ级地以及南部分，沿杜疃村东西主街和柏二庄村以北走界	皇小庄和大北关以北以冯小庄东西主街为界

2007 年，魏县完成城区土地定级成果面积 21.52 平方公里，对规范土地市场和土地出让、转让、抵押贷款提供了合理价格依据，同时，为优化土地资源配置和宏观调控地价起到了积极作用。2008 年后，国家对房地产市场调控措施的加强和调控力度的加大，地产市场的成交价格和成交数量不断变化，形成了 2008 年下降，2009 回升，2010 年 –2011 年增长的局面。随着魏县经济发展，经济实力不断增强，建设项目不断增加，商业和住宅用地的交易价格已经普遍高出基准地价水平。原来的土地级别和基准地价成果失去了基本的调控能力和引导作用，越来越不能满足地价管理的要求。2012 年 6 月，魏县开展了城区土地级别更新工作，定级面积 46.53 平方公里，其中，城镇土地定级面积 25.01 平方公里。其更新对象是县城建成区、部分城市规划区的商业用地、住宅用地和工业用地。确定的范围是：东至东风渠、西至玉泉河、北至民有渠、南至益民河，总面积 46.53 平方公里。按照《城镇土地分等定级规程》和《魏县城区级别与其基准地价更新技术方案》实施，坚持“综合分析与主导因素、区域分异原则相结合；级差收益法与地价剥离、成本核算法相合；城市规划与市区现状相结合；定性分析与定量分析相结合的方法，分层把关，对样点逐个检查、审核、剔除不合格的、补充缺项、保证了城区土地级别对基准地价更新成果的质量。12 月底结束，分为六个阶段进行。一是工作准备。成立领导小组和技术小组，做好组织准备、物品准备、图件准备和技术准备。二是资料调查与收集。按照资料调查的技术要求、调查的种类以及资料的具体实施，由县政府统一组织协调，职能部门根据项目组提供的资料清单及要求，在规定的时间内进行整理，共收集到各类资料 588 份，某中房屋租赁资料 530 份，征地资料 8 份，出让资料 4 份，转让资料 5 份，房屋、买卖资料 28 份，商业服务业用地效益资料 1 份，工业企业用地资料 12 份。三是内业分析整理与测算。四是成果编制。编写城区土地定级估价工作报告和技术报告，编写汇总各种表格、图件等。五是成果听证和修改完善。广泛征求社会各方面的意见，完善基准地价成果。六是验收、批准和实施。通过六个阶段的工作，进一步完善了土地级别更新成果。见表 8 –4 –1 –3。

2012 年魏县城区土地级别分布表

表8－4－1－3 单位：平方公里

土地级别	范围	面积	特征（特点）
Ⅰ	长安大道以南，天安大道以北，龙乡大街以东，礼贤大街以西	5.19	县镇中心地段，基础设施齐全、人口密集、商业服务业网点密布、学校等公用设施集中，土地利用效益好。
Ⅱ	北至景观湖，西至玉泉街，南至天河路，东至梨乡街	10.55	围绕一级地形成环形区域，基础设施基本齐备、交通通畅，人口较密集、土地利用效益较好。
Ⅲ	二级以外至估价区界线内的地区	30.79	基础设施参差不齐，人口稀疏，与农区分错分布，土地利用效益较低。

2016 年，魏县随着城区规模扩大、城区功能分区变化、市政设施完善和城区经济的发展，依据土地利用总体规划，对中心城区控制区域土地级别进行更新，面积 66.17 平方公里。共收集到各类市场交易资料 155 个，其中：房屋租赁资料 709 份，出让、转让资料 40 份，商品房交易资料 26 份。

第二节 估价（基准地价）

估价也称基准地价，是某一区域（段）或地价级别中各样点的平均地价，它是在利用不同类型用地单位的土地利用效益及土地出让、转让、出租等资料的基础上评估出来的价格，它代表某一区段、某一行业的平均地价。魏县为使土地价格公开化，促进土地市场的正常发育，同时明确土地资源的价值，为土地有偿使用和税收奠定基础，为理顺政府土地管理体制进行有效的土地市场管理提供科学依据，1995 年，第一次对本县土地作了估价（基准地价），基准地价分为商业、住宅、工业、综合四类。至 2016 年，对城区土地基准地价进行了 3 次更新。

一、商业用地基准地价

商业用地是县城中最重要的一种用地类型，它对于距县城中心的远近和交通便捷程度等十分敏感，并对中心地段的形成、变动，以及对住宅用地后工业用地布局起着决定性作用，为了充分反映商业用地的地价主体水平和商业用地对区位条件相对敏感的特点，1995 年，魏县县城主要中心的商业用地的基准地价，采用主要商业街道路段价，商业用地级别级差地价和级别基准地价三种形式。见表8－4－2－1，8－4－2－2，8－4－2－3 。

1995 年魏县县城主要商业街道路段价表

表 8 -4 -2 -1　　单位：亩、万元

序号	街道	范围	地价	
			元/平方米	万元/亩
1	振兴街	汽车站旅馆至广播站	565.6	37.7
2	中华街	汽修厂至振兴街	461.7	30.8
		振兴街至政府街	608.3	40.6
		政府街至中华街	398.28	26.6
3	政府街	县医院至中华街	367.6	24.5
		中华街至文教局	382.8	25.5

1995 年魏县县城商业用地级别地价及级差地价表

表 8 -4 -2 -2　　单位：元/平方米

级　别	Ⅰ	Ⅱ	Ⅲ	Ⅳ
级别地价	396	261	173	114
级差地价	320	186	97	38

1995 年魏县县城商业用地基准地价表

表 8 -4 -2 -3　　单位：元/平方米

土地级别	Ⅰ	Ⅱ	Ⅲ	Ⅳ
基准地价幅度范围	700 -250	360 -200	250 -120	120 -95
平均基准地价	400	270	180	110

2007 年，魏县人民政府加大城市基础设施投入力度，城市基础设施、公用设施、环境建设、道路交通状况得到改善，城市面貌有了改观。随着市场经济体制的建立，城镇土地的经济价值越来越重要，地产市场和地价水平随着社会经济发展而变动，对城市土地基准地价进行了更新。见表 8 -4 -2 -4。

2007 年魏县商业用地基准地价表

表 8－4－2－4　单位：元/平方米

土地级别	一级地	二级地	三级地
基准地价	575	416	264

2012 年，魏县本着实事求是的原则，在认真分析大量调查数据和客观评价的基础上，对城市土地基准地价更新取得了新的基准地价成果。见表 8－4－2－5。

2012 年，魏县商业用地基准地价表

表 8－4－2－5　单位：元/平方米

土地级别	一级地	二级地	三级地
基准地价	848	636	413

2016 年，魏县城区土地市场已趋完善，土地市场交易十分活跃，新建和改扩建了一批居民住宅小区和道路，城区供水、排水、供电、电讯等基础设施建设高速发展，原有的土地基准地价不能满足实际需要，按照《城镇土地分等定级规程》《城镇土地估价规程》及基准地价每 3 年要全面更新的相关要求，加强了城镇基准地价更新工作。对商业用地基准地价进行了更新。见表 8－4－2－6。

2016 年魏县商业用地基准地价表

表 8－4－2－6　单位：元/平方米

土地级别	一级地	二级地	三级地	四级地
基准地价	990	750	675	540
幅度上限	1185	898	834	654
幅度下限	791	583	544	440

二、工业用地基准地价

魏县县城工业用地基准地价是在土地定级的基础上，通过成本逼近法和收益还原法，测算出样点地价再用平均值法求得级别基准地价的，其基准地价见表 8－4－2－7。

1995 年魏县工业用地级别基准地价表

表 8－4－2－7 单位：元/平方米

土地级别	Ⅰ	Ⅱ	Ⅲ	Ⅳ
基准地价幅度范围	200－110	130－90	100－80	90－75
平均基准地价	145	115	90	80

2007 年魏县工业用地基准地价表

表 8－4－2－8 单位：元/平方米

土地级别	一级地	二级地	三级地
基准地价	205	162	131

2012 年魏县工业用地基准地价表

表 8－4－2－9 单位：元/平方米

土地级别	一级地	二级地	三级地
基准地价	473	341	221

2016 年魏县工业用地基准地价表

表 8－4－2－10 单位：元/平方米

土地级别	一级地	二级地	三级地	四级地
基准地价	600	480	195	150
幅度上限	700	564	228	173
幅度下限	498	398	161	127

三、住宅用地基准地价

魏县住宅用地基准地价的表达方式是级别基准地价。测算是通过调查中的房屋买卖资料和商品房出售资料中完成的，其中房屋出售资料采用契价剥离法进行测算样点地价，同时，考虑土地取得成本及国家指导价，其基准地价，见表 8－4－2－11，12，13，14。

1995 年住宅用地级别基准地价表

表 8－4－2－11　单位：元/平方米

土地级别	Ⅰ	Ⅱ	Ⅲ	Ⅳ
基准地价幅度范围	330－140	180－120	140－100	110－75
平均基准地价	190	140	110	85

2007 年魏县居民住宅用地基准地价表

表 8－2－4－12　单位：元/平方米

土地级别	一级地	二级地	三级地
基准地价	281	226	185

2012 年魏县居民住宅用地基准地价表

表 8－2－4－13　单位：元/平方米

土地级别	一级地	二级地	三级地
基准地价	579	434	282

2016 年魏县居民住宅用地基准地价表

表 8－2－4－14　单位：元/平方米

土地级别	一级地	二级地	三级地	四级地
基准地价	750	675	630	450
幅度上限	903	809	761	552
幅度下限	596	537	493	353

四、综合基准地价

在确定各类用地土地级别基准地价后，为了对城区总体地价水平进行综合评定，尚须确定魏县城镇的综合基准地价，确定方法是在上述分用途的基准地价成果的基础上，按照城市土地最佳使用原则，选取各类用途土地中最高基准地价——商业用地级别基准地价作为城区土地综合基准地价。见表 8－2－4－15 。

1995 年综合基准地价表

表 8 -2 -4 -15 单位：元/平方米

土地级别		Ⅰ	Ⅱ	Ⅲ	Ⅳ
综合基准地价	幅度范围	700 -250	360 -200	250 -120	120 -95
	平均值	400	270	180	110

1996 年后，综合基准地价工作停止。

五、县城不同类型各个级别的地价

1995 年，魏县县城划分出的四个土地级别与不同用地类型的地价变化规律相一致。所划分土地级别合理，所测算出的基准地价科学，二者相互校核，相辅相成，符合魏县县城的实际。

魏县县城的商业用地共分四级，级别基准地价在 700—950 元/平方米之间浮动。商业用地一级为县城的中心区域，影响土地价格各因素的作用强度均处于优和较优水平。在该级地范围内，城镇设施有县百货公司、汽车站、邮局、银行、中学、医院等，主干道有中华路、振兴街、政府街，道路宽阔、交通方便，加上又是党、政机关所在地，从而使之为魏县的经济、政治发展中心。把这一区域作为一级地且地价最高，符合实际。商业用地二级地在一级地周围，影响地价的因素处于一般较优的水平，由于受一级地影响较大，加上这一区域的交通条件好，故二级地地价较高。商业用三、四级土地，主要是县城边缘，影响地价因素的作用强度处于较劣或劣的水平，商业用地设施差，地价较低。

住宅用地分四级，级别基准地价在 330—750 元/平方米之间浮动。一、二级地内，道路广阔、购物方便，各种生活设施较齐全，故作为住宅用地，其级别较高，地价也较高；而三、四级地，由于生活设施完备度和购物方便程序均下降，故地价较低。

工业用地也分四级，级别基准地价的浮动范围为 220—750 元/平方米，一级地内，道路宽阔，有过境公路贯穿，对外经济联络方便，加上考虑该级地的利用规划中对工业用地的限制，所以地价较高是合理的；二、三、四级地，无论交通便捷度还是集聚效益逐级降低，因而其地价也逐级递减。

魏县县城土地估价按综合定级、分类估价进行，各个级别的基准地价测算结果。见表：8 -2 -4 -16。

1995年魏县县城各个级别基准地价一览表

表8－2－4－16　单位：万元、亩

用地类型 \ 基准地价 \ 土地级别			一	二	三	四
商业用地	幅度范围	元/m	500－350	360－200	250－120	120－95
		万元/亩	33.3－23.3	24.00－13.33	16.67－8.00	8.00－6.33
	平均值	元/m	400	270	180	110
		万元/亩	26.67	18.00	12.00	7.33
住宅用地	幅度范围	元/m	330－140	180－120	140－100	110－75
		万元/亩	22.00－9.33	12.00－8.00	9.33－6.67	7.33－5.00
	平均值	元/m	190	140	110	85
		万元/亩	12.67	9.33	7.41	5.67
工业用地	幅度范围	元/m	200－110	130－90	100－80	90－75
		万元/亩	13.33－7.41	8.67－6.00	6.67－5.33	6.00－5.00
	平均值	元/m	145	115	90	80
		万元/亩	9.66	7.67	6.00	5.33
综合基准地价	幅度范围	元/m	500－350	360－200	250－120	120－95
		万元/亩	33.3－23.3	24.00－13.33	16.67－8.00	8.00－6.33
	平均值	元/m	400	270	180	110
		万元/亩	26.67	18.00	12.00	7.33

1996年后，县城不同类型各个级别的地价，与1995年的工作方法相似，只是数据有所变动，未进行统一比对。

第九编

地 政 地 籍

地政地籍就是对土地资源的调查、统计，包括初始登记和变更登记以及土地利用现状的调查、统计和登记或变更登记等。

随着社会的发展，人们对土地的认识程度越来越高。地政地籍管理逐步成了历代统治阶级用于维护和强化土地所有制的工具，具有鲜明的阶级性。

清代以前，地籍管理是维护公共和私人土地所有制。管理部门通过土地测绘丈量，申报登记，明确产权归属，目的在于征收税赋。

民国时期规定，凡土地产权转移，无论买卖、继承、分家、合并、赠与、交换或其他依法取得所有权之土地，受让人均应申请接收过户。

中华人民共和国成立后，成立初级农业生产合作社时，农民土地入股；成立高级农业合作社时，土地归合作社所有；成立人民公社时，土地全部归公。国有土地的地籍管理，一直采用以征地手续、文件为依据，县政府未发土地使用证书。三年经济困难时期，对乱占而未用的土地，按照国家规定，退给原生产队，权属仍为国家所有。

1986 年《中华人民共和国土地管理法》颁布前，使用国有土地的单位，撤销、合并均未办理土地变更登记手续，有不少国有土地流失。

1987 年 6 月，成立魏县土地管理局，负责全县的土地登记、地籍调查、颁发土地使用证书、土地变更登记、土地权属、调解处理等，使地政地籍管理工作走上规范。

第一章　地　　政

上古时代水患频繁，它涉及到部族的兴衰存亡，因而就出现了勘察山脉、水系及其走向的大规模山水调查，也属地政管理范畴。《山海经》、《禹贡》等，就是古代山水调查的结晶。古代境域先出现人口调查后出现土地调查。

随着时代的发展，社会的进步，人口的增长，人们逐渐认识到土地的重要性。土地是不可再生的宝贵资源，开始对土地资源进行调查、普查及土地利用现状的调查。

第一节　土地调查

土地调查是对土地基本情况的调查，一般以查清土地类型、数量、土地条件、权属、分布和利用状况等主要内容，包括土地清丈、土地调查和土壤调（普）查等。

一、土地清丈

（一）清代前土地清丈

土地利用现状调查这项工作在公元前两千多年就有记载：方制万里，画野分州……尧遭洪水，天下分为十二州。使禹治水，水土既平，更制九州，列五服，任土作贡（汉书地理志）。并按土色、质地、水分等把土地分为三等九级。为了限制土地兼并，均平税赋，阻止逃避兵役、赋役和隐瞒人口现象发生，封建统治者十分重视地籍工作。宋《册府元龟》记载："始皇帝三十一年（前216年），使黔首自实田"。时，境内人们自己主动申报田亩面积并进行登记。东汉建武十五年（39年），光武帝下令对全国土地进行丈量。唐德宗建中元年（780年），杨炎推进"两税法"，土地私有制得以巩固，建立与之相适应的地籍制度，土地清丈成了历代封建王朝的重点。建中年间，境内为推行"两科法"曾进行大规模的土地调查。宋代对地籍管理极为重视，先后提出了千步方田法、方田均税法，境内实行方田均税法。明朝土地的被重视程度超过了以前任何时代。明洪武九年（1376年），朱元璋设立"营田司"主持土地和田赋的清理工作。洪武二十年（1387年），县境进行了土地丈量。这次整理地籍，不仅调查田亩，编纂基簿即鱼鳞册，而且同时进行了人口普查，将其结果编为黄册，地籍完全从户籍中独立出来，与封建土地相适应的地籍制度从此形成。明嘉靖五年（1526年）为改变大亩、小亩负担不均，魏县境内曾进行土地清丈，丈得田地4432顷10亩

6分2厘，其中免优地435顷10亩3厘6毫；行差地3230顷17亩5分1厘3毫；寄庄地766顷83亩7分1厘。额外地：麻斤窑场地40亩，学院学田地57亩，本府学田和瞻田3顷1分4厘6丝，西区学田2顷45亩，西区儒学田4顷22亩。时由于漳水时常泛滥，民不聊生，里瞒田亩，丁户瞒产的情况多有发生，故官府不定时审核“黄册”户簿，丈量土地。明末清初，官府发动贫民垦荒地免税之策，境内贫民进行漳河故道荒废土地开发，插草为标，故道垦殖。

清代的地籍管理完全采用明朝的办法和万历的地籍资料。清顺治十六年（1659年），境内清丈屯田、寄庄地、行差地、额外地等29851.35公顷2分6厘2毫。康熙七年（1688年），废止“黄册”制。康熙五十二年（1713年），实行“新添人丁，永不加赋”的政策。雍正六年（1728年），改为“丈地、计赋、丁随田定”制，不计丁数，即实行“摊丁入亩”。一律以亩数征收税捐，废千余年来的人头税，以户派役。

（二）民国时期土地清丈

民国初年，实行地方自治，民国政府《建国大纲》指出：土地测量完竣，为完成县自治要素之一。境内先后筹备地政机构，派员会同里长、村里委员会调查，丈量土地。民国三年（1914年），魏县进行调查户籍、地籍，以农田、荒地、坟地、道路、河堤等丈量登记。民国十一年（1922年），清丈行差地，除去修邯大（邯郸至大名）公路占地120亩3分，实有行差地374915亩5分7厘，寄庄地除去邯大路占地54亩4厘8毫，实有寄庄地67663亩8分3厘2毫，学院学田57亩，按院学田63亩9分5厘，境内学田245亩，境内儒学田422亩，麻斤窑场地40亩。民国十九年（1930年），国民党政府公布了《土地法》，把地籍管理工作通过法律的形式固定下来，根据《土地法》规定，大名县（含魏县）开展了地籍测量工作，至民国二十一年（1933年）七月完成，实测面积1669.504平方公里。民国二十三年（1934年）十月，国民党政府颁布了《土地测量实施规则》分八章二百三十七条，对三角测量、图根测量、户地测量、计算面积、制图及航空摄影测量之实施程序、方法，均有明确规定。民国二十四年（1935年）一月，河北省政府公布了《河北省测量田地尺度适用暂行办法》，对全省在土地测量中的尺度作了统一规定，大名县执行这一规定。同年2月，大名县（含魏县）执行《河北省土地陈报起草标准》，并对陈报中的组织程序、经费与预算，处理争执事项等做了详细规定。在民国时期30年代，境内土地多为瘠薄地、盐碱地。国民党政府虽然建立了比较完善的地籍管理体制，对土地的利用情况进行了一些调查，但由于政治腐败、政令不一，土地户主都在私下交易，只凭地契，经里甲负责人证明认可，地籍管理混乱，土地利用情况没有进行详细完整的调查。

民国二十九年（1940年）六月，魏县与大名分治，成立魏县抗日民主政府。时民主政府主要领导人民进行抗日救亡，尚无地政事宜。民国三十一年（1943年）魏县有耕地51.8万亩，为支持抗日战争，民主政府开始在解放地区征收公粮，由各村“册书”造单，按田亩类分等累进征收（一律按户征收）。民国三十四年（1945年）八月十六日，魏县解放，随后开展了土地改革“斗地主，分田地，一鼓作气”，除规定属于国家所有的土地以外，将没收地主的土地、公地以及其他土地，按人口分给农民。在进行这项工作中，魏县广泛开展了土地清丈、划界、庄桩等地籍工作，对所有分给土地不管是新分的还是旧地，一律丈量，全面进行调查、评等定级、按户按田登记均分；对重点乡村，采取群众自报亩数，有异议的再进行实地丈量，查出实际面积。通过清丈，民国三十六年（1947年）查出黑瞒土地23691.95公顷。对查出的土地，主要补分给土改时获地少、田质差的贫雇农。全县分田户有270户，补得田地的23户。同时还追查出地主富农保存的旧契150份，农会补发新地契与县政府印发的执照共370张，块块农田确定了产权。

二、土壤调查

古代土壤分类。大禹治水遍及全国，后对土壤进行了初步分类，再根据土壤性质划为9种，并根据土壤肥力划为三等九级，当时魏域属冀州；周代，把九州土壤按地形划为山林、川泽、丘陵等五大类；春秋时代，考虑了土壤与植被的关系，区划出18个土类，每个土类分为5种，共90种，没有进行土壤调查。直到中华民国三十年代，才开始土壤调查和分类，建立了2000个土系，但无土种。中华人民共和国成立后，1954年中国土壤学会第一次代表大会上，借鉴前苏联地理发生分类体系，拟定了土类为基本分类单元。1958年，开始了第一次全国土壤普查工作。1959年，为贯彻农业“八字宪法”提供依据，大名县（含魏县）统一部署，进行了第一次耕地土壤普查，总结了土质区域的群众认土、识土、用土经验，分析了耕地土壤、土壤调（普）查的理化情况、特征、分布等。魏县有褐土、潮土2个土类，潮褐土、潮土和盐化土3个分类，8个土层，59个土种，为使用土地和改良土壤提供了一些参考资料。

1982年，魏县进行第二次土壤普查，县农业局抽调28名技术骨干组成土壤普查专业队，配合乡村干部、技术员宣传发动，组织县、乡、村各级普查班子制订计划，进行技术培训及普查仪器设备的筹集准备工作。本着“查以致用”和“坚持质量、好中求快”的指导思想，在试点培训的基础上分批铺开普查。从1982年4月5日野外试点至1984年10月，历时二年半，完成了全县土壤普查工作。

土壤普查范围包括37个乡（镇）、535个行政村，全县土地资源面积86078.7公顷，土壤面积72152.1公顷，农业土壤面积普查前统计数为64889.4公顷，普查后为68725.3公顷，较查前增加3533.8公顷。其中包括漳河故道和漳河滩地等未利用土地3680公顷，农业用地占土地面积的79.8%，农业人口平均占有耕地0.11公顷。在耕地中水浇地面积36207.6公顷，占耕地的52.7%，粮田面积48140公顷。全县林果占地3428.8公顷，比普查前增加1068.8公顷。村镇占地8753.2公顷，交通占地1138.6公顷，河流占地1549.2公顷（包括防洪堤），渠道占地2071.9公顷，砖瓦窑厂占地393.6公顷。

通过在37个乡（镇）进行业外调查取样分析化验，绘编工作底图37张、野外草图142张，挖掘剖面4847个，平均17.76公顷一个，其中主剖面1749个，平均49.2公顷一个，次剖面3098个，并打定界点5967个，采集纸合标本1749个，取典型剖面理化分析样本262个，耕层养分析样本1207个，微量元素样本100个，容重样本43个，填写各种表格5000张。分析化验了土壤水分、有机质、全氮、碱解氮、代换量，质地、容量、总水深度、矿化度、微量元素（锌、硼、铜）等20个项目，化验总项次达41892次。

见图9－1－1－1

1982年魏县土壤图

图表9－1－1－1

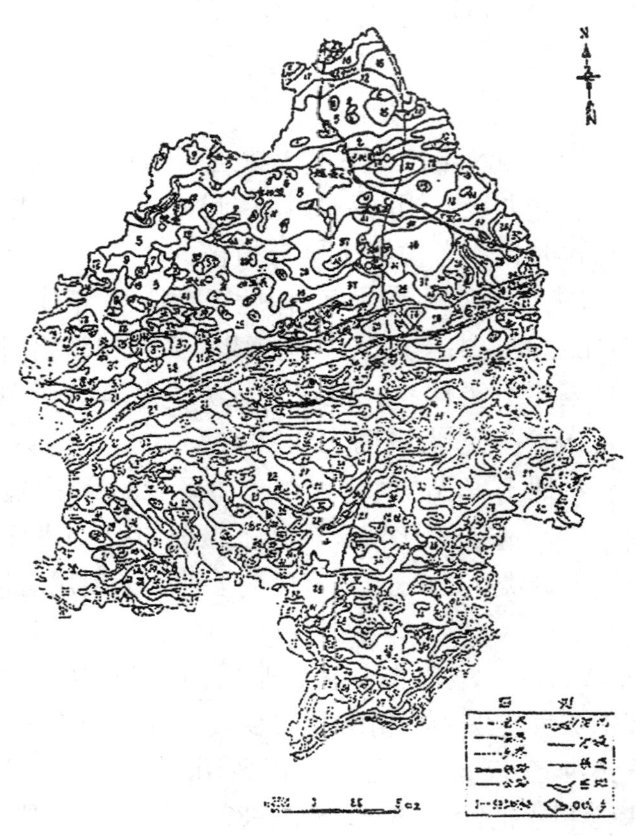

在统计、分析、汇总业外作业和化验资料的基础上，进行资料整理和成果应用，编绘了县土地利用现状图、县级1∶5万土壤图、乡1∶1万土壤图、县土壤表层质地图、县土壤养分综合图、县土壤有机质含量图、县土壤全氮含量图、县土壤速效磷含量图、县土壤速效钾含量图、县土壤改良利用分区图，整理撰写出了《魏县土壤志》、魏县土壤普查工作报告、魏县土地利用现状概查报告、魏县土壤普查成果应用计划和土壤普查专题调查报告等“八图一志三报告”。同时摸清了县境内土壤的底数，查找全县的褐土、潮土2个土类，潮褐土、潮土和盐化土3个分类，8个土层，59个土种。通过普查对县境同土异名进行归类，异土同名进行区分，查明了全县各类土壤面积及分布理化性状、生产性能及魏县土壤有机质含量等，为农业生产的发展提供了科学的基础资料。

三、第一次土地利用现状调查

1951年，魏县进行了查田定产工作，在查田上，为了弄清田亩土地，在全县范围内普遍进行土地丈量。在普丈工作中，结合进行评定地级，土地面积以户为单位按亩统计。为了防止因弓尺大小引起混乱，事先将原用尺与市尺进行了折合比率。尽管如此，由于资料不完整，准确度也较差，没有形成比较全面彻底的土地资源调查。

1988 年，根据国务院《关于进一步开展土地资源调查工作》的指示精神，魏县被列为河北省第三批土地利用现状调查县（以下简称土地详查）。同年 12 月开始着手准备工作，经历了组建机构、技术培训、试点乡调查、外业调绘、内业资料汇总等阶段，至 1991 年 10 月省验收鉴定结束，共历时两年零 10 个月，完成了《土地利用现状调查技术规程》中所规定的全部内容。1992 年，获省级土地详查成果二等奖。

（一）调查准备

省、地确定魏县为第三批土地详查县后，县政府非常重视，召开乡（镇）长会议作了具体安排。1988 年 12 月 3 日，县成立了土地详查领导小组，组长由主管农业副县长曹新田担任，成员：县土地管理局局长王克满、副局长崔建民。1988 年 12 月 6 日至 11 日，专业队全体人员参加了地区在大名县举办的土地利用现状调查培训班，全面系统地学习了认图、识图、外业调绘、补测方法、地类划分、面积量算、资料整理等方面的技术知识，并在大名县的武庄、马庄两村实地进行了外业调绘。经过一周时间的培训和实习，全体队员掌握了调查方法、步骤和技术。同时，根据详查工作的需要，调查之前统一购置了有关图件和办公工具，为全县调查工作的开展奠定了基础。1990 年，由于工作变动，领导小组进行了调整，由主管农业副县长秦兰秀为组长，下设办公室，县土地管理局局长肖相朝任主任，各乡（镇）明确一名副乡（镇）长，各村确定村委主任抓这项工作。县土地管理局在全县范围内择优选拔录用了 17 名社会青年，并从成安县聘请了 5 名搞过详查的人员，加上土地管理局干部王河森，组织了一支由 23 人参加的外业调查专业队。

（二）试点

1988 年 12 月 20 日，魏县选择了地形地貌复杂、地类较全面，具有代表性的东代固乡为试点乡，并开始试点调查。

该乡有 12 个行政村，涉及 4 年图幅，地形地貌多变，东风渠纵横全乡。于 1989 年 1 月 30 日试点乡的调查全部结束。1989 年 3 月 8 日、9 日，经地区技术指导组调查验收，符合《规程》和《细则》的要求，同时也提出了一些存在的问题，如调绘精度稍差，编号、着色稍乱，分类不很准确等。针对这些问题，认真分析了主、客观原因，进行了整改，实行“三统一”：即统一编号，以村为单位，按图幅逐图斑进行顺序编号；统一地类划分标准，并在记载簿上注明归属；统一上图颜色，行政界红色，沟渠兰色，其它均为黑色。

（三）外业调绘

全县土地详查的外业调绘工作，从 1989 年 3 月 15 日全面铺开，到 1989 年 8 月 20 日止，历时 5 个多月，全面完成了《规程》要求的各项任务。

为调动队员的积极性，加强技术指导，工作中采取工作效率与经济效率挂钩的方法，对整个外业任务实行了“定人员、定任务、定质量、定时间、包工资”的“四定一包”的承包办法，并签定了承包合同。县技术组的两名人员深入实际，巡回指导，严把质量关，调动了调绘人员的积极性、主动性，增强了责任感，加快了工作进度，提高了作业质量。以乡为单位，按行政村进行，逐图幅调绘行政界，再补测居民点、地类界，最后调查现状地物及零星地类。这样隶属关系明确、界线分明，既不漏查、漏记，也不易出现重号。调绘结束后，及时把当天的调绘内容在1：10000的景象平面上着墨，并做到图表一致。再一次请村干部审核边界，确认无误后，签署边界协议书，双方签字，加盖公章。（附土地详查外业工作程序意图）。见图9－1－1－2。

1989年8月26日至27日，地区技术指导组和省技术指导组联合对魏县外业调绘精度进行了检查验收，共抽查了6幅图，11个村、11个公里网络，结果如下：行政界线权属线抽查28处，全部闭合，签字盖章，界线位移检查38处，超差2处，合格率94.7%，无遗漏图斑；抽查线状地物95条，分类代号合格率100%；宽度超差4处，合格率95.8%；检查位移量30处，合率97.1%；面积超差一个，合格率97.1%，无遗漏零星地类；外业记载表内容齐全，记载比较清楚；调查草图与工作底图一致，注记合理，符合《规程》技术要求；调绘图件与记载表格内容一致，符合《规程》技术要求；新增地物补测抽查25处，分类代号合格率100%，对四周明显地物点中误差合格率100%；经对权属调查图件资料检查，均达省技术规则要求。所查各项精度均在94.7%以上，省技术组对魏县详查外业的评价是：领导重视，作业人员认真，图面整洁，记载齐全清楚，精确度高，成果优良。

土地详查外业程序表以村单位逐幅调绘

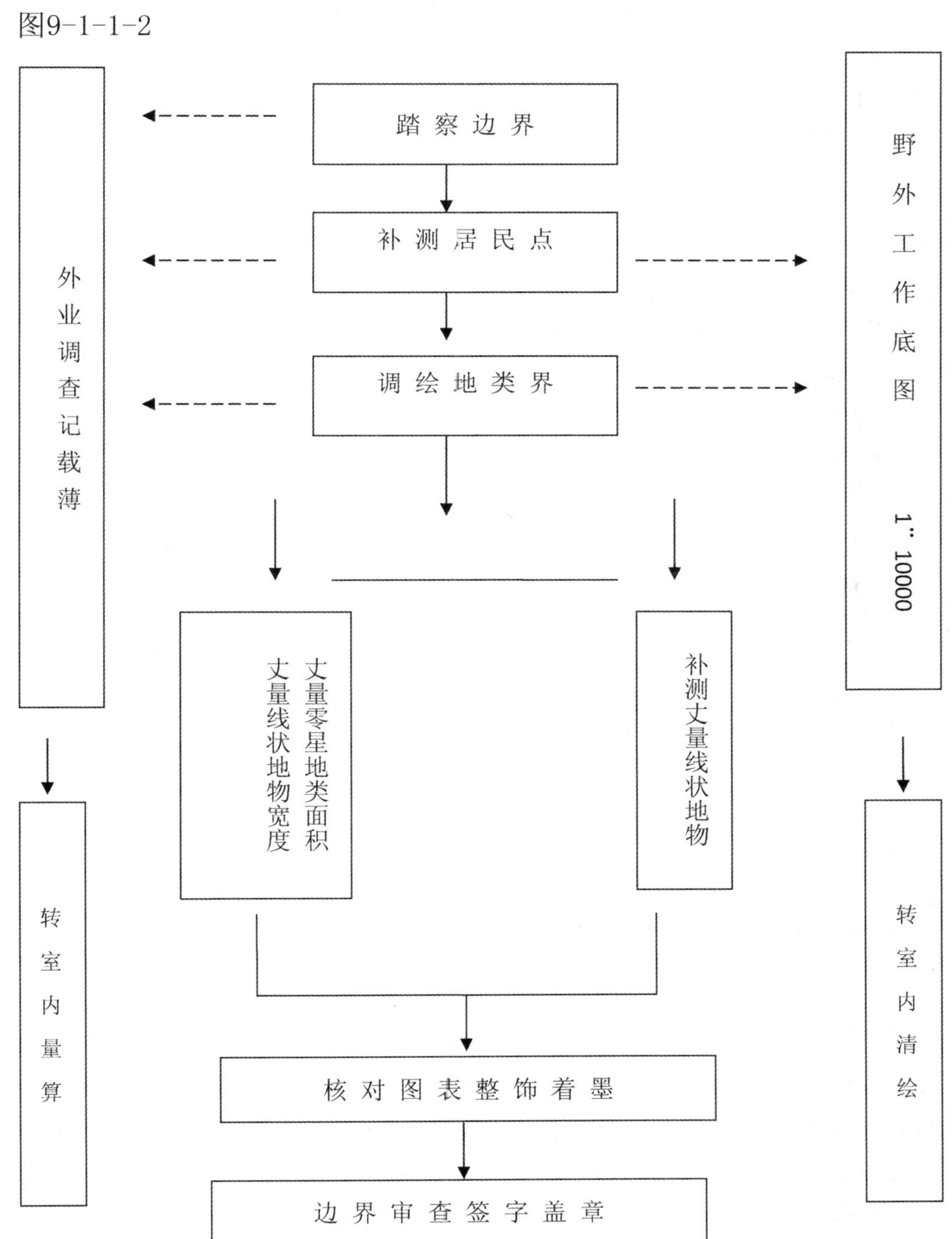

（四）内业资料汇总

魏县土地详查内业工作，从 1990 年 8 月 30 日开始，到 1991 年 9 月结束，共历时一年零一个月，经省验收，成果合格。外业调查的成果，是内业工作的根本宗旨。为提高内业工作质量，从外业队员中抽出 4 名人员，又在社会上招聘了 5 名高中以上文化程度、对制图、量算有一定经验的人员充实了队伍，进行内业汇总，工作全面铺开。见图 9－1－1－3。

土地详查内业工作安排图

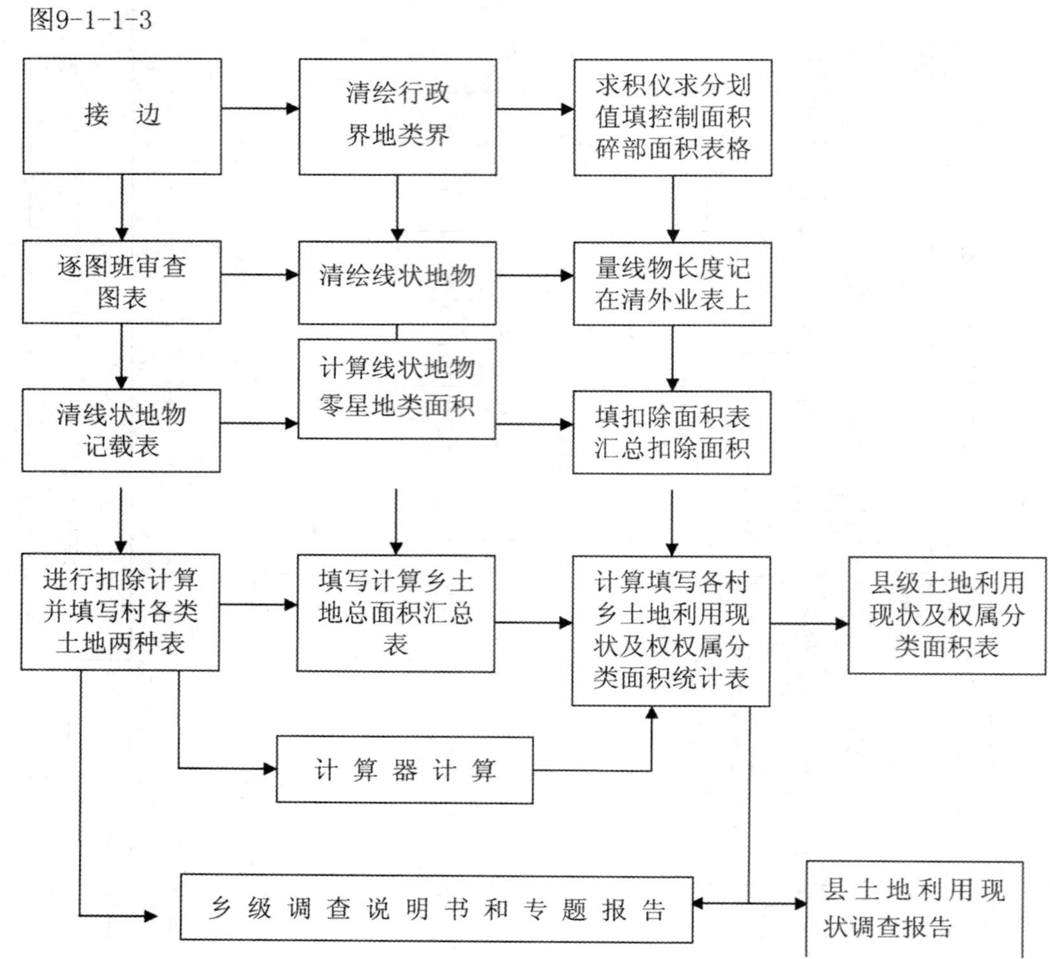

其工作程序是：所有资料进行全面复审校核，并检查组织内接边及全县接边情况，不吻合处，再实地考查订正，把问题解决在转绘之前，再按行政界、权属界、图斑界、线状地物等，把外业工作底图转绘到新的影响平面图上，分步量算面积。然后，由村到乡再到县，逐级汇总各地类面积及土地总面积，检查合格后按规定平差。由于严格的验收制度，使内业成果准确可靠，图幅面积量算精度全部达到 95% 以上。

1991 年 10 月 11 日至 12 日，省地技术指导组对内业成果进行验收鉴定，随机抽取 4 个图幅，涉及 20 个行政村，检查了 8 项内容。检查结果见表 9－1－1－4

1991 年内业成果检查表

表 9－1－1－4　　单位：个、处、块、条

检查项目	转绘点位（个）	图幅接边（处）	控制面积（块）	碎部面积（块）	线状地物（条）	图表资料	图件	调查报告
检查数	50	130	20	99	100	齐全、精度高，数据正确吻合，图件资料符合《规程》要求	编制方法正确取舍合理，内训图精度高，符合《规程》要求	内容全面，叙述清楚，语句通顺，结构合理，反映了详查过程和成果提出了合理化建议。
合格数	50	120	20	98	100			
合格率（%）	100	99.2	100	99	100			

（五）权属调查

魏县在土地详查的外业调绘工作同时，进行了权属调查工作。通过对全县 23 个乡（镇），551 个行政村和 224 个独立工矿、企事业单位确权定界，为土地登记、统计和发证工作奠定了基础。权属调查的外业调绘工作从 1989 年 3 月 15 日开始，到 1989 年 6 月 5 日结束，权属调查的单位是宗地，由一个单位或几个单位共同使用一块地，称为一宗地。在调查内容上，主要是查明每宗地的位置、界线、使用权及利用现状，调查的范围主要包括村、农、林场的土地所有权或使用权界线；居民点以外的工矿、学校、医院、机关团体等企事业单位使用土地的权属界线；公路和水利工程等占地的权属界线。

其具体方法是：前三天将《权属调查通知书》送到界线相邻的单位，按通知要求，调查队员与相邻双方委派的指界人员同时到现场指界及标绘。双方同指一界为无争议界线，调查人员标绘上图，并明确权属界线拐点的位置，双方所指界线不同，则两界之间的土地为争议土地，双方自认的界线同时在草图上标清，经双方协商或上级处理确认权属界后，由双方共同埋设永久性界桩，再进行上图标清。以线状物为界的必须在调查底图上标明其归属，在底图上无法标清的权属界线，必须绘制草图，并加文字说明。无争议的界线，要填写权属界线协议书一式三份，包括文字说明、附图，双方签字盖章；有争议的界线填写土地争议原由书一式三份，包括文字说明（说明拐点及权属界线的真实位置，争议原由及提供的凭证）、附图（标清各方自认的界线拐点及界线，注明拐点距明显地物点的距离等），签字盖章。

对公路、水利工程（指权属归国有的工程）占用土地的界线，以国家划拨或征用的批准文件为准，按文件规定的界线进行调绘与面积量算，没有合法手续的，按占地现状调绘。

对荒地、河滩、水域等的权属界线的划定原则上为国有土地，有证件的，按证件执行；没有证件的，本着尊重历史、承认现实的原则调绘。对边界有争议的，用未定界符号表示，标绘在图上。全县权属调查搞完后，县技术组进行了验收，合格率达到 99%。最后，省、地技术组进行了验收，所抽查的 40 个乡镇权属界线，均准确无误。

权属内业资料汇总工作，从 1989 年 6 月至 8 月，在搞好外业的基础上，对权属底图进

行清绘，然后以乡（镇）为单位，把1：10000的清绘图拼接在一起，再套绘到聚酯薄膜上，绘制图廓、图例、比例尺，编写权属调查说明书等内容后，复制出成果图。

权属图的主要内容是土地权属界线。无争议的用红实线表示；有争议的和无合法批准文件或证件的暂用红虚线表示；权属图斑按宗地编号、权属性质分为：A—国有土地，（其中：A1—国有土地国家单位使用；A2—国有土地集体单位合用；A3—国有土地个体使用），B—集体土地，（其中：B1—集体土地国家单位使用；B2—集体土地集体单位使用；B3—集体土地个体使用）。注明界址点、用地面积、用地单位名称。

1991年10月11日，省技术组在验收魏县的详查内业时，对权属调查工作全面进行了鉴定，各项指标均符合要求。

（六）土地利用现状调查成果

通过调查，准确划定了县、乡（镇）、村和行政、企业事业单位的权属界线，查清了全县土地资源面积，各乡（镇）、村土地资源面积和土地利用结构。描绘了权属草图47份，编绘县、乡（镇）土地边界接合图表和土地利用现状图各24份，其中县级1份，乡（镇）级23份。村权属图551份，企事业单位权属图24份，填写登记卡575份，权属统计表10种16957页，有关权属证件资料1078份。全县土地一级分类7个，二级分类25个，三级分类2个；地类图斑10099个，线状地物9372条，零星地类2186块。

土地详查确认后的县行政界线，最南端到张二庄乡北善村村南，最北端到棘针寨乡任里村村北，东到大马村乡东八里村东，西到西康疃乡北坡头村西。全县南北长43.3公里，东西宽35.2公里。见表9－1－1－5

魏县行政界线调查前后对照表

表9－1－1－5　　单位：度、公里

		调查前	调查后	差数
经纬度	东经	114　43′42″～115　07′24″	114　43′38″～115　07′05″	－15″
	北纬	36　03′00″～36　26′30″	36　03′02″～36　28′28″	－4″
距离公里	东西	36.5	35.	－1.3
	南北	43.5	43.3	－0.2

土地详查各乡（镇）认真进行了界线划分，经双方确认审核无误，做到界线吻合一致，不重不漏。全县23个乡（镇）边界的划分均得到圆满解决。完成了全县551个行政村和24个独立工矿及企事业单位的界线划分，界线划分均无争议，各方并签字盖章。

调查证实，全县土地资源总面积为85988.36公顷，合859.9平方公里。比统计部门提供的数字（为1276500亩，折851平方公里）多13319.4亩，比土壤普查数字（为1291181

亩，折860.8平方公里）少1361.6亩。数字不一致原因主要有几次量算、统计面积的方法、仪器不如本次采用的先进、准确，本次调查，查清了全县共有飞地546块，总面积2740.55公顷。其中从魏县飞出外县的土地1块，面积2.28公顷，从外县（省）飞进魏县的土地5块，面积10.56公顷。县内乡、村间飞地540块，面积2727.44公顷。魏县飞地主要分布在魏城镇、野胡拐、双井镇、大辛庄、边马、泊口和车往镇，其他乡（镇）较少。见表9－1－1－6、9－1－1－7。

调查除魏县土地资源总面积外，23个乡（镇）及558个行政村和4个农、林场土地面积都已查清量准、统计、核实。见表9－1－1－8、9－1－1－9

1989年魏县各乡镇飞地面积统计表

表9－1－1－6　　单位：亩

项目 乡镇	土地资源总面积	飞地面积	飞地占土地资源总面积%	飞地中耕地面积	飞耕地占飞地%	飞地主要涉及行政村
合计	1289819.4	41108.0	3.19	35748.4	86.96	
魏城镇	67036.4	1649.4	2.46	1576.6	95.59	岗井、常小庄东关、杜疃、西小门
东代固	42971.5	31.4	0.07	28.7	91.40	张固、西代固、房小庄
棘针寨	41628.4	310	0.74			
白仕望	29162.7	1070.9	3.67	715.4	66.80	孟于村、刘河下、马于村、朱河下等
院堡	32024.5	1279.4	4.00	1134.0	88.64	东来庄、西来庄
北皋镇	66270.9	772.8	5.17	418.2	54.11	西李岗、屯南、屯北、魏东北
西康疃	32873.4	1717.0	5.22	1354.2	78.87	营南、营东、东坡头等
前大磨	55614.2	3.7	0.56	308.3	92.28	乐善会、前崔村、后崔村
仕望集	35849.8	696.8	1.94	660.9	94.85	贤孝门、砖井、崔阁、郭疃等
野胡拐	39114.2	3774.4	9.65	2850.9	75.53	连路固、野东、野西、蔡中等
德政镇	35493.8	1173.6	3.31	657.8	56.05	安上、前西营、安张庄、德四等
沙口集	92585.1	441.0	0.48	431.2	78.43	大屯、集西、岗上、李家口等
双井镇	73953.1	5191.3	7.02	4071.6	78.43	付夹河、双南、双北、东北庄等

续表

项目 / 乡镇	土地资源总面积	飞地面积	飞地占土地资源总面积%	飞地中耕地面积	飞耕地占飞地%	飞地主要涉及行政村
合计	1289819.4	41108.0	3.19	35748.4	86.96	
大辛庄	68684.1	4606.9	6.71	4606.9	100.00	大东、大西、吕庄、牛庄等
大马村	33121.4	478.2	1.44	446.2	93.31	康南、康北、小马村、东北队等
边马	76369.4	3717.2	4.87	3522.9	94.77	任骈村、董骈村、范骈村、王庄等
牙里镇	72326.0	2318.6	3.21	1967.6	84.86	母街、牛庄等
张二庄	90910.1	1658.1	1.82	1473.9	88.89	南辛庄、北辛庄、路庄等
泊口	63846.6	3488.3	1.46	3181.5	91.20	郭也冲、后也冲、马一等
南双庙	65637.9	1249.7	1.90	1181.7	94.56	郭街、聂街、双庙中等
北台头	40466.9	848.8	2.10	837.7	98.69	汤前、汤后等
车往镇	67233.9	3140.4	4.67	3043.2	96.90	口头、郝南、南尚西、霍小屯
回隆镇	66655.4	1490.1	2.24	1279.0	85.83	后朋固、东赵村、南街东、南街西

1989 年魏县各乡镇飞地地类统计表

表 9－1－1－7　　单位：亩

项目 / 乡镇	飞地面积	其中					
		耕地	园地	林地	居民点工矿地	水域	未利用地
合计	41108.0	35748.4	992.0	1988.0	690.6	1163.1	525.9
魏城镇	1649.4	1576.6	32.6	3.8	36.4		
东代固	31.4	28.7		2.7			
棘针寨	310						
白仕望	1070.9	715.4	352.8		2.7		
院堡	1279.4	1134.0	27.4			118.0	

续表

项目 乡镇	飞地面积	其中					
		耕地	园地	林地	居民点工矿地	水域	未利用地
北皋镇	772.8	418.2		160.0		194.6	
西康疃	1717.0	1354.2	312.9	33.8		16.1	
前大磨	313.7	308.3				5.4	
仕望集	696.8	660.9	29.3				6.6
野胡拐	3774.4	2850.9	166.3	42.2	125.2	248.5	341.3
德政镇	1176.6	657.8			214.1	301.7	
沙口集	441.0	431.2			1.5	8.3	
双井镇	5191.3	4071.6		112.6	7.1		
大辛庄	4606.9	4606.9					
大马村	478.2	446.2		1.4	27.1		3.5
边马	3717.2	3522.9		0.2	1.7	23.9	168.5
牙里镇	2318.6	1967.6	11.1	257.9	82.0		
张二庄	1658.1	1473.9			0.2	184.0	
泊口	3488.3	3181.5		301.8	5.0		
南双庙	1249.7	1181.7		5.4		62.6	
北台头	848.8	837.7		11.1			
车往镇	3140.4	3043.2	43.7	6.4	47.1		
回隆镇	1490.1	1279.0	15.9	48.7	140.5		

1991 年魏县集体土地面积汇总表

表 9－1－1－8　　单位：亩

序号	乡镇	总面积	耕地				果园		林地					
			小计	水浇地	旱地	菜地	小计	果园	小计	有林地	灌木林	疏林地	未成林造林地	苗圃
	合计	1251206.3	953323.6	845227	107703	393.6	47741.0	47741.0	65744.3	946.1	2.6	146.4	64035.7	613.5
1	魏城镇	64440.6	40564.8	39582.7	923.8	58.3	11206.8	11206.8	1497.8			5.1	1490.6	2.1
2	东代固	40755.6	20506.1	17774.4	2726.6	5.1	12808.3	12808.3	1206.6	3.5		4.4	1193.4	5.3
3	棘针寨	40487.2	30493.6	30279.9	213.7		2590.0	2590.0	347.0			1347.0		
4	白仕望	29162.7	17915.3	17616.8	297.1	1.4	6328.1	6328.1	804.0	15.7		1.7	786.6	
5	院堡	32024.45	23509.9	21872.1	1596.2	41.6	2092.2	2092.2	1483.7			1.4	1461.0	21.3
6	北皋镇	64839.1	48591.8	42885.2	5560.1	146.5	975.9	975.9	5496.4	277.5		1.5	5064.7	152.7
7	康疃	33356.9	25128.0	22431.7	2696.3		319.1	319.1	2311.3				2239.2	72.1
8	大磨	54319.1	41090.4	35872.9	5217.5		572.1	572.1	3838.3				3830.7	7.6
9	仕望集	35239.2	26763.7	24848.8	1914.9		668.2	668.2	2376.6	18.5			2358.1	
10	野胡拐	36969.9	27445.1	20639.4	6805.4	0.3	877.7	877.7	2060.3	21.0		77.2	1959.8	2.3
11	德政镇	32192.9	24470.2	23074.4	1381.5	14.3	1654.0	1654.0	1158.2	21.9		17.0	1119.3	
12	沙口集	88449.0	69673.9	64536.0	5137.9		3611.2	3611.2	4002.3	73.3	2.6	8.1	3889.5	28.8
13	双井镇	68286.5	55556.1	52776.0	2775.9	4.2	279.3	279.3	3285.6				3280.6	5.0
14	大辛庄	68270.1	55780.3	47333.1	8477.2		242.3	242.3	3190.9	17.9			3155.4	17.6

续表

序号	乡镇	总面积	耕地				果园		林地					
			小计	水浇地	旱地	菜地	小计	果园	小计	有林地	灌木林	疏林地	未成林造林地	苗圃
15	大马村	33121.4	27066.5	25412.7	1653.8		169.9	169.9	1583.6			2.3	1581.3	
16	边马	76259.8	60648.3	56249.9	4356.2	42.2	57.1	57.1	4055.5				3993.5	62.0
17	牙里镇	69758.6	54510.4	48659.2	5851.2		126.6	126.6	4691.4	331.1			4360.3	
18	张二庄	85602.7	70140.6	64849.3	5289.0	2.3	91.1	91.1	3030.5	609		12.6	3011.0	
19	泊口	63846.6	50835.8	38859.3	11976.5		19.9	19.9	4780.3	133.1			4629.8	17.4
20	南双庙	63727.1	50108.1	38668.9	11435.9	3.3	229.0	229.0	4439.9				4439.9	
21	北台头	39322.5	30499.1	20779.5	9719.6		726.6	726.6	2516.5				2464.1	52.4
22	车往镇	65118.9	49313.8	40872.3	8441.5		120.6	1120.6	3827.2			15.1	3770.0	42.1
23	回隆镇	66655.4	52711.8	49352.5	3285.2	74.1	975.0	975.0	2760.4	25.7			2609.9	124.8

1991年魏县集体土地面积汇总表

表9－1－1－9　　单位:亩

序号	居民点及工矿用地							交通用地				水域						未利用土地				
	小计	城镇	农村居民点	农场	独立工矿	砖瓦窑	特殊用地	小计	铁路	公路	农村道路	小计	河流水面	坑塘水面	溶染	沟渠	水工建筑物	小计	荒草地	沙地	田块	其他
合计	139756.6	8943.0	116799.1	4491.5	1732.7	6973.1	817.2	19373.8		1789.3	17584.5	13787.5		814.2	2221.5	10750.8	1.0	11479.5	1220.8	2794.9		7643.8
1	8963.4	2414.9	6178.9	26.0	308.9	9.2	25.5	766.6		93.1	673.5	1063.8		71.4		992.4		377.4				377.4
2	4484.1		4371.6	33.1	75.5	1.6	2.3	731.2		43.8	687.4	754.7		62.9		691.8		264.6	19.0			245.6
3	4492.2		3842.0	199.8	234.7	197.0	18.7	412.9			412.9	859.0				859.0		292.5				292.5
4	3220.8		3088.5	47.9	66.3	197.0	5.5	375.4		135.1	240.3	289.5		5.9		283.6		229.6				229.6
5	3812.8		3450.5	18.0	49.3	12.6	25.6	455.3		116.9	338.4	556.7				5556.7		113.9				113.9
6	7640.9	1142.3	5660.8	228.1	73.4	269.4	79.3	1254.4		84.8	1169.6	602.2		92.1		510.1		277.5	49.1			228.4
7	3622.0		3301.3	151.0		73.7	16.0	499.5		10.2	489.3	466.5		76.5		390.0		10.5				10.5
8	6347.1		5548.7	198.7	64.2	527.3	8.2	848.0		105.1	742.9	856.0		7.1	511	337.9		767.2	370.7			396.5
9	3956.5		3497.4	226.6	59.9	132.2	40.4	747.6		92.3	655.3	242.4				242.4		484.2				484.2
10	3923.6		3539.7	151.4	8.0	184.3	40.2	546.9		14.9	532.0	236.1			67.2	168.9		1880.2		1393		487.2
11	3896.2	787.3	2573.0	90.3	105.8	334.2	5.6	704.0	6.6	697.4	93.4		40.7		52.7		216.9				216.9	
12	8330.4		6908.9	710.4	140.0	542.3	28.8	1249.5		3.3	1246.2	549.5		55.3		494.2		1032.2	121.5			910.7
13	7244.8	993.8	5500.0	326.0	102.9	378.8	43.3	951.5		86.2	865.3	691.7		691.7		277.5				277.5		
14	6952.9		5345.3	574.5	18.3	967.9	46.9	920.6		247.3	673.3	396.3		42.0		354.3		786.8		166.6		620.2
15	3735.4		3018.6	391.8		312.2	13.6	361.1		30.1	331.8	130.4				130.4		74.5				74.5
16	7728.6		7392.1	103.3	44.6	41.9	146.7	1021.6			1021.6	568.9		72.3		496.6		2179.8		1235.2		944.6

续表

序号	居民点及工矿用地							交通用地				水域						未利用土地				
	小计	城镇	农村居民点	农场	独立工矿	砖瓦窑	特殊用地	小计	铁路	公路	农村道路	小计	河流水面	坑塘水面	溶染	沟渠	水工建筑物	小计	荒草地	沙地	田块	其他
17	8179.8	1054.1	6601.2	119.8	67.4	294.4	42.9	1302.1		139.0	1163.1	697.3		0.5		696.8		251.0				251.0
18	9476.7		8680.4	240.6	213.3	294.4	45.0	1108.7		50.5	1058.2	1227.3		51.1		1176.2		530.8				530.8
19	6050.5		6602.9	56.2	56.0	206.7	28.7	976.6		67.5	909.1	255.0				255.0		28.5	2.7			25.8
20	7241.5		6485.1	25.9	3.1	711.1	16.3	1027.2		200.0	827.2	562.8		0.5	325.4	236.9		118.6	70.5			48.1
21	4806.2		4053.9	82.6	7.9	650.3	11.5	602.1		54.4	547.2	148.8				147.8	1.0	23.2				23.2
22	6928.0	719.1	5800.8	241.9	6.4	134.9	24.9	1132.4		93.5	1038.6	1972.8		97.8	1317.9	557.1		824.1	587.3			236.8
23	7825.2	1931.5	5277.5	248.4	26.8	339.7	101.3	1378.6		114.7	1263.9	566.4		138.1		426.3		438.0				438.0

四、城镇地籍调查

1995 年以前，魏县在城镇土地使用和管理上，存在着权属不清、数量不准、变相买卖、非法出租、乃至进行地产投机等现象。1995 年 8 月，为加强对城镇国有土地的管理，魏县土地管理局根据邯郸市人民政府办公厅政办（1994）41 号文件《关于印发邯郸市城镇地籍调查及初始登记实施方案的通知》精神和市土地管理局的具体要求，与冶金部邯郸 518 实业公司测量队密切合作，采用全解析一步到位的工作方法，对县城内的国有土地开展了地籍调查工作。于 1996 年 6 月底，全部完成了权属调查和地籍测绘外业工作，共调查 7 个街坊，无争议造册登记的 169 宗。

1995 年 8 月，魏县人民政府成立了城镇地籍调查领导小组，由主管县长为组长，土地管理局长为副组长，有关部门领导为成员，领导小组下设办公室，其负责人由土地管理局长担任，负责地籍调查工作的组织、协调和实施，解决工作中的疑难问题，明确一名副局长和地政股股长直接指导、监督、检查这项工作，帮助调查人员解决实际困难和处理纠纷等。这次地籍调查前，先确定了调查区的范围和首级控制网的范围，调查主要为国有土地，东至化肥厂扩建工程指挥部，西至交警队，北至大北关，南至三田村。原控制网布设已覆盖全部调查区为原则，东至柏二庄村，西至农药厂，南至马庄村，北至疃上村，面积达 25 平方公里。地籍调查包括权属调查和地籍测量，两者有内在联系，是相互不可分割的一个整体的两个组成部分。权属调查分两个作业组将区内所划分的七个街坊，一组负责三个街坊，另一组负责四个街坊。

这次调查是建国后第一次，由于涉及部门多、单位多，为加强领导，保证调查工作的顺利进行，由政府统一组织协调，只搞国有土地，集体土地暂时不搞（一是由于一部分集体土地夹在国有土地中间，而且这部分土地纠纷较多，处理纠纷难度较大。二是这部分土地在不久的旧城改造中均为拆迁区，将划分为国有土地。但这部分用地的外部轮廓和主要街道均测到地籍图上，便于今后应用），具体步骤是：首先根据原有 1/500 平面图划分七个街坊，对有变化的进行补绘，绘制街坊工作示意图。第二，调查前先向用地单位下发其所要填写的各种表格和所要搜集的权属资料清单，建立通讯联络。第三，宗地调查开始，先收集权属资料，填写地籍调查表，落实四邻关系和土地使用情况。第四，向四邻送发“指界通知书”，相邻指界人均到场指明地界，如无争议，方在地籍调查表上签字盖章，认可边界，喷涂可埋设界址标记，绘制宗地草图；如有争议，对双方进行调解划定边界，如调解不成，调查核实情况待处理。第五，按区、街坊、宗地三级编号，制作宗地图。第六，填写土地登记审批表，登记卡，整理归档。地籍测量组负责地籍图和界线点。工作方法是：对每个作业组明确了工作内容、工作程序和工作时间及质量要求，包干到组，责任到人，一名分队长在现场直接参与这项工作，不断督促指导，并实行奖惩办法，调动了作业人员的积极性，增强了责任感，由于措施得力，作业组都按期、保质、保量完成任务。

城镇地籍调查利用邯郸五一八实业总公司测量队的控制成果，采用极坐标法施测，采用直角坐标展点法进行，现场计算坐标，现场展点成图。这样既加快了进度又提高了成果的质量。

城镇地籍调查，以宗地为调查单元，查清每一宗地的位置、权属、界线、数量和用途等基本情况，满足土地登记的需要。对地籍勘丈工作，魏县采取了全解析一步到位的工作方法，满足了《城镇地籍调查规程》规定的精度要求。

这次城镇地籍调查的主要成果资料有：地籍调查技术设计书；地籍调查表；地籍平面控制测量的原始记录、控制点网图、平差计算资料及成果表；地籍勘丈原始记录；解析界址点成果表；地籍铅笔原图和着墨二底图、宗地图；地籍图分幅接合表；面积量算及原始记录；以街道为单位宗地面积汇总表；城镇土地分类面积统计表；检查验收报告；技术报告等。

按照国家的《土地利用现状调查技术规程》规定，全国土地利用按两级进行分类，一级分8类，二级分46类，河北省增设了40个三级分类，魏县结合本地实际进行三级分类，其中一级分类7个，二级分类25个，三级分类2个。见土地利用现状分类含义表9－1－1－10

1995年魏县土地利用现状分类含义表

表9－1－1－10　单位：分类

一级分类		二级分类		三级分类		含义
编号	名称	编号	名称	编号	名称	
1	耕地					种植农作物的土地，包括新开荒地、休闲地、轮歇地、草田轮作地；以种植农作物为主，间有零星果树、桑树或其他树木的土地；耕种三年以上的滩地和滩涂。耕地中包括宽小于2.0米的沟、渠、路、田埂。
		13	水浇地			指有固定灌溉设施，在一般年景能保浇一水以上耕地
		14	旱地			无灌溉设施，靠天然降水生长作物的耕地，包括没有固定灌溉设施，仅靠引洪灌溉的耕地。
		15	菜地			种植蔬菜为主的耕地，包括温室、塑料大棚用地。
2	园地					种植以采集果、叶、根、茎等为主的集约经营的多年生木本和草本作物、覆盖大于50%，或每亩株数大于合理株数70%的土地，包括果树苗圃等用地。
		21	果园			种植果树的园地。
3	林地					生长乔木、竹类、灌木类林木的土地，不包括居民绿化用地以及铁路、公路、河流、沟渠的护路、护岸林。

续表 1

一级分类		二级分类		三级分类		含义
编号	名称	编号	名称	编号	名称	
		31	有林地			树木郁闭度大于 30% 的天然、人工林。
		32	灌木林			覆盖度大于 40% 的灌木林地。
		33	疏林地			树木郁闭度 10 – 30% 的疏林地。
		34	未成林造林地			指造林地成活率大于或等于合理造林株树的 41%，尚未郁闭，但有成林希望的新造林地（一般指造林后不满 3 – 5 年或飞机播种后不满 5 – 7 年的造林地）
		36	苗圃			固定的林木育苗地。
4	居民点工矿地					指城乡居民、独立居民以及居民点以外的工矿、国防、名胜古迹等企事业单位用地，包括其内部交通、绿化用地。
		41	城镇			市、镇建制的居民点，不包括市、镇范围内用于农、林、牧、渔业生产用地。
		42	居民点			镇以下的居民用地。
				422	谷场	居民点以外用地打（晒）谷物的用地。
		43	独立工矿用地			居民点外独立的各种工矿企业、采石场、砖瓦窑、仓库及其他企事业单位的建设用地，不包括附属于工矿、企事业单位的农副业生产基地。
					砖瓦窑	居民点以外的独立的烧砖、瓦、盆、瓷的占地。
		45	特殊用地	423		指居民点以外的国防、名胜古迹、风景旅游用地、墓地、陵园等用地。
5	交通用地					居民点以外的各种道路及其附设施的民用机场包括护路林。
		51	铁路			铁路线路及站场用地，包括路堤、路堑、道沟、取土坑及护路林。
		52	公路			指国家和地方公路，包括路堤、路堑、道沟和防护林。
		53	农村道路			指农村宽 > =2 米的道路。

续表2

一级分类		二级分类		三级分类		含义
编号	名称	编号	名称	编号	名称	
6	水域					指陆地水域和水利设施用地，不包括滞洪区和垦殖三年以上的滩地、海涂中的耕地、林地、居民点、道路等。
		61	河流水面			天然形成或人工开挖河流常水位岸线以下的面积
		64	坑塘水面			天然形成或人工开挖，水量＜＝10万立方米常水位岸线以下的蓄水面积。
		66	滩涂			指河流常水位至洪水位间的滩地及坑塘的正常水位与最大洪水位间的面积。
		67	沟渠			人工修建，用于排灌的沟渠，包括渠槽、渠堤、取土坑护堤林。宽＞＝2米的沟渠。
		68	水工建筑物			人工修建，用地于除害兴利的闸、坝、堤路林水电厂房扬水站等常水位岸以上的建筑物。
7	未利用地					目前还未利用的土地，包括难利用的土地
		71	荒草地			树林郁闭度＜10%，表层为土质，生长杂草，不包括盐碱地、沼泽地和裸土地。
		74	沙地			表层为沙覆盖，基本无植被的土地，包括沙漠不包括水系中的沙滩。
		77	田坎			主要指耕地中＞＝2米的地坎或堤坝。
		78	其它			指其它未利用土地，包括高寒荒漠、草原等。

五、第二次土地利用调查

魏县第二次土地调查是根据国务院〔国发2006年〕38号文件《关于开展第二次全国土地调查的通知》精神，结合国土资源部、河北省国土资源厅、邯郸市国土资源局有关第二次土地调查实施方案和数据库建设技术规范规程，于2007年组织实施，县政府专门成立了第二次土地调查领导小组和第二次土地调查办公室，下设综合组、调查组、基本农田调查组、后勤保障组。各乡镇相应成立了以乡镇长为组长的领导小组。结合魏县的地理特点、人文环境、气候特征等情况，拟定出魏县二次土地调查工作方案，聘请了石家庄平安智能系统工程有限公司具体配合实施，在历年土地更新调查数据的基础上，按照统一的技术标准，采用“3S”先进技术；使用先进的设备，利用3套动态GPS接收机，2台全站仪，8台计算机，1台绘图仪、1台扫描仪、1套软件数据库及打印一体机、数台车辆和其他辅助设备，采取“缺什么补什么”的原则进行补充调查。分为前期准备、工作试点、外业调查、外业资料整理、外业检查、内业整理数据入库、成果验收七个阶段开展工作。全面查清全县范围内的土地利用状况和土地权属状况，掌握准确的全县土地利用基础数据，加快土地登记发证和城镇地籍调查的进度，进一步完善土地调查、统计和登记制度，实现成果信息化管理与共享，满足经济社会发展及国土资源管理之需要。

2008 年 2 月份，开始资料收集；3 月份进行资料整理、分析和影像图处理，制作外业工作底图、表格以及组织外业人员；5 月份试点开始；6 月份外业调查；11 月份进行内业资料整理。2009 年 4 月份建立了数据库，10 月份数据库更新处理，12 月 31 日，统一时点数据库更新。历时一年十个月时间，完成了全县土地面积 863.63 平方公里，21 个乡镇，552 个行政村村界的第二次土地调查工作，建立了土地调查数据、文字、图件、表格、软件成果库。

（一）数据成果

魏县第二次土地调查农村土地利用 MAPGIS 格式数据库；

魏县第二次土地调查农村土地利用 VCT 交换格式数据库；

魏县第二次土地调查农村土地利用元数据 XML 格式数据库。

（二）文字成果

魏县二次土地调查内业数据处理技术要求相关及补充；

魏县基本农田分析报告；

魏县第二次农村土地调查数据建设报告。

（三）图件成果

魏县 1：1 万标准分幅土地利用现状图；

魏县 1：5 万土地利用现状图；

魏县 1：1 万标准分幅基本农田分布图；

魏县 1：5 基本农田分布图；

魏县图幅理论面积与控制面积接合图表；

魏县乡镇级土地利用现状蓝图；

魏县乡镇级基本农田分布图。

（四）表格成果

魏县农村土地利用现状一级分类面积汇总表；

魏县农村土地利用现状二级分类面积汇总表；

魏县农村土地利用现状一级分类面积按权属性质汇总表；

魏县基本农田情况统计表；

魏县基本农田补划情况统计表

魏县飞入地一级分类面积汇总表；

魏县飞入地二级分类面积汇总表。

（五）软件成果

MapGIS 魏县二次土地调查数据建库系统；

MapGIS 魏县二次土地调查数据管理系统；

魏县第二次土地调查数据库质检软件。

土地利用汇总。2009 年，魏县土地总面积为 86362.69 公顷，其中耕地 61617.38 公顷，占总面积的 71.35%；园地 4558.69 公顷，占 5.28%；林地 3053.08 公顷，占 3.53%；草地 980.66 公顷，占 1.14%；交通运输用地 1861.37 公顷，占 2.16%；水域及水利设施用地 1978.62 公顷，占 2.29%；其它土地 190.84 公顷，占 0.22%；城镇村及工矿用地 12122.05 公顷，占 14.03%。具体土地分类见表：9－1－1－11

2009 年土地分类表

表 9－1－1－11　　单位：公顷

<table>
<tr><th colspan="2">地类</th><th>面积</th><th>小计</th><th>占总面积（%）</th></tr>
<tr><td rowspan="3">耕地</td><td>水田</td><td>0</td><td rowspan="3">61617.38</td><td rowspan="3">71.35%</td></tr>
<tr><td>水浇地</td><td>55816.21</td></tr>
<tr><td>旱地</td><td>580.17</td></tr>
<tr><td rowspan="3">园地</td><td>果园</td><td>4539.45</td><td rowspan="3">4558.69</td><td rowspan="3">5.28%</td></tr>
<tr><td>茶园</td><td>0</td></tr>
<tr><td>其他园地</td><td>19.24</td></tr>
<tr><td rowspan="3">林地</td><td>有林地</td><td>2365.64</td><td rowspan="3">3053.08</td><td rowspan="3">3.53%</td></tr>
<tr><td>灌木林地</td><td>0.95</td></tr>
<tr><td>其他林地</td><td>686.49</td></tr>
<tr><td rowspan="3">草地</td><td>天然牧草地</td><td>0</td><td rowspan="3">980.66</td><td rowspan="3">1.14%</td></tr>
<tr><td>人工牧草地</td><td>0</td></tr>
<tr><td>其他草地</td><td>980.66</td></tr>
<tr><td rowspan="6">交通运输用地</td><td>铁路用地</td><td>0</td><td rowspan="6">1861.38</td><td rowspan="6">2.16%</td></tr>
<tr><td>公路用地</td><td>641.58</td></tr>
<tr><td>农村道路</td><td>1219.79</td></tr>
<tr><td>机场用地</td><td>0</td></tr>
<tr><td>港口码头用地</td><td>0</td></tr>
<tr><td>管道运输用地</td><td>0</td></tr>
</table>

续表

地类		面积	小计	占总面积（%）
水域及水利设施用地	河流水面	389.80	1978.62	2.29%
	湖泊水面	0		
	水库水面	0		
	坑塘水面	61.96		
	沿海滩涂	0		
	内陆滩涂	428.04		
	沟渠	869.77		
	水工建筑用地	229.05		
	冰川及永久积雪	0		
其他土地	空闲地	0	190.84	0.22%
	设施农用地	190.34		
	田坎	0		
	盐碱地	0.03		
	沼泽地	0		
	沙地	0.47		
	裸地	0		
城镇村及工矿用地	城市	0	12122.05	14.03%
	建制镇	1105.46		
	村庄	10558.82		
	采矿用地	453.60		
	风景名胜及特殊用地	4.17		
土地总面积		86362.69		100.00%

第二节　土地统计　变更调查

早在奴隶社会，由于赋税、徭役、征兵的需要，就开始了人口、田亩等统计。随着社会的发展，国家权力日趋强化，逐渐演变成为一种管理国家事务和社会经济发展的手段。土地作为不动产、生产资料、税源也就被全面地纳入其范围之内。特别是土地状况作为国情、国力调查的重要方面，直接关系到社会制度的巩固与发展、生产资料的保护和利用、生态环境的变化等问题。土地统计工作之重要，还在于土地是人类赖以生存和发展的物质基础，土地统计则是从数量方面反映和研究土地自然经济状况及其发展规律，在改革土地使用制度、保护自然环境与生态平衡各方面服务于社会经济活动需要。它是社会统计的重要组成部分，同时也是土地管理工作中地籍管理的重要组成部分。

一、土地统计

魏县土地统计工作基本上执行的是农、牧、渔业部和国家统计局联合制定的“耕地面积”统计表，以国家统计部门历年延续下来的耕地统计数为基数，进行耕地面积增减变化的统计。1987 年，魏县成立土地管理局后，为进一步加强全县土地统计工作，调动广大土地统计人员的积极性，实现统计工作的规范化、制度化，严格执行国家统计局、国家土地管理局联合下发的《关于建立和执行土地统计报表制度的通知》规定。根据国家的有关规定，从 1992 年开始，实行了土地统计工作考核、评比制度，对考核评比对象、组织形式、内容和计分标准，做了明确规定。从此，魏县的土地统计工作逐步走上了规范化管理轨道。

（一）统计内容

1992 年，魏县土地统计的内容是对土地的数量、质量、分布、权属、利用状况及其变化规律，进行全面的记载、整理、分析和研究。在统计规定中，对于土地的面积和利用状况构成要求是十分详尽的，它包括 7 个一级类、25 个二级类，2 个三级类。①耕地（水田、旱地）；②园地（果园：梨、苹果、桃、杏等，其它园地）；③林地（有林地、未成林地、苗圃）；④居民点及工矿用地（建制镇、村庄、独立工矿用地、特殊用地）；⑤交通用地（铁路、公路、农村道路）；⑥水域（河流水面、坑塘水面、滩涂、沟渠、水工建筑物）；⑦未利用土地（荒草地、盐碱地、沼泽地、沙地、其他）；未利用土地中可开垦荒地。

上述内容的土地权属和分布，主要通过乡村土地统计帐簿反映。至 2016 年未变动。

（二）统计制度

1992 年，全国现行的土地统计制度，是五级统计制度。魏县实行县、乡（镇）、村三级统计制度。但是农村统计几乎没有开展工作，作为统计单位最基层的乡（镇），均建土地台帐；乡级土地管理部门建立土地统计簿，并负责按年度逐级汇总上报县级土地管理部门。

基层土地统计是乡（镇）土地管理所（员）和村级生产单位（含国营农场的分场、生产队）以及其他非农业建设的用地单位等所从事的基层统计工作，包括做好年报、开展专题调查、初始的经常的土地统计、土地统计原始调查记录表的建立和管理，以及各项土地统计制度的执行完善。

1、初始土地统计。①根据土地利用现状调查和土地登记的土地权属、地类图斑面积，按土地权属单位建立乡（镇）土地统计台帐。②对集体土地所有权和国有土地使用的权属单位，以及国有后备土地，按集体土地和国有土地进行汇总统计，建立乡（镇）土地统计簿。③对各乡（镇）的集体土地和国有土地进行汇总统计，建立县土地统计簿。1987 年以前魏县土地统计由多头分管。

2、日常土地统计（包括年度统计），也称变更土地统计，是在初始土地统计的基础上开展的对土地变化情况所进行的统计。魏县建立县土地管理局后，开展了日常地籍管理工作（主要内容是变更地籍登记和年度土地统计）。1991 年，根据国家土管理局印发的《日常地籍管理办法（农村部分）（试行）》的通知精神，魏县土地管理局结合本县情况，提出了已完成土地详查后要建立日常地籍管理制度，每个乡（镇）都要建立初始统计台帐，县土地管理局组织各乡（镇）土地管理人员于每年 11 月底完成当年的监测工作，全县先后有魏城镇、德政镇、沙口集乡等一批已经完成土地详查任务的乡镇进行试点，随后陆续开展了日常地籍管理工作，至 1992 年 12 月份该项项工作全面完成。

3、年度土地统计报表。年度土地统计程序主要为：搜集资料；土地统计调查；填写帐簿；审核汇总；完成年报，进行分析。其统计报表分两个层次填报：第一层是由基层土地统计报告单位进行填报，包括：村级在本乡的插花地用地单位、乡域内非农业用地单位和跨乡域的独立工矿等非农业用地单位。第二层次是由乡（镇）的统计，由县级土地管理局负责指导、组织、按要求进行。乡（镇）的土地统计报表于 1990 年开始，每年 11 月 20 日前报县土地管理部门汇总上报，至 2016 年连续报表 26 年不间断。

（三）统计调查

土地统计调查分全面调查和非全面调查。全面调查一般是指普查或一次性的调查。1958 年，进行了建国以来第一次土壤普查，主要调查了耕地土壤，没有量算土地面积。1984 年至 1986 年，根据国务院［1979］111 号文件部署，在全县开展了第二次土壤普查，同时进行了土地资源利用现状概查。1984 年到 1992 年底，根据国务院［1984］70 号文件和冀政［1985］56 号文件关于进一步开展土地资源调查的要求，魏县开展了土地资源利用统计调查工作，全面查清了全县的土地类型、数量、质量、分布、利用现状，为修编第二轮土地利用总体规划提供了可靠依据。2009 年，开展了新一轮土地调查统计工作，为 2010 年第三轮土地利用总体规划提供了可靠依据 。

二、变更调查

土地变更调查是指在土地现状调查的基础上，采用一定调查方法，对土地利用类型、面积、分布和权属的变化情况进行的调查。通过土地变更调查，可以适时掌握土地利用动态变化情况，保持土地利用现状调查数据的现时性和准确性。变更调查的结果是衡量各地非农业建设占用耕地是否实现占补平衡的依据，也是各级政府及有关部门制定规划、计划及科学决策的可靠依据。

土地利用现状变更调查一年一次，2009 年以前由乡镇调查，局汇总上报，只报数据不接收图件。2010 年开始，为准确掌握年度全国土地利用变化情况，保持第二次全国土地调查成果现时性，依据《中华人民共和国土地管理法》、《土地调查条例》及实施办法，在二次调查成果基础上，国家采用卫星遥感、地理信息系统等技术，在全国范围开展土地变更调查与遥感监测工作，更新土地调查数据库。国家统一采购每年 8 月至年底覆盖全国的最新遥感数据，组织加工制作遥感正射影像图；与上年标准时点遥感正射影像图叠加分析，提取年度新增建设用地监测图斑；将每年遥感正射影像和监测图斑等信息，分期分批分发地方，为地方开展年度土地变更调查提供基础资料。魏县利用国土资源部下发的遥感监测成果，结合本年度建设用地审批、土地整理复垦开发等情况，以每年 12 月 31 日为统一时点，按照土地变更调查的有关要求，实地调查并填写《土地变更调查记录表》。全面查清本年度内各类土地利用变化情况，重点掌握年度新增建设用地、耕地等变化情况；结合新一轮土地利用总体规划修编工作，更新基本农田上图成果，掌握年度的基本农田现状情况。具体内容包括：各类土地利用及权属变化调查、建设用地变化情况调查、新增耕地坡度和类型调查、新增可调整地类变化调查以及基本农田情况。

魏县根据下发的土地变更调查底图，对照实地现状，逐地块对变化图斑及属性信息进行全面核实、调整和补充调查，予以确认。确认和补测的信息，作为更新土地调查数据库的依据。

按照《土地变更调查记录表》的填表具体说明，详实记录实地调查情况。将《土地变更调查记录表》各属性，按照数据库变更的技术要求，录入县级土地调查数据库，汇总上报，形成年度土地利用变化情况汇总结果。

见表，2009 年—2014 年土地变更情况表。表 9 -1 -2 -1

2009－2016 年度土地变更情况

表9－1－2－1　　　　单位：公顷

年度	土地总面积	其中							
		耕地	园地	林地	草地	交通运输	水域及水利设施	城镇村及工矿用地	其它土地
2009 年	86362. 69	61617. 38	4558. 69	3053. 08	980. 66	1861. 37	1978. 62	12122. 05	190. 84
2010 年	86362. 69	61450. 55	4524. 45	3049. 37	980. 17	1919. 08	1985. 59	12255. 87	197. 61
2011 年	86362. 69	61471. 85	4528. 13	3049. 31	980. 02	1941. 19	1986. 48	12207. 83	197. 88
2012 年	86362. 69	61459. 51	4499. 39	3032. 49	976. 30	2021. 33	1921. 81	12215. 82	236. 04
2013 年	86362. 69	61264. 55	4479. 04	3045. 62	944. 47	2026. 51	1921. 59	12256. 85	424. 06
2014 年	86362. 69	61025. 28	4454. 98	2993. 83	908. 00	2061. 72	1921. 51	12344. 76	652. 61

第三节　勘　　界

一、勘界背景

1990 年 3 月，魏县全面展开土地详查工作及行政接边勘界调查，于 1992 年初全部完成。本次调查由魏县土地管理局人员和相关单位共同组建调查队伍，对魏县的土地权属、土地利用情况等进行了细致的调查，详查后，魏县的行政总面积为 862 平方公里，按当时的调查成果形成民政界线，民政勘界形成的行政界线和行政区面积成果是国家相关法律认定的法定成果，土地利用现状更新调查的土地权属界定和面积量算控制沿用民政勘界成果。

2007 年，根据国务院〔国发 2006 年〕38 号文件《关于开展第二次全国土地调查的通知》精神，在全面调查全县土地状况和土地权属情况的同时，对于周边临县进行了勘界接边调查工作。本次勘界调查严格按照《河北省县际土地权属调查与接边成果规范》组织实施，高度重视土地调查县际权属调查与接边成果规范工作。严格程序，规范成果、逐级归档，县际土地权属调查与接边成果规范工作在土地利用更新调查接边完成的基础上进行。

二、前期准备

（一）为保证行政勘界接边工作的顺利进行，魏县于 2007 年 7 月成立了以主管县长张晓中为组长，国土资源局局长与政府办公室信息中心主任为副组长的第二次土地调查行政接边工作领导小组，统一协调与河北四县（大名、广平、成安、临漳）、河南四县（内黄、南乐、清丰、安阳）的协调工作，与域外有边界乡（镇）主要负责人参与的领导小组。领导小组下设办公室，办公室地点设在国土资源局，由一名国土局副局长具体负责行政接边工作的组织和领导，并刻制了“魏县第二次土地调查领导小组办公室印章”，与其它县的行政区域控制面积接边确认书签字、盖章。

（二）勘界经费。勘界调查行政接边是本级人民政府的工作和国土资源局的职责，也是省与市、县共同完成的工作，工作成果共享。根据国务院《关于开展第二次全国土地调查的通知》中“各级财政部门在调查经费上要给予保证”的明确要求，勘界调查行政接边的经费，由省级财政和地方各级财政共同负担，根据调查任务，将编制经费预算，列入财政预算。根据调查任务和勘界工作进度，编制详细的支出预算，核定调查和勘界经费，并列入相应年度的财政预算。严格按照专项资金管理要求，按时足额到位，保障接边勘界工作的顺利进行。

（三）面积量算。数据库县级境界接边是土地利用现状数据库建设工作中的一个重要环节。以前面积是以平面面积量算，本次行政接边使用的是椭球面积量算，土地利用现状数据库境界接边的目的是使各地土地利用现状数据库建库内容不重不漏，反映的境界两侧相邻县的土地利用信息符合自然规律，从而有利于国家、省、市汇总土地利用现状数据和编制土地利用现状挂图。

（四）勘界队伍。勘界调查作业单位选聘严格按照省二次调查办公室指定的、已取得在本省内有调查资质的作业单位中选聘。为了本次勘界工作高质量完成，具有乙级测绘资质的作业单位的石家庄平安智能系统工程公司承担起本次的土地调查和行政勘界调查工作。

三、勘界实施

在本次勘界调查工作中，国土局精心谋划、认真组织、分步实施、扎实推进，确保了魏县勘界调查工作顺利开展。

（一）准备工作

1、收集资料。为保证行政勘界调查工作成果的准确性，2008 年 8 月，国土资源局从省第二次土地调查领导小组办公室领取了 2007 年 1：1 万正射航拍影像图。并在民政局、交通局、水利局等相关部门收集到过去的勘界成果、地名资料、全县主要公路资料、水利分布图等资料，收集了县国土资源局原有的土地利用分幅基础图件、土地权属界线图、土地权属界线协议书、土地权属界线争议原由书、面积量算手簿、土地统计台帐、统计簿、汇总表及与调查相关的其他资料。并由作业单位印制了标准的外业工作表格，准备了必要的勘界调查测量工具。

2、技术培训。县国土资源局抽调地籍股人员 2 名、各基层所抽调 12 名业务精、肯吃苦、身体素质好的人员组成了外业调绘组，为使所有作业人员熟悉技术规程、学会调查方法，2008 年 9 月，国土资源局举办了为期一周的行政接边勘界外业调查培训班，学员们在培训班上强化学习了勘界调查的理论、任务、步骤和外业调绘方法等内容。再利用实习图幅训练室外判读、调绘和室内清绘。使学员们初步掌握了勘界调查工作的基本知识和操作要领。

3、试点。为完成勘界工作，根据魏县地形、地貌和勘界特点，作业队在考虑到各种地类特点的基础上，于 2008 年 10 月 5 日 –15 日分别在魏城镇（与广平、成安接壤）、边马乡（与河南清丰、南乐接壤）和大辛庄乡（与大名、南乐接壤）展开试点工作，技术小组和检查小组及时对试点成果进行了 100% 的内外业检查，总结了经验，查找了问题，确定最终完善的实施方案，为全面开展勘界调查工作奠定了基础。

（二）接边勘界

2008 年 8 月，魏县根据市局下达的相关接边文件，组织更新调查小组人员，联系周边各县并确定时间进行外业接边工作。自 8 月起，国土局配备专车，由主管局长带队，先后和大名县、成安县、临漳县和广平县进行接边工作协商勘查。

1、魏县大名勘界。在与大名接边中，需实地解决争议 1 处，原因是：魏县大辛庄乡北秦固村与大名县旧治乡李未后村之间的界线原有一条灌溉渠，且以渠中心为界，两村知情人士均证明原有渠道共有，因多方面原因原有渠道不再使用，魏县北秦固村民擅自把渠道平整，进行了耕种。鉴于此，双方商定仍按原界线进行界定。

2、临漳县勘界。和临漳县解决争议 1 处，原因是：魏县与临漳在漳河河道及两岸 3.4 平方公里的土地权属归属不清，因此，魏县组织北皋镇营西村老支书与临漳县砖寨营乡小呼村和彭村三个村的知情人实地指界，实际情况是魏县营西村因历史原因没有实际上报本村的行政面积，导致与临漳界线漳河河道及两岸未能划入行政面积，也是因为该区域在漳河河道两旁，属典型的内陆滩涂土地，并且沙化严重，无法耕种所致，实际不存在纠纷，只是因为当时瞒报土地所致。对于两县交界处漳河的权属划分得到重新确定，魏县增加3.4平方公里。

3、南乐县勘界。魏县张二庄第六店村与河南省南乐县阳邵乡苏堤村的边界权属不清问题。河北与河南在魏县境内大都以卫河为界，但在第六店村发生了变化，卫河南堤以南还有魏县近千亩耕地，因卫河常年有水，且水流深且急，无法进行生产耕种，该区域一直是河南的村民耕种。1978年桥修好以后，魏县村民才方便进行耕种，但因时间久远无法确定边界，只是耕种了一少部分，为此，魏县政府与南乐县政府接洽，魏县国土资源局与南乐县国土资源局共同承担处理此事，后经多次与南乐县国土局地籍科调取大量资料，及魏县国土局大量图纸与历史资料，充分说明了该区域土地为魏县所有，以此界定了界线。

4、魏县大马村乡三马村与南乐县梁村乡安庄村的土地权属不清问题，该错误明显是由第一次土地详查时不认真造成的，界线上出现环岛，双方均未将该区域划入，经双方知情人指界，确定了行政界线。

5、魏县与广平县勘界。魏县棘针寨乡义井村与广平县广平镇马虎庄村是以路中心为界，但在实际指界时广平县知情人说是以路外为界，后经多方核实确是以路外边沟为界该行政边界得到了双方认可。

与成安、安阳、清丰、内黄四县维持了原界。

通过三个月时间的努力，终于完成了魏县与邻县（市）的边界问题，并签订了边界权属协议。

四、勘界成果

1、行政界线：魏县与河北4县、河南4县在界线上达到了界线一致，不重不漏，符合勘界界线调查接边规程。

2、宗地检查：检查界址线203条，全部闭合，界址点位置标绘位移量均在允许范围内，合格率100%。

3、图幅整饰检查：图幅接连合格，整饰文字清楚。

行政接边勘界权属界线核查利用更新调查权属界线调查表，实地抽查调查员对已变更的行政权属界线位置调绘均做相应记录：清绘图上检查界线全部闭合，符号运用准确；集体土地权属界线调查表填写规范；相邻村之间签字盖章完整，实地抽查调查员对界址线位置的调绘正确，并做相应的记录；界址点属性正确，位置正确；清绘图上检查界线全部闭合，符号运用准确；外业抽查新增线状地物土地性质正确；实地宽度正确；原有线状地物宽度正确；内业检查线状地物无遗漏，宽度具已备注；新增建设用地图斑，补测图斑的边长正确；重新分类正确；内业检查表格填写完整。内业100%检查了图幅接边和图廓整饰情况。

本次行政边界接边勘界历时三个多月，确定了魏县与域外八县的行政边界，使魏县由原来的862平方公里增加到863.63平方公里。接边成果质量直接关系到辖区的控制范围大小，以及相邻接边单位土地所有权或使用权的合法权益，关系到社会的稳定。魏县在辖区控制界线接边过程中，使用了 GPS 全球卫星定位系统中的 RTK 定位系统，对双方现场指定的界址拐点进行解析坐标采集定位，提高了界线的数字精度、缩短了工作时间、保证了调查成果，对县级辖区勘调查的界线接边工作具有指导意义。

第二章　地　　籍

地籍是土地的户籍，最初是为征税而建立的一种田赋清册或簿册，即按田亩征税科目而设置的簿册。在人类的发展史中，地籍是从原始统计开始的，土地统计又是在人口统计和户籍统计之后。在漫长的历史发展阶段，地籍是附在户籍之中，直到明朝中叶地籍才独居户籍之外。地籍管理是国家清查并记载国土范围内土地的所有者和使用者的土地面积、位置、界线、质量、利用和权属以及各动态变化的一项综合措施。

第一节　土地登记

在几千年的封建社会中，土地登记的主要目的是为征收土地地税服务。中华人民共和国建立后，土地登记主要是维护社会主义土地公有制而实行的法律措施，是确认土地权属必须履行的法律程序。同时，土地登记也是为确认土地所有者、使用者依法取得土地所有权、使用权及其合法权益不受侵犯，保证社会主义土地使用方式的稳定性和合理性。

一、初始登记

早在始皇帝三十一年（公元前 216 年），为了阻止逃避兵役、赋役的现象发生，令百姓申报自己田产面积情况，国家进行登记。宋熙宁五年（1072 年），王安石提出方田均税法后，境内每年 9 月开始丈量土地，并把土地按肥力高低分出等级。第二年 3 月清丈结束后，将结果公布于众，三个月内没有异议，则发给土地证，土地数量、等级则作为确定赋税的依据。并在方田的的四角，立土为峰，四周植树为界。在土地清理基础上，进行土地登记，建立方帐、庄帐、甲帐、户帖。凡分家、分产、土地典当、买卖、割移、发地契都以方田为准。明洪武二十年（1388 年），境内进行了土地丈量，丈量后绘制鱼鳞图册进行土地登记。鱼鳞图册是由粮长对田地进行丈量后的分类记录，包括其四至、形状、土质、等级、面积等。把辖境内的耕地逐段绘制、排列。总图之外，还绘制逐段田土分图，有地形图状、大小、四至，写明土质、税则等级（上中下），还注明土名，由官府逐一顺序编号，注明业主姓名及所在甲，以及土地买卖过割情况。民间土地契约都以鱼鳞图册为准，凡提及田亩，大都按照图册的编号、税则、税额转抄，作为土地所有权让渡的依据。清朝的土地登记基本上沿用明朝的办法，鱼鳞图册仍在通行，雍正六年（1729年）诏令内务府、宗人府、八旗都统等，由内务府查明土地实数、座落乡村、名下、地段、四至，造具清册。一样两本，一本留存案，一本由部转各州县，与粮地清册一同存储，当发生旗民争议案时，以清册为准，判断是非。

民国十六年（1927年），根据《民国政府建国大纲》规定，县内开展了“土地整理”，让地主主动陈报土地数量、质量等情况，以此修正赋税，编制新的田粮税册。民国十九年（1930年），对土地登记工作作了详尽的规定。在民国时期，国民党政府对土地登记工作建立了制度，但由于政治上腐败，以及受科技水平等因素限制，收效甚微。县内登记的土地寥寥无几。

民国三十五年（1946年）5月4日，中共中央发表《关于土地问题的指示》，魏县先后进行了土地改革运动，完成土地改革后开始迼行土地登记和颁发土地使用证。为了正确引导颁发土地证工作，县委、县政府成立了工作组，就颁发土地证的有关问题进行了解答。其主要做法“一是正确引导，打消群众顾虑。在登记发证前，利用各种形式、各种会议，广泛开展宣传，说明土地登记发证的意义，使群众认识到，发了土地证，就是确定了土地所有权，就有了法律保证。二是搞好骨干培训，县政府举办了培训班，培训内容主要有颁发土地证的意义、填写土地证的方法、土地房屋纠纷等问题的处理等。三是在党支部领导下，以农会为核心，以党员和群众中的积极分子为骨干，分组分片进行登记，需要丈量的协同四邻丈量；发生了问题，小组进行公议或调解。四是个人登记，小组审查。即把土地登记表发到群众个人手中，自己先填草底，交领导小组，经过小组评议和通过与旧文契对照后再进行登记。五是合理设定各种组织。大部分设了土地登记、土地审查、土地调解发证等小组。魏县登记土地时，采取自报与重点丈量的办法，即旧契没有问题的土地折合标准亩填写即可，无契或认为可能发生纠纷的教育群众互敬互让，自行丈量后再填发土地证。据统计，截止1949年1月，全县进行土地登记，发证率已达80%，这次土地登记发证，是魏县首次土地登记发证。1952年2月，土地登记发证工作全部结束。

二十世纪80年代初，魏县农业局、城乡建设环境保护局分别按照1983年10月《关于建设征用土地管理工作分工问题的意见》（冀政［1983］163号文件），就各自管理范围内的土地使用进行登记。1985年，魏县人民政府印发《关于农村宅基地清理发证的安排意见》《关于农村宅基地确权发证的安排意见》，经统一丈量登记后，县人民政府发给《宅基地使用证》，并受法律保护，之前宅基地的证件，如契约、文书、遗嘱、分单等一律作废。

1986年，中共中央、国务院发出《关于加强土地管理，制止乱占耕地的通知》（中发［1986］7号文件）和全国人大常委会颁布《中华人民共和国土地管理法》之后，魏县土地登记工作步入依法、统一轨道。并按照原国家土地管理局监制的统一式样核发新批准用地证书《集体土地建设用地使用证》，并逐步更换原发凭证。1994年8月9日，魏县人民政府印发《关于农村宅基地清理发证工作的实施方案》。同日，魏县土地管理局印发《关于对农村宅基地发证和完善管理档案意见和紧急通知》，对农村宅基地进行统一清理，登记发证，建立县、乡、村三级宅基管理档案台帐，并对1994年以前的宅基证（庄基证、土地证）及集体土地的证书，统一换发《集体土地建设用地使用证》。实行“一乡（镇）一档、一村一图、一户一卡、一宅一证”的“四个一”管理，魏县在全市农村宅基地管理工作得到推广，在全省土地管理工作会议上介绍了先进经验。当年，换发《集体土地建设用地使用证》15.5万本。1995年后，初始登记工作走向规范化管理。2002年，办理国有土地使用权初始登记发证《国有土地建设用地使用证》280宗、土地变更登记发证43宗、土地他项权利证明书土地使用权抵押证登记78宗；办理集体土地使用权初始登记发证《集体土地建设用地使用证》1300宗。2003年，办理国有土地使用权初始登记发证《国有土地建设用地使用证》770宗、土地变更登记发证33宗、土地他项权利证明书《土地使用权抵押证》登记86宗；办理集体土地使用权初始登记发证《集体土地建设用地使用证》1800宗。2004年，办理国有土地使用权初始登记发证《国有土地建设用地使用证》300宗、土地变更登记发证39宗、土地他项权利证明书《土地使用权抵押证》登记100宗；办理集体土地使用权初始登记发证《集体土地建设用地使用证》2000宗；2005年，办理国有土地使用权初始登记发证《国有土地建设用地使用证》246宗、土地变更登记发证35宗、土地他项权利证明书《土地使用权抵押证》98宗；办理集体土地使用权初始登记发证《集体土地建设用地使用证》1500宗。2006年，办理国有土地使用权初始登记发证《国有土地建设用地使用证》60宗、土地变更登记发证25宗、土地他项权利证明书《土地使用权抵押证》90宗；办理集体土地使用权初始登记发证《集体土地建设用地使用证》1200宗。2007年，办理国有土地使用权初始登记发证《国有土地建设用地使用证》60宗、土地变更登记发证16宗、土地他项权利证明书《土地使用权抵押证》88宗；办理集体土地使用权初始登记发证《集体土地建设用地使用证》800宗。2008年，办理国有土地使用权初始登记发证《国有土地建设用地使用证》65宗、土地变更登记发证18宗，积极为工业园区内的企业服务，办理土地使用权抵押贷款，盘活资产，繁荣魏县市场经济，办理土地他项权利证明书《土地使用权抵押证》130宗；办理集体土地使用权初始登记发证《集体土地建设用地使用证》600宗。2009年，办理国有土地使用权初始发证《国有土地建设用地使用证》18宗、土地变更登记发证38宗，积极为工业园区内邯郸市柏林药业有限公司、河北风云服装有限公司等企业，盘活土地资产，协助办理土地使用权抵押贷款，办理土地他项权利证明书《土地使用权抵押证》80登记宗；集体土地使用权初始登记发证《集体土地建设用地使用证》工作宗数相对较少，忽略不计。2010年，办理国有土地使用权初始发证《国有土地建设用地使用证》18宗、变更登记38宗，土地他项权利证明书《土地使用权抵押证》80宗。2011年，办理土地登记150宗。其中：办理国有土地使用权初始发证《国有土地建设用地使用证》78宗、土地变更登记发证12宗、办理土地他项权利证明书《土地使用权抵押证》60宗；为单位和个人提供地籍资料查询及相关政策咨询120人次。2012年5月24日，中共魏县县委办公室，魏县人民政府办公室联合印发《魏县农村集体土地确权登记发证工作实施方案》，成立工作领导小组，年内魏县人民政府开展了全县集体土地所有权确权登记发证工作，按照计划，对全县552个行政村进行地籍调查、组卷工作，办理集体土地所有权初始登记发证《集体土地所有权证》1427宗，办理国有土地使用权初始发证《国有土地建设用地使用证》18宗、土地变更登记发证38宗、土地他项权利证明书《土地使用权抵押证》100宗。2013年，办理国有土地使用权初始发证《国有土地建设用地使用证》35宗、土地变更登记发证27宗、土地他项权利证明书《土地使用权抵押证》166宗。2014年，办理土地使用权初始登记发证《国有土地建设用地使用证》《集体土地建设用地使用证》45宗，土地变更登记99宗，土地抵押登记218宗，其他土地登记11宗。2015年，办理土地使用权初始登记发证《国有土地建设用地使用证》《集体土地建设用地使用证》59宗，土地变更登记发证54宗，土地他项权利证明书《土地使用权抵押证》183宗，其他土地登记4宗。2016年，办理土地使用权初始登记发证《国有土地建设用地使用证》《集体土地建设用地使用证》124宗，土地变更登记发证35宗，土地他项权利证明书《土地使用权抵押证》180宗，其他土地登记8宗。

2017年6月，魏县依照《国土资源部、财政部、住房和城乡建设部、农业部”国家林业局关于进一步加快推进宅基地和集体土地使用权登记发证工作的通知》要求，结合魏县实际，县人民政府办公室印发《魏县农村集体土地确权登记发证工作实施方案》，开展村镇地籍调查，核实宗地权属、界址、面积和用途等基地情况，调查地上建筑物，构筑物和产权状况，测量房屋量穿面积形成“房地一体”的农村地籍调查成果，按照 政来分别处理后，登记颁发《中华人民共和国不动产权证》，该项工作正在实施。

附：清乾隆五年至2016年土地证书。

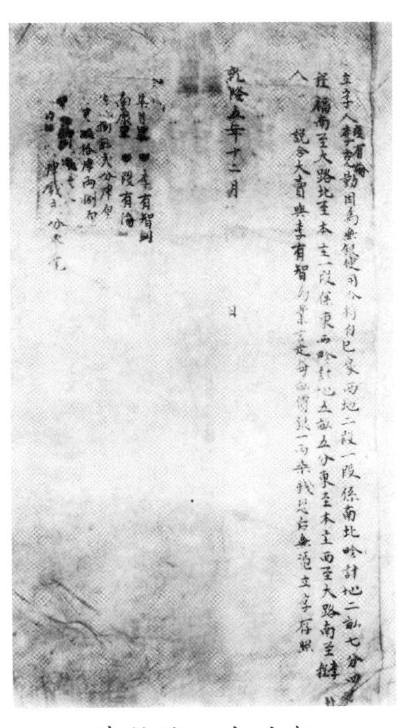

清乾隆五年地契

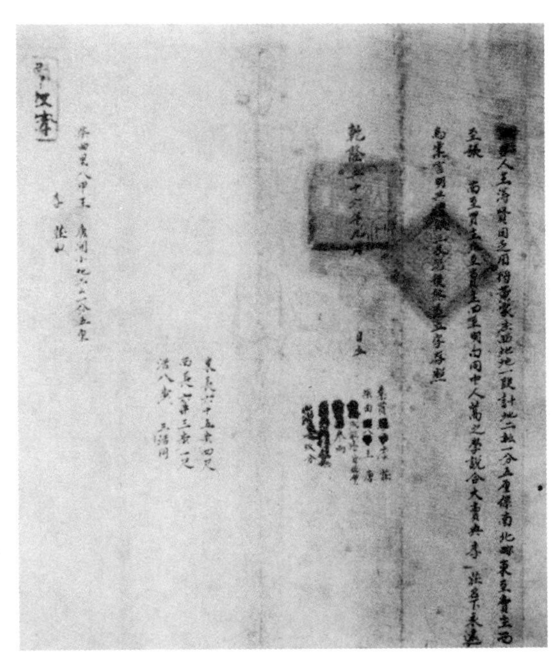

清乾隆三十六年地契

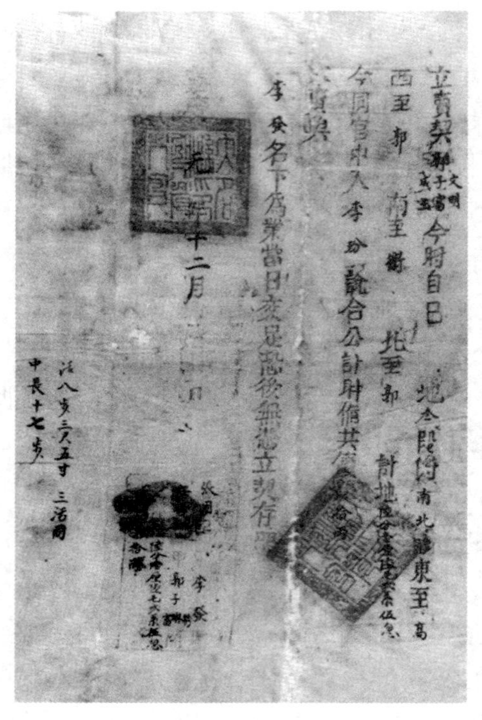

清嘉庆元年地契

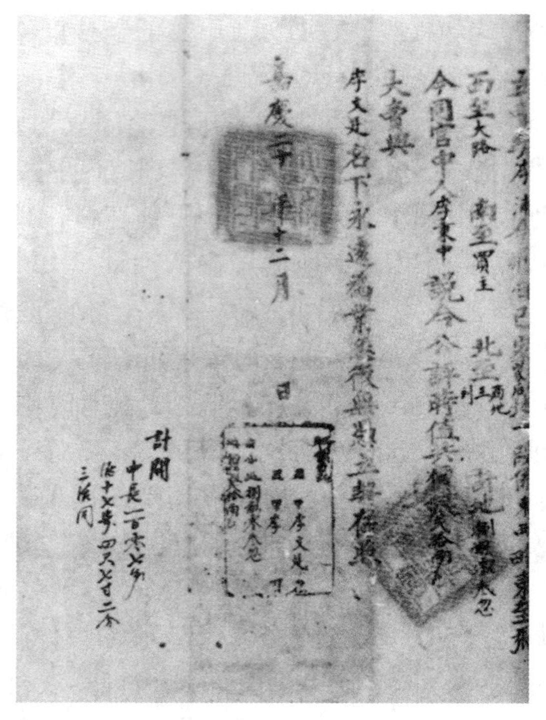

清嘉庆二十年地契

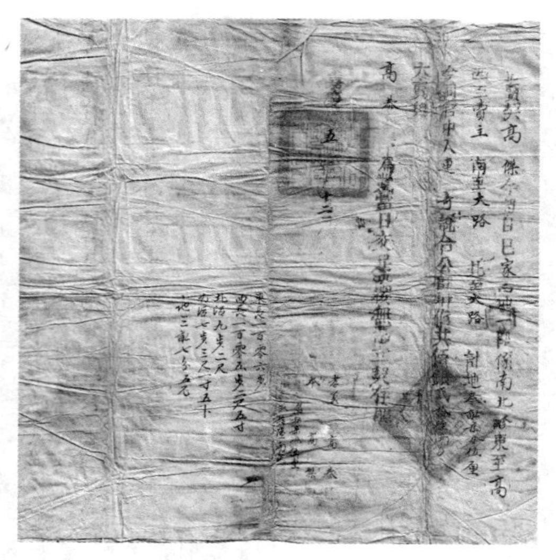

民国时期土地登记证

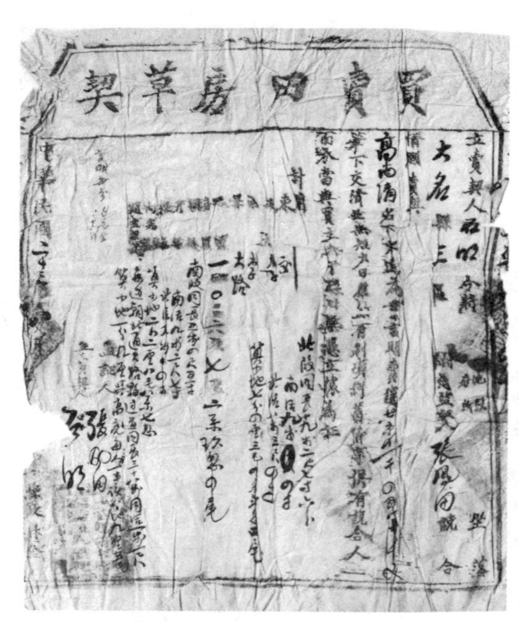

買賣田房草契

中华民国二十二年买卖田房草契

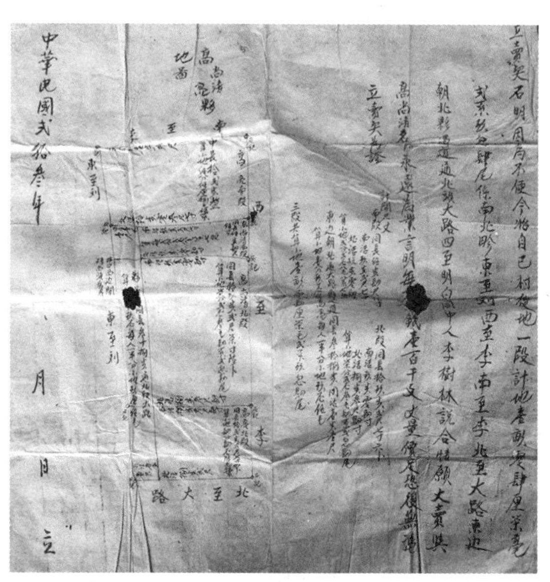

中华民国二十三年地契

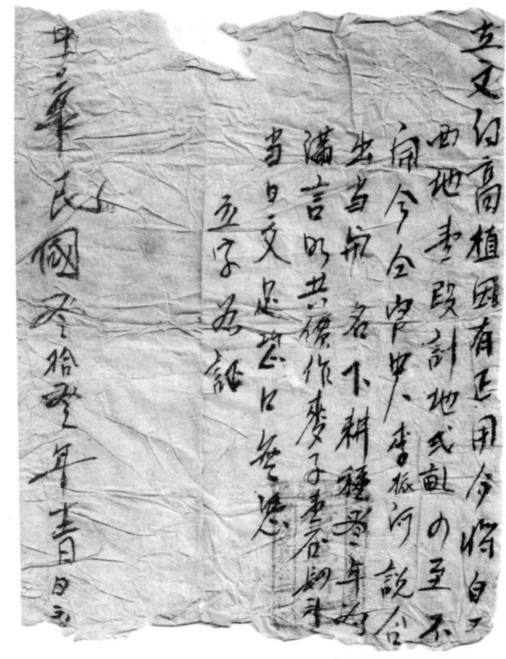

中华民国三十三年（1944年）12月，魏县后罗庄村高植卖地字据

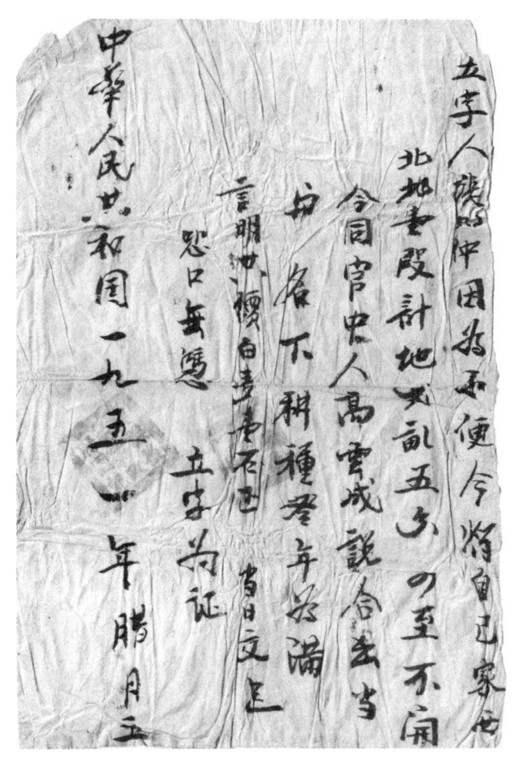

1951年买卖土地凭证

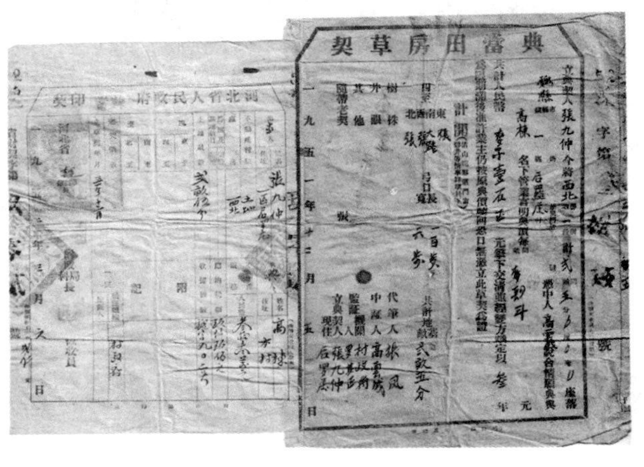

1951年地契

1986 年，魏县宅基地使用证

1994 年，集体土地建设用地使用证（红色）

1998 年，房屋所有权证（红色）

2012 年，中华人民共和国集体土地所有证（青色）

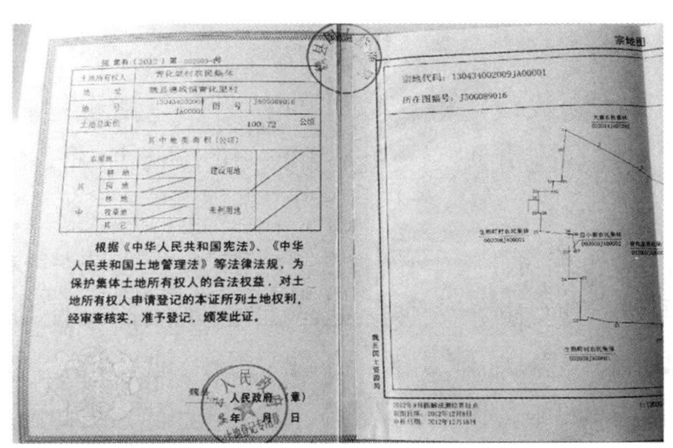

2014 年，土地他项权利证明书（蓝色）

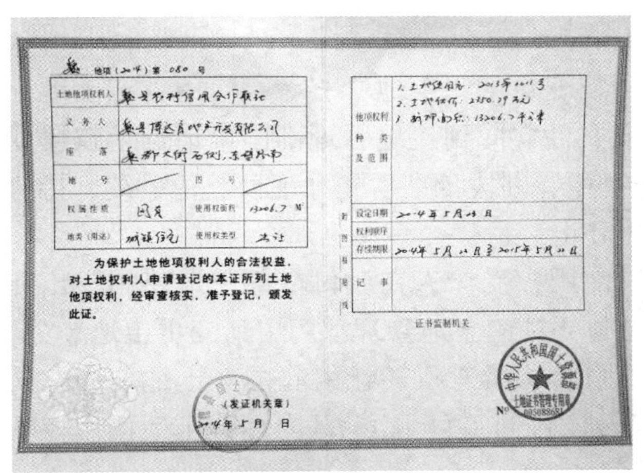

2016 年，中华人民共和国林权证（绿色）

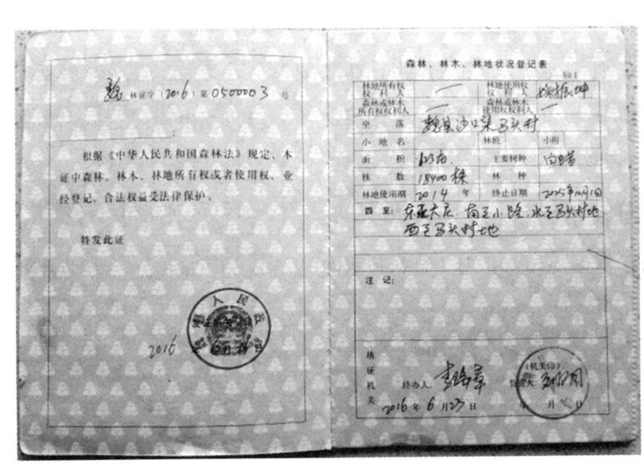

2016 年 11 月，中华人民共和国不动产权证书（红色）

二、变更登记

土地变更登记是指土地总登记、初始登记及其他物权设定登记以外的登记，包括土地权利变更登记、名称、地址和土地用途变更登记。未按规定办理变更登记的，其土地使用权不受法律保护。

1990 年，魏县对土地使用权实行变更登记，对符合条件初始土地登记后，土地使用权及他项权利发生转移、分割、合并、终止，登记的土地用途发生变更，土地所有者、使用者、他项权利者更改名称或通讯地址的，除按规定办理有关手续外，办理变更土地登记。

（一）变更土地登记分为：土地权属变更登记、他项权利变更登记、更名登记、更址登记、土地用途变更登记、注销登记。

（二）变更土地登记程序是变更土地登记申请、变更地籍调查、审核、注册登记、换发或者更改土地证书、核发他项权利证明书。

（三）变更土地登记申请分为 12 种类型。

1、因土地征用、划拨引起土地所有权、使用权变更的，土地所有者、使用者在土地征用、划拨批准后 30 日内，持土地征用、划拨批准文件共同到土地管理部门申请土地权属变更登记。新建设项目用地的土地使用者，在土地征用、划拨批准后先办理预登记手续，持建设项目预收后 30 日内再正式申请土地权属、变更登记。

2、以出让方式取得国有土地使用权的，土地使用权受让人在缴付全部土地使用权出让金后 15 日内，持土地使用权出让合同、出让金缴付凭证向土地管理部门申请变更土地登记。

3、因国有土地使用权转让或因地上建筑物、附着物所有权转让引起国有土地使用权转让的，土地使用权转让人和受让人在土地使用权转让合同签订后 15 日内，持土地使用权转让合同共同到土地管理部门申请土地权属变更登记。

土地使用权分割转让或因地上建筑物、附着物所有权分割转让涉及土地使用权分割转让的，须经土地管理部门批准后，再申请土地权属变更登记。

4、因单位合并、分立、企业兼并等原因引起宗地合并或者分割的，有关各方在主管部门批准后 30 日内，持批准文件及有关合同、协议共同向土地管理部门申请变更土地登记。

5、依法继承土地使用权的，继承人在合法继承权确定后 30 日内，持有关证明文件向土地管理部门申请土地权属变更登记。

6、因处分抵押财产而取得国有土地使用权的，抵押人、抵押权人和新的土地使用权受让人，在土地权利变更之日起 15 日内，持土地使用权出让或转让合同、抵押合同、处分抵押财产的证明资料共同到土地管理部门申请土地使用权抵押注销登记和土地权属变更登记。

7、交换、调整土地的，交换、调整土地的双方在交换、调整协议批准后 30 日内，持协议和批准文件共同到土地管理部门申请土地权属变更登记。

8、出租国有土地使用权的，土地使用权出租人和承租人应在土地使用权租赁合同签订后 15 日内，持土地使用权出让或转让合同、土地使用权租赁合同共同向土地管理部门申请他项权利登记。

9、抵押国有土地使用权的，土地使用权抵押人和抵押权人，应在抵押合同签订后 15 日内，持土地使用权出让或转让合同、土地使用权抵押合同共同到土地管理部门申请他项权利登记。

一宗地多次抵押的，处分抵押财产时的偿还顺序以申请他项权利登记的时间顺序为序。

10、因土地权属变更引起他项权利转移的，由土地所有者或土地使用者同他项权利者，在申请土地权属变更的同时申请他项权利登记。

11、土地所有者、使用者、他项权利者更改名称或通讯地址的，土地所有者、使用者、他项权利者在变更发生后 30 日内，持有关证明资料向土地管理部门申请更名或更址登记。

12、登记的土地用途发生变更的，土地所有者、使用者在变更批准后 30 日内，持有关批准文件向土地管理部门申请土地用途变更登记。

1994 年，魏县对《集体土地建设用地使用证》、《国有土地使用权证》、《土地他项权利证》进行了登记，至 2016 年情况记述见表 9 – 2 – 1 – 1。

1994 年 – 2016 年魏县土地登记表

表 9 – 2 – 1 – 1　　单位：本

年度	初始登记	变更全记	集体土地建设月地使用证	集体土地所有权证	国有土地使用权证	他项土地权利证
1994			155000			
1995			43			
1996			54		63	
1997			62		34	
1998			536		138	
1999			430		183	
2000			875		328	
2001			978		415	34
2002	280	43	1300			78
2003	770	33	1800			86
2004	300	39	2000			100
2005	246	335	1500			98
2006	60	25	1200			90
2007	60	16	800			88
2008	65	18	600			130
2009	18	38				80
2010	18	38				80

续表

年度	初始登记	变更全记	集体土地建设用地使用证	集体土地所有权证	国有土地使用权证	他项土地权利证
2011	78	12				60
2012	18	38		1427		100
2013	35	27				166
2014	45	99				218
2015	59	54				183
2016	124	35				180

第二节　土地档案

1987 年，魏县土地管理局成立档案管理领导小组，开始收集整理土地档案。将由财政局、民政局、农业局、城建局分管的有关土地资料共 244 卷全部收录在案，1990 年，由土地管理局具体管理。1991 年 10 月经验收，直接升入省二级管理档案。至 2016 年档案管理工作未升级。

一、档案分类

1990 年，根据国家土地管理局关于印发《县级土地管理档案分类方案（试行）》和《土地管理档案构成的一般要求》的通知，魏县土地管理局对土地档案进行分类整理，共分九大类：A 综合类，B 计划财务类，C 地籍管理类，D 土地利用规划类，E 建设用地类，F 土地监察类，G 土地宣传、科教类，H 土地管理声像材料类，I 人事类。在保管期限中分永久、长期、短期三种保管期限。

主要包括：土地调查与土地登记材料类；土地利用规划类；建设用地材料类；土地监察材料类等。

1997 年，魏县土地管理局档案室内共存地籍档案 8330 卷，2003 年，存有地籍类档案 8669 卷，2010 年，存有地籍类档案 8928 卷，2012 年对档案进行重新清理和整理存有地籍类档案 8700 卷。

（一）土地调查与登记分类

1986 年，开始土地调查与登记的组卷分类工作，主要包括：土地调查工作的通知、决定、请示报告、领导讲话、会议纪要、组织机构、工作计划、总结、简报、调查报告、各类用地统计表、验收结果等综合材料。土地登记档案包括土地划界、定界文件、现场勘察记录、土地登记申请书、审批表、登记图件、土地权属来源证明，变更图件权属界限、土地登记表、处理权属纠纷协议书、裁定书、地籍图等，农村城镇宅基地登记表、册、补办占地手续申请表、审批表、发证登记册等。土地权属调查材料、自然条件调查、技术鉴定材料。土地统计材料，还包括土地月报、季报、年报、统计台帐，土地评定等级的原则，估价分析计算的依据、数据、统计表、分图表、定级图等。1991 年，土地调查与统计档案 3444 卷。2003 年，土地调查与统计档案 3560 卷，2013 年土地调查与统计档案 3680 卷，2016 年土地调查与统计档案 3720 卷。

（二）土地利用规划类

1986 年开始组卷土地利用档案，主要包括上级的文件、工作计划和实施办法、会议纪要、人员培训、领导讲话材料，土地利用现状材料图纸、转绘材料，各乡镇和全县土地利用总体规划说明书，图纸；全县人口、粮食定购以及建设用地规划表、基本农田保护区说明书、图纸，魏县基本农田实施办法，乡规民约等，1993 年，共计 644 卷，2003 年土地利用规划类档案 750 卷，2014 年，土地利用规划类档案 810 卷，2016 年，土地利用规划类档案 820 卷。

（三）建设用地类

建国后，建设用地分别由县民政局、计委、农业局、建设局等单位审批。1987 年前，建设用地档案不规范，也不齐全。1988 年后，开始组建档案室，使建设用地档案逐步走向规范。

主要内容：项目用地审批文件、材料；城乡建设用地审批材料；外资及合资企业用地文件材料；土地使用权有偿出让、转让文件材料。项目用地审批文件材料包括：国家建设、乡镇企业用地审批表、申请表、用地单位申请书、项目的可行性论证、主管单位的批准文件，计划部门的基本建设计划，建筑初步设计，建筑位置平面图；土地管理部门会同其它部门的现场勘察记录；征地单位与被征地单位协议书，占地条件、地上附着物补偿标准，应交纳土地管理费凭证，以及建设单位的资金来源证明等。在城镇建设的项目，还有城乡建设部门核发的城镇建设用地许可证。

外商或利用外资的企业用地的主要材料有：关于外商投资企业用地管理的文件、规定、办法，用地单位申请书，业务主管部门的批准文件，项目初步设计的批件，项目意向协议书，用地位置示意图，土地使用合同和土地使用费，场地开发核定材料等。土地实行五统一管理后，除上述材料外，还有土地出让审批表、土地出让合同和土地使用条件等。

1987 年，档案室共存建设用地类档案卷，1997 年，建设用地档案 798 卷，2006 年，建设用地档案 835 卷，2016 年，建设用地档案 927 卷。

（四）土地监察类

1987 年，始建土地监察档案，凡是由魏县土地管理局立案处理解决的土地违法案件有关材料存入档案内。主要包括：非农业占地清查文件、材料、违法占地案件材料及土地信访材料。

非农业用地清查文件材料包括县政府制定的有关清查处理非农业用地及遗留问题的处理

意见、工作总结、各用地单位及全县自查情况、检查验收情况、工作方案、政策规定、占地丈量登记表、补办占地手续申请表等。违法占地案件材料包括：立案查处的依据、群众来信、违法占地的现场勘察笔录、决定书、送达证、结案报告、仲裁决定、诉讼判决、复议决定，需交人民法院强制执行的，还有向法院强制执行申请书。土地信访案件还包括：接访登记簿，有关乡（镇）村或单位的证明和意见材料、处理意见等。

1991 年，收集、整理土地监察档案 306 卷，1995 年，土地监察档案 358 卷，2000 年，土地监察档案 421 卷，2010 年土地监察档案 496 卷，2016 年，土地监察档案 518 卷。

（五）其它档案

综合类档案主要包括国家、省、市有关土地方面的文件、政策、规定等材料，县政府制定的配套法规、文件、领导讲话、会议纪要、会议记录、通知、请示报告、批复，以及本局工作总结等。财务计划材料主要包括：财务报表、开支手续、收款、付款凭证，记帐凭证，以及工资、福利发放记录等。宣传方面材料包括：有关土地法规电视讲话录相带，工作中的照片等。人事档案主要包括：关于职工的个人档案，包括个人的入党、入团志愿书，定级、调级审批表，奖惩登记表，个人简历以及年终考核登记表等。

1987 年，开始整理档案，除地籍档案外，还整理了综合档案、财务计划档案，宣传、声像、人事档案等。1990 年，存有综合类、财务计划、人事档案 69 卷；1993 年，存有档案 83 卷；1995 年，增加了宣传器材和声像资料，共计存有综合类、财务计划、宣传、声像、人事档案 92 卷，声像工作照片 300 张；2000 年，存有该类档案 342 卷，声像光盘 126 张，照片 380 张；2010 年，存有该类档案 693 卷，声像宣传光盘 492 张，照片 1821 张；2016 年，存有档案共 721 卷和 2048 张（盘）声像带和工作照片。

（六）基层土地档案

乡（镇）村的土地档案是 1987 年以后逐步建起来的，各乡镇和各村都有专人管理土地档案。至 2016 年，全县 23 个乡（镇）535 个行政村，共存有关土地档案 2460 卷。主要包括村庄规划材料，农村宅基地确权发证材料，解决土地纠纷材料，发放宅基地记录等。规划材料有村庄占地现状图、村庄用地发展规划图、规划说明书、农村人口、粮食产量经济现状及发展等方面的调查材料。农村宅基地确权发证材料有：宅基地丈量表，登记表，发证登记册等。

二、档案利用

土地管理档案是开展土地管理活动的真实记录，是国家宝贵财富，也是国家档案的重要组织部分。现在有用，将来还有用，它不仅为当前的土地管理工作服务，而且还将为今后的各项土地管理工作服务，从 1991 年建档，至 2016 年，共有 24600 人次查阅各类档案，依靠查阅土地历史档案，解决重大土地权属纠纷 105 起；处理违法占地 105 起；除此之外还为土地调查、土地登记、土地清理、土地统计提供了真实的依据。

第十编

土地征收转用

土地转用即由农用地转为建设用地，征收即由集体土地征收为国有土地。魏县建置设置后，随着社会的发展，国家、集体及个人住宅建设对土地的需求量不断增加。清代前，建设用地无统一规定。民国初期，建设用地制度也不完善。建国初期，用地管理无章可循，亦无专门管理机构。农业、水利建设用地由县政府农水口审批，国家建设、集体用地，由县计划委员会审批，农村农民建筑住宅用地，生产队可批准。多渠道用地，多股头分管，土地管理秩序混乱。1987 年，成立魏县土地管理局以后，魏县土地形成了统一管理。即：实行统一规划、统一征用、统一开发、统一出让、统一管理。1988 年 6 月 25 日，国家颁布了《中华人民共和国土地管理法》。1993 年，魏县国有土地使用权实行招、拍、挂制度，敲响了全市国有土地使用权拍卖第一槌。

第一章　权限　程序

解放前，魏县建设用地，征地审批权限未查到。真正实行征地审批制度是从20世纪五十年代开始的。由于土地管理法规、体制的不断变化，土地的使用审批权限，不同时期有不同的规定。时人们的思想观念普遍认为地大物博，几乎不存在对用地审批的概念。民国三十六年（1947年），中国土地法大纲颁布后，废除了封建土地制度，魏县实行土地分配制，农民分到了土地，也未实施用地审批。1953年，魏县开始实施用地审批。之后，审批权收放频变，审批权限愈变愈小。1999年，修订的《中华人民共和国土地管理法》实施后，取消了县级审批权限。

第一节　权　　限

一、国家建设用地

1953年12月，中央人民政府政务院公布的《国家建设征用土地办法》规定了各级政府主管部门对国家建设征用土地的审批权限：对县级征用土地批准权限作出了县体规定，用地不足66.7公顷，或迁移居民不足50户者，由县人民政府批准。1955年，国家开展大规模的社会主义建设，为了加快建设速度，邯郸地区专员公署决定适当下放部分征用土地审批权限，把征用土地3.33公顷以下，且情况不复杂的下放给县人民委员会审批。

1958年1月，国务院修正的《国家建设征用土地办法》，对市、县审批征用土地权限改为建设工程用地在20公顷以下或者迁移居民不足30户以下的，由县级人民委员会申请核拨。

1962年4月，国务院为了严格控制征用土地，防止征而不用的问题发生，把由市、县人民委员会审批征用土地的批准权一律上收到省，县人民委员会对国家建设征用土地只有申报权，没有批准权。

1971年6月，根据河北省革命委员会规定，魏县人民政府执行征用土地5亩以下的审批权。征用土地0.33公顷以上，0.67公顷以下，迁移居民10户以下，县革命委员会审查，报邯郸地区革命委员会批准。

1972年10月，河北省革命委员会规定，征用土地0.67公顷以上或迁移居民50户以上的审批权上收到省。国家投资兴办的水利工程，2.67 公顷以下或迁移居民 50 户以下，县的审批权限不变。

1978 年 4 月，根据河北省委的规定，上收县级审批权限，征用土地 0.2 公顷以下的由地委批准，0.2 公顷以上的由市委、地委签署意见报河北省委批准。

1981 年 3 月，河北省委把邯郸市委和邯郸地委审报河北省委批准的权限，改为由邯郸市革命委员和邯郸地区革命委员会审批，报河北省革命委员会批准。

1982 年 9 月，按照河北省人民政府规定，为严格控制占用城市土地，把征用人口 50 万以上城市的土地审批权限上收到省，征用土地，不分耕地与非耕地，一律报河北省人民政府审批。征用土地 0.2 公顷以下，仍由地区行政公署审批，0.2 公顷以上报河北省人民政府审批。

1984 年 7 月，为加快城市经济的发展，河北省人民政府决定，下放部分征用土地审批权限，规定征用城市规划区内，符合城市规划要求的建设占地。1.33 公顷以下的，由地区行政公署审批。同年 8 月，河北省城乡建设厅又行文下放审批权限，规定征用市原各县城镇、工矿区符合城镇规划的建设用地，其批权限不变。同时规定，对遗留建设用地补办手续的，由地区行政公署审批，县无权限审批。

1985 年 3 月，征用城镇规划区外的土地，市人民政府审批权由原来的 0.2 公顷以下扩大到 0.67 公顷以下。

1987 年 1 月，根据《中华人民共和国土地管理法》和《河北省土地管理条例》的规定，又下放部分土地的审批权限。征用耕地 0.2 公顷以下，其它土地 0.67 公顷以下的，由县人民政府审批。征用耕地 0.2 公顷以上 0.67 公顷以下，其它土地 0.2 公顷以上 1.33 公顷以下的由地区行政公署审批。超过以上征地限额亩数的报省人民政府批准。

1998 年 8 月 29 日，第九届全国人民代表大会常务委员会第四次会议修订的《中华人民共和国土地管理法》，第 45 条明确规定，征用基本农田、征用耕地超过 35 公顷，其它土地超过 70 公顷均由国务院审批。征收前款以外的土地，由省、自治区、直辖市人民政府审批并报国务院备案。征收农用地应先行办理农用地转用审批。其中经国务院批准农用地转用后，同时办理征地审批手续，不再分别办理征地审批；经省、自治区、直辖市人民政府在征地批准权限内批准农用地转用，同时办理征地审批手续，不再分别办理征地审批，县级人民政府没有审批权限。

2001 年 3 月，邯郸市人民政府明确规定，建设占用土地，涉及农用地转为建设用地的，应当依法办理农用地转用审批手续。没有农用地转用计划指标的，不得批准农用地转用。

二、乡镇企事业用地

中华人民共和国成立前，办作坊、搞加工、经营商业服务业，一般规模很小，数量不多，多是利用宅院经营。偶尔有建厂者，所需场地也是通过买卖，自由购置，占地无需政府批准。

中华人民共和国成立后，魏县农村经济发生了根本性的变化，土地由私有制变为农村劳动群众集体所有制。于1953年开始建立乡（镇）人民政府。乡镇人民政府办企业、事业单位占用土地，不属于国家建设征用土地规定范围。

1958年，乡镇企事业单位建设占地，多利用没收地主、富农的宅基地、寺田、庙田和征收的公地。农村建立人民公社后，公社企事业建设占用集体土地，一般由公社领导征得被占地村生产大队领导和社员大会的同意便可使用。公社占用集体土地一般不给生产队补偿，有的公社视生产队经济情况给予一定补偿，但补偿标准不高。一般采用由各生产队向被占地队调剂部分土地，或者由公社拨给被占地生产队一些闲置房屋和物资相抵，也有给予少量的地价款。被占地队的剩余劳动力安置，由生产队自行消化或招用部分劳力到社办企业做工。

进入20世纪60年代前，魏县乡镇企业发展缓慢，用地极少，均未办理审批手续。70年代，建设用地的管理开始向乡村发展。1972年12月，河北省首次提出："公社集体所有制事业建设用地（包括非耕地），应按照规定的审批权限报批"。从此，魏县首次将人民公社一级的建设用地纳入了管理范围（未涉及农村非农业建设用地）。1977年8月规定：人民公社及其所属企事业单位基建占地，必须按照河北省委文件规定的审批权限，办理征用土地手续。生产大队和生产小队建仓库、饲养棚和社员建房等，应尽量在原村落宅基内解决，必须占用耕地时，要从严掌握，并报县革命委员会批准。魏县实施这一规定后，首次将农村和村以下建设用地纳入了管理范围。此后，社队企业建设用地管理，开始步入规范化管理。

1979年，农村实行生产责任制后，公社建设占地仍无审批制度，基本上是公社管理委员会自批自占。随着公社办企业逐年增加，占地量增大，有的公社建设占地也给予生产队部分补偿，但补偿数额较小。

1982年2月，国务院根据公社办企业、副业建设占地中存在的问题，为严格控制村镇建房乱占滥用耕地，发布《村镇建房用地管理实施条例》，河北省人民政府制定《村镇建房用地管理实施办法》，使公社建设占地管理开始有法可依。随后，社办企业、事业单位建设占地不足0.2公顷的，公社管委会审查，报县人民政府批准；0.2公顷以上不足0.67公顷的，由县人民政府审查报邯郸地区行政公署批准；0.67公顷以上的报省人民政府批准。公社办砖厂，占地不足0.33公顷的报县人民政府批准，0.33公顷以上报邯郸地区行政公署批准。市辖区的公社建设占地0.2公顷以下（砖瓦厂占地五亩以下）的报市人民政府审批。7月，《河北省村镇建房用地管理实施办法》出台后，县城建局针对当时集体建设用地缺乏计划性和部分用地单位乱占滥用土地现象召开会议，贯彻落实省村镇房屋建设工作会议精神，会议强调：社队如需要基本建设用地，必须按规定申报县计委批准，并由县计委下达批文至被征地单位。同年9月，河北省人民政府规定，为严格控制占用土地，把一部分占用土地的审批权上收到省，规定占用城市郊区的土地，不论多少，一律报省人民政府批准。占用土地，0.2公顷以下的审批权上收到地区行政公署。0.2公顷以上的审批权上收到省政府，审批程序和补偿标准不变，魏县执行这一规定。

1983年1月15日，魏县人民政府颁布村镇建房用地实施细则，规定集体单位建设用地必须先办理《单位建设用地使用证》，方可施工建设，并对城镇建私房和农村的集体单位建设用地进行了清理。同年7月，社队建设占地0.2公顷以下的审批权又下放给县人民政府，并规定0.2公顷以上，0.33公顷以下的由县城乡建设委员会审核，报县人民政府批准；占地0.33公顷以上的由市城乡建设委员会审核后，报邯郸地区行政公署常务会议审批。

1986年，国家《中华人民共和国土地管理法》和《河北省土地管理条例》相继公布。1989年，全县计划建设项目11个，上级下达用地指标27.27公顷，当年实际建设项目6个，用地2.3公顷。1992年，对乡镇建设占地开始严格审批，乡镇企事业占地与国有建设占用土地并轨管理，同时进入土地出让市场。审批权限改为占用耕地0.2公顷以下，其它土地0.67公顷以下的，由县人民政府审批；占用耕地0.67公顷以下，其它土地1.33公顷以下的由市人民政府审批；占用耕地0.67公顷以上，其它土地1.33公顷以上的由市人民政府审查，报河北省人民政府批准。

1997年12月，全县共有乡镇村集体建设项目14个，占地面积28.44公顷，其中耕地21.48公顷。1998年，审批乡（镇）企业用地12宗，占地0.275公顷。

1999年，国家重新修订《中华人民共和国土地管理法》，土地审批权限上收到国家、省两级，市、县两级不再有审批权限，魏县乡镇企业用地，列入国家建设用地范围实行征收和转用制度，涉及农用地的，先办理农用地转用手续纳入建设用地范畴，不再进行单独审批。

三、农村宅基用地

人类的居住方式和居地归属，有着一个形成、发展和演变的漫长过程。最初的原始人群，过着游动迁徙的生活，随着生产力的发展，人民逐渐定居下来。从原始社会向奴隶社会过渡时期（农村公社），农民开始建造住宅。农村公社除分配给农民耕地外，还交给农民一定数量的住宅地，让其营造房舍。《孟子、梁惠王上》说：“五亩之宅，树之以桑，五十亩可以衣帛矣”。《旬子大略》又说：“五亩宅，百亩田，务其业而匆夺其时，所以富之也”。

春秋战国时期，奴隶社会渐衰，农村公社解体，逐步过渡到封建社会。北魏太和九年（485年）正式颁布了均田制，其中关于授给居室田的规定是“诸民有新居者，三口给地一亩，以为居室，奴婢五口给一亩”。还规定：“诸远流配谪，无子孙、及绝户者，墟宅、桑榆尽为公田，以供授受”。北周继续实行均田制，有关宅地规定：“凡人口十人以上宅五亩，人口九人以下宅四亩，五口以下宅二亩”。隋代改定为：“园宅，三口给一亩，奴婢则五口给一亩”。唐代前期（624年至737年），三次颁布俊田令，其中对农民受园宅地的规定为：“人口三人以上给三亩，三人以下一亩”。

自此以后的历代王朝，一直沿用着土地私有制，其管理的重点多集中于对农民所经营的田亩赋税的征收上。农民建房所需占用之土地，在自家的土地上，或通过自己购置获得，不需要审批手续。

中华人民共和国成立后，在实行农业社会主义改造以前，农村居民的宅基地均为个体农民所有。根据1950年颁布的土地改革法和1954年宪法的规定，国家依法保护农民的土地所有权，允许出租和买卖宅基地。

1956年，农业社会主义改造完成后，土地由个体农民所有制转变成社会主义劳动群众集体所有制，对宅基地的管理和使用又有了新的规定。1962年9月，中共中央公布的《农村人民公社工作条例修正草案》（六十条）中规定：生产队范围内的土地，都归生产队所有，生产队的土地（包括社员的自留地、宅基地等）一律不准出租和买卖，生产队所有的土地，不经县以上人民委员会的审查和批准，任何单位和个人不得占用。同时，把房地分开，规定社员的房屋永远归社员所有。社员有买卖或租赁房屋的权利，国家和人民公社的各级组织，应该在人力、物力等方面对于社员修建住宅，给予可能的帮助，社员新建房屋的地点，要由生产队统一规划，尽可能不占用耕地。至此，农民对于宅基地就只有使用权，而无所有权了。

1981 年 5 月，河北省颁布《关于农村社员宅基地问题的几项规定》，明确农村建设要统一规划，大队、生产队要按照因地制宜、有利生产、有利生活、合乎卫生要求和不增占耕地的原则，经过全体社员民主讨论，制定建房规划，经公社审查并报县政府批准后，分期分批建设。

1982 年 4 月，河北省在指导农村规划文件中指出：在制定村镇规划时，要同农业区划相结合，实行山、水、田、林路、村统一安排；根据村镇内部建设的规划，充分利用、改造旧有村镇，严格制止任意侵占耕地和扩村；不要盲目抄袭城市的一套，要依山就势，充分利用荒滩、荒地；要根据当地条件，把利用沼气、自来水、太阳能以及绿化等问题考虑进去。规划经群众讨论后，经公社审查，报县人民政府批准；7 月，又出台了《河北省村镇建 房用地管理实施办法》，规定了村镇内各项建设用地的比例；集镇和公社驻地，社员宅基地用地面积占村镇总用地面积60%左右，公共建筑和公用设施占25%，道路和绿化占15%左右；一般村庄社员宅基地用地占 70% 左右，公共建筑和公用设施占 15% 左右，道路和绿化占 15% 左右。同时还规定：批准后的规划，任何单位和个人不得擅自改变。如需改变者，必须报原批准单位批准。《中华人民共和国宪法》明确规定：农村和城市郊区的土地，除法律规定属于国家所有的以外，属于集体所有；宅基地和自留地也属集体所有，任何组织或个人不得侵占、买卖、出租或者以其它形式非法转让土地。党和国家的这些政策和法规的颁布施行，为制定农村建房用地管理办法、政策提供了依据。

1987 年，《中华人民共和国土地管理法》颁布实施后，魏县规定农村宅基地审批要满足一定的法律条件。即；无住房家庭；多子女家庭；有子女已达婚龄，确需分居立户（分户后父母身边须有一子女）；因国家建设原宅基地被征收的；因自然灾害或实施村镇规划、土地整理须要搬迁的；原房屋破旧、宅基地面积偏小，需要新（扩）建的；迁入农业人员落户成为本集体经济组织成员，经集体经济组织分配承包田，同时承担村民义务，且原籍没有宅基地；因外出打工、上学、被劳动教养、服刑等特殊原因将农业户口迁出，户口迁回后继续从事农业生产劳动，承担村民义务，且无住房的；原本村现役军人配偶，且配偶及子女已落实本村组无住房的。1999 年后，魏县执行新修订的《中华人民共和国土地管理法》，进一步规定了审批标准和条件。

四、临时用地

1958 年以前，临时占用土地，采用临时租用的方法，由用地单位和被占地村或个人签订契约后，便可使用。1958 年，国务院修改《国家建设征用土地办法》，规定临时占地在双方签约的基础上，增加报批手续，经当地县人民委员会批准后方可占用。

1982 年 5 月，国务院公布《国家建设征用土地条例》后，临时占地使用期限在一年以内的，由县人民政府审批，一年以上的行署审批，临时用地在市区的由市政府审批。

1985 年 8 月，临时占地期限一年以内的，由县人民政府批准；一年以上的，报邯郸地区行政公署批准。外省、市、自治区、部队和中央各部门及所属单位在魏县临时占地的，一律报河北省人民政府批准。

1998 年 8 月，第二次修订的《中华人民共和国土地管理法》中第五十七条规定，临时占地由县级以上人民政府土地行政主管部门批准，在城市规划区内的临时用地，在报批前应先经有关城市规划行政管理部门同意。临时用地者应当按照临时使用土地合同约定的用途使用土地，并不得修建永久性建筑物，临时用地期限一般不超过二年。

1999 年 9 月，河北省第九届人民代表大会常务委员会第十一次会议第三次修订《河北省土地管理条例》。明确临时用地不足 2 公顷的，由县（市）土地行政主管部门批准；临时用地 2 公顷至 4 公顷以及设区市内临时用地不足 2 公顷的，由设区的市土地行政主管部门批准；临时用地超过 4 公顷的，由省土地行政主管部门批准；临时用地的期限超过二年的，应当重新办理临时用地手续。

魏县农用地转用征收审查工作流程图

图10-1-1-1

申请人需要提交的资料：
1、审查意见
2、一书三方案（建设用地项目呈报说明书、农用地转用方案、补充耕地方案、土地征收方案）
3、拟占地权属情况汇总表
4、补充耕地验收文件
5、新增建设用地有偿使用费准备情况说明
6、建设用地勘测定界技术报告和勘测定界图
7、拟占土地利用现状分幅图
8、土地利用总体规划确定的城市建设用地规模控制图
9、补充耕地位置图
10、听证纪要和听证笔录或村民代表会材料
11、土地利用总体规划调整方案（涉及规划局部调整）
12、建设用地审批签
13、土地用途说明
14、征地补偿标准合法性和安置途径可行性的说明*报省政府审批建设用地卷文字材料和图件各一套；报国务院审批建设用地文字材料和图件各三套

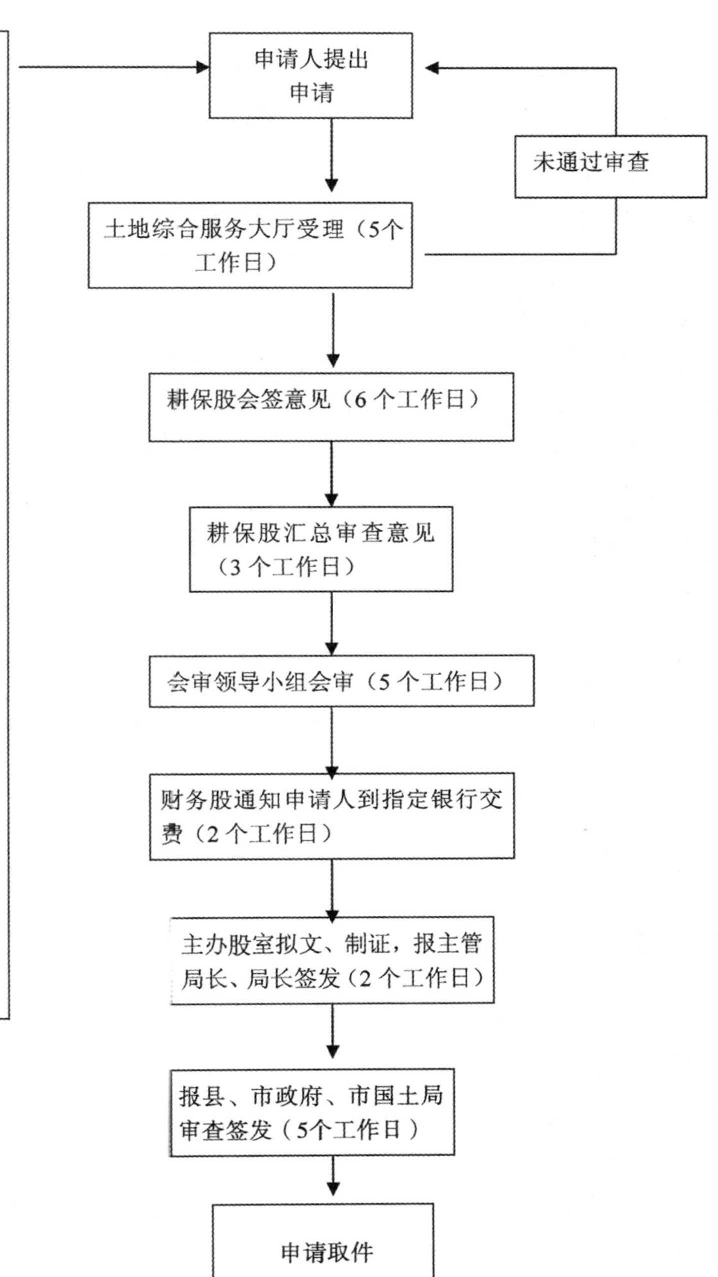

第二节　程　　序

建设用地报批是按用地类型报批的，分为分批次城市建设用地和单独选址项目建设用地两种类型。分国家建设用地、乡镇企业用地、农村建房用地等。国家建设用地报批程序是建设单位持立项批复、可行性报告、初步设计条件等相关材料向县国土局提交申请用地；对于申报的各类建设用地材料，对照《土地管理法》和《土地利用总体规划》，《土地利用年度计划管理办法》认真审核；实地勘察核实拟征用的建设用地情况；建设项目可行性研究论证时，对建设项目的规模、地点、供地方式，耕地占补进行审查，提出建设用地的预审报告；制定农用地转用方案、征用土地方案、耕地补充方案、供地方案等，逐级上报办理农用地转用和征用土地审批手续；对手续不完备或者材料不齐全的，明确告知当事人按照有关规定完备手续，补齐材料；对于手续完备、材料齐全、符合土地利用总体规划、年度计划的，拟定供地方式，报上级批准；批准后向建设单位颁发建设用地批准书。

乡（镇）、村企业用地审批程序是：乡（镇）、村使用本集体土地兴办企业，应由农民集体组织向县国土资源局提出用地申请；经审查后，按规定报批，涉及占用农用地的，先办理农用地转用手续；其他程序参照国家建设用地报批程序办理。

农民建住房使用耕地审批程序是由建房户向村民集体经济组织或村民委员会申请同意，并向乡镇国土所提出用地申请；乡（镇）国土所对申请者的用地条件进行实地调查，并汇总报县国土资源局；县国土资源局与乡（镇）国土所结合用地户申请，根据土地利用总体规划和村镇建设规划，落实用地具体位置；拟定农用地转用方案和耕地补充方案，经县政府审核同意后报上级政府审批。

一、国家建设用地

1952 年 2 月，国家建设单位使用土地，先拟定使用土地计划书，写明用地面积、用途、施工时间等，报政府有关部门审核；提供调查土地的常年产量、等级和被占地户的情况，并将计划书和调查情况一并报政府有关部门批准后征用土地。

1953 年 11 月，中央人民政府政务院发布《关于国家建设征用土地办法》。规定国家建设用地单位须提出征用土地计划书，说明用地的环境、位置（附图标明）和数量，涉及的户数、人口数，地上的农作物和附着物，以及对土地被占用者的安置等，报市、县人民政府有关部门；被占地者到土地现场测量、调查土地等级、常年产量、地上附着物和农作物情况；用地单位和被占地者签订土地补偿、安置和地上附着物补偿协议或契约；征地手续被批准后，由有关部门交建设单位核实土地，发给国有土地使用证；建设工程竣工后，用地单位将征用土地绘图造册，一式两份送政府盖章备案。

1955 年，魏县人民政府为了加强对城市土地的管理，规定征用城郊土地，用地单位必须向城市建设委员会申请。由城市建设委员会介绍到乡（镇）人民政府，取得被占地村民同意后，进行测量勘探，再向有关部门申请月地。

1958 年 1 月，国务院颁布《国家建设征用土地办法》。根据国家规定，魏县人民委员会对征用土地程序作了调整：用地单位申请用地提交的用地计划书改为申请书，在申请用地时须向土地管理部门提交经批准的建设工程设计（附平面图），提交施工时间和土地所在地乡（镇）人民委员会的书面意见；申请批准后，用地单位对被征用的土地进行测量，勘探，还必须协同当地人民委员会向群众解释和宣布对被征地者补偿、安置的具体办法；邯郸市人民委员会为了加强城市规划管理，规定了国家建设使用城市规划区内的土地，必须经规划建设委员会审定，方可提出申请。

1970 年，河北省革命委员会颁发《国家建设征用土地书》，规定征用土地必须提供本年度基本建设计划的批准文件和初步设计批准文件；正式设计部门提供 1：1000 至 5000 的征地图和 1：500 的总平面布置图及用地资料；征地单位和被征地单位商妥的土地补偿费、生活安置费、拆迁费和地上附着物等费用的协议书。手续审核无误，经乡政府同意，上报县政府主管部门审批盖章后，上报省人民政府土地管理部门批准，方可用地。

1982 年 5 月，国务院公布《国家建设征用土地条例》，按照条例的规定，制定统一征用土地的审批程序。

1986 年，第六届全国人大常委会第十六次会议通过并颁布《中华人民共和国土地管理法》。1987 年，河北省人民政府制定《河北省土地管理条例》。1988 年 1 月，邯郸市人民政府发布《关于贯彻“土地管理法”和“土地管理条例”的有关规定》，对原征用土地程序进行补充和完善。

魏县遵照国家、省、市的规定，严格用地报批。

（一）申请选址。用地单位必须持有主管单位批准的建设项目计划任务书和上级主管部门确认项目的证明文件，由县人民政府土地管理部门提出征地申请，经县人民政府同意后，由土地管理部门会同有关部门根据建设项目的性质、规模，结合当地规划要求进行选址。拟定征地费用包干方案。由县土地管理局负责组织征地单位和被征地单位及有关部门共同清点地上附着物，拟定征地费用包干方案，签订征地协议，并填报建设用地申请书，

（二）核定用地面积。建设项目初步设计正式批准后，用地单位需持批准文件和初步设计说明书，总平面布置图以及红线图等，向县土地管理部门正式申请建设用地面积，由土地管理部门参照同类项目的用地定额，核算建设项目的占地面积，然后再根据县掌握的年度建设用地控制指标，对建设项目进行最后核实，签署审批意见，按照规定的审批权限逐级报批。

（三）划拨土地。用地申请和征地协议被批准后，土地管理部门向用地单位核发用地许可证，作为办理征地拨款、施工报建手续和缴纳耕地占用税的凭证，并根据建设顺序和工程进度一次或分批划拨土地。复核、发证。办理征用土地手续后，土地管理部门监督用地单位和被征地单位履行协议，并通过有关单位核减耕地亩数。工程项目建成后，土地管理部门对用地性质、占地面积进行复核验收，并发给国有土地使用证，作为用地的凭证。

1988 年 9 月，对征地手续又进行改革。建设用地单位申请用地，不再直接与被征地单位签订协议，改由土地管理部门直接与被征地单位共同勘测土地，清点地上附着物后，签订协议，办理补偿、安置等有关事项。征用城市区规划内的土地，由县土地管理部门办理审（报）批手续。用地单位凡申请需征用规划区内的土地，首先向土地管理部门提出申请，并预交 60% 的征地款，其余部分待征地批准后再结算。土地补偿费由土地管理部门拨给被征地单位。土地管理部门在办理征用土地手续时，收取征地费总额 2% 的服务费。

1992 年，邯郸市人民政府出台了《邯郸市城镇国有土地使用权出让和转让实施细则》，土地使用权出让、转让、出租、抵押、终止，由土地管理部门进行登记，负责权属管理。

1995 年 9 月，城镇国有土地，除法律规定实行行政划拨外，必须办理出让手续。开发建设需要使用城镇规划区内集体所有土地的，先由县人民政府依法征用为国有土地，再进行出让。用地性质相同的数个竞买者，以招投标方式解决。土地使用者按合同约定支付全部出让金后，县人民政府按照有关规定向土地使用者发放国有土地使用证。

1998 年 6 月，对建设征用划拨土地审批程序分受理、审查、会审、报批四个步骤。审查的主要内容是，建设占地是否符合土地利用总体规划、土地利用年度计划、用地定额、农用地转用方案、补充耕地方案。会审工作由局长主持，有关股、室、队负责人参加。集体讨论通过后，按审批权限逐级上报。并强调乡镇企业立项前有环评报告，无环保部门批准，不予办理用地手续。

1999 年 9 月，建设用地审查报批所需资料：县土地管理部门出具的建设项目预审意见书，并对项目用地审查意见卡片；农用地转用指标文件；建设项目可行性报告批复；固定资产年度投资计划；项目初步建设的批复文件；建设项目平面布置图；经批准的县土地利用总体规划图和项目所处地分幅土地利用现状图，占用基本农田的还应提供乡级土地利用总体规划图；占用基本农田的说明及计划方案材料；勘界定界图和技术报告；征地协议书；其他有关部门意见。

2002 年 4 月，强调建设用地要切实履行保护耕地的基本国策，执行用地定额，严格控制建设占用耕地。国家建设使用农民集体所有的农用地，须按规定办理农用地转用、征用审批手续；国家建设使用国有农用地只办理农用地转用手续，使用未利用地只办理土地征用手续；农用地转用征用审批必须符合土地利用总体规划和农用地转用计划；建设用地审批要严格按审批权限执行，坚决禁止越权审批和弄虚作假等违法行为；乡镇企事业单位使用农民集体土地可办理占地手续，使用集体用地要办理转用手续，使用建设用地和未利用地按审批权限审批。

二、乡镇企业用地

1986 年，魏县乡（镇）企业用地申报程序：是建设用地单位必须持县级以上人民政府或业务主管部门批准的设计任务书或立项文件，经乡镇人民政府审核后，向县土地管理部门提出用地申请；县级土地管理部门对有关文件审核后，按照国家建设征用土地审批权限，报县人民政府批准；县土地管理部门会同县建设行政部门和征地单位、被征地单位，共同定点放线，实地界定用地范围，发给建设用地许可证；建设项目竣工后，建设单位在组织验收时，由县土地管理部门核查实用地后，办理土地登记手续，核发集体土地建设使用证；新建设砖瓦窑，应向县土地管理部门提交土地复垦计划，签订使用合同，并支付土地复垦押金。

乡镇企业建设违反上述审批程序，不经批准或采取欺骗手段骗取批准非法用地的，县土地管理部门或乡镇人民政府，有权责令其退还非法占用的土地，限期拆除或没收在非法占用土地上的建筑物或其它设施。并处以罚款。

1999 年后，乡镇企业用地的报批程序按国家建设用地报批程序办理。

三、农村宅基地

解放初，全县农村居民宅基地未统计，土地改革中，把没收地主、富农的部分房屋和宅基平分给农民使用，并按照《土地法大纲》的规定确定为农民个人所有。当时农民新建房屋一般只使用自家的旧宅基。政府对宅基地未加限制。

1973 年，邯郸地区革命委员会规定，农村社员建房用地，必须由本户申请，经社员大会或代表大会讨论同意，由县区人民委员会批准无偿占地。

1975 年 5 月，邯郸地区革命委员会批转农业办公室《关于农村社员宅基地政策》。明确两条意见：(一) 农业集体化以前历史遗留下来的老宅基地，要由本户继续使用，本户盖房应首先使用现有的空宅基地，但生产队不宜安排其他户去盖房，在老宅基地的基础上，又向外侵占的，应认为是扩大宅基地行为，必须退出；(二) 农业集体化以后，经批准盖房，所占宅基地超过批准数量的，也属扩大宅基地，必须退出。

1981 年 5 月，河北省人民政府制定《关于农村社员宅基地问题的规定》。明确农村社员建房必须由建房户提出申请，经全队社员大会或社员代表大会讨论同意，生产大队签署意见，公社管理委员会审查，报县人民政府批准后方可施工。

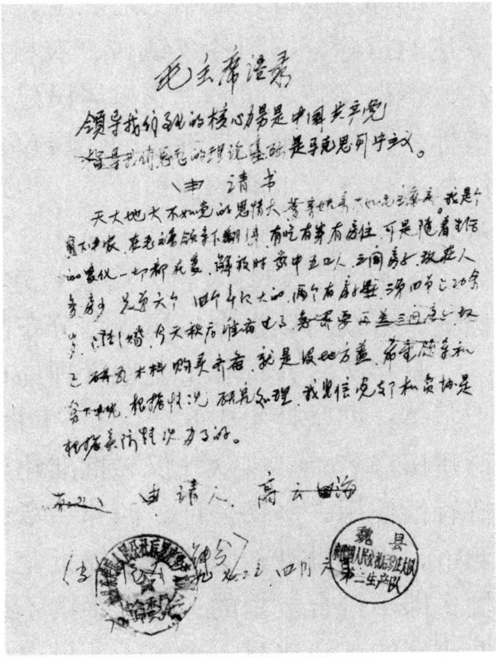
毛主席语录
领导我们事业的核心力量是中国共产党
指导我们思想的理论基础是马克思列宁主义。
申请书
天大地大不如党的恩情大 [illegible]
[illegible]
申请人 高云海
魏县 [illegible] 第二生产队

1972 年 4 月 26 日魏县东代固人民公社后罗庄大队第二生产队高云海宅基地申请书

1982 年 7 月，河北省人民政府制定《村镇建房占地管理办法》。明确社员申请宅基地须由县、区人民政府批准后，由批准机关发给建房户宅基地使用证；回原籍落户的职工和军人、回乡定居的华侨，建房需要宅基地的，应向所在生产队申请，公社管理委会审查后，报县级人民政府批准。

1987 年，根据《中华人民共和国土地管理法》的规定，河北省人民政府颁布《河北省土地管理条例》后，对宅基地的报批、申请条件作了规范性的规定，即：农村居民需用宅基地，由本人申请，经村民讨论，村民委员会同意，使用原有宅基地和村内空闲地，由乡

（镇）人民政府批准；使用耕地和其他土地的，由乡（镇）人民政府审查，报县人民政府批准。符合下列情形之一的，允许申请宅基地：①农村居民户，除身边留一子女外，其它子女男到女家落户或女到男家落户，又确需自立门户的；②农村居民户人口超过本村居民户人口平均数1倍确属缺少宅基地的；③集体经济组织招聘的技术人员要求在当地落户的；④回乡落户的离休、退职、退伍的干部、职工、军人，确实无房居住的。凡依法报经批准占用耕地建房农村居民，按规定向集体支付一次性的土地使用费。

农村居民户有下列情形之一的，不划给宅基地：①年未满十八周岁的；②男到女家落户或女到男家落户，已立门户的；③原有宅基地能够解决子女另立门户需要的；④出卖或出租住房的；⑤超计划生育的。

农村五保户、外迁户等腾出的宅基地，由村民委员会收归集体所有。

城镇非农业户口居民无房居住，需要集体土地建住宅的，应按照城镇规划集资统建，并按国家建设用地的有关规定报批和支付土地补偿费、安置补助费。

邯郸地区行署根据上述规定，对各县市区每年下达农村居民建房占地计划指标，魏县把下达的指标分解到各乡镇村，农村居民建房占地指标一般控制在农民总户数的百分之二左右，不得突破。同时，农村居民建房的审批程序也有改进，实行“三公开一监督”。即建房指标公开，上报及批准后的建房户公开，实行群众监督。建房户房屋落成后，县土地管理部门按准建证上批准的占地性质、占地面积、院落四至等情况进行检查，验收合格后，发给宅基地使用证。

1990年，魏县农村开展农村建房规划，形成房屋现状图、房屋规划分布图、房屋建筑档案，群众可以根据房屋规划分布图，对建房位置做到10年早知道。

是年7月，邯郸市土地管理局在全市推广魏县审批宅基“十坚持”、“十不批”的做法。十坚持：即坚持集中8、9两月审批一次；坚持召开局务会议集体审批；坚持建房指标和申请建房户名单、群众评议、批准建房户名单三榜公布；坚持定点、开工、验收三到现场；坚持有偿使用；坚持公证、四邻签章；坚持按规划审批；坚持转移宅基地使用权，必须经乡镇初审，报县批准；坚持对越权批宅基地，追究责任；坚持竣工验收合格核发使用证。十不批：即不符合规划的；申请手续不全、不实的；孩子不满18周岁的；原宅基地可再安排一处建房的；身边只一个孩子，另申请宅基地的；私自出租原房屋，再申请宅基地的；不执行计划生育的；四邻不同意的；应退旧宅基地或公房而不退的；不能按期开工的。

2002年5月，河北省人民政府第7号令《河北省农村宅基地管理办法》规定，农村村民符合下列条件之一的可以申请宅基地；因子女结婚等原因确需分产，缺少宅基地的；外来人口落户，成为本集体、经济组织成员，没有宅基地的；因自然灾害或因实施村庄和集镇规划需要搬迁的。

附：图10－1－2－1。

魏县土地征收审查流程图

图10-1-2-1

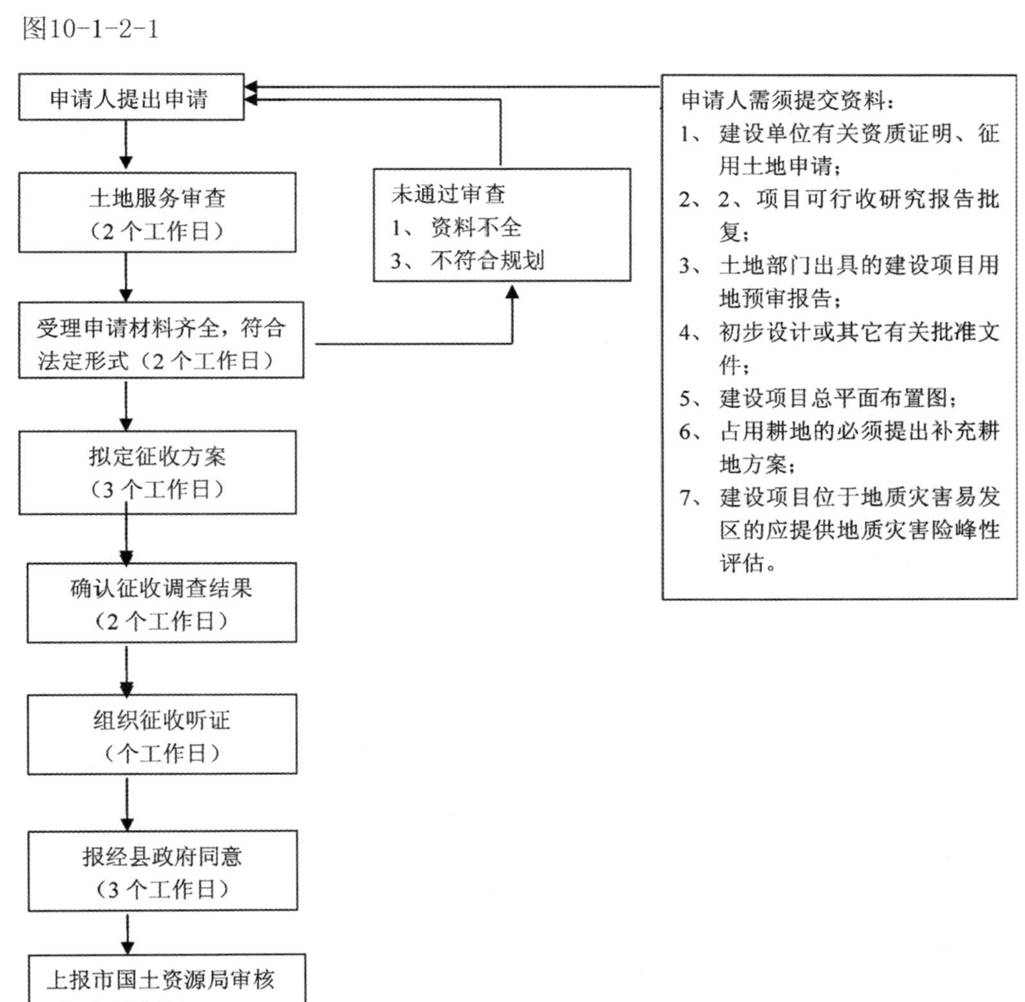

第二章　补偿和安置

国家建设用地单位在征用集体土地过程中，对被征地农民和单位进行适当的补偿和安置，是建设征地工作中一项重要工作。为保证建设顺利进行，要正确处理好国家、集体、个人三者关系。建设用地单位要支付土地补偿费、青苗和附着物补偿费、安置补助费等。随着补偿标准的不断提高，既合理保护了耕地，保障了经济发展，又维护了农民的合法权益。

第一节　补　　偿

一、新中国成立后

1952年2月12日，国家建设占用私有土地，由政府征购；对于被占用私有土地上附着物，如房屋、树木、水井、坟墓、农作物等由政府与各方共同评议作价赔偿；地价一般以正常产量5年之总值核准；占用私有土地的工厂企业，负责安置失去土地而有劳动能力的农民。

对国有土地征用时可以无偿划拨，如征用正在耕种的耕地，需付出耕种3年的评议产量的总和乘以0.101元（1斤小米价），作为0.7公顷地的单价。经济作物，高于一般大田。

1953年6月，魏县执行河北省人民政府制定的征购征用土地及安置被占地农民试行办法中规定临时用地补偿标准：占用农民个人所有土地，每年每亩赔偿其常年产量的70%，占用农民耕种的国有土地，影响不大的赔偿常年产量的20%，影响大的赔偿常年产量的70%。

是年12月，魏县执行中央人民政府政务院颁布《国家建设征用土地办法》。标准是：一般土地以征用前3至5年产量的总和乘以0.123元（1斤小米价）作为一亩地单位，进行补偿。园地、水浇地价格可稍高于一般土地；洼地、碱地价格可略低于一般土地；地上附着物按其实际价格给予补偿。如树木移植，坟墓迁移，房屋拆迁等，还需给予一定的拆迁补助费用，在确定产值和地上附着物的价值时，由政府会同用地单位，村农民协会和土地所有人，经实际勘察后，一起协商补偿，然后签订契约，由用地单位支付土地和附着物的补偿费。

1955年3月8日，被征用土地补偿费，由所在地乡人民政府会同用地单位、原土地所有人共同评议，一般土地依最近3至5年产量的总值为准，个别高于常年产量之丰产地及采用新法经营之土地，可根据实际酌情变通处理。对荒地变旱田，或旱田变水田、园田，已按改变后的土地交纳公粮，即按改变后的土地评产。对空地、荒地可无偿征用。征用国有土地，对使用该地的农民也要按补偿费20至50%给予补偿，对征用土地上的建筑物或构筑物按结构结合现值评议之。因征地而带来生活困难者，由人民政府给予适当的救济。

1956年，魏县农业合作化掀起高潮，大部农户加入农业生产合作社，土地归集体所有。为兼顾农业生产合作社和单干户的利益，邯郸市人民委员会强调，凡征用农业生产合作社的土地，尽量征得入社农户本人同意，把土地补偿费交给农业社；征用单干户的土地，要把土地补偿费交给土地所有者本人。修公路占用集体土地的不予补偿。同时，在办理征地补偿时，不再立手续，采用签订协议的办法。征地批文作为用地单位使用国有土地的凭证。

1958年7月，魏县执行按照国务院修正的《国家建设征用土地办法》的规定，调整征用土地补偿标准。调整后一般土地的补偿，由原来的3至5年改为2至4年产量的总值；对开荒地由过去不给补偿，改为开荒地从交农业税时起，按一般土地进行补偿；地上附着物仍然以质论价，进行补偿。当时农村已成立了人民公社，土地补偿费均发给生产大队掌握使用。

1965年3月，一般土地的补偿标准一律按征地前3年产量的总值计算。

1972年4月，魏县执行《国家建设征用土地办法》规定，征地要付支农费，每征0.07公顷地要付400元支农费，后来又升为600至2000元。地上附着物补偿标准：征用有青苗的土地，尽量待青苗收获后占用；不能等的，按邻近土地收获后的实际产量予以补偿。征用刚下种的土地，如急需占用，按一季度产值补偿；如没有下种，但已施肥耕作，按季产值的20%补偿。征用土地上的树木，在不妨碍建设的情况下尽量保留；确需移伐的，由树主处理；保留的按实际价格补偿；移伐的给予移伐补助费。征用土地上的原建筑物给予拆除补助费。

1982年，根据河北省政府《村镇建设用地管理条例》，魏县砖瓦场占地在占用期间，按该队耕地平均年产值按年补偿，占用几年补几年，用后恢复耕种条件，退还集体。《河北省村镇建房用地管理实施办法》规定，乡镇企事业单位用生产队的土地，必须给予占补费。标准是：公社企业、事业单位占用耕地，按5年的年产值计算；大队企业事业单位占用耕地，按3年的年产值计算；社队企事业单位占用荒山、荒坡、河滩、坑塘等没有收益的土地，不予补偿。

1982年9月，河北省人民政府发布《河北省执行〈国家建设征用土地条例〉实施办法（试行）》，魏县境内基本上按照此法有关条款办理用地补偿。具体规定：凡征用县城城关镇所辖范围内耕地、蔬菜地，按该土地征用前3年平均年产值的6倍。其粮价按实际交售的征购价和超购价分别计算；征用果园、苇塘、鱼塘、林地等土地的补偿费，不分城镇和乡村，分别按：果园、苇塘均为该土地年产值的6倍；鱼塘除补偿工本费外，土地补偿费另按本县一般耕地年产值的2至3倍计算；征用林地，除补偿树木损失外，土地补偿费按本县一般耕地产值的2倍计算。

1985年8月，邯郸城乡建设委员会规定临时占地补偿办法：一般旱地，每年每亩补偿250至300元，水浇地每年每亩补偿350至400元，一般菜地每年每亩补偿450至550元，占用塑料大棚菜地，每年每亩补偿800至1000元。

1986年《中华人民共和国土地管理法》颁布后，临时占地补偿标准基本没变，但强调占地期满，另收恢复费。一般恢复费为年产值的1～2倍，破坏严重的不超过5倍。当年，邯郸行署颁发《邯郸市国家建设征用土地补偿标准暂行规定》。其中规定每亩产值：一般旱田300～400元；水浇地450～700元；菜地700～900元；塑料覆盖保护地达80%的菜地900～1200元。魏县根据实际情况，对征用土地补偿标准做了调整：土地补偿费，征用市郊和城关所辖范围内的耕地，为该耕地年产值的7倍；征用农村耕地，为该耕地年产值的5倍；征用果园、苇塘、藕塘均为该土地的6倍；征用鱼塘（池）除补偿工本费外，另按一般土地年产值的2至3倍补偿；征用林地，除补偿树木损失外，按一般土地年产值的3倍补偿；

征用有效益的非耕地，按一般土地年产值的20～30%以下给予补偿。粮价计算标准：按实际交售的征购和超购价分别计算，年产值包括副产品，副产品按粮价的15～25%计算补偿。

1987年，《河北省土地管理条例》规定，乡镇企事业占地补偿费由原来的按5年产值给予补偿改为按6年产值给予补偿。

1988年1月，魏县执行国家《中华人民共和国土地管理法》和《中华人民共和国土地管理条例》，明确国有土地划拨费标准。划拨城市规划区内的国有土地，依距中心区繁华区的远近，每亩10000至18000元；划拨城市规划区以外的土地，每亩6000至10000元；划拨县城、镇规划区内国有土地，每亩4000至6000元；划拨塌陷波及区的土地，每亩6000元；划拨塌陷地，每亩50000元；划拨国有荒地，每亩500至1000元；划拨国有河滩地，每亩1000至2000元。

凡占用农用地转非农用地的，视为国有土地，一律按划拨手续办理。补偿费每亩蔬菜大棚地价每亩24000元；一般蔬菜地价每亩18000元；水浇地每亩14000元；一般旱地每亩9000元；非耕地每亩3000元。收缴的费用由市县土地管理部门核收，交同级地方财政，用于公共事业建设。

1988年5月，魏县对外商投资企业一律免征基础设施配套费，在开发费和使用费综合计收的，每年每平方米收人民币2～10元；开发费一次性计收或者上述企业自行开发场地的地区，使用费每年每平方米收人民币1～2元；出口产品、使用先进技术企业、外商投资农、林、牧和养殖方面的项目开发前3年，可免收土地使用费。

1994年7月，魏县执行邯郸市土地管理局地价评估中心评估确定土地补偿价格，企业一般采用货币补偿或异地重建的补偿方式。

2000年，国家和省、市规定，非农业建设项目，确需占用耕地的，依法履行补充耕地义务，做到“占一补一，先补后占，占补平衡”。魏县执行征用各类土地的补偿标准：旱地每亩700～900元，种植甘薯的旱地按水浇地补偿；水浇地每亩1100～1300元；种植稻米的水浇地，按粮菜果套种作土地补偿；菜地、露地菜每亩2000～2500元；小棚菜每亩3500～4000元；大棚菜每亩4000～6000元，其中冷棚为每亩4000～4500元，日光温室为每亩4500～5500元，有取暖设施和钢架中间支柱的每亩6000元；粮菜果和经济作物间作和套作土地每亩1200～1500元；果树、花生、棉花、蔬菜用地地价每年产值按水浇地下限计算；鱼塘、坑塘等用地的每年产值按旱地上限计算；征用耕地以外的其他农用地土地补偿费和安置补助费，按旱地每亩产值上限计算；征用未利用土地的土地补偿费按旱地每亩年产值下限计算。征用土地补偿标准计算：征用耕地的土地补偿费，为该耕地被征前三年平均年产值的6～10倍；征用耕地以外的其他农用地和建设用地的土地补偿费为该土地所在乡镇耕地前3年平均年产值的5～8倍；征用未利用地的土地补偿费，为该土地所在乡镇耕地前3年平均年产值的3～5倍。

2002年3月30日，河北省第九届人民代表大会常务委员会第二十六次会议对《河北省土地管理条例》进行了第四次修正，规定：征用耕地的土地补偿费，为该耕地被征用前三年平均年产值的六倍至十倍。征用耕地以外的其他农用地和建设用地的土地补偿费，为该土地所在乡（镇）耕地前三年平均年产值的五倍至八倍。征用未利用地的土地补偿费，为该土地所在乡（镇）耕地前三年平均年产值的三倍至五倍。征用耕地的安置补助费，为该耕地被征用前三年平均年产值的四倍至六倍。征用耕地以外的其他农用地和建设用地的安置补助费，为该土地所在乡（镇）耕地前三年平均年产值的四倍至六倍。征用未利用地的，不支付安置补助助费；被征地单位的土地被全部征用者，经申报省人民政府批准后，可将农业人口转为非农业人口。

2012 年，邯郸市专家在魏县研究耕地补偿方案

2005 年 10 月，魏县制定征地统一年产值标准。在全县范围内，综合考虑被征收农用地类型、质量、等级、农民对土地的投入以及农产品价格等因素，以 2002 ~2004 年主要农产品平均产量、价格为主要依据测算得到的土地综合收益值，包括主要农地年产值和土地附加收益。在统一年产值标准的基础上，根据土地区位、农民现有生活水平和社会经济发展水平、原征地补偿标准等因素，确定相应的补偿倍数进行计算可得到征地补偿标准。

2006 年，魏县征地区片综合地价调整，涉及县城周围 14 个行政村，征地区片综合地价分三个区片征地，统一产值标准涉及全县 21 个乡镇，综合年产值分 4 个区域。全县统一年产值标准对应的基准点为 2006 年 1 月 1 日起，有效期为 3 年。共分为 4 个区域。见表 10 - 2 - 1 - 1。

2006 年魏县征地统一年产值补偿标准表

表 10 - 2 - 1 - 1　　单位：万元、亩、公顷

区域	统一年产值标准		补偿倍数	补偿标准		补偿标准区域范围描述	说明
	元/亩	万元/公顷		万元/亩	万元/公顷		
全县	1175	1.76	17	2.00	30.00	魏县（除征地区片综合地价应用范围）的集体农用地	主要农作物为小麦、玉米
区域Ⅰ	1321	1.98	17	2.25	33.75	魏城镇（除征地区片综合地价应用范围）的集体农用地	本区是县政府所在地，农业经济发展水平高，征地统一，年产值最高

续表

区域	统一年产值标准		补偿倍数	补偿标准		补偿标准区域范围描述	说明
	元/亩	万元/公顷		万元/亩	万元/公顷		
区域Ⅱ	1242	1.86	17	2.11	31.65	包括北皋镇、车往镇、回隆镇、双井镇、牙里镇5个镇	本区位于魏县中部和西部，农业经济发展水平高，征地统一，年产值最高
区域Ⅲ	1136	1.70	17	1.93	28.95	包括棘针寨乡、东代固乡、德政镇、沙口集乡、野胡拐乡、仕望集乡、前大磨乡、院堡乡、北台头乡、南双庙乡、泊口乡、张二庄乡、边马乡13个乡镇	本区位于魏城镇周边地区，但由于土地质量较差，征地统一，年产值较低
区域Ⅳ	1098	1.65	17	1.87	28.05	包括大辛庄乡、大马村乡2个乡	本区位于魏县东部，土壤质量差，征地统一，年产值最低

2008年9月，为完善征地补偿机制，维护农民合法权益，根据国家有关规定和各地经济社会发展情况和河北省人民政府的要求，魏县对征地补偿实行区片地价。征地区片地价为征地综合补偿标准，是在统一年产值标准的基础上依据地类、产值、土地区位、农用地等级、人均耕地数量、土地供应关系、当地经济发展水平和城镇居民最低生活保障水平等因素的差异，划分征地区片，并采取征地案例比较法和年产值倍数法测算的征地补偿标准；周边乡镇部分的征地区片地价是在综合考虑被征收农用地类型、质量、等级、农民对土地的投入以及农产品价格为主要依据测算得到土地综合收益值，并根据土地区位、农民现有生活水平和社会经济发展水平、原征地补偿标准等因素，确定相应补偿倍数计算得到的征地区片补偿标准。本次征地区片地价对应的基准点为2009年1月1日，有效期为3年。

见表10－2－1－2。

2009年魏县征地区片地价表

表10－2－1－2　　单位：万元、亩、公顷

区片编号	区片价		区片范围描述	说明
	万元/亩	元/公顷		
Ⅰ	3.96	594000	范围覆盖东关、南关、杜疃、石辛寨4个行政村	距离县城最近，区位条件好，交通便利，土地需求旺盛，农业产值高，人均收入及社会保障水平高，地价水平最高

续表

区片编号	区片价		区片范围描述	说明
	万元/亩	元/公顷		
Ⅱ	3.91	586500	范围涉及大北关、东小门、皇小庄、河里东、冯辛寨、三田6个行政村	位于县城周边，区位条件较好，交通便利，土地需求量较小，农业产值较高，人均收入及社会保障水平较高
Ⅲ	3.84	576000	范围涉及常小庄、冯小庄、吴辛寨、岗井4个行政村	距县城距离较远，区位条件较好，交通条件较好，土地需求量较小
Ⅳ	3.11	466500	魏城镇（除城区规模扩展部分征地区片地价应用范围）的集体农用地	魏城镇为魏县县城所在地，是魏县的行政中心，其区位优势明显，且土地质量好，农业产值较高
Ⅴ	2.91	436500	北皋镇、车往镇、回隆镇、双井镇、牙里镇的集体农用地	该5镇位于魏县中部和西部，农业经济发展水平较高
Ⅵ	2.84	426000	棘针寨乡、东代固乡、德政镇、沙口集乡、野胡拐乡、仕望集乡、前大磨乡、院堡乡、北台头乡、南双庙乡、泊口乡、张二庄乡、边马乡的集体农用地	本区片位于魏城镇周边地区，但由于土地质量较差，农作物产值较低，经济效益较差
Ⅶ	2.80	420000	大辛庄乡、大马村乡的集体农用地	本区片位于魏县东部，土壤质量差，农作物产值最低，经济效益最差

2011年，为保障建设用地需要，维护被征地农民合法权益，确保被征地农民原有的生活水平不降低，长远生计有保障，遵循同地同价原则，省人民政府制定全省征地区片地价新的标准，并下发了《河北省人民政府关于实行征地区片价的通知》（冀政〔2008〕132号），魏县遵照省政府的文件精神，结合实际情况制定了魏县征地区片地价，划分了5个区片地价报省政府批准。自2012年1月1日实行。（祥见第八编2012年魏县区片地价表）

2012年地上附着物补偿

青苗补偿费。征地单位损坏被征土地上种的作物，对原使用土地人给予青苗补偿，其标准为：①凡已经下种者，尽量待收获后再占用，确因工程紧迫，急需占用者，按一季度计算补偿；②被征用土地上无青苗者，因土地已经施肥、犁耙、平整、即将下种，应按季产值的20%计算补偿费。

林木补偿（补助）费。在被征用土地范围内附带树木，在不妨碍建设的情况下，不应移伐，由用地单位保留。移伐者，由被征地单位或个人处理。移伐补助费和保留补偿费标准如下：见表10－2－1－3 。

2012年果树补偿表

表10-2-1-3　　单位：元/株

类　别	范围划分	移伐补助	保留补偿
梨树苹果	未结果小树	1~4	3~10
桃杏枣树	结果成树	年产值5倍	年产值6倍

苗圃：成片幼苗，苗高50厘米以下，移植每株1-2元，苗高50厘米以上，100厘米以内的，移植补助每株按2至4元计算；苗高1米以上的，移植补助费每株按4-10元计算。具体实施后，多高于本规定，移植补助费每株按10-15元计算。见表10-2-1-4。

2012年一般林木幼苗补偿表

表10-2-1-4　　单位：元/株

胸经（厘米）	移植补助	保留补偿
5以下的	1~2	2~4
6~10	2~4	5~10
10~15	4~10	此以下均按国家木材价折算
15~25	6~15	
30以上的	10~20	

建筑物拆迁补助费：坟墓迁移费。每坟补助50~150元，无主坟墓深埋处理。凡属古墓、烈士墓者，应分别通过有关文物、民政部门办理挖掘、搬迁事宜。

其它附着物。如水塔、烟筒、水渠等未作具体规定，应按设施的投资情况另行商定处理。见表10-2-1-5。

2012年建筑物拆迁补助费表

表10-2-1-5　　单位：平方米、元、眼

名　称	单位	结构特征	补助（元）
民间瓦房	平方米	梁檩木架 砖墙瓦顶	20~30
门楼	平方米	砖基砖墙 土墙取上限	8~15
院墙	平方米	砖墙取上限	5~10
民间砖井	眼	青砖砌筒	300~500
机井（水泥管）	眼	深3米（每增减10米，增减500元）	1800元

2015年，魏县为维护被征地农民切身利益、保障经济建设健康发展，着力解决征地工作中存在的补偿标准偏低、同地不同价、随意性较大等突出问题，对现行区片价进行调整，并于2015年6月1日起正式公布实施。修订后的征地区片价覆盖魏县行政区域范围内的全部集体土地，不包括基本农田保护区、法定生态保护区及其他规定的特别保护区等区域。共涉及魏城镇、德政镇、仕望集乡、棘针寨乡、东代固乡、张二庄乡、双井镇、回隆镇、北皋镇、车往镇、牙里镇、沙口集乡、前大磨乡、院堡乡、北台头乡、南双庙乡、泊口乡、大辛庄乡、大马村乡、边马乡21个乡（镇）、561个行政村的集体土地，测算总面积为86362.69公顷（1295440.35亩）。

魏县根据当地经济发展状况，依据地类、农业产值、土地区位、农用地等级、土地供需、人均耕地、社会保障状况、城市发展规划、基础设施完善程度、环境污染状况等因素修订区片，并采用征地案例比较法、年产值倍数测算法等方法确定的征地综合补偿标准，将征地区片价测算范围内集体土地划分为四个区片，区片的划分符合集中连片以及均质性原则，同时也体现魏县城市建设的未来发展方向。

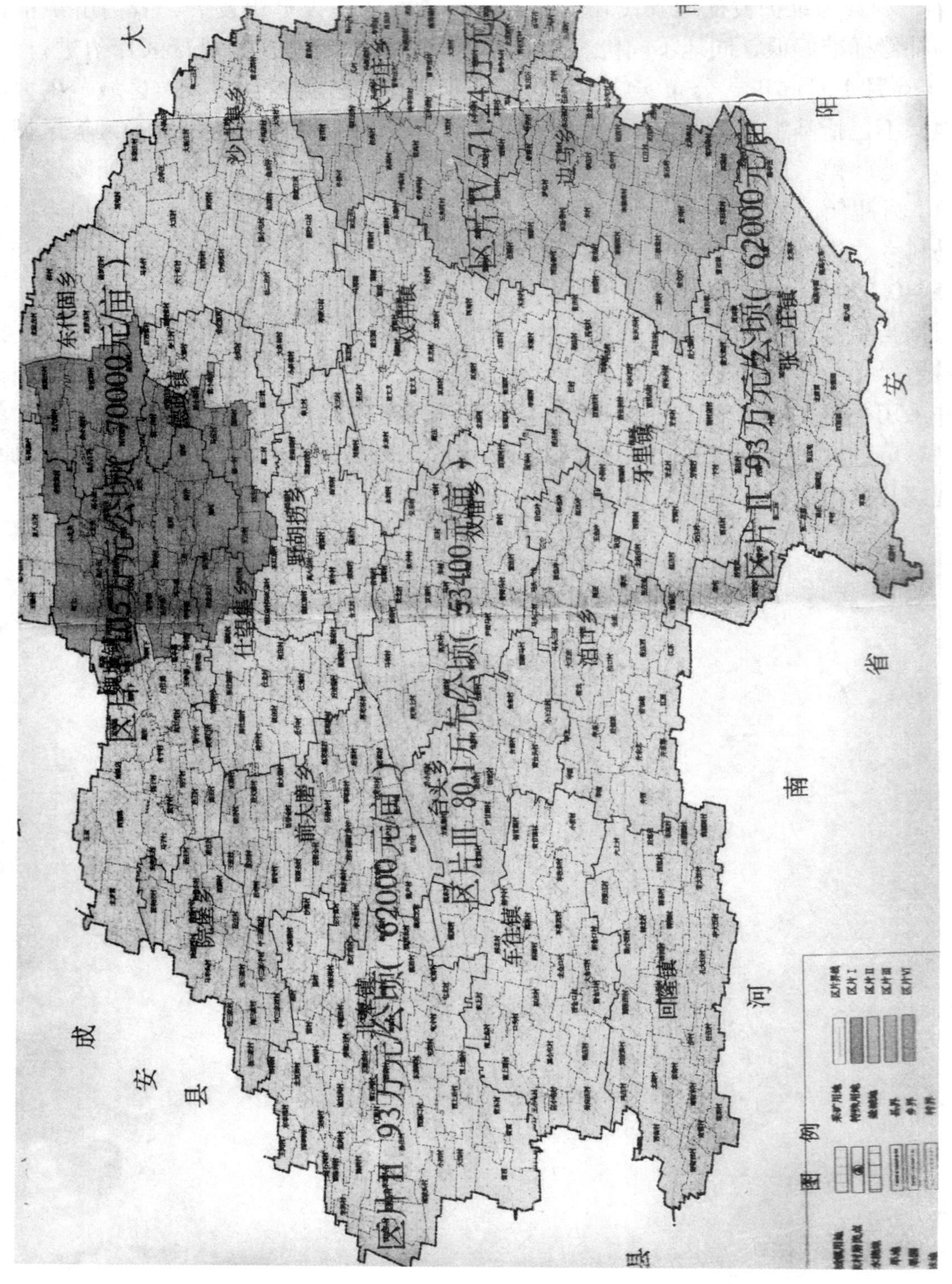

图8-4-2-14　2005年，魏县区片地价图

第二节 安 置

一、《中华人民共和国土地管理法》颁布前

在征占农民土地时，除了给以补偿费外，还有一个相关的安置问题。解放后，共产党和人民政府时刻想到人民利益，对被征占土地农民的生产、生活十分关怀，采取了一系列措施，并逐步制定了一些规定。1949 年，邯郸对被征地单位人员的安置工作没有具体规定，只强调国家征用农民个人土地时，要照顾到农民的利益。如因国家建设征用土地，使农民无地少地时，政府要给农民调剂部分国有土地，用地单位要照顾失地农民的就业问题。

20 年代 50 年代初期，农民耕种的土地被征用后，当地人民政府负责协助解决其继续生产所需之土地或协助其转业，不得使其流离失所；用地单位亦应同政府劳动部门在条件许可范围内，尽可能吸收其参加耕种；以便尽快解决其生活上的困难。

1953 年 6 月，《河北省军用土地征购征用安置被占地农民试行办法》和《河北省征购征用土地安置被占地农民试行办法》对失地农民的安置措施，一是组织被占地户迁移到外乡、村进行生产生活；二是协助被征地村的农民发展工副业生产，或介绍到厂矿企业做工。12 月 5 日，中央人民政府政务院颁布《国家建设征用土地办法》，对安置补助没有明确规定。邯郸地区行署发布《关于征用土地存在问题的指示》，也未明确失地农民安置办法。

1956 年，农业生产合作化完成。同时，为国家动员知识青年“上山下乡”的方针相衔接，就不再要求协助被征地农民转业或招其参加工作了，而改为就地在农业上予以安置。随着农村生产经营体制的变革，征地工作由原来的对农户转变为对集体后，开始执行的是一个生产队土地被征而影响生产、生活的，可从其它生产队调济。后来，发展演变为在计算征用土地补偿费、地上附着物补偿费的同时，也按计算标准给予安置补助费。

1958 年 1 月，国务院新修订的《国家建设征用土地办法》中规定：因土地被征用而需要安置的农民，当地乡（镇）或县级以上人民委员会应该尽量就地在农业上予以安置；对在农业上无法安置的，当地县以上人民委员会民政、劳动部门应该会同用地单位设法就地在其他方面安置；对就地在农业上或在其他方面都无法安置的，可以组织移民。组织移民应该由迁出或迁人地区县级以上人民委员会共同负责，移民费用由用地单位负责支付。

1982 年河北省人民政府颁发《河北省执行国家建设征用土地条例实施办法（试行）》。其中规定生活安置费，城镇为年产值的 3 倍，农村为年产值的 2 倍，平原地区人均耕地不足半亩的可适当提高，但土地补助费和安置补助费两项不得超过年产值的 10 倍。特殊情况需经河北省政府批准，两项总和不超过 20 倍。征用菜地时，要交纳菜田建设基金，省规定每亩 0.5～1 万元，邯郸市规定每亩 0.4～0.5 万元。

二、《中华人民共和国土地管理法》颁布后

1987 年，根据《中华人民共和国土地管理法》和《河北省土地管理条例》规定，邯郸地区行署对国家建设征用土地补偿标准暂行规定，安置补助费为征用人均耕地 0.3 亩以下的村庄，耕地安置补助需经省批准，城镇不超过年产值的 14 倍，农村最高不超过 10 倍；加上土地补偿费，城镇不超过 20 倍，农村不超过 15 倍。征用平原地区人均耕地 0.3 ~0.5 亩，山区人均耕地 0.3 ~1 亩的安置补助费，城镇最高不超过 10 倍，农村最高不超过 7 倍；加上土地补偿费，城镇不超过 16 倍，农村不超过 12 倍；征用平原地区人均耕地 0.5 ~1 亩，山区人均耕地 1 ~1.5 亩的安置补助费，城镇不超过 12 倍，农村不超过 9 倍。

魏县结合本县情况，对安置补助和安置补助范围作出了规定：凡征用县城城关所辖范围内的耕地，每个农业人口的安置补助费按该耕地被征用前 3 年平均年产值的 3 倍计算；人均耕地较少的村组（人均 0.5 亩以下的），可适当提高一些，但每亩耕地的安置补助费，最高不得超过年产值的 10 倍；对于征用园地、林地、渔塘、苇塘等，因土地补偿费已经按高限额计算，故不再支付安置补助费。如有特殊情况，确需支付适当安置补助费时，应报县人民政府批准。但每亩耕地土地补偿费和安置补助费的总和不得超过年产值的 20 倍；对于征用旧宅闲院、沙滩、碱地等没有收益的土地，不予支持安置补助费。

1994 年，魏县遵照执行邯郸市人民政府印发《邯郸市建设用地管理暂行规定》，对本行政区域内的土地，实行统一规划、统一征地、统一开发、统一出让、统一管理（以下简称五统一），土地补偿费、安置补助费、地上附着物和青苗补偿费标准不得突破，不得附加其他条件，任何单位和个人不得阻挠统一征地。

2000 年，魏县执行《邯郸市国家建设征地补偿标准的通知》规定，对征用耕地的安置补助费标准，为该耕地被征用前三年平均年产值的四至六倍。征用耕地以外的其他农用地安置补助费标准，为该乡（镇）耕地前三年平均年产值的四至六倍。征用未利用土地不支付安置补助费。平均年产值依据县人民政府统计部门出具的前三年产值的统计资料计算。

2005 年，魏县执行河北省人民政府《关于建立被征地农民养老保险制度的意见》，在城镇规划区内和城镇规划区外的独立矿区、国家重点项目建设区内，由国土资源部门统一征地，根据《中华人民共和国农村土地承包法》的有关规定，被征地时享有第二轮土地承包权，被征地后人均农业用地不足以维持基本生活的农民纳入保障范围。征收农用地（不包括建设用地、未利用地）时，征地补偿费提取 10% 上交社保部门，由社保部门建立被征地农民的养老保障风险基金，风险基金在土地征用时随时提取。

第三章　土地管理改革

随着社会的进步和经济的发展，土地管理制度在一定的历史时期发挥了作用。但随着人

多地少，矛盾逐步凸显，旧的土地管理方式和方法与经济社会发展和现代市场经济体制建设，尤其是一些法规和相关制度不再适应新形势的需要，必然要改变。1996 年，《中华人民共和国土地管理法》颁布实施，魏县严格控制建设用地增量努力盘活土地存量，强化节约利用土地，正确处理保障经济社会发展与保护土地资源的关系。1999 年，《中华人民共和国土地管理法》修订后，魏县调整管理模式，夯实集体土地权能、健全用途管理制度、完善征地制度，全面推进土地要素市场化改革，在遵照各历史时期的土地政策和法律法规基础上，先后制定《魏县城镇国有土地使用权出让和转让实施细则》《魏县国有土地使用权出让划拨实施办法》等相关规范性文件，促进了地方经济的发展。

第一节　改革内容

一、定额管理

建国前，各类建设用地没有定额，用多少，占多少，造成土地浪费。建国后，各类建设用地一直是遵循着合理和节约用地这条原则．过去有些行业定过一些建设用地定额。作为确定审批用地的衡量标准和依据，各类建设项目用地定额指标，尚无形成一套完整的、适应建设需要的体系。1987 年以后，河北省人民政府对国家建设、乡镇企业、农民建房各项建设用地实行总量控制，下达年度用地计划，其中耕地作为指令性计划，非耕地做为指导性计划，指标节约不转入下年计划。魏县在审批建设用地中，按省下达的定额指标，坚持计划管理，严把审批关，实行建设用地全程管理，由县政府一支笔批地，县土地管理局一家办理用地手续。从执行情况来看，既保证了重点项目的建设，又使非农业用地规模得到了控制。

1999 年，随着市场经济的发展，《中华人民共和国土地管理法》修订后，国家不再下达建设用地计划指标，也不再实行定额管理，魏县严格实行土地用途管制、土地置换、耕地占补平衡、增减挂钩等政策。

二、计划管理

建国前，魏县建设用地无计划，随意性强。建国后，改革开放初期，建设征用土地是土地随着项目走，敞口使用。1986 年 8 月，河北省人民政府首次提出对各类建设用地实行计划管理，省政府常务会讨论建设用地计划时明确表示：用地要有计划，一定要把乱占滥用土地管住。对此，国务院领导也有明确指示，土地管理的根本任务是控制占地。

为加强土地宏观管理，控制占地总量，从 1987 年开始，魏县遵照《建设用地计划管理暂行办法》，实行了农业建设用地计划管理．对国家建设、乡（镇）村集体建设、农民建房三项建设用地实行了总量控制。县政府将年度建设用地计划分为耕地、非耕地两种，其中耕地作为指令性计划，不得突破。非耕地作为指导性计划，在每年编制用地计划时，以不超过上级下达总指标为原则，根据乡镇各类建设需要申报用地的数量，然后由县土地管理部门汇总、研究、平衡，确定全县年度用地计划。1996年，为贯彻“十分珍惜和合理利用每寸土地，切实保护耕地”的基本国策，魏县严格各项建设用地计划管理，实行统一计划，分级管理的原则，进行总量控制。1999年，《中华人民共和国土地管理法》修订后，魏县结合实际，按照年度计划和产业政策，建立项目储备制度、项目会审制度、动态管理制度和计划执行考核等制度等对符合国家产业政策、土地利用总体规划和城市总体规划等拟用地项目进入预备库，为申报和安排建设用地计划提供依据。对已进入预备库，并完成立项、规划选址、用地预审、环评等前期工作，符合项目用地报批条件的项目可进入储备库。没有进入储备库的项目，原则上不在当年用地计划中安排用地；对重点建设项目，实行由发改局、国土资源局、住房和城乡建设规划局三部门组成的建设用地计划管理联席会议制度，根据使用建设用地指标的条件、原则等，确定可使用指标的项目报县政府同意后，由国土资源局下达项目及建设用地报批的通知，项目单位据此办理用地等相关手续。并对年度重大项目及用地计划执行情况，进行定期督察；当年下达的建设用地指标，用地单位在接到建设用地报批项目通知后的规定时间内使用用地指标，愈期未使用的，用地指标收回，由县统筹安排用于储备库其他项目的用地报批。每年年初对各乡（镇）、街道办和各项目责任部门上年度用地计划执行情况、集约节约用地情况（包括批而未供、供而未用等存量土地的盘活情况）进行考核，考核结果作为下年度计划编制的主要依据，并形成了一项钢性制度延续执行。

三、土地用途管制

1999年，《中华人民共和国土地管理法》明确规定，中国实行土地用途管制制度。

2000年，为保证土地资源的合理利用和优化配置，促进经济、社会和环境的协调发展，魏县通过土地利用总体规划等政府强制力，规定土地用途，明确土地使用条件，土地所有者、使用者必须按照规划所确定的土地用途和条件使用土地。实行土地用途管制制度，控制建设用地总量，促进集约利用，提高资源配置效率。同时，通过增设农用地转用审批环节，为土地利用总体规划的有效实施提供保证。其社会目标是维护社会公共利益，保护耕地，控制建设用地；限制不合理利用土地的行为，克服土地利用的负外部效应，提高土地利用率；保护和改善生态环境，防止土地资源浪费和地力枯竭，实现土地资源的可持续利用。

2001年，魏县将土地分为农用地、建设用地和未利用地，严格限制农用地转为建设用地，控制建设用地总量，对耕地实行特殊保护，使用土地的单位和个人按照土地利用总体规划确定的用途使用土地。农用地的用途管制包括农地非农化的管制和农地农用的管制两方面，坚持“农地、农有、农用”的原则，限制农地非农化，鼓励维持农用。建设用地的用途管制按建成区和规划区的不同有不同的管制规则。土地用途管制包括用地指标管制、现状管制、规划管制、审批管制和开发管制。根本目的是在坚持因地制宜、科学规划原则的基础上，依据可持续发展的战略方针，严格限制农用地转为建设用地，落实耕地总量动态平衡的目标，实现土地利用方式由粗放型向集约型转变，促进区域社会经济的持续发展和土地的持续利用，达到社会、经济、生态综合效益的最优化。

四、占补平衡

1999 年，魏县实行占用耕地补偿制度，非农业建设经批准占用耕地，按照占多少、补多少的原则，由占用耕地的单位负责开垦与所占用耕地的数量和质量相当的耕地；没有条件开垦的或开垦的耕地不符合要求的，按规定缴纳耕地开垦费，专款用于开垦新的耕地。严格执行耕地占补平衡制度，实行先补后占，没有完成耕地补充的一律不予报批土地，建立健全耕地占补平衡台帐，做到管理规范，数据齐全。为保障计划指标用地，每年选择部分未利用土地进行开发复垦，增加占补平衡指标。2008 年～2012 年通过 5 个土地整治项目，共增加占补平衡指标 126. 51 公顷，其中新增耕地面积 105. 06 公顷。

2010 年，实施 2 个土地整治项目，整理土地 80 公顷，通过验收新增耕地 38. 87 公顷。2011 年，实施 2 个基本农田整理项目，新增耕地 89. 33 公顷。2012 年，推进土地整治工作，扩充耕地面积，提升耕地质量，确保全县耕地占补平衡，实施 3 个土地整治项目，扩充耕地 120 公顷。2013 年，实施 2 个土地开发整治项目并通过验收，扩充耕地面积 30. 67 公顷。2014 年，实施 3 个土地整治项目，整理规模 45. 93 公顷，并通过验收，新增耕地 32. 2 公顷。2015 年，实施 2 个占补平衡项目，并通过验收，新增耕地 91. 63 公顷。2016 年，实施 5 个补充耕地项目，并通过验收，新增耕地 64. 73 公顷。

五、增减挂钩

从上世纪 90 年代后期开始，一些地方相继采取建设用地置换、周转和土地整理折抵等办法，盘活城乡存量建设用地，解决城镇和工业园区建设用地不足。为了引导城乡建设集中、集约用地，解决小城镇发展用地指标问题，2000 年 6 月《中共中央国务院关于促进小城镇健康发展的若干意见》（中发〔2000〕11 号）提出，“对以迁村并点和土地整理等方式进行小城镇建设的，可在建设用地计划中予以适当支持”，“要严格限制分散建房的宅基地审批，鼓励农民进镇购房或按规划集中建房，节约的宅基地可用于小城镇建设用地。”

为贯彻落实中发〔2000〕11 号文件，国土资源部随后发出《关于加强土地管理促进小城镇健康发展的通知》（国土资发〔2000〕337 号），第一次明确提出建设用地周转指标，主要通过“农村居民点向中心村和集镇集中”、“乡镇企业向工业小区集中和村庄整理等途径解决”，对试点小城镇“可以给予一定数量的新增建设用地占用耕地的周转指标，用于实施建新拆旧”。《国务院关于深化改革严格土地管理的决定》（国发〔2004〕28 号）也提出，“鼓励农村建设用地整理，城镇建设用地增加要与农村建设用地减少相挂钩”。

为了稳妥推进城乡建设用地增减挂钩，针对年度计划指标少、用地量大的压力，为保障用地需求，从 2007 年开始，魏县开展砖瓦窑整治工作，每年有计划拆除复垦一批，争取增减挂钩指标。2010 年，魏县国土资源局结合实际，主动破解难题，克服困难，主动出击，全力跑办，在“外争增量，内挤存量”上下功夫，以保重点、保急需、保开工为原则，筛定项目安排计划，对接指标，狠抓砖瓦窑的整治工作，向上申请 11 座砖瓦窑厂置换项目，实施增减挂钩，置换建设用地 73. 33 公顷，为“梨乡水城”建设提供了用地支撑。2012 年，魏县国土资源局以筛定项目排计划，对接指标定地块，科学统筹安排年度用地方案，争取城乡建设用地增减挂钩指标 19.87 公顷。2013 年，坚持把“好钢”用在“刀刃”上，深研活用上级政策，向上争跑计划指标，争取城乡建设用地增减挂钩指标 33.8 公顷。2014 年，魏县县委、县人民政府提出强抓项目建设，着力提升县城经济发展，坚持“工业立县、项目突破”战略，魏县国土资源局面对用地保障工作压力增大，上级用地政策持续紧缩，土地供需矛盾严重的难题，千方百计在争取城乡建设用地增减挂钩指标 19.87 公顷。2016 年，争取城乡建设用地增减挂钩指标 32.47 公顷。

六、土地面积计量单位改革

土地面积计量单位的出现也是人类改造自然的结果。在原始社会后期，由于农业的兴起，需要对耕地面积进行测量，这就自然产生了土地面积的计量单位。中国最早土地面积的计量单位是“亩”。随着社会的发展，“古者建步立亩”，使亩与人体的部位发生了联系，这样既便于测量，亦便于记忆。至今，在中国的农村还流传着“长 16，宽 15，不多不少整一亩”的口诀。历史上，“亩”曾出现过大、中、小。“大亩”折合 750 平方米（周朝），“小亩”约合 150 平方米（南北朝），其他时期为“中亩”折合 610 平方米。民国十八年（1929 年），民国政府规定 6000 平方尺（即 60 平方丈）为一市亩，合 666 平方米，使用该数据一直延用至今。

“亩”的单位大小很不一致，东北地区广泛使用的亩俗称东北亩，即东北亩 =90 方丈 1000 平方米，而其他地区使用的亩则是 60 平方丈 666 平方米。故而亦有称之为“关外亩”、“关内亩”的。除此以外，有的地方民间还使用“圩区亩”、“山区亩”、“弓亩”，以及用白布尺（83 市尺）、百步尺（进行测量土地面积的“亩”）。早在明代，中国著名的数学家、发明家程大位，为能既简便而又较能准确测量土地面积，就曾精心设计并制作过“世界上第一只卷尺雏形——丈量步车”，以用于民间土地面积步尺方法的准确测量，受到世人的关注和称道（安徽屯溪珠算博物馆藏有“丈量步车”）。鉴于上述情况，1982 年，中国著名数学家华罗庚先生和当时的安徽省副省长杨纪珂教授，在安徽进行调查研究的基础上，在全国人大会议中首次提出了“改革土地面积市制计量单位”的议案，受到重视。国务院在 1984 年 2 月 27 日，发布的《关于在我国统一实行法定计量单位的命令》中即确定：“农用土地面积计量单位的改革，要在调查研究的基础上制订改革方案，另行公布”。1990 年 7 月 27 日，国务院第 65 次常务会议批准了国家技术监督局、国家土地管理局和农业部共同拟定的《关于改革我国土地面积计量单位的方案》，决定采用以下土地面积计量单位名称：平方公里、平方米，经国务院批准，国家技术监督局、国家土地管理局和农业部，以技监量 660 号文联合发出了《关于改革全国土地面积计量单位的通知》，指出：“长期以来我国土地面积计量单位沿用市制，即‘市亩’、‘市分’、‘市厘’等，与国际上通用的土地面积计量单位不一致，对平方米的换算是循环小数，计算麻烦。而且各地‘亩’的实际大小也不一致，加上种种原因，致使中国耕地面积的统计数（14.9 亿亩）与概查数相差很大，所以，土地面积计量单位急需统一，急需改革。”并规定：“经国务院同意，自 1992 日起，在统计工作和对外签约中一律使用规定的土地面积计量单位”土地面积实用公顷、平方米、平方千米。根据这一工作要求，魏县采取相应措施。一是利用广播、电视、黑板报等多种形式深入广泛地进行宣传教育，做到家喻户晓，人人皆知；二是县、乡、镇政府加强对此项工作的领导，组织召开有关部门协调会议，落实人员，制订贯彻实施计划；三是县、乡的统计部门和广播、印刷行业，土地、农业（林业）、畜牧、水产、建筑等部门的生产和工作计划、规划等，采用新的土地面积计量单位；四是拟先试点，取得经验，逐步向广大农村推广；五是县标准计量局、县土地管理局、县农牧局组织培训宣讲人员，进行技术指导。

改革土地面积计量单位，牵涉到千家万户，是关系到农民切身利益的一件大事，为更好地在全县贯彻实施新的土地面积单位，1993 年，魏县技术监督局、魏县土地管理局组织编印了《改革土地面积计量单位宣传资料》4000 册，发放有关宣传画 2000 份，召开了县直单位座谈会，统一了对土地面积的改制要求，1994 年，进一步推动了全县土地面积计量单位的改革工作，1995 年后，全面实施新的土地面积法定计量单位。

附：

常用土地面积换算公式

1 亩 =60 平方丈 =6000 平方尺，1 亩 =666. 6 平方米。

其实在民间还有一个更实用的口决来计算：平方米换为亩，计算口诀为“加半左移三”。1 平方米 =0. 0015 亩，如 128 平方米等于多少亩？计算方法是先用 128 加 128 的一半：128 +64 =192，再把小数点左移 3 位，即得出亩数为 0. 192。亩换平方米，计算口诀为“除以三加倍右移三”。如要计算 24. 6 亩等于多少平方米，24. 6 ÷3 =8. 2，8. 2 加倍后为 16. 4，然后再将小数点右移 3 位，即得出平方米数为 16400。

市亩和公亩以及公顷又有很大的差异，具体换算公式如下：

1 公顷 =15 亩 =100 公亩 =10000 平方米。

1（市）亩 =666. 66 平方米。

1 公顷 =10000 平方米。

1 公亩 =100 平方米。

1 公顷 = 0. 01 平方公里（平方千米）。

1 平方公里 =100 公顷。

1 公亩 =0. 15 亩。

七、土地招拍挂

中华人民共和国建立后，魏县国家机关事业单位、驻军部队、学校等使用土地，由县人民政府无偿拨给使用，国营企业、公私合营企业使用国土地的，均有县政府单一行政划拨，无偿无限期使用。

中共十一届三中全会后，随着社会主义计划经济体制向社会主义市场经济体制的转化，无偿使用制与经济发展之间的矛盾日益突出，使国家作为土地所有者，土地资产流失。1993年4月10日，魏县召开国有土地使用制度改革会议，加强对国有土地出让管理，先后制定《魏县城镇国有土地使用权出让和转让实施细则》《魏县国有土地使用权出让划拨实施办法》《关于加强国有土地管理的通告》等一整套规范性文件，实行政府高度垄断一级土地市场，建设用地变“先立项后给地”为“先给地后立项”，一律实行“公开、公平、公证”的土地招标、拍卖、挂牌制度。10月5日，魏县敲响了全市国有土地使用权公开拍卖第一槌。之后，魏县历年对国有土地使用权实行公开出让。

2010年6月30日，魏县人民政府依法对位于礼贤街南段路西国有土地使用权公开挂牌出让，出让该宗地面积21714.59平方米，用途为住宅用地，年限为70年，并在部门网站上发布挂牌出让公告。8月11日，魏县顺驰房地产开发有限公司以2443万元取得该宗土地国有建设用地使用权，经挂牌出让价成交公示到期后，魏县国土资源局与魏县顺驰房地产开发有限公司签订《国有建设用地使用权出让合同》，该开发公司办理相关用地手续。

2011年4月29日，魏县人民政府依法对位于礼贤街南段路西国有土地使用权公开挂牌出让，出让该宗地面积24264.95平方米，用途为住宅用地，年限为70年，并在部门网站上发布挂牌出让公告。6月13日，魏县顺驰房地产开发有限公司以3212万元取得该宗土地国有建设用地使用权，经挂牌出让价成交公示到期后，魏县国土资源局与魏县顺驰房地产开发有限公司签订《国有建设用地使用权出让合同》，该开发公司办理相关用地手续。

2012年7月19日，魏县人民政府依法对位于杜疃村南国有土地使用权公开挂牌出让，出让该宗地面积为44400平方米，用途为住宅用地，年限为70年，并在部门网站上发布挂牌出让公告。8月10日，魏县佳居房地产开发有限公司以6660万元取得该宗土地国有建设用地使用权，经挂牌出让价成交公示到期后，魏县国土资源局与魏县佳居房地产开发有限公司签订《国有建设用地使用权出让合同》，该开发公司办理相关用地手续。

2013年8月22日，魏县人民政府依法对德政镇王庄村北国有土地使用权公开挂牌出让，出让该宗地面积为80000平方米，用途为工业用地，年限为50年，并在部门网站上发布挂牌出让公告。9月13日，河北爱美森木材加工有限公司以1105万元取得该宗土地国有建设用地使用权，经挂牌出让价成交公示到期后，魏县国土资源局与河北爱美森木材加工有限公司公司签订《国有建设用地使用权出让合同》，该公司办理相关用地手续。

2015年2月5日，魏县人民政府依法对位于张二庄镇定魏线路东国有土地使用权公开挂牌出让，出让该宗地面积为33333.33平方米，用途为工业用地，年限为50年，并在部门网站上发布挂牌出让公告。3月12日，河北桑德循环经济产业园投资管理有限公司以425万元取得该宗土地国有建设用地使用权，经挂牌出让价成交公示到期后，魏县国土资源局与河北桑德循环经济产业园投资管理有限公司签订《国有建设用地使用权出让合同》，该公司办理相关用地手续。

7月2日，魏县人民政府依法对天雨路路北国有土地使用权公开挂牌出让，出让该宗地面积为46816.3平方米，用途为工业用地，年限为50年，并在部门网站上发布挂牌出让公告。8月5日，河北陆星汽车制造有限公司以595万元取得该宗土地国有建设用地使用权，经挂牌出让价成交公示到期后，魏县国土资源局与河北陆星汽车制造有限公司签订《国有建设用地使用权出让合同》，该公司办理相关用地手续。

2016年10月11日，魏县人民政府依法对位于魏县天雨路路北国有土地使用权公开挂牌出让，出让该宗地面积为16000平方米，用途为工业用地，年限为50年，并在部门网站上发布挂牌出让公告。11月16日，河北陆星汽车制造有限公司以207万元取得该宗土地国有建设用地使用权，经挂牌出让价成交公示到期后，魏县国土资源局与河北陆星汽车制造有限公司签订《国有建设用地使用权出让合同》，该公司办理相关用地手续。

2017年1月25日，魏县人民政府依法对位于魏县敬业大街路西国有土地使用权公开挂牌出让，出让该宗地面积为25161.98平方米，用途为工业用地，年限为50年，并在部门网站上发布挂牌出让公告。2月27日，君恒河北药用玻璃制品有限公司以324万元取得该宗土地国有建设用地使用权，与河北陆星汽车制造有限公司签订《国有建设用地使用权出让合同》，该公司办理相关用地手续。

是日，魏县人民政府依法对位于魏县敬业大街路西国有土地使用权公开挂牌出让，出让宗地面积为28833.88平方米，用途为工业用地，年限为50年，并在部门网站上发布挂牌出让公告。2月27日君恒河北药用玻璃制品有限公司以370万元取得该宗土地国有建设用地使用权，经挂牌出让价成交公示到期后，魏县国土资源局与河北陆星汽车制造有限公司签订《国有建设用地使用权出让合同》，该公司办理相关用地手续。

2017年7月6日，魏县国土资源局委托邯郸市拍卖行有限公司在邯郸市招商大酒店公开挂牌出让国有土地使用权，魏县陆星房地产开发有限公司出资28040万元成交，取得了土地使用权。

2017年12月11日，魏县国土资源局委托邯郸市拍卖行有限公司公开挂牌出让国有土地使用权，魏县恒隆房地产开发有限公司出资6516万元成交，取得了土地使用权。

附：表10－3－1－1。

2010—2017 挂牌出让土地表

表 10－3－1－1　　单位：平方米、万元

年度	公司名称	省批复	公告日期	公告时间	位置	面积	用途	摘牌日期	成交公示日期	合同签订日期	成交价格
2010	魏县顺驰房地产开发有限公司	魏县 2009 年第五批次置换	2016/6/30	2010/7/1 －2010/8/11	礼贤街南段路西	21714. 59	住宅用地	2010/8/11	2010/8/16 －2010/8/25	2010/8/25	2443
2011	魏县顺驰房地产开发有限公司	魏县 2010 年第一批次置换	2011/4/29	2011/5/3 －2011/6/13	礼贤街南段西侧	24264. 95	住宅用地	2011/6/13	2011/6/14 －2011/6/23	2011/7/1	3212
2012	魏县佳居房地产开发有限公司	魏县 210 年第一批次	2012/7/19	2012/7/20 －2010/8/10	杜疃村南	44400	住宅用地	2012/8/10	2012/8/10 －2012/8/23	2012/8/24	6660
2013	河北爱美森木材加工有限公司	魏县 2013 年第二批次	2013/8/22	2013/8/23 －2013/9－13	德政镇王庄村北	80000	工业用地	2013/9/13	2013/9/16 －2013/9/26	2013/9/27	1105
2015	河北桑德循环经济产业园投资管理有限公司	魏县 2014 年第六批次	2015/2/5	2015/2/5 －2015/3/12	张二庄镇定魏线路东	33333. 33	工业用地	2015/3/12	2015/3/13 －2015/3/22	2015/3/23	425
2015	河北陆星汽车制造有限公司	魏县 2014 年第六批次	2015/7/2	2015/7/3 －2017/8/5	城东经济开发区	46816. 3	工业用地	2015/8/5	2015/8/6 －2015/8/15	2015/8/17	595

续表

年度	公司名称	省批复	公告日期	公告时间	位置	面积	用途	摘牌日期	成交公示日期	合同签订日期	成交价格
2016	河北陆星汽车制造有限公司	魏县2015年第三批次	2016/10/11	2016/10/14 – 2016/11/16	魏县城东天雨路路北	16000	工业用地	2016/11/16	2016/11/16/2016/11/25	2016/11/28	207
2017	君恒河北药用玻璃制品有限公司	魏县2016年第二批次增减挂钩	2017/1/25	2017/1/25 – 2017/2/27	魏县敬业大街路西	25161.98	工业用地	2017/2/27	2017/2/28 – 2017/3/9	2017/3/8	324
2017	君恒河北药用玻璃制品有限公司	魏县2016年第二批次增减挂钩	2017/1/25	2017/1/25 – 2017/2/27	魏县敬业大街路东	28833.88	工业用地	2017/2/27	2017/2/28 – 2017/3/9	2017/3/8	370

第二节　改革成果

一、建设用地定额管理和计划执行情况

1987－1996 年魏县建设用地计划执行情况表

表 10－3－2－1　　单位：亩

年度	计划与执行	三项用地合计		国家建设		乡镇村集体建设		农民建房	
		合计	其中耕地	合计	其中耕地	合计	其中耕地	合计	其中耕地
1987	计划	1150		70		300		780	
	实用	340.36	50	36.19		89.174			
	余（+）亏（－）	809.64		33.81		210.83			
1988	计划								
	实用	199.83	36.75	131.88	16.75	29.7	20	38.25	13.25
	余（+）亏（－）								
1989	计划	1019	715						
	实用	241.07		88.66	76.74	34.5	24.7	29.25	
	余（+）亏（－）	777.93							
1990	计划	791	321						
	实用	371	50	66.7	28	22.4	16.7	282	
	余（+）亏（－）	420	271						
1991	计划								
	实用	185.7		55.7	37.9	81.0	66.76	49	
	余（+）亏（－）								
1992	计划								
	实用	268.76		58.34		186.67	167.66	23.75	
	余（+）亏（－）								

续表

年度	计划与执行	三项用地合计		国家建设		乡镇村集体建设		农民建房	
		合计	其中耕地	合计	其中耕地	合计	其中耕地	合计	其中耕地
1993	计划								
	实用	101.34		36.25		20.59	16.305	44.5	
	余（+）亏（-）								
1994	计划								
	实用					18.4	16		
	余（+）亏（-）								
1995	计划								
	实用						23.5	23.5	
	余（+）亏（-）								
1996	计划								
	实用						20.7	20.7	
	余（+）亏（-）								

二、建设用地报批

2005年，魏县实施用地报批，严格执行土地利用总体规划，坚持土地占补平衡，争取计划指标，大力开展砖瓦窑取缔复垦置换用地指标，保障了魏县经济快速发展。历年主要批次建设征收土地，以列表形式记录，见表10-3-2-2，3，4，5，6，7，8，9，10，11，12，13。

2005年度建设征收土地表

表10-3-2-2　　单位：公顷

项目名称	面积	批准时间	文号	指标情况	土地现状	备注
2005年魏县第一批次	10.3333	2005.12.30	冀政转征函〔2005〕0845号	计划	园地：8.8453 林地：1.4880	
2005年魏县第二批次	10.0000	2005.12.30	冀政转征函〔2005〕0844号	计划	园地：4.2067 林地：2.3693 未利用地：3.4240	县城东南
2005年魏县污水处理厂建设用地	3.0000	2005.12.7	冀政转征函〔2005〕0658号	计划	园地：3.0000	

2006 年度建设征收土地表

表 10－3－2－3 单位：公顷

项目名称	面积	批准时间	文号	指标情况	土地现状	备注
2006 年魏县第一批次	4.3817	2006.11.23	冀政转征函〔2006〕0463 号	计划	林地：1.7083 园地：2.6734	
邯郸柏林药业有限公司技术改造扩建项目	6.6667	2006.12.31	冀政转征函〔2006〕0959 号	计划	耕地：6.6667	

2007 年度建设征收土地表

表 10－3－2－4 单位：公顷

项目名称	面积	批准时间	文号	指标情况	土地现状	备注
2007 年第一批次	6.1559	2007.7.18	冀政转征函〔2007〕0148 号	计划	园地：5.2872 林地：0.7287 未利用地：0.1400	
2007 年第二批次	6.3200	2007.8.18	冀政转征函〔2007〕0527 号	计划	耕地：2.1600 林地：4.1600	回隆镇南侧
2007 年第三批次	8.0613	2007.11.14	冀政转征函〔2007〕180 号	计划	耕地：8.0613	德政柏二庄村魏城镇杜疃村
2007 年第四批次	3.8667	2007.11.14	冀政转征函〔2007〕179 号	计划	耕地：3.0635 建设用地：0.8032	魏城镇大北关村 魏城镇皇小庄村

2008 年度建设征收土地表

表 10－3－2－5 单位：公顷

项目名称	面积	批准时间	文号	指标情况	土地现状	备注
2008 年第一批次（置换）	6.7814	2008.7.25	冀政土地置换函〔2008〕78 号	置换	耕地：4.6705 其他农用地：1.4176 建设用地：0.6933	魏城镇三田村 魏城镇西关村 魏城镇冯辛寨村 魏城镇东小门村
2008 年第二批次	10.0000	2008.11.28	冀政转征函〔2008〕0555 号	计划	园地：10.0000	柏二庄村南

2009年度建设征收土地表

表10-3-2-6　单位：公顷

项目名称	面积	批准时间	文号	指标情况	土地现状	备注
2009年第一批次	2.9967	2009.4.25	冀政转征函〔2009〕0274号	计划	建设用地：2.9967	
2009年第二批次	3.3333	2009.8.28	冀政土地置换函〔2009〕98号	置换	耕地：2.9302 林地：0.4031	回隆北街
2009年第三批次	6.0000	2009.8.19	冀政转征函〔2009〕0471号	计划	耕地：3.3333 园地：2.6667	1、大北关村北侧 2、东关村南侧
2009年第四批次	7.8000	2009.8.31	冀政转征函〔2009〕0537号	计划	园地：7.8000	1、小北关村南 2、疃上村南
2009年第五批次	8.0818	2010.2.20	冀政土地置换函〔2010〕58号	置换	耕地：5.9103 园地：2.1715	2、南关村东南 3、三田村东南
2009年第六批次	2.6600	2010.2.20	冀政土地置换函〔2010〕50号	置换	园地：2.6600	1、三田村东北 2、岗井村西北
回隆变电站	0.5692	2009.6.17	冀政土地置换函〔2009〕64号	置换	耕地：0.5692	回隆镇崔小汪村

2010年度建设征收土地表

表10-3-2-7　单位：公顷

项目名称	面积	批准时间	文号	指标情况	土地现状	备注
2010年第一批次	16.2734	2010.11.1	冀政转征函〔2010〕0902号	计划	耕地：7.2000 林地：0.0446 园地：7.2308 建设用地：1.7980	1、长安宾馆 2、大北关村 3、东关杜疃 4、东关杜疃 5、东小门村 6、杜疃岗井
2010年第一批次（置换）	31.8447	2011.2.9	冀政土地置换函〔2011〕83号	置换	耕地：14.8483 园地：16.4186 建设用地：0.5778	1、石辛寨、吴辛寨 2、石辛寨、吴辛寨 3、南关、吴辛寨 4、杜疃村 5、大北关、皇小庄 6、河里村 7、东关村 8、北罗营村
2010年第二批次	11.2984	2010.11.5	冀政转征函〔2010〕0959号	计划	耕地：5.3333 园地：3.8667 建设用地：2.0984	

2011 年度建设征收土地表

表 10－3－2－8　单位：公顷

项目名称	面积	批准时间	文号	指标情况	土地现状	备注
2011 年第一批次	4.2666	2011.10.24	冀政转征函〔2011〕777 号	计划	耕地：2.1849 园地：2.0817	
2011 年第二批次	19.4329	2012.1.11	冀政转征函〔2012〕159 号	计划	园地：4.8455 草地：0.4873 建设用地：14.1001	

2012 年度建设征收土地表

表 10－3－2－9　单位：公顷

项目名称	面积	批准时间	文号	指标情况	土地现状	备注
2012 年第一批次建设用地项目	8.2517	2012.7.25	冀政转征函〔2012〕764 号	计划指标	耕地：1.7984 园地：5.3333 建设用地：0.3867 未利用地：0.7333	商服用地 安居工程 科教用地
2012 年第二批次用地项目	1.9324	2012.7.25	冀政转征函〔2012〕765 号		建设用地：1.9324	商服用地
2012 年第三批次建设用地项目	6.4000	2012.6.30	冀政转征函〔2012〕730 号	计划指标	耕地：6.3701 园地：0.0299	园区道路
2012 年第四批次建设用地项目	4.7999	2012.10.17	冀政转征函〔2012〕1065 号	计划指标市追加重点项目	耕地：2.4301 园地：1.0365 未利用地 1.3333	住宅用地 工业用地
2012 年第五批次建设用地项目	1.0536	2012.11.19	冀政转征函〔2012〕1317 号		建设用地：1.0536	商住用地
2012 年第一批次增减挂钩建新区征收项目	4.8667	2012.11.21	冀政挂钩转征函〔2012〕33 号	增减挂钩	耕地：4.8667	住宅用地
2012 年第七批次建设用地项目	13.3333	2013.1.14	冀政转征函〔2013〕42 号	年末追加指标	耕地 10.0000 园地 3.3333	工业用地

2013 年度建设征收土地表

表 10－3－2－10　　单位：公顷

项目名称	面积	批准时间	文号	指标情况	土地现状	备注
2013 年第一批次建设用地项目	1.1333	2013.7.8	冀政转征函〔2013〕432 号	计划指标	耕地：0.8435 园地：0.1151 未利用地：0.1747	保障房
2013 年第二批次用地项目	8.0000	2013.7.19	冀政转征函〔2013〕460 号	建设用地	建设用地：8.0000	工业用地
2013 年第三批次建设用地项目	10.3767	2013.10.18	冀政转征函〔2013〕785 号	计划指标	耕地：9.4225 其他农用地：0.2262 建设用地 0.7280	工业用地
2013 年第四批次建设用地项目	1.0132	2013.10.18	冀政转征函〔2013〕773 号	计划指标	耕地：0.1197 园地：0.2200 其他农用地：0.0844 建设用地 0.5891	住宅用地
2013 年第五批次建设用地项目	17.6730	2013.12.30	冀政转征函〔2014〕42 号	计划指标	耕地：2.6563 园地：9.1861 其他农用地：0.1579 建设用地：5.6727	工业用地
2013 年第一批次增减挂钩建新区征收项目	19.3327	2013.6.9	冀政挂钩转征函〔2013〕65 号	增减挂钩	耕地：17.8885 园地：1.1843 其他农用地：0.2599	住宅用地 商服用地
2013 年第二批次增减挂钩建新区征收项目	14.3333	2013.12.31	冀政挂钩转征函〔2013〕196 号	增减挂钩	耕地：13.8759 其他农用地：0.4574	工业用地
邯大高速	66.7424	2013.3.1	冀政转征函〔2013〕124 号	计划指标	耕地：51.7112 园地：12.1924 林地：0.4178 其他农用地：2.0525 建设用地：0.3685	公路用地

2014 年度建设征收土地表

表 10－3－2－11　　单位：公顷

项目名称	面积	批准时间	文号	指标情况	土地现状	权属	备注
2014 年第一批次建设用地	5.3333	2014.11.26	冀政转征函〔2014〕1097 号	计划指标	耕地：4.4786 其他农用地：0.8547	前西营、陆十疃、大北关、冯小庄	
2014 年第二批次建设用地	4.7299	2014.7.7	冀政转征函〔2014〕671 号	建设用地	建设用地：4.7299	皇小庄、大北关、杜疃、陆十疃	
2014 年第三批次建设用地	4.0000	2014.11.18	冀政转征函〔2014〕1010 号	计划指标	耕地：4.0000	大寨村	
2014 年第四批次建设用地	8.6666	2014.7.7	冀政转征函〔2014〕672 号	计划指标	林地：86666	大寨村	
2014 年第五批次建设用地	12.0000	2014.10.24	冀政转征函〔2014〕898 号	建设用地	建设用地：12.0000	大寨村、前西营村	
2014 年第一批次增减挂钩建新区转用征收	19.8654	2014.10.20	冀政挂钩转征函〔2014〕46 号	增减挂钩指标	耕地：15.7484 园地：3.7544 其他农用地：0.3626	吴辛寨、南关、大北关、皇小庄、东关、杜疃、河里东、柏二庄、安张庄、张固	
2014 年第六批次建设用地	22.0000	2014.12.17	冀政转征函〔2014〕1256 号	计划指标	耕地 20.4283 林地：0.6667 其他农用地：0.9050	大寨、安上、陆十疃、中烟	
2014 年第七批次建设用地	13.3333	2014.12.18	冀政转征函〔2014〕1253 号	计划指标	耕地：13.1745 其他农用地：0.1588	大寨村	
魏县南水北调配套水厂项目工程	4.0000	2014.11.26	冀政转征函〔2014〕1021 号	单独选址	耕地：3.8543 其他农用地：0.1457	岗井居委会、康疃村	

2015 年度建设征收土地表

表 10－3－2－12　单位：公顷

项目名称	面积	批准时间	文号	指标情况	土地现状	权属	备注
2015 年第一批次建设用地	1.9427	2015.5.11	冀政转征函〔2015〕156 号	建设用地	建设用地 1.9427	北皋镇东张岗村、南双庙乡双北村	
2015 年第二批次建设用地	9.1049	2015.7.22	冀政转征函〔2015〕339 号	计划指标	园地 5.3128 林地 3.4794 农村道路 0.0458 未利用地 0.2669	杜疃、东关、吴辛寨、东小门、前阎庄、大寨	
2015 年第三批次建设用地	16.6665	2015.12.8	冀政转征函〔2015〕656 号	计划指标	耕地 14.5908 设施农用地 1.0666 农村道路 1.0091	大寨、柏二庄、后小寨、安上、前西营、陆十疃、康疃	
2015 年第四批次建设用地	2.4009	2015.11.3	冀政转征函〔2015〕543 号	建设用地	建设用地 2.4009	康疃村、柏二庄村	
2015 年第五批次建设用地	17.1922	2015.12.28	冀政转征函〔2015〕1078 号	计划指标	耕地 3.8240 园地 13.3070 林地 0.0612	吴辛寨、冯辛寨、杜疃、石辛寨	

2016 年度建设征收土地表

表 10－3－2－13　单位：公顷

项目名称	面积	批准时间	文号	指标情况	土地现状	权属	备注
2016 年第一批次 增减挂钩建新区征收	12.8319	2016.2.14	冀政挂钩转征函〔2016〕4 号	增减挂钩	耕地 11.0953 园地 0.0342 设施农用地 0.2981 农村道路 0.6177	谢疃、杜疃、岗井、西关、河里东、石辛寨、马庄、柏二庄	
2016 年第二批次增减挂钩建新区征收	14.7350	2016.11.30	冀政挂钩转征函〔2016〕23 号	增减挂钩	耕地 14.6642 农村道路 0.0708	后小寨、前小寨、大寨	

续表

项目名称	面积	批准时间	文号	指标情况	土地现状	权属	备注
2016 年第一批次建设用地	28. 3255	2016. 7. 11	冀政转征函〔2016〕314 号	计划指标	耕地 24. 6174 园地 0. 4916 林地 0. 4000 农村道路 0. 2874 建设用地 2. 5291	谢疃、岗井、东小门、康疃、后小寨、前小寨、大寨、前西营、王庄、陆十疃、西代固	
2016 年第二批次建设用地	14. 2249	2016. 9. 21	冀政转征函〔2016〕549 号	计划指标	耕地 14. 1102 农村道路 0. 1147	南关、大寨、安上、西代固、中烟、西烟	

第十一编

土地执法监察

清代及以前的各个朝代，魏县的土地管理，囿于县官的行政职权之中。

中华民国时期，土地执法监察工作隶属于行政管理范畴，主要是土地田赋的征收，没有专设土地执法监察队伍的记载。

中华人民共和国成立后，从1949年－1987年5月这30多年间，土地执法监察工作主要有民政、建委、农业、城建等部门多头分散管理，遇有较大的土地纠纷案件及检查全县建设用地等工作，由政府组成临时工作组调查处理，既无专门机构，也没有专门土地执法监察队伍。从1987年6月起，魏县人民政府成立了魏县土地管理局（2002年8月2日，改为魏县国土资源局）以后，对全县土地实行统一管理，局内设立了土地监督检查股，专门管理和查处全县的土地违法案件。至2016年，随着土地法律法规的不断完善，土地执法监察工作逐步形成了规范化管理。

第一章　土地执法监察队伍

1987年5月前，魏县没有专门的土地执法监察队伍。1987年6月，魏县人民政府成立魏县土地管理局后，局内设立了监督检查股。1990年6月，各乡（镇）设立了土地管理所，农村设立了土地执法监察信息员。随后，又增设了土地公安联合办公室、土地巡回法庭、土地执法队、漳南监察分局、城区执法队及砖厂执法队等，全县形成了县、乡、村三级土地执法监察网络，从此，魏县有了专门的土地执法监察队伍，起到了发现问题的“瞭望哨”，查处案件的“尖刀班”，了解情况的“顺风耳”作用，使大量的土地问题得到了及时处理，土地违法案件逐年减少。至2016年，一线执法监察专职队伍达到310人。

第一节　县（局）级土地执法监察队伍

为有效保护全县耕地，查处违法占地，促障县域经济发展，魏县土地管理局，在局内部逐步建立了县（局）级土地执法监察队伍，先后设立了监督检查股、土地执法大队、砖厂执法队、地勘管理股等职能股（队），形成了一支联合土地执法监察队伍。

一、执法检查股

1987年6月，魏县土地管理局内设监督检查股，由3人组成，设股长1人。主要负责全县土地执法监督检查及土地信访工作。1989年7月5日，县编制委员会批复监督检查股改为土地监察股。1995年3月，土地监察股改为监督监察股，由5人组成。1996年12月4日，魏县人民政府印发了《关于魏县土地管理局职能配置、内设机构和人员编制方案》的通知，改监督监察股为监督检查股，由7人组成，设股长1人。2005年8月22日，魏县国土资源局按照上级业务对口的原则，调整了部分股室，撤销了监督检查股，改为执法监察股。至2016年底仍设有执法监察股，土地执法监察人员进行了个别调整，设股长1人，副股长2人；负责城区执法队、漳南执法队和漳北执法队，承担全县土地执法监察职能。

二、土地公安联合办公室及土地巡回法庭

1992年10月，随着土地执法监察业务工作量的增加，在土地执法过程中存在执法难、缺乏执法手段等问题。魏县土地管理局与魏县公安局、魏县人民法院协商，经魏县人民政府

领导批准，把公安机关的公安职能和法院依照法律法规依法判决生效的土地案件的执行职能列入土地执法监察。成立了土地公安联合办公室和土地巡回法庭，办公地点设在魏县土地管理局。土地公安联合办公室由13人组成，公安局派出1人任主任，其余人员由魏县土地管理局派人兼任，着公安服装。土地公安联合办公室行使治安管理职能，负责本辖区土地治安工作，业务受公安局指导；土地巡回法庭由法院派出2人，任正副庭长，与魏县土地管理局信访股联合办案，共计6人。在研究土地违法案件处罚时，正副庭长同时参加，提前介入，提高了办案效率。1998年，按照上级要求，公、检、法、司部门不准在企事业单位设立派出机构，魏县土地管理局设立的土地公安联合办公室和土地巡回法庭被撤销。

三、土地执法队

1990年12月15日，魏县土地管理局成立了土地执法巡逻队，由7人组成，设队长1人，配合县公安、法院突击查处违法占地。1995年，根据土地执法监察工作量增大的情况，魏县土地管理局增设了土地执法大队，与土地监督检查股人员联合办公，由13人组成，是外业土地执法专职队伍，设队长1人，副队长3人。2002年10月18日，魏县国土资源局成立了漳北土地执法队，由7人组成，设队长1人，副队长2人；成立了漳南土地执法队，由11人组成，设队长1人，副队长3人，分别开展本区域的土地执法监察工作。2012年1月16日，魏县国土资源局成立了土地执法大队，负责管辖城区土地执法队、漳南土地执法队和漳北土地执法队。土地执法大队人员14人，设队长1人，副队长2人，进一步充实加强了土地执法监察力量。2016年，根据国土资源执法工作实际，撤销了土地执法大队，其职能由执法检查股承担。

四、漳南监察分局

2003年2月28日，魏县国土资源局在南双庙乡政府设立了漳南监察分局，由11人组成，设分局局长1人，分局党支部书记1人，分局副局长2人，主要负责漳南区域的土地执法监察工作。2012年1月16日，魏县国土资源局重新调整部分股室职能时，漳南监察分局更名为漳南土地执法队，由15人组成，设队长1人，副队长3人，业务上受土地执法大队管理。2016年，业务上受土地执法监察股管理。

五、砖厂执法队

2004年2月23日，魏县国土资源局成立了全县砖窑厂综合治理监察大队，抽调部分乡（镇）国土资源所、县局内部执法人员共计70人组成，设大队长1人，副大队长2人，分四个砖窑厂土地执法监察小分队，分别设分队长1人，重点对全县砖窑厂进行规范整治。2007年9月29日，魏县人民政府发布了《严禁以环保为名新建、改（扩）建砖瓦窑厂的通告》，魏县国土资源局调整了砖窑厂综合治理监察大队，改为砖厂漳北执法队和砖厂漳南执法队，分别开展本区域的砖厂执法监察工作；砖厂漳北执法队由35人组成，设队长1人，副队长3人；砖厂漳南执法队由40人组成，设队长1人，副队长2人。2009年3月30日，撤销砖厂漳北执法队和砖厂漳南执法队，两个砖厂执法队合并为砖厂执法队，由 80 人组成，设队长 1 人，指导员 1 人，副队长 4 人。2017 年 2 月，全县粘土砖厂全部取缔，砖厂执法队裁减为 30 人。

六、城区执法队

2006 年 6 月 12 日，魏县国土资源局成立了城区执法队，由 9 人组成，设队长 1 人，副队长 1 人，主要负责县城规划控制区内道路两侧违法占地查处工作，重点查处 0.67 公顷以下以及上级部门或局领导批办的违法占地案件。并根据工作职责或领导批示要求督促用地单位或个人办理相关用地手续和缴纳土地出让金。2012 年，业务上受土地执法大队管理，由 14 人组成，设队长 1 人，副队长 2 人。2016 年，业务上受土地执法监察股管理。

七、地勘管理股

2012 年 1 月 16 日，魏县国土资源局成立了地勘管理股，由 3 人组成，设股长 1 人。地勘管理股是魏县国土资源局地质勘查行业和矿产资源探矿权、采矿权的管理职能股室。其主要承担探矿权、采矿权监督检查，具体对行政区域内地热井的监督管理。

第二节　乡（镇）土地执法监察队伍

1987 年 12 月，魏县人民政府在全县 6 个区，37 个乡（镇）委派了专职土地管理员 43 名，主要查处乡（镇）、村的违法占地案件。1990 年 6 月，魏县人民政府下发了［1990］64 号文件，在全县 23 个乡（镇）分别建立土地管理所（以下简称：土管所），共计 76 人，每所 2－4 人，设所长（负责人）1 人，各乡（镇）土管所受县土地管理局和乡（镇）政府双重领导，初步形成了乡（镇）级土地执法监察队伍，重点做好乡（镇）、村土地的监督监察工作。1992 年 4 月，魏县人民政府实行财政包干，全县 23 个乡（镇）土管所统一划归乡（镇）政府行政管理，土地执法监察业务工作受县土地管理局管理，形成了管人的不管事，管事的管不了人的局面，90% 的乡（镇）土地执法监察队伍处于瘫痪状态，土地违法案件有所回升。1994 年 1 月，魏县人民政府决定对乡（镇）土管所实行人、财、物划归县土地管理局统一管理，垂直领导，使乡（镇）土地执法监察队伍发挥了积极作用。2002 年 10 月 16 日，各乡（镇）土管所更改为乡（镇）国土所。至 2016 年，乡（镇）土地执法监察队伍达到 243 人。

第三节　村级土地管理监督

1988年3月，魏县人民政府在全县各村设立了土地管理小组，每组由3–5人组成，村民调主任任组长，其中一名为专职土地执法监察员，共计1800人。1990年7月，魏县人民政府在全县各村设立了土地执法监察员1人、土地信息员1人，共计1126人。2002年，为进一步加强土地执法监察工作，把各村土地执法监察员与土地信息员合并为土地执法监察信息员，同时增设了一名土地信访信息调处员，全县共计1130人，重点处理农村居民个人之间因土地引起的纠纷。2004年后，随着农业税费改革，取消了农村所有农业税费，土地执法监察信息员和土地信访信息调处员取消。

第二章　违法占地案件查处

土地执法监察人员在具体工作中主要通过点（执法监察视频监控）、线（日常巡查）、面（通过土地卫片执法检查）主动执法监察及群众举报、媒体反映等途径，掌握土地违法线索，并根据当时的土地政策和法律法规进行及时制止和立案查处，对重大、重点、疑难案件实行领导包办，集体研究，共同负责。1991年、1993年、1995年，连续三届荣获河北省土地管理局评比的省级“土地执法模范县”，2013年，依法查处违法占地案件46起，立案43起，结案41起，结案率95%以上。2016，全县查处土地违法案件74起，依法拆除41宗。

第一节　案件管辖

1986年前，土地执法案件主要由民政、建委、农业、城建等部门多头管辖。成立魏县土地管理局后，根据土地违法案件的性质、管辖范围及影响范围，设置了管辖权限，并对土地纠纷及违法占地案件进行责任分工。全县土地违法案件由魏县土地管理局管辖，负责魏县行政区内的全民所有制单位、城市集体单位和乡（镇）村集体非法占用土地的案件；城镇非农业户口居民非法占用土地案件；买卖或者以其它形式非法转让土地案件；非法或越权批准占用土地案件；非法占用征地补偿费和安置费的案件；临时使用土地期满不归还的，或者土地使用权被收回，拒不交出土地使用权的案件；违反土地法律法规，在耕地上挖土、挖沙、卖土等严重毁坏耕地或植种条件的，或者因开发土地造成土地严重沙化、盐渍化、水土流失的案件；侵犯土地所有权或使用权的案件；违反土地复垦规定的案件；其它违反土地法律法规的案件；魏县人民政府和上级土地管理部门交办的案件。同时对农村居民，未经批准或采取欺骗手段骗取批准，非法占用土地的行政处罚，由乡（镇）人民政府决定，其中并处罚款的，由魏县土地管理局决定，乡（镇）人民政府执行。

1987 年 7 月，魏县土地管理局内设了土地执法监督检查股，具体负责对全县违法占地案件的查处和处罚。是年 12 月 1 日，魏县人民政府委派了 43 名干部分管各区、各乡（镇）土地管理工作。1990 年 12 月 15 日，魏县土地管理局成立了土地执法巡逻队，配合土地执法监督检查股，加大了土地执法工作力度。1995 年成立了土地执法大队，重点管辖各乡（镇）的土地违法案件的查处工作。2002 年 10 月 18 日，魏县国土资源局印发了《关于加强执法监察实施动态巡查责任制的实施方案》，将全县划分 24 个动态巡查责任区，监督检查股负责全县责任区，股长是第一责任人；县城责任区负责县城规划区，队长是第一责任人；漳北、漳南两个执法队负责漳北、漳南两个责任区，队长是第一责任人；21 个乡（镇）国土资源所负责本乡（镇）责任区，所长是第一责任人，哪个责任区出现违法占地问题，追究责任人和第一责任人的责任，视土地违法案件的多少，面积大小等分别给予通报、黄牌、党政纪处分，直至追究刑事责任。2003 年，为加大土地违法案件查处力度，建立土地管理良好秩序，开展了全县土地市场清理整顿，建立快速反应机制，并把执法监察关口前移，实行动态巡查责任制，全县划分 26 个责任区，层层负责，做到早发现、早制止。2006 年 6 月 13 日，全县划分 27 个责任区，砖厂责任区 1 个，由砖厂执法队管辖全县砖窑厂采土烧砖及土地复垦的工作；县城责任区 1 个，由城区执法队管辖县城规划区内的土地执法监察工作；漳南、漳北责任区各一个，分别由漳南、漳北土地执法队管辖漳南、漳北的土地执法监察工作；乡（镇）责任区 23 个，由各乡（镇）国土资源所管辖本乡（镇）的土地执法监察工作。

2013 年 6 月 7 日，魏县人民政府印发了《关于建立县乡村三级国土资源监管网络的实施意见》。建立了县国土资源局包乡（镇），乡（镇）干部包片，乡（镇）国土资源所包村，三级监管区域网络责任制。

第二节　查处程序

1996 年 10 月 1 日颁布实施的《中华人民共和国行政处罚法》的规定，程序不合法，整个行政处罚无效。一旦面临行政诉讼，不合程序的行政处罚决定会被人民法院依法撤销，国土资源违法案件的查处程序具有确定性、完整性、连续性和强制性四个基本特征。

一、简易程序

简易程序是指行政机关对行政违法行为人实施行政处罚简便易行的程序，即当场处罚程序。1996 年 10 月 1 日，魏县土地管理局规定对土地违法占地面积不足 100 平方米的案件，事实确凿并有法定依据的，可以当场作出行政处罚决定，对公民处以 50 元以下，对法人或者其他组织处 1000 元以下罚款或警告的行政处罚。其工作步骤，土地执法人员表明身份、说明理由、听取意见、制作现场笔录、作出处罚决定、送达，执行、备案。在具体工作中，土地执法人员在巡查检查中，当场发现相对人正在进行或处于持续状态的土地违法行为时，向其出示执法证件、表明身份、案情简单、脉络清晰、事实清楚、证据确凿、在现场就可查明，并有足够的证据支持，一目了然，无需再做进一步调查取证工作，并听取当事人对违法的事实或者法律依据是否有争议，听取当事人的陈述和辩解。辩解理由不成立的，可以当场处罚，如果现场无法确定违法事实或证据不足，或者对运用法律的正确性有疑问的，暂缓当场处罚，转入一般程序。

土地执法人员在查处土地违法案件时，简易程序使用率不足 1%。

二、一般程序

土地违法占地案件查处的一般程序主要包括立案、调查取证、审理、拟定处理意见、告知和听证、作出行政处罚决定、执行、结案等若干环节。

1981 年前，土地违法案件作为行政管理来处理，由有关部门负责进行，对土地案件的查处程序没有严格规定。1982 年 7 月 3 日，《河北省村镇建房用地管理实施办法》对违法占地行为处罚程序作了一些原则上的规定。

1987 年，根据《中华人民共和国土地管理法》的有关规定，对各类违法占地案件查处程序及处理才逐步趋于规范。主要包括立案、调查、处理、执行四个阶段。1、立案：需要立案查处的违法占地案件，首先要填写立案呈批表，由案件受理人将以下情况填写清楚：违法单位（个人），法定代表人以及法定代表人的基本情况；受理的日期，主要违法事实和性质等。2、案件调查：包括对违法责任人的询问以及旁证的材料，现场勘察记录材料，违法占地有关基本事实，勘察地点、时间、应邀参加人员等。勘察情况包括违法宗地四至、方位、占地类别、面积、建筑面积，并附违法占地平面图，尔后凡参加现场勘察的人员都要签字或盖章。对正在违法施工的，立即下达停建通知书。停建通知书必须记清楚建筑物的名称、建筑面积、高度、停建理由、由接通知人签字或盖章。3、案件处理：在案件处理时以违法事实为依据，以法律为准绳，在认定事实的基础上进行处理，包括：集体研究作出处罚决定；向被处罚单位（个人）送达；乡（镇）人民政府或县土地管理局在做处罚决定之前集体进行研究，并将研究记录附处罚决定后边。4、案件执行：违法当事人对乡（镇）人民政府或县土地管理局的处罚决定不服的，既不履行处罚的内容，期满后又不上诉，由乡（镇）人民政府或县土地管理局申请魏县人民法院强制执行，并写出强制执行申请书，同时将案卷提交人民法院。

1990 年 11 月 10 日，魏县土地管理局对土地违法案件的查处程序进一步规范，主要包括：受理、立案、调查、处理、执行、结案。被处罚的单位和个人对处罚不服的，可在接到处罚通知之日起十五日内向人民法院起诉。逾期不起诉又不履行的，由作出处罚决定的机关申请人民法院强制执行。乡（镇）人民政府或县土地管理局派人到现场监督后，视为结案，整理卷宗存档。

1996 年 3 月 1 日，魏县土地管理局依据法律法规，结合本县土地违法案件的情况，对全县土地违法占地案件的查处程序从受理和立案、调查和处理、送达和执行、查封、结案等各个环节逐步进行了规范。1、受理和立案。县土地管理局对上级交办、其他部门移送和群众书面或者口头方式举报的土地违法案件进行受理，经审查对符合立案条件（有明确的行为人；有违反土地法律、法规的事实；依照土地法律、法规的规定应当追究法律责任的；属本部门管辖和职责范围内处理）的立案查处；不符合立案条件的，告知交办、移送案件的单位或者举报人。2、调查和处理。经批准立案的案件，及时指派 2－3 人承办人进行全面、客观、公正地调查、收集有关证据，制作询问笔录，勘验相关物证；书证；视听材料；证人证言；当事人陈述；调查笔录和勘测笔录；鉴定结论等证据。提出《土地违法案件调查报告》，报领导集体审议，并视情况：作出《撤销立案决定书》，作出《土地侵权案件行为处罚决定书》《土地侵权行为处理决定书》，并送达当事人。3、送达和执行。对《土地违法案件行政处罚决定书》《土地侵权行为处理决定书》等作出后，三日内送达当事人及利害关系人。当事人及利害关系人拒绝签收时，邀请有关基层组织或者所在单位的代表到场，说明情况，在送达回证上记明拒收事由和日期，由负责送达的人员，见证人签名或者盖章，留在当事人及利害关系人的住所或者收发部门，即视为送达。并将履行情况记入《土地违法案件行政处罚（处理）决定执行笔录》。当事人对土地管理部门作出的行政处罚决定，在法定期限内既不申请复议，也不向人民法院起诉，又不履行的，期满后魏县土地管理局提出《土地违法案件行政处罚强制执行申请书》，申请人民法院强制执行。4、查 封。对依法受到限期拆除新建的建筑物和其他行政处罚的单位和个人，继续施工的，对继续施工的设备、建筑材料予以查封，并发出《查封决定书》，加上封条，任何人不得擅自动用。对抗拒实施查封的、隐藏或者转移已被查封财产的，提请公安机关处理。5、结 案。在案件处理完毕后，填写《土地违法案件结案报告》，经主管领导批准后结案。并将办案过程中写成的文书、图件、照片等，编目装订，立卷归档。重大案件和上级交办的案件报市土地管理部门备案。

1996 年 10 月 1 日，《中华人民共和国行政处罚法》公布实施后，魏县土地管理局遵照执行，并对土地违法案件的查处程序从受理和立案到结案及实施强制措施的整个过程进一步进行了规范化。1、受理和立案：土地管理部门对上级交办，其他部门移送和群众举报的土地、矿产违法案件，应当受理。对受理的违法案件进行审查，符合立案条件的应当立案。2、调查和处理：土地违法案件经批准立案后，及时指派承办人，全面、客观、公正地调查，收集有关证据。承办人在具体调查过程中：①表明身份，说明理由，询问当事人和证人，制作询问笔录。②进行现场勘验、检查、制作现场勘验笔录。③进行技术鉴定。④收集证据，对证据进行审查。⑤对认定有违法行为的，应及时发出责令停止违法行为通知书，并送达当事人。3、告知与听证，案件调查终结后，办案人员对所查清的事实和收集的证据材料进行整理，依法对案件作出初步认定，并在作出行政处罚之前，以书面形式告知当事人作出处罚决定的事实理由、依据及当事人依法享有的权利，包括申辩权、质证权、要求举行听证权、申请复议和提起诉讼的权利。当事人如不放弃听证权的，魏县土地管理局在作出行政处罚之前召集承办人、当事人及有关证人、利害关系人参加听证会，听取当事人的陈述、辩护和质疑的要求。4、决定和送达，经过告知和听证后，办案人针对案件的具体情况，作出行政处罚决定书，并在三日内送达当事人。5、结案。承办人在对土地违法案件处理完毕后，写《土地违法案件结案报告》经主管局长报经局长批准后结案。6、强制措施：被处罚人若对行政处罚决定不服，可在自接到行政处罚决定书之日起六十日内向上一级土地行政机关申请复议，或在三个月内直接向人民法院起诉，逾期不复议，不起诉，又不履行，县土地管理局依法申请人民法院强制执行，费用由违法者承担。同时对土地违法案件行政处罚时限作出规定，在办理土地违法案件时，自批准立案之日起三十日内作出行政处理决定。因特殊情况不能按期作出土地行政处理决定的，经局长批准，可以适当延长办案期限，一般延长期限不得超过三十日。

2014 年，国土资源部印发了《国土资源违法行为查处工作规程》，进一步规范了国土资源违法行为查处工作，明确了工作程序和标准。魏县国土资源局结合实际制定工作程序。从受理立案、调查取证、审查处理、处罚告知、听证、处罚、送达、执行、结案等各个环节的操作程序规范。

1. 受理。通常案件的来源一是受害人控告；二是群众举报；三是有关组织移送；四是上级机关交办；五是国土资源违法行为人主动交待；六是国土资源管理部门自行发现及利用先进的科学，遥感卫星航拍等方式发现违法行为。

2、调查。调查取证时不少于两人，并向被调查人或者有关人员出示执法证件，承办人做好现场笔录、调查笔录、现场拍照及证言笔录；承办收取物证和勘验现场时，邀请有关部门或者有关人员参加，并写出调查报告，提出初步处理意见。同时，要将相关证据保存。

3、责令停工、整改。调查取证后，立即发出责令停止违法占地行为通知书及责令改正土地资源违法行为通知书，并送达当事人及利害关系人。

4、立案。符合立案条件的，承办人填写《违法案件立案呈批表》，将有关材料报请主管领批准立案后，通知违法当事人。

5、审理。案件调查终结后，要组织有关人员对案件进行审查、核对，看认定事实是否清楚，证据是否准确，手续是否完备、合法；要对案件进行分析、确定性质，并提出处理意见。

6、告知。在做出行政处罚决定之前，向当事人送达《行政处罚告知书》和《行政处罚听证告知书》。

7、听证。一是承办人拟作出拆除、没收、较大数额罚款的处罚，且当事人要求听证的，县国土资源局组织听证。二是听证在县国土资源局作处罚决定之前进行，由国土资源局政策法规股主持听证，由直接参与案件调查取证的国土资源管理人员和部门为一方当事人，被认为实施了违法行为并将受到处罚的公民、法人或其他组织为另一方当事人，有关证人、利害关系人等共同参加，口头听取当事人的陈述、辩护、质疑和要求，以进一步澄清事实、核实证据。三是当事人要求听证的，在接到行政处罚听证告知书后三日内提出，县国土资源局在听证的七日之前，以书面形式通知当事人举行听证的时间、地点及有关事项。

8、处理。经过告知和听证之后，县国土资源局应针对案件的具体情况作出决定：一是认定举报不实或证据不足，未发现违法事实的，报主管领导批准，立案予以撤消，并书面通知案件来源人。二是当事人确有违反国土资源法律、法规的行为，事实清楚、证据确凿，依法应受行政处罚的，应依法决定对违法行为人的处罚。三是认为当事人的违法行为已构成犯罪的，移送司法机关。四是当事人有违法行为，但情节显著轻微，可不予行政处罚的，报主管领导同意后作出免予行政处罚的决定。五是当事人没有违法行为或者依法不给予行政处罚的，报主管领导同意或组织相关部门会审后作出撤销案件的决定。六是认为依法给予当事人行政处分的，依法直接给予行政处分或依法提出行政处分建议书，并将有关证据材料移送监察机关。七是认定国家工作人员违法，依法给予行政处分的，须提出书面建议并附调查报告和有关证据，移送当事人所在地单位、上级机关或有关行政监察机关处理。八是对于冲击县国土资源局，以暴力威胁或围攻、殴打、侮辱执法人员，拒绝、阻碍国土资源执法人员依法执行职务的案件，移送公安机关或检察机关处理。九是对于决定给予行政处罚的案件，制作《行政处罚决定书》。十是被处罚人对处罚决定不服的，可以在法定期限内申请行政复议或行政诉讼，根据《行政复议法》有关规定，被处罚人在知道作出行政处罚决定之日起六十日内提出行政复议；直接向法院提起行政诉讼的，根据《行政诉讼法》的规定，在知道作出具体行政行为之日起三个月内提出。

9、送达。行政处罚决定书作出后，采取直接送达、留置送达、委托送达、邮寄送达、公告送达等方式，在三日内送达当事人及利害关系人。并由受送达人应在送达回证上，说明收到法律文书的日期，签名盖章；受送达人拒绝签收时，送达人员在送达回证上注明拒收事由和日期，由负责送达人员、见证人签名盖章。

10、执行。一是督促当事人自觉履行行政处罚决定。二是当事人逾期既不申请行政复议，也不向人民法院起诉，又不履行的，县国土资源局下达行政处罚决定书后，当事人在法定期限内不申请行政复议或者提起行政诉讼，又不履行行政决定，需要在申请人民法院强制执行前催告当事人履行义务。三是催告程序期满，当事人仍未履行义务的，向所在地有管辖权的人民法院申请强制执行。四是通知被处罚的当事人自收到行政处罚决定书之日起 15 日内，到指定银行缴纳罚款。依法没收的建筑物和其他设施的，按照国家有关规定处理。

11、结案。承办人在案件处理完毕后，撰写结案报告，经主管领导批准后结案并编目装订，案卷归档。

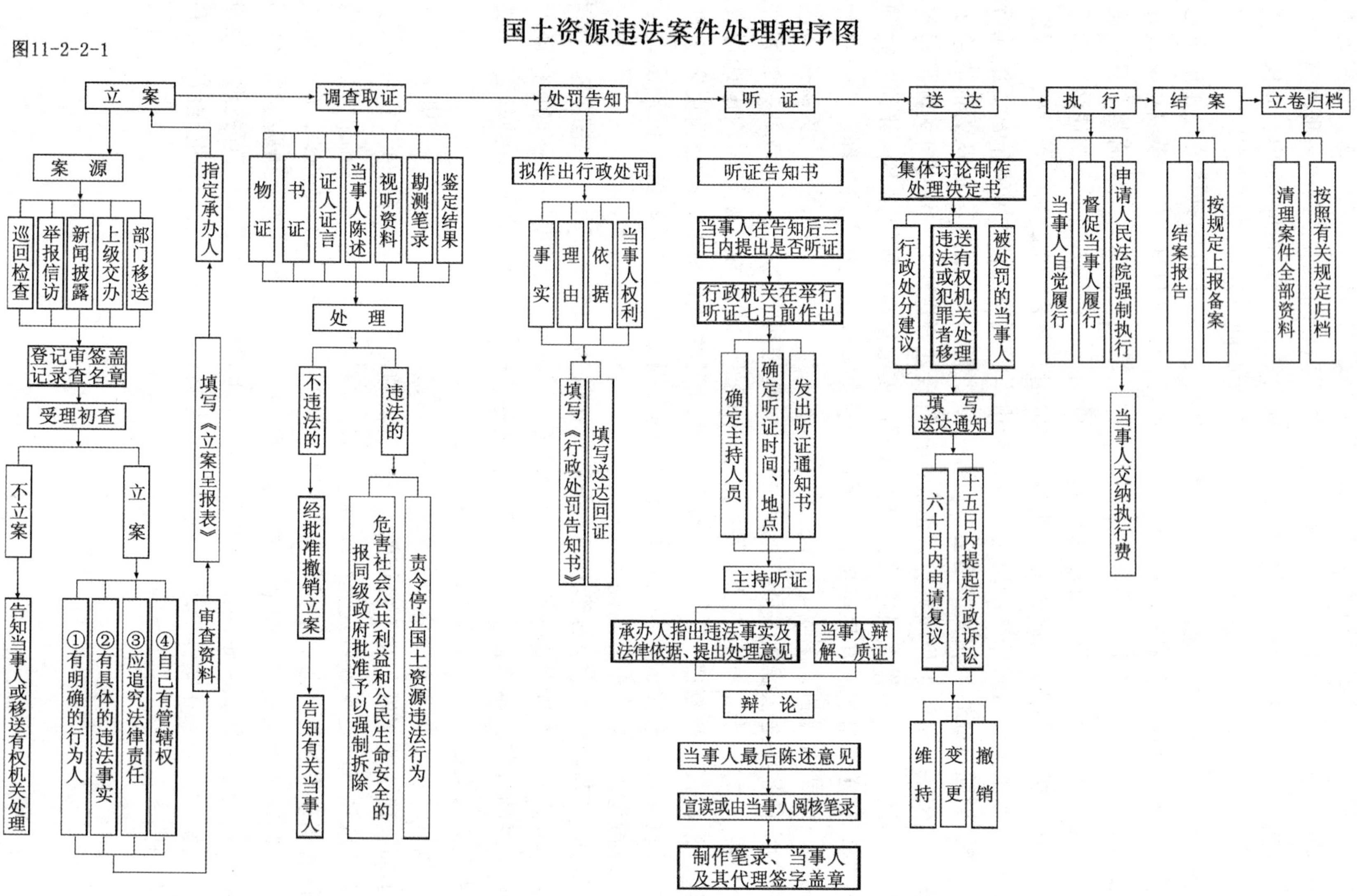
国土资源违法案件处理程序图
图11-2-2-1
立　案
调查取证
处罚告知
听　证
送　达
执　行
结　案
立卷归档
案　源
巡回检查
举报信访
新闻披露
上级交办
部门移送
登记审签盖
记录查名章
受理初查
不立案
告知当事人或移送有权机关处理
立　案
①有明确的行为人
②有具体的违法事实
③应追究法律责任
④自己有管辖权
审查资料
填写《立案呈报表》
指定承办人
物　证
书　证
证人证言
当事人陈述
视听资料
勘测笔录
鉴定结果
处　理
不违法的
经批准撤销立案
告知有关当事人
违法的
危害社会公共利益和公民生命安全的报同级政府批准予以强制拆除
责令停止国土资源违法行为
拟作出行政处罚
事　实
理　由
依　据
当事人权利
填写《行政处罚告知书》
填写送达回证
听证告知书
当事人在告知后三日内提出是否听证
行政机关在举行听证七日前作出
确定主持人员
确定听证时间、地点
发出听证通知书
主持听证
承办人指出违法事实及法律依据、提出处理意见
当事人辩解、质证
辩　论
当事人最后陈述意见
宣读或由当事人阅核笔录
制作笔录、当事人及其代理签字盖章
集体讨论制作处理决定书
行政处分建议
违法或犯罪者移送有权机关处理
被处罚的当事人
填　写
送达通知
六十日内申请复议
十五日内提起行政诉讼
维　持
变　更
撤　销
当事人自觉履行
督促当事人履行
申请人民法院强制执行
当事人交纳执行费
结案报告
按规定上报备案
清理案件全部资料
按照有关规定归档

土地违法案件行政处罚外部流程图

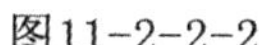

图11-2-2-2

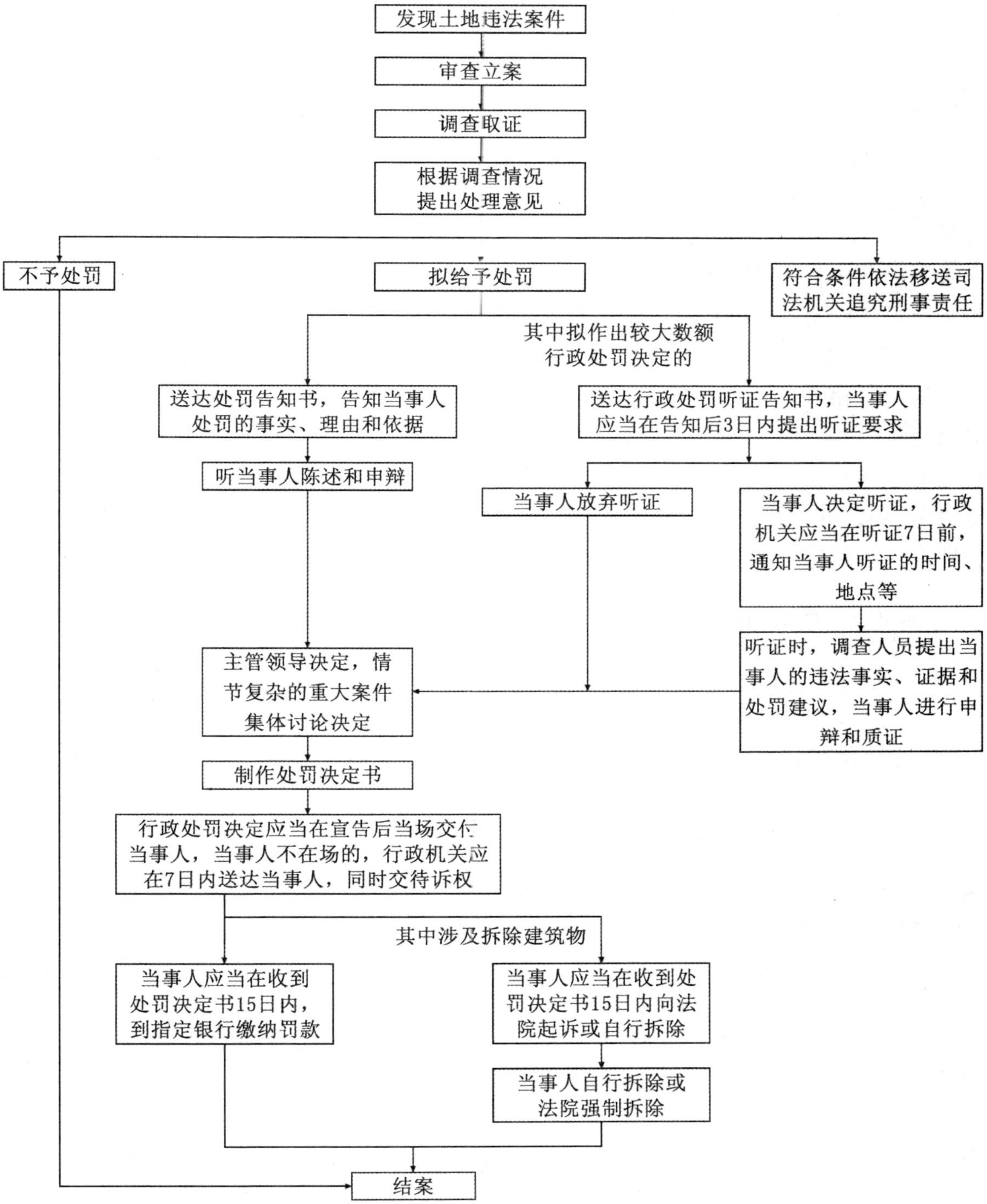

发现土地违法案件

↓

审查立案

↓

调查取证

↓

根据调查情况提出处理意见

↓

- 不予处罚 → 结案
- 符合条件依法移送司法机关追究刑事责任
- 拟给予处罚
  - 送达处罚告知书，告知当事人处罚的事实、理由和依据 → 听当事人陈述和申辩 → 主管领导决定，情节复杂的重大案件集体讨论决定
  - 其中拟作出较大数额行政处罚决定的：送达行政处罚听证告知书，当事人应当在告知后3日内提出听证要求
    - 当事人放弃听证 → 主管领导决定，情节复杂的重大案件集体讨论决定
    - 当事人决定听证，行政机关应当在听证7日前，通知当事人听证的时间、地点等 → 听证时，调查人员提出当事人的违法事实、证据和处罚建议，当事人进行申辩和质证 → 主管领导决定，情节复杂的重大案件集体讨论决定

主管领导决定，情节复杂的重大案件集体讨论决定

↓

制作处罚决定书

↓

行政处罚决定应当在宣告后当场交付当事人，当事人不在场的，行政机关应在7日内送达当事人，同时交待诉权

↓

- 当事人应当在收到处罚决定书15日内，到指定银行缴纳罚款 → 结案
- 其中涉及拆除建筑物：当事人应当在收到处罚决定书15日内向法院起诉或自行拆除 → 当事人自行拆除或法院强制拆除 → 结案

结案

第三节　案件查处

1979 年前，农村土地实行大集体化，统筹管理各类建设用地实行统一划拨，几乎不存在违法占用土地行为。魏县实行家庭联产承包后，土地分到农户，农民对土地有了一定的自主权，违法占地案件逐步上升。

1987 年 6 月，魏县土地管理局在对违法占地的单位和个人进行查处时，实施行政处罚，对农村居民非法占用宅基地的，每处处以 300 元至 500 元的罚款。1988 年、1989 年，查处土地违法案件 142 起。1990 年，魏县土地管理局对未经批准在耕地上建果园、挖鱼塘的，限期拆除，恢复地貌；对在自留地、承包地上挖地卖沙、卖土的，限期恢复地貌，没收非法所得，并处以每亩 500 元以内的罚款。查处土地违法案件 2217 起。1991 年，查处土地违法案件 1086 起。1995 年，查处土地违法案件 58 起、1996 年，查处土地违法案件 26 起。1997 年，对查处土地违法案件的行政处罚更加明确、系统，操作性也强。查处土地违法案件 30 起。至 2016 年，共收回土地 200.5 公顷，收缴罚没款 363 万元，因违反《中华人民共和国土地管理法》8 人受到党政纪处分，16 人受到行政拘留处分。

一、未经批准或骗取批准非法占地行为

（一）责令退还非法占用的土地，限期拆除或没收在非法占用土地上新建的建筑物和其它设施。

（二）并处以罚款的数量，全民单位、乡（镇）、村企业非法占用土地的每平方米处以 5 - 14 元罚款；农村居民非法占用宅基地的，每处宅基地处以 300 元至 500 元罚款；国家工作人员非法占用土地的，每平方米处以 5 - 14 元罚款。

（三）对非法占用土地单位的主管人员，或者非法占地的国家工作人员，由其所在单位或者土地管理部门报请上级机关或监察部门给予党政纪处分。

（四）超过批准用地数量占用土地的，限期退回多占土地，逾期不退，由县土地管理部门按每平方米每年 2 - 4 元征收土地使用费。

1999 年 7 月，野胡拐乡东红庙村民李××，未经县政府批准擅自在东红庙村南，非法占用本村土地 416 平方米，破土动工建房做养鸡厂，8 月，被漳北土地执法队执法人员巡查发现，并立即进行制止。

2000 年，魏城镇岗井村民李×，未经县政府批准于 2000 年 11 月 26 日破土动工，占用杜疃村八队耕地 0.13 公顷，建予制厂，该宗地不符合土地利用总体规划。2001 年 4 月 6 日，依法对违法行为人李×下达了行政处罚决定书，李×逾期未履行处罚决定书的义务，于 2001 年 11 月 6 日，依法申请县法院强制执行。

2002 年 8 月 2 日，魏城镇康疃村民郭××，未经县政府批准，占用东关村土地 0.02 公

顷，破土动工，建房做门市。8 月 23 日，依法对违法行为人下达了行政处罚听证告知书，行为人李×未申请听证，8 月 26 日，依法对违法行为人下达了《国土资源行政处罚决定书》，李×未履行处罚决定书的义务。2002 年 12 月 24 日依法申请县法院强制执行。

2003 年，城关镇马于村村民白××未经县政府批准，擅自在马于村西路南，非法占用城关镇马于村耕地 0.27 公顷，建房做养牛厂，被土地执法人员巡查发现并查处。8 月 15 日，依法对违法行为人下达了行政处罚听证告知书，行为人白××未申请听证。8 月 25 日，依法对违法行为人下达了《国土资源行政处罚决定书》，白××逾期未履行处罚决定书的义务。2004 年 1 月 21 日，依法申请县法院强制执行。

2004 年 3 月 30 日，北皋镇李谢庄村民李××未经县政府批准，擅自在北皋镇国土资源所对过破土动工，建房做废品收购站，非法占用土地 0.18 公顷，被漳北土地执法队巡查发现并立案查处。7 月 18 日，依法对违法行为人李俊海下达了《国土资源行政处罚决定书》，李××逾期未履行处罚决定书的义务。10 月 16 日，依法申请县法院强制执行。

2005 年 8 月 24 日，仕望集乡后连街村连××未经县政府批准，擅自在后连街村西路北学校，非法占用后连街学校旧址土地 0.41 公顷建房，破土动工，被漳北土地执法队巡查发现查处。11 月 2 日，依法对违法行为人连××下达了《国土资源行政处罚决定书》，连××逾期未履行处罚决定书的义务。2006 年 1 月 6 日，依法申请县法院强制执行。

2006 年 9 月 26 日，院堡乡司三家村张××未经县政府批准，擅自在司三家村东，破土动工，建房做橡胶助剂厂，非法占用土地 0.38 公顷，被漳北土地执法队巡查发现并查处。12 月 6 日，依法对违法行为人张××下达了《国土资源行政处罚决定书》，张××逾期未履行处罚决定书的义务。2007 年 4 月 20 日，依法申请县人民法院强制执行。

2007 年 4 月 8 日，宏发饲料有限公司申×，未经县政府批准，擅自在工业路路西非法占用杜疃村土地 1.82 公顷建厂，被城区土地执法队巡查发现并立案查处。4 月 18 日，魏县国土资源局对其下达了《国土资源行政处罚决定书》。

2012 年 5 月 2 日，漳南执法队在例行巡查中发现魏县泊口乡蒋东村村西、双蒋公路西侧有一处施工工地，立即进行调查，经查：泊口乡蒋东村王某某，5 月 1 日，未经县政府批准，擅自占用蒋东村耕地 0.2 亩建设门市，漳南执法队立即责令其停止一切施工。5 月 12 日，对其违法占地行为立案查处。5 月 25 日，依法对其下达《行政处罚决定书》：责令退还非法占用的耕地 0.2 亩；限 15 日内自行拆除在非法占用的土地上新建的建筑物和其他设施，恢复土地原状；并处罚款4000 元。10 月 25 日，违法行为人王某某既未履行处罚决定未依法申请复议或向人民法院起诉，县国土资源局依法申请县人民法院强制

2002 年，土地执法人员在拆除违法建筑

执行。2014 年 6 月 11 日，县国土资源局协同县人民法院对王某某违法占地上所建的 4 间门市和后铺设的 4 间地基进行了强制拆除，恢复土地原状。

2013 年 11 月 28 日，漳北执法队在例行巡查中发现邯大公路北侧德政镇安张庄村北有一处施工工地，立即进行调查，经查：大辛庄乡秦固村民代 × ×，未经县政府批准，擅自占用德政镇安张庄村耕地 4. 13 亩建设魏县奥新加气站，漳北执法队立即责令其停止一切施工。11 月 28 日，对其违法占地行为立案查处，并对其下达了停建通知书，代 × ×不听劝阻，继续施工。12 月 11 日，县国土资源局依法对其下达《行政处罚决定书》：1、责令退还非法占用的耕地 4. 13 亩；2、限 15 日内自行拆除在非法占用的土地上新建的建筑物和其他设施，恢复土地原状；3、并处罚款 82364. 78 元。至 2014 年 3 月 21 日，违法行为人代 × ×既未履行处罚决定又未依法申请复议或向人民法院起诉，县国土资源局依法申请人民法院强制执行。7 月 20 日，县国土资源局协同魏县人民法院对其违法占地上建设的建筑物和其他设施全部进行拆除，恢复土地原状。

二、非法买卖或非法转让土地行为

（一）买卖、转让协议合同无效，没收全部非法所得。

（二）限期拆除或者没收在买卖土地上或者以其它形式非法转让土地上新建的建筑物和其它设施。

（三）并处每 0. 07 公顷 1000 – 2000 元罚款。

（四）当事人是国家工作人员或基层干部的，由其所在单位或监察机关给予党政纪处分。

2006 年 12 月 15 日，台头乡台前村苗 × ×未经县政府批准，擅自在陈庄村东破土动工，非法买卖占用土地 5. 93 公顷，建房做康帝森建筑材料有限公司，被漳北土地执法队巡查发现并查处，2007 年 5 月 18 日，依法对违法行为人苗 × ×下达了行政处罚决定书，苗 × ×逾期未履行处罚决定书的义务，2007 年 10 月 18 日，依法申请县人民法院强制执行。

三、荒芜和破坏耕地行为

（一）农村居民承包的土地，连续两季不耕种的，按该耕地前三年平均产值，由县土地管理部门罚收荒芜费；连续两年以上不耕种的，加倍罚收荒芜费，并限期恢复耕种，或收回土地承包经营权。

（二）对挖地卖沙、卖土毁坏耕地的，没收运输工具，限期恢复耕种条件，并处 500 元罚款。

（三）农村居民在承包土地上建房，限期拆除所建房屋，恢复地貌，并处 500 元以内的罚款。

（四）对不按规定开发、使用土地，造成沙化、盐渍化、水土流失的，责令限期治理，并处每亩 500 元以内的罚款。

（五）因采矿、打井、排污和其它人为原因造成土地破坏或损失的，有关单位必须进行整治或支付土地整治费，并给损失者以适当的补偿。

1995 年，北皋镇西街村西砖厂法定代表人张××，经依法批准使用土地面积 1.1 公顷，期限为 3 年，到期未办理批准续期土地使用证，砖厂仍在施工烧砖，超过批准期限使用土地的属违法占地行为，并严重超过原批准面积 4.09 公顷，在群众中造成极坏的影响，执法监察人员巡查发现并报县土地管理局领导研究同意，于 2002 年 7 月 16 日，依法对违法行为人下达了行政处罚决定书，张××逾期未履行处罚决定书的义务。12 月 16 日，依法申请县法院强制执行。

2004 年 7 月 24 日，魏县国土资源局砖厂执法队接到沙口集乡刘屯村村民反映本村砖厂破坏耕地一案。经查，该砖厂于 6 月 2 日未经魏县人民政府批准，擅自在本村耕地上取土 7200 平方米，折合 0.67 公顷，深度 1.8 米，用于粘土砖生产，属严重破坏耕地行为。2006 年 6 月 3 日，魏县国土资源局依法对该砖厂下达了《国土资源案件责令停止违法行为通知书》。6 月 15 日对该砖厂下达了《国土资源违法案件行政处罚决定书》，决定处以该砖厂限十五日内将被破坏的耕地 0.67 公顷恢复种植条件，并处罚款拾万零捌仟元整（108000 元），该砖厂接受处罚。

2005 年 8 月 24 日，魏县国土资源局砖厂执法队接到北皋镇西街村村民反映本村砖厂破坏耕地一案。经查，该砖厂于 2005 年 7 月 2 日未经批准，擅自在本村耕地上取土 7400 平方米，折合 0.74 公顷，深度 1.8 米，用于粘土砖生产，属严重破坏耕地行为。7 月 3 日，魏县国土资源局依法对该砖厂下达了《国土资源案件责令停止违法行为通知书》。7 月 15 日，对该砖厂下达了《国土资源违法案件行政处罚决定书》，决定对该砖厂限十五日内将被破坏的耕地 11.1 亩恢复种植条件；②并处罚款拾壹万壹仟元整（111000 元），该砖厂接受处罚。

2007 年 3 月 10 日，魏县国土资源局砖厂执法队接到领导批转关于野胡拐乡大路固砖厂手续到期，非法占地案。经查，该砖厂建于 1985 年 3 月，占地面积 5.12 公顷，批准手续已于 2003 年 9 月到期后，未办理任何占地手续，属非法占用土地。其行为违反了《中华人民共和国土地管理法》第五十九条之规定，依照《中华人民共和国土地管理法》第七十六条之规定处理：①限期拆除在非法占用的土地上新建的建筑物和其他设施，恢复土地原状；②并处罚款伍拾壹万贰仟元整（512000 元），该砖厂接受处罚。

2015 年 5 月 24 日，仕望集乡浅疃村村民栗××，未经批准，擅自在浅疃村村东以建鱼塘为名在耕地上挖土，挖土深度 1.2 米，挖土面积 1322.5 平方米，该行为属破坏耕地行为。当天下午魏县国土资源局执法队巡查发现后，立即查处予以制止，责令停止挖土行为，并将正在施工的挖土机依法予以暂扣，责令限期退还非法占用的耕地 1322.5 平方米恢复种植条件。2015 年 5 月 30 日—6 月 1 日，县国土资源局执法人员组织 5 台推土机，利用两天时间，动土 320 立方米，依法将栗××所破坏的耕地进行填埋，恢复了种植条件。

四、土地权属变更中违法案件的行为

（一）被征用、划拨土地的单位无理取闹，阻挠土地征用、划拨的，除责令交出土地外，并处以每亩 300 元至 500 元罚款，当事人是党员干部的，给予党政纪处分。

（二）对非法占用土地补偿费，安置补助费，农田建设基金，土地整治费，土地管理费的单位，应将非法占用的款物全部退回，并按非法占用资金总额的 10－20% 处以罚款，对主要责任人给予行政处分，据为已有或私分的，以贪污论处。

（三）对骗取批准占用的土地，批准文件无效，并给予主要责任人行政处分，构成渎职罪的，由司法机关追究刑事责任。

（四）临时占地到期不归还的，责令用地单位限期退还，并处每亩 300 至 500 元罚款，逾期仍不归还的，加倍罚款。

2008 年，依法拆除违建砖厂

2000 年 7 月，农机公司法定代表人陈×，在天安大道西段南侧占用土地 0.52 公顷建设农机公司，办理的临时占地手续已过期，并未申请任何占地使用手续，2008 年 8 月 18 日，土地执法队下达处罚决定书。陈××接受处罚。

2008 年 7 月 25 日，魏县国土资源局砖厂执法队接到魏县人民政府关于双井镇后文义村村民，反映双井镇政府在该村耕地上建砖窑批件案。经查，双井镇后文义村村民反映双井镇政府在该村耕地上建砖窑，该案已在 2007 年 11 月 5 日立案查处。不是双井镇政府所建，而是双井镇后文义村村民申××所建。申××，男，中共党员，时任本村党支部副书记。2007 年 11 月 3 日，未经魏县人民政府批准擅自在本村东地东风渠东侧占用本村申××、申××等 8 户的承包地 0.95 公顷，建节能隧道窑砖厂，魏县国土资源局砖厂执法队进行立案查处，并责令申××停止了违法占地行为，2008 年 1 月 2 日，又继续开始施工。1 月 4 日，魏县国土资源局依法对申××下达了（魏国土）听告字（2008）第 003 号行政处罚告知书，在有效时间内，申××既未要求听证，又未停止施工。1 月 14 日，魏县国土资源局对其下达了（魏国土）罚字（2008）第 001 号行政处罚决定书，因申××非法占用耕地数目较大。3 月 21 日，依法将有关案卷材料移送到县公安局，县公安局已立案侦查。3 月 23 日，依法申请魏县人民法院强制执行。

附：

1994－2016 年违法占地情况统计表

表 11－2－3－1　　　　单位：亩、件、万元、平方米

年度	类别	件数	面积（亩）	耕地（亩）	处理情况					
					拆除（M2）	收回（亩）	罚款（万）	行政处分	行政拘留	处理件数
1994	国家单位	6	19	10						
	集体单位	11	52	8						
	个人	3474	2419	34						
	合计	3491	2490	52	480	1080	223. 72	1	1	
1995	国家单位	4	11							
	集体单位	7	22	9						
	个人	47	74	9	125					
	合计	58	107	18	125	17	6. 6	1		58
1996	国家单位	2	5							
	集体单位	4	11	9						
	个人	20	26	10						
	合计	26	42	19	148	7. 5	5. 8		9	26
1997	国家单位	2	4. 5							
	集体单位	11	8. 1	5						
	个人	17	2. 6	7. 6						
	合计	30	15. 2	12. 6	312					30
1998	个人	18	24	21	136					18
1999	个人	20	28	24	217					20
2000	个人	16	17. 7	15	189					16
2001	个人	22	22. 5	19. 5	230					22
2002	个人	19	20	18	216					19
2003	个人	17	19. 2	18	198					17
2004	个人	21	24	21	223					21
2005	个人	18	22	20	213					18
2006	个人	19	42. 6	34. 2	296					19

续表

年度	类别	件数	面积（亩）	耕地（亩）	处理情况					
					拆除（M2）	收回（亩）	罚款（万）	行政处分	行政拘留	处理件数
2007	个人	19	20.3	18.7	308					19
2008	个人	17	135.76	83.47	486					17
2009	个人	24	9.53	9.53	248					24
2010	个人	18	195	195	355	195				18
2011	个人	30	48	48	515	36				38
2012	个人	25	194	194	420	44				25
2013	个人	33	56	40	230	40				33
2014	个人	42	38	26	537	38				42
2015	个人	53	78	48	780	78				53
2016	个人	49	63	29	532	32				49

第四节　非农业建设用地清理

一、国家机关、企业占地清理

1961 年，魏县对以往基建用地进行了清查，将多征、早征的 7.73 公顷土地退回给生产队无偿耕种。1963 年到 1979 年，每隔一两年，就对非农业建设用地进行清查和处理。1980 年，沙口集公社集东大队用推土机推倒了超圈宅基地农户的围墙；公社将超占 0.1 亩以上的宅基用地强令收归集体，超占 0.1 亩以下，每 0.1 亩罚款 100 元。

1982 年魏县对非农业用地进行清理，当时土地法律法规不健全，清理工作只局限于干部职工私自占地建房，城镇建设用地情况等。

1987 年 9 月 1 日，中共魏县县委、魏县人民政府召开了全县清理非农业占地动员大会，成立了魏县清理非农业占地领导小组，政府副县长曹新田任组长，政府办主任李振学，魏县土地管理局局长王克满任副组长，县计委、城建局、农业局、工商局、公安局、司法局等单位的负责人为成员，下设办公室，崔建民任办公室主任，负责日常工作。政府副县长曹新田在会上做了动员报告，各区也召开了由各占地单位负责人参加的动员大会，各区、乡（镇）也成立了相应的组织，并制定了工作方案。这次清理从 1987 年 4 月开始，于 1988 年底结束，共清理出各类占地1555处，占地面积498.86公顷。其中工矿企业（包括乡（镇）集体、个体以及个户联办）806宗，占地92.48公顷；商业、服务业390宗，占地30.31公顷；仓储用地51宗，包括粮库，物资库等占地38.25公顷；交通用地，包括铁路38.25公顷，公路占地121.04公顷；市政公共设施，包括街道、绿化、变电站、邮电、供排水28宗，占地28.84公顷；公共建筑，包括文教、卫生、医疗机构，国家机关243宗，占地159.99公顷；特殊用地，包括烈士陵园，军队导航台，民兵训练基地4公顷。达到了摸清底数，明确权属，查处违法占地，处理历史遗留的问题，建立地籍档案的目的。

1988年10月，根据清理中遇到的问题，针对各类占地当时的历史情况，进行了分类整理，结合魏县实际，魏县土地管理局抽调19人组成6个联查组，对全县乡镇企业和路边摊点进行清理，逐单位、逐摊点实地丈量。同时向魏县人民政府呈报了《关于在清理非农业建设用地中对各类违法占地及遗留问题处理意见的报告》，11月12日，魏县人民政府向各单位和乡（镇）予以转发。共处理违法占地143起，解决权属纠纷46起，补办占地手续157宗。

随着改革开放的不断深入，乡（镇）集体，个户联办，以及个体办的小型企业，加工业迅速发展，这些小型企业、加工业多集中在主要交通干道两旁，占地数量较多。1990年5月，魏县土地管理局组织了35人对县境内的5条主要交通要道两旁的企业摊点进行清理。全县分五个清理小组，局长、副局长包片。首先对路边企业和摊点进行摸底，逐片进行丈量，登记填表，然后进行归类，最后根据占地数量，占地类别，是否经过批准进行处理。共清理出路旁企业摊点387宗，其中经批准的178宗，未经批准的81宗，批少占多的128宗；占地总面积38.31公顷，其中耕地32.97公顷，非耕地6.01公顷。根据以上情况分别进行了处理，罚款处理201宗，处罚金额11万元，拆除9宗，房屋36间，围墙300米，退回多占土地1.73公顷。

1997年5月30日，魏县农业建设用地清查工作领导小组办公室印发《魏县非农业建设用地清查工作方案》。7月9日，魏县人民政府印发《关于认真贯彻中共中央国务院加强土地管理切实保护耕地通知的实施意见》的通知。县政府组织土地管理、城建、监察等部门对辖区内1991年－1997年的各类建设项目，特别是对城镇住宅建设用地进行一次全面清查，重点清理未经批准占用土地、越权批准占用土地、非法进行土地使用权交易等。

2005年8月28日，魏县国土资源局印发《关于在全县各类非农业建设违法用地清理摸底工作的安排意见》12月5日，魏县人民政府印发《关于开展清理各类非农业建设违法用地行为的实施方案的通知》。从2005年12月10日至2006年6月10日，利用6个月时间，在全县范围内对各类非农业建设违法用地行为进行集中清理。成立领导小组，政府县长齐景海任组长，下设办公室，局长张万胜兼任主任。12月21日，县政府召开“全县集中清理违法用地动员会”，政府县长齐景海在会上作重要讲话，魏县人民政府办公室主任赵金刚宣读《魏县人民政府关于开展清理各类非农业建设违法用地行为的实施方案》。魏县人民政府办公室城建科科长连卫强宣读《魏县人民政府关于在全县范围内清理各类非农业建设用地的通告》，县国土资源局局长张万胜传达了河北省国土资源厅《关于违法用地处理意见的通知》精神。县直相关单位负责人、各乡（镇）乡（镇）长、国土资源所所长、县国土资源局机关全体共计300人参加了会议。今后，魏县国土资源局按全改要求，实行局领导包，股级干部包段，乡镇国土所全力配合对全县各类非农业建设违法占地进行调查、摸底、丈量、填表、标记共清理出违法占地210宗面积31公顷，共中耕地21公顷，非耕地10公顷，依照 相关规定依法进行了处理。

2011年6月27日，中共魏县县委办公室、魏县人民政府办公室联合印发《魏县土地卫片执法监察工作督导方案的通知》。确保年度内违法占用耕地面积占新增建设用地总面积的比例控制在10%以内。成立魏县土地卫片执法监察督导组，政府副县长赵金刚任组长，下设5个组，重点对辖区内违法占地清理等有关事宜。对清理出的16家违法占地案件全部依法处理。

2015年，县委、政府先后出台《魏县清理违法占地违法建设专项行动实施方案》和《魏县违法占地违法建设专项整治工作实施方案》等一系列针对土地管理方面的通知、对重点区域的违法占地清理。魏县国土资源局不断加强执法力度，坚持以预防为主、执行为辅，注重事前预防与事后查处相结合，实行大队与各执法队、基层所互动联动，严格落实责任区划，实施动态巡查责任制，构建“横到边，纵到底”的“县、乡（镇）、村三级国土资源违法监管网络”，对土地违法行为做到早发现，早报告、早制止，从源头上堵截违法苗头。为提高土地违法综合预防、制止、查处能力，积极加强与纪检监察、公安、法院的紧密配合，协调联动，严格落实问责制，做到了既处理事又处理人。日常动态巡查170次，当场强制拆除违法建筑31宗，涉案土地面积1.99公顷。依法立案查处土地违法案件145宗，移交法院申请强制执行95宗，移交纪检、监察机关给予党政纪处分4人次。对重点、典型案件在县电视台新闻栏目集中曝光40起，达到了“查处一案、震慑一方，处理一人、教育一片”的效果。

二、农村宅基地清理

1978年，中共十一届三中全会以后，农村土地实行了联产承包责任制，农村的经济状况逐步好转，出现了农村建房热，据抽样调查，年内全县农村新建房屋20.6万平方米，户数3434，占总农村户数的2.1%，农村建房热引起了乱占、抢占、多占宅基地，且屡禁不止，对农村建房占地问题进行清理已势在必行。

1985年8月，魏县人民政府决定对农村宅基地进行清理，印发《关于农村宅基地清理发证的安排意见》魏政（1985）47号文件，对这次的清理发证的范围、政策、违法占地的处理、组织领导做了具体规定。8月30日，魏县人民政府印发《关于农村宅基地确权发证的安排意见》，规定了农村宅基地所有权一律归集体，个人只有使用权，没有所有权。经统一丈量登记后，由县政府发给宅基地使用证，该证受法律保护，过去有关宅基地的证件，如契约、文书、遗嘱，分单等一律作废。由于这项工作量大，涉及面广，首先在安张庄乡后小寨村进行了试点，取得经验后，于9月份在全县铺开。实施步骤：9月1日至11日为组织发动阶段，魏县人民政府成立清理发证领导小组，政府副县长郭裕民任组长，政府办主任孙国华、城建局局长李孝仁任副组长，农业局、计委、公安局、检察院、法院、司法局、信访办各抽一名负责人，各区一名副区长为成员。各区、乡（镇）也都成立相应的组织，认真学习有关文件、政策，召开专题会议，培训专业丈量队伍，各村根据任务大小组织若干个丈量清理小组。9月11日至10月30日为清理丈量阶段：以村为单位组织丈量后，填写宅基地丈量表和登记表，由乡（镇）审查后报魏县人民政府。11月1日至11月20日为报批阶段：各乡（镇）上报的登记表经魏县人民政府批准后，宅基地使用证由乡（镇）人民政府向农民颁发领取。11月下旬为检查验收阶段：各乡（镇）先自己进行自查，县组织人员对各乡进行抽查，通过这次农村宅基地的清理，查出违法占地348片，退出土地10公顷，确权发放宅基地使用证83416本。

1994年，根据1985年的清理情况，有些乡（镇）留有尾巴，还有的乡（镇）未能及时把宅基地使用证发到群众手中，魏县县委、魏县人民政府决定对农村宅基地进行第二次全面清理。7月15日，魏县人民政府批转了县土地管理局《关于开展农村宅基地清理摸底实施方案的报告》的通知。8月9日，魏县人民政府发布《关于清理违法占地建房的通告》，召开三级干部动员大会，综合运用政治、经济、行政、法律等手段，在全县大规模开展依法清收到逾期扶贫贷款、棉花预购定金、财政借款和清理违法占地建房突击活动。成立“两项”突击活动指挥部，县委书记张振生任政委，县长姚文学任指挥长，孟凡铮、胡梦玲、路爱荣、张庆、杨志科、王云峰任副指挥长。同日，魏县人民政府办公室印发《关于农村宅基地清理发证工作的实施方案》。魏县土地管理局印发了《关于对农村宅基地发证和完善管理档案意见的紧急通知》。本次清理，魏县土地管理局、乡（镇）土地管理所人员共180人参加，县土地管理局局长包片，局干部包乡，层层动员，突击一个月，至8月30日，共清理出了农村宅基地187000片，占地6518.7公顷，依法处理违法占地12000起，拆除房屋58间，退回宅基地2700片，土地72公顷，收缴罚款221万元；发放《集体土地建设用地使用证》168300本，占总数90%，收取证本费78万元；解决宅基地使用权纠纷227起。通过这次清理，改变一些乡村干部随意批划宅基地的错误观念，刹住农村乱占土地的不正之风，为搞好农村宅基地规范化管理奠定基础。全县23个乡（镇）普遍建立县、乡、村三级宅基地管理档案，实现一乡一档，一村一图、一户一卡、一宅一证的“四个一”管理，使农村宅基地开始纳入规范有序的管理轨道。同年10月22日，邯郸市人民政府在魏县召开了全市农村宅基地清理现场会，魏县人民政府副县长杨志科作了经验介绍，全市推行魏县农村宅基地“四个一”的管理经验。自1994年，进行大规模宅基地清理之后，发证工作逐步走向规范。

对违法占地建筑依法进行拆除

2012年5月24日，中共魏县县委办公室、魏县人民政府办公室联合印发《魏县农村集体土地确权登记发证工作实施方案》的通知。利用四年时间，到2015年全面完成全县农村集体土地确权、集体建设用地使用权和宅基地确权登记发证工作，建立地籍信息系统，土地确权发证工作全覆盖，实时信息动态监管，成立魏县集体土地确权登记发证工作领导小组，县委副书记、农工委书记侯有民任组长，下设办公室，局长张建设任办公室主任。

附：

大辛庄乡人民政府 关于清理农村乱批划宅基乱建房乱起土的 意　见

依据1991年1月1日新《土地管理法》和河北省《土地管理法实施条例》，根据魏县人民政府的批示精神和魏县土地管理局的有关文件，经乡党委、政府研究，决定如下：

一、清理的目的和意义

根据中共中央下发的11号文件和省委下发的13号文件的要求加强村镇建设，坚持集中紧凑、合理布局、内涵挖潜、节约利用土地的原则，1994年虽然搞了一次大规模的清理、发证工作，但由于时间紧、任务重，加之经验不足，清理的不彻底，不完善，留下了很多的问题，有的村乱批划宅基，私自强占耕地建房的问题特别严重；有的已仗量未发证，有的地证不符，权属不明，形成宅基混乱，纠纷很多，有的村内空处阔，面临这些种种问题，必须利用法律、经济、行政等手段，提高广大干群对土地法的认识，该办证的办证，多占的收回集体，如违法占地的依法严肃处理，达到节约用地的目的。

1、凡是1994年没有换证的新老宅基，都必须换证。

2、凡是没有宅基证，宅基（1987年4月）前，边界没有争议的，按实际丈量发证。

3、1987年4月2日以后的宅基，有证的免于处罚，有证至今未建房的，收回土地使用证，如确实需要宅基的重新补办手续，不符合要宅基条件的，收回集体，无证，但经乡村批划的，每片处于1000元罚款，私自强占的，原则上拆除没收新建的房屋，恢复地貌，如不符合要宅基条件的，必须拆除，并处于2000元－4000元罚款。

4、无论那一年批划宅基或占用建设用地，必须提前交魏县土地管理局三股室现场考查，同意后均可批划办理一切手续。

5、在批划时不准超过用地限额（2.5分），如超过，不办理土地使用证，超过七分的划为两片使用。

6、严禁乱起土，垫宅基建房，确实需要用土的，到乡土地管理所办理采土手续，起土深度不得超过0.3米，如不办理采土手续的，发现后没收运土工具，并处于每平方米15－30

元的罚款。

以上规定，在执行工作时，如有妨碍和阻扰土地管理人员执行公务的，要按治安处罚条例依法严肃处理。

大辛庄乡人民政府
大辛庄乡土地管理所
1999 年 3 月 5 日

三、砖窑厂占地清理

建国初期，魏县砖窑厂只有魏镇一处（劳改队砖厂），其余零星的小砖窑（土窑）均利用村旁闲散地。

1956 年以后，为解决城乡建筑材料问题，魏县新建付夹河和仕望集两个砖厂（国有土地）。随着社会和经济的发展，城镇和农村的建设规模不断增大，粘土砖做为建筑市场主要原材料的需求量也越来越大。而砖窑厂做为一项乡（镇）企业项目一哄而上，占用耕地数量越来越大，1990 年，全县有砖窑厂 108 座。

1991 年 9 月，魏县人民政府下达了《关于加强砖窑厂用地管理、严禁占用耕地新建砖窑的通告》规定，人均耕地一亩以下的村不准占用耕地建砖窑。确需要建的要本着布局合理的原则，严格履行审批程序。《通告》还要求对全县的砖窑厂进行一次认真清理，并搞好砖窑厂专项治理工作。

1995 年 8 月，河北省土地管理局下发通知，要求对砖瓦窑用地进行专项治理，按照上级的部署和魏县人民政府的安排，魏县土地管理局于 1995 年 9 月，把砖窑厂清理整顿做为一项重点任务，经过一个多月的紧张工作，全县共清理整顿砖窑厂 82 座，占地总面积 291.7 公顷，其中经批准的 65 个，占地面积 203.2 公顷，未经批准的 17 座，占地面积 40.66 公顷。经过分类，区别情况进行了处理，拆除和炸毁 3 座，限期停产整顿的 9 座，对超占土地面积和未经批准的进行罚款处理，罚金 94.76 万元。对清理后的砖窑生产进行规范化管理，一是建立档案。每个砖窑厂建立一个档案，对砖窑厂的批准时间、面积、年产量、采土厚度，进行登记，实行“三证一合同”制度，即：土地使用证，采土许可证，税费证，土地复垦合同。二是抓复垦，各砖窑厂制定复垦计划，每亩交押金 500 元，所用的土地复垦后，押金退回。三是严格审批手续。通过专项治理，使砖窑厂生产、占地走向了管理规道，有效遏制了占用耕地新建砖窑。

2004 年，魏县根据县情实际，划分漳南、漳北两个“战区”，从县国土局、公安局、环保局、县法院、水利局、供电公司、相关乡镇及部门执法队等抽调有关人员 40 人，成立专项突击大队，下设 2 个关停取缔小组，出动执法拆除车辆 80 台（次），每个小组配备专业爆破人员 4 名，按照自己承担的任务目标开展拆除、关停取缔工作。拆除沙口集乡、大马村乡、泊口乡、大辛庄乡、北台头乡、南双庙乡等实心粘土砖瓦窑 6 座，节约土地 39.33 公顷。2005 年，拆除涉及仕望集乡、前大磨乡、大辛庄乡、双井镇、棘针寨乡、大马村乡、双井镇等乡镇实心粘土砖瓦窑 6 座，节约土地 51.33 公顷。2006 年，拆除涉及南双庙乡、双井镇 8 座实心粘土砖瓦窑，节约土地 52 公顷。

2007 年 9 月 29 日，魏县人民政府县长齐景海主持召开严禁以环保为名新建扩（改）建砖厂工作会议，魏县人民政府印发《关于加强新建改（扩）建环保型砖瓦窑厂管理的通告》。停止在建、新建粘土进行生产的砖瓦窑厂，一律不再审批；严格规范建设环保型砖瓦窑厂审批程序，耕地内省级公路两侧 2 公里内、基本农田保护项目区内不准建设环保型砖瓦窑厂，环保型砖瓦不得使用粘土作为原料，是年 10 月 1 日起施行，2009 年 9 月 30 日废止。

2008 年，魏县加大对实心粘土砖窑厂的拆除力度，组成 3 个关停取缔大队，依法拆除涉及野湖拐乡、大辛庄乡、车往镇、北台头乡、棘针寨乡南寺庄和南双庙乡安乐村、河岸上、集东村、小姜村、双北、双中、马街等实心粘土砖瓦窑厂 18 座，节约土地 140 公顷。

2009 年，魏县实施“砖窑厂管理规范年”活动，县国土资源局抽调 60 名精干人员，组建砖窑厂综合执法大队，开展砖窑厂专项整治活动，依法对超深超面积起土、破坏耕地严重、群众反映强烈的北皋镇 2 座实心粘土砖瓦窑厂、德政镇安张庄村、双井镇李照河村、车往镇杨甘固村、大辛庄乡前高屯村、北台头乡等 19 座粘土砖窑厂进行拆除，节约土地 15.33 公顷。

2011 年，对不符合生产条件的砖厂依法拆除

2011 年 2 月 14 日，魏县国土资源局印发《关于规范砖窑厂管理的实施方案》，在全县开展为期一个月的砖窑厂执法突击活动，6 月 8 日，魏县人民政府印发《魏县 2011 年关限证照不全工业企业实施方案》的通知，对能耗较大、技术含量低、设备老化、生产工艺落后的六家生产实心粘土砖窑厂和一家红瓦厂进行淘汰，对砖窑厂实行分包责任制，局领导包片，执法队长包窑，层层压死工作责任，主要领导一线指挥，分包领导全程参与，分包队长实地监督，监管人员全员在岗，在县公安、法院等部门的配合下，对涉及前大磨乡、北皋镇、南双庙乡等三个乡镇的 6 座砖窑厂，依法拆除，节约土地 47.33 公顷。

2012 年，魏县人民政府印发《关于对南双庙乡狮子口砖窑厂等 6 家砖窑厂依法实施拆除的通知》，加大对能耗高污染严重的砖窑厂拆除力度，并对现存砖窑厂建立工作台账，实行一窑一档，明确专人对砖窑厂的采土面积、采土区域、采土深度进行监管，严禁超深超面积起土，推行“采土不见坑，烧砖粮不减”良性循环。年内对南双庙乡、仕望集乡、北皋镇等三个乡镇的 6 座粘土砖窑厂，依法实施拆除，并按照益林则林、益农则农的原则，及时进行复垦，节约土地 41.33 公顷。

2013 年，魏县开展送法下乡，送法进厂活动，加大对砖窑厂整治力度，推进砖窑厂综合管理。11月27日，魏县人民政府召开全县砖窑厂整治工作紧急会，并印发《关于进一步规范砖瓦窑厂管理限制粘土砖生产的通知》，已拆除不符合生产条件的粘土砖窑厂49座，对现有的56座砖窑厂，县国土资源局、环保局、安监局、工商局、国税局、地税局、水利局、质监局、电力局等单位结合乡镇政府，加强执法力量，按照“整改转型一批、停产整顿一批、依法拆除一批”的原则，利用五年时间，以每年不低于10%的比例，分步骤、按批次，逐年关停取缔。县国土资源局加大对砖窑厂的日常监管力度，对砖窑厂周围历史形成的坑地进行摸底排查、丈量登记，制定复垦计划，违规采土、复垦不及时的砖窑厂给予停产整顿；对在基本农田内、县城控区和主要交通干道两侧的砖窑厂，制定拆除计划。同时，对砖窑厂业主办理《取土许可证》、签订《土地复耕责任书》，生产用土必须履行复垦义务，实施“谁采土、谁复垦”，取土时剥离30厘米耕作层后，取土深度不超过1.5米，不履行复垦义务或复垦达不到耕种标准的，依法予以拆除，年内完成复垦土地14.4公顷。

2015年，为改善大气环境质量，切实保护耕地，魏县按照全省关停取缔实心粘土砖瓦窑专项行动，9月2日，县政府樊中青县长主持召开由各乡（镇）党委书记、乡（镇）长及相关部门主要负责人，各涉及村支部书记参加的实心粘土砖瓦窑拆除突击月活动动员会，制定《魏县开展实心粘土砖瓦窑关停取缔突击月活动工作方案》，并成立由政府县长任指挥长，政府主管副县长任副指挥长、各相关单位为成员的专项工作指挥部，各相关乡（镇）向县政府递交了《关停取缔实心粘土砖瓦窑工作目标责任状》，县政府办公室、督查室、监察局和国土资源局等人员组成专项督导组，深入各涉及乡镇开展专项督导工作，定期通报、挂牌督办。同时，坚持疏堵结合，通过招商引资、企业转型等方式，大力引进、推广应用新型墙体材料，填补市场空白，彻底取代实心粘土砖及其他粘土制品。县国土资源局建立健全“县、乡、村”三级排查网络，实行“分级负责、专人盯守、动态巡查、定期汇报”等制度，组织执法人员80人，出动执法车辆120台（次），配有专业爆破人员6名，分成3个爆破小组，依法拆除涉及20个乡镇的实心粘土砖瓦窑厂62座，节约土地400公顷。

四、土地市场清理

1956年，随着农业合作社的诞生，土地由原来的农民所有制转变为农民集体所有制，土地做为一种主要生产资料，任何组织和个人不得私自侵占、买卖或者以其它形式非法转让土地。随着市场和商品经济的发展，土地做为一种特殊商品，已经进入流通领域。魏县的国有土地使用权交易市场比较活跃，不少单位和个人将过去无偿划拨的国有土地使用权擅自转让、出租、抵押，形成土地隐形市场，表现形式主要有：以买卖房屋连同土地一起转让，以合法的房产交易掩盖非法的土地交易；以出租房屋随同出租土地，地租在房租的掩盖下被出租者全部占有；以地换房，以地联建，从中牟利；还有的公开买卖、出租土地等等。这些对调整土地使用权方向，调剂土地余缺，缓解土地供需矛盾，提高土地利用率有一定的积极作用，但土地使用权自发交易行为违反了国家对土地管理的法律法规，侵犯了土地所有者即国家的利益，使本应收归国家的土地收益严重流失，而且还诱发了土地的投机行为。

1993年1月，魏县土地管理局组织人员对土地交易市场进行了调查摸底，向魏县人民政府写出了调查报告，提出对土地市场的整顿具体意见，并结合本县实际，出台《魏县城镇国有土地使用权出让和转让实施细则》《魏县土地开发及土地市场管理暂行办法》《关于加强国有土地管理的通告》三个配套性文件，并从清理整顿土地隐形市场入手，为土地使用制度改革全面铺开奠定基础。清理工作从4月10日开始，历时50天，分四个阶段进行，一是建立组织，加强领导，成立魏县清理整顿土地市场领导小组，县长姚文学任组长，副县长胡梦玲、杨志科、县委副书记孟凡铮、人大、政协、纪委各一名副职任副组长，政府办、财政局、县土地管理局、公安局、法院、城建局、工商局和七个建制镇的主要负责人为成员，并在魏县土地管理局设清理整顿土地市场办公室。二是搞好宣传发动，由县五套班子参加，在县剧场召开新闻发布会，县长姚文学做了重要讲话，张贴标语1000多份，出动宣传车50辆次。三是自报、查证相结合，对土地自发交易情况进行全面摸底调查，先由单位和个人自报，同时组织人员分片进行摸底，实地丈量登记。四是严格掌握政策，依法处理违法交易行为。在执行政策，处理违法交易行为中，从实际出发，重点掌握了两个界限，对出租、转让土地的单位和个人按冀政（1992）62号文件规定，区别交费幅度。二是根据转让土地的位置和用地情况补交出让金20%至40%。通过这次清理，共有擅自转让、出租土地使用权的单位68个，涉案土地631宗，占地面积82000平方米，干部职工236户，城镇居民226户，全部进行了处理，补交出让金20万元，下处罚决定21个，其中6个由人民法院强制执行。处理后，对转让土地使用权的更换国有土地使用证，出租土地的发给国有土地出租许可证，并逐年收取国有土地使用金。通过清理、整顿，为国有土地使用制度改革的顺利进行奠定了基础，为政府高度垄断土地市场，规范土地市场创造了条件。

2002年10月9日，魏县国土资源局印发《关于清理整顿乡（镇）国有土地市场的通知》，把乡（镇）国有土地纳入市场规范化管理。2003年初，魏县结合实际，全面治理整顿土地市场，对全县土地市场秩序和经营性土地使用权招拍挂，成立组织，制定方案，以规范管理、完善制度为重点，从依法行政教育入手，全面治理整顿土地市场秩序。魏县县委、魏县人民政府先后3次召开县长办公会，专题研究，成立了由县长任组长，常务副县长、主管副县长任副组长的国土资源管理工作领导小组，查找不足，逐一整改。2月28日魏县人民政府召开动员会，从财政、监察、国土等有关部门抽调精兵强将成立办公室，全县治理整顿土地市场秩序工作全面铺开。县国土资源局局长亲自挂帅负总责，具体安排，明确分工，集中业务人员，全力以赴，真抓实干。魏县人民政府先后印发《进一步治理整顿土地市场秩序工作实施方案》和《关于开展经营性土地使用权招拍挂执法监察工作实施方案》，出台《魏县土地收购储备办法》《魏县公开出让国有土地使用权实施办法》等8个文件。这些政策性文件的出台，以及新法确立的规划用地、用途管制、保护耕地、违法查处等重要原则和制度，强化了国土资源管理工作，严格控制了土地出让金的减免，堵塞了国有资产流失的漏洞，理顺了土地管理关系，确保了依法交易、照章纳税，使土地市场健康发展。3月15日，魏县国土资源局组织相关人员参加法律法规培训班。6月25日全国土地日期间，县领导发表电视讲话，营造舆论氛围，为土地市场清理整顿奠定了基础。一是对各类建设用地进行调查摸底，将项目用地的地址、用地现状、供地情况、出让金的收取、引资项目投资规模等情况，按照清理的要求，对照标准自查自纠。二是严格管理。国土资源局牵头，建设、规划等部门参加，逐宗核实项目用地是否办理了合法手续，对未经批准非法占地、不符合规划的用地，发现一宗处理一宗，清理到位。三是显化土地的资产效益和社会效益。对规划区内所有项目的企业效益、土地利用效率以及环境效益等进行评估，对不符合用地要求和污染大的项目进行关停并转。在清理过程中，分室内卷宗疏理审查组和室外现场勘测调查组，两个组同时进行。室内组重点对1999年至2003年审批、发证、转让的土地，采取逐宗逐卷调查：看有无越权批地、违法批地行为；看有无违规交易、违法供地、非法入市行为；看有无管理松驰、档案手续不规范现象。具体操作中，坚持做到严格自身要求，不放过任何一个小的工作环节；严格检查标准，不放过任何一个小的项目；严格查找原因，不放过一个小的问题，严格整改，不放过一个没有处理到位的问题。通过边查边纠，逐宗逐项的整改。共清理1999年1月至2003年2月各类卷宗22卷，面积35公顷，其中划拨供地卷5宗，面积22.97公顷；协议出让3宗，面积1.16公顷，出让金242.9万元，政府纯收益145.31万元；公开出让6宗，面积2.79公顷，出让金总额1234.88万元，政府纯收益260万元。2001年4月到2003年6月共办理经营性用地3宗，面积0.67公顷，出让金总额491.06万元，其中2001年4月至2002年8月共办理1宗，面积0.03公顷；2002年9月至2003年6月共办理2宗，面积0.64公顷。室外组对全县重点部位、公路沿线开展清查，重点是经营性项目用地，土地收益是否流失；原划拨土地转为经营性用地未按法律规定向政府上缴土地收益的；擅自减免出让金的；擅自转让国有土地使用权的；挤占挪用土地出让金、租金等土地收益的；7个建制镇1999年以后新建、扩建、在建、圈占项目用地的；主要公路两侧1999年以后新建、扩建、在建、圈占项目用地的等，逐宗看、逐块量、逐案查，发现问题一追到底。通过室内和室外清查，共查出36个问题，全部进行了纠正。

2012年7月14日，魏县国土资源局出动100名土地执法人员，配合县法院对全县主要交通干线两侧违法建筑、私塔私建、擅自圈地等违法用地行为进行集中整治；对魏峰线三处违法占地、老定魏线一处擅自圈占违法占地、新定魏线一处擅自圈占违法占地、魏张线三处违法占地建筑，依法强制拆除。8月1日，魏县人民政府印发《魏县交通干线环境集中整治活动实施方案》，县国土资源局对老定魏线、邯大线、魏峰线、安聊线两侧15米内，新定魏线两侧20米内违法占地，非法建设，私搭私建进行了清理，对控制区内的建筑用地不予审批，严厉打击了违法占地行为，优化了土地市场。

2013年7月7日，魏县国土资源局组织漳南区域11个国土资源所，130人，出动执法车辆15辆，大型拆除机械1台，在县法院的配合下，对北台头、车往镇的5起违法占地进行了集中拆除清理，拆除违法建筑面积300平方米，依法保护耕地2公顷。

五、干部职工占地建私房清理

1980年以后，干部、职工在县城占地营建私房问题越来越突出，有的无偿占用原县财政划拨的土地；有的多处占地建房，还有的不经批准私下与附近村协商占地建房，这些问题一方面造成了土地管理的失控，另一方面不利于干部和机关的廉政建设，还有的干部在营建私房中损公肥私，助长了腐败现象，为解决这些问题，1983 年 4 月 21 日，魏县人民政府印发了《关于干部职工在县城建房问题的处理意见》，8 月 2 日，魏县人民政府、魏县纪律检查委员会联合印发《关于干部职工在县城多占住房具体解决办法》。由魏县纪律检查委员会牵头进行了一次清理，共清理出了 168 户占地建房，占地 2. 84 公顷。由于当时法律法规不健全，缺乏有力措施，清理不够彻底。1987 年 8 月 27 日，魏县人民政府印发《关于干部在县城规划区内暂停建家属院的紧急通知》。通知要求：凡是在县城规划控制区范围内，正在修建家属院或建私人住宅的单位和个人，一律暂停建设；禁止私自买卖土地，并对以前私自买卖土地情况进行清理。

1988 年 1 月 20 日，魏县人民政府印发《关于成立清理非法占地建房及加强城镇住宅管理领导小组的通知》。对全县干部、职工营建私房情况进行认真清理。1989 年 11 月，制定《关于清理干部职工在县城规划区内建私房的实施细则》：按照细则要求，经批准占地建房的由魏县人民政府发给《城镇居民宅基地使用证》；县纪委牵头，成立魏县清房办公室，县委书记柴生光任主任，县委副书记姚文学亲自抓，从县直有关单位抽调了 40 名人员，分成 10 个小组，分片包干，清理工作共分三个阶段实施。第一阶段宣传发动，成立组织；第二阶段各单位进行自报，在自报的基础上分片逐户进行摸底丈量登记；第三阶段区别情况，处理发证。在处理中依据《土地管理法》和《河北省土地管理条例》，针对实际，1987 年 1 月 1 日后，非法占地建房的，每处罚 2000－3000 元；占地面积超过 2. 5 分加倍罚款，即面积在 2. 5 分至 3. 5 分的每平方米罚款 20 元；面积在 3. 5 分以上的每平方米罚款 40 元；1985 年 1 月 1 日至 1986 年底，非法占地建私房的，每处罚款 2000－3000 元；面积在 2. 5 分至 3. 5 分平方米以内的，每平方米罚款 10 元，面积在 3. 5 分以上的，每平方米罚款 20 元；凡建私房或购买商品房的，原住公房一律退出，个人建私房两处以上者，允许留一处本人居住，其余作价处理，作价款 50% 归本人，50% 作为公用；1982 年 7 月至 1984 年，非法占地建房者，从轻处罚，每处罚款 1000－1500 元，超面积的减半罚款；1982 年 7 月前占地建私房的，在 1982 年已做过处理的，不再处理。

清理至 1991 年 5 月结束，共清理出干部职工占地建房 2017 户，其中私房 1737 户，公房 280 户。从级别上有县级干部 41 户，局级干部 179 户，一般干部职工 1868 户，占地总面积 34. 1 公顷。1982 年 7 月以前的 625 户，1982 年 8 月至 1984 年底的 893 户。1985 年以后的 569 户。按照上述规定分类进行了处理：退出公房的 26 户，作价处理的 45 户，还未建成房的 10 处，收回土地 0. 21 公顷；未经批准非法占地或超出规定面积 429 户，罚金 27 万元，发放城镇居民宅基地使用证 1540 本。通过清理刹住了乱占土地建私房的不正之风。

1992 年后，魏县对干部职工建私房纳入规范化管理，未组织清理活动。

魏县土地执法监察流程图

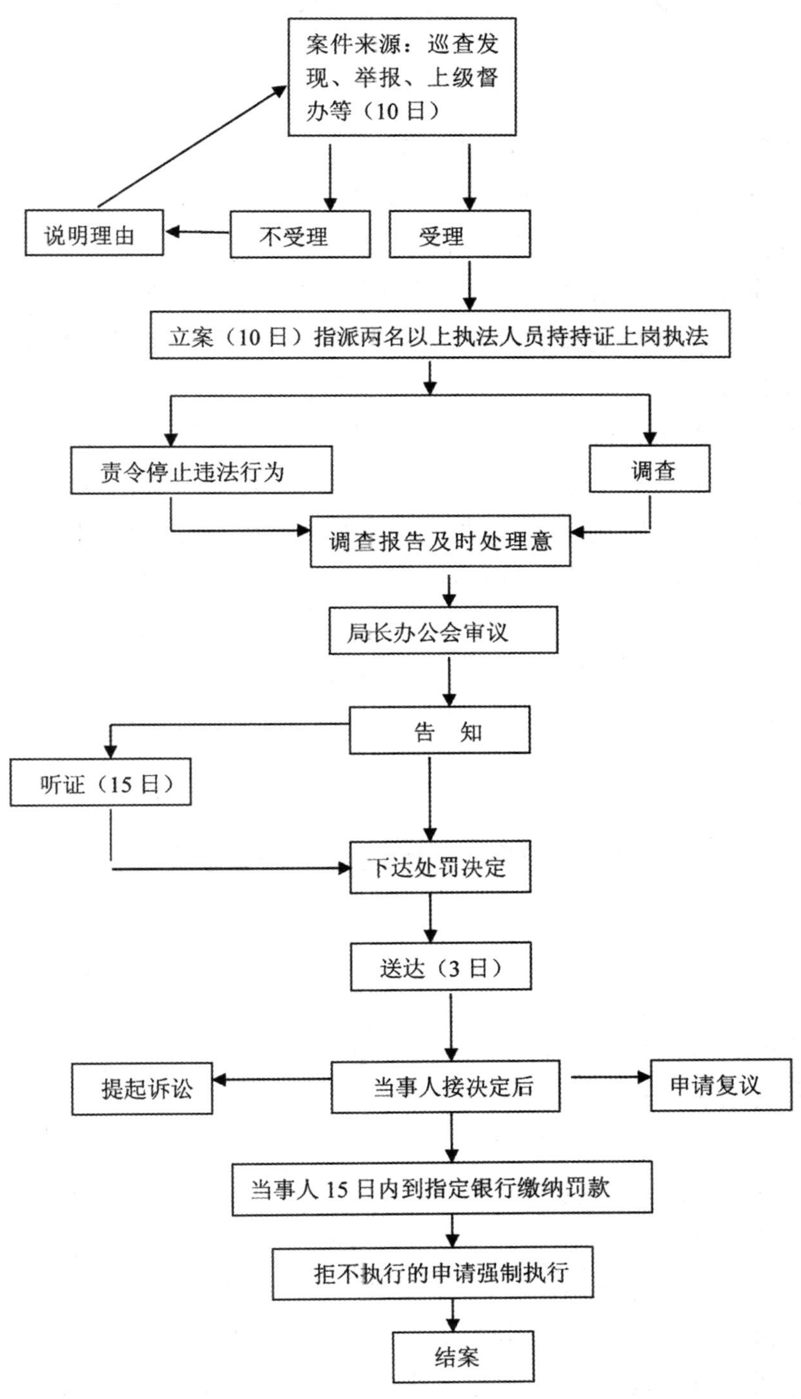

第三章　土地依法行政

行政是治理、管理和执行事务，它和施政是一个概念。

早在《左传》中就有“行其政令，行其政事”之说。依法行政，是指国家机关及其工作人员依据宪法和法律赋予的职责权限，在法律规定的职权范围内，对国家的政治、经济、文化、教育、科技等各项社会事务，依法进行管理的活动。其本质是有效制约和合理运用行政权力，有利于保障人民群众的权利和自由；有利于加强廉政建设，保证政府及其工作人员不变质，增强政府的权威，有利于防止行政权力的缺失和滥用，提高行政管理水平；有利于带动全社会尊重法律，遵守法律，维护法律，推进社会主义民主法制建设。

土地依法行政，就是政府依法进行土地行政管理的各项业务活动，具体说就是国家为执行土地法令，制定并实施土地政策，保护和合理利用土地资源，运用各种手段对土地资源及其利用过程以及由此产生的人与人之间的权属、利益关系进行规划、组织、协调和控制等方面的行政管理活动。

1987 年 6 月，魏县人民政府设立了专门的土地行政机构，实行全县土地、城乡地政统一管理，承担土地行政诉讼、行政复议、行政许可工作，一直延续至今。

第一节　土地行政诉讼

土地行政诉讼是指土地管理相对一方的公民、法人或者其他组织认为土地行政主管部门的具体行政行为侵犯其合法权益或者不服土地行政主管部门的行政处罚决定，依法向人民法院提起诉讼，由人民法院审理的活动。

1949 年 9 月前，土地多属地主阶级私人所有，土地行政诉讼案件没有统一记载。1949 年 10 月后，土地改革已完成，农民分到了土地，并颁发了土地证，自此，因土地纠纷引起的土地诉讼案件也日益增多。1950 年，全县因土地、水利、宅基地发生的一审诉讼案件 215 起。1956 年，魏县全部实现农业生产合作化，原来个体农民的土地作为主要生产资料交给合作社统一使用，因土地引起的一审诉讼案件减少到 86 起，从 1956 年到 1978 年的二十多年时间里，全县受理一审土地案件 113 起，比 1950 至 1956 的六年时间内下降了 48%。1979 年，魏县实行了土地家庭联产承包责任制，农民对土地拥有使用权和经营权，因耕地、宅基地、林、果等发生的土地诉讼案件又有上升，在 1979 年至 1986 年的七年时间内因土地纠纷共发生民事案件 581 起，其中土地一审诉讼案件 162 起，占民事案件的 27.8%。

魏县土地管理局成立后，按照上级的部署，对国家建设、乡（镇）企业建设、农村建房三项非农业用地进行阶段性清理，在清理中对非法占地依据土地管理法律规进行了处理，对合法使用土地者给予确认土地使用权，并颁发土地使用证，对历史上因土地权属遗留的问题进行了调处，期间土地管理部门与县人民法院双方配合处理和审理土地行政案件，共受理一审土地诉讼案件 8 件，二审 1 件。

1988 年 5 月，就如何审理土地行政诉讼案件问题，经魏县土地管理局与魏县人民法院商定，凡已经县人民政府确定使用权的土地诉讼案件，由县人民法院受理。未确定使用权的，一般不予受理，由县土地管理局或所在乡（镇）调处。

1990 年 10 月，《中华人民共和国行政诉讼法》开始实施，魏县土地管理局组织了为期三天的学习班，局机关全体人员和各乡（镇）土地管理所所长参加学习《行政诉讼法》和相关的法律法规。建立和完善土地行政案件的处理处罚程序，使行政处理、处罚规范化，一旦面临行政诉讼，要争取主动，积极应诉，认真履行举证义务，提出有针对性的答辩状，配合和支持人民法院的审理工作。加强对土地执法人员的学法、用法、执法的教育，解除怕当被告的思想，土地执法监察人员大胆工作，仅 1989 至 1991 年三年时期内，全县共查处土地违法案件 3456 起，其中被处罚人不服起诉到人民法院的土地行政诉讼案件 27 起。魏县土地管理局胜诉 20 起，败诉 7 起。

1992 年，魏县人民法院共受理土地行政诉讼案件 39 起，其中土地管理部门败诉 10 件，占诉讼案件的 25.6%，为了总结土地行政诉讼的经验教训，是年，魏县土地管理局与魏县人民法院进行座谈，对败诉率高的原因进行认真分析，主要有以下几种：1、违反法定程序，不下达《行政处罚决定书》，个别领导说了算，以言代法，草率结案；2、法律文书制度不全，不向被处罚人交待诉讼权利，比如复议权、起诉权，有的只交待一种诉讼权利。3、文件送达不及时，中断了土地执法活动。4、土地管理人员超越职权实施行政行为。5、处罚处理决定书引用法律条文不当。6、事实不清，证据不足。

10 月，为及时整理和审批土地行政诉讼法案件，经魏县人民政府批准，县土地管理局对县人民法院协商，决定设“魏县人民法院土地巡回法庭”（地点在魏县土地管理局），代表县人民法院受理，审理土地行政诉讼法案件，并就受理审理的程序做出了规定。

起诉：当事人对土地管理部门或乡（镇）人民政府下达的处理（处罚）决定不服，在法定日期内向人民法院起诉，则引起土地行政诉讼的开始。起诉必须符合下列条件：原告必须是与本案有直接关系的当事人；被告必须是作出处理（处罚）决定的土地管理局或乡（镇）人民政府；必须在法定之日内（处罚决定 15 日内，处理决定 30 日内）；起诉人必须是对土地管理局或人民政府最终作出的决定提出具体的诉讼请求，事实和理由。

立案：原告应向人民法院递交起诉状及副本；应附有土地管理局或乡（镇）人民政府的处理（处罚）决定书；书写有困难的，也可口头起诉，人民法院接到起诉状或口头起诉，经审查符合受理条件的，七日内立案，不符合条件的，七日内通知原告不予受理，并说明理由。

审理前的准备工作：人民法院应在受理案件后五日内将起诉状副本和应诉通知书送交土地管理局或乡（镇）人民政府，应诉机关应当在15日内提出答辩状，不提答辩状的，不影响审理；通知土地管理部门或乡（镇）人民政府填写法定代表人身份证明书，如委托代理人代为诉讼，应填写授权委托书，上述文字与答辩状一并递交人民法院，有第三人的，应通知第三人参加诉讼。立案后，应尽快向有关部门调取证明材料，如土地管理局或乡（镇）人民政府的处理（处罚）决定事实不清、证据不足，人民法院应要求其补充证据，查清事实，人民法院也可主动调查取证。

审理：人民法院审理土地行政案件适用普通程序，由三人组成合议厅，案情简单的，也可以适用简易程序，实行独立审判。公开审理的程序：开庭审理之前三日内将审理的案件、时间、地点、公告于众；原告经人民法院两次传唤，无正当理由，或者未经法庭许可中途退庭的，可以按撤诉处理。被告拒不到庭者，或未经法庭许可中途退庭的，可缺席判决；人民法院审理土地行政案件不适用着重调解的原则，也不可以调解为结案方式，应在查清事实的基础上做出公正的裁定或判决。土地管理局的处罚决定事实清楚，运用法律条文正确的，应予维持；在认定事实，适用法律上确有错误的，应予撤消或变更；发现不符合起诉条件的，应书面驳回起诉。人民法院也可在事实清楚，责任明确的情况下，可通过说服教育使起诉人撤诉，或使双方当事人部分或全部达成一致意见，在此基础上做出判决。审判完结后，应公开宣布判决，当庭宣布的，应在10日内发送判决书，定期宣布的，宣判后立即发给判决书，宣告判决时，必须告之当事人上诉权利、上诉期限和上诉法院。

执行：人民法院在接到申请执行书10日内，了解案情，并通知被执行人在指定期限内履行；逾期不履行的，强制执行。强制执行的依据可以分两类：一类是已发生法律效力的行政判决、裁定书，一类是由土地管理部门做出的行政处罚书上的处罚条款，后一类由行政机关申请由人民法院强制执行，或者由行政机关执行。行政机关拒绝履行的，由人民法院强制执行。前一类由人民法院执行，执行的措施；对应该上缴的罚款、赔偿金、补助费，通知银行从被执行人银行账户内划拨；从期满之日起，按每日处以被执行费用金额的3%罚款；通报被执行人的上级机关或行政监察机关分别情况，给予被执行人或单位主管人员以行政处分。情节严重的，要追究刑事责任；执行中不能调解。

当强制被执行人退出土地或没收、拆除建筑物时，由人民法院院长签发公告，通知被执行人在指定的限期内履行，逾期不履行的，由强制人员强制执行。强制执行时，被执行人的工作单位和土地所在基层组织，应派人参加，被执行人应到场，拒不到场的，不影响执行。

在规范土地行政案件处理和审理程序的一年多时间里，魏县人民法院共受理土地诉讼案件10起，占民事案件的24%。

1998年，魏县人民法院的派出机构魏县土地法庭撤销。

2003年，魏县国土资源局设立了政策法规股，有了专门对土地行政诉讼案件的应诉人员，承担魏县土地行政诉讼应诉工作。2006年，承办土地行政诉讼案件30件，出庭应诉30件，胜诉28件，败诉2件。

2007年，承办土地行政诉讼案件28件，出庭应诉28件，胜诉25件，败诉3件，涉案二审15件、再审2件，均胜诉。

2008年，承办土地行政诉讼案件28件，出庭应诉28件，胜诉27件，败诉2件。涉案二审7件，胜诉7件。

2009年7月8日，魏县国土资源局接到大辛庄乡凡村村民反映本村砖厂长期由该村党支部书记独自承包经营该砖厂毁坏耕地，占地6.67公顷，部分土地被挖成6－7米大坑一案。经查，该案件已立案查处。大辛庄凡村砖厂建于1996年，属村办集体企业，所占用的是村集体所有土地。1996年9月份，魏县土地管理局向凡村砖厂颁发了《建设用地批准书》，批准该砖厂用地面积0.66公顷，批准期限5年。1998年3月21日，魏县工商行政管理局向凡村砖厂颁发了“企业法人”营业执照。2005年11月10日，魏县国土资源局接到群众举报该砖厂占地问题，立即到现场勘验，经勘验该砖厂共计占地3.57公顷，反映人反映该砖厂占地6.67公顷的情况不实，而是扩大到3.57公顷，反映部分土地被挖成6－7米大坑。经查，实际为3米深，最深处为4米，已复垦0.33公顷。11月11日，经领导批准予以立案，11月16日，对该砖厂做出魏国土停字（2005）第56号国土资源违法案件责令停止违法行为通知书，责令立即停止一切违法生产活动的行为，听后处理。该砖厂拒不停止生产活动，魏县国土资源局采取派驻执法人员在砖厂看管不准生产，并经局集体审议，2006年10月27日，做出了魏国土停字（2006）第97号国土资源违法案件行政处罚决定书，当日送达。大辛庄凡村砖厂不服，向邯郸市国土资源局申请复议，邯郸市国土资源局于2007年1月29日做出邯国土资复决字（2006）第06号行政复议决定书，决定维持魏县国土资源局的处罚决定。大辛庄乡凡村砖厂不服，上诉到魏县人民法院，该案件经邯郸市中级人民法院指定转到成安县人民法院进行异地审理，判决撤销了魏县国土资源局做出的处罚决定书。魏县国土资源局不服成安县人民法院（2008）成行初字第8号行政判决，2008年10月21日上诉到邯郸市人民法院，经邯郸市中级人民法院审理，2009年5月5日，做出了终审判决，撤销成安县人民法院（2008）成行初字第8号行政判决；维持魏县国土资源局（魏国土）罚字（2006）第97号行政处罚决定书。①责令退还非法占用土地3.57公顷；②限十五日内自行拆除在非法占用的土地上新建的建筑物和其他设施，恢复土地原状；③并处罚款叁拾伍万陆仟陆佰陆拾捌（356668）元。6月30日，向成安县人民法院申请了强制执行。

2009年，承办土地行政诉讼案件10件，出庭应诉10件，胜诉9件，败诉1件，涉案二审3件，胜诉3件。

2010年，承办土地行政诉讼案件19件，出庭应诉19件，胜诉18件，败诉1件，涉案二审6件，胜诉6件。

2011年，承办土地行政诉讼案件11件，出庭应诉11件，胜诉11件，涉案二审4件，胜诉4件。

2012年，承办土地行政诉讼案件6件，应诉6件，胜诉6件，涉案二审3件，胜诉3件。

2013年，承办土地行政诉讼案件16件，应诉16件，胜诉15件，败诉1件，涉案二审7件，胜诉7件。

2014 年，承办土地行政诉讼案件 8 件，胜诉 8 件。

2015 年，《中华人民共和国行政诉讼法》修改，实行登记立案制度，土地行政诉讼案件上升。当年土地行政诉讼案件 19 件，胜诉 18 件。涉案二审 15 件，胜诉 15 件。

魏州街道办事处冯小庄赵××请求撤销郑××持有的建（魏）字第 117 号《集体土地建设用地使用证》（以下称宅基证），并注销其 01×××71 号宅基地登记。

2014 年 3 月，郑××反映赵××侵犯其宅基地使用权，要求赵××归还宅基。6 月 21 日，赵××向魏县人民法院提起诉讼，请求撤销郑××持有的第 117 号宅基证。经调查，郑××宅基位于冯小庄村东，1988 年 12 月 1 日县政府为郑××颁发了第 117 号宅基证。该宅基登记情况为：东至张，西至路中，南至磷肥厂北墙，北至梨园，面积 0.524 亩；划分时间 1979 年 11 月 8 日。郑××该宅基证号登记错误，应该是 010××71 号。

赵××宅基在郑××宅基东 10 米处，未建房使用，宅基证号是 01×××31 号。确权登记情况为：东西 13.80 米，南北 14.5 米，面积 200.1 平方米；东至麦芽厂，南至郭志刚，西至集体，北至集体。邯郸市中级人民法院指定由大名县人民法院管辖，大名县法院经审理后，于 2015 年 7 月 15 日作出（2015）大行初字第 23 号行政裁定书，裁定驳回赵××起诉。

赵××不服（2015）大行初字第 23 号行政裁定，于 2015 年 8 月 4 日向邯郸市中级人民法院提起上诉。邯郸中级人民法院受理后，组成合议庭进行审理，依法终审裁定驳回赵××的上诉，维持原判决。

2016 年，承办土地行政诉讼案件 23 件，胜诉 22 件，败诉 1 件，涉案二审 17 件，胜诉 17 件。

土地行政诉讼案件 90% 以上主要集中于撤销《宅基证》《集体土地建设用地使用证》，特别是 1994 年突击发证期间，农村宅基庄证换发《集体土地建设用地使用证》时，出现证与证重叠、数据交叉现象，引起农村居民诉讼。1999 年，县城规模建设因拆迁，土地遗留问题严重，引起的土地行政诉讼案占全县行政诉讼 60% 以上。土地行政诉讼案件逐渐增多。

土地行政诉讼流程、听证流程。见图 11-3-1-1、11-3-1-2。

行政诉讼和复议流程图

表 11－3－1－1

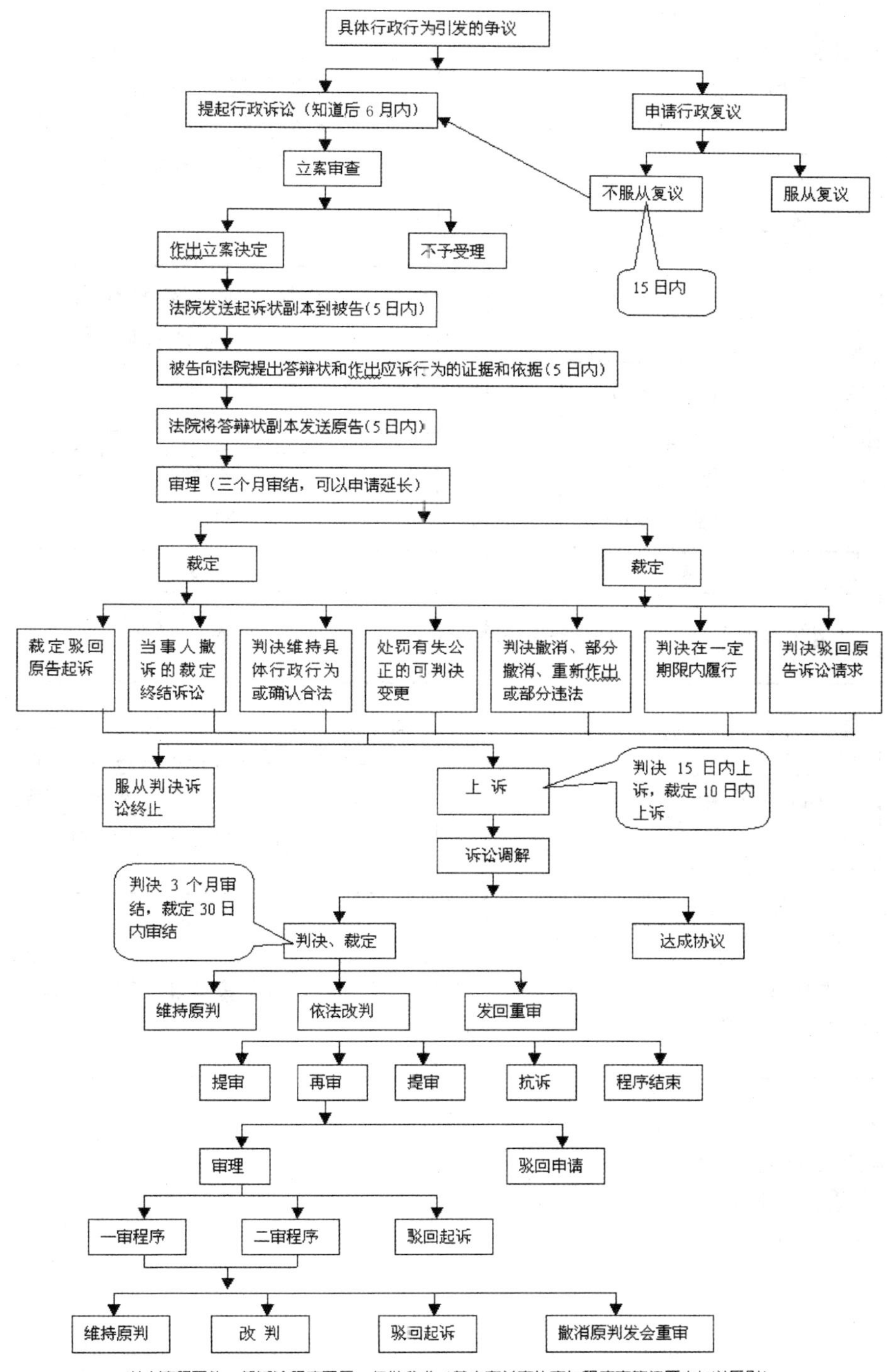

听证流程

表 11 －3 －1 －2

当事人提出听证要求
确定听证主持人
通知当事人听证的时间、地点
通知案件调查人员听证的时间、地点
举行听证
听证主持人写出听证报告
听证报告
听证笔录
报本机关负责人
作出行政处罚决定或撤销案件决定
案件调查人员提出当事人违法的事实、证据、依据以及行政处罚建议
当事人及其委托代理人进行陈述和申辩
第三人及其委托代理人进行陈述
互相辩论
听证主持人按照第三人、案件调查人员、当事人的先后顺序征询各方最后意见
听证参加人审核听证笔录并签名

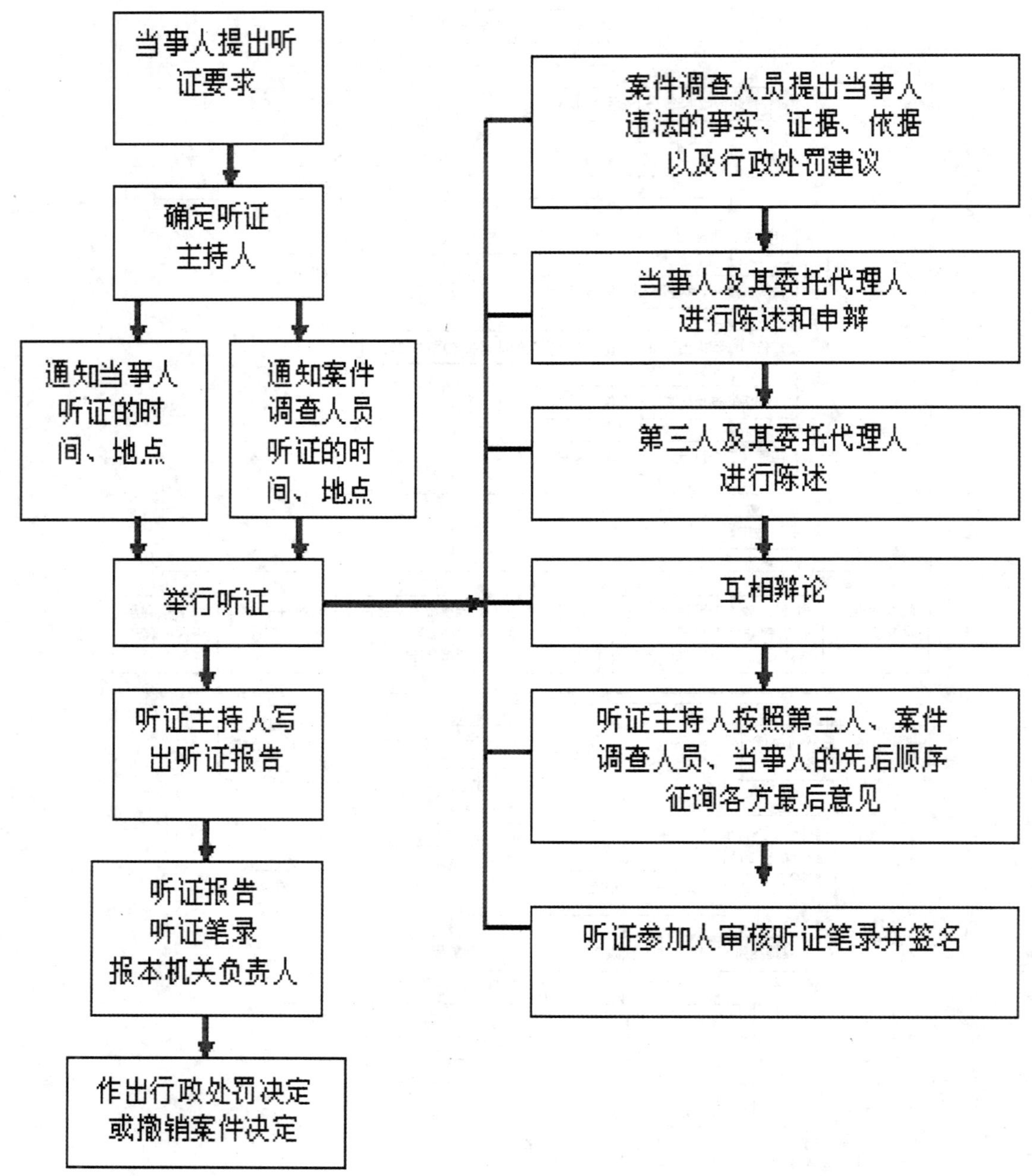

第二节　土地行政复议

行政复议是指公民，法人或者其他组织不服行政主体作出的具体行政行为，认为行政主体的具体行政行为侵犯了其合法权益，依法向法定的行政复议机关提出复议申请，行政复议机关依法对该具体行政行为进行合法、适当性审查，并作出行政复议决定的行政行为。

1950 年 1 月 15 日，中央政务院批准、财政部公布的《财政部设置检查机关办法》中规定："被检查的部门对检查机构之措施认为不当时，得具备理由，向其上级检查机构申请复核处理。"其"申请复核处理"，实质就具有行政复议的性质，这是建国初期行政复议制度的雏形。12 月 15 日，政务院政务会议通过的《税务复议委员会组织通则》，第一次在法规上正式出了"复议"二字，并明确规定了税务复议委员会的性质、任务及受案范围，标志着中国的行政复议制度已建立。随着有关规定行政复议的法规颁布，国家行政复议的范围越来越扩大，制定了行政复议制度。

进入 80 年代后，随着国家社会主义民主和法制建设的不断加快，行政复议制度得到发展，规定有行政复议内容的法律、法规数量日益增多。

土地行政复议是指公民、法人或者其他组织对土地主管部门作出的具体土地行政行为不服，或者认为其行为侵犯其合法权益，依法在规定的时间内，向上一级土地行政机关或者法律规定的行政机关提出土地行政复议申请。1986 年，依据《中华人民共和国土地管理法》的规定，享有土地行政行为的机关是县级以上（包括县级）的土地管理部门，魏县土地管理局是土地行政复议主体机关。1987 年，魏县土地管理局只处理发生于其管理相对人之间因土地行政行为而发生的纠纷案件。

1989 年，《中华人民共和国行政诉讼法》公布后，为适应和配合行政诉讼制度的施行，制定的《行政复议条例》被迅速提上日程。1994 年6 月，修订《行政复议条例》。对申请复议范围、复议管辖、复议机构、复议参加人、复议的申请、受理、审理与决定等，都作出了具体明确的规定。《行政复议条例》的颁布实施，行政复议案件也随之大量上升，行政复议制度从此进人一个全面建设和发展的阶段。为及时、有效地纠正违法和不当的具体行政行为，切实保护公民、法人和其他组织的合法权益，进一步规范行政复议制度。1996 年 3 月，国家开始研究起草行政复议法。1998 年 6 月，国务院法制办将行政复议法（征求意见稿）下发各部门、各地方征求意见后，修改形成《行政复议法（草案）》。1999 年 4 月 7 日，国家法律委员会对行政复议法草案修改稿进行审议后，提请第九届全国人大常委会第九次会议三次审议。4 月 29 日，第九次会议代表表决通过《中华人民共和国行政复议法》。魏县土地管理局受县政府委托，对行政复议申请人进行书面答复，并提供相应的证据证明。

2003 年，魏县国土资源局成立了政策法规股，设立了土地行政复议专门人员，负责本局行政处罚、行政许可事项的行政复议及受县政府委托承办全县土地行政复议工作，使魏县土地行政复议工作走向规范化管理。当年承办土地行政复议答复案件 3 件，胜诉 3 件。2007 年，承办土地行政复议答复案件 15 件，邯郸市人民政府驳回申请人的复议申请 13 件，撤销 2 件。2008 年，承办土地行政复议答复案件 6 件，被邯郸市人民政府维持 6 件。2009 年，承办土地行政复议答复案件 7 件，被邯郸市人民政府维持 7 件。

2013 年，承办的土地行政复议答复案件中，除回隆镇因征地复议外，90% 的土地行政复议案件主要集中于撤销《宅基证》《集体土地建设用地使用证》。特别是 1994 年突击发证中存在的证与证交叉、重复、叠延等问题和 1999 年县城规模建设中，因拆迁遗留土地问题，引起土地行政复议案件占全县行政复议案件 36%。随着经济的发展，城乡占地建设形势严峻，被占地单位和个人认为立案难，不走诉讼渠道，土地行政复议件逐渐增多。承办土地行政复议案件 9 件，被邯郸市人民政府维持 8 件，撤销 1 件。

2014 年，承办土地行政复议案件 7 件，被邯郸市人民政府维持 7 件。

2015 年，《中华人民共和国行政诉讼法》修订后，人民法院实行登记立案制度，有案必立。公民、法人注重诉讼案件提升，土地复议案件下降，承办土地行政复议案件 5 件，维持 5 件，涉案上诉 2 件，胜诉 2 件。

2016 年，承办土地行政复议案件 5 件，被邯郸人民政府维持 5 件。

行政复议工作流程图

表 11－3－2－1

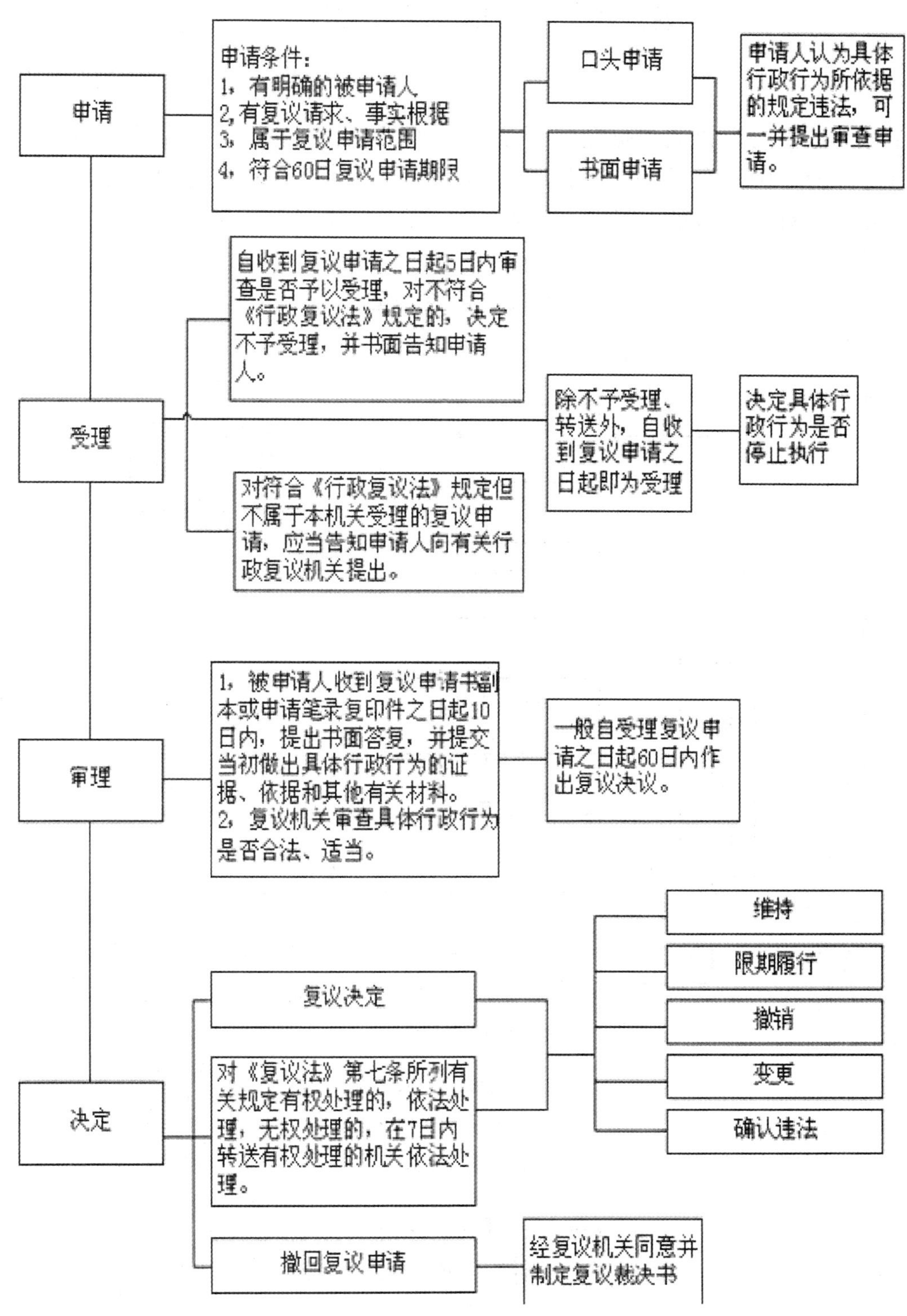

第三节　土地行政许可

行政许可，是指行政机关根据公民、法人或者其他组织的申请，经依法审查，准予其从事特定活动的行为。国土资源的行政许可分为行政许可和非行政许可两部分，随着社会的进步，经济的发展，对不适应的行政许可事项作了相应的调整。

行政许可流程图

图 11 －3 －3 －1

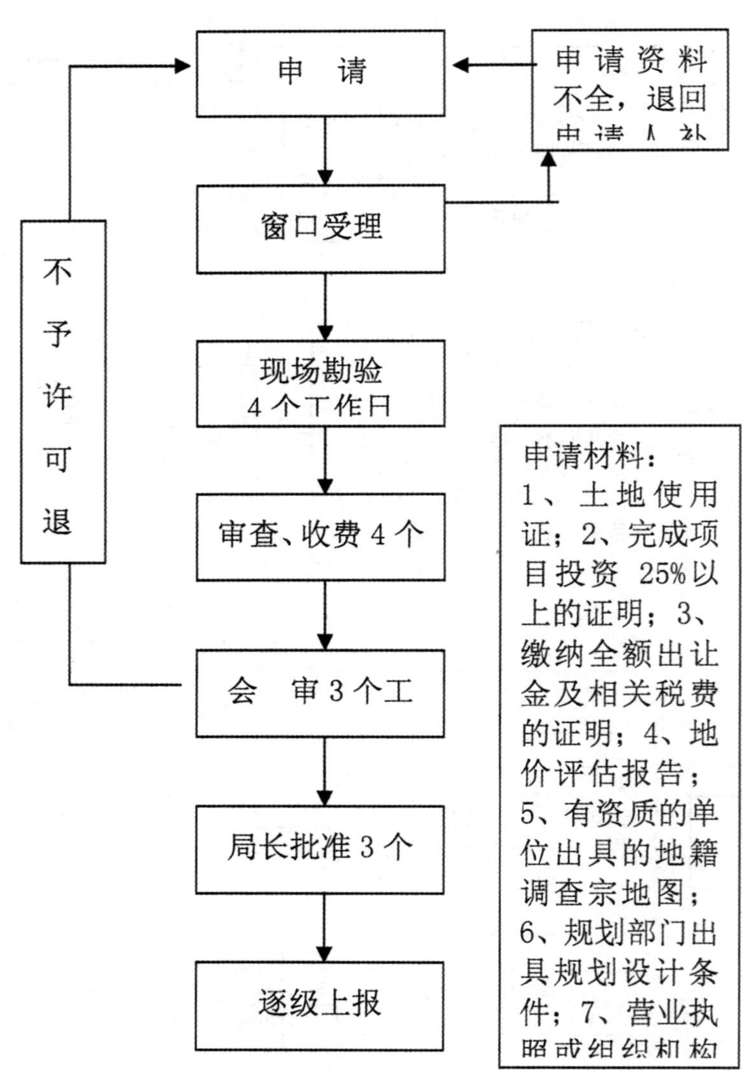

2003 年 8 月 27 日，第十届全国人民代表大会常务委员会第四次会议通过的《中华人民共和国行政许可法》，公布施行，魏县国土资源局为加强对实施行政许可的监督，规范行政许可行为，促进依法行政，保障国土资源法律法规的正确实施，及时贯彻执行《中华人民共和国行政许可法》。

2004 年 3 月 10 日，魏县国土资源局印发了《关于加强实施行政许可监督检查的规定》和《实施行政许可过错责任追究规定》（试 行）等五个配套制度，对明令取消的行政许可事项，坚决予以取消，对可以转为核准、备案和能够下放的行政许可事项，及时予以变更，并按照行政许可法的规定，推行“首问负责制”、“第一责任人制”、“一次性告知制度”、“一站式办公”、“一条龙”服务，以最短的时限、最快的速度、最优的服务办理行政许可事项，同时对所有行政审批事项的程序、时限、条件、结果等内容进行公示，杜绝“暗箱操作”，公开举报电话，便于社会各界进行监督。同时规定国土资源局政策法规股在实施行政许可监督检查中发现实施行政许可行为违反法律、法规和规章规定的，应当向实施行政许可的主办股、室、所提出《实施行政许可监督检查建议书》，限期改正。逾期不改正的，按照有关规定提出追究有关人员责任的建议。并实行挂牌、持证上岗制度，将办理行政许可事项的相关人员的姓名、职务、职责在办公场所公开。8 月 14 日，魏县国土资源局印发《综合服务大厅办文规定（试行）》等七个行政许可有关配套制度，进一步规范了土地行政执法人员的行政行为，提高行政效能和执法水平。

附：

一、行政许可项目

（一）建设项目用地预审

应提交主要资料：

1、建设项目用地预审申请表；

2、预审的申请报告，包括拟用地总规模和拟用地类型、补充耕地初步方案；

3、需审批的建设项目建议书批复文件和项目可行性研究报告；

自受理预审申请或者收到转报材料之日起二十日内，完成审查工作，并提出预审意见。

（二）改变土地用途

申请人应提供的材料：

1、土地变更申请；

2、政府有关部门批准文件；

3、变更项目可行性研究报告；

4、环评报告。

（三）农用地转用审查

申请人应提供的材料

1、建设用地申请表；

2、分幅地块现状图；
3、建设单位法定代表人委托书、法人证书营业执照和有关资质证明；
4、征地地块的《勘测定界技术报告》和勘测定界图；
5、征地土地用途和经批准的规划许可证；
6、补充耕地的位置图；
7、地质灾害危险性评估报告、可行性研究报告批复初步设计文件；
8、林业、消防、环保等有关部门意见。
（四）土地征收审查。
申请人应提供的材料：
1、建设单位有关资质证明、征用土地申请；
2、项目可行性研究报告批复；
3、土地部门出具的建设项目用地预审报告；
4、初步设计或其它有关批准文件；
5、建设项目总平面布置图；
6、占用耕地的必须提出补充耕地方案；
7、建设项目位于地质灾害易发区的应提供地质灾害危险性评估报告。
（五）开发农用地审查
申请人应提供的材料
《河北省补充耕地项目立项验收和换项暂行办法》冀国土资发〔2000〕23号文第七条：
1、项目规划设计报告（可行性研究报告）；
2、项目可性行论证意见；
3、土地利用总体规划、土地开发整理复垦专项规划；
4、项目区土地利用现状分幅图，总平面设计规划图及总体工程设计图；
5、项目区土地权属资料；
6、项目勘测定界技术报告和1：2000勘测定界图；
7、其它有关资料（农业、林业、水利等有关部门意见）；
（六）使用耕地取土的批准
申请人应提供的材料；
《河北省土地管理条例》第五十八条：受理—审查—核准—发证。

二、非行政许可项目

（一）国有土地使用权划拨审批
申请人应当提供的材料：
1、划拨用地申请；
2、用地预审意见；
3、土地权属来源证明；

4、项目计划批准文件；

5、建设用地规划文件；

6、土地补偿证明；

7、申请人资质证明（法定代表人身份证明及授权委托书）；

8、其他有关资料。

（二）国有土地使用权设定登记

1、序号名称：国有土地使用权设定登记

2、许可形式：登记（土地证书）

3、行政许可依据：

《中华人民共和国土地管理法实施条例》第五条：单位和个人依法使用的国有土地，由土地使用者向土地所在地的县级以上人民政府土地行政主管部门提出土地登记申请，由县级以上人民政府登记造册，核发国有土地使用证书，确认使用权。其中，中央国家机关使用的国有土地登记发证，由国务院土地行政主管部门负责，具体登记发证办法由国务院土地行政主管部门会同国务院机关事务管理局等有关部门制定。

未确定使用权的国有土地，由县级以上人民政府登记造册，负责保护管理。

4、行政许可条件：

《土地登记规则》第二条：指在一定时间内，对辖区全部土地或者特定区域的土地进行的普遍登记。

2006 年，魏县对土地行政许可事项进行了调整，行政许可事项增加了 5 项。

2008 年，再次进一步做调整，行政许可事项增加到 11 项。

2013 年，行政许可事项增加到 18 项，非行政许可事项 6 项。

见 11－3－3－1，2，3。

2013 年魏县国土资源局行政许可项目目录

表 11－3－3－1

序号	行政许可项目名称	实施机关	设定依据	法定期限	承诺期限
1	临时用地的审批	国土资源局	《中华人民共和国土地管理法》第 57 条	20	
2	取土审批	国土资源局	《土地管理法》第 58 条、《河北省取土用地管理暂行办法》	20	
3	乡镇村企业建设用地审批	国土资源局	《中华人民共和国土地管理法》第 59 条、第 61 条、《建设项目用地预审管理办法》第 2 条	20	
4	农用地转用审批	国土资源局	《中华人民共和国土地管理法》第 31 条、《基本农田保护条例》第 16 条		

续表

序号	行政许可项目名称	实施机关	设定依据	法定期限	承诺期限
5	国有建设用地审批	国土资源局	《中华人民共和国土地管理法》第43条、《中华人民共和国城市房地产管理法》第38条；		
6	农村居民宅基地用地审批	国土资源局	《中华人民共和国土地管理法》第62条		
7	划拨土地使用权出让	国土资源局	《中华人民共和国城市房地产管理法》第39条、第45条、《中华人民共和国城镇国有土地使用权出让和转让暂行条例》第7条、第25条、第45条		
8	改变土地用途	国土资源局	《中华人民共和国土地管理法》第56条		
9	农民集体土地使用权初登记	国土资源局	《中华人民共和国土地管理法》第11条；《土地登记办法》		
10	农用土地开发	国土资源局	《中华人民共和国土地管理法》第17条		
11	划定矿区范围审批	国土资源局	《中华人民共和国矿产资源法》第4条；《矿产资源开采登记管理办法》第4条		
12	开采矿产资源审批	国土资源局	《中华人民共和国矿产资源法》第16条；《矿产资源开采登记管理办法》第3条第三款；		
13	采矿权延续审批	国土资源局	《矿产资源开采登记管理办法》第7条		
14	采矿权变更审批	国土资源局	《矿产资源开采登记管理办法》第9条、第10条、第15条		
15	采矿权注销审批	国土资源局	《矿产资源开采登记管理办法》第16条		
16	国有土地使用权划拨	国土资源局	《中华人民共和国土地管理法》第54条、《中华人民共和国土地管理法实施条例》第22条。		
17	建设项目用地预审	国土资源局	《中华人民共和国土地管理法》第52条；《中华人民共和国土地管理法实施条例》第22条、第23条；《建设项目用地预审管理办法》第2条		
18	国有建设用地使用权招标、拍卖、挂牌出让合同变更	国土资源局	《中华人民共和国城市房地产管理法》第12条；《中华人民共和国土地管理法》第53条；《中华人民共和国城镇国有土地使用权出让和转让暂行条例》第9条		

2013 年魏县国土资源局非行政许可项目目录

表 11－3－3－2

序号	非行政许可项目名称	实施机关	设定依据	备注
1	农用地转用审批	国土资源局	《中华人民共和国土地管理法》第 37 条、《闲置土地处置办法》第 4 条；	
2	无偿收回闲置的非农建设占用耕地的审批	国土资源局	《中华人民共和国土地管理法》第条、	
3	矿产资源储量登记	国土资源局	《矿产资源登记统计管理办法》第 8 条：	
4	矿产资源储量评审备案	国土资源局	《矿产资源储量评审认定办法》第 4 条：	
5	采矿权人矿产资源开发利用年度检查	国土资源局	《矿产资源开采登记管理办法》第 14 条	
6	采矿权转让	国土资源局	《中华人民共和国矿产资源法》第 4 条、《探矿权采矿权转让管理办法》第 3 条	

2013 年魏县国土资源局服务事项目目录

表 11－3－3－3

序号	服务项目名称	实施机关	设定依据	备注
1	出让后的国有建设用地使用权转让登记	国土资源局	《中华人民共和国城市房地产管理法》第 39 条；《中华人民共和国城镇国有土地使用权出让和转让暂行条例》第 25 条；	
2	开采矿产资源划定矿区范围	国土资源局	《矿产资源开采登记管理办法》第 4 条第一款	
3	划拨国有建设用地使用权土地初始登记（其他单位或个人）	国土资源局	《中华人民共和国土地管理法》第 11 条第三款；《中华人民共和国土地管理法实施条例》第 5 条第一款；《土地登记办法》第 3 条、第 26 条	

第四节　阳光国土

实施“阳光国土”，就是把行政权力在阳光下运行，国土资源在市场里配置。推行“阳光国土”工程建设，就是公开所有行政审批项目，公开办事流程，作出服务承诺，自觉接受群众的监督，包括阳光行政、阳光征地、阳光办证、阳光规划、阳光执法等涉及到保护资源、保障发展、保护权益等。实现由审批到监管的转变，建立公共资源交易平台，促进和推广网上交易和网上监管，形成全县公开、公平、公正的土地市场环境，建立健全行政管理制度，推动党风廉政建设，维护群众的合法权益。

1996 年 4 月，魏县土地管理局在北市场贸易街（现一行路）西头路北租用民房成立了土地执法办案大厅。主要是配合土地公安和土地法庭对违法占地案件进行公开审理。

2002 年 6 月 4 日，改土地执法办案大厅为土地综合服务大厅，搬迁到振兴大街路南（现维明超市对面），正式挂牌运行，推行“窗口”办公，一站式服务，实施“阳光国土”。所有用地单位和用地户来魏县国土资源局办理有关手续，一律在服务大厅对外窗口现场办公，一条龙服务，杜绝“暗箱操作”。在综合服务大厅设立监督台、举报箱、举报电话，接受公民、法人和其他组织的监督。12 月 26 日，魏县国土资源局印发《综合服务大厅运行方案（试行）的通知》。从 2003 年 1 月 1 日起，所有审核、审批事项全部通过大厅受理。禁止厅外循环，有违反规定事项的不予审批、审核。同时大厅还承担有关国土资源管理交易的信息查询、发布等工作。2004 年，成立政务公开监督领导小组，投资 2000 元建起了标准公开栏，公开各股室 职责，人员分工，按照公开、公平、公正、高效、便民的要求，实行挂牌上岗，方便群众办事。2005 年 9 月，进一步加强服务职能，设置 5 个业务窗口，规定业务办理程序和承诺时限。并在全系统推行政务“九公开”，服务“七承诺”，切实解决群众办事难，方便群众办事，使群众享受到“一站式”高效服务，得到了广泛认可。建立了“一门受理、股室联动、一站办结”的机关服务新模式。

2010 年，魏县人民政府成立行政审批服务大厅，魏县国土资源局服务大厅并于魏县人民政府行政服务大厅之中，统一办理业务，至 2016 年未变动。

一、政务公开

2003 年，魏县国土资源局推行政务“九公开”。其具体内容是：国有土地资源使用权进行招标、拍卖公开；各项审批公开；办事职责公开；办事依据、收费标准公开；办事条件公开；办事程序公开；办事纪律公开；办事结果公开；机关内容各项管理事务公开，包括财务收支、人事调动、干部任免等事项全部公开，进一步完善各项工作制度，增强工作透明度，接受社会监督。见主要流程图 11 －3 －4 －1，2，3，4，5。

魏县国有土地使用权出让转让划拨租赁审批流程图

图11-3-4-1

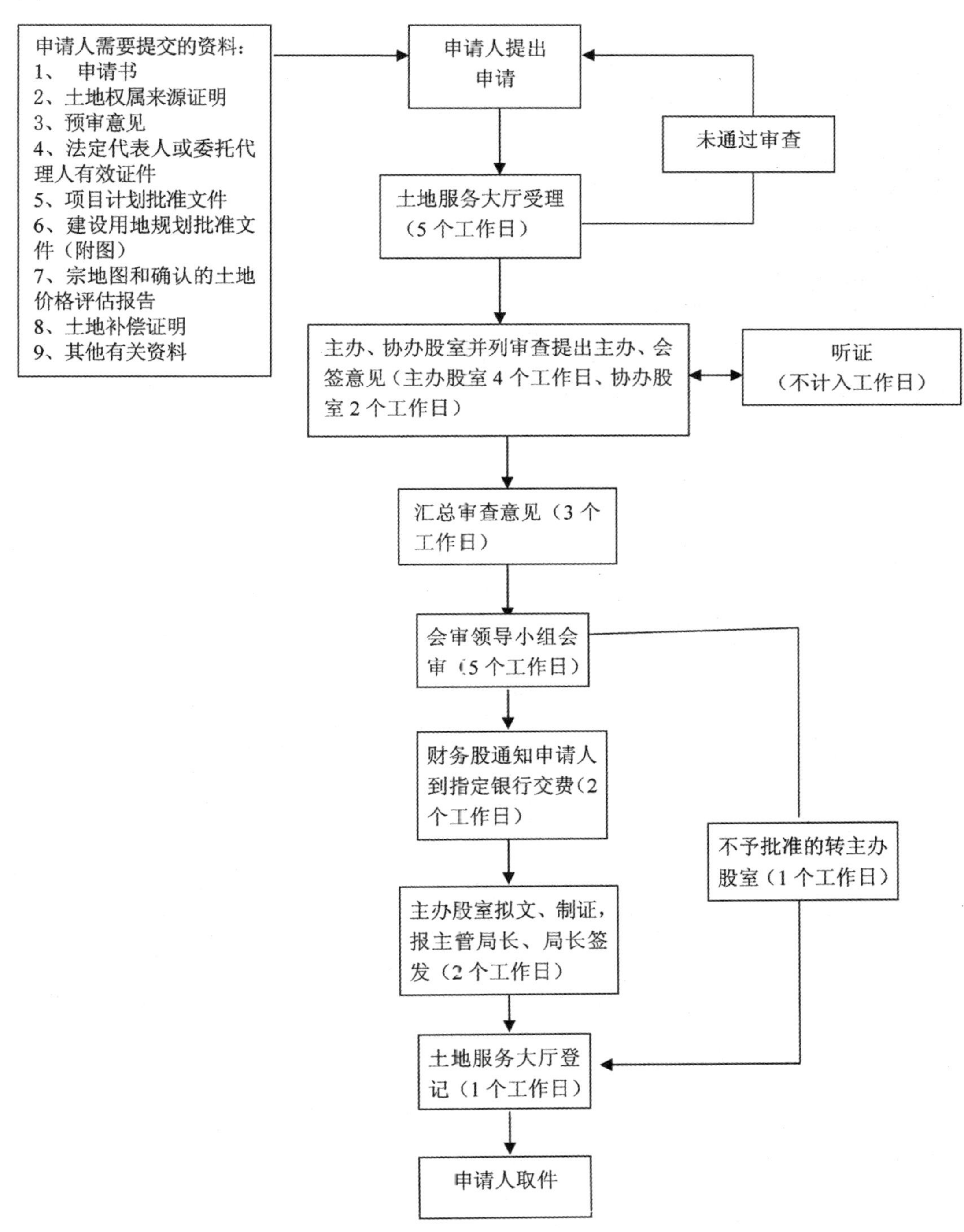

魏县改变土地用途批准流程图

图11-3-4-2

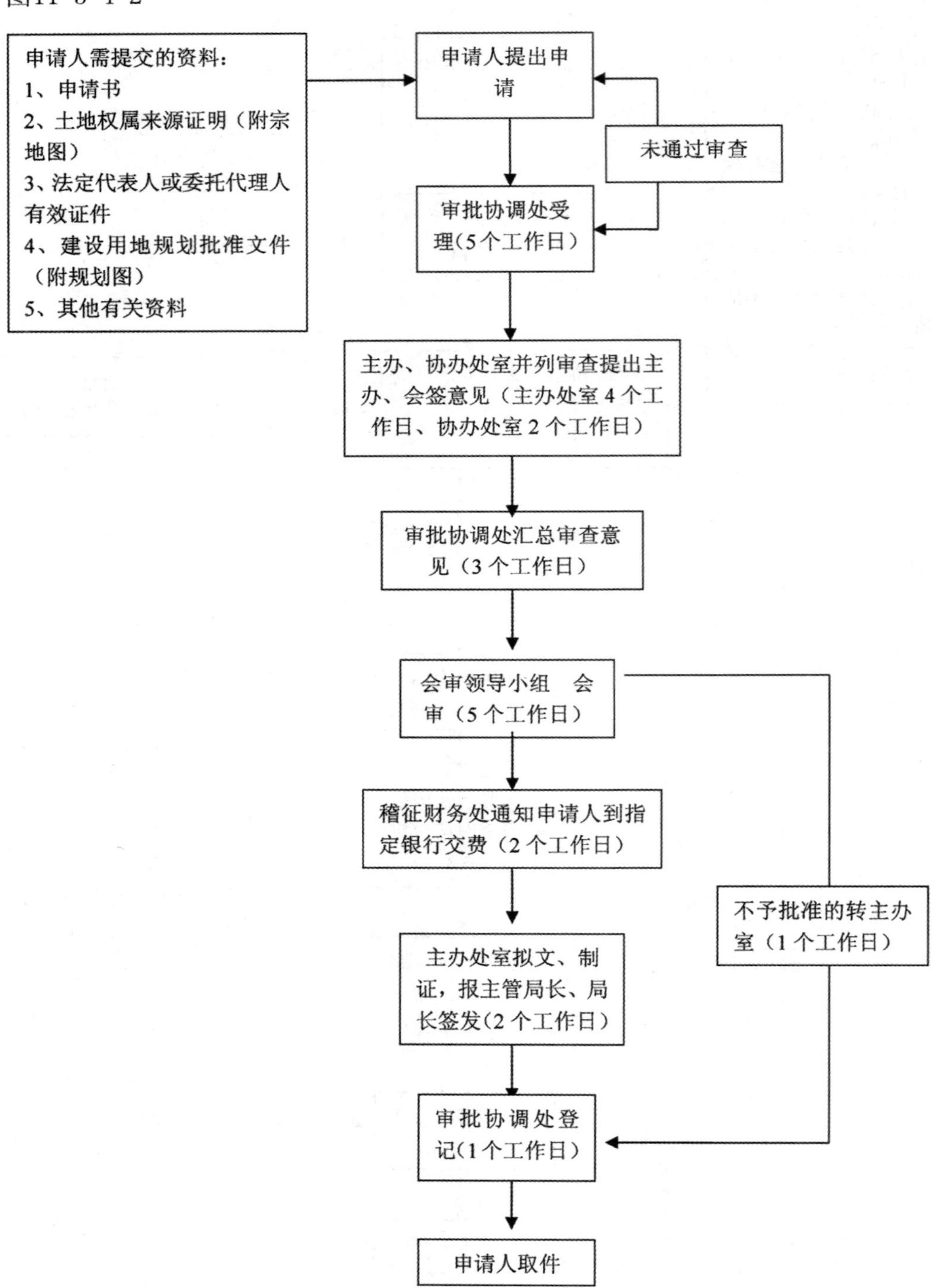

魏县临时用地审批流程图

图11-3-4-3

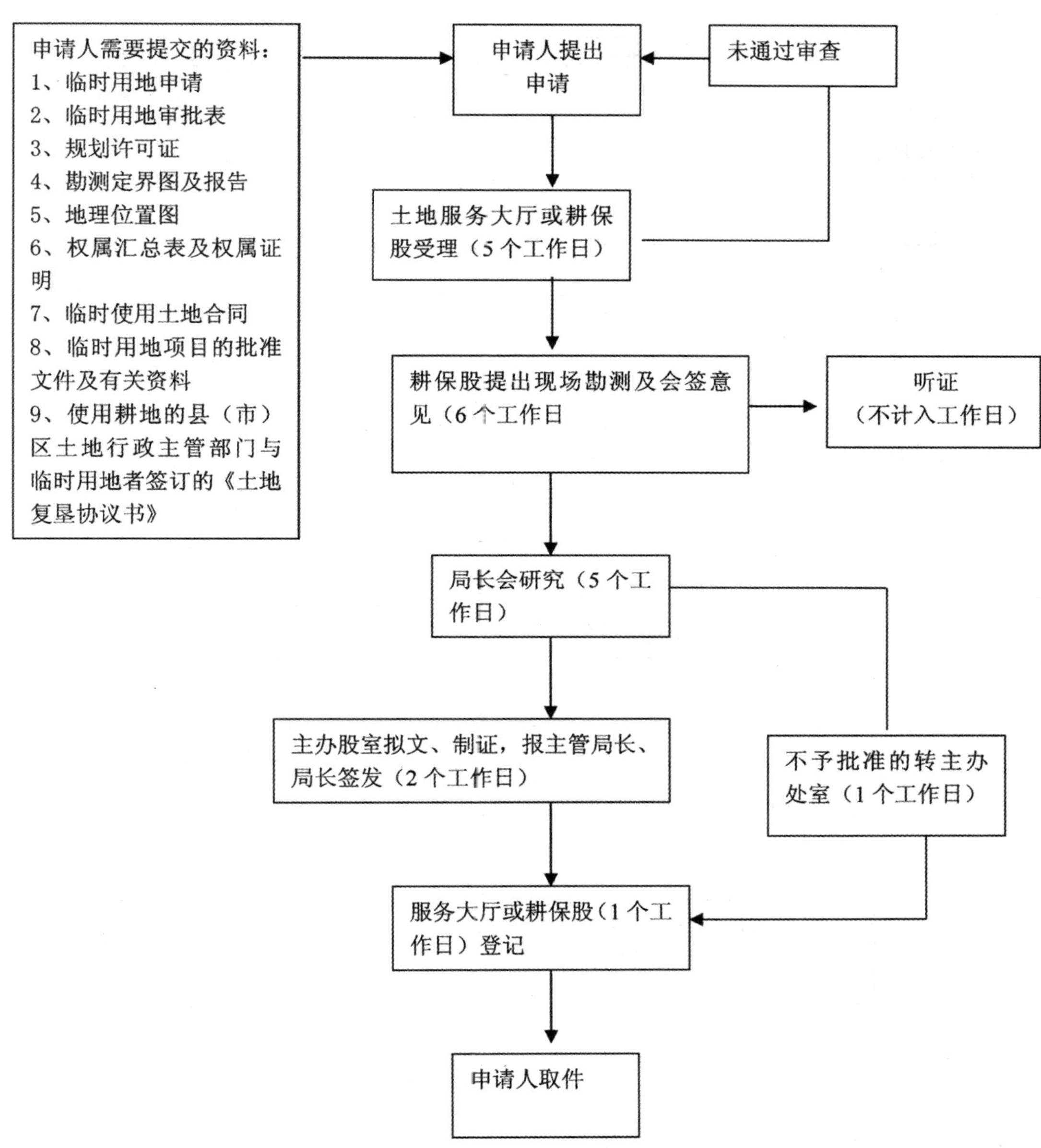

魏县农村村民宅基用地批准流程图

图11-3-4-4

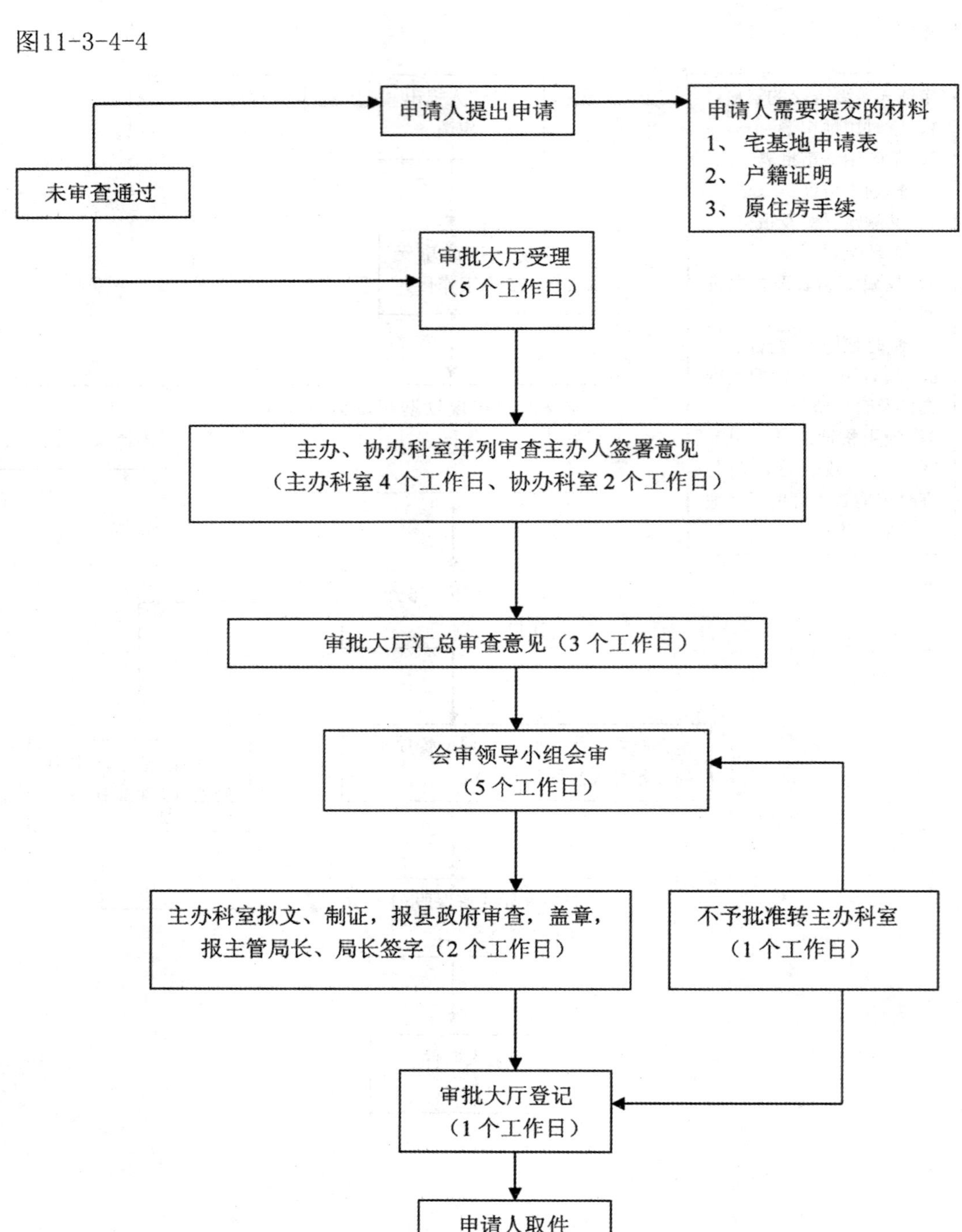

魏县乡村企业建设用地审核流程图

图11-3-4-5

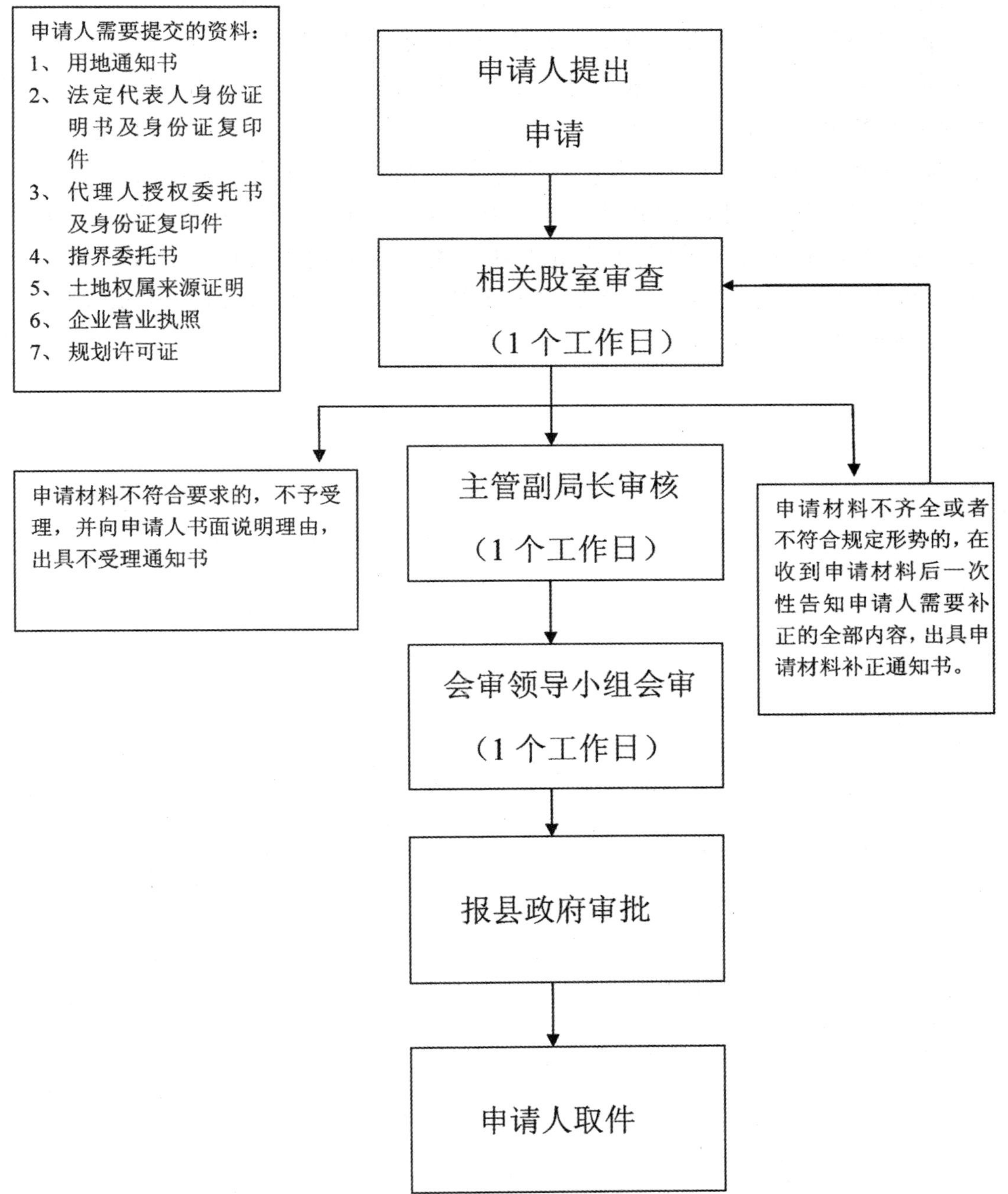

二、服务承诺

2003 年，魏县国土资源局推行承诺服务，在建立土地综合服务大厅的基础上，服务“七承诺”，具体内容是：对于符合政策规定的建设项目用地审批手续，属于县级审批的，各类建设用地手续资料齐备，土地权属无争议的情况下，自受理之日起，3 日内现场勘察完毕，9 日内审批完毕，属于市级审批的，9 日内报县政府审查后，及时上报市国土资源局；对于符合政策规定的转让、出租、抵押手续，受理之日起，6 日内审批完毕；对于申请地价评估且手续资料齐全的，7 日内提交准确、科学的评估报告；对于办理土地资源登记发证的，只要材料齐全，30 日内办理完毕；对于超出承诺时限一日的，对责任人提出严肃批评，并责成有关股（室）所 24 小时内办理完毕，有关工作人员向当事人赔礼道歉；对于超出承诺时限三日的，要对股（室）所主要负责人和有关责任人通报批评；对于在工作中“吃拿卡要”、以权谋私、收受贿赂的，一经发现并核实，按党纪政纪有关规定严肃处理。

见主要流程图 11－3－4－6，7。

魏县建设项目用地预审流程图

图11-3-4-6

申请人需提交的资料：
1、预审申请报告
2、预审申请表
3、需审批的项目还应提供项目建议书批复和项目可行性研究报告
4、项目申请报告
5、初审意见（初审时不需要提供）
6、标注项目用地范围的县级以上土地利用总体规划图
7、不符合土地利用总体规划，但符合国家和省有关规定，可以调整规划的，要附有经相关部门和专家论证的规划调整方案、建设项目对规划实施时的影响评估报告和调整规划听证会议纪要
8、标注项目用地范围的土地利用现状分幅图、项目总平面布置图、线性工程平面图、标准横断面图
9、法律、法规规定的其它资料

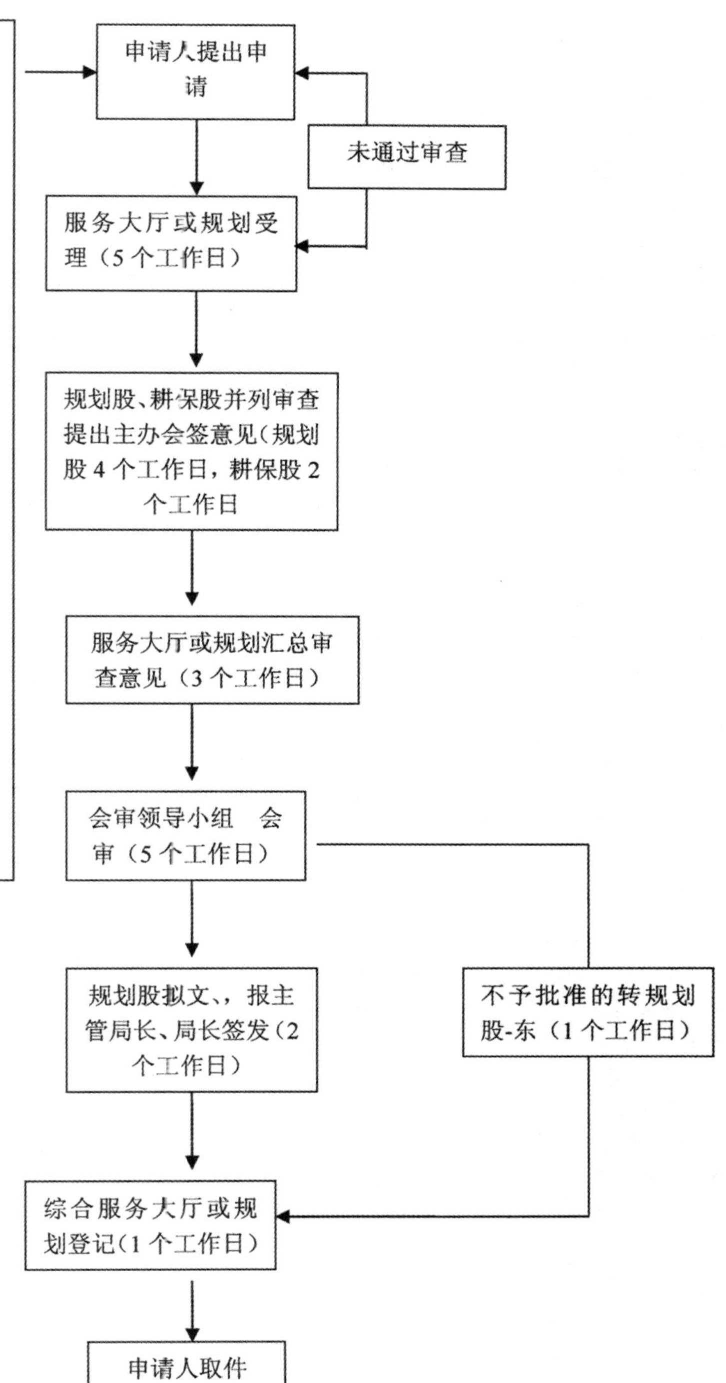

魏县建设用地（单独选址）审批流程图

图11-3-4-7

农用地转用需提交的资料：1国土资源局审查意见；2、一书四方案（建设用地项目呈报说明书、农用地转用方案、补充耕地方案、征用地方案、供地方案）；3、拟占地权属情况汇总表；4、补充耕地验收文件；5、新增建设用地有偿使用费准备情况说明；6、建设用地勘测定界技术报告和勘测定界图；7、拟占土地利用现状分幅图；8、土地利用总体规划确定的城市建设用地规模控制图；9、补充耕地位置图；10、听证纪要和听证笔录或村民代表会材料；11、土地利用总体规划调整方案(涉及规划局部调整)；12、建设用地审批签；13、土地用途说明；14、征地补偿标准合法性和安置途径可行性的说明：报省政府审批建设用地卷文字材料和图件各一套；报国务院审批建设用地文字材料和图件各三套。 建设项目用地批准需提交的资料：1、申请书；2、土地权属来源（附宗地图）；3、地面资产权属证明；4、法定代表人或委托代理人有效证件；5、项目计划批准文件；6、建设用地规划批准文件（附图）；7、建设单位预审意见；8、建设单位编制的土地复垦方案和省国土资源厅的审核文件；9、省国土资源厅关于是否压覆重要矿产资源的说明；10、转让协议；11、宗地图和确认的土地价格评估报告；12、地质灾害危险性评估报告和审查备案表；13、建设单位缴纳耕地开垦费凭据复印件（涉及占用耕地的需要）；14、建设单位关于建设项目功能分区和用地合理性的说明；15、工程平面布置图或线性工程标准横断面图；16、公路或铁路建设用地审查表（公路或铁路项目需要）；17、国家或省林业部门使用林地审核同意书（占用林地的需要）；18、其他有关资料。

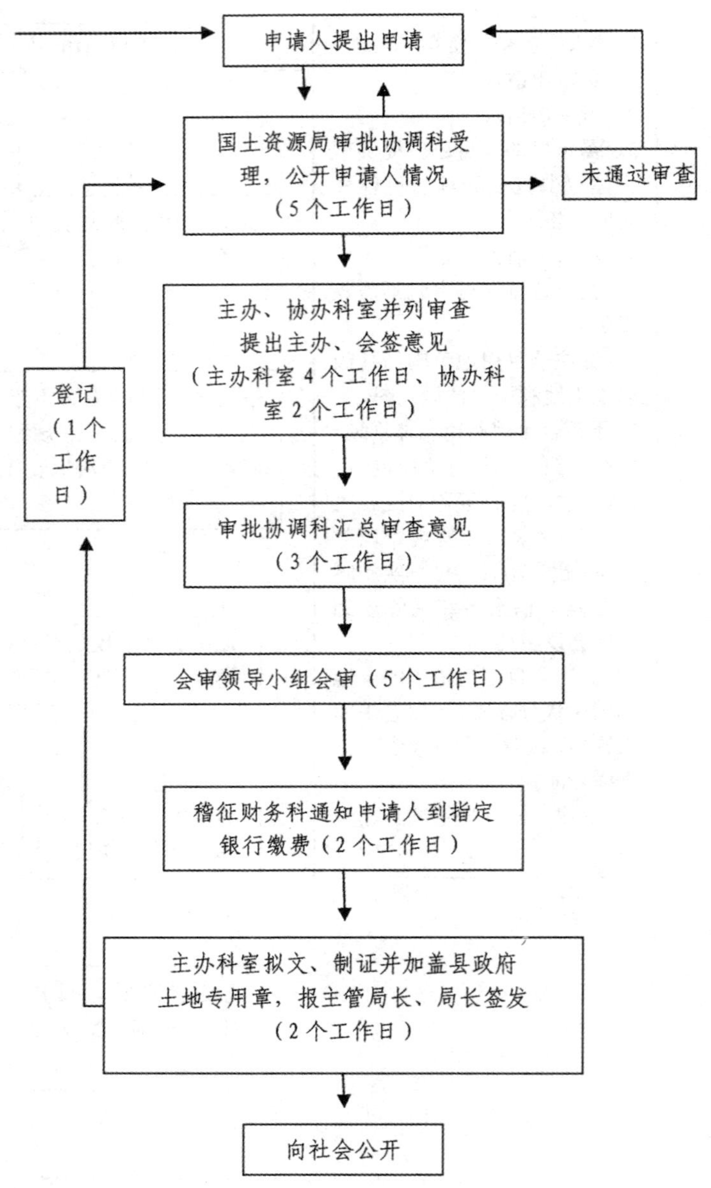

第四章　土地信访

土地信访是公民、法人及其它组织通过书信或当面访问等形式，反映个人或集体有关土地管理问题的交流活动。包括对土地管理工作提出的建议、批评、表扬以及申诉、控告、揭发单位和个人在土地利用上的各种问题。信访的作用不可忽视，国家的法律、法规往往通过信访这个窗口反映出来，督促有关部门依法妥善处理。同时，土地信访也是联系群众、传递信息，实行民主监督的重要渠道。

第一节　信访接待

魏县的土地信访工作，在魏县土地管理局未成立之前，主要是通过县信访办公室和有关部门接待处理。魏县土地管理局成立后，土地信访工作由土地监督检查股兼管。1989 年 12 月，国家土地管理局发布实施了《土地管理信访暂行办法》，针对魏县土地信访量大的情况，1990 年 10 月，魏县土地管理局成立土地信访股。负责全县土地信访案件的接待、批转、交办、调解和查处工作。各乡（镇）分别建立了由主管土地工作的副乡（镇）长任组长，土地管理所长、司法所长组成的土地信访领导小组，各乡（镇）土地管理所设一名土地信访员，各村建立了民事调解委员会，形成了县、乡（镇）、村三级土地信访网络。1990 年 12 月，魏县土地管理局、魏县人民法院联合下发《关于土地信访案件归口办理的办法》。1992 年，经县政府批准成立土地公安联合办公室和土地巡回法庭，配合魏县土地管理局土地信访股，解决了大批土地大案和疑难案件。

是年，魏县在接待土地信访时，每月 4 日为县长接待日，每周二上午为魏县土地管理局局长接待日，土地信访股每天有一个专门接待来访人员。在接待中对来访人员的基本情况，来信来访的内容要点详细记清，并提出拟办意见。需立案查处的报经主管局长批准立案查处；属立案处理的，迅速安排人员调查处理；需要批转的，转有关单位或乡（镇）处理。同时对信访工作人员提出了要求：

1、对正确意见和合理要求的来信来访，要热情，欢迎，虚心采纳。有重要价值的建议，给予表扬和鼓励。对于提出的问题，凡政策上允许，条件上又可以解决的，应及时给予解决，有些问题虽属合理，但一时受条件限制，不能马上解决的，要做好来访者的思想工作，取得群众谅解。

2、对来访者提出不符合政策规定，但确实有实际困难的问题，既要体谅同情他们的实际困难，又要诚恳地讲国家的政策，请他们顾全大局，同时在政策允许的情况下，解决一些实际困难。

3、对群众申诉、控告、揭发出来的问题，要深入了解，弄清事实，分清界限，负责处理。事实确凿的，应严肃处理，需要转交的，交被控告者上一级领导机关。凡属控告、检举的信件，非经组织允许，不得转至被控告者的单位和个人，对于群众正常的控告、检举要给予保护、保密、严防被检举人采取报复行为。

4、对无理取闹的来访者，要进行严肃地批评，并对其进行民主和法制教育。劝说、教育无效时，可会同有关部门予以制止，如有违法行为，送公安机关依法处理。

5、对匿名或化名的来信，要根据情况区别处理，如揭发的问题属实，可以对被检举人进行处理，不必要追求检举者的真实姓名，对于匿名、化名进行诽谤、诈骗的，可报请司法机关，追查其真实姓名，追究其法律责任。

6、对集体上访的群众，要认真听取和分析其原因，引起高度重视，做深入细致的思想工作，疏导解决上访中的矛盾，防止矛盾激化，发现苗头，分人包案，一抓到底，把问题解决在萌芽之中。

1992 年，因涉及土地问题接待群众来信来访 216 起，立案查处 125 起，调解处理 53 起，自行息诉罢访 38 起。

1993 年，魏县土地管理局对土地信访工作实行了“三分三定”工作责任制，即分片包干。按全县六个行政区域划分，局机关每个股分包一个区，协助乡（镇）抓土地信访工作；分级办案。农村个人之间的宅基纠纷由村民调解委员会调解解决，村干部违法多占、抢占庄基的，由乡（镇）处理，国家工作人员违法占地，单位与单位之间，单位与个人之间的争议案件由县土地管理局配合有关部门处理；分级负责。一般信访案件由信访干部查处解决，疑难案件由局长出面解决，重大案件报魏县人民政府会同有关部门解决。定分管区域。土地信访股人员六个行政区域划分，定分管区域；定工作任务。乡（镇）土地信访干部按行政区域的划分定工作任务；定结案时间。一般案件 10 天内结案，重要案件 15 天内结案，上级交办的案件一般 10 天内结案，最长不超过 15 天结案，重大案件 30 天内结案。为充分发挥基层信访组织的作用，努力把土地信访案件解决在基层，防止越级上访，每月 4 日利用各乡（镇）土地管理所所长例会，把应该由乡（镇）办理的土地信访案件向各乡（镇）土地管理所交办，提出具体要求，限期查处，并把信访工作列入各乡（镇）土地管理所全年有限目标考核，占全年各项工作总分的 10%。

土地管理信访工作接触面广，遇到的问题复杂多样，而且是一项政策性很强的工作，魏县土地管理局局长办公会研究，对查处信访案件提出了以下要求：

1、依法办案，秉公办案，对来信来访中批评，检举、控告、无论任何人，都要一视同仁地予以处理，涉及到自己的亲友、同学、同事、上级领导，决不能欠拖不办，或徇私包庇，化大为小。在案件查处过程中，要深入调查，在弄清事实的基础上，依据法律、法规和政策去处理，做到事实清楚，定性准确，运用法律条文适当。

2、处理要及时，对于来信来访中提出的问题，凡政策和条件允许的，要及时办理，对于揭发出来的违法占地，要及时交局监督检查股组织力量查处，不能欠拖不决，更不能不了了之。

3、预约办案，对有些上访者，预约时间，主动上门办案，遇特殊情况不能按时赴约时，提前通知，或委托其它部门解决，照顾上访者的情绪。

4、广泛沟通，联合办案，土地信访是一项综合性工作，与其它部门有密切的联系，特别是重大案件，单靠一个部门是不行的，因此，在处理重大案件时，一方面要注意本系统内的互通情况，同时还要加强同有关部门的配合，取得支持，联合办案。

5、实行土地信访案件的回访制度，案件查处结案后，信访人员主动与上访人员进行回访，征求上访者对整个案件处理中提出意见，以改进办案质量。

6、实行错案追究制度。信访人员在查处案件中，出现错办，要分析情况追究责任。属于业务不熟，政策观念淡薄等原因，情节较轻的，给于批评教育，给予一定的时间进行学习改进，情节较重，造成一定后果的，调离信访工作岗位。属于责任心不强的，未造成后果的，批评教育，写出检查，停职学习后方能上岗工作，造成严重后果的，要给予警告、严重警告调离工作岗位。属于徇私枉法者要追究法律责任。是年，接待群众来信来访336起，立案查处262起，调解处理38起，自行息诉罢访36起。

1994年接待群众来信来访247起，立案查处223起，调解处理19起，自行息诉罢访5起。

2006年魏县国土资源局实行了“五个第一”责任制，实现了一级抓一级，层层抓落实，增强了责任人的大局意识、稳定意识、服务意识和群众意识，形成人人抓落实，事事有人办的局面，2006年共接待来信来访54次，信访隐患27起，立案17起，实现了95%的信访问题化解在基层，没有形成案件，100%的问题解决在当地，没有出现一起到市以上的集体访或有影响的单访。是年，县国土资源局被邯郸市委、市政府评为“四五”普法先进单位。

2007年共接到群众来访71批次，143人。全部妥善解决。共排查出信访隐患32件，2007年信访所解决的领导批示件共11件。

2008年，为认真贯彻执行县委、政府“213”信访工作制度，配合县委、政府的大接访、大排查，以“为民排扰解难”为目标，以赴省进京访为重点，认真排查矛盾、积极调处纠纷，全年共接到群众来访58批次，142人，其中集体访两批次，当场答复46起，受理12起，办结11起。共排查出的信访隐患22起。

2014年魏城镇杜疃村张丕甫赠魏县国土资源局的锦旗

2009年，共接到群众来访82批次，102人，共排查出信访隐患63件。对排查出的信访隐患，逐案研究，做到一案一策，并制定台帐。

2010年，共接到群众来访62批次，99人，当场答复60起。共排查出信访隐患44件。对排查出的信访隐患，逐案研究，做到一案一策，并制定台帐，每个案件都由局领导包案，落实稳控责任人。

2011年，在工作中共查出信访隐患23件，接待群众来访52批次，75人全部妥善解决。沙口集乡李家口村赵××、魏城镇梁河下陈××、东代固乡后罗庄村陈××和双庙乡集东村郭××等老访户所反映的问题都已妥善解决，信访人息诉罢访。

2016年，共接到群众来访79批次，135人。共排查出信访隐患32件。

第二节　纠纷调处

在封建社会，县官由朝廷直接任命，是朝廷的全权代表，土地纠纷等细事均由县官自做了结，正所谓“县官承百司，治百民”。县以下的乡长、保长、村长虽无独立发号施令和断案的权力，但在调解土地纠纷的过程中，有不可忽视的作用。建国前，土地纠纷多数表现为农民和地主之间的租、佃、典当纠纷，多由村长、保长调解处理，多数人见不到县长。

建国后，1956年，农业社会主义改造完成以后，农民个人之间的土地纠纷大大减少了，所发生的纠纷多是集体与集体之间，集体与国家之间的土地纠纷，这些纠纷由公社和魏县人民政府调处。1979年，魏县实行土地联产承包后，农民因承包土地以及宅基地使用方面的纠纷逐渐增多，这些纠纷由所在乡（镇）、县信访办和农村经济工作等有关部门调处。《中华人民共和国土地管理法》第16条规定，土地所有权和使用权争议，当事人协商解决，协商不成的，由人民政府处理。1987年，成立县土地管理局后，至2016年，全县共调处土地纠纷378起，选择不同类的案例记述如下：

一、单位与个人土地使用权争议：

魏县商业局职工李××反映魏县二轻公司服装厂无偿占用本人庄基达二十多年，未得到解决。经查，1949年，魏县人民政府分给李××土地一块，面积0.37公顷，四至清楚。1951年，李将该土地北段和南段卖掉，中间作为庄基使用，并建房9间，中间建大门，四周圈了院墙栽了树。后房屋租给汽车站用。1953年，汽车站迁走，服装厂前身皮麻社租赁其邻街房屋。1958年，皮麻社未经李同意，将李庄基上的围墙推倒，树木刨掉，在李的庄基上建厂房8间，还打了井，李××多次提出异议，未得到结果。1972年，皮麻社为扩大生产规模，不经李同意又在原地进行了扩建，李虽多次找有关部门，均未解决。李××认为，服装厂多年无偿占用我的宅基地，属侵权，理应退出并赔偿损失。服装厂认为，占用李的庄基是1958年至1972年期间，那时是一大二公，搞平调，应尊重当时情况。1990年，魏县土地管理局在有关部门的配合下，本着按照政策，尊重历史，即有利于服装厂生产，又有于李××生活的原则，召集双方多次调解，达成如下协议：1、服装厂现有临街和中间一排厂房（留滴水一尺）维持现状，归服装厂使用。2、服装厂在李××庄基东边补给其该厂中间厂房占用李庄基的同等面积。3、服装厂将南排占李××的地基上的厂房拆除，地基归李××使用，其它问题不再追究，至此，双方持续了二十多年的争议，得以解决。

二、集体与集体之间土地所有权争议：

前大磨乡后崔村有600口人，土地53.33公顷，该村在漳河大堤以南有土地15.33公顷，该土地南端与南双庙乡河岸上土地相邻。从1972年开始，两村因土地所有权问题发生争议，争议面积0.8公顷，南双庙乡河岸上村称：近些年，由于漳河逐年向南滚动，河南岸的土地减少，河北岸的土地边界不清，北岸所腾出的土地应属河岸上村所有。前大磨乡后崔村称河北岸的这块土地历代都由本村耕种，不是漳河向南滚动后腾出来的土地，为此，双方争执不休，互相抢收、抢种，几乎发展到群体欧斗。1990年7月，魏县人民政府出面，组织了由魏县土地管理局、司法局、公安局和双庙乡、前大磨乡领导参加的联合调查组进行调处，通过实地丈量，勘察，访问前崔村的原任村干部和一部分群众，认为，双庙乡河岸上村有侵权行为，但通过做思想工作，两村都同意调处解决，本着双方互让的原则，即尊重事实，又有利于生产，达成以下协议：争议土地南北长238米，东宽46米，西宽22米，计地0.8公顷，顺地东头靠南边向北16米，西头靠南边北8米处，东西顺直下三处界桩，做为双方地界，界北土地为大磨乡后崔村所有，界南为南双庙乡河岸上村所有，此三处界桩西头向北至漳河北大堤南堤脚长388米，东头向北至大堤南脚长601.2米。至此，这桩土地所有权争议得以圆满解决。

三、个人与个人之间土地使用权争议

（一）1989年，第二中学教师李庆×，魏县第二完小教师李明×，均系魏城镇河里东村人，二人因宅基出路使用权发生争议，经查，二人使用的土地原来均为责任田，李庆×居南，李庆×居北，中间有一条集体留的李明×向西走的通道。1979年划分责任田时，李明×分地0.15公顷，其北边留有一条向西的出路（宽3.3米），路北边是李庆×家的责任田，在李明×地的东北面和李明×地的北面有一条田间路（宽3.3米），以后李庆×相继在路边自己的责任田上盖房。1989年，李庆×建房时占了部分集体留给李明×的出路，李明×出面干涉，李庆×同意在自己路东边留一条3.3米宽的出路，双方达成了协议：李明×向西出路一丈宽归李庆×使用，李庆×房东一丈宽路归双方使用，至此，该出路无争议。后李明×经批准在原自己分得的责任田建停车场，李庆×将李明×向北的出路先用铁皮房、后用砖堵住，阻止李明×通行，双方发生争议，魏县人民政府组织人员查明情况后认为，李明×、李庆×之间向西原有的通路以及北侧的通道，是为了方便群众生产、生活所留，任何人不得私自占用或以其它任何方式设置障碍，为此，依据《土地管理法》第13条规定，参照《河北省高级人民法院处理土地纠纷案件若干问题的意见》第13条之规定，本着方便生活、有利于生产的原则，在相互凉解的基础上达成协议：1、李明×停车场外原东西出路归李庆×使用。2、李明×向北出路以现在李庆×东至李明×大门东侧南北顺直为李明×出路，李庆×有权使用，由李明×补给李庆×垫土费用1500元。

（二）对土地使用权纠纷的处理。调解的基本原则一是维护土地公有制，二是维护土地使用者的合法权益。1992年7月，魏县商业局将所属糖酒公司第一门市、服务公司、理发店、饭店旧房拆除，建综合服务楼。在施工期间，魏集村村民杨××等4户，以侵占他们家庄基为由，多次进行干涉和阻挠，商业局被迫停止施工达7天之多。为此，商业局要求依法处理并赔偿因停工所造成的损失。经调查，魏县商业局新建综合服务楼所占土地分别于1965年和1967年征用，共计面积0.12公顷，当时对原土地者使用者杨××等5户分别给予了补偿，并重新安排了宅基地，领取了拆迁补助费。事实证明，商业局占地属合法，应维护其使用权，杨××等属侵权行为。当时认为杨××等属不懂法规，对其进行教育，以便进行调解，只要其停止对商业局的干涉，其它责任不再追究。但杨××等不听劝阻，在调解不成的情况下，依照《中华人民共和国土地管理法》第53条和冀政（1987）126号文件规定，魏县土地管理局于1992年7月16日，做出处理决定：1、县商业局在此土地上施工是合法的，维护其使用权。2、杨××等人应立即停止阻挠和干涉，并赔偿因此而造成的经济损失1000元，杨××等人不服此决定，于1992年8月13日向魏县人民法院提起诉讼，经审理，认为所做处理决定证据确凿，适用法律、法规适当，符合法律程序。一审判决如下：维护魏县土地管理局魏土处字（1992）第1号处理决定，诉讼费80元，其它费用80元，由原告负担。杨××等不服一审判决，上诉至邯郸市中级人民法院，经审理，二审判决：驳回上诉，维持原判，二审受理费160元由杨××负担，其中二审80元由魏县人民法院代收。

2016年2月，魏县国土资源局接到信访件后，立即派人进行调查。

反映人：苗××，男，魏县大辛庄乡大西村人。反映被反映人：李××，男，魏县大辛庄乡大西村人。依法吊销李××持有的魏集用（2008）第1402001号集体土地使用证，并注销其土地登记一案。

经调查，李××宅基地位于大西村东，苗××宅基在李××宅基西侧。2016年2月，李××与苗××因31.35平方米宅基地的归属问题发生纠纷，该争议地段位于李忠海宅基地西南角，苗××宅基东南角，在李××第1402001号土地证确权范围内，争议地段上时存有苗××用铁皮建起的临时房屋。苗××认为20年前（李××办证前）就在涉案土地上建房，并使用至今，自己应该是涉案土地的合法使用者。作为李××的西邻，在2008年李××办理土地证时自己根本不知情，没有人通知自己为李××指界。因此，办证程序错误。2000年9月7日，魏县人民政府为李××该宗地确权登记，颁发了魏集用（2000）第1906001号，《集体土地建设用地使用证》面积267.4平方米；四至情况为，东至公，南至路，西至路，北至邵××。2008年1月县政府又一次为李××该宗地确权登记，并为其颁发了魏集用（2008）第1402001号《集体土地使用证》。登记情况为：面积331.6平方米；东至邵××，西至路，南至苗××，北至邵××。经调查，李××该宅基登记面积包括北邻邵××10.56平方米住宅，31.35平方米争议土地，还包括44.15平方米公共通道面积，属错误登记。且存在重复登记问题。

经过工作人员给双方当事人做工作，2016年4月22日苗××和李××就信访问题达成协议，问题得到了圆满解决，并息诉罢访。

见图11－4－2－1。

魏县土地权属争议调处流程图

图11-4-2-1

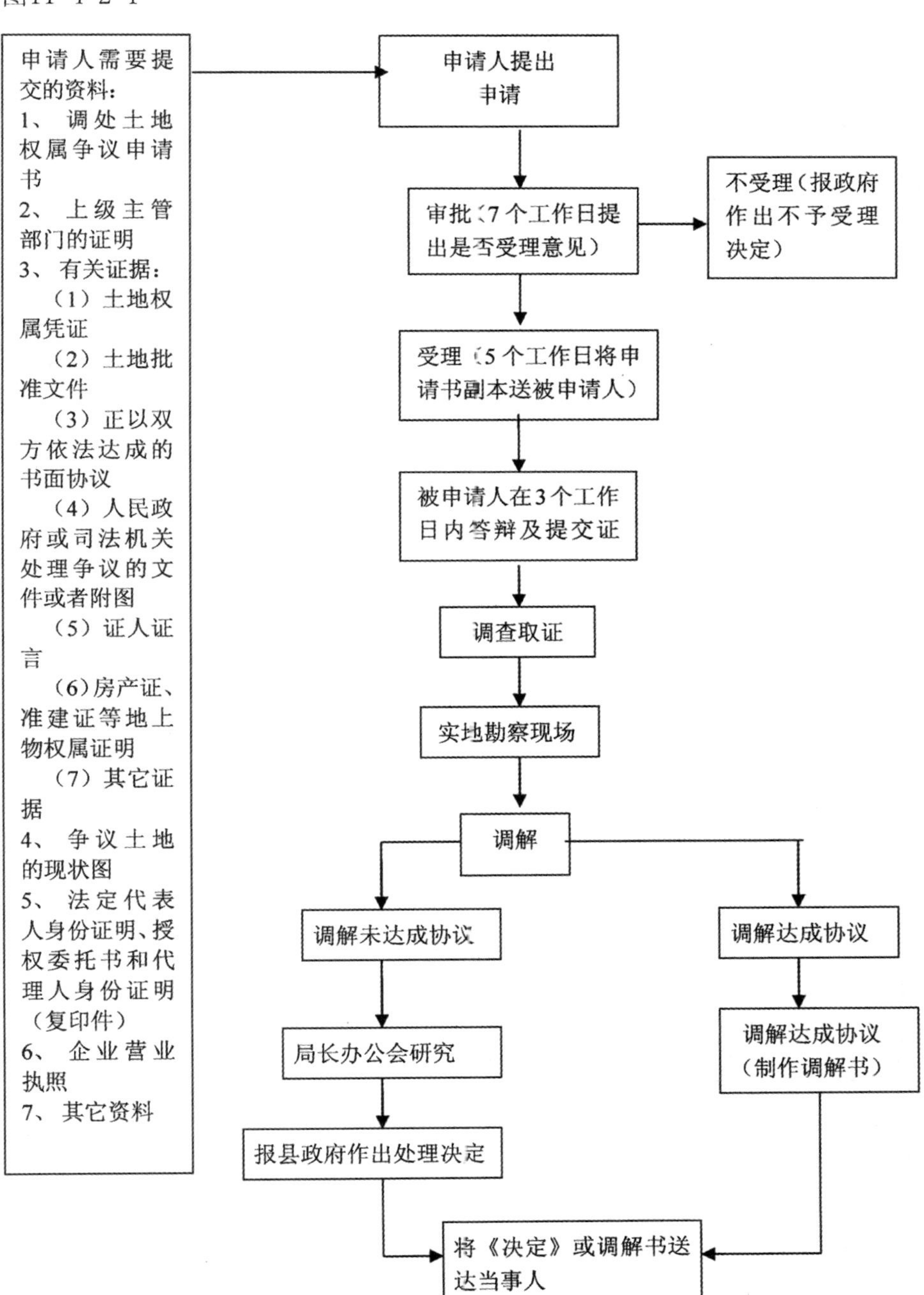

第十二编

管理机构

纵观历史，土地历来与农业、水利密不可分，因此在机构设置方面，土地、农业、水利多为一处掌管。秦汉的“大司徒”、“大司农”到隋之后的“户部”都是如此。特别是户部的设立，对今天国家机构建设都产生了一定影响。古代的户部，其职能相当于今天的民政部、财政部、国土资源部、农业部等部门的合体。且其下设司，司下设科，与现今政府机构设置如出一辙。土地管理体制和机构设置，无论在封建社会还是社会主义社会均有其管理机构，不过封建王朝的土地管理机构其主要任务是清丈土地，在此基础上进行土地登记，建立账册，以便按亩纳税，解决封建王朝的财政收入，其目的是防止隐瞒和逃避赋税。社会主义时期的土地管理机构不同于封建社会，它的主要任务是维护土地公有制，使其更好地为经济建设和社会服务。

第一章　行政管理机构

中国早在商代即有负责管理土地的官吏，名曰："臣耤"。西周，便有了管理的机构，名"大司徒"（官名）。至清末，虽名称、隶属屡有变迁，但性质大体相同，且一直设有机构，专管土地事宜。光绪三十二年（1906年），清廷新政，设度支部、农工商部、民政部，土地管理一事由此三部共同承担，这便是中国现代土地管理机构的雏形。中华民国三十六年（1937年），国民政府设立地政部，是中国第一个专门管理土地资源的机构。中华人民共和国成立后，国家设土地管理局和国土资源部，县设土地管理局后改为国土资源局，土地机构从建立到完善经过了相当长的时间。

第一节　局级机构

一、机构沿革

秦实行郡县制后，县设县令由县令主管全县土地事宜。北宋除县令外，又设县承署理政务，负责管理 土地工作。明、清两代，境内土地事宜均由县令受理。

民国二十八年（1935年），大名县（含魏县）政府设地政科管理土地。

民国二十九年（1940年），县政府设第二科，科下设土地管理局，负责土地清丈、登记、典当等。六月成立魏县抗日政府，下设财经科，由一名科员兼管土地。

中华人民共和国成立后，魏县土地管理机构经历了两个时期：即1949年至1987年5月，为部门分管体制。1955年前归魏县人民政府建设科，由一名科员兼管。主要工作是土地清丈登记，确定产权，调解土地纠纷，处理土地租赁关系等。1956年归县经济计划委员会管，1963年为县政府民政科（局）管，主要工作是土地征用、划拨。1981年由魏县建设局管理。1984年4月，由县城乡建设环境保护局和农业局共管，即：城乡建设环境保护局负责管理县城和建制镇土地，农业局负责乡村土地管理，主要工作是土地征用、划拨，处理权属纠纷等，经批准征用的土地属国有资产，由县财政局管理。

1987年6月，魏县人民政府决定，成立魏县土地管理局。城乡土地、地政实行统一管理，1990年6月，魏县人民政府批准，魏县土地管理局全县23个乡（镇）建立土地管理所。结束长期以来土地管理中存在的多头、分散的历史。

2002 年 8 月，魏县土地管理局更名魏县国土资源局，是年 10 月，乡（镇）土管所更名国土资源所。

二、人员变动

魏县国土资源局领导班子人员以任职时间先后，并以表格形式记录如下。

1987－2016 年魏县国土资源局局长任职表

表 12－1－1－1

姓名	性别	学历	任职时间	备注
王可满	男	高中	1987－1990. 1	
肖相朝	男	大专	1990. 1－1997. 8	
马文学	男	大专	1997. 9－2005. 8	
张万胜	男	大专	2005. 8－2008. 6	
郭　峰	男	大专	2008. 6－2010. 1	
张建设	男	大专	2001. 1－2016. 12	

1987 年－2016 年魏县国土资源局行政副职任职情况表

表 12－1－1－2

姓名	性别	学历	任职时间	备注
崔建民	男	大学	1987－2001	
李庆福	男	大专	1988. 4－2003. 8	
赵文海	男	大学	1990. 5－1994	
赵书田	男	大专	1990. 9－2002. 7	
郭贵福	男	大专	1992. 11－1994. 2	
郭风林	男	大专	1994. 4－2001. 9	
王好志	男	大专	1994. 10－2004. 3	
高　峻	男	大专	2002. 5～2016. 12	
岳　伟	男	大专	2002. 11－2013. 12	离岗
王之平	男	大专	2005. 6－2016. 4	
孙雪峰	男	大专	2005. 6－2016. 12	
张大鹏	男	大专	2008. 6－2013. 10	2013. 10－2016. 12 任地理信息局局长

续表

姓名	性别	学历	任职时间	备注
张　军	男	本科	2012. 4 –2016. 12	
石文胜	男	大专	2011. 12 –2016. 12	
雷如岭	男	大学	2012 –2016. 12	纪委书记
李卫杰	男	大专	2011. 12 –2016. 12	副主任科员
郝俊河	男	大专	2012. 4 –2016. 12	副主任科员

第二节　股级机构

1987 年 7 月，魏县土地管理局成立后，局设 2 个股级单位：办公室、地政组。1989 年 7 月，地政组改为地政股（后改为地政地籍段），增设监督检查股（后改为执法检察股）。1990 年后，先后增设建设用地股（后改为耕地保护股）、国土股（后改为土地利用股）、地政地籍股改为地籍管理股、地勘股、政策法规股、人事股、机关事物管理股、规划股、砖厂执法队、城区执法队、漳北执法队、漳南执法队、信访办公室、土地整理中心、测绘办公室、项目开发办、地产开发公司、财务股、服务大厅等，人员 3 至 20 人不等。其人员设置及主要工作职责记述如下。

办公室：1987 年成立。2016 年，人员 17 人，设主任 1 人。负责起草领导讲话、工作总结、报告、工作计划、和以局名义行文的文字把关工作，编写土地简报；负责文件收发、印刷、运转和保管；协调各股，做好外来接待和上情下达，负责财务和人事、后勤管理；负责全县土地征用、划拨的审查报批工作，参于建设项目的会审，选址定点；负责年终各类统计和报表工作。成立财务股、人事股、机关事物管理股、土地利用股、规划股后相关工作职责分出。

地籍管理股：1987 年，成立地政组。1989 年，改为地政股。1995，改为地政地籍股。2002 年，改为地籍管理股。2016 年，人员 6 人，设股长 1 人。负责组织全县土地资源相关调查、动态监测、地籍权属调查，变更调查及统计；承担各类土地登记资料的整理、共享和汇交管理；组织开展全县国有土地使用权、农村集体土地监管工作。

执法监察股：1989 年 7 月成立。2016 年，人员 5 人，设股长 1 人。贯彻执行国家有关土地政策，法律、法规；监督检查各类土地违法占地案件；会同有关部门调解处理重大土地纠纷，负责土地管理方面的宣传教育工作。

建设用地股：1990 年 10 月成立。后改为耕地保护股。2016 年，人员 6 人，设股长 1 人。起草并组织实施耕地及基本农田保护，土地整治、农用地转用，征收征用管理等有关规定；负责全县耕地占补平衡项目，总量平衡项目、高标准基本农田建设项目及其他土地整治的立项、验收、监督、检查、指导工作；负责拟定、调整征地安置补偿费用标准；负责组织辖区内耕地破坏鉴定和城乡建设用地增减挂钩（新民居建设）工作；牵头组织城乡建设用地增减挂钩工作。

信访股：1990 年 10 月成立，2016 年，人员 5 人，设股长 1 人。受理群众对土地违法行为的检举、控告和来信来访；受理土地权属纠纷当事人的请求处理申请；来信来访；督促、转办上级要结果的案件；向领导反馈群众来信来访中的重要情况，解答有关土地法规及政策的询问。

财务股：1992 年 3 月成立，2016 年，人员 5 人，设股长 1 人。负责本系统的各项资金，向县财政部门上报月、季、年度报表，负责上解和下拨财政代管理资金；编制年度开支预算；协助、监督各乡（镇）国土所管好财务；遵守财经纪律，保护财产安全。

地产开发公司（股级）：1992 年 9 月成立。2016 年，人员 2 人，设经理 1 人，属企业单位，受国土资源局委托办理城镇规划内国有土地的初级开发和土地使用权交易，代办征地业务，向建设单位和个人提供土地信息及政策咨询服务。

土地公安联办室：1992 年成立。人员 8－10 人，由公安局派出人员任主任，依法保护土地所有者和使用者的合法权益，依法处理和制止土地违法案件，负责全县土地管理系统的治安保卫工作，配合公安室处理各种案件。1998 年撤销。

土地巡回法庭：1992 年成立，人员 3 人，由魏县人民法院派出人员任庭长。受理土地管理中的诉讼案件，对超过法定期限的土地诉讼案件依法强制执行。1998 年撤销。

地价评估事务所：1995 年 6 月成立，人员 5 人，设所长 1 人。按照国家规定，利用城镇国有土地基准地价成果进行宗地的标准地价计算；为政府加强土地市场管理和收取税费提供参考依据；实行土地资产的累进税率，防止个人囤积和无效占用土地；保证交易双方有获得等量市场价格信息，防止地价暴涨和暴跌。

国土股：1995 年 3 月成立，后改为土地利用股。2016 年，人员 5 人，设股长 1 人。办理城镇国有土地使用权出让，转让手续；对县境内的公司、企业、其它组织和个人，取得土地使用权，办理有关手续；对以出让方式取得土地使用权者，在规定年限内办理转让、出租、抵押或者用于其它经济活动的手续；依法对土地使用权的出让、出租、转让、抵押、终止进行监督检查并办理登记手续。

漳南监察分局：1996 年成立。人员 16 人，设队长 1 人，2013 年 1 月，更名为漳南执法队。负责漳南区域土地违法案件的查处工作，承办领导交办的其他事项。2012 年 1 月更名为漳南执法队。

漳北执法队：1998 年成立。2016 年，人员 9 人，设队长 1 人。负责漳北区域土地违法案件的查处工作，承办领导交办的其他事项。

土地整理中心，1998 年成立。2016 年，人员 6 人，设主任 1 人。负责土地管理项目申报、实施、协调、监督工作。

政策法规股：2003 年成立。2016 年，人员 5 人，设股长 1 人。负责贯彻实施有关法律、法规、行政规章；组织全县有关土地资源管理规范性文件的审核、备案；组织政策性文件、重大处罚事项的听证工作；组织有关法律法规宣传教育；组织办理有关行政复议、应诉工作；负责错案及执法过错追究；组织协调人大建议和政协提案的承办工作；负责政策调研工作；承办领导交办的其它事项。

规划股：2004 年成立。2016 年，人员 4 人，设股长 1 人。负责全县土地利用总体规划和土地用年度计划；指导和审核各乡镇基本农田保护、土地复垦、土地整理、未利用土地开发等专项规划和土地利用总体规划；参与城镇总体规划会审；对建设用地实行用地预审及建设用地审查；对重大科技项目和涉外项项目实施情况进行监督检查；承办领导交办的其它事项。

砖厂执法队：2004 年成立。人员 70 人，设队长 1 人，指导员 1 人。2007 年 3 月划分为漳北执法队和漳南执法队，均设队长 1 人。2009 年 3 月，撤销漳北、漳南执法队，成立砖厂执法大队。2015 年 2 月，撤销砖厂执法大队，成立漳南砖厂执法队、漳北砖厂执法队。负责对漳南、漳北砖窑厂取土烧砖、用地复垦等情况进行跟踪管理；负责对砖窑厂非法占地、非法取土、破坏耕地等违法案件的查处工作；负责群众对砖窑厂问题的举报、来信来访等接待处理工作；负责承办领导交办批转的事项。

土地储备中心：2005 成立。人员 3 人，设股长 1 人。2011 年，取消土地储备中心。2015 年，恢复并入土地利用股。拟定国有土地收回、收购年度土地储备计划，依法收回、收购土地；清理闲置土地，收取闲置土地费；承办领导交办的其它事项。

机关事务管理股：2005 年成立，2016 年，人员 6 人，设股长 1 人。负责后勤、保卫、卫生、食堂、水电等管理工作；负责机关办公用品的购置和管理；为老干部服务及承办领导交办的其它事项。

测绘办公室：2006 年成立。2014 年 2 月更名为地理信息股。2016 年，人员 5 人，设股长 1 人。负责组织管理基础测绘、地籍测绘，管理地方测绘基准；管理基础测绘成果，负责数字城市基础建设和管理；组织协调地理信息资源开发利用和科技推广；承办本级政府及上级测绘地理信息部门交办的其他事项。

纪检监察室：2007 年设。人员 3 人，设主任 1 人。负责党风廉政建设及纪检监察工作。

人事股：2008 年设。人员 4 人，设股长 1 人。负责局机关及直属单位的机构编制、人事、劳资工作；负责干部管理工作；负责人事档案管理、职称评定和技术考核工作；负责社会保险福利工作

项目建设办公室：2010 年成立。2016 年，人员 5 人，设主任 1 人。负责土地开发整理项目组卷、申报、验收；基本农田整理项目组卷、申报、验收；基本农田示范区保护建设工作。

地勘股：2013 年成立。2016 年，人员 3 人，设股长 1 人。负责全县地质灾害的防治管理工作；编制地质灾害治理工作方案；并组织实施对全县地质环境的监测、评价、预报工作；负责全县地热井的管理。

不动产中心，2016 年 10 月成立，人员 12 人，设主任 1 人，负责全县不动产登记发证工作。

魏县国土资源局股（级）干部人员任职情况的表格形式记录如下。

1997 年－2016 年股(级)干部人员任职情况表

表 12－1－2－1

股(室)队	姓名	性别	出生年月	学历	任职期限（年月－年月）
办公室	王之平	男	1964.5	大专	1996.11－2005.9
	刘学良	男	1978.7	大专	2005.10－016.12
漳北执法队	郝俊河	男	1970.8	大专	1997－2004.4
	张希苗	男	1965.8	高中	2004.4－2014.2
	王兵书	男	1971.11	高中	2014.3－2016.12
地勘股	王兵书	男	1971.11	高中	2013.3－2014.3
	张希苗	男	1965.8	高中	2014.4－2016.12
砖厂执法队	华云龙	男	1966.1	大专	2005.3－2016
	郭文书	男	1968.01	高中	2005.3－2016
财务	张军	男	1968.9	本科	1992.4－2008.6
	郜胜磊	男	1973.5	本科	2008.6－2016.12
城区执法队	石文胜	男	1968.9	高中	2005.3－2013.1
	陈志斌	男	1974.4	大专	2013.1－2016.12
漳南监察分局后改为漳南执法队	郭峰	男	1964.8	大专	1998.1－2000.7
	王广英	男	1959.1	中专	
	岳现峰	男	1971.9	高中	
	耿洪广	男	1975.1	大专	2007.7－2008.7
	马文良	男	1969.10	大专	2008.8－2012.11
	李永华	男	1975.11	大专	2012.12－2016.12

股(室)队	姓名	性别	出生年月	学历	任职期限（年月－年月）
机关事务管理股	华树森	男	1956.12	大专	2005.2－2009.12
	蔡新峰	男	1972.5	大专	2010.1—2016.12
土地规划股	王志宏	男	1959.2	高中	2003.3－2006.2
	雷如岭	男	1968.5		2006.3－2009.3
	李治	男	1972.10	大专	2010.1－2011.1
	耿洪广	男	1975.1	大专	2011.2－2016.12
耕地保护	郭河	男	1955.2		1990.10－2011.1
	李治	男	1972.10	大专	2011.1－2016.12
土地服务大厅	张秀芳	女	1968.8	大专	2002.2－2005.4
	常玉秋	男	1963.2	大专	2005.5－2008.8
	石文胜	男	1968.9	大专	2008.8－2010.10
	李雪敏	女	1968.6	大专	2011.8－2016.7
	茜爱民	男	1975.1	大专	2016.8－2016.12
纪检监察室	耿洪广	男	1975.1	大专	
	王笑凯	男	1978.2	大专	
	岳晓东	男	1983.2	本科	2015.5－2016.12
不动产登记中心	李成军	男	1971.11	本科	2016.10－2016.12
土地整理中心	申伏林	男	1956.5	高中	2003.6－2011.7
	朱步强	男	1968.8	中专	2011.8－2016.12
人事股	刘静	女	1973.10	本科	2008.7－2016.12

续表

股（室）队	姓名	性别	出生年月	学历	任职期限（年月－年月）	股（室）队	姓名	性别	出生年月	学历	任职期限（年月－年月）
执法监察股	段克温	男	1950.3	高中	1990.6－2002.1	卫片办公室	李成军	男	1971.11	本科	2013.3－2016.10
	韩希	男	1954.10	高中	2002.2－2011.2		申振国	男	1984.5	本科	2016.11－2016.12
	李成军	男	1971.11	本科	2011.3—2016.2	地籍股	华树森	男	1956.12	大专	1998.7－2004.1
	陈诚	男	1973.7	本科	2016.3－2016.12		任汝新	男	1968.5	中专	2004.2－2007.2
执法大队	韩希	男	1954.10	高中	1994.12－2002.1		雷如岭	男	1968.5	中专	2007.3－2009.8
	石文胜	男	1968.9	大专	2002.2－2015.5		李志远	男	1974.9	大专	2012.10－016.12
	陈诚	男	1973.7	本科	2015.6－2016.3	地产开发公司	李纯社	男		本科	1992.3－1998
国土股后改为利用股	郝俊河	男	1970.8	大专	1997.10－2013.1		段保国	男	1972.8	本科	2007.7－2016.12
	焦金龙	男	1969.12	大专	2013.1－2016.12	信访股	张文玺	男	1952.1	中专	1994.9－2004.4
政策法规股	张文玺	男	1952.1	中专	2003.8－2008.9		雷如岭	男	1968.5	中专	2004.5－2006.1
	焦金龙	男	1969.12	大专	2008.10－2014.1		华云龙	男	1966.1	大专	2006.2.－2006.6
	马文良	男	1969.10	大专	2014.1－2016.12		李志远	男	1974.9	大专	2006.6－2012.10
测绘管理办公室	聂建永	男	1975.2	本科	2003－2013		申四新	男	1964.6	大专	2012.11－2016.12
地理信息股	聂建永	男	1975.2	本科	2013.3－202.12	土地整治办公室	王德民	男	1965.5	高中	2012.3－2016.12
土地储备中心	蔡新峰	男	1972.5	大专	2005.9—2008.10						

第三节　乡（镇）村级机构

一、乡（镇）市级机构

建国初，区、乡未设专职机构和人员管理土地，只在乡办公室由一名科员兼管。1956年至1986年，各乡（镇）由管农业的副乡（镇）长兼管土地。1987年《中华人民共和国土地管理法》实施后，魏县人民政府在6个区，37个乡（镇）委派了43名区乡土地管理员，并在乡（镇）确定一名副乡（镇）长主管土地工作。

1990年6月，魏县人民政府在各乡（镇）建立土地管理所。每所2－3人，所长由干部担任，事业单位，受县土地管理局和所在乡镇双重领导。主要负责：宣传贯彻国家关于土地管理的法律、法规和政策；负责本乡（镇）区域内的土地调查，登记和统计工作，编制本乡镇土地利用规划，建立本乡镇土地管理档案；制定土地复垦，开发和保护计划；参与在本乡（镇）建设项目的选址定点，做好跟踪服务工作；重点做好农村土地的监督检查工作，查处违法占地；会同乡镇有关部门做好群众来信来访，协调裁决土地纠纷。

1992年4月，县实行财政包干，全县23个土地管理所划归乡（镇）管理，出现乡镇业务不熟管理不好，县土地管理局业务熟管理不了，管人的不管事，管事的不管人，90%以上的土管所处于瘫痪状态，县土地管理局布置工作不能统一行动，致使全县土地违法案件有所回升。1993年，经县长办公会研究决定，从1994年1月，各乡（镇）土管所实行人、财、物统一管理，归县土地管理局垂直领导，同时把魏城镇、大磨、德政、双井、牙里和车往土管所定为中心土管所。1996年，随着白仕望乡和西康疃乡撤销，该乡（镇）土管所随之撤销。全县为21个土管所，每个土管所设置3－5人。2002年，土地管理所更名为国土资源所。

魏县国土资源局各乡（镇）国土资源所长以表格形式记录如下：

1997 年 - 2016 年乡(镇)所长任职情况表

表 12 - 1 - 3 - 1

乡镇	姓名	性别	出生年月	学历	任职时间（年月 - 年月）	乡镇	姓名	性别	出生年月	学历	任职时间（年月 - 年月）
野胡拐乡	蔡新峰	男	1972.5	大专	2000.2—2004.12	德政镇	王兵书	男	1971.11	高中	2000.3 - 2004.3
	连军义	男	1977.2.	高中	2004.10 - 2007.08		王志强	男	1966.5	高中	2004.4.2006.11
	郭骁	男	1973.12	本科	2007.6 - 2015.8		邵振河	男	1968.7	高中	2006.12.2015.12
	史金安	男	1973.8	本科	2015.8 - 2016.12		李飞	男	1987.10	中专	2015.122016.12
魏城镇	李卫杰	男	1970.7	本科	2003.3 - 2008.9	大辛庄乡	朱步强	男	1969.8	中专	1999.7 - 2003.2
	段保国	男	1972.8	本科			李建伟	男	1972.6	高中	2003.3—2005.3
	李振江	男	1952.5	高中			冀献彬	男	1970.7	高中	2005.03 - 2006.11
	蔡新峰	男	1972.5	大专	2008.10—2009.12		韩纪永	男	1972.3	本科	2006.12 - 2011.10 月
	李卫杰	男	1968.12	大专	2010.1 - 2015.7		杨国强	男	1980.2	高中	2011.12 - 2012.11
	郭骁	男	1973,12	本科	2015.8 - 2016.12		李建防	男	1980.10	本科	2012.3 - 2016.12
边马乡	生卫东	男			2003.2						
	段保国	男	1972.8	本科	2003.3 - 2005.3	棘针寨乡	冀献彬	男	1970.7	高中	1994.08 - 1996.03
	曹学兵	男	1974.6	大专	2005.3 - 2006.7		史金安	男	1973.8	本科	2001.3 - 2006.5
	杜国法	男	1973.4		2006.7 - 2010.6		韩纪永	男	1972.3	本科	2013.10 - 2016.12
	赵运山	男	1964.3	高中	2010.7—2015.8	台头乡	刘文革	男	1966.8	高中	1997.06 - 2001.03
	王宏展	男	1984.5	本科	2016.01 - 2016.12		王占锋	男	1974.9	大专	2005.6 - 2008.9
东代固乡	李卫杰	男	1970.7	本科	1997.1 - 2003.1		张坤	男	1968.9	高中	2008.9 - - 2016.12
	李章海	男	1967.2	本科	2003.2 - 2005.2	双井镇	石文胜	男	1968.9	高中	1998.1 - 2005.1
	李成军	男	1971.11	本科	2005.3—2007.12		蔡新峰	男	1972.5	大专	2005.1—2005.9
	张志瑞	男	1969.10	高中	2010.01 - 2016.12		陈志斌	男	1974.4	大专	2005.9 - 2011.4
南双庙乡	刘文革	男	1966.8	高中	1996.03 - 1997.06		杨红军	男	1976.8	大专	2012.7 - 2016.12
	李治	男	1972.10	大专	2000.3 - 2004.3	张二庄镇	郭文书	男	1968.11	高中	2000.03 - 2004.03

续表

乡镇	姓名	性别	出生年月	学历	任职时间（年月－年月）	乡镇	姓名	性别	出生年月	学历	任职时间（年月－年月）
	王合成	男			2004.3－2006.3		张社喜	男	1958.8	高中	2004.4－2008.11
	李永华	男	1975.11	大专	2006.3－2013.5		王彦波	男	1981.7	高中	2008.12－2016.12
	李延忠	男	1979.3	本科	2013.05－2016.12	泊口乡	华付宝	男	1956.5	高中	1997.1－2008.3
车往镇	董英明	男	1962.12	高中	1998.09－1999.10		赵冀广	男	1966.12	高中	2008.4－2016.1
	岳现峰	男	1971.3	中专	2000.1.－2007.2		生志永	男	1976.2	高中	2016.1－2016.12
	王付平	男	1958.7	高中	2007.3－2016.12	沙口集乡	郭俊海	男	1960.7	高中	1996.1－2004.5
回隆镇	朱建武	男	1972.2	高中	1996.02－2000.1		陈诚	男	1973.7	本科	2004.6－2008.4
	刘景贤	男	1976.2	高中	2000.2－2005.1		史金安	男	1973.8	本科	200803－2015.8
	张现峰	男	196.9	高中	2005.2－2006.5		郝高源	男	1976.7	中专	2015.08－2016.12
	魏继川	男	1971.07	高中	2006.6－2012.12	北皋镇	张金瑞	男			
	史磊	男	1967.10	高中	2013.1—2016.12		连军义	男	1977.2	高中	2003.03－2004.10
大马村乡	李治	男	1972.10	大专	1998.7－2000.3		申四新	男	1964.6	大专	2004.11－2009.2
	李宗汤	男	1957.9	高中	2000.4－2009.12		郭文清	男	1966.8	高中	2009.3－2016.12
	刘涛	男	1980.8	专科	2010.01－2016.12	仕望集乡	连俊波	男	1966.2	高中	1997.3－2002.1
院堡镇	刘书清	男	1967.5	高中	2000.10－2003.10		李振海	男	1965.1	高中	2002.2－2016.12
	耿洪广	男	1975.1	大专	2003.11－2006.5	牙里镇	郭文书	男	1968.1	高中	1996.9－2003.03
	肖海喜	男	1969.3	高中	2006.06－2016.1 2		李文波	男	1973.2	高中	2003.03－2001.10
前大磨乡	梁墨岭	男	1965.8	高中	1994.10－2004.03		杨国强	男	1980.2	高中	2008.4－2010.10
	郭长海	男	1962.6	高中	2004.4－2009.11		赵香振	男	1959.6	高中	2010.11－2016.12
	路保平	男	1966.11	高中	2009.12－2015.08						
	梁墨领	男	1965.8	高中	2015.07－2016.12						

二、村级机构

建国后，各村的土地管理主要由一名“先生”（现在的会计）管理。主要任务是负责土地的清丈、登记、缴纳税粮、发放土地证。1958 年人民公社后，各村的土地由大队和生产小队管理。由村治保主任兼管，主要职责是划分社员庄基地，调解宅基地纠纷。

1987 年，县政府在区乡委派了土地管理员后，各村也成立了相应的土地管理小组，由村委会主任任组长，3 – 5 人组成。主要职责是因人口变动，调整本村土地，受理村民的宅基申请，向乡（镇）呈报，调解村民的宅基地纠纷等。至此，全县形成了县、乡、村三级土地管理网络。

2006 年，为强化村级土地管理，全县每村安排了一名土地协管员。

附：历代中央土地管理机构

商代官吏主要分尹、臣、宰三种，其中尹和臣均设有管理土地的官职，“臣耤”为专职，其余多是在所属职能中涉及土地管理。

周代设“司徒”管理土地，是为“地官司徒”，属中央六大机构之一。机构内设立大、小司徒主事，其下又设封人（掌分封）、载师（掌土地法规）、均人（掌赋税）、遂人（掌野人，即是城外的百姓或被征服的部族）、土均（收取山川林泽等资源的税收）、土训（向周王报告土地情况）、山虞（掌山林）、林衡（与山虞共同理事）、川衡（掌渔业）、泽衡（同掌渔业）、迹人（掌田猎）。

春秋魏地属卫国，卫沿周制，设立“司徒”管理土地。战国时期属魏国，机构依然。

秦设治粟内吏，汉景帝改名大农令，武帝改名大司农，属九卿行列。主管全国的土地资源和农业，也统摄了农业的相关产业。西汉时大司农有两丞，其中之一称“中丞”，下设七个职能部门。分别为太仓（掌管田租、粮仓、漕运）、均输（掌管官营商业）、平准（掌管市场物价）、都内（掌管贡品、钱币）、籍田（掌管皇帝御田 的收入）、斡官（掌货币铸造）。

在设立大司农的基础上，秦汉时期在中央也设立了其他机构与大司农并列管理国家土地相关事宜。少府负责山海地泽的税收及皇室产业收入；水衡都尉负责上林苑（汉代皇室御园）土地的农业生产；太仆掌管国家的畜牧，掌握大片土地；太常，负责民政，随之掌管土地资源。

东汉末年，诸侯纷争。为了“征伐四方，无运粮之劳”，屯田便开始大范围推广。到了曹魏时期，颁布《屯田令》，屯田开始正规化。曹魏屯田分为民屯和军屯，民屯管理四级建制：中央为大司农主管，下有农中郎将，再下设典农都尉。最基层单位是屯，每50人为一屯，设屯司马管理。军屯仿照 民屯管理系统设三级建制：为度支尚书、再下有度支中郎将、度支校尉。军屯基层单位是营，每60人为一营，皆为现役士兵。

魏晋南北朝时期的土地管理机构沿秦制。此时期屯田、寺院土地兴盛，国家因此设立了专门的管理机构。

南朝由于门阀士族侵占土地，屯田基本消亡。但北朝的屯田大有发展，在仿照曹魏时期制度的基础上，北朝，特别是北魏，将屯田制度扩展至全国。

由于门阀腐化之风日盛，笃信佛教的人越来越多。皇帝亦多信佛，因此大量赏赐土地给寺院，加之官僚、富户的施舍，导致南北朝时期寺院土地急剧膨胀。南北朝时的寺院，均由僧官管理土地。北魏设沙门统为全国最高僧官。但僧官独立行事，政府一般不予过问。

隋唐五代，沿秦制。梁太建十三年（581 年），杨坚代北周称帝。隋开皇元年（581 年），完善了土地管理体系。

隋唐管理体系为三省六部制，尚书省为最高执行机构，因此也是全国土地最高管理机构。尚书省下设六部，其中户部主管全国户口、土地法规的制定。户部长官为户部尚书，尚书下设四个职能部门，分别为户部、度支、金部、仓部，其中的“户部”总管全国户籍、土地。

户部之外，工部同样负责部分土地的管理。工部主管全国屯田及山川林泽等无主荒地。其中屯田由屯田郎中、员外郎管理，山川林泽由水部郎中、员外郎管理。

五代在户部、工部之外，设司农寺，主管皇室直接控制的土地，兵部也管辖部分国有土地。

北宋时期，有不少机构涉及土地管理。北宋亡后，魏县归金国统治。

中央先后涉及土地管理的机构多达 11 个。

1、户部主管土地方面为左曹和右曹，左曹主管农田、户口、田税。右曹主管农田水利。户部又设都拘辖司，主管国家仓库储备。

2、制置三司条例司，仅在王安石变法时设立一年，筹划和制定新的土地政策，随后便并入司农寺。

3、司农寺，负责皇帝籍田、祭祀事宜。元丰改制后，司农寺并入户部右曹。南宋建炎三年并入户部都拘辖司，绍兴四年恢复设路。南宋时兼管屯田。

4、工部，土地事宜主要由工部下设屯田郎中、员外郎主管。主管全国屯田、营田、职田、学田、官庄事宜。

5、稻田务、公田所，宋政和年间管理全国官田，于宣和六年（1121 年）并入西城所。

6、西城所，宋徽宗时期，蔡京为大面积兼并土地，扩大官田，设立西城所。致使民间良田，多被指为荒田，拘没入官，强迫业主缴纳公田钱。宣和七年罢免。

7、提举官田所，是为临时掌管特种官田的机构，曾于绍兴二十八年（1158 年），为扩充官田设立。

8、籍田司，隶属太常寺，主管皇帝籍田的蔬果种植。

9、虞部郎中、员外郎，掌管全国矿产、冶炼、山泽、狩猎、茶叶。属工部，建炎三年归入屯田郎中、员外郎管辖。

10、水部郎中、员外郎，掌管全国水利、漕运。属工部、建炎三年归入屯田郎中、员外郎管辖。

11、都水外监，同为掌管全国水利，绍兴十年并入工部。

安抚使为路的最高长官，主管军政和土地事宜。但路还设有转运使司、提点刑狱司、提举常平司，具有管理土地的职能，虽名义上低于安抚使，但互不统领。除此之外，涉及管理土地的还有发运使、提举坑冶司、提举三白渠公事、设有提点开封府界诸县镇公事。

州一级设知州主管，同时又设通判与知州共管全州事宜。加上主管核实田籍的录事参军，州一级土地事宜由知州、通判及录事参军共管。

元代中央负责土地管理的机构有户部、兵部、枢密院、司农司和宣徽院。

户部主管全国民屯事务，组织生产，登记土地簿籍，调配土地资源。由于“系官田”不断扩大，户部调配土地权力也就无法实现。兵部主管全国军屯，管理军屯土地。枢密院为元朝最高军事机构，管理了部分军屯土地。司农司长管全国水利和土地资源的合理开发。宣徽院管理全国牧场。

元代土地管理是以户部总管，兵部和枢密院管理军屯，司农司和宣徽院负责兴修水利，合理开发土地资源和牧场。

明设户部肩负全国土地管理的主要责任。户部下设十三清吏司，掌管地方土地管理事宜(每个清吏司都有各自的辖区)。各清吏司下设民科、度支、金科、仓科四科，民科是专门管理土地的机构，土地第一次由中央直接管理。除户部之外，工部下属屯田清吏司管理全国屯田。此外，督察院下设十三道监察御史，在地方以巡按名义监督屯田事宜。

清代是中国从古代到近代，从封建社会到半殖民地半封建社会的过度时期。土地管理出现雏形，在清末新政之前，其土地管理是在明代制度基础上，加以改进。

清初，中央将土地管理事务全部交由户部管理。

根据《大清会典》规定，户部“掌天下之地政与其版籍，以赞上养万民”。户部下设十四清吏司，清吏司所属现审处和井田科管理土地事宜。仿明代设两京制，盛京作为陪都同样设立机构。顺治十六年（1659 年），清代曾在陪都盛京设立户部，与京师户部互不统领。盛京户部下设农田司管理盛京及周边土地和太祖、太宗皇陵。因此，清代新政前的土地分别归两京户部管理（以京师户部为主）。

清末，慈禧太后于光绪三十一年（1905 年）九月一日，颁布预备仿行宪政谕旨，开始进行政治改革。光绪三十二年（1906 年），将工部改为农工商部，巡警部改为民政部，户部改为度支部，原户部职责由新设三部共同承担，因此土地管理事宜也分于三部。民政部主管土地勘测，买卖；农工商部主管农业、水利；度支部主管赋税。在中央、地方机构之外，清代有一独立的行政管理机构，是为八旗都统衙门。入关以后，八旗都统衙门负责管理八旗官兵的土地田产，独立于其它行政机构之外。

中华民国时期，专门土地管理机构多次更替、多次更改。

南京临时政府时期，土地事宜由内务部和实业部分管。

北洋政府时期，由内务部职方司管理土地事务。国民政府定都南京之后，在土地管理机构方面做了一系列改革。民国二十一年（1932 年），修正《内政部组织法》，设土地司，专管地政，后改称地政司。民国二十三年（1934 年），中央政治会议决定由全国经济委员会、内政部、财政部合称土地委员会，专管地政，后于民国二十四年（1935 年）撤销。民国三十年（1941 年），内政部加设地价申报处。民国三十一年（1942 年）六月，成立地政署，隶行政院，中央专管地政机关成立。民国三十六年（1947 年），将地政署扩大为地政部，主管全国土地行政事务，中国第一次出现了管理全国土地事务的专门机构。

1949 年 10 月 1 日，中华人民共和国成立后，由各级政府直接管理土地。

1958 年，国家城市规划部门管理城市土地利用，房产部门管理城市地政，农业部门管理农业土地，林业部门管理林地，工矿铁路、交通、军事等部门也不同程度地管理各自的土地。形成部门分割、土地分管、政出多门、各自为政的局面。

1982 年，国务院机构改革中，农牧渔业部设置土地管理局，管理全国土地职能。由于受习惯的影响，征地工作有的由建设部门办理，有的由农业部门办理，还有的由建设部门主管部门办理。

1986 年 2 月，国务院第 100 次常务会议决定，组建中华人民共和国国家土地管理局，属国务院。

1998 年 3 月 10 日，由地质矿产部、国家土地管理局、国家海洋局和国家测绘局共同组建国土资源部，隶属国务院。

2008 年，国务院机构改革，设立国土资源部，为国务院组成部门。

第二章　中共魏县国土资源局党组织

魏县国土资源局（原称土地管理局）1987 年，初建时 6 人，1988 年建立党支部。1996 年，建立党组。2005 年，成立党委。2016 年，魏县国土资源局党委下设 1 个党总支，3 个党支部，党员 99 人。全体党员在局党委的领导下，严格执行党的方针政策，积极参加各项工作，模范带头，以身作则，紧紧团结在党委的周围，带领国土资源局干部职工，完成了一个又一个艰巨任务，取得了一个又一个阶段性胜利。

第一节　组织沿革

一、沿革

1987 年 6 月，魏县土地管理局成立后，1988 年 4 月，经县直党委批准，经党员大会民主选举产生了第一届党支部委员会，设党支部书记 1 人，副书记 2 人。1990 年 3 月，魏县土地管理局党支部委员会进行换届选举，设党支部书记1人。同年10月，增补支部委员2人。1992年11月，增补支部委员1人。1994年4月，增补支部委员2人。同年11月，增补支部委员1人。

1996年11月，中共魏县县委批准成立魏县土地管理局党组。设党组书记1人。副书记1人。各乡（镇）土地管理所的党组织活动，由乡（镇）党委管理。

2001年1月，中共魏县县委批准，党政分开。魏县土地管理局，设专职党组书记1人。局长为副书记。同年9月，魏县土地管理局党组调整，设专职党组书记1人，党组副书记1人，2002年5月，魏县土地管理局党组再次调整，设专职党组书记1人，专职副书记1人。同年8月，机构改革，魏县土地管理局党组改为魏县国土资源局党组。设专职书记1人，局长为副书记。2004年，增补党组副书记1人。

2005年6月，邯郸市国土资源局党委决定，魏县国土资源局党组改为党委会，设党委书记1人，局长为党委书记，原党组书记为副书记。

2006年3月，魏县国土资源局向中共魏县县委请示，将魏县国土资源局党组改为魏县国土资源局党委会。至2016年12月，中共魏县县委未批复。

2008年，按照邯郸市国土资源局党委决定的魏县国土地资源局党委下设10个党小组。2013年3月，增补党委委员2人。2015年，随着党员增加，队伍壮大。魏县国土资源局设1个党总支，下设3个党支部。2016年，增补党委委员4人。

二、党组织人员构成

魏县国土资源局党组织人员构成以表格形式记录如下

1988年—2016年国土资源局党组织历届成员组成表

表12－2－1－1

时间	名称	书记	副书记	委　员
1988年5月	党支部	王克满		崔建民　李庆福
1990年3月	党支部	肖相朝		崔建民　李庆福　赵文海　赵书田 郭贵福　郭凤林　段克温　王克满
1996年3月	党组	肖相朝	岳　伟	郭凤林　王好志　赵书田　郭　峰　段克温
1997年9月	党组	马文学	岳　伟	郭凤林　王好志　赵书田　郭　峰
2001年1月	党组	刘　河	马文学 岳　伟	郭凤林　王好志　赵书田　郭　峰
2001年9月	党组	司承文	马文学 岳　伟 侯凤娥	岳　伟　王好志　赵书田　郭　峰

续表

时间	名称	书记	副书记	委　员
2002 年 7 月	党组	高　峻	马文学 孙雪峰 侯凤娥	岳　伟　郭　峰　张大鹏　王之平
2005 年 6 月	党委	马文学	高　峻	岳　伟　孙雪峰　郭　峰　张大鹏　王之平
2006 年	党委	张万胜	高　峻	岳　伟　郭　峰　孙雪峰　张大鹏　王之平
2008 年 6 月	党委	郭　峰	高　峻	岳　伟　孙雪峰　张大鹏　王之平
2010 年 1 月	党委	张建设	高　峻	岳　伟　张大鹏　孙雪峰　王之平　张　军
2016 年　月	党委	张建设	高　峻	张大鹏　孙雪峰　张　军　雷如岭　石文胜
备注				

第二节　党的建设

一、组织工作

魏县土地管理局成立后，党支部重视发展党员工作，以扩大党的队伍、加强组织建设、培养发展党员列入支部工作重要议事日程。对要求入党的积极分子，经支部考察确认后，即列入培养计划，由两名党员具体培养，经常进行谈话，用共产党员的五条标准严格要求，成熟一个发展一个，严格履行入党手续和政治审查，确保政治质量。

党支部重视在优秀知识分子和业务骨干中发展党员。1996 年底，党员人数已由 1988 年的 16 名增加到 36 名。1999 年，增至 60 名，2002 年，增至 69 名，分 6 个党小组。2005 年，增至 76 名。2008 年，增至 85 名，分 8 个党小组。2013 年，增至 90 名，分 10 个党小组。2016 年，增至 99 名。

二、党员教育

为了加强党的思想建设，局支部重视对党员的思想教育工作。教育重点是学习马列主义、毛泽东思想和邓小平建设有中国特色社会主义理论，学习《中国共产党章程》，提高党员的思想觉悟和政治素质，发扬无私奉献和全心全意为人民服务的精神，敬业爱岗，忠于职守，增强职业道德。增强党性，发挥共产党员的先锋模范作用。

1989 年春夏之交，北京发生了动乱，一时间人心波动。但是，党支部立场坚定，旗帜鲜明，及时传达中央文件和领导讲话精神，教育党员在关键时刻在思想上、行动上、要与党中央保持一致。稳定了广大党员和全局干部职工的思想情绪，保证和维持了正常的学习和工作秩序，以实际行动抑制北京动乱的影响。

中共党的“十四大”闭幕后，党支部发动全体党员集中时间学习“十四大”的一系列文件，进一步加强了对邓小平关于建设有中国特色的社会主义理论的理解，深刻认识到深化改革，开放搞活，发展经济，搞好两个文明建设的重大意义，教育党员在新形势下要彻底解放思想，发挥先锋模范作用。

党支部还对党员进行经常性的法制教育，职业道德教育，认真学习深刻理解《中华人民共和国土地管理法》和中央、省、市关于土地管理的系列文件，提高法制观念和业务素质。

为切实抓好党员教育，党支部建立健全了一系列规章制度，如学习制度、三会一课制度、评比检查制度等。小组每周一会，支部生活会每月一次，全体党员大会每季度一次。定期不定期的发动群众民主评议党员，党内开展自比自查，开展批评与自我批评，使全体党员提高了思想政治觉悟，增强党性。

1999 年，局支部制定了每周一上午学习制度，学习的内容主要是党的方针政策，教育干部职工，自觉行动，结合党课教育，用党员的标准来衡量自己，自觉做一个合格的土地管理人员。根据党中央提出的反腐败的号召，及时制定了关于土地管理人员 10 条廉洁自律的标准，要求土地管理人员自觉用 10 条标准约束要求，1990 年县土地管理局及党支部还提出“内树正气、外树形象”的口号，即对内要团结、协作、要讲工作效率，对外要谦虚谨慎，要热情服务，遵纪守法，树立良好的社会形象。使干部职工用制度自学约束自己，政治素质不断提高，连续荣获国家、省、市各种奖励 22 次，其中 1991 年，荣获省土地执法模范县，1992 年荣获省土地利用总体规划科技进步二等奖，1993 年荣获国家局土地信访先进单位、荒废土地复垦先进单位，并连续四年获邯郸市文明单位。

2005 年 2 月 17 日，局党委开展了保持共产党先进教育活动。分 3 个阶段 13 个环节。

第一阶段为学习动员阶段。一是搞好思想发动；二是强化教育培训；三是结合工作实际开展讨论。

第二阶段为分析评议阶段。一是局党委支部广泛征求意见，如实向党员反馈；二是开展谈心活动；三是撰写党性分析材料；四是开好民主生活会；五是召开支委会，根据评议情况，对每个党员提出评议意见；六是向党员反馈意见；七是通报评议情况。

第三阶段为整改提高阶段。一是制定整改方案；二是认真进行整改；三是向群众公布整改情况。

通过这次教育活动，重点解决了三个方面问题：一是解决个别党员和干部责任心和事业心不强，对领导交办的工作不尽心尽责，精神状态不振作，混天度日，上班早退现象时有发生，作风不硬，牢骚满腹，作风不扎实，我行我素，目无组织，政治立场不坚定，组织纪律涣散，党员意识和执政意识淡薄，难以发挥模范带头作用的问题。二是个别党员先锋模范作用不强，争先创优劲头不足，工作低标准，安于现状，徘徊不前的问题。三是解决个别党员工作推进不力畏难情绪严重，创新能力不强问题。四是视野不开阔工作步子迈的不够大问题。

在半年多的先进教育活动中，党委、支部始终按照工作学习两不误、两促进的原则，缜密运作，扎实推进，取得良好效果。开创了报批土地程序工作的新局面，由原来报批土地的简易程序，走向了规范。采取一面到永年学习，一面规范报批的方法，先后报批了“洪源小区”用地、工业园区用地、体育场改造用地等 16 个批次，涉及土地 53. 33 公顷，土地金额 2. 3 亿元，为全县用地规范化打下了良好基础。

1987 年至 1989 年，土地管理局连续三年被邯郸地区评为先进单位。魏县也被评为土地执法模范县。土地管理局党支部也被县命名为模范党支部。由于党员干部的模范作用，国土局获得了多种荣誉。有 11 名党员荣获模范共产党员光荣称号。魏县国土资源局被县委、县政府评为 2010 年度新民居建设工作先进单位、魏县城镇面貌三年大变样工作（2008—2010）突出贡献红旗单位、魏县科学发展快速振兴工作推进奖、优秀单位、县文明单位、社会治安综合治理工作先进单位、信访工作先进单位、梨文化旅游活动先进单位等。2011 年春节和元宵节大型灯展活动三等奖，认定争取资金 110 万元，奖励 1. 1 万元；被县人大常委会评为优秀执法单位；被县政府评为 2010 年度财税工作先进单位；被县委办、政府办评为 2010 年度档案工作先进集体；被县委基层组织建设领导小组办公室评为后进村党组织集中整顿工作实绩突出工作队。魏县国土资源局被邯郸市国土资源局评为政风行风建设优秀单位；被县委、县政府评为新民居建设工作先进单位、人口和计划生育后进转化帮扶工作先进单位、先进群众工作站、维护稳定工作先进单位、文明单位。2011 年度支持民营经济工作先进单位、魏县科学发展快速振兴工作推进奖；被县委评为 2011 年度组织工作先进单位、宣传思想工作先进单位；被县人大常委会评为先进执法单位；被县政府评为 2011 年度财税工作先进单位；被县委办、政府办评为 2011 年度档案工作等荣誉。2012 年被县委、政府综合优秀单位，2013 年被评为市级文明单位。

2014 年，被市委、市政府评为市级文明单位，被县委、县政府评为优秀单位、服务项目建设工作先进单位、综治维稳工作先进县直单位。2015 年，被市委、市政府评为市级文明单位，被县委、县政府评为优秀单位。2016 年，被市委、市政府评为市级文明单位。

三、业务培训

土地职能部门的职工干部进行土地理论、土地管理技术和土地业务方面的培训教育。但在漫长的封建社会里，统治者出于收取赋税，也组织或招考少数初级地政人员，学习地政方面的知识和所需要的测量技术，受业数月后，分派到各县协助各地办理地籍管理业务，开展地政工作。

民国三十四年（1945 年）八月，抗日战争胜利后，魏县抗日政府，根据政府政策法令和地委指示，在全县各区，联防村成立了雇佃组织，通过宣传教育工作，在全县范围内开展起减租减息和增资倒佃运动。

民国三十七年（1948 年）五月，冀南三地委在肥乡县屯庄村举办的整党暨土地改革培训班，历时 45 天，魏县罗洪儒等 13 人参加了培训学习。同年，魏县县委在石辛寨村举办了为期 40 天的土改培训班，参加培训有各区、乡的党员干部和部分贫雇农积极分子，共计

286 人。会议期间，学习中央颁布的《关于土地问题的指示》（即“五．四指示”）、《中国土地法大纲》和晋冀鲁豫边区政府颁布的《施行中国土地法大纲补充办法（草案）》等有关土地的法令。同时，学习一些土地证填写、新旧地亩折算和土地测量等技术。通过学习，使广大干部群众深刻认识到反封建、反剥削、反压迫的正义主张和实行耕者有其田的必要性和重要性。

据统计，民国三十七年（1948 年）五月至民国三十八年（1949 年）九月，先后参加三地委举办的培训班 50 多人次。举办县、区培训班 23 次，先后分级培训区、乡、村干部和贫雇农积极分子 1860 人。

中华人民和国成立后，1979 年 3 月，魏县农业局 2 名人员参加省农业厅在永年县开办的土壤普查培训班。在一个月时间内，系统学习土壤学、地貌学、航片判读、土地调查、制图等理论知识。此后，在土壤普查过程中，先后参加了省地召开的土壤培训班 7 次，参加培训人员 21 人次。

1982 年 4 月至 1984 年 10 月，为建立一支土壤普查技术干部队伍。在全县土壤普查过程中，举办县级土壤普查培训班 1 次，参加培训人员 27 人次。

魏县土地管理局成立后，针对人员新，业务生的实际，把业务工作当做经常性的工作来抓。凡调到土地管理局工作人员，首先举办一周的业务培训，学习土地法律法规和土地管理的基础知识，考试合格后上岗工作，从 1987 年开始的全县清理非农业占地、土地利用现状调查、土地利用总体规划、土地动态监测、制定基本农田保护区、农村宅基地确权发证和有偿使用等项重大的业务活动，县土地管理局都预先对参加人员进行业务培训，使其熟练掌握和了解业务工作，并在实践中积累经验，使各项工作都按时，高质量完成了任务。先后举办了乡镇土地管理人员培训班、国有土地使用权申报登记培训班和土地资源详查培训班，参加培训的人员认真学习了《中华人民共和国土地管理法》《中华人民共和国城镇国有土地使用权出让转让暂行条例》以及农村宅基地清理的法律、法规，掌握了土地登记、复垦、土地资源管理、农村宅基地清理发证等一系列政策，经考试合格率达 98%，系统人员全部持证上岗。

1988 年 3 月 22 日，县土地管理局长王克满，参加省局在保定市举办的土地管理领导干部培训班。对土地管理基本知识进行系统的学习。主要章节由国家土地管理局规划司副司长郑振源、河北农大曾宪思等教授授课，学到了系统的知识，对如何做好土地管理工作心中有了底数。同年，先后 5 人次，参加省举办的土地资源调查专题培训班。

1989 年 5 月，经过审核和统一考试，在全省土地管理系统招收 280 名学员，进行土地管理知识培训，魏县 4 人参加保定市面授点培训。学制两年，每年面授两次，每次一个月，面授和自学相结合。该班开设土地法学、地籍管理、建设用地管理，土地经济学、土地利用与规划、电子计算机、航测与摇感、测量学等 8 门课程，该班学员于 1991 年 5 月结业。

1991 年 4 月至 1992 年 4 月，国家土地管理局与中央电视台联合举办了全国乡（镇）级土地管理人员岗位教育电视培训班，学制一年。魏县有 43 名乡镇土地管理人员参加了培训。学习课程有：《土地管理概论》《土地利用与规划》《土地经济学》《土地法规概论》《地籍测绘与管理》和新技术在土地管理上的应用等五门课程。通过系统学习，全县乡镇土地管理人员的政治素质和业务素质得到了提高。参加学习的43名学员，都取得了上岗的资格。

1996年底，全局队伍配至265人，其中乡镇级土地管理人员172人。初中以下文化程度的47人，中专文化程度的175人，占总人数的17.7%，大专以上文化程度的20人，占总人数的0.75%。鉴于以上情况，县土地管理局党支部决定，从1997年起，开始对全县土地管理干部进行土地管理基本知识教育。先后举办土地管理基本知识教育培训班、土地详查培训班、土地利用总体规划培训班、土地管理骨干与土地管理局长研讨班等13次培训班。县土地管理局长肖相朝、副局长崔建民、郭风林、王好志、赵书田等参加了培训学习。同时，地政股、信访股、土地事务评估所的股（所）长和主抓业务人员参加了培训学习。期间，先后举办了由乡、镇土地管理人员参加的《土地丈量培训班》、国有土地使用权申报登记培训班、土地资源详查培训班和土地法规培训班等大中型培训班8次，共培训各级土地管理人员43人次。

2003年6月，专门聘请县检察院、县法制办专家为全局就执法程序、宪法等有关法律法规进行授课。县国土局领导班子及全体股长以上人员参加了培训学习。

2011年，国土资源局组织执法人员进行法规培训考试

2008年6月，国土局系统组织进行为期两周的业务培训，共有243名机关主要业务科室人员及乡镇所管理人员参加培训。学习课程有：《中华人民共和国土地管理法》《土地利用与规划》《河北省土地管理办法》《土地法规概论》《地籍测绘与管理》和新技术在土地管理上的应用等课程。

2011年6月，国土局组织主要业务科室和业务骨干授课为期一月的专业业务培训，学习课程有：《土地管理法》《土地利用与规划》《土地经济学》《土地法规概论》《地籍测绘与管理》等课程。通过系统的学习，使全县土地管理人员的政治素质和业务素质得到了提高。

2015年6月，国土系统组织为期两月的业务培训，全体机关人员及乡镇所长参加了培训。学习的课程有《土地整治管理办法》《中华人民共和国土地管理法》《行政诉讼法》《地籍测绘与管理》《土地利用规划》等课程。

至2016年，参加国家、省土地管理局（2001年改为国土资源厅）先后举办土地管理基本知识教育等培训班6次，县国土资源局长、副局长、有关股室骨干都参加了培训学习，县国土资源局先后举办了乡（镇）土地管理人员参加的《土地丈量》《国有土地使用权申报登记》《土地资源详查》《土地法规》等培训班8次，共培训土地管理人员143次，提高了全局土地管理人员的业务素质。

魏县国土资源局“周五”业务知识培训大讲堂

表12－2－2－1　单位：人、课

授课人	授课题目
张建设	《土地管理法》及土地基础知识
高　峻	学习的重要性、如何培养良好的学习方法
张大鹏	土地规划、耕地保护业务知识
孙雪峰	安全生产与执法
张　军	《关于落实最严格耕地保护制度的意见》
雷如岭	依法行政与土地确权
石文胜	土地监察业务知识
李卫杰	信访业务知识
杨　亮	系统掌握马克思主义基本理论
王　臣	树立良好的法律意识
李志远	土地登记业务知识
耿宏广	土地利用总体规划业务知识
连志勇	十八大以来反腐倡廉形势
常玉秋	依法行政业务知识
王国庆	预防职务犯罪
张军海	医疗保健基础知识
李成军	土地卫片执法监察业务知识

四、职工素质

国土管理人员的政治素质主要表现在拥护党的领导，坚定不移地贯彻执行党的路线、方针政策、艰苦奋斗、谦虚、谨慎，具有良好的工作作风和职业道德。

国土管理干部职工所具备的职业道德是“忠于职守，通晓业务，秉公执法，热情服务”。——根据这四条标准，县土地管理局党支部又做了详细的规定，并把这四条标准用来衡量一个土地管理人员是否称职的基本条件，并做为教育职工的一项主要内容。忠于职守就是要热爱本职工作，尽职尽责，高标准地完成本职工作；通晓业务是指认真钻研业务，不断更新知识，能熟练地处理本职范围内的各项工作；秉公执法就是要大公无私，不徇私情，执法如山，不怕打击报复，不惧邪恶；热情服务是要有明确的服务目的和对象，积极热情周到的服务，争当四好勤务员，树立文明、礼貌的良好的社会形象。1989年，局党支部制定了每周一上午学习制度及土地管理人员十条廉洁自律标准。1990年，提出了“内树正气、外树形象”的口号，并制定了考勤、学习、请销假、岗位责任制等规章制度，全局干部职工政治素质大为提高，营造了对内团结、对外谦虚、工作认真、服务热情工作氛围，使全局工作年年上台阶。

精通业务是国土管理干部职工所具备的素质，首先要熟悉《中华人民共和国土地管理法》及其相关的法规的基本内容，其次要掌握土地管理基本知识和基础理论，随着科学技术的发展，还应该了解和掌握与土地管理有关的技术知识和现化科学技术知识，根据本职工作的需要，熟练掌握本职工作。

2007年，为全面提升干部职工的业务素质，领导班子成员和业务科室负责人在周五学习日中，还邀请市局法规处、利用处、耕保处、规划处的处长授课培训。此外，还邀请市法制办的主任专门就行政许可法进行培训。2010年，局机关34人取得专科学历。局机关33人取得本科学历。2011年到2016年，局机关32人取得专科学历、15人取得本科学历，取得中级职称专业技术人员4人、其中经济师2人、统计师1人，土地登记代理人1人。

2013年，为综合提升全局机关人员的业务素质，对标学习，自定目标，在自学的基础上，开展了周五大讲堂活动，部分讲堂内容及授课见表。

2014年，围绕“为民、务实、清廉”主题，贯彻“照镜子、正衣冠、洗洗澡、治治病"的总要求，聚焦反对“四风”，在系统深入丌展党的群众路线教育实践活动，制定活动方案，成立专抓组织，组织党员干部集中学习22次，前往河南兰考焦裕禄纪念园进行参观，引导大家积极做“焦裕禄式好干部”。活动期间，对征求到的112条意见建议，认真进行了整改。另外，设立了“周五讲堂”，系统学习了习总书记的一系统重要讲话和《论群众路线—重要论述摘编》《厉行节约反对浪费—重要论述摘编》等，并由局级领导及业务骨干、局外相关专家对系统人员进行业务法律培训。

2015年，在系统开展“解放思想、抢抓机遇、奋发作为、协同发展”大讨论活动，对照“八破八立”，切实解决系统干部职工“畏难等靠、精力分散、资源依赖、无所作为、大而化之、封闭保守、计划经济、急功近利”等8个方面的思想障碍。制定全年培训计划，实行集中学习制度，开展“周五”讲堂，进一步浓厚了学习氛围、转变工作作风、提升服务意识、狠刹不正之风，打造一支务实、高效、为民、廉洁的十部队伍。

2016年，在全系统开展“两学一做”教育活动、学习党的十八届六中全会精神和“双整双提”活动，成立专项组织，印发实施方案，明确责任人员，严格工作要求，做到规定动作不走样，自选动作有创新，完成阶段性工作。制定了《魏县国土资源局学习宣传和贯彻十八届六中全会精神实施方案》和《学习计划》，分别安排局中心组集中学习和全员集中学习，按照“全员参加学习，党员撰写笔记、心得”的要求，实行“每课一笔记、每人一心得”，设立学习园地，张贴党员的学习心得，并在局电子屏幕上滚动播放宣传标语、推进方案、活动内容和工作职责。制定《魏县国土资源局关于在全系统开展“双整双提”活动推进方案》和《“双整双提”活动学习计划安排》，组织全系统认真查找个人及本股室在思想、工作、纪律等方面存在的问题，按照方案要求，全系统认真撰写了个人自检报告和单位自检报告。是年，全局取得各种职称和第二学历人数124人。同时，连续荣获国家、省、市各种奖励22次。其中1992年，获省“土地利用总体规划科技进步二等奖”。1993年，获省“土地执法模范”称号及国家土地管理局“土地信访工作先进集体”、荒废土地复垦先进单位。2002至2005年，连续四年获“邯郸市文明单位”。2009年获省国土资源厅“新世纪杯”河北省国土资源系统纪念第十九个全国土地日书画大赛优秀组织奖，市委、市政府信访工作先进单位。2010至2011年，连续两年被省国土资源厅评为“全省国土资源系统民主评议行风工作优秀单位”、五五兼法省级先进集体等。2012至2016年，连续三年被市委、市政府评为市级文明单位。郭峰被国土资源部、农业部评为基本农田保护工作先进个人。

1987年魏县土地管理人员素质结构表

表12－2－2－2　　单位：人

工龄结构				年龄结构				文化结构			
参加工作时间	人数	干部	工人	类别	人数	干部	工人	类别	人数	干部	工人
1950－1953	1	1		18－30岁	25	4	21	大专	17	13	4
1954－1960	5	2	3	31－40岁	16	4	12	中专	13	8	5
1961－1970	20	11	9	41－50岁	24	14	10	高中	38	10	28
1971－1980	21	10	11	51－55岁	8	5	3	初中	10	1	9
1981－1997	22	4	18	56岁以上	6	4	2	小学	1		1
合计	69	28	41		79	31	48		79	32	47

2010年魏县国土资源局人员系统结构表

表12－2－2－3　　单位：人

工龄结构					年龄结构					文化结构				
参加工作时间	合计	行政人员	干部	工人	年龄	合计	行政人员	干部	工人	学历	合计	行政人员	干部	工人
2003－2010	29	20	9	30岁以下	66	34	32	大学	16	1	10	5		
1992－2002	146	1	42	103	31－40	143	1	32	大专	110	42	2	26	14
1981－1991	121	15	106	41－50	92	1	13	78	中专	49	4	36	9	
1970－1980	42	9	4	29	51－55	29	6	23	高中	207	3	9	195	
			56岁及以上	8	2	2	4	初中	24		24			
合计	338	10	81	247	338	10	81	247	338	10	81	247		

2013 年魏县国土资源局人员系统结构表

表 12－2－2－4　单位：人

工龄结构					年龄结构					文化结构				
参加工作时间	合计	行政人员	干部	工人	年龄	合计	行政人员	干部	固定工	学历	合计	行政人员	干部	工人
2003－2013	30		4	26	30 岁以下	79		36	43	大学	18	1	12	5
1992－2002	117	1	11	105	31－40	142	1	30	111	大专	42	2	26	14
1981－1991	158		42	116	41－50	115		17	98	中专	51	2	39	10
1970－1980	73	7	29	37	51－55	24	3	1	20	高中	244	3	9	232
					56 岁以上	18	4	2	12	初中	23			23
合计	378	8	86	284		378	8	86	284		378	8	86	284

五、纪律检查

1996 年 11 月始设纪检组，郭峰任组长，局配备二人。纪检组受县纪委和土地管理局党组双重领导，全称为魏县纪律检查委员会驻土地管理局纪律检查组。2002 年，张大鹏任纪检组组长，2005 年 6 月，改任魏县国土资源局纪委书记，王光英任专职副书记。2008 年 6 月，张军任魏县国土资源局纪委书记，2012 年 4 月，雷如岭任魏县国土资源局纪委书记。王光英任副书记，张军、张希苗、李志远任纪律检查委员会委员；2007 年，经局党委研究成立了纪检检察室。2009 年 11 月 16 日和 2010 年 1 月 14 日，经局党委会会议研究，岳晓东任纪检监察室副主任；2011 年 1 月 4 日，经局党委会会议研究，耿宏广兼任纪检监察室主任；2012 年 2 月 20 日，经局党委会会议研究，王笑凯任纪检监察室主任。2015 年 5 月，岳小东任纪检监察室主任。

纪检监察室主要负责：一是教育土地系统的干部职工在执法过程中，认真学习贯彻落实有关土地法规；二是查处土地方面的有关违纪案件；三是宣传正面典型，起到教育作用；四是监督检查同级党组织在执法过程中的违法违纪行为。

纪检监察室成立后，严格要求全体土地执法人员廉洁从政，廉洁执法。严禁对土地用户吃、拿、卡、要，禁止乱收费和打白条。为了规范土地执法人员的行为，纪检组制定了《廉政细则》、《廉政十不准》等规章制度，使廉政建设走向规范化、制度化。

2016 年，共查处土地方面的违纪案件 15 起，其中较大案件 12 起，18 个当事人受到了撤销职务的处分。

第三节　工作辑要

1987 年 6 月，魏县土地管理局成立。2002 年 8 月更名为国土资源局。在历届局领导班子和党组织的领导下，国土局由小变大，工作由弱到强，一年一个新台阶，工作处处争上游，多次受到国家、省、市县级表彰和嘉奖，被授予各种荣誉和称号。本章仅记载了众多工作中的几个侧面，从中可窥视到国土局干部职工团结一致的拼搏精神，不甘落后、力求上游的理念，与时俱进、科学发展的思维。

一、基础设施建设

1987 年成局时，在县招待所租房 5 间，有机动车一台。随着土地管理事业的不断发展和人员增加，原来办公条件不能满足需要。1997 年，局党支部研究搬出办公，在小北关原魏镇区片占地 0.2 公顷，新建机关办公楼三层，房间 60 间，1500 平方米，机动车 4 台，办公设备进行了更新，局拥有固定资产 78 万元，房屋资产 60 万元，专项设备 3 万元，一般设备 8.2 万元，货币资金 4 万元，其它设备 5.5 万元。为适应新形势工作需要，2011 年 4 月，改善办公条件提上日程，局党委决定选址新建魏县土地评估中心。该中心占地 0.67 公顷，设计建筑高度为 22.7 米，建筑面积为 5973.8 平方米。2011 年 9 月 1 日开工建设，2012 年 10 月 1 日投入使用，主体建筑面积 5973.8 平方米（实际 5518.9 平方米），投资 860 万元，附属设施地下车库、水暖、围墙、院面硬化等共投资 1010 万元。其中争取省市国土部门支持资金 80 余万。新建阅览室 54 平米、图书 300 余册，职工食堂 162 平米，老干部活动室 54 平米，视频会议室 90 平米，21 个股室全部配齐了电脑，改造 3 个基层国土所。局拥有车辆 11 台，电脑 30 台，电视 10 台，完善了服务设施和功能，改善了机关办公条件。

二、稳定治瘫

2000 年至 2003 年，东代固乡东代固村是该乡乃至全县最大的一个行政村，由于村里派性纷争，成为全县最大的老大难村。村两委处于瘫痪状态。农村环境差、街道被任意侵占、农业税征不上来。县委、政府把解决该村的任务交给了国土资源局。2003 年 6 月 6 日，局党委研究，抽出 10 名政策性强、工作作风扎实，有农村工作经验的人员驻东代固村工作队，马文学任队长，常务副队长高峻、孙雪峰。6 月 8 日，党组书记高峻带队进驻该村，召开“两委”会，谋划安排，帮助两委开展工作。11 日组织乡村干部、党员 30 余人，国土资源局工作队 60 余人，出动推土机 1 台、三马车 10 辆，清理垃圾 500 余方，拆除临街违法建筑 3 处，小庙 3 座，街道面貌为之一新。6 月 14 日，启动修缮裴香斋烈士祠堂。6 月 18 日，组织全村 120 名党员到涉县参观了一二九师师部，回来后召开党员动员会，引导党员学党史看现实，忆传统比自身，投入当前工作。6 月 20 日，村干部党员带领 10 个小组，开征农业税，在 10 天内征收 254694 元，涉及农户 965 户，同时清理 2002 年尾欠 44158 元涉及农户 326 户。在征税过程中健全了村支部。理顺了发展思路，村风民风有了较大改变，受到了县委、政府的表彰。

三、公开选拔干部

有作为，才能有地位。为抵制干部人事中的腐败现象，树立正确的用人导向，招宽干部选拔渠道。2005 年 3 月 20 日，经局党委研究，决定在全县国土系统公开选 3 名拔股级干部。

采取先公开报名条件、选用名额，闭卷考试，按成绩确立候选人名额，首先进行笔试，有 6 名一般干部入围。然后组织面试，聘清县委办、政府办、人大办、政协办、组织部、宣传部、人事局 7 个单位的负责人员，对进入面试的 6 名候选人，按现场答辩、演讲等环节评出分数，以分数高低确立预定人员。最终局党委研究决定：信访股的刘学良任办公室主任，地籍股的李志远任信访股股长，办公室的刘静任人事股股长，这是建局以来首次公开选拔股级干部。

被选拔任用的三位股级干部的都是中专以上全日制毕业，他们的胜出，使国土资源局青年干部更加努力上进。当年有 6 名青年申请加入党组织，3 名青年被批准为预备党员。

四、解决职工后顾之忧

随着养老保险金工作的规范化和职工工龄的增加，职工到龄退休个人补缴养老金者越来越多，在干部职工心中留下阴影。为从根本上解决干部职工的后顾之忧，局党委审时度势，宁可晚盖二年办公楼也要筹措资金解决养老保险金问题。2006 年 8 月 14 日，针对干部职工因拖欠和不按规定统一缴纳养老保险金导致不能正常退休问题，局党委研究决定，固定工、合同制不论身份统一交纳养老保险金，以前欠缴部分待有条件后解决。当年 280 余名干部职工缴纳养老保险金 72 万 7 千 8 百余元，养老保险金工作在魏县企事业单位中率先步入规范。

2010 年 8 月 2 日，为解决 2006 年养老保险金遗留问题，成立解决养老保险金遗留问题领导小组，制定了具体方案，9 月 8 日摸清了底数，9 月 14 日，除一人外，补缴养老保险金 600 余万元，彻底解决了 320 名干部职工的后顾之忧。这一问题的解决，振奋了干部职工的精神，出现了跑省厅盯工作，整月不回家的耕保股股长李治，当年全市工作考核，魏县国土资源局排名第一。

五、项目建设

在全县开展的招商引资活动中，魏县国土资源局局长张万胜多方收集信息，在国家开始确定基本农田示范区的消息一传出，他就盯住省国土资源厅和国土资源部相关处室，多次跑部进厅，经过努力，2006 年 11 月 27 日，魏县被国家确定为全国 116 个基本农田示范县其中之一，也是邯郸市唯一的示范县。项目涉及台头乡 1225. 9 公顷，投资 257. 55 万元；双井镇 1182. 5 公顷，投资 2355. 56 万元；车往镇 1644. 92 公顷，投资 3226. 39 万元；双庙乡 1550. 34 公顷，投资 2309 万元。项目竣工后，耕地总面积达到 1520. 13 公顷。每年新增纯收入612.46万元，投资收益率20.32%。该项目的实施，将增加耕地48.19公顷，新增耕地率3.11%，投入产出比为28.93%，增强了农业发展后劲，粮食单产平均每亩增加40－50公斤。通过营造农田防护林，项目区新增林地面积达到5.51公顷，林木绿化率达到2.17%，对改善项目区及周边地区的生态环境，调节田间小气候、农业稳产高产具有积极作用。当年被县政府评为招商引资优胜单位，奖金10万元。

六、取缔砖瓦窑

魏县粘土砖厂产生于六十年代，由5家起步，至八十年代，发展到121家。除东代固乡外，全县其他乡镇均建有砖窑厂，其中建砖厂最多的台头乡有14家，大磨乡15家，每家砖厂占地2公顷——5.33公顷不等。除厂址、凉坯区占地外，还有不同程度的采土、毁地，为此，分批关停、改造砖窑厂已成为土管部门的工作重点。针对全县经济发展中土地成为瓶颈难题，考虑到魏县砖厂多，毁地多，群众意见多的实际状况，经局党委研究，决定关闭取缔砖瓦窑。

但由于砖厂投资大、周期长、利润时丰时薄，关停工作十分艰难。进入2000年，关停砖厂进入关键时期，当年强制关停了泊口闫庄、大辛庄庙西、沙口集沙北、仕望集浅疃4家砖厂；2003年，强制关停了大辛庄秦固、北台头乔小庄、双庙河岸上、双井东北庄、大辛庄候高村5家砖厂；2006年，关停大磨白枣林砖厂、仕望集仕南砖厂、台前砖厂、大辛庄前高村砖厂、双井镇李照河砖厂5家砖厂；司时报废双庙乡安乐村、双南、双北、小姜村南、小姜村北、集村、河岸上7家砖厂；2008年，关停野胡拐乡砖厂、车往镇杨甘谷砖厂。2008年8月29日，取缔凡村、李照河、第六店、野胡拐、申村、狮子嘴、大辛庄砖厂实心粘土砖厂，北台头南台头砖厂、尹甘固砖厂、尹也马、西也马、台东、台后刘学明、西也马薛和金台西刘河玉、台西刘国玉、台后郭富强、汤村王俊生、汤村杨杰、台西王书印16家砖厂；2010年，关停前大磨连枣林、公议会、和顺会、恩善会砖厂，北皋镇北坡头、陈村砖厂，双庙乡董庄等7家砖厂；2011年关停北皋镇孙庄、泊口王野冲，双庙狮子口、薛庄、申村砖厂、牙里镇候村、张二庄大严屯、双井镇更化村等8家砖厂；2015年关停69家砖瓦窑，至此全县121家实心粘土砖瓦窑全部取缔。

第四节　群团组织

群团组织是群体性团体组织的简称，它即是党直接领导的组织，也是群众自己的组织，其中“工、青、妇”是群团组织的主要力量，具有特殊的历史地位。魏县土地管理局成立后，先后建立了工会、共青团和妇联组织，在具体的土地管理工作中发挥了一定的作用。

一、工会

1998年3月，魏县土地管理局建立工会组织，设工会主席1人，吸收工会会员56人。

2004 年 4 月，工会组织调整，设工会主席 1 人，副主席 2 人，吸收工会会员 200 人。2015 年 4 月，工会主席调整，吸收工会会员 316 人。工会组织建立后历年配合党组织慰问困难职工，帮助解决实际问题。至 2016 年共计帮扶解决职工实际问题 120 件。

1998 年—2016 年工会主席任职表

表 12 -2 -4 -1

姓名	姓别	出生年月	学历	任职期限
侯凤娥	女	1953. 10	中专	1998. 3—2004. 3
王之平	男	1964. 5	大专	2004. 4—2015. 3
李　治	男	1972. 10	本科	2015. 3—2016. 12

二、共青团

中国共产主义共青团（简称共青团），是中国共产党领导的先进青年的群众组织。2000 年 6 月，魏县土地管理局建立共青团组织，设团支部书记 1 人，吸收先进分子 15 人。2015 年 3 月，共青团组织进行调整，设团支部书记 1 人，吸收先进分子 38 人，其中有 6 人，先后加入了中国共产党，成为一名合格的共产党员。共青团组织成立后，先后组织青年分子参加市、县组织青年活动 13 次。2015 年参加市国土资源局组织的青年演讲赛，获得组织三等奖。

2000—2016 年共青团书记任职表

表 12 -2 -4 -2

姓名	姓别	出生年月	学历	任职期限
张大鹏	男	1974. 10	大专	2000. 6—2015. 3
部胜磊	男	1973. 5	本科	2015. 3—2016. 12

三、妇联会

妇女联合会简称妇联会，是中国共产党领导为争取妇女解放而联合起来的各族、各界妇女的群众组织。2003 年 12 月，魏县国土资源局成立妇联会，设妇联会主任 1 人，2015 年 3 月，魏县妇女联合会决定将魏县国土资源局妇联会改为妇女委员会，简称妇委会，设主任 1 人。妇委会成立后，先后组织女职工积极主动参与公益性文艺汇演活动 9 次，历年组织女职工计划生育上站普查。

2003年—2016年妇委会主任任职表

表12-2-4-3

姓名	姓别	出生年月	学历	任职期限
王丽珍	女		大专	2003.12—2015.3
崔金萍	女		大专	2015.3—2016.12

第十三编

土地斗争

民国二十九年（1940 年），中共魏县县委、魏县人民政府成立。在发展组织，进行抗日斗争的同时，对那些群众基础较好的村庄实行“减租减息”“合理负担”“雇工雇佃”等斗争，并取得了各阶段的胜利，削弱了地主阶级的势力，保护了雇佃贫阶层的利益，调动了他们发展生产、支持抗日战争的积极性。

民国三十五年（1946 年），根据中共中央关于土地问题的指示，中共魏县县委、政府在全县开始了“土地改革”工作。实行的政策是：“中间不动两头平，恶霸地主扫地出门，富农财产征收多余部分，中农财产不动，广大贫雇佃农分好地和好房子。”经两个月的工作，魏县参加土改的 4 万户人家，23 万人口，50 万亩耕地，全部分到了农民手中。由于贫雇佃历史 上备受压迫，心中满怀阶级仇恨，领导疏导不够，致使有的地方出现了富裕中农被斗、侵犯中农利益等现象，但很快得到了纠正。

土地改革运动的胜利，直接摧毁了两千多年的封建土地制度，实现了农民千百年来“耕者有其田”的梦想，极大的激发了获得土地农民的积极性，为发展生产、支援解放战争打下了良好的基础。

第一章　抗租抗债、减租减息

民国十五年（1926年），魏县破井村李大山加入中国共产党，是魏县最早 的共产党员。民国十六年（1927年），魏县成立了第一个党小组。民国十九年（1930年），魏县成立了第一个党支部。民国二十九年（1940年）六月，中共魏县县委成立，从此，魏县在党的领导下积极发展、组建党组织，向农民宣传党的政策，启发、引导、提高、发展农民的思相觉悟，在大名西区（今魏县）开展了“抗租抗债、减租减息”等项群众工作。并在魏县蔡小村庄、崔野冲村、尹野马村、大王庄村、破井村、西代固村、马头集、双庙集、牙里集、东薛村、中三家等村，建立了党的组织，开展了“抗租抗债”等各种群众斗争。其中蔡小庄村农民“抗租抗债”斗争做的最好，长了农民的志气，灭了地主阶级的威风，提高了党的威信。使广大农民认识到，只有跟着共产党，才能取得斗争的胜利。

根据中共中央制定的《抗日救国十大纲领》精神，魏县县委决定开展雇佃运动，并取得了胜利。通过大力宣传发动群众、深入贯彻上级关于减租减息的精神和魏县抗日民主政府实施减租减息的办法，召开群众大会，街头演讲、黑板报、墙头诗等形式，大造减租减息的舆论，激发群众投入到运动中来，并取得了胜利。通过减租减息运动，改变了农民与地主、富农的经济力量对比，进而促进了土地占有关系的转变。改变了魏县农村、农业、农民的命运。

第一节　抗租抗债

民国二十三年（1934年）的春天，魏县久旱不雨，人心惶惶。而地主阶级依然勾结国民党反动政府，加捐加税，敲诈勒索，残酷镇压和剥削劳动人民，人民的死活无人过问，广大灾民对反动统治阶级的压迫和剥削日益不满。蔡小庄村村长（地主）曹之贵，家有200亩土地，开着大洋布棚，且有不少余钱。他苦思冥想，想出了一个赚钱的主意。在他的倡导下，以他为首的几家地主，筹了一大笔款，组织了一个“堆金会”将钱财聚集起来向穷人放高利贷。规定：凡加入“堆金会”的有钱户，十块大洋算一股，钱多股多，按股分息，中农也可参加，月息最低是五分。借贷人借款时要有保人并写抵押，到期如果不还，就按抵押办理，20个月本利相等。其目的是借着青黄不接、穷人极端困难的时候，更加残酷的剥削农民。中共蔡小庄村党支部为了有效地团结和领导广大群众，向地主阶级开展了斗争。针对地主的“堆金会”，该村党支部在中共大名县委书记李怀庆的领导下成立一个“甘礼会”。“甘礼会”又叫“互助会”，就是穷人家一人有困难，每个会员拿出一个大铜子，不要利息，特别是丧了老人，这是农村中的头等大事，大家凑钱安葬老人，此举深得穷人的拥护。“甘礼会”的口号是“致死不借地主债，一家有难大家帮”。由于这个组织符合穷人的要求，广大贫困农民纷纷参加，从此，“甘礼会”由秘密转向公开，在党组织的领导下公开向地主阶级对抗，有党组织的支持，会员们感到胆气壮了，广大贫困群众也很受鼓舞，从此要求参加甘礼会的人越来越多，由原来十几人逐渐发展到几十人。

随着“甘礼会”力量的不断壮大，地主的“堆金会”很快就垮台了。这样一来，“甘礼会”在群众中的威望更高了，有的积极分子还加入了中国共产党，使这个组织的战斗力越来越强。

“甘礼会”的成立，不但摧垮了“堆金会”，还公开进行了抗债斗争。公开提出，过去欠地主的债一律不还，还编了顺口溜到处唱：

甘礼会，甘礼会，
专跟地主来做对。
穷人有难大家帮，
胳膊定要别大腿。

如今欠债不还债，
问你钱从哪里来。
世世代代剥削俺，
你该欠俺多少债！

蔡小庄村的几家地主看到风头不对，尽管鼓了满肚子气，只好像乌龟一样，偷偷把脖子缩了回去。这样一来，不仅从经济上给地主阶级一迎头痛击，在政治上也起到了巨大的影响，在中共大名县委的领导下，魏县很多村庄的贫困农民也纷纷团结起来向地主进行反剥削、反压迫斗争，并取得了一定的胜利。广大群众逐步认识到：只有跟着共产党，穷人才能得解放，魏县广大群众的觉醒，为魏县革命斗争高潮的到来，打下了坚实的基础。

第二节　减租减息

民国二十九年（1940 年 6 月），魏县成立抗日民主政府，一方面坚持武装斗争；另一方面，放手发动群众，团结抗日，巩固人民民主政权。经过一年多时间的努力，民主政权日益巩固，各项工作逐步走上正道。为了充分发动群众，在取得反扫荡胜利的大好形势下，根据中共中央制定的《抗日救国十大纲领》和地委批示精神，魏县县委决定组织发动贫雇农开展雇佃运动。各区、联防村都成立了雇佃组织，全县开展减租减息增资倒佃运动（即将佃农交纳的租额，按照抗战前的数量减低25%，通常称“二五减租”）。首先，大力宣传发动，深入贯彻上级关于减租减息的精神和魏县抗日民主政府实施减租减息的办法，召开群众大会，联欢晚会，采用文娱活动，街头演讲、黑板报、墙头诗等形式，大造减租减息的舆论，激发群众投入到运动中来；其次，分别召开各阶层人士座谈会，阐明减租减息方针、政策和方法，宣传团结抗日道理，晓明大义，化阻力为动力；培养骨干，组建贫雇农队伍，对那些顽固地主和恶霸富农进行了面对面的说理斗争。

在“有账必算、有租必退”的指示下，广大贫雇农和雇工积极投入减租减息和增资运动中，废除旧租约，换订新租约。地主、富农在强大的政治攻势和政策的感召下，在劳苦大众呼声的压力下，不得不减租、退租和增资。据当时统计，魏县退租的地主有314户，退给佃户1143户，计退出粮食23.7757万斤、钱20.1360万元（华中币）。同时，在减租过程中，贫雇农与假减租也进行了斗争，使明减暗不减现象大为减少。民国三十四年（1945年），魏县假减租的地主户只占地主总数的2%。在农村征粮实行合理负担，将土地折成标准亩，不够1亩标准地的免负担，2亩以上的按亩计征，人均3亩土地的户累进计征。在不妨碍抗日统一战线的号召下，从经济上削弱了地主、富农的收入，改善了广大贫苦农民的生活，调动了贫苦农民的抗日积极性。通过减租减息运动，改变了农民与地主的经济力量对比，进而促成了土地占有关系的变化。据调查，民国二十七年至民国三十一年（1938年—1942年），地主、富农卖出和典出的土地多于买进和典进的土地。中农、贫农、雇农买进和典进的土地多于卖出和典出的土地。实际上形成了地主和富农土地地权向中农、贫农和雇农土地地权的转移。在减租减息运动的过程中，群众还通过收回押地、回赎典地、清理黑地、征收地主耕地、退租退地等手段，从地主、富农手中取得土地。据调查，1945年减租运动后比1941年减租运动前，地主的土地减少85%，富农的土地减少了80%。很多贫农、雇农上升为中农，土地增加了70%，其他贫雇农所有土地也有所增加，尽管广大农民得到了实际利益，但整个封建土地剥削制度依然存在，阻碍着生产力的发展，土地所有制问题仍未得到根本解决。

民国33年（1944）魏县掀起了群众性的减租减息运动。同时实行倒租倒息（交付地主的地租再倒回来）和交租交息（减租减息后，保证按规定的租息交付地主）活动。

减租减息因高利贷不同而分别处理。高利贷的主要形式有五：1、借钱还钱。一年以上的长期贷款年息20%至30%，也有高利50%者；一年以内的短期借款，月利息3%至5%，也有高至10%的。2、借粮还粮。春借一斗，秋还2至3斗，或麦后还1斗5升至2斗。3、借粮还钱。“听涨不听落”，即按最高粮价折款，不考虑粮价涨落差额。以春借1斗，秋还本利，常可多得粮二三斗。4、借钱还粮，或还其他农产品。比价于农业不收货前好，往往仅及市场价的二分之一或三分之一，数月后得到一本一利，甚至一本二利。5、放功夫帐。即借钱、粮于农忙，以工抵尝本利。这样所得的工资比普通工资要少一半或一半以上。在减租减息中规定一般不超过高利贷的15%，超过比例者豁免。此外，根据不同情况，分别对待，如借钱还钱：一年以上者最高年利不得超过20%；一年内者最高得利不得超过30%；借粮还粮：如麦收前借，麦后还，至多加利20%；春借秋还，至多加利50%，如遇严重自然灾害等特殊情况，则应再把利息降低；借粮还粮：如米价“听涨不听落”，但不得再加息；借钱还钱或其它农副产品：折算所得利息不得超过50%；放工夫帐：按普通利息及短工工资计算，如应得工资等于应付本息，就息还清。后王圈村农民减租减息搞得较好。大严屯村爱国民主人士、抗日区长卢子樵向群众宣布，减租减息先从自家开始，这样村庄的“双减”工作进行顺利。当年8月以后，为取得经验，县在北台头村实行了减租减息试点。

第二章　雇工雇佃斗争

“雇工雇佃”是中共魏县县委、抗日民主政府领导的农民土地运动之一。民国三十三年（1944年），党领导全县农民组建了农会，号召雇工雇佃同地主阶级展开斗争，以维护自己的权益。经过宣传、串联，广大农民提高了觉悟，勇敢的与地主阶级进行了坚决斗争，并取得了胜利，使全县三分之二村庄的雇工增加了工资。

民国二十四年（1945年）五月，中共魏县县委、政府又组织了民主斗争，不久又转为民生斗争，在斗争中，树立雇工雇佃贫优势，紧紧掌握大方向，经普遍酝酿、个别突破、取得经验、指导全盘，最终使民生斗争取得了胜利。

第一节　雇工增资

民国三十三年（1944）中共魏县县委领导全县雇工组建农会，举行罢工，揭露地主对雇工剥削的事实，号召雇工同地主开展斗争。其主要内容是：1、地主必须保证雇工不失业，凡已解雇者必须重新使用；2、增资后人年标准不低于300斤、不高于700斤小米，另附加4至8斤皮棉，保证有衣穿；3、病假不超过1个月者，不得扣工资，还应付价值2斗小米的药费。

魏县北皋西街群众听到雇工增资精神后，贫农张玉说：“反正咱贫农跟八路走没错，不会另眼看咱。”群众对土地大纲有了认识，生产情绪也逐渐提高，贫农开始接近工作组，工作组人员利用一切方式给贫农撑腰。

工作组人员开始工作不大胆，后经调查研究找到了张玉（贫农）、吴得胜（曾当过兵，正派也联系贫农）及两个小商人，经4人的积极串连，很快串连到15人。当即开会研究什么人可加入贫农团？今后发展谁？并初步进入比穷、诉苦，贫农路艮在诉说侄女卖给×村地主如何受压迫时，气的说不成话。

经过宣传、串联，贫农均看到“穷人当家”的重要，消除了怀疑，很快贫农团增加到31名。

很多人都想加入贫农团，经讨论大家一致同意29个能为百姓办事的人进入贫农团。在贫农团的带领下，广大人民群众团结，敢与地主富农进行坚决斗争，并取得了胜利。据统计，全县2/3以上村庄的雇工增加了工资。

第二节　雇佃运动

一、雇佃斗争

民国三十四年（1945年）五月，地委召开县委书记会议，主要精神是由民主转入民生，树立雇、佃、贫优势。当时魏县正进行民主斗争，少数积极分子包办，斗争方式简单，斗必捆，捆必罚。为克服民主斗争偏向。魏县县委政府召开了区委书记、区长联席会议，大家一致认为“非转入民生斗争，不能克服现存偏向”。并决定立即开展雇佃运动。大家算了一下帐，以为现在是试办，在没有政令情况下，决议把“五一”改为“五二”增佃，对减租实行“二五”减，倒租决定3年至5年，工资最低额为300斤以上，可以追资一年。大家共同认为，“雇工”比减租进步，应引导向雇工这方面转移，雇主者大部分是富农，对富农不应过分打击，虽然有争论，追资一年被通过，并强调反对谈天思想。转入民生，要实行“普遍酝酿，个别突破，获得经验，指导全盘”并决定从七区王圈突破，把基点村作好向外串连。

（一）王圈突破

王圈村有34个佃雇，做买卖的很多，了解冀、鲁、豫情况，所以对增佃减租要求很迫切。区委先从支部做了动员，酝酿了6天，涌现出积极分子王友朋，佃雇推选他为代表，并召开全体会议选举，王友朋做了佃雇会主席，经研究形成最后决议：五二增佃，二五减租，工资最少300斤。讨论如何计算如何倒？大家意见，这几年年景不好，每亩按一布袋收，地主5年当中如有账就按账算，一年没账也按平均一布袋，对种地只倒抗日负担，工资只追一年。这村两个雇工（一个女工），雇工（女工）少，对工资讨论的不多，虽照顾不够，但没人提意见。最后决议“先叫地主找咱，3天不找，集体找他。”

这次讨论民主、热烈，回去划分了6个小组，6名党员分任6个组长。支部里有个别人害怕，以为离敌人近。有的不害怕，说：“不要紧，我领导。”6个组长还宣了誓：“谁也不准半途不干，谁想当走狗不愿干者，就现在声明，现在不说以后查出要斗争。”会后命令村长宣布决议，召开群众会议，限3天地主先找佃雇来，不找，佃户就找地主。佃户又分组讨论，决议先倒地主王×，说：“他是一个尖，最难倒”。进行方式是“表面要追的紧，但不要心急”。这个方式有效，很快王×父亲找佃户算了账，别的地主也找佃户算了账。因3年没收，佃户倒5年，地主不同意，也无话可说，地主就想请佃户吃饭，佃户们坚决不去。佃户每天开小组会，组员每天汇报地主动态。（一）怕政令下来，地主推诿；（二）怕上了水，地主借口逃荒。地主给地，佃户不要，就要粮食，真没粮食写欠账行息，或卖梁、檩、砖、瓦。这次雇佃斗争，佃户最多得粮食9石，少的3石，生活大大改善。虽然3年没收，佃户到现在没逃荒的，有吃有穿，生产情绪大大提高，13个人组织了集体互助生产。雇佃贫深深感谢共产党、八路军和政府支持。王圈搞完后，西寨、樊圈、木顶寺佃户迅速实行了倒佃斗争，并取得了胜利。

（二）四区群运

四区抓的紧，环境较稳定，又靠冀鲁豫，所以一发动就动起来了。本来想调查研究一些材料，区反映到县，县颁布政令再统一行动，佃户等不住。雇工郭喜（党员）就通知各村选代表在东石固开了一个代表会。郭喜被选为代表，决议“佃按五二增，租按二五减，统统倒5年。”因他们多是雇工，所以对雇工讨论最多。头等活900斤，二等活800斤，三等活700斤，两套单衣（一套开会的衣服，一套做活的衣服），一套夹衣、一套棉衣、医药费、看戏费、腰带等名目繁多，合粮11石（连倒粮），特别是开会衣服七天叫做齐，会后各村就执行了，四区轰动了20余村。

（三）县委决议

民国三十四年（1945年）六月，周坤、陈蕴贤在地委开完群工会议回来，传达地委会议精神，强调执行政策。在传达时特别介绍了曲周会道门暴动与鸡泽儿童团被杀的例子，提高大家掌握政策的积极性。县委会在四区召开，看到与听到一些情况，对四区群运有看法，“为什么要这么多名目呢?”特别对开会的衣服更看不惯，“为什么这样刺激地主呢?”这时地主普遍叫苦“没法过了，没法过了。”县委7月10日在骈村召开会议，颁布了以下决议：①大力开展佃雇运动，认真实行减租增资，将佃雇组织起来（四、六、七区全部，五、八、一区一部分，三区大部分)。②政府出政令：“二五减租，五一增佃，工资最低额100斤，追资一年，倒租三年，柴随粮增倒，从前已经增倒者不咎既往，死租按二五减租，收成少者少交租，不收者不交租，负担归地主。”③酝酿登记时间要长，斗争时间要短。④打通包办代替与看不惯的思想。⑤抓紧试点，创造经验，实行通报。⑥减增倒后，组织起来节约生产转入民主斗争。决议第②条显然比实行者的办法减的多了。但这个政令颁布时丢了两条“已实行者不咎既往，负担归地主”，而引起了风波。地主乘机反攻，闹的颇厉害。县委又指示“不咎既往”才算平息。讨论这个政令时，大家一致认为，政令精神“不要零碎”（如衣服等），事实上打击了工人，便宜了地主。

（四）检查纠偏

四区的雇佃运动，“名目繁多，积极分子包办，太刺激地主，必须检查纠正”，但原则是不泼冷水，说服不了群众就执行群众意见，特派陈蕴贤、王志学二人前去检查。陈的报告摘要如下：

自提出由民主转向民生斗争后，干部即接受此精神宣传发动群众，开展雇佃运动。但当时县只号召，区即将下层情形了解汇报县，县然后再根据区的县体情况作决定，指示各区再做。结果县区要材料，减租增佃增资的具体办法下达到区的时间太晚了（指骈村会议决定），形成干部只酝酿宣传鼓动，执行上没具体办法。在群众酝酿成熟运动起来后，当中是不会休息的，也不会一直等咱们，于是群众就自发的到处开会，本村开会、几个村联合开会，自己讨论执行办法。在这个时期，干部心里觉得没有一套现成的办法，上级无指示，无所适从，就放手大胆让群众自己讨论起来。因群众运动多数提意见不很积极，仍是村中少数分子包办，所提的意见决定的办法，不是多数群众的本意，办法的决定多是搬照冀鲁豫的办法，数目是高的，但干部放任自流，没及时掌握、说服群众降低些。干部认为一管就是包办划圈子，结果放任，抱观望态度。因此，各村代表回村后，即将他们决议的办法作为上级的命令向下传达，限几天内执行完毕，根本就没经村讨论。这次来到四区了解情形后，觉得各村数目都有些高，就说服群众，多数群众是接受的。

1、从前佃雇自己的决议，按五二增佃增倒，倒3年。被辞退的老佃户，他们受气大报复性大，提的就高。大康庄倒5年，但3年没有，事实上只倒2年，增资头等活900斤，二等活800斤（有700斤的），三等活700斤（有500斤的），经群众讨论决议，该分多少，追资1年（去年定工资数600斤、500斤、400斤三等）。有的村庄追2年（办法是当时工钱合粮从600斤、500斤、400斤刨去下剩数即增倒数）。半股地雇工按半股地所得粮数，按五一或五二增佃，草帽一顶，地主发开会费，每次100元，医药费1000元，夹衣、棉衣各一套。

2、说服后的办法。开会动员时，大家都感到高兴，但办法已宣布下去，有的衣服已穿上了，粮食倒过来了，如再减去倒退给地主是不合适的，就决定增佃，今秋按五一办法，今麦按五二，增者不咎既往，倒租3年，按五二办法倒2年，柴不倒。有的村叫地主倒55斗、50斗、45斗（如按五二比这个数大），向地主讲明是让你的步，老佃户倒20斗，有的倒被退佃一年的粮数，增资半股地按半股所得。今秋实行五二增佃：头等900斤、二等800斤（有700斤）、三等700斤（有500斤），追资一年，也有2年的。衣服做好的不再变更，只要单衣两套，别的夹、棉衣与零碎者免了。

3、检讨意见：①区了解的情况不能及时反映到县，县研究所具体办法到区的时间晚些，因而发生不应有的偏向和困难（指说服群众困难）。②在未执行前，工作怎样变动都较容易，执行后再变更，还得耐心说服群众，群众自觉改正实是困难。③四区干部在运动前起了很大号召鼓动作用，在群众起来后无一套具体办法，束手束脚不敢管，放任观望。④应该是先由村讨论，再到联合村讨论、执行，先联合讨论统一执行办法不妥。⑤雇佃运动未开展前，联合会与小区干部不应预先产生。在群众运动中互相联系帮助自动联合，由群众自愿自动选出领袖，先划好小区产生领袖办法不好。⑥在佃户讨论中，老佃户与新佃户、老雇工与新雇工常常发生矛盾，应经群众详加讨论处理之。⑦政令一般规定，干部切忌死搬，应由群众好好讨论，按具体情况决定，群众是实际的正确的。⑧群众运动不是主观想象，怎样走怎样动，什么时候动什么时候停止，佃雇运动起来，势如排山倒海迅猛异常，是不会等待的。干部与政令不能赶上群众的需要，佃雇运动就不顾一切，仍勇往前进。⑨以前干部认为不好开展，多数佃户受地主麻痹了都不动，这几年年景不好，佃雇很少，发动起来力量不大。从四区证明，这种意见是完全不对的，佃户在运动中是非常坚定勇猛的，没什么顾虑，数目很多，力量很大，这股力量 是群运中的骨干。

这次检查反映了群众的思想，但纠正有点过分。七月份来了扩补主力与捕蝗、犁荒地的突击工作，除四区外佃户并没有运动。

（五）总结提高

八月县委会规定为佃雇运动月，颁布了一个佃雇运动指示“佃雇运动是群众运动的基本运动，在一切可能进行佃雇斗争地区都进行起来”。介绍了四区经验教训，并指示斗争分酝酿与斗争说理、总结斗争、组织起来三个阶段。根据这个指示，动员了干部，干部都“下决心去做”。八月八日苏联对日宣战，十五日，日寇无条件宣布投降，全县动员为战争服务，进行反攻。县委全部去支前，佃雇运动又自流过去。九月县委会又决定全县进行佃雇运动，三、二、八区可以组织减息班、赎地班，因那里群众迫切要求赎地。一、六、五区编了工作组，但全县参军大动员，成立反攻团，佃雇又不能运动，工作组包办，分割了群运。十月份平汉战役，战争任务庞大，事实上又停止了佃雇运动。经过十一月份运动，对中心工作不够突出，其它工作牵连与分散了佃雇运动，并表现对运动的束手束脚。十二月上旬，地委群工会结束，到县传达了会议精神，县委会明确规定下列各点：1、全县进行运动没有例外。2、强调放手发动群众。3、干部深入，已经发动佃雇地区要贯彻减租或转入减息。民国三十五年（1946 年）元月，办了两期训练班，地区召开了村干会议也办了训练班。全县除二、八区各一半地区以外，普遍进行了佃雇运动，获得很大成绩。四、六区拆除大名城墙与三、七、八区战争动员，影响了运动开展。根据检查仍存在以下问题：1. 大种地实行不彻底。2. 大批被解佃退雇，只三区一个小区被解者计 220 名（共 300 名），情形很严重。其原因：一是干部包办，群众觉悟不够，怕变天思想严重，没看到自己的力量，伪军活跃即辞而别；二是地主大批疏散土地，被迫解佃、解雇；三是佃雇生活改善不愿被雇；四是佃雇忙于工作开会，不再参加运动。民国三十五年（1946 年）一月，县委常委会研究了这种情况，共同感觉，必须贯彻减租与反对解佃解雇，实行复佃、复雇相结合。贯彻减租决议如下：1. 提高佃雇阶级觉悟，其办法用算账减租具体计算。2. 产生自己的领袖，佃雇不能包办。关于反解佃、解雇决议如下：1. 政府明令不准借故解佃、解雇，违者法办。解者复佃、复雇，如因敌灾情形，生活无法维持，需要解者，经区佃雇会批准。2. 佃雇向地主示威，佃雇认识到自己的力量，地主不敢解。3. 提高佃雇阶级觉悟，进行阶级教育，干部不能包办。

二、八区刚解放，是敌伪封建势力长期统治区域，枪支很多。地主有枪支，对群众就是一个威胁，还不断暗杀，对群众威胁很大。研究办法：1. 派武装（或民兵）驻防，维持治安。2. 把地主武装转移到佃雇手里，佃雇调查、动员两种办法。3. 公开登记地主，进行威胁，使地主保护佃雇，行政上公开强令村长执行。

四区在整个过程中，地主利用多种办法对付佃雇：1、以“变天”来威胁，群众起来就软化，说“实行，实行，叫怎样办就怎样办”；2、“疏散土地”装穷；3、“钻空”，对佃雇说实施，然后问这个干部政令，问那个干部办法，当中一发现有空隙即利用；4、“造谣”说实行吧，实行后你们光抬担架，出发当民兵；5、“引诱”腐化佃雇干部；6、“挑拨”佃雇与农会矛盾，甚至暗杀毒害（二区发现最多）。群众普遍叫苦等待。佃雇开始不敢动，怕“变天”，后来想动，依靠机关、依靠农会，真正动员起来了，了解到自己的力量，提高了觉悟；有的自高自大，与农会闹矛盾；有些政令施行不了，不干了，组织就散了，“组织它干啥”，村里没组织，区里也没组织。

二、五区雇佃运动

整个过程分两期进行：

初期是从民国三十七年（1948 年）8 月会议以后讨论雇佃工作，在五区开始，先从蔡小庄、双庙集、西江庄 3 村酝酿。因那时群众正在恐慌，害怕北皋、魏县据点敌人进村，同时又有国特的造谣，那时雇佃更是不敢动。不久日本投降了，于是就集合民兵前进，对雇佃工作也丢开了。至 9 月，全区干部又统一划分了 3 个工作组，规定郭家堂、崔阁、浅疃为 3 个重点村。每村住一个工作组，准备由重点向外影响一片，让雇佃自己向外串连。在南半部召集了几个村的雇、佃、贫大会，都是干部自己下的通知，自已规定会期，哪一次会议也得干部参加，干部不参加就开不成会，干部形成整个包办，在干部方面认为给群众撑腰。

由于干部包办代替，群众不能形成自己单独力量。同时群众又存在着怕变天思想，害怕地主反攻。有时干部不根据群众觉悟向外说大话，要增资倒粮，倒租倒负担，增单衣增棉衣、鞋、袜、倒柴等。群众说：俺不要柴了，地主都没有柴了。充分表现了不是群众的自愿。群众认为是命令，故群众向地主说：“俺不办不行，这是命令谁能挡住呢?”

在平汉战役后，地主还是对雇、佃、贫抵抗的，因此，在减息、倒粮、赎地中，到区请示是普遍现象，地主想一切办法钻孔子，崔阁地主叫区长给解释一下法令，回去后说：区长说倒错了，一定得退回，不退回不行，弄的有退有不退的，使群众情绪低落与不满。原因是区委与区公所没有统一起来，起了误会。在总的领导上，对雇佃工作不够明确，光说以雇佃工作为中心工作，但与减息赎地与民主斗争牵扯一起。

第二个时期，是在接受了成安经验以后，县委政府马上召开了区干会议，检讨过去做雇佃也减租增资。这几种事做完了，群众也没有发动起来，以后对雇佃会一定要明确出来。一切为了雇佃，一切经过雇佃，别的工作一切向后推，使雇佃工作更明确一步。会后干部先打通思想，划分了小区，把干部有计划的分配到小区和村去。规定 7 天一检查，主要检查小区雇佃代表开会的情况。小区代表主任开过几次会以后，大家彼此熟悉了，就产生了合适的小区代表。

全区共分 5 个小联防区，最好的就是中小联防区，共 19 个村（占全区 2/5）。有会议制度，代表积极负责，小区里的雇佃既活跃又一致。最坏的小区就是枣林小区，因那地方水灾严重，土匪多、雇佃少、干部去的也少，开会也不多，不够活跃。现在地主软了，雇佃说：“主要怕斗争。”河岸上大地主先不给雇工增棉衣，说要斗他，马上做齐了，但没给雇工增资就跑了。雇工要卖地主东西，还武装起来，防备地主勾结坏人回来，就和他们干。

这时干部发生了偏向，只知道听会，放弃领导群众。“群众意见正确”，没认识到基本群众经过深思熟虑才会正确。

中小区雇佃为什么活跃。

小区雇佃代表主任是张磐儒，他在开始参加雇佃会的时候也不会说什么，但他哪个会议也到，很积极又敢大胆提意见，后来选为小区代表主任。当选后，有事就找上级去说，哪一次会议上决定哪些问题是怎样解决的，对的在哪，不对的在哪？他对工作热心，也有调查研究。东红庙雇、佃代表倒粮多写得少，他也调查出来了。他对大家提出的问题，首先好问啥理由，对方要驳该怎么答，多数人能不能同情，对一个问题至少要追二步。因而，他在领导上也慢慢有办法了。在倒额外剥削时，对中、贫、富农少倒，抗属降一级（贫农不倒，中农、抗属降下一级），公倒、公分也从此开始。

三、北关村佃雇斗争

（一）北关的概况和特点

1、全村共105户人家，20顷零15亩地，因连年收成不好及伪军频繁的勒索，所以一般的家庭都是贫困户。

2、土地不集中，60亩地以上只有一户，50亩地以上、40亩地以下者6户，无地主、富农，除孤寡老弱无生产能力将少数土地出租外，多是自耕或贫农，但赤贫也很少，仅3家无土地，一般均有几亩地，或有一片果树林子。

3、因地少不够种，本村又无地主，故贫农多做小生意（推车的、挑担的、卖花生、豆腐的等）有32家。

4、全村无抗日人员，解放前工作人员不能到，解放后又不常到，故群众政治落后，变天思想及封建道德观念极浓厚，工作人员来了，他们就不敢说话，恐怕惹出事非来。

（二）运动的过程

1、根据该村的情况及特点，首先在村召开群众会，宣传共产党的政策及政府的减租减息法令，让群众先酝酿，再作个别谈话。搜集关于雇佃关系的材料，两、三日后，群众和干部熟悉了，就有个别人来询问法令。工作人员住的房东是个中农，前年要了一个贫农的2亩活地，仍叫当地户种着，是包粮地，他怕倒他的负担，就问工作人员该怎么办，工作人员给他解释说，你是中农不倒你的，但今年的公粮你该拿出，他又问像西小门王立亭的地该倒不该？他有120亩地，有5口人，并且他还在大名教学，俺村里种他的地都赔啦。工作人员就抓紧问他，都是谁种他的地，房东一一的告诉工作人员，这时就发现了该村有9户贫农租种地主的地了。

2、召开租户会议，进行阶级教育，征求租户对租地的意见。租户都说这2年租地都不够本，种一亩地要出一大斗米（28斤）、一小斗麦（18斤），给伪军拿了90多元钱、6.14斤绿豆，还给咱政府拿10.5斤米、5.5斤麦，每亩只收3斗多（90斤）谷子，算算哪里能够这些花费呢？上的粪出的力气更别说啦。工作人员就告诉他们说：“政府法令是负担归地主，如地是地主富农的，已垫出的负担还可倒回，”并告诉他们说某村已把负担倒回来了，这时因租户和地主的关系不一样，所以主张也就不能一致，有愿倒的也有不愿倒的，没得出结果，就散会了。

3、为了使租户中的积极分子带领中间，争取落后分子，工作人员就做了一个租户和地主的社会关系研究，结果如下：

王树桐租地 30 亩，是地主二婆之胞弟；

王兰租地 5 亩是地主之小叔丈人；

刘志租地 10 亩，与树桐很好，并沾过地主的光；

董怀礼租地 10 亩，与地主关系平常；

赵臣租地 2 亩，与地主关系平常；

刘金声租地 10 亩（2 年），每年追租很紧，故对地主不满；

刘新租地 5 亩，因今年没收好，地主追租紧，并把地又转当了，故痛恨地主；

郭同云租地 3 亩，幼年在地主家念过书，他两季地租还没交，但也因今年推到地里 17 小车粪，地主转当地时未先让他租，故他也不满。

4、根据以上分析和会议的主张，王树桐是拉倒车的，刘志、董怀志是落后的，赵臣是随着走的，刘新、刘金声、郭同云是积极的。工作人员就对准这些不同思想的租户来作不同的教育，如对王树桐则提出乡亲为重，穷人当知穷人难，别给地主护东西。对落后分一方面教育，一方面让妇女同志去教育他的老婆或母亲。对积极者则教育他们必须把大家都带起来才能达到目的。

5、地主的抵抗办法，第一是收买落后分子，向回拉；第二是倒一小部分来缓和积极分子；第三是以卖地为名向后推。因干部领导抓得很紧，把地主的阴谋也都揭破了，最后是将负担胜利的倒出来。

由于这次倒负担的胜利，又引起去年的老租户也要倒负担，同时债户也组织起来倒息。

附：

抗战时期的的主佃、主雇关系

一、主佃生产关系

（一）小种地

1、最普通的是麦季粮二八（主八佃二）、秋季粮三七分的，瓜、花生、棉花、萝卜、红薯，大都是三堆停分（主二佃一），也有四六分的。柴分同梁杆、芝麻杆，有的分菜子夹皮、豆秸子。拾场粮，有麦秋场打清了算粮食总数，每石分二升或一升，有拾什么粮分什么粮，拾多少，分多少，有只拾谷子不拾其它粮食的。

佃户管出粪、倒粪、运粪、耕、种、锄、收割、打场、打官差（官差活都管饭，没代价，如锄草、拉土、修房、打墙、收拾柴草、扫雪、串亲戚，也有管挑水的。事变后，还有管做敌工的。

2、八区华营一带村庄，粮麦季按25、75分，秋季按3堆平分，柴除照前一等分外，还分漏杈、麦秸。

3、四区有个别户是麦九一、秋二八分的，一说承苗锄，除场里地里活外，一切不管，就是耩地、送粪等也要地主管饭。

4、有利益规矩，一般的在正月初五、五月节、八月节、腊八，地主请佃农吃好饭，麦季有祭场饭、合垛饭，有的正月初一、二月二也请吃饭，魏县镇一带村庄腊八折给佃农一小斗米（约合市斗六升），耩麦子也管饭。

（二）大代种地

1、活租地，有停半分的，有倒四六分的，柴草、生产费负担概归佃户，这是最普通的，也有劳动力一切是佃户的，生产费负担主佃分担，粮、柴、都是停半分的。

2、死租地（一称包粮地），有每亩每年一斗麦二斗秋的，有一斗麦一斗秋的，有只收一斗麦的，有一小斗麦一大斗秋的，有麦季不收将麦租改为秋粮同收的，负担生产费，柴、草概归佃户，这是最普通的。

3、“七·七”事变后由于敌伪的敲诈、扫荡、勒索，尤其是实行合理负担减租增资以来，地主为了躲避负担，躲避斗争，解佃解雇或收买有组织的群众等等。有计划的疏散土地，其形式很多，如有以很少租额出租的（每年每亩只收一升麦）；有以低价出当的（每亩只5元）；有推给佃户不收租的；有假当假卖的；有不要地价白给人家，立下文约永远为业的（如五区西江庄马锡珍给农会60亩）；有推地并贴给钞的（如七区茜圈地主给一亩地外贴给100元）。

二、主雇生产关系

（一）货币工资。货币工资在增资以前一般工资都很低，以纸币折粮约在4斗上下，计每年工资不够穿衣费，近来因连年灾荒有只管吃饭不给工资的。

（二）粮食工资。粮食工资多无一定，就是按佃农分粮计算，有半股的，有4分股的，也有6分股的（6分股的多是连使带喂牲口做庄稼活的能手）。

（三）做活安排。凡是雇工都是听从地主的支配，什么都管，一身不闲，除做庄稼活外，还管使大车做生意，做敌工。

（四）有利益规矩。一般的每年一块毛巾，一顶草帽，个别户遇本村或邻村唱会、过年节，即给些零花钱，但这为数很少，近年来可能多除掉了。

（五）解佃解雇节。（1）解佃在旧历八月十五日。（2）解雇多在旧历十月初一或场光地净时。

三、主佃、主雇社会关系

（一）“七·七”事变前素不相识毫无关系者，经人随便介绍一下，也可即时成为主雇关系，只要能干活就好。

（二）“七·七”事变后，由于敌伪扫荡频繁，地主为了叫雇佃给他们照顾门户，帮助逃乱、运送和掩护他们的资财，多换成多多少少或直接、间接与他们有关系的人（如本族、亲、朋等）。即使没关系，因用雇佃时候多了，为了收买雇佃尽心，也多少给一些便宜，以致主雇双方关系比以前好转。因此也增加了佃雇运动的困难，如五区东江庄江凯为了收买雇工江天成，把180亩地给他一半，江天成就不愿斗江凯。七区木顶寺程老四给雇工20亩地，雇工参加农会又是雇佃会员，每次农会雇佃会的秘密都告诉程老四说。

第三章　土地改革运动

民国三十四年（1945年）八月十六日，魏县全境解放。广大农村在除奸反霸、肃清匪患的大好形势下，整顿和发展农、工、青、妇救会和民兵组织，培训清算骨干力量，在石辛寨等村搞了试点，摸索经验，逐步推开清算斗争。民国三十四年（1945年）夏至民国三十五年（1946年）春，魏县进入清算高潮。在清算运动中，依据政策，分别不同对象，采取不同方法：一是对顽固不化的地主，由县、区政府出面，召开仲裁大会，发动群众进行合法斗争。二是由村负责召开主佃、主雇代表联席会议，站在执行清算政策和调节主佃利益的立场上，讲明政策，组织地主、佃家代表讨论协商，合情合理解决问题；三是由农救会、工救会、救国会等团体出面，召开中等规模群众斗争会，摆事实、讲道理，与地主面对面说理斗争，使地主不得不认账，再小会清算；四是由农救会，工救会骨干率领佃户、雇、贫农登门同地主逐户作说理斗争。经充分发动群众，运用各种清算斗争形式，打击了地主阶级、封建残余，进一步摧毁了剥削基础，广大劳动人民得到了莫大的经济利益。据有关资料记载，魏县贫苦农民在清算运动中，共清算地主富农的土地20万亩，清算回粮食40万斤，华中币50.3万元，使农民阶级成分起了变化。据统计，雇农升为贫农的有500户，贫农升为中农的有700户，升为新富农的有300户。四区在清算斗争中先后召开大、中型斗争会20次，参加斗争会的有3万人次，清算回收地主土地4万亩，粮食5.2万斤，房屋1210间，步枪169支，子弹30排。有30户贫雇农获得地主赔偿的土地，人平均可得土地1.2亩，碱滩地1.1亩。

魏县随着清算斗争的深入，农民强烈要求彻底清除封建剥削势力，解决土地问题。民国三十五年（1946年）五月四日，中共中央发出《关于清算减租减息及土地问题指示》（简称“五四指示”），明确没收地主土地分配给农民的政策。魏县土改分为三个阶段：第一阶段，从民国三十五年（1946年）六月至八月，两个月时间，为动员酝酿阶段。第二阶段，从九月至十一月两个月，根据土改的方针、政策，制订土改的具体方案。第三阶段，民国三十五年（1946年）十二月一日至二十一日，利用一个月的时间，分配土地，解决具体问题。

土地改革运动直接摧毁了封建剥削的经济基础，削弱了富农经济，团结了中农，广大贫雇农得到了足够的土地，封建土地所有制被废，实现了耕者有其田。

第一节 各阶层占有土地情况

中共魏县县委、魏县抗日政府，自民国二十九年（1940 年）六月建立以来，在领导全县人民抗击外来侵略者的同时，在农村相继开展了减租减息、增资倒佃、赎地、雇佃贫、土地改革等一系列运动，逐步实现“耕者有其田”。但由于魏县县域面积较大，解放时间不一，群运工作开展不平衡，全县农民土地问题是否得到真正解决，农村各阶层占有土地的情况如何不清楚。根据民国三十六年（1947 年）的档案资料和老干部回忆，对全县 447 个行政村分为 5 个类型，每个类型选 1 个村，对群运工作及各阶层占有土地情况进行整理，整理情况如下。

一、一等类型村：第六区生熟疃西

（一）现状（1947）

1、基本群众组织起三分之二。

2、农民有地种。

3、能完成上级布置的工作任务。

4、村干无矛盾。

5、对内民主。

6、不损害中农利益。

（二）群运经过

1、自“七·七”事变前至民国二十九年（1940 年），生熟疃西、东是一个行政村，办公人都是上层人，地主张全周当了 15 年村长，非常压制人，群众对他不满，但光在背地里议论，而不敢明说，虽经程廷恒时民选村政权，但那时群众的认识是重选能说会道的、会写会算的、有功夫的。这样的人物只有上层人中才有，所以他们虽把地主攻下去了，但又选上了仍是站在统治立场的富农张钟，穷人仍是和从前一样吃亏。这时生熟疃西的穷人每天黄昏要在广场聚谈，形成三伙谈论村政，当时有“三大片”之称，但一见上层人物来了，就转了话头表现出很欢迎的姿态。“七七”事变后，日匪对村长都有威胁，地主、富农从此就不敢当了，当时生熟疃西中农孙林因受压迫，成天气得肚鼓，群众也愿选他，于是就当选了。头一年对基本群众还不错，没几年就被地主掌握了，但这时群众敢向村长提意见。有一个闾长张自连，村长派出账来，他不给穷人要钱，村长就指责他，他说：“为什么有事派款不给穷人商量呢?”群众也都反映村长不对，然后就是反村长的主谋人黑瞒地主政，这时村里还没有群众组织。该村这时各阶层的情况如下：

1940年生熟疃西村各阶层情况表

表13－3－1－1　单位：人、亩

时代	阶层	户数	人口	地亩	人均地数（亩）	百分比 户	百分比 人	百分比 地
丁陈时代	地主	2	20	270	13.5	1.8＋	3.8＋	13.5－
	富农	10	87	830	9.5＋	9.1	16.5	41.5
	中农	8	62	254	4.1－	7.3＋	11.8－	12.7
	贫农	80	331	646	2.0－	73.4＋	62.9＋	32.3
	赤贫	9	26		8.2＋	4.5－		
	合计	109	526	2000	3.8			

2、农会的斗争，民国二十九年至民国三十年（1940－1941年），丁陈南走，解（解蕴山）刘（刘平）掌政，这时县区有了救国会，干部（黑志连）到村工作，要组织青抗先、模范班、自卫队，当时群众因恐日病既不愿，又不敢，后依看青粮为由成立了模范班，任务是：送公粮、看青、抬担架。武器是大刀、红缨枪，参加人员是强制式的。青抗先也是有名无实，自卫队也是强制组织的，管修路、抬担架、打更。农会是因在丁陈时代地下组织有了根，故会员的觉悟性较高，且已受到其他区的公负影响，故环境稍好转，即组织起来，争取民主和负担公平。

本村富裕户（50亩以上者）受敌伪领导，组织了新民会合作社，他们说：如农会再和咱抵抗，日本来了，咱就说他们是共产党。农会也用很多的办法来抵抗。如表示人多力大，搜集他们的汉奸罪行来威胁他，要向政府告他，即以攻化守的方法。农会会员还常说：如咱们哪一个人吃了亏，咱就黑夜到他家，用棍子也得打死他几口，因此，新民会未敢动。这时，群众稍能抬起头，敢到村公所去，统治人物也减轻自己对群众的压力，但政权仍受上层的掌握。这时公负虽已实行，但在地主的掌握下仍有弊病，如在街中按实造，向政府少报（两份负担册），村干贪污吞款，农会主任虽已参加公事，但仍盲目随从。麦后增佃向回倒，地主在催倒，佃农说：我们已吃了，当时你们不知道按五一增，我们也不知道，这样要，我们没啦，如非要不行咱就向政府请示。终未倒。

为打击农会，地主开始疏散土地，辞佃方法是把地租给别人，并转移负担，或改佃为雇，或当出一部。接着就是环境恶化，八路军和抗日政府退出路南，群众士气又低落。这个时代，土地在使用上虽有变更，但在主权上仍无变化。

3、民国三十一年至三十三年（1942－1944年），李一帆任魏县抗日县长。初到时，工作是恢复失地，攻伪军，建立政权，两三个月后即将伪军肃清。这时各阶层独立，地主、富农对抗日政府称赞欢迎，他们说：要不是八路来，我们就不能过了，八路军就是要什么我们也不冤呀！秋后蒿文又在这村安炮楼，三年一直连淹，一直到民国三十三年（1944年）秋，蒿文及部下伪军不偿自垮。时天灾人祸，交相加害，基本群众十逃八九。这时政府采取移民政策，助民迁移，群众因抗日政府的帮助在外面多能将生活维持下去，凡自逃到外面者多饿死；再加抗日政府的各种贷物帮助其营业生产，群众对抗日政府的信任更加坚定，抗日政府的威信也大大提高。因当时抗日政府没注意到土地问题，故在赎地前，各阶层的户口土地的变化，是因地主、富农的土地疏散，中、贫农人口的死亡，实际是地主、富农逼迫中、贫农买地。当时阶层如下表：

1944 年生熟疃西本村各阶层情况表

表 13－3－1－2　　单位：人、亩

时代	阶层（项数／项别数目）	户数	人口	地亩	人均地数（亩）	百分比		
						户	人	地
1940 年至 1942	全村	116	455	1980	4. 35			
	地主							
	富农	16	81	791	9. 8	14. 8－	13. 2＋	40. 0－
	中农	26	114	580	5. 1	22. 4＋	25. 6＋	30－
	贫农	65	233	609	2. 6	5. 6＋	52. 2＋	31. 0－
	赤贫	9	27			7. 8－	6. 1－	

地主因遭匪灾及增佃受到损失，分了家，自己参加劳动并留雇工，改变了生产方式，无地主了。富农增加 6 户，原因是地主下降为富农的 4 户，中农人死了上升的 2 户。中农增加 18 户，原因是地主分家添 1 户，富农分家增添了 8 户，由贫农上升的 9 户（因人死地未去或中农分家）。贫农减 15 户，死绝 5 户上升 5 户，地卖出 20 亩，但并没卖出外村，是地主用假名要的，人减少了 7 口，户增加 7 户。

4、赎地后。民国三十三年（1944 年）秋，伪军被水淹走，抗日政府的赎地法令公布了，在家的群众组织起赎地组，出外逃荒的户派人回来或因赎地而回来，轰轰烈烈大搞赎地。直到民国三十四年（1945 年）夏一直没断。基本群众一面因赎回了地而感到高兴，情绪高涨，一面又有政府的各种救济、贷款、贷粮的应急政策扶持，贫雇农的生活得到保障，这时虽因灾人多外逃，但农会会员由 14 人增加发展到 26 人。村中的阶层变化如下表：

1944 年生熟疃西本村赎地后各阶层变化表

表 13－3－1－3　单位：人、亩

时代	阶层	户数	人口	地亩	人均地数（亩）	百分比		
						户	人	地
1943 年至 1944	全村	104	422	2024	4.6－			
	地主							
	富农	16	81	765	9.3	15.3	18.1－	37.3＋
	中农	36	146	718	4.9－	34.6	33.＋	35.9＋
	贫农	47	203	541	2.7＋	45.2－	45.9＋	22.7＋
	赤贫	5	12			4.8＋	2.7	

富农户未减原因是他们以假名买的地，被赎后成份未变，本户名下未去地。中农增 10 户原因是赎地上升或因做生意赚了又要地，主要是地价贱了。但因赎地政策违犯了中农的利益，所以除了个别中农对政策不满外，一般的不敢再要地了，怕要了再被人家赎走，而且有的降低生产情绪。从民主斗争经过佃雇运动到大生产——生熟疃西没有大的统治人物，丁陈时代前与生熟疃东统一，行政由生熟疃东掌握。丁陈后生熟疃西即选一进步人士当了村长，而顽固户新民会又未实现其阴谋，所以民主斗争阶段生熟疃西没有大的动作，只在民生倒粮中有一阵轰轰烈烈运动，又因富农无抵抗，至此赎地运动也很快的顺利完成。从民主经民生斗争到大生产各阶层变化如下：

1944 年生熟疃西本村民主斗争时期各阶层变化表

表 13－3－1－4　单位：人、亩

时代	阶层	户数	人口	地亩	人均地数（亩）	百分比		
						户	人	地
1944 年至 1947	全村	97	425	2130	5.1＋			
	地主							
	富农	16	73	653	8.9＋	16.5	17.－	30.＋
	中农	51	246	1214	4.9＋	52.6	58.－	56.－
	贫农	25	100	263	2.4－	25.8＋	23.5＋	13.＋
	赤农	5	6			5.2	1.4＋	

原富农降低5户，1户因倒粮，1户因赎地，1户因黑、瞒地受罚，1户因出外抗战家无生产力，而地仍未去，1户因评议阶层和过去不同。3户中农升为富农，2户因买了地，1户是因死人人口减去了。2户贫农上升为富农，1户是倒了粮分了果实，1户是因赎地及继承父亲的地（他原是破落户）。13户上升为中农。

（三）群众组织各时期概况

农会在干部宣传号召下，想翻身不受气而组织起来的共有25人，成份是中、贫、佃，青抗先、自卫队是在强迫命令下组成的，模范班是在吃公粮的利益引诱下组织起来5人，每年每人三石粮，后因退出了路南，该组织就散了。

李一帆时代——赎地前。李一帆初到时，无群运，只是攻伪军，破路、造公负，这时只是命令式的组织自卫打更，但负责人仍只是班长，另外还组织游击小组，看青队是他的公开名义。

1944年冬，号召赎地，群众热烈参加农会，但因灾荒，会员多逃亡，又因在农会者先回，故回地户因好办事要求参加农会，经这次运动，参加了（由14人到20人）6人，因灾荒，人在家住不长，故对扩大农会形成困难。赎地前组织了互助组9个，小组每组4人至7人，虽作了一时后因水灾出外而散。

1、组织互助组时有自愿结合的，有个人纺织者，当时在救济上起了不少作用，但后来因灾荒，人都逃走了，共组成5组，每组5至6人。组织合作社因伪钞价落，均有赔欠。该社共有14人，26股，无生疃东之股，生疃东抱定坚决不与生疃西合作之主张，始终自己未组成。

2、整编自卫队及儿童团，民主斗争时期，因当时村农会主任张玉容、民兵班长张玉彦均是走上层的，故无人敢提出斗争对象，群众组织无发展。该村群众也参加了他村之民主联合斗争，受了影响，兴奋了自己的翻身情绪。儿童团是自动组织的，是受他村影响，他们学习精神强。姐妹团、妇救会的成立是由村干和积极分子先号召自己家人和小孩组成，起核心作用，串联其他户，如有不参加者，即以斗争威胁。妇女是由纺织组开始逐渐成立妇救会。

3、雇佃运动。在执行政策上先按五一增佃，来倒民国三十一年（1942年）的，或罚民国二十九年（1940年），民国三十年（1941年）年辞佃的，每人8斗或6斗（原定两石按户机动减少），后区又叫重新增倒，要按“三七”，“四六”结果又增一部，统计不超过五一增佃。这是佃农自己评议的，当时地主因怕斗争（是去年民主斗之后），故只要佃农提出地主即坦然拿出。韩金黄当3年雇工即倒二石一斗红粮。张便是民国二十九年（1940年）被辞的，罚地主一石一斗红粮。雇佃（都是老的）14人共倒红粮14石4斗。另有2人因地主孤寡未倒出。佃雇均系会员。

4、倒息：共倒5石6斗1升红粮，共22户。政策：中农倒地富的，当时缴粮一半按本一半按利，除三分利外其余均倒出，如使250元1石麦，即将5斗算本，余3斗半倒出，但在行动中还有灵活，故无斗争。倒粮倒息之后群众组织大为扩大，农会员发展到56名，参加民兵者24名，妇会员22名，姐妹团23名，儿童团24名，佃雇农会不分，会员45岁以上者4名，25岁以下者8名，中、贫、赤共81户，有30户不在会的，出外者5户，孤寡5

户。

二、二等类型村：四区东石固村

（一）现状

1、基本群众都组织起来

2、没损害中农利益

3、除5个寡妇不能生产无地外，其他均有地种

4、村干大都团结，能完成任务

5、各种组织健全

（二）群运经过

东石固村地主封建势力和基本群众的阶级对立不很尖锐，所以民主争斗中，没有进行较大的斗争，基本群众出出气就完，封建地主的威望未受损坏。虽说在民主斗争中基本群众也得到了一部分果实，个别地主受到些削弱，总起来说，这村的地主在政治上未完全被打垮，经济上也未给以必要的削弱，只是在雇佃倒粮减息当中地主、富农的土地分散了一部分，基本群众的土地问题未完全解决，地主富农的数目未减少。再者这村的土地变动自抗战开始到民国三十四年（1945年），民主民生斗争开始，地主、富农的土地还没有多少变动，民国三十一年（1942年）灾荒年时，土地变动，只是中农之间的交换，所以在每一个时间的土地变动就不详细了。

1940年东石固村阶级状况表

表13－3－1－5　　单位：人、亩

类别／阶级	户数	人口	土地（亩）	人均地数（亩）
地主	9	73	1620	22.2
富农	12	86	807	9.4
中农	12	70	349	5
贫农	55	387	1024	2.7
赤贫	22	54		
佃农	佃农42人，雇农21人，人数在贫农与赤农之中			
合计	110	670	3800	

民国二十九年（1940年）八路军来了以后，群众组织在村内只有救国会，是年政府颁布减租法令以后，由村中一个进步分子（非雇佃）领导雇佃减租，佃雇不动，后又有两个积极分子来领导，雇佃还是不动，后来谁也不管谁。有的在被迫下减了，有的自觉的执行了减租法令，有的明减暗不减，在减租当中，地主都执行了，没有反攻。到了秋季，地主开了

会，说雇工佃农你们谁要再实行“五一”减租都不能种地，这时雇工佃农迫不得已又按原租额上了工，还有两家地主说，你们在麦头多分的粮食，得倒出 60 元，不倒出不许种地，两个佃农倒出了 60 元。

雇佃实行新法令后，就无人领导了，村政权在地主手里轮着当，7 家大户轮着，不实行公平负担，按亩摊公粮，地主有的就不拿，大部分加在中、贫农身上了。

民国三十年（1941 年），基本群众为了反对地主的不合理摊派制度，群众选出了郭德明（共产党员，党的组织从这时建立的）当了村长以后，郭德明对地主的态度很强硬。民国三十一年（1942 年）二月，被几家地主收买的坏人暗杀了。郭德明当村长时，朱村、边马集安了日伪军据点，资敌款他光叫地主拿，群众反映说郭德明当村长，人家是党员，对穷人很好。郭被暗杀后，剩下 3 名党员害了怕，光躲不敢干，形成无人去领导。后来发展了几十名党员，党员团结的很好，又选了郭立峰（党员）当村长，继续和地主进行斗争。

日伪军在这里对地主也没有过重的勒索，只勒索了 3 家富农：郭义卖了 70 亩地，郭永图卖了 70 亩地，郭光恩卖了 10 亩地，其他地主因与日伪有联系。土地都没有损失。

民国三十二年（1943 年）二月，组织了农会，当时区救国会是用贷种把农会组织起来的。组织起来以后，粮食种领了，农会又没事干了，还是空架子，有十几个会员。这年春天灾荒很严重，贫农卖地大部分落到中农手里了，地主富农没要，所以这个时期地的变动不算很大。

民国三十三年（1944 年），区领导打堤时，农会又发展十几个会员，还是在贷种的情形下发展的，秋后赎地政令下来后，农会主任郭某不称职，换李如林当了主任，组织了评议委员会，零零碎碎一直回到了年底。在回地中，为了保护自己防备敌人，和周围村庄取行了联系，又帮助了外村回地，这年冬天，组织了游击小组，买了四五把独眼崩手枪，不断到边马集去打击日伪军。

民国三十四年（1945 年）春天，区对这个村注意领导，党员带领群众也敢干了，组织了民兵，前后共 15 名党员参加了民兵，以郭之堂为首的民兵即在炮楼周围活动起来了，拔安庄炮楼、二马村炮楼，并配合路南支队参加了紫岗战斗。

农会也活动起来，清查了地主郭焕章的黑瞒地，处罚 20000 元（旧币），这个斗争结束后，四月日伪军撤走了，根据地扩大了。

日伪军走后，各村先后起来斗争，这村地主也害了怕，即拉拢主任，主任不敢干了，支部又把李如林撤了职，郭立峰当了农会主任。他当了主任后，较以前的敢干，地主害了怕，逃走了 5 个。

成立县大队时，党号召党员带领群众参军，支部书记郭永图，农会主任郭立峰带了 5 名党员参了军，后来民生斗争法令颁布以后，雇佃在高德魁、李法古的领导之下成立了雇佃会，进行了倒粮增资，开始地主光托人管，对雇佃说：我们不要斗争，和平好。雇佃不听这一套，坚决的干，地主骂雇佃，雇工组给他说理，并罚 35 万元（旧币）。不久，在地主的威胁下，雇佃主任高德魁不干了，说将来中央军来了要我的脑袋。雇佃又选出了新的领袖郭喜，不仅把本村雇佃组织起来，又联合到邻村，直到全区，郭喜当了全区的雇佃代表。

为了稳定村里的地主情绪，雇佃会代管了逃走地主的财产，处罚了50万元（旧币）。

接着是雇佃领导的减息，以雇佃主任李法古为主组织了倒息评议委员会，在减息中顺利的完成了倒息任务。

雇佃运动从5月起一直到民国三十五年（1946年）二月结束，根据雇佃觉悟程度，减去了额外剥削，如冬天扫雪，无代价的替主家做工等。

雇佃运动结束了，即转入大生产运动，转入生产以后，组织了农业互助、商业互助；组织了鸡房、油房；民兵自己组织了杂货铺。在打堤中分工多，这村群众动员的很普遍，妇女儿童也都到堤上去，按期完成了任务。

这村的工作，还没有完全彻底发动起来，干部有些包办，有些事情还未给群众很好商讨，所以民国三十六年（1947年）内部也发生了些矛盾。

1947年东石固村群众组织及人数表

表13-3-1-6　单位：人

组别/数目/类别	农会（人）	雇佃	民兵	妇会	姐妹	儿童团	总计
数目	51	24	24	45	41	48	233
占全村百分比	7.73	3.63	3.63	6.82	6.2	7.26	35.3

1947年民生民主斗争后东石固村阶级成份变化表

表13-3-1-7　单位：人亩

项别/数目/阶级	户数	人口	地亩	地亩百分比	备考
地主	8	23	461.15	11.82	13户富农内有3户是在土地改革时发展起来的。
富农	13	72	549.8	11.5	
中农	75	406	2423	62.1	
贫农	38	138	349.42	9.7	
极贫	5	16	16.9	0.43	
赤贫	5	5			
合计	144	660	39顷		

1940 年、1946 年东石固阶层变化表

表 13 - 3 - 1 - 8　　单位：人、亩

时期	阶层	户数	人口	地亩	人均地数（亩）	百分比 户	百分比 人	百分比 地
1940 年	全村	110	670	3800	5.67			
	地主							
	富农	12	86	807	9.38	10.9	12.8	21.2
	中农	12	70	349	4.98	10.9	10.4	7.2
	贫农	55	387	1024	2.64	50	57.5	27
	赤农	22	54			20	8.2	
1946 年（民生民主斗争后）	全村	144	660	3900	5.81			
	地主	8	23	461	20.1	5.2	3.5	11.9
	富农	13	72	549	7.6	9.1	10.9	14.1
	中农	75	406	2423	5.9	52.2	61.5	62.2
	贫农	43	154	366	2.3	29.8	23.2	9.8
	赤农	5	5			3.5	8	
备考	赤贫 5 户，都是孤寡无生产能力者							

（三）三等类型村：第三区西侯村

西侯村群众组织是空架子，村干部腐化，斗争了 4 户中农，但还留着 2 户地主。无劳动力的 2 户，地主与无组织的群众在闹派别。民国三十年（1941 年），组织起赎地户 26 户，回赎土地 10 亩，其余大部分是找的（加价）粮食，每亩在 2 斗至 5 斗之间，但文约上写得都是麦子 16 斗（空数）。

民国三十一年（1942 年），30 个佃户组织起来，合伙倒粮，按“十一”增佃算帐，共倒粗粮 6 石，倒后全部辞佃。

民国三十四年（1945 年）又组织倒粮，共组织 12 人，倒得粮食 61 斗。

农村模范班，组织查黑瞒地，共查出 1700 亩，追公粮 23000 公斤，下欠 100 亩瞒地粮未交，共得提奖粮 5000 斤。

该村的阶层变化如下表：

1945年西候村阶层变化表

表：13-3-1-9　　单位：人、亩

时期	阶层	户数	人口	地亩	人均地数（亩）	百分比		
						户	人	地
1940年	全村	136	754	4109	5.49			
	地主	16	133	1644	12.37	11.8	17.7	40.4
	富农	13	81	567	7	9.7	10.8	13.6
	中农	55	266	1332	5	40.4	35.4	32.5
	贫农	52	274	556	2.07	38.1	36.1	13.5
1944年	全村	164	783	4102	5.24			
	地主	11	142	1408	9.91	6.6	18.2	34.1
	富农	14	87	627	7.14	8.6	11.1	15.1
	中农	71	273	1435	5.25	43.3	34.8	35
	贫农	68	281	642	2.3	41.5	35.9	15.6
1945年	全村	170	826	3920	4.74			
	地主	7	98	1051	12.7	4.1	11.8	26.8
	富农	12	98	614	6.27	7.1	11.8	15.7
	中农	74	317	1571	4.95	43.5	38.4	40
	贫农	69	282	647	2.3	40.6	34.1	16.5
	佃农	8	31	37	1.19	4.7	3.9	1
1946年	全村	176	884	3543	4.09			
	地主	4	16	191	12	2.3	1.8	5.4
	富农	11	72	602	8.35	6.3	8.1	1.7
	中农	74	433	1956	4.52	42	49	55.2
	贫农	87	363	794	2.18	49.4	41.1	22.4
备考								

（四）四等类型村：一区西代固村（空当村）概况

1、西代固村民国三十五年（1946年）曾有过农会，但区里把他算在空白村内，是因为工作人员从最低工作计算，但也说明没有达到包办的心愿，又没有耐心的做工作。在国特坏分子挑拨下，农会被区干打垮了，这村没有地主，土地比较分散。有谷、孙、田三大姓，姓谷的知识分子较多、户也大。全村抗烈属14户，伪顽属11户，有的在伪顽内任县长秘书等重要职务，村政权虽不断轮流改选，但还是少不了那几个人。

该村有21个高小生，2个简师生，6个师范生。

在日伪统治的时期，全村土地减少了（出卖给外村不少），特别上升与下降的几户大部是村干。有3户因当村长将土地、毛驴、肥猪都卖了，作为赔款。村里各户群众没少出，所肥的是3名村干和管账先生。他的方法很巧妙，先让村长得点小利，掌握村长缺点，就势大贪其利。还有一户是卖白面（毒品）当伪军发家，贫农上升成中农。

西代固村事变前的阶层划分表

表13－3－1－10　　单位：人亩

阶层＼数目＼类别	户数	人口	地亩	车辆	牲口	备考
赤农	5	26				
贫农	82	49	963	7	19	
中农	29	82	273	2	11	
富农	8	48	446	3	8	
合计	124	646	1682	12	38	

2、组织农会的经过。民国三十五年（1946年）九月，在各区群众运动影响下，该村群众也组织了农会，当时主任孙麒麟（木匠、工人、赤贫、抗属）领导着40多名农会员，开展查黑瞒地、倒犁地款、赎地倒粮、减租减息等工作。在工作中打击30户中农，5户富农受到刺激，有1户贫农也受到打击，斗争结果得款20000元，用此款买了枪，捐款、开会花费、村长又贪污了2000元，农会会员没分得分文。下层会员和贫农没得到利益，使得大家对农会和主任不满（可是农会主任也没贪污），国特坏蛋便乘机挑拨群众向区里控告，说农会主任流氓、贪污、乱斗。特别还找了1户最严重的例子，孙某系雇佃上升的，他的弟弟是四师学生，因为共产党嫌疑，在事变前被大名当局逼走了。拿这个片面的事实激怒了区长和区里干部，令农会停止活动，主任撤职。让国特坏人又操纵组织了全民选举的农会，主任是他们的走狗，副主任是旧农会会员暗中集中选票选得的，不几天就成了中、富农的农会了。没有一个老农会员参加，一个副主任也被中、富农两口袋玉米就收买了。

3、坏村干发财，好村干赔款。这村村副中有两个当伪军的，一个卖白面的，一个流氓。他们不经村长知道，胡吃乱花，村长吃亏把家中地卖了赔村中款。一村副贪污发了财，由赤贫农上升为富裕中农，村长田树德赔地30亩，赔房子5间，连两个闺女的聘礼也都赔了。王伸当村长时赔了两头猪、两头驴、10亩地。谷峻×当两次村长都赔款，后来参加了八路军，在平汉战役中牺牲了。区里领导机关对这种贪污浪费的人也没处罚，对吃亏的村干也没弥补其损失。

西代固村1947年情况表

表13－3－1－11　单位：人亩辆

阶层＼数目＼类别	户数	人口	地亩	车辆	牲口	抗日军人	烈士
赤农	1	4				1	
贫农	119	600	389	3	17	6	6
中农	16	68	303.7		3	1	
富农	5	21	183	1	1		
合计	141	693	875.7	4	21		

西代固村事变前后情况比较表

表13－3－1－12　单位：人亩

	阶层	户数	百分比%	人数	百分比	地亩数	百分比	牲口数	百分比
事变前	赤农	5	4	26	4				
	贫农	82	66	490	75.8	963	57.25	19	46.3
	中农	29	23.5	82	12.8	273	16.25	11	26.83
	富农	8	6.5	48	7.4	446	25.6	11	26.83
	合计	124		646		1682		41	
1947年	赤农	1	0.7	4	0.58				
	贫农	119	84.3	600	86.6	389	44.5	17	80.9
	中农	16	11.35	68	9.8	303	34.6	3	14.5
	富农	5	3.55	21	3.02	183	20.9	1	4.5
	合计	141		693		875		21	

（五）五等类型村：第八区东张庄村（白板村）

张庄村各阶层变化情况表

表 13－3－1－13　　单位：人、亩

时期＼阶层＼项数别目		户数	人口	地亩	人均地数（亩）	百分比		
						户	人	地
事变前	全村	89	508	2056	4.04			
	地主	14	94	1381	14.7	16	19	60
	富农	9	41	266	6.5	11	8	13
	中农	9	51	254	5	11	10	12
	贫农	28	170	155	91	33	33	9
	赤贫	20	109	?	?	20	21	
	佃农	9	43	?	?	11	8.5	
现在	全村	162	695	2343	3.57			
	地主	10	55	504	9.16	6	9.9	21.5
	富农	12	60	283.3	4.7	7.4	8.6	12.1
	中农	22	117	472.2	4.36	13.6	16.8	20
	贫农	76	311	739.5	2.4	47.6	44.6	31.6
	赤贫	4	7	?	?	2.4	1	
	佃农	38	145	344	2.4	23.3	20.9	14.4

该村变化主要是伪匪逼款逼粮所至，有的贫农上升中农是因做工干活得来的，像这村（白板村）全县有 15 个完全与政府没有关系。

全县典型村情况表

表 13－3－1－14　　单位：人亩

类型村	同样村数	户数	人口数	地亩
一类（生熟疃类）	192	28784	125994	518421
二类（东石固类）	14	2360	10538	41369
三类（西侯村类）	161	24025	109234	381275
四类（西代固类）	51	6085	26488	114235
五类（东张庄类）	29	2513	12048	32431
合计	447	63757	284302	1087731

第二节　土地改革

魏县随着清算斗争的深入，农民迫切要求彻底清除封建剥削势力，解决土地问题。民国三十五年（1946年）五月四日，中共中央发出《关于清算减租减息及土地问题的指示》（简称“五四指示”），明确没收地主土地分配给农民的政策。指示中规定不可侵犯中农土地，对富农和地主中的大小恶霸应有所区别，保护商业，对开明绅士等应适当照顾等政策。当时正值苏日大战前夕，魏县处于短暂的相对稳定时期，中共魏县县委抓住时机，召开扩大会议，统一认识，部署土改，由政委作了土地改革运动报告，会后组织200人的土改工作队。六月份开始在石辛寨村等搞土改试点，及时总结推广经验，后魏县普遍发起了没收地主土地进行分配运动。魏县土改大体分为三个阶段：第一阶段，从民国三十五年（1946年）六月至八月两个月时间，为动员酝酿阶段。广泛开展宣传教育，从党内至群众搞清楚土地改革的重大意义、方针、政策和方法，明确阶段路线是依靠贫农、团结中农、建立贫雇农组织——翻身团结委员会，吸收贫雇农积极分子参加，牢固树立贫雇的优势，在建立健全组织领导的基础上，进行调查研究，摸清情况，搞好试点，指导面上土改；第二阶段，从九月至十一月两个月，根据土改的方针、政策，制订土改的具体方案，自上而下反复讨论，进行民主修改和补充，最后公布实施。在制订方案中，各地以村为单位（也有的二三个村联合起来为单位）进行测算，打乱原有占有关系，按人口（不分男女老幼）平分。但自耕农、中农不在其内，富农也给一定的照顾，抗属、烈属、抗战有功人员，对敌斗争中积极分子优先给予适当照顾，地主拿出土地后与贫农一样分配。第三阶段，民国三十五年（1946年）十二月一日至三十一日，利用 一个月的时间，分配土地，解决具体问题。大体过程是：组织算帐小组，由各算帐小组内的各户互报田亩、人数，以流水帐记下，再张榜公布，名为“调查榜”，数字不符合者由群众互相纠正，然后以组为单位评等级讨论具体分配办法，再召开村民大会，按照土地数量、土地质量、田块大小、远近、好孬加以平衡，并张榜公布，名为“分配榜”。在反复征求意见的基础上，最后公布“胜利榜”，并按榜分田，同时做到废旧契、立新契，发给土地执照，按章纳税。

魏县在土改工作中贯彻“力求其平”、“力求其快”的方针，很快在魏县范围内造成了一个翻天覆地的农民运动。开大会，斗地主，分田地，一鼓作气，在两个月时间内迅速分配好土地，保证了贫雇农秋熟前夕得田得粮，使广大无地、缺地的农民及时得到实惠。按当时政策规定，中间不动两头平，恶霸地主扫地出门，富农财产征收多余部分，中农财产不动，广大贫苦农民分最好土地和房屋等。由于满怀阶级仇恨，当时也出现了一些过分行动，给地主戴高帽子游街，让他们蹬桌子、上杆子挨跌，用牲口拖拉等，有的地方还发生了富裕中农被斗、侵犯中农利益的现象。

土地改革运动直接摧毁了封建剥削的经济基础，削弱了富农经济，团结了中农，广大贫雇农得到了足够的土地，封建土地所有制被废除，实现了耕者有其田，土地分配自民国三十五年（1946 年）六月份开始，至九月初基本结束。搞得快的村只用 40 天，慢的村 2 个月完成。据资料记载，魏县参加土改的共有 4 万户，23 万人及 90 万亩耕地，在土地具体分配中，地主除在清算时拿出 50% 的土地抵债外，按照标准留足后，又抽出 20% 的土地；富农抽出 15% 的土地；以上总共 25 万亩。土改后各阶层占有土地情况是：上中农、佃户献出土地 3 万亩，少数中农献出土地 7000 亩，地主每人平均 4.5 亩，相当于总平均数的 115%，富农每人平均 4 亩，相当于总平均数的 102%，中农每人平均 3.9 亩，相当于总平均数的 100%，贫农和雇农每人平均 3.8 亩，相当于总平均数的 97%。

土地改革的实施，废除了封建半封建土地所有制度，形成了农村土地的大体平分，激发了获得土地农民的生产积极性，为恢复和发展农业生产，搞好农业建设打下了良好基础。见表 13－3－3－5。

1947 年魏县疃上村土改前后各阶层占有地情况表

表 13－3－3－15　　单位：亩、户、人

项　目			合计	地主	富农	中农	贫农
土改前	户数		242	8	7	124	103
	人口	1170	45	45	615	465	
		100	3.85	3.85	52.56	39.74	
	土地（亩）	5213	765	429	2719	1300	
		100	14.67	8.23	52.16	24.94	
		4.46	17	9.53	4.42	2.8	
土改后	户数		242	8	7	124	103
	人口	人数	1159	37	42	615	465
		占全村%	100	3.19	3.62	53	40.1
	土地（亩）	亩数	5038	182	137	2819	1900
		占全村%	100	3.61	2.72	55.95	37.71
		人均	4.35	4.92	3.26	4.58	4.09

附：

北皋西街土改

民国三十七年（1948年）初，继“肥乡整党”之后，由临漳县委抽调的30余人组成的“赴魏土改整党试点工作团”奔赴魏县北皋一带，进行土改整党，以贯彻全国土地会议精神。通过三查（查阶级、查思想、查作风），确立贫农的领导地位，宣传、贯彻、落实《中国土地法大纲》（以下简称《大纲》），纠正过去土改中的偏向，彻底解决农民的土地问题。

土改整党工作团来到魏县后，县委领导在会上讲了话，介绍了北皋一带20多个村庄的基本情况和应该注意的问题。第二天，工作团分组驻进了北皋一带村庄。由陈云锋领导的工作组进驻北皋西街。

当时的北皋，情况极为复杂，西边紧靠土匪头子郭清亲手经管的“五十三村”，仅一水之隔的漳河南岸是土匪头子、大汉奸程希孟、“半截砖”程乾和安阳土匪头子王自全的老巢和活动地区。当时人称这一带是：“土匪遍地走，司令似疯狗”。

工作组的负责人陈云锋，胆大心细，能文能武，在抗日战争时期就曾担任抗日区长。临漳解放后又任民运部长，对群众工作很擅长，他每到一地都和那里的群众打成一片，关系搞的非常融洽。

万事开头难。开始工作时，上级召开紧急会议，传达了“搬石头”的精神，要“避开老组织，收缴民兵枪支”。工作组则认为刚到异地，情况生疏，矛盾复杂，完全避开老组织，不要“拐棍”，工作不好开展。陈云锋按照大家的意见，毅然决定：（1）民兵枪支一律不收；（2）对村干部不亲不疏，在群众中认真考察干部；（3）从访贫问苦入手，去发现依靠对象。这样一来，给工作带来很多方便，干部、群众情绪稳定，促进了土改运动的顺利开展。

在工作中，工作组一方面大力宣传《土地大纲》；另一方面，深入下去，个别走访，寻根问苦，发现和掌握真正可以依靠的贫农；同时，还召集原来的村干部，要他们总结回忆过来贯彻执行《五·四》指示的成绩和缺点，联系实际，揭发地富多年来剥削农民的罪行。工作组旗帜鲜明的工作态度，给不同的人带来了喜悦和压力：村干部开始怕挨整“丢人”；有历史问题的人怕翻旧账；老实中农则认为没有自己的份想溜边；贫农渴望翻身，又怀疑《大纲》落不到实处，工作组一走，还和过去一个样等。还有些人煽动造谣，搞破坏。街头巷议，态度各异。尽管如此，工作组还是以极大的热情，朴实的作风，认真的态度，针对各种情况，在反复宣传《大纲》中，逐步澄清思想，提高认识，接近工作组的人越来越多，为打开土改整党工作的新局面迈开了稳健的步伐。

一、建立贫农团

建立贫农团是土改整党重要的一步，是土改整党的基础，没有贫农的当家作主，土改整党是不会搞好的。

工作组在工作中，紧密团结贫农，依靠贫农，对工作中出现的各种情况认真分析，冷静对待，虚心征求贫农意见。贫农老店和张玉向工作组提出：村干部基本上还是好的，重要的是要杀一杀地富的嚣张气焰。于是工作组果断做出决定，向地富宣布：1. 不准有任何破坏活动；2. 不准串联，制造谣言；3. 不准疏散现有浮财；4. 不准随意出村、走亲、有事要报告。并强调，如不严守，按破坏《大纲》处理。同时，党员干部也订出几条纪律：1. 不准私自串联、破坏建立贫农团；2. 不准与地富和坏人接触；虚心接受群众的正确意见；3. 保证不打击报复。工作组的人员也表示："坚决和穷兄弟站在一起，按《大纲》办事，维护群众利益。"

通过一系列的活动，群众普遍反映，界限清楚了，行动大胆了，接近工作组的贫下中农也敢说话了，反映情况也显得理直气壮。群众对《大纲》有了更进一步的认识，生产情绪也高涨起来了。

三月初，正气树起，邪气收敛，贫下中农真正扬眉吐气了。以贾得胜、张玉为主的部分贫农"比穷""比苦"的串联更加主动。在串联活动中，掌握由少到多、前后对比、左右衡量、循序渐进，以保证贫农团的纯洁性和坚强的战斗力。在串联发展中，贫农发扬高度的当家作主精神，使工作进展很快。三月八日，贫农团已发展到15人，初步形成了核心力量。

随着广大贫农热情的高涨，贫农团的力量逐渐壮大起来。三月十一日，贫农团已发展到31人。在此基础上，工作组决定对村干部进行审查，并发动妇女加入贫农团。不到一周的时间，已有41名妇女积极参加了贫农团。截止五月上旬，贫农团已基本建成。北皋西街土改整党工作组因此受到魏县县委的多次表扬，县办小报也连续刊登了工作组的先进事迹，《冀南日报》也以数篇报道介绍了土改工作组的经验。

二、建立新农会

贫农团经过整顿——吸收——再整顿以后，农村阶级界限已基本清楚，贫农团员约发展到130余人，贫雇农的领导地位已经确立，歪风邪气已被刹住，各项事情只有贫农团说了算。为了更进一步发展新农会，在一次全体贫农团大会上，选出了出身纯正、为人正派、办事公道、负有众望且又有办事能力的近20人为代表，并以他们为骨干，分组讨论团结中农的工作，扩大团结面，孤立打击少数地富。在讨论中，贫农团员普遍认识到了"众人拾柴火焰高"，"团结起来力量大"的道理。一致同意并通过了吸收中农参加、组织以贫农团为主体的新农会。

五月十五日，以酝酿讨论审查通过，不到十天的时间，就吸收中农30余名，新农会已拥有160人以上。许多中农情绪稳定、思想解放、发言积极、情绪高昂。中农刘树林是个新发户，平时做买卖，日子过的挺好，开始害怕再挨斗。当吸收他参加新农会时，他感慨地说："还是共产党的政策好啊！"

在党的政策感召下，仅十多天时间绝大部分中农被吸收参加了新农会，从而贫农、中农思想上形成了一个拳头，从言论到行动上都表现出团结的气氛，在工作和生产中，达到了一呼百应，团结一致，一心一意搞好工作的新局面。

三、划分阶级成分

七月份，工作组依靠新农会对过去贯彻《五·四》指示中的遗留问题进行认真的复查，从分土地、财产中找问题。新农会广大会员认为：地主没有彻底斗透，贫农没有彻底翻身，大有雨过地皮湿之嫌。意见最大的是土地和浮财的分配，有的地主留下好地，而贫农分得的只是一些薄地。如贫农老店两口子60多岁了，分到的却是一些远地、薄地。靠近集市的门市房，干部占的多，与干部有关系的人占的多，而有的贫农如张学彦常做买卖却没有分到一间门市。群众说："地主是斗了，干部沾光了，贫农也得了，就是分配不均。"再就是错划漏划成分现象。总之，过去的阶级阵线是不够清楚，分配方案有些地方不合理。

正值此时，上级下发了土改意见和经验，工作组除认真学习领会这些意见和经验，还反复学习了毛泽东《中国社会各阶级分析》和《怎样分析农村阶级》等重要文章，提出名单，新农会逐户审查通过，最后张榜公布。

四、建立村政权

在整党过程中，工作组采取新农会会员集中评议，吸收贫下中农代表参加的党员会和党支部生活会三种形式，通过群众讨论，有针对性地进行整顿，对存在的问题认真解决，使党员干部作风有了明显的好转，思想也有了很大的提高，组织力量 也有所加强。在整党后期，吸收了出身纯正、工作积极、大公无私的进步农民加入中国共产党，为组织充实了新的力量。

在整党的基础上，工作组依靠群众民主选举了村政权机构，建立了人民当家作主的村政权，广大群众欢欣鼓舞，庆祝土改整党的胜利。工作组临走时，全村男女老少送出很远，留恋忘返。

第三节　土地复查

土地改革后，针对许多地方暴露出的土改不彻底状况，魏县全面开展土地复查，做到彻底平分土地。民国三十六年（1947年）七月开始，至九月基本结束，土地复查运动的整个过程大体上分为三个阶段。第一阶段为思想发动阶段。七月初，县委在崔阁村召开了动员大会，会后组织翻身工作队，深入农村，发动群众，组织农会从上到下，先党内后党外，普遍进行形势教育，树立搞好复查的信心。在党内开展反倾向斗争，进行批评与自我批评，扫除思想障碍，县委就土改中出现的偏差作了检讨，在群众中进行阶级和阶级斗争教育，启发群众当家作主的思想。各区在干群思想统一后，建立了土地复查小组及复查委员会，领导土地复查运动。第二阶段为开展斗争行动阶段。一是对干部多得田、得好田，经群众揭发后作认真检讨，并立即清退纠正。二是发动群众，对土改不彻底的地主、富农进行说理斗争，坚决做到三要（要田、要粮、要契），直到全部胜利为止。第三阶段，为民主分配胜利果实阶段。经过复查出来的土地、粮食等胜利果实，根据经济状况和斗争贡献，按照分配政策，通过群众讨论，领导审批，分给贫雇农群众，确立产权，立好契据。同时使地主也按人口分得一份土地，从事劳动自食其力，对在运动中错斗富裕中农和侵犯中农利益的问题，在经济上给予了补偿，还召开了以“贫农、中农一家人”为内容的“团结会”。

在土地复查中，魏县复查出多余地、黑瞒地355277.4亩，查出粮食27526斤，被查出来的土地，地主占有68%，基层干部占20%，公田、公学田占12%。对查出来的土地之分配方法是：对地主、富农多留及干部多占、隐瞒不报、留作公用等土地，一律抽拿下来，本着抽肥补瘦、肥瘦均匀、抽多补少、抽实补虚、好差搭配的精神合理分配，补田的对象主要是土改时得田少、得差田的贫雇农，对军烈属、鳏寡孤独加以照顾。魏县被查出的粮食分配，一般采取粮跟田走，得田得粮。在复查中，追回地主、富农原保存的老契700张，大部分的老契都退出来了。见表13－1－2－2。

1947年魏县土改复查没收的生产资料情况表

表13－3－3－16　单位：亩、个、头、件

项　目	仅进行土改复查的	进行复查又复查补课的		合　计
		复查时清算	补课时清算	
乡数（个）	94	38		132
土地（亩）	8436	8732	8812	25980
牲畜（头）	256	316	389	961
农具（件）	11320	18947	21395	51662

经过复查划定阶级成分，对贫农填平补齐、补偿错斗中农和受损伤的工商业户，划分农村阶级是按照中央1933年划分农村阶级的两个文件，结合任弼时《土地改革中的几个问题》报告，按剥削量计算，即凡占有土地自己不劳动或只有附带劳动，而靠剥削农民为生的人为地主。富农与中农的区别，视剥削量的多少，即剥削量超过25%的为富农，不足25%的为中农，经过群众评议，三榜定案，魏县由农民阶级划为地主的30户，划为富农的150户；由地主成分甄别为富农的25户，由富农甄别为中农的178户，对于被划错成分的户共归还土地13400亩，房屋300间，农具800件，耕畜200头，小麦3000公斤。清除了隐患，同时为安定人心，激励生产，补发新契1300张，块块农田确定产权，对农民分得的耕地、房屋予以法律保护，巩固农民长期从业的信心，实现了农民土地所有制，农民对所得的土地可自由买卖。

第十四编

土 地 文 化

史志艺术文化，创始于汉代班固，古今艺文，粲然可观，后世皆因之。

中华人民共和国成立后，中共魏县县委县人民政府大力发掘历史文化，宣传历史文化，推广历史文化，将对联、书法、歌曲、歌谣、谚语、歇后语、著作、创作、信息、诗歌、舞蹈、戏剧、典故、传说、轶事等艺文项目进行挖掘整理，使之服务于人民，造福于社会，成为人民喜闻乐见的艺文财富，对于人民自我教育，促进各项工作发展是一种不可缺少的形式。

兹修《魏县国土资源志》略仿古例，凡与土地有关内容皆收入其中，以其为土地工作服务。

第一章　土地对联、书法、歌曲

土地对联、书法、歌曲，是土地管理工作中的一种宣传形式。在历史的各阶段，起到了一定推动作用。特别在中国土地革命、抗日战争、解放战争、建国初期以及三大改造时期和十年探索时期。魏县各界文人墨士，在中国共产党的领导下，大家动手、动脑，人人献计献策，创造出生动活泼，又脍炙人口的对联、书法、歌曲等，形象反映了魏县的地理特征，也鼓舞了时代士气，为顺利完成中共魏县县委、魏县人民政府提出的各阶项任务，发挥了积极作用。

第一节　对　联

△大地绿　水长流
△人口爆炸　土地告急
△天垂余庆　地接长春
△青山叠翠　沃土流金
△土可生白玉　地内出黄金
△土能生万物　地可发千祥
△位列上中下　才分天地人
△人生土是根　命存地为本
△国以土为本　民以食为天
△有田皆祥瑞　无土不春风
△文坛芳草地　艺苑艳阳天
△岁岁爱土地　年年歌大有
△土为国之宝　谷乃民之天
△有门皆毓秀　无地不丰收
△珍惜无价土地　爱护无限资源
△落实基本国策　珍惜每寸土地
△祖国山青水秀　中华人杰地灵
△保护基本农田　造福子孙后代

△条条渠水淌玉　方方沃土流金
△神州青山不老　大地绿水长流
△春回大地诗行绿　日耀长天画卷红
△春回大地财源旺　福满人间事业兴
△科学种地地生宝　勤劳持家家聚财
△珍惜寸土土藏玉　爱护耕地地生金
△多种经营财源广　科学种田产量高
△寸土尺天千古秀　五风十雨四时春
△对歌稔岁齐天乐　联唱明时大地春
△五光十色满天彩　万紫千红遍地春
△一冬无雪天藏玉　三春有雨地生金
△良田毁寸千年失　毁者永远是罪人
△荒地开毫万古益　开者永久为功臣
△喜居宝地千年旺　福照家门万事兴
△一号宏文吻天地　八方惠策润沧桑
△风落梧桐梧落凤　梅连雪地雪连梅
△春风劲舞田园绿　冬雪狂吹大地红
△珍惜土地皆生宝　爱护家园可纳祥
△春回大地万物生　政通人和百业旺
△投肥报粮哪多哪少　侵厘失德何重何轻
△珍惜土地人人有责　保护土地家家有为
△开发城镇高商土地　建设民有低价住房
△喜迎门天乐人亦乐　春及地花开心更开
△孺夫惜土责无旁贷　卫士护田舍死忘生
△珍惜沃土功于现代　保护良田利在千秋
△一日三餐餐餐不离食　五谷养人人人皆温饱
△看大好河山皆成锦绣　望无际田野尽是黄金
△土地乃人类生命之父　水利为万物生命之母
△沙滩开垦江山添秀色　沃土节约大地换新颜
△燕舞莺歌喜迎春回大地　张灯结彩欢庆冬去人间
△依法有偿使用国有土地　严禁无序开发民用房产
△土生金金生土土金同贵　人养地地养人人地互养
△村村平坦路路路争辉铺锦绣　处处小康楼楼楼谧彩庆丰年
△知我国情人均土地资源贫乏　为我子孙节地保水振兴中华
△统一规划统一征地统一开发　依法建房依法出让依法收税
△烽火燃太行　点起民族英勇志　枪声骤大地　震醒中华卫国魂

第二节　书　　法

书法是文化内容之一。为宣传土地重要性，加大土地宣传力度，魏县国土资源局组织聘请书法爱好者，书写了以宣传土地为主要内容的书法作品。

封俊虎(中国书法家协会会员)

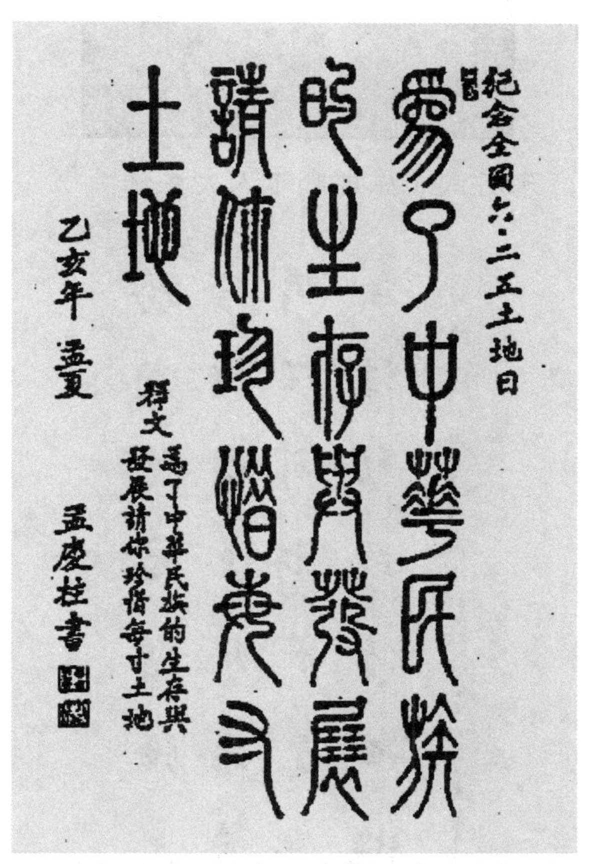

孟庆柱（原河北省土地管理局副局长)书

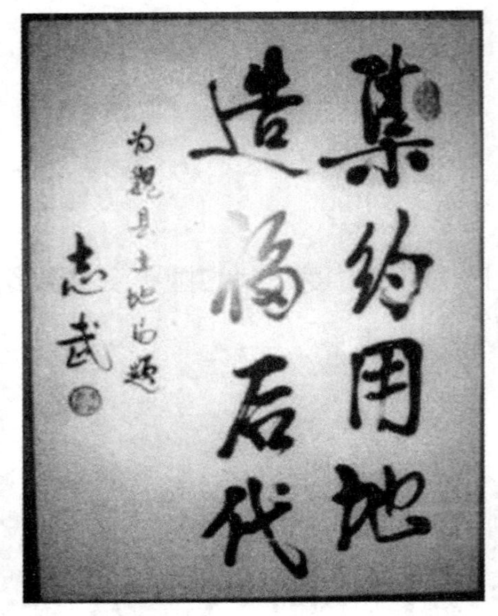

朱志武（原邯郸市人大主任）书

李步军（原邯郸市政府副市长）书

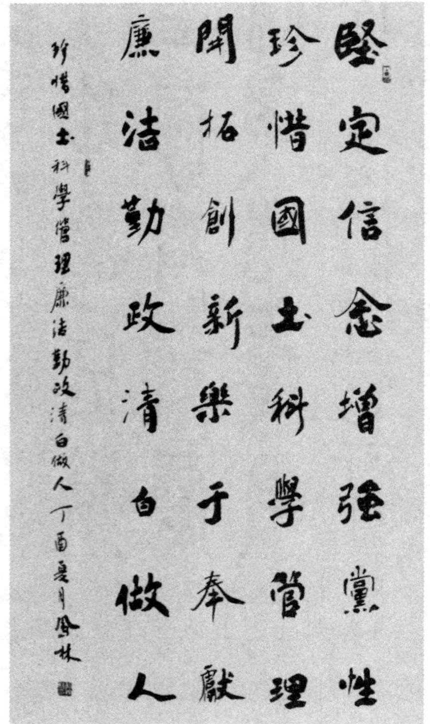

郭凤林（河北省书法家协会会员）书

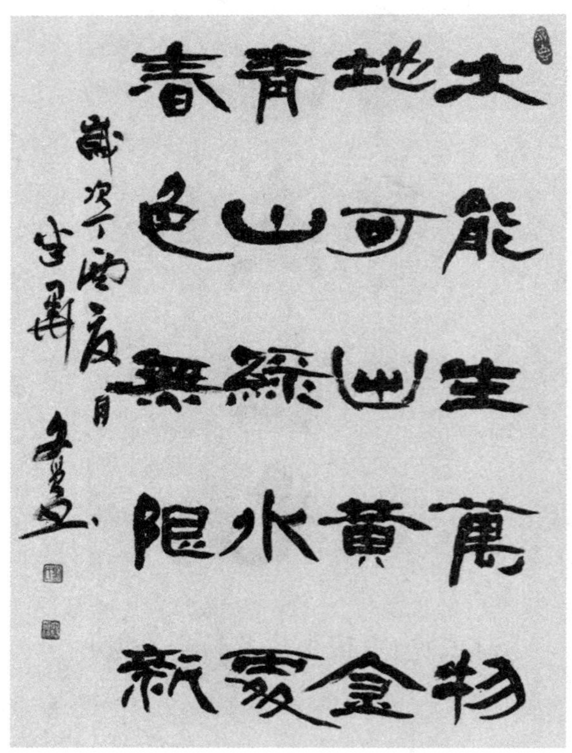

刘文贤（河北省书法家协会会员）书

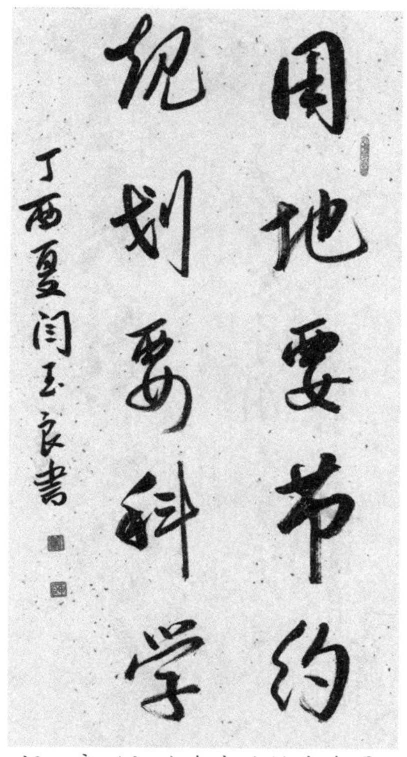

闫玉良（河北省书法协会会员）

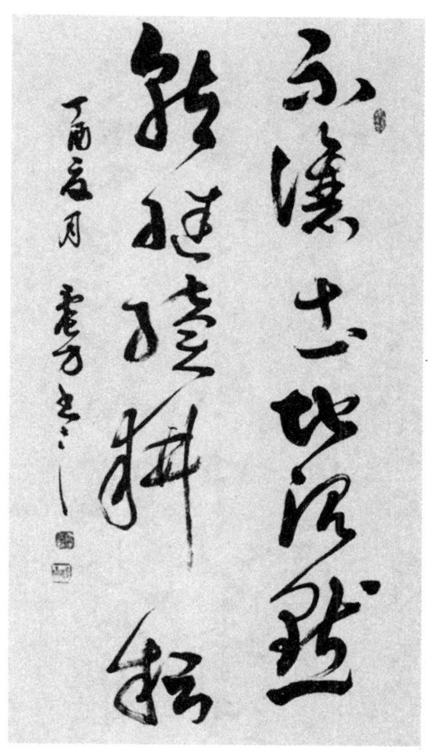

张震方(河北省书法家协会会员)书

杜学文（原县委组织部副部长）书

赵春晖(县进修学校校长)书

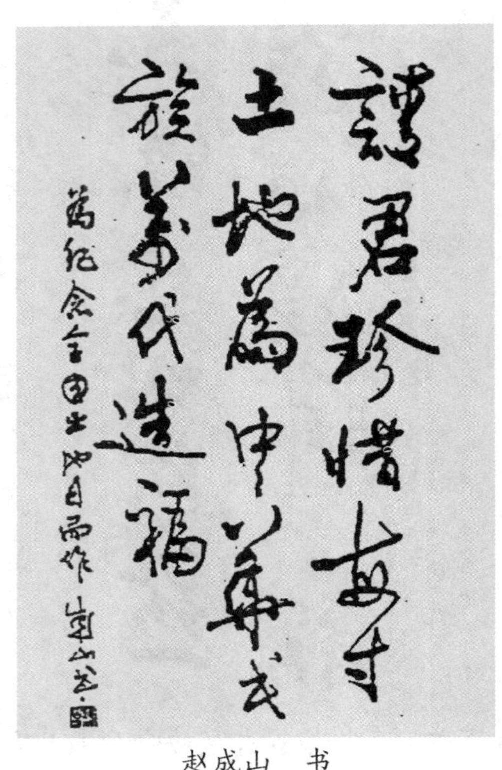

赵成山　书

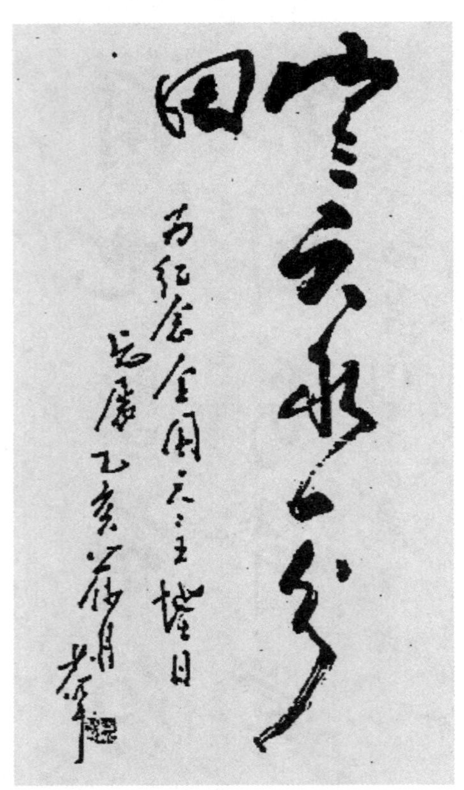

李向文（原政府办公室干部）书

第三节　土地歌曲　歌词

土地歌曲产生于上世纪三、四十年代抗日战争和解放战争时期。在中国共产党的领导下，魏县人民为反对日本的侵略、国民党发动的内战，实现耕者有其田，保卫土改胜利果实，用歌曲形式进行呐喊和呼唤，起到了团结人民，鼓舞斗志，打击敌人和反动阶级的作用。建国后，魏县人民利用歌曲歌颂美丽的家乡，告诉人民保护土地的重要性，起到了良好的宣传效果。

一、土地歌曲

减租减息歌

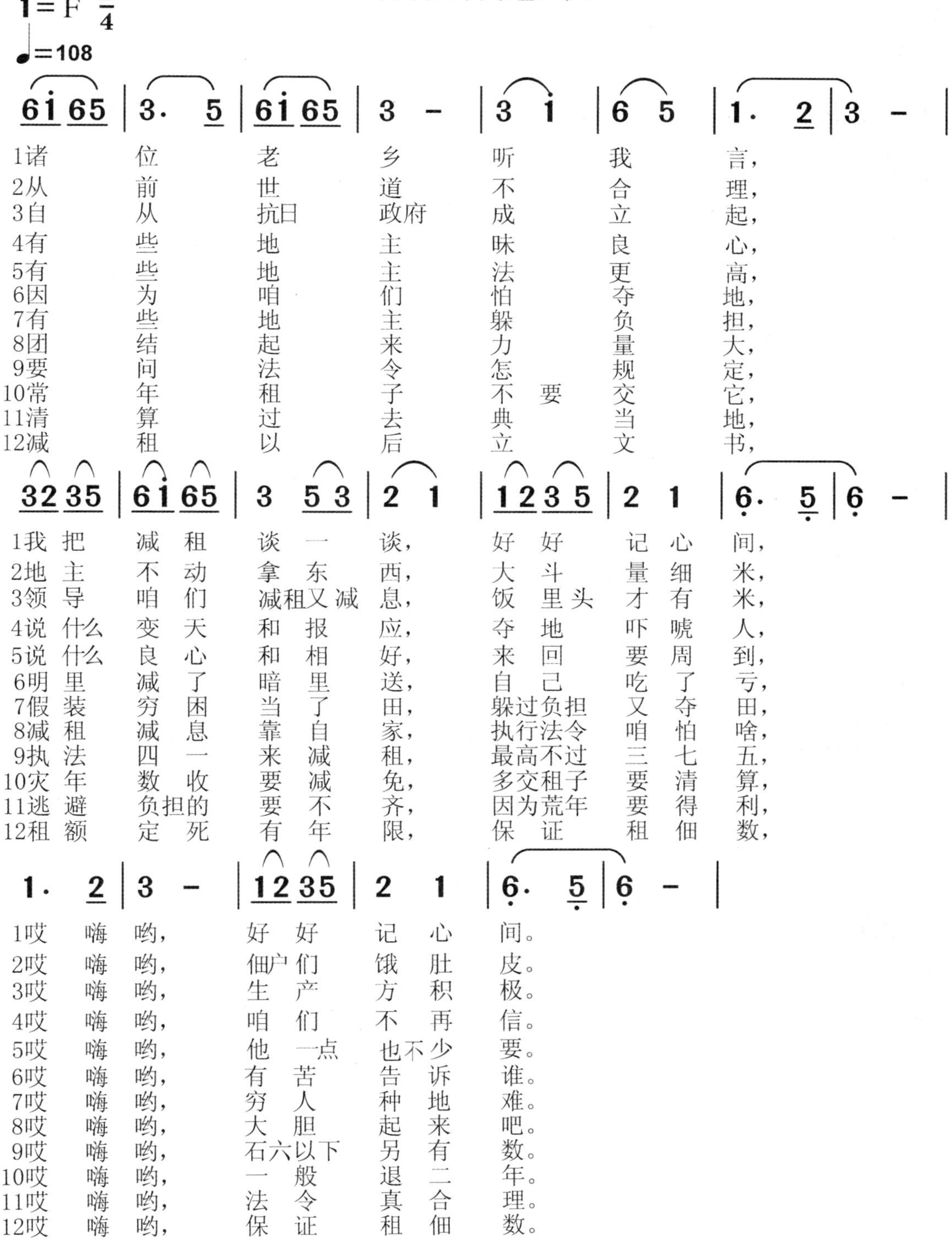

1＝F $\frac{2}{4}$

♩＝108

6 1̇ 6 5 | 3. 5 | 6 1̇ 6 5 | 3 - | 3 1̇ | 6 5 | 1. 2 | 3 - |

1诸 位 老 乡 听 我 言，
2从 前 世 道 不 合 理，
3自 从 抗日 政府 成 立 起，
4有 些 地 主 昧 良 心，
5有 些 地 主 法 更 高，
6因 为 咱 们 怕 夺 地，
7有 些 地 主 躲 负 担，
8团 结 起 来 力 量 大，
9要 问 法 令 怎 规 定，
10常 年 租 子 不 要 交 它，
11清 算 过 去 典 当 地，
12减 租 以 后 立 文 书，

3 2 3 5 | 6 1̇ 6 5 | 3 5 3 | 2 1 | 1 2 3 5 | 2 1 | 6̣. 5̣ | 6̣ - |

1我 把 减 租 谈 一 谈， 好 好 记 心 间，
2地 主 不 动 拿 东 西， 大 斗 量 细 米，
3领 导 咱 们 减租又减 息， 饭 里头 才 有 米，
4说 什么 变 天 和 报 应， 夺 地 吓 唬 人，
5说 什么 良 心 和 相 好， 来 回 要 周 到，
6明 里 减 了 暗 里 送， 自 己 吃 了 亏，
7假 装 穷 困 当 了 田， 躲过负担 又 夺 田，
8减 租 减 息 靠 自 家， 执行法令 咱 怕 啥，
9执 法 四 一 来 减 租， 最高不过 三 七 五，
10灾 年 数 收 要 减 免， 多交租子 要 清 算，
11逃 避 负担的 要 不 齐， 因为荒年 要 得 利，
12租 额 定 死 有 年 限， 保 证 租 佃 数，

1. 2 | 3 - | 1 2 3 5 | 2 1 | 6̣. 5̣ | 6̣ - |

1哎 嗨 哟， 好 好 记 心 间。
2哎 嗨 哟， 佃户 们 饿 肚 皮。
3哎 嗨 哟， 生 产 方 积 极。
4哎 嗨 哟， 咱 们 不 再 信。
5哎 嗨 哟， 他 一点 也不 少 要。
6哎 嗨 哟， 有 苦 告 诉 谁。
7哎 嗨 哟， 穷 人 种 地 难。
8哎 嗨 哟， 大 胆 起 来 吧。
9哎 嗨 哟， 石六以下 另 有 数。
10哎 嗨 哟， 一 般 退 二 年。
11哎 嗨 哟， 法 令 真 合 理。
12哎 嗨 哟， 保 证 租 佃 数。

歌唱土地法

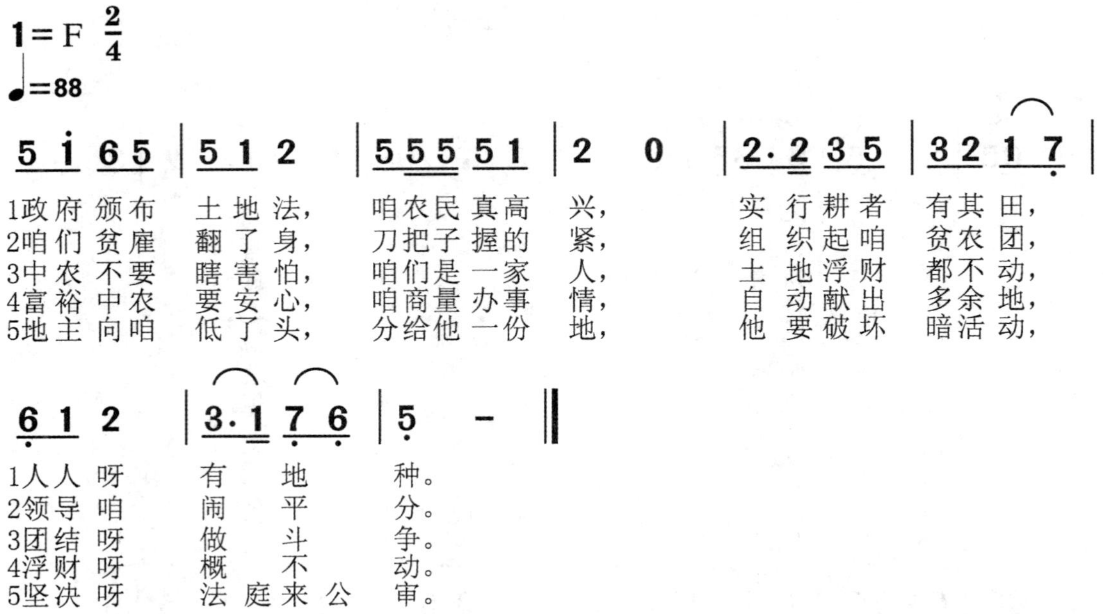

1=F 2/4
♩=88

5 i 65 | 5 1 2 | 555 51 | 2 0 | 2·2 3 5 | 3 2 1 7 |

1政府 颁布　土 地 法，　咱农民 真高　兴，　实 行 耕 者　有其 田，
2咱们 贫雇　翻 了 身，　刀把子 握的　紧，　组 织 起 咱　贫农 团，
3中农 不要　瞎 害 怕，　咱们是 一家　人，　土 地 浮 财　都不 动，
4富裕 中农　要 安 心，　咱商量 办事　情，　自 动 献 出　多余 地，
5地主 向咱　低 了 头，　分给他 一份　地，　他 要 破 坏　暗活 动，

6 1 2 | 3·1 7 6 | 5 - ‖

1人人 呀　有　地　种。
2领导 咱　闹　平　分。
3团结 呀　做　斗　争。
4浮财 呀　概　不　动。
5坚决 呀　法 庭 来 公　审。

实行耕者有其田

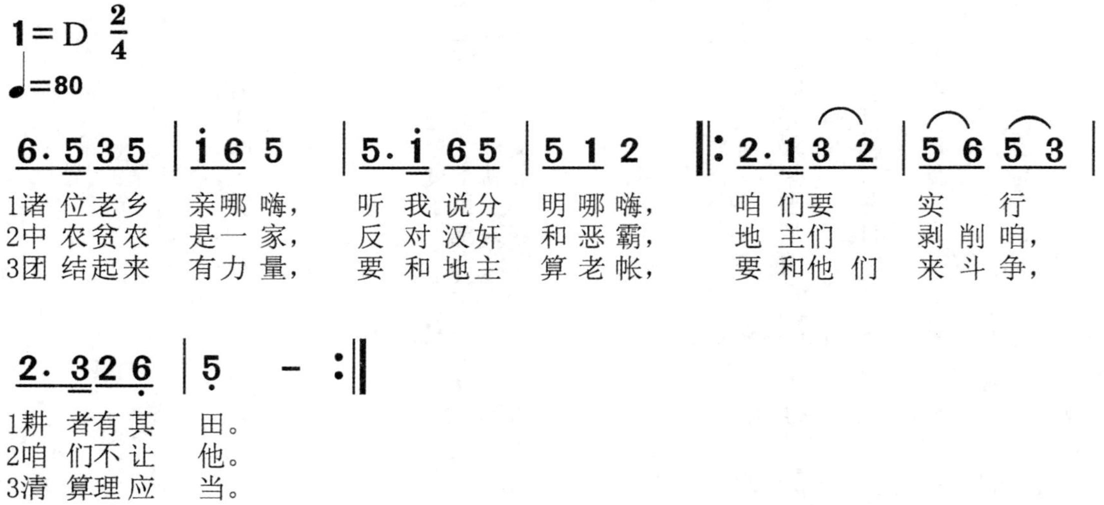

1=D 2/4
♩=80

6·5 3 5 | i 6 5 | 5·i 6 5 | 5 1 2 ‖: 2·1 3 2 | 5 6 5 3 |

1诸 位老乡　亲哪 嗨，　听 我说分　明哪 嗨，　咱 们要　实　行
2中 农贫农　是一 家，　反 对汉奸　和恶 霸，　地 主们　剥 削 咱，
3团 结起来　有力 量，　要 和地主　算老 帐，　要 和他 们　来 斗 争，

2·3 2 6 | 5 - :‖

1耕 者有其　田。
2咱 们不让　他。
3清 算理应　当。

我心中的土地

（女声独唱）

1＝D 2/4

中慢、深情地

牛振岭　词
红　斌　曲

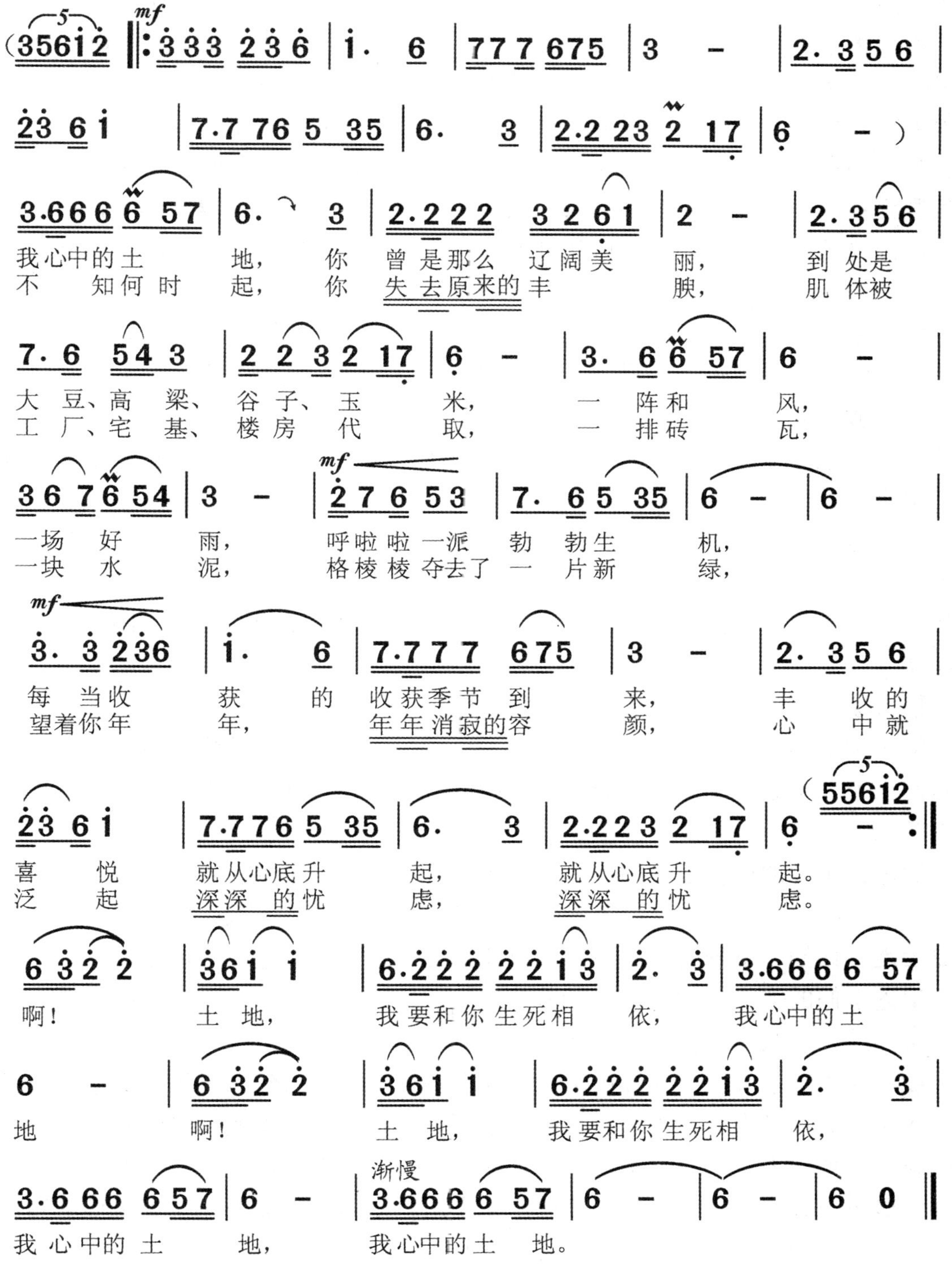

我心中的土地，你曾是那么辽阔美丽，到处是大豆、高粱、谷子、玉米，一阵和风，一场好雨，呼啦啦一派勃勃生机，每当收获的收获季节到来，丰收的喜悦就从心底升起，就从心底升起。

不知何时起，你失去原来的丰腴，肌体被工厂、宅基、楼房代取，一排砖瓦，一块水泥，格棱棱夺去了一片新绿，望着你年年，年年消寂的容颜，心中就泛起深深的忧虑，深深的忧虑。

啊！土地，我要和你生死相依，我心中的土地

啊！土地，我要和你生死相依，

我心中的土地，（渐慢）我心中的土地。

二、抗日时期土地歌词

长工歌： 春季里雨绵绵，带着犁耙去耕田，从早作到天乌黑，苦啊苦！长工生活真可怜。夏季里热难当，拔草锄地忙中忙，满身皮肉都晒黑，苦啊苦！长工不如牛马羊。秋季里秋风凉，谷子玉米排上场，腰酸骨痛气力尽，苦啊苦！东家吃米我吃糠。冬季里霜雪天，辛辛苦苦又一年，两手空空回家去，苦啊苦！还是无米又无盐。

谁敢夺我一寸土： 敌人从那里来，打他回那里去，敌人从那里进攻，将他消灭在那里！中华民族是铁的集体，谁敢夺我一寸土，兵士们向前冲，同胞快起来，坚决和他斗到底。

保卫国土： 同胞们起来！起来！保卫国土，向敌人作英勇的反攻！你看日本强盗已在动手，你听、侵略的炮声正隆隆！退让就是死亡，要生存只有抗争。起来起来起来！同胞们保卫国土，向敌人作英勇的反攻。

同胞们起来！起来！保卫国土，为民族作敢死的先锋！你看，全国军队已在动手，你听、抗敌的狂涛正汹涌！退让就是死亡，要生存只有抗战。起来起来起来！同胞们保卫国土，为民族作敢死的先锋。

保家乡： 同胞们听我讲，咱的东邻居，有个小东洋，几十年来练兵马，东洋逞霸强，一心要把中国亡。

九一八平地起风浪，一夜里领人马，侵占我沈阳，强占土地和财产，老百姓遭了殃，东北四省被灭亡。

卢沟桥二次动刀抢，强占了黄河北，又占扬子江，南京杀人数十万，国都变屠场，哪个见了不心伤。

同胞们大家都知道，这时候不想法，亡了国灭了种，后悔不行了，还有谁来将仇报。

种田的多种麦和稻，粮食足兵马强，那怕鬼子呈凶暴，要不然到处饥荒闹，种田人罪不小。同胞们大家一条心，不退缩不分裂，齐心打敌人，中国同胞四万万，那怕他小日本，赶走日本当主人。

守住田地： 田是的田，地是的地，咱的田地不能让给日本鬼，大家团结起来，加入八路来抗击。是老百姓，也是兵，要保卫国家和自己，只有赶走日本兵，大家才好活命。

保卫土地： 你们拿枪杆的快向前跑，拿锄头的来挖战壕，挖条战壕牢又牢，不怕鬼子们的枪，不怕鬼子们的炮，看中华民族的战士们，把50年的仇恨一笔消！抗日的战线生铁在燃烧，军民一致，万众一心把仇敌打倒！万众一心把土地保。

讨饭歌： 左手拿着瓢，婴儿怀中抱，一家老小把饭要。去年秋天里，大水波浪翻，地里的庄稼被水淹。这水是谁放，本是小东洋，他要把冀南土地全淹光。可恨真可恨，鬼子到我村，奸淫烧杀又把粮来吞。只有来抗日，才能保国民，男女老幼都要参加八路军。

粮食地里藏： 五月天杏儿黄，千家万户割麦忙，镰刀磨得亮光光，麦子堆堆满地场。男女老少割麦忙，军民合作来打场，大家努力齐割麦，粒粒辛苦粒粒香。军民齐心多打粮，公平负担缴公粮，军粮要靠大家帮，根据地里富又强。

家家户户种田忙： 二月里来好春光，家家户户种田忙，指望今年收成好，多捐五谷充军粮。打鬼子办法有多样，在后方种地多打粮，多出劳力也是抗战，反攻的胜利就在眼前。

再不能失掉一寸地：大家团结在一起，不能再等待。冀南的土地，住了上千代。不能让出去，再不能失掉一寸土，一定要把日本强盗赶出国土。把日寇坚决消灭掉！中国人决不是奴才。冀南同胞们快快起来！大家团结在一起，不能再等待。

在冀南大地上：在冀南大地上，在漳卫河之岸旁，学生聚一堂，学习努力，生活紧张，完成学习任务，贡献抗战力量，要把笔当刀枪，把日本帝国主义赶出鸭绿江。

盼太平：商业不能作，土地不能耕，这里有土匪，那里有鬼子兵，什么时候能太平？地呀种不上，债呀还不清，七月大水刚过去啊，八月来了日本兵，怎能得太平？提起日本兵，他们真是凶，这里烧房屋啊，那里杀人命，老人小孩都遭殃，妇女更不幸。

你呀你有钱，他呀他有枪，大家联合起来争生存啊，共同上战场，赶走日本才有希望。为了国土青年们都看见，日本鬼子多凶残，侵占国土，杀害亲人，多少同胞遭了难。

快起来快行动，拿起武器上前线。为了国土，为了家园，消灭日本鬼子才能保平安。

打汉奸：汉奸汉奸真是坏，出买国土当奴才，大家都反对，消灭汉奸不等待。

打东洋：小日本真猖狂，侵我土地烧杀抢，冀南百姓遭了殃。老乡们同胞们，团结起来快行动，保家卫国来救亡。父送子妻送郎，好男儿扛枪上战场，保卫国土打东洋。

刘邓大军往南征：刘邓大军往南征，大别山上安了营，解放人民一大片，解放区人民齐支援，打倒蒋介石，才有太平好时光。

解放战争第三年，胜利消息传魏县，全国胜利已不远，后方加紧闹生产，开口就言冀鲁豫，这是一块大平原。

贫农一定要当家，团结起来力量大，平分土地和财产，打倒地主和恶霸，贫农有地又有房，支援解放贡献大。

佃户张所是模范：西南角穷人多，住着佃户张庆和，没有房、没有地，生个儿子叫张所。长到七岁去放牛，十五六岁做长工，十六七岁去当兵，土地斗争当先锋。斗地主分田地，张所处处是楷模。二嫂替他去说媒，俊女同意乐呵呵。

第二章　歌谣　谚语　歇后语

歌谣、谚语、歇后语等，是人民在漫长的生活、生产中总结出来的经典语言。不仅具有科学性、大众性、还是各种工作实践经验的总结和升华，在人们琅琅顺口的语言中、说笑中，教育、指导人民工作和生活。本章收集的部分歌谣、谚语、歇后语，均与土地、农田有关，都有着言简意赅的教育意义，企望给人民以启迪。

第一节　歌　　谣

一、歌谣

△有地没有牛，主人干发愁，有牛没有地，主人干生气。

△县三月，府半年，道里官司不种田。

△小雀小雀毛儿乍，公公犁地，儿媳妇耙，小女婿打坷垃。走路的别笑话，俺是亲爷仨。

△高粱花，落满头，俺回娘家赶花牛。花牛花，赶到家，公公犁地婆婆耙，媳妇跟着打坷垃，过路的别笑俺，俺们是一家。

△一人一条心，挣断脊梁筋，十人一条心，黄土变成金。团结起来搞四化，祖国就是现代化。

△杨树叶，哗啦啦，锅里煮的面圪塔。爹吃完去犁地，娘吃完去种瓜，哥哥吃完去砍柴，姐姐吃完去纺花，两娃争着铲圪渣，坷叉坷嚓两勺把。

△打罢春，又一年，漳河两岸丰收田，一亩麦子打八石，三棵黄葱切半年，早上起来菜园过，见个萝卜顶着天。

△穷人难，穷人难，穷人就怕过新年，身上没有衣，腰里没有钱，成年种地没饭吃，日夜纺织没衣穿。老人瘦如柴，小孩乱叫唤，一家少吃又缺穿（指旧社会穷人）。

△刘邓大军进中原，赶走老蒋和民团。又分粮、又分田，穷人翻身掌大权。

△政府新法令，照顾各阶层。减租又减息，剥削要减轻。增赏和倒佃，穷人最欢迎。

△互助组是方向，团结起来有力量。大家参加互助组，男耕女织生产忙。男人种地多打粮，妇女纺织作衣裳。多打粮、做衣裳，支援前线打老蒋。

△分了责任田，农民笑开言。累得浑身疼，心里觉得甜。

△百斤棉、千斤粮，大字标语写满墙。口号喊了几十年，不如分了责任田。

第二节　谚　　语

△小满种芝麻，亩收一石八。

△过了七月节，耕地不用歇。

△立夏犁地不带耙，准备种麦打坷垃。

△五黄六月去种田，早晨下午红半拳。

△只要地不冻，有麦（种）只管种。
△沙（参）地冻把楼摇，种一葫芦收两瓢。
△雪打惊蛰前，地里好种田。
△杨叶拍巴掌，下地压瓜秧。
△清明桃花雪，立夏地开裂。
△七十二行，土地为上。
△地有千石肥，家有万石粮。
△人不哄地皮，地不哄肚皮。
△薄地怕勤人，肥地怕懒人，人勤地不懒，人懒地变脸。
△土地胸怀，无私奉献。
△地不勤耕，五谷不生。
△地凭肥养，苗凭肥长。
△种地不上粪，等于瞎胡混。
△种地不用问，勤锄草，多上粪。
△千担粪下地，万担粮归仓。
△人哄地一天，地哄人一年。
△种地选好种，一垄顶两垄。
△种子田，好经验，忙一时，甜一年。
△地尽其利田不荒，合理密植多打粮。
△肥地要稀，瘦地要密。
△种地种到老，还是早麦早豆好。
△一亩果树三亩田，百株果树十亩园。上结果，下种地，又能吃又卖钱。
△百物土中生，土能生万物。
△万物生于土，万物归于土。
△天上彩云虽美丽，千变万化风吹乡。地下泥土虽肮脏，它能长出好庄稼。
△黄土压上沙，孩儿见了妈。
△黄土配沙田，一年顶二年。
△人要结实、土要疏松。
△家里土地里虎。
△水土不下坡，谷子打的多。水土不出田，粮食吃不完。
△保土必先保水，治土必先治水
△小孩要娘，种田要塘。
△种田不换种，累得背打躬。
△种田无粪，瞎子无棍。
△秋天能锄三遍草，收的秋粮分外好。
△河坝不修，田变沙洲。

△人离不开土地，土地离不开人。
△土地离人荒芜，人离土地饿死。
△土吃人叫哭连天，人吃土欢天喜地。
△土地是万物之母，人是土地的奴仆。
△流浪者说土地太广博，只有故乡那一块多好？
△种田多种谷，养儿多读书。
△好田出好米，好母生好子。
△肥田好秧，瘦田好谷。
△肥田的禾，瘦田的谷。
△肥田种秧，瘦田种料。
△宁栽瘦秧，莫栽瘦田。
△黄秧种瘦田，发芽到来年。
△稻要沤泥田，麦要沙土田。
△高田的谷，朝南的屋。
△两土一合，必有好米。
△两土不合，咋有好禾？今年丰产，明年更多。
△栽种田不平，秋来无收成。
△麦田要深耕，儿子要亲生。
△犁得深，耙得坦，一亩能顶两亩半。
△犁田多一次，谷穗长一寸。
△田要冬耕，儿要新生。
△田不冬耕不收，马无夜草不肥。
△冬天不犁田，春天喊皇天。
△冬田犁两道，明年收成好。
△犁田过冬，虫死土松。
△隔年翻了田，不怕庄稼无本钱。
△犁田晒霜，粮食满仓。
△冬季早耕田，功夫在来年。
△正月犁田如过冬，二月犁田正当中，三月犁田正忙时，四月犁田干鬼工。
△生地种瓜，熟地种花。
△天旱不忘锄地，雨涝不忘浇园。
△伏天刮层皮，等于秋天犁一犁。
△千年棉田，万年秧田。
△好母生好子，好种出好谷。
△田里要好秧，家里要好娘。
△麦谷不认爹和娘，精耕细作多打粮。

△无事田边走，谷米长几斗。

△麦田出在犁头上，秧田出在锄头上。

△深犁地精细耙，种上麦收成大。

△立秋耕地不耙，会误来年麦夏。

△麦地耙出油，谷地拌倒牛。

△地里多锄几遍草，颗颗麦粒似红枣。

△麦地要锄两三遍，撑风多杈双耐旱。

△麦地锄三遍，麦麸变成面。

△麦地能锄三遍草，蒸出馍来味道好。

△谷地锄九饿死狗。

△田地做得好，棉花开得早。

△地沟长虾，黄豆开花。

△豆倒田翻身，麦倒地翻身。

△一亩园，十亩田，上结果子下种田，能走亲戚能卖钱。

△一棵果树三分田，百棵果树十亩园。

△旱地栽枣树，强似喂母猪。

△深翻土地瓜如瓢，硬土田里收核桃。

△地通风，果树兼养蜂。

△枣树开花忙种田。

△一园菜地三分粮。

△一亩萝卜一仓粮。

△一亩菜园三亩田，十亩菜园赚大钱。

△家有一亩园，胜过十亩田。

△水地萝卜旱地瓜。

△瘦地瘠岭不要丢，麻子瓜儿都能收。

第三节　歇后语

△龙王管土地——管得宽。

△土地爷推牌九——押地。

△土地爷拿邪——神出鬼没。

△土地公公炸铜棍——钱可通神。

△泥巴土地下水——自身难保。

△土地爷不还账——抹稀泥。

△南天门的土地——管的宽。
△土地爷接城隍——慌了小神。
△灶神爷买土地——一贫如洗。
△土地爷洗澡——成了一堆泥。
△三个土地堂——妙（庙）妙（庙）妙（庙）。
△土地爷头上栓绳子——提神。
△土地爷吃蚂蚌——大小是个荤腥。
△土地爷坐班房——劳（牢）神。
△土地爷种地——劳神。
△土地爷扑蚂蚱——拜把各位大神。
△土地爷理发——鬼摸头。
△关门土地——保佑自己太平。
△土地爷座石崖——靠山大。
△土地爷座软椅——养神。
△二两银子铸个土地爷——钱能通神。
△土地喊城隍——神呼（乎）其神。
△土地爷拍蚂蚱——慌了神。
△土地爷死儿子——绝妙（庙）。
△土地爷吃窝头——承担不起大贡。
△土地庙里的菩萨——从来没有过香火。
△土地爷坐秤盘——自称。
△土地爷剃头——生刮死刮。
△土地爷头上长草——（供）献。
△土地爷的骡子——自有畜生。
△土地庙里横批——有求必应。
△土地庙里泥胎——是个死哑巴。
△土地爷的拐棍——神处（杵）
△土地爷抽疯——抖神。
△ 土地爷挖了眼——瞎鬼。
△土地爷夫妇——一对孤寡。
△土地爷的宝贝——没谱。
△土地爷进监狱——倦（圈）神。
△土地爷比门神——一高一低。
△土地爷遇开路神——长短不一。
△土地爷洗脸——失（湿）面子。
△土地爷掉井——劳（涝）不起大驾。

△土地爷坐海船——伸到外国去玩。

△土地爷挖黄连——自找苦吃。

△土地爷守素——白跑（袍）。

△土地爷打鼓——老及老腔。

△土地爷吃汤圆——吞不下去。

△土地爷卖房子——盛（神）不住。

△土地爷的内脏——实（石）心实（石）肠。

△土地爷谈恋爱——爽神。

△土地奶奶坐月子——一肚子小鬼。

△土地堂里填窟窿——不妙（不庙）。

△土地爷上吊——神死了。

△土地爷开银行——钱通神路。

第三章　土地艺文

魏县历代文人辈出，仅自隋唐到清代，国家知名者达24人，著作达46部，800余卷。

中华人民共和国成立后，广大文艺工作者得到了新生，各种作品，如雨后春笋，特别是改革开放以来，种类增多，质量提高，为魏县文化繁荣作出了贡献。本章收集的是与土地有关的著作文章，用以展现土地艺文的成果。

第一节　著　　作

魏域文人荟萃，见于国家储存者不下百人，旧志记载著作不下千种，然专著土地者较少。根据查阅各种史料，涉及土地农业著作主要有以下几种：

百行草一卷《新唐书 艺文志》，唐洹水杜正伦著，按：正伦工属文，隋重举秀才，时中者天下不足十人，而正伦与其兄正玄、正藏，一门中三秀才（进士），皆高第，为世歆美。杜常与中书舍人董思恭夜论文章。思恭谓人曰：“与杜公评文，今日觉吾文顿进。”百行草所论土地种植也。

宋刘安世论章惇强买民田疏。

按：刘安世，宋魏县人，少时，持论已有识。登进士第，从学于司马光，光入相，荐为秘书正字，擢右正言，迁起居舍人兼左司谏，进左谏大夫。有《文集二十卷》《尽言集》十三卷《通签高义》十卷。“论章惇强买民田 疏”乃刘安世评论民田时弊向皇帝呈送的疏本。

元丰土页录二卷《宋史艺文志》，宋魏县人李清臣撰，

按：李清臣宋魏县人。七岁知读书，日数千言，经目辄诵，戏为文章。宋哲宗时官是尚书左丞。著有《李清臣集》80 卷。“欧阳修爱期文，以比苏轼”。土贡录二卷录各地土特产品之名。

蛩音小稿，（不详卷数）明魏县人刘禠撰 。

按：刘禠，陕西按察刘举子，幼有奇抱，与同邑申遂、王永寿并称魏县三杰，蛩（音穷）、蝗虫、（淮南子、本经训）“飞蛩满野”

北沙集五卷，明王永寿撰

按：王永寿，号北沙。（北沙对南沙口而言，即今之沙口集，永寿为北沙口人，故以名其集，且以为之号）。岁进士（举人尊称），与魏县申旞、刘禠并称三杰。浙东杨挺选序日：“余览之，有记叙、有颂述、有诗歌行赋，精莹崎崛，石臻妙境。”卷内土质论述有独特见解。

四以草（十二卷），明魏县人郑帅元撰。

按：郑帅元，字得传，巡抚国士子，精于“象纬”得秘授，能为车营大阵善书方丈余大字，魏旧城内“三世二品坊”即其手笔。四以草主论土地和植物。

中州疏草，（卷数不详）明魏县人李养正撰。

按：李养正，号玄白，字若蒙，官居南京刑部尚书，此编系巡抚河南时著。

小草集（五卷），荞田利笔（二卷），小草集（一卷），桑梓文献志（二卷），荞田多录（二卷）荞田琐记（二卷）荞田缀语（二卷）求雨杂记（存）魏县人崔述撰。

按：崔述，字东壁，魏县人。考古学家，辨伪学家，被日本及东南亚诸国文学家称为为当代中国最伟大的学者。1995 年，被国家文化部命名为从孔子始，至孙中山止的中国二百历史名人之一，著有考信录 36 卷，本志收录的著作均与土地和植物有关，其余方面未录入。

魏虚杂志（二卷），魏县崔迈撰。

按：崔迈，字德皋，崔述弟，聪明异常，有文才。《杂志》记载了魏域的土禾长情。

《魏县土壤志》。1982 年 4 月至 1984 年 10 月，魏县土壤普查办公室编撰，全县土壤共分为褐土、潮土两个土类，八个土层，50 个土种。

《农人的圣经》（一卷）魏县高峻著。

《坚硬的麦粒儿》（一卷）魏县高峻著。

按：高峻，1963 年 2 月出生，中共党员，大专，魏县东代固镇后罗庄村人。1982 年，邯郸农校毕业，现供职于魏县国土资源局。2006 年，被纳入中国国土资源作家协会会员，2015 年，纳入河北省作家协会会员，作品颇丰。《农民的圣经》2011 年 7 月，由国际文化出版社出版。《坚硬的麦粒儿》2017 年 12 月，由新华出版社出版。“两书”记载的是故乡的土、故乡的人、故乡的事、故乡的万物，乡土气息浓厚。

《魏县土地志》　（一卷），编委会主任：马文学。副主任：岳伟。成员：郭凤林、

赵书田、王好志、郭峰、王之平、王学俭、常玉秋。主编：常玉秋，副主编：王学俭。编辑：王凤银、李生歧、张大鹏、聂建永、崔金萍、滑丽敏、李书英等。共计十四章，25万字，2000年第一次印刷出版，印数150册。

按：常玉秋，1963年2月出生，中共党员，大专，经济师职称，魏县沙口集乡北辛庄村人。1980年，参加工作，现供职于魏县国二资源局，任政策法规股常务副股长。酷爱新闻写作和文学创作，2000年，被列入“走向新世纪”全国百佳明星作者，2006年，被纳入中国国土资源作家协会会员。

文学作品，以表格形式显示：表6-1-3-7

文学作品一览表

表6-1-3-7　　单位：报刊、作者

日期	报刊、内参 网络等媒体	标题	作者
1991.6.8	中国青年报	母亲的灶窝儿	高峻
1997.4.11	邯郸日报	梨花飘香的时候	
2001.8.10	邯郸晚报	田间的路	
2003	中华风	梨花未开鸟先鸣	
2004		拔节儿	常玉秋
2004（第10期）	中国国土资源报	家乡看树	高峻
2005	中国国土资源报	谈竹	
2005	中国国土资源报	踏雪 别有一番滋味在心头	
2006.6.2	中国国土资源报	无奈燕飞去	
2006.12.8	中国国土资源报	北方的粉条	
2007.1.16	河北农民报	祥叔的绝活儿	
2007.1.20	邯郸日报	农人的圣经	
2007.8.18	邯郸日报	绿树缠绕的村庄	
2008.8.20	中国国土资源报	农历七月十五	
2009.1.9	中国国土资源报	人间美味豆芽菜	
2009.3.27	中国国土资源报	春天、土地的味道	
2009.4.10	中国国土资源报	人间四月飘梨花	

续表

日期	报刊、内参网络等媒体	标题	作者
2009. 6. 19	中国国土资源报	麦浪是土地最好的张扬	高峻
2009. 6. 24	中国国土资源报	农人的圣经	
2010. 1（第1期）	中国国土资源报	神秘的老槐树	
2010. 3. 26	中国国土资源报	早春的果园	
2010. 4（第9期）	河北土地观察	谁在酿造春天的味道	
2010. 4. 30	中国国土资源报	麦苗绿了	
2010. 7. 16	中国国土资源报	蝉嘶鸣着飞过夏天	
2010. 7. 22	中国国土资源报	蝉之歌	
2010. 11. 26	中国国土资源报	高粱红了	
2011. 10. 11	中国国土资源报	秋雨绵绵辫儿长	
2012. 3. 28	中国国土资源报	在沙土里长大	
2012. 7. 4	中国国土资源报	会飞的麦粒有味道	
2013. 6. 22	邯郸晚报	有打麦场的日子	
2013. 8. 17	邯郸晚报	乡村人物剪影	
2013. 11. 2	中国国土资源报	秋雨连绵的日子	
2013. 12. 25	邯郸晚报	乡村的符号	
2014	中国国土资源报	乡村的魂魄	

第二节　土地图集

最早记载魏县地图的是明代正德年间《大名府志》，其图记载了魏县的位置，河流和堤防，绘图人不祥。

崇祯十四年（1641年），绘制了《魏县县境略图》，其地域范围主要包括县境内的主要集镇、河流、堤防、名胜、漳河故道等。

清康熙二十二年（1683年），《魏县志》刊载有魏县县城平面图，魏县县境图及县治平面图。县城平面图展示了瓮城现状，六个城门、寺院庙宇、县治、书院及社学位置等。

魏县县境图主要显示了县城四界、河流、县治、双井堡、沙口堡、北皋堡位置和寺院古迹。

县治平面图展示了县衙布局，中间县衙建筑有：县衙门—义门— 政堂—帅正堂—退思堂—内宅—备美楼和东西厢房。西院为粮署，东院为铺署。

明清县衙图

清乾隆二十二年（1757 年），因漳河决口，城垣坍毁、庐室漂没，遂于乾隆二十三年（1758 年）裁魏并于大名，魏县境图亦并于大名县图。

中华民国二十三年，（1934 年）由大名县县长程迁恒督办、制图员王泽薄绘制了《大名祥图（含魏县）》该图采取了经纬度方法，包括了大名境内大（名）元（城）魏（县）三县原境五个区，其比例尺为十万分之一。图中注有交通，名胜古迹，水系、堤防、村镇、电话线路、保卫团、警察局、各区公所等，各种要素齐全，相关位置准确。

中华民国二十九年（1940 年）六月，魏县恢复建置。是年八月，以漳河为界，在漳河南析置漳河县。

1950 年 7 月，由魏县人民政府编绘了《魏县行政区划图》。其地域范围主要包括县境内的交通、河流、村镇、堤防等。

1956 年，由魏县人民政府组织，编绘了《魏县行政区划图》其地域范围、河流堤防、道路交通、县城乡（镇）村位置一应俱全。

1978 年 3 月，由河北省革命委员会测绘局测绘，魏县革命委员会编制了彩色魏县地图，该图包括人民公社驻地、交通、河流、渠道、堤防、工厂、林场等人工地物、地貌等。

1982 年 4 月至 1984 年 10 月，由魏县土壤普查办公室主持，在省、地县各级党政部门领导和省土壤普查顾问组、原地区技术指导组的具体指导下，按照《全国第二次土壤普查暂行技术规程》和《补充规定》的要求，开展了第二次全县土壤普查工作。首次绘制了县级 1: 5万《魏县土壤图》《魏县土壤综合养分图》《魏县土壤表层质地图》等 14 种图幅。绘制乡 1: 1 万土壤图 37 幅《魏县土壤改良利用类型图》。

1984 年 10 月至 1986 年 7 月，由魏县文物普查组主持，开展第一次全县文物普查，绘制《魏县文物分布图》。其地域范围内主要标明了全县 54 项文物分布位置等。

1985 年 10 月，魏县交通局绘制了 1: 220000 的《魏县交通图》，其地域主要包括道班和省、县、乡三级公路线、铁路、河流、民兵训练基地、乡镇所在地等。同年，还绘制了《魏县境内客运路线示意图》。

1986 年 8 月，魏县农业局绘制了《魏县种植业现状图》《魏县种植业区划图》。

1990 年，魏县水利局先后绘制《魏县水利工程现状图》彩色图集、《魏县漳河故道示意图》《魏县浅层淡水水文地质图》《魏县浅层水化学图》《魏县水资源余缺分布图》《魏县排水系统图》《魏县灌区图》和《魏县机井现状分布图》。

1991 年 6 月，魏县土地管理局根据省局下达的《基本农田保护区实施办法（草案）》和《关于试行建立基本农田保护区的通知》的精神，全县开始划定基本农田保护区。1992 年 12 月，完成建立基本农田保护区任务，建立县、乡、村三级基本农田保护区网络。绘制县级 1：50000《魏县基本农田保护区图》《魏县土地利用总体规划图》《魏县土地利用现状图》《魏县土地适宜性评价图》。乡镇级 1：50000《基本农田保护区图》23 幅、《土地利用总体规划图》23 幅，《土地利用现状图》23 幅。村级（每乡一村），1：50000《基本农田保护区图》23 幅。各图分别标明了粮食、棉花、果木、油料、蔬菜等保护区的保护范围。

2001 年，民政局绘制“晋冀鲁豫交通图”魏县交通旅游图，图上除交通旅游外，政区、村庄、河流、堤防等尽收图内。

至 2016 年，随着高科技的发展，魏县先后绘制了《行政区划图》《魏县绿化图》《魏县土壤图》等高科技成果。

魏县土地利用总体规划(2010-2020年)

魏县土地利用总体规划图

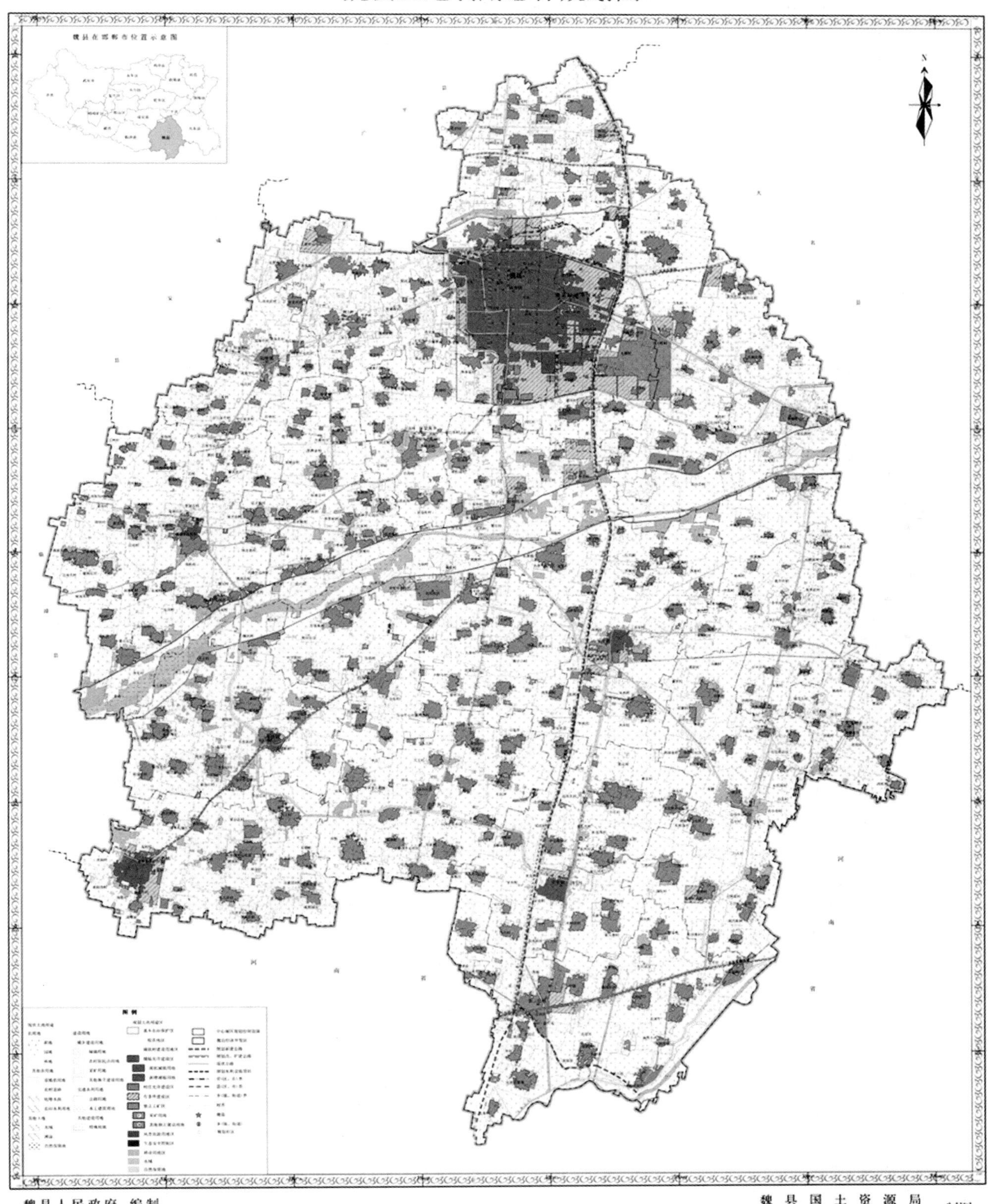

魏县人民政府　编制　　1:50 000　　魏县国土资源局　北京舜土规划顾问有限公司　制图

二〇一七年三月

2013魏县永久基本农田分布图

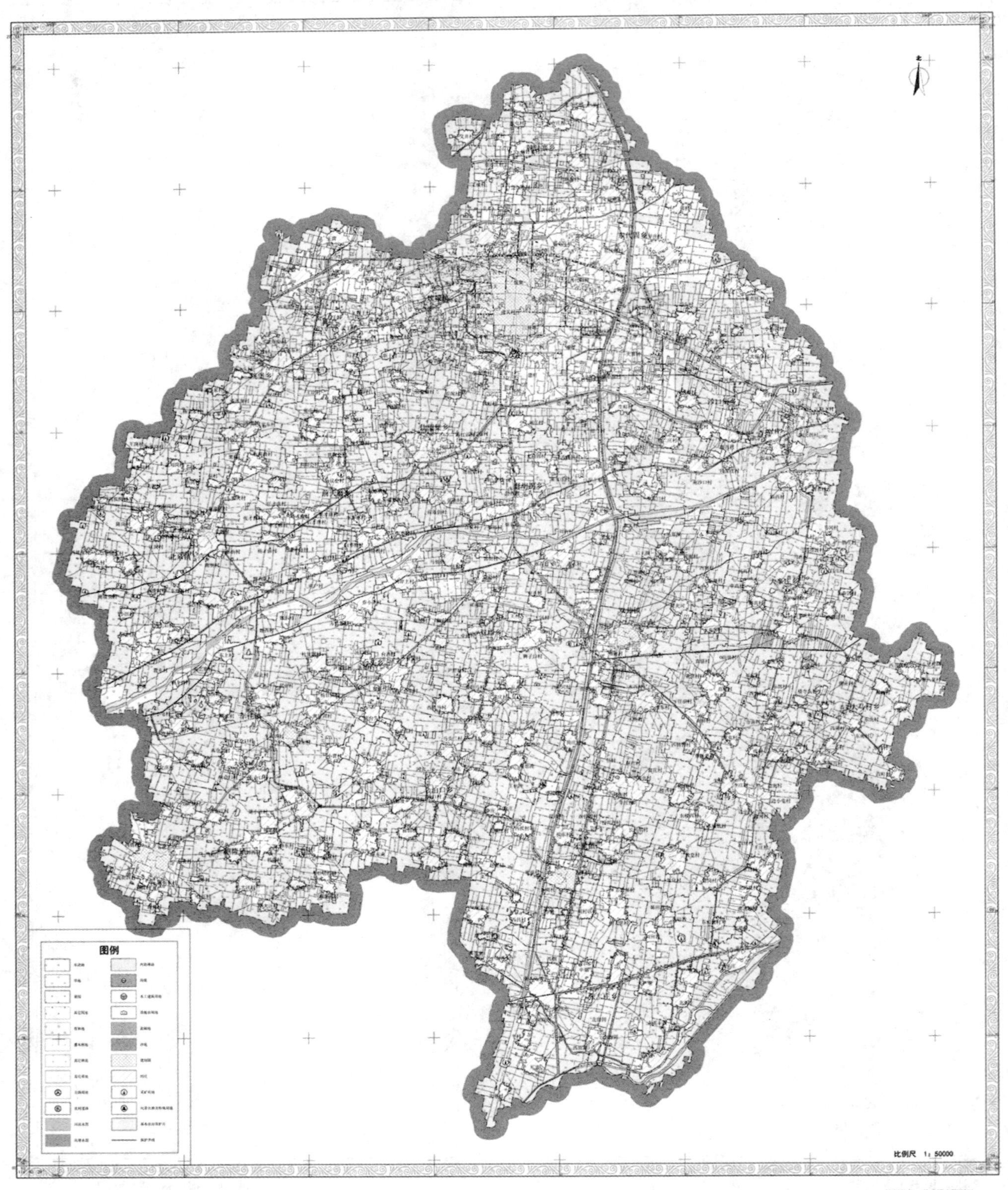

编制单位：魏县国土资源局

编制时间：2017年5月

第四章　土地民俗　故事

魏县历史悠久，至今已有2000余年的历史。在漫长的历史长河中，魏县形成了具有地方特色的风俗、民情、礼仪等。中华人民共和国成立后，在中国共产党的领导下，全县人民破除迷信，移风易俗，倡导新风尚，社会主义精神文明建设意识日益增强。

魏县传说故事历史久远。始于周代，经隋唐发展，明清的普及，已融和到普通百姓家中。《王北沙称士》《水淹魏县城》等，已成为农闲时老百姓街头巷议的重要内容。

本章风俗、故事均与土地有关。

第一节　民　　俗

一、建房习俗

农村受传统意识影响，对宅基相当慎重，破土动工前，必请阴阳先生查看宅基，认为宅基好坏，对于人、财及后辈兴衰关系重大。旧时选择房宅前，先请阴阳先生看风水，面南房要避“子午”向（子午向多用于庙宇），时日择“黄道”避“黑道”，忌“太岁”。太岁头上动土主凶，必择“土修”日方可动土。建房过程中，要举行各种仪式：烧香敬神，鸣炮驱鬼，杀鸡祭神，朱砂驱邪等。上梁逢雨，俗言“天地相交”。立柱时，房主要抱下柱子，表示“主子就宅，神鬼离位”。并在主檩上裹一红布，系金钱，筷子，谓之“祥云罩顶”“财源茂盛”、“人丁兴旺”。并书写红纸对联，如“姜太公在此，百无禁忌”。20世纪60年代，对联改书写“毛主席立玉柱，共产党架桥梁”。新房高低尺寸，要照前顾后，高于前。安门夹窗切记窗不能高于门，否者“反目为仇”（窗为目门为口）。房门忌对寺、庙、坑、塘，如有应立“影壁墙”遮挡。若房舍附近有坟茔，原则是“能叫鬼把门，不叫鬼戳屁股门”。砌墙时，前墙应比后墙低三分，俗称“紧扣”，否则“前大后小，人财会跑”。门口出路要顺，禁忌“水倒流”。来客夫妇不能在新宅同房，否则谓之“污宅”。俗言“宁借人停丧，不借人成双”。腊月二十三民间要扫房，示意扫除“穷灰”；大年初一忌扫地，扫地等于扫“福气”。新中国成立后，随着人们文化素质提高，一些陋俗逐渐破除，封建迷信逐渐减少，相信科学的人越来越多。

二、土葬习俗

丧事也称“白头事”。办土丧葬的仪式有入棺、吊唁、成殓、出殡、祭奠五个方面。

（一）入馆吊唁。人死了叫“咽气”、“升天”等，儿女首先给其穿上“送老衣”（春夏秋冬均为绵装），死人嘴里放一个系线铜钱，（噙口钱），接着将尸体入棺，置于上房中堂，棺前燃一盏灯（名万年灯），放一瓷罐馍馍（遗饭罐），屋前搭灵棚摆祭品，孝男孝女身穿孝服，头戴孝帽，脚穿孝鞋，昼夜守于灵棚。本家五服内侄孙男女均来服孝陪灵。街门前挂（立）招魂幡、置丧磬，以示家有丧事。街坊邻居、好友看到招魂幡，男女分别结伙吊唁（吊孝）。执事（管事）人派人携带报丧帖（或布告）向亲戚家报丧。报丧人不准进亲戚大门（意怕将死者鬼魂带入）。

（二）压纸。孝子三日内每天早晚去本村土地庙里压纸。第三日晚上，长子头顶簸箕，内放苕帚、黄纸，其他孝子跟随其后，去土地爷庙烧纸，把死者魂魄“叫回”。在门前将阴车、马和烧纸一同烧掉，谓给死者“送盘缠”“饯行”。在家停尸时间长短，根据天气冷热，事主的家庭情况由明眼人按黄道吉日而定。一般3至5天，旧时大户人家可达21天之久。

（三）成殓。时间在出殡前一天上午，一般选农历单日，先在棺内放入打狗棍、麸子一把和死者生前爱好之物，之后由长子给死者净面，家庭成员向遗体告别之后，钉闭棺盖，此时孝子及在场人恸哀。

（四）土葬。也叫“出殡”、“出门”，时间在上午12时前。亲友、街坊带鞭炮、烧纸、猪肉馒头来灵前祭奠，俗称“上祭”。灵柩出门时，将死者用的衣物在家门前烧掉，主孝子摔瓦盆（老盆），背柳杆，招魂幡，由左右两人相扶，随棺材后哭行，其他孝子随后，女孝子在男孝子后坐车哭行。一路鞭炮相随，管事人托斗，边走边撒殡钱，意思买通阳路。棺至坟茔，落入墓穴，主孝子埋三锹土后，街坊便急速将坟丘堆起，主孝子向众人叩头“谢孝”。

（五）葬后。死者殡埋之后，要述七数，每述七天为一七，逢“七”儿女都要上坟祭奠。魏县人各村过七数不等，双井以东村庄过四期为终期，县城周围村庄兴五七。终期后儿女换熟孝布，有的终期后不在服孝。

新中国成立后，中共魏县县委、人民政府宣传破除迷信，移风易俗，改进丧葬，将孝服改为黑纱，白花。上祭品改为花圈，土葬改为火葬（火化），多年的习俗得到了改变，新的习俗演变为开追掉会，寄托人们的哀思。

附：论人死报庙之谬　范鑑古[①]

人死报庙，古无此说。《礼 弓》载孔子曰：“师吾哭请寝”马氏注“师已成已之德，而其亲视父，故哭诸寝。”据此，则亲丧哭于寝，不哭于庙，明矣。又曰：“兄弟，吾哭诸庙。”注：兄弟出于祖，而内所亲者，故哭诸庙，此其报庙之也！然为兄弟而哭，非为父母而哭也。且哭于祖宗庙，而非于土地祠也。

吾乡风俗，凡父母死者，男女走哭于土地祠下，焚香楮[②]，日三往焉，三日乃已，名日

“压纸”。三日初昏，父死者以纸作褡；母死者以纸作袝，实楮镪钱纸于其内，持之庙中焚之，哭而归，名曰“送盘缠”。葬之日，人子持其帚至土地神前，上下左右遍扫之，扫毕，戴其帚于首哭而归，名日“起魂”。相传已久，莫知其由来。诗礼之家，和其非而未有以革也。稍改变之，初死压纸一次，后使人三焚香楮于土地庙前，名曰“送纸”余不踶于心者久矣。

诘之曰：何为送纸？曰：凡人初死，其魂必跪于土地神前，俟其子女走哭焚楮，始今起，否则终屈膝矣。压纸者恐其亲人久跪也。何为送盘缠？曰：行必以赆，生尚如此，阴阳一理，故备冥资。送盘缠者，为魂之将去也。何为起魂？曰：尸将葬矣。于何处所？起魂者使魂附于柩，而识其藏魄之地也。是也，而仰知非也。

夫人之死优人之生，人无罪官不得拘，鬼无罪，神岂能拘乎？必谓死者，例得往见土地神也。则是，虽有善行之亲，也加以罪恶之名，而故涕泣告哀于木偶木桶也，可乎？不可。况幽明阻隔，尽人皆知。死者之必跪于土地神也，谁实见之。且神者，聪明正直而壹者也。若必俟死者之子女焚楮，始令魂起，是索贿也，是不正直也何以为神？即令神纳贿矣，如世之脏吏，则一次走哭焚楮而已足，胡为曰必三往，往必有三日耶！

仰送盘缠者，为魂之去也？夫魂即去矣，而葬日又向庙中起魂，不自相矛盾乎？吾见回教与基督教及宦吾土者之遭丧矣，不押纸，不送盘缠，不起魂，破其魂果终跪于土地神前乎？果囊空而魂无所归乎？果囊坚而魂无所归乎？吾虽不得而知，吾其必不然矣！

曰：世之村落，无论新旧大小，皆有土地祠，此又何居日报德也。百谷之生，水泉之涌，室庐之起，皆赖于地，其德于天同，故祠而祭之。然不日后土，而日土地者，天子遮人之别也，而非为哭死而然也。自有哭于祠下者，无论蒙亲以罪名，并土地之德，亦不知矣，岂不太可叹欤。

语云：孝子不离寸地，此言最为有理，惜人不行耳。吾以为亲丧哭于寝，而一切报庙诸事均罢之。以守不离寸地之言，至营兆域凿圹穴，宜屡往视，不可尽委之役人，蔗合“附身附棺，必成必信”之义乎？敢质之深明于礼者。

注：①范鑑古：范骈村人，曾参与民国《大名县志》撰修，此文写于1934年，刊于《大名县志》。

②楮：旧俗祭祀时焚化的纸钱。

三、土地崇拜

魏域古人崇拜土地。因为地载万物，民以食为天，跪地以得神之由。远古时人们将土地认作自然神，直接向土地礼拜、祭祀，把牲血、酒等撒在土地上，并且垒土成堆，把它作为地神神体的象征。后来把地神加以人格化，称为“社神”、“后土”设立神位来崇拜。至春秋战国后，出现了属于县、乡、里的各级别的土地神，域内乡、里、村纷纷设立土地庙宇祭祀，把土地崇拜融化到日常生活的方方面面，最明显的反映是日常作梦时，认为梦见种地便可富余，梦见高地者富贵，梦见买地大吉大利，梦见蓝田宅有喜事，梦见地光者主大富，梦见卧地者财强，梦见运土入宅大吉，梦见土在身上大吉，梦见起土者官位至，梦见身入土者大吉。梦见地陷者宅不安，梦见扫地者有官司，梦见土舍串银有口舌，梦见泥土污衣大凶，梦见地动者要迁移，梦见身落地失官位主凶，梦见火从地出必得病，梦见地劈忧田捐，梦见土在心腹上失子孙等，此俗一直沿袭到中华民国。

中华人民共和国成立后，这些迷信色彩已基本消除，更多的用科学的方法解释土地，看待土地。尚有个别家庭还用上述解释，但已作为一种取乐的笑话对待了。

第二节　土地故事

一、王北沙称土

王北沙，名永康、号北沙，明代魏县北沙口村人，少年时与申遂、刘禟并称“魏县三杰”。嘉庆三十一年（公元1552年），王北沙中举，此后科举不顺，就放弃仕途追求，一心钻研书法。25岁时成为书法大家。他生活清淡，不拘小节，谈吐诙谐，乐善好施，扶危助困，文德双收，在魏县留下了许多传奇故事，王北沙称土即是许多传说故事中的一个。

邻村高举人是王北沙同窗好友，因仕途通达，不久在朝中做了大官。皇上念他忠心为国，政绩卓著，拨款让他回村修建围寨以示褒奖。高举人谢过皇恩，带着银两回到家里，连夜召集魏县能工巧匠，筹划建寨之事。略有头绪，忙派人请同窗好友王北沙前来叙旧。好友见面分外激动，嘘寒问暖，互道安康。高举人设宴相待，二人频频举杯，共忆同窗轶事，倾诉别后的相识之苦。正说到高兴处，王北沙说：老兄，以后小弟就不便到你府上来了。高举人忙问：老弟，为什么事啊？咱二人情同手足，为何说出这等话来，莫非为兄有什么对不起老弟的事了？王北沙连忙解释说：没有没有！我意老兄如今在朝居官，位高权重，皇上恩赐回乡修寨，这是多大的荣耀？像我现在，功不成名不就，来往多了怕伤了老兄的体面呀！高举人忙说：为兄哪能比老弟，在朝居官乃一时走运，修筑围寨一事也不是什么大事，不行就让给老弟你村修如何？高举人只顾同窗情义，说出修寨让给王北沙，若来真的还真舍不得。然一言既出，驷马难追，为有个台阶下，又能把修寨事收回，暗想：我村是於土，肯定比北沙口村沙土沉重，只要比下土的重量，先说的话就收回来了。高举人想到此，马上对王北沙说，老弟这样吧，围寨先别定给谁村修，明天咱们各抬一筐土来，看谁村的土沉，就把围寨修到谁村去，你看如何？王北沙赶紧回答：一切听老兄的，明天上午我准时到达贵府，到时老兄莫后悔呀！高举人胸有成竹的回答：老弟放心，一言既出，驷马难追，明天上午见。

王北沙离了高府，一路思量，老高只知於土比沙土重，哪知盐碱之土重于於土，看来老高出外居官多年，把家乡的水土都忘了，明天我就给你赌一把，就算给老兄开个玩笑吧。

第二天上午，两人各派人抬来本村一筐土到高府上，分别过了秤，结果北沙口的土比高举人村的土重了六两，高举人看到结果目瞪口呆，半天说不出来话来。王北沙忙上前说道：

老兄，你离家多年，忘记了家乡的地理水土，沙土本来没有於土重，但北沙口的地可是盐碱之地，盐碱土可比於土重啊。今天给老兄开个玩笑，比土重量到此为此，老兄赶紧修你的围寨吧，需要老弟帮忙，老兄一句话，老弟随即到。说完两手一拜：老兄忙，不打扰了，告辞。

高举人看到王北沙如此仗义，深受感动，忙拉住王北沙的手说；为官最重要的是重信誉，我既然说了，怎么能够反悔，围寨就建到你村了。说罢，不管王北沙如何阻拦，命令管家，带领众多的能工巧匠和工人，携带所有建造围寨物料，全部运到了北沙口，亲自指导施工，三年方健成沙口堡。建成后的围寨，堡城高一丈八寸，周一千二百步，基阔二丈，基上一丈二尺，马道之外一丈，内者七尺。自此北沙口成为军事要冲，经贸中心，常年集市，一直沿袭至今。该堡城在明嘉庆年间与双井堡、北皋堡齐名，明代称为三堡鼎立。该堡存在二百余年，毁于清乾隆二十二（125 年）漳卫水之中。

据中华民国《大名县志》载："沙口集始修于甲寅孟冬（1554 年），落成于丙辰（1556年），由魏县令陆束修。"王北沙在修城中对土地房舍等方面多有协调，故世人怀念其劳，始有此故事也。

二、土地爷卖土

清代乾隆年间的魏县城，大街上车水马龙，一派繁华景象。据记载，之前的魏县治所不在这里。明洪武三年（1370 年），漳水冲毁了三十里外的魏县旧城（今旧魏县村），当时百业待兴的大明王朝，选择礼贤台下这块风水宝地重建新的魏县治所。经过几任知县的精心治理和苦心经营，逐步建成了设施完备、文化内涵丰富、风景优美、居民富足的新县城。人们吸取了历史的教训，修了两道城来保护城防安全。为了抵御水患，每逢讯期到来之前，总是在时任知县的指挥下，万众一心，大家出钱献力，用夯土把城墙修得高高的。一次又一次战胜了洪水的侵袭，保住了县城的安全，人们才有了多年幸福安宁的好日子。

为此，魏县人曾经依自己的县城有两道坚不可摧的城墙引为自豪。更有智者把这多年形成的众志成城的精神形象化，于是便有了"神龟驮城""南京到北京，魏县两道城"的说法。神龟驮城池，不怕鳖成精。每逢发大水，水涨城墙升"。年数久了，人们过多地把希望寄托在神龟的身上，一度放松了对洪水猛兽的警惕。乾隆二十年，一位叫廖乘时的江南进士接任魏县知县。他听了这神龟驮城的传说又看了这固若金汤的城池感到非常满意，不禁扶须叹曰："天助我也！"他为自己到此风水宝地而窃喜。

乾隆二十二年盛夏的一天，魏县城里骄阳似火，天气闷热得喘不过气来。熙熙攘攘的人们冒着酷暑各寻清凉处。在人群中有一位年逾八旬的白发老翁，他赤着黑黝黝的肩膀，肩上挑着两筐土摇摇晃晃地走来走去，还不时地用他那洪钟似的大嗓门吆喝着："卖土咧，快买土吧。"弄得大家莫名其妙。

有人说："这老头八成疯啦，大热天气卖什么土？""见过担担粜粮卖菜的，还没见过挑着担子卖土！真稀罕"。一位好心的人劝他："老人家快回家吧，看你累得满身汗，落得浑身土跟土地爷似的"。

这话还真被好心人说中了，原来他正是掌管这方土地的小神—城角土地庙里的土地爷，他平时日受人供饷，只是管一些动土修房盖屋和一些鸡毛蒜皮的小事，道也安生自在。可是这回他怎么跑到街上卖起土来？原来是因他是专管土地的神灵，率先出了地下神龟的动静，本能地感到这方土地将面临水患。作为地方小神他又不敢泄露天机，怎么才能救百姓这场灾难呢？他想来想去想到，在自己的权限范围，只有土才能抵挡洪水，可是不能把事向人们说得清楚。想到这儿，他在庙里再也坐不住了，急中生智化为老翁到街上喊着卖土。

他挑着担子在街上的几座大石牌坊下串行，喊破了嗓子无人问津。他就想到人多的地方引人注目，走到东街的演武场上，那里人山人海，大家正在围观擂台上面舞刀弄枪的表演，谁顾看他；走到礼贤台下，他吆喝着卖土，那高高站台上的几位绅士正在领着宾客撑着旱伞欣赏礼贤台景致，喝他赶快离开；他又走到县城的南门边上，遇见一大帮人坐在大槐树阴下吃饸饹，那卖饸饹的申家老汉大声吆喝：“饸饹噢—”老翁听了挑着土筐三步并作两步上前去指着筐子说道：“河漏了？快用土啊!”那帮食客不分青红皂白把他从树阴下轰了出来，弄得老翁一肚子的委屈没处诉说。他一边走一边想：我到县衙去找县太爷，他是当朝进士，可算是知书达理人，兴许他能悟出我的用意。

到了县衙门口，他刚把担子撂下要见县太爷，正好廖知县的轿子从乡下巡视回来，他急忙下大轿。听说一位卖土的老者拦轿，廖知县觉得好生奇怪，他便下轿问个原因。老翁说：“大老爷呀你看咱那城墙已长久失修，不该用点土吗?”……到底是县太爷，廖知县一听就明白了他的用意，微微一笑道：“你不看地里的苗儿都快旱死了，你还怕涨了大水不成!”说罢他就扬长而去，留下的是一帮衙役们的白眼相对。老翁又气又急，无奈，只好默默而去。

卖了一天的土还是没有人买，“真是好心当成驴肝肺!”那老翁颤颤巍巍坐在城隍庙前的大四阶台上，眼见天色快要黑了下来，“平时享受百姓的香火供奉，关键时却无所作为，我怎这么无能!”他急得直用那粗糙干裂的大手“啪、啪、啪”地拍打庙门前那大石狮子的屁股。这响声透过山门传入庙内，一位年长的道士从里面出来。他见老翁便施礼相问。那老翁说是卖土的，卖了一天也没遇上买主“真急死我了!”那道士打量了一下老翁的气色，轻轻地点着头，捻着胡须说道：“土能生金又能克水，这可是宝物，可惜呀！没人识货。我就把它买了吧。”说完他就招呼属下把土抬进庙宇。他把一贯铜钱放进老翁的筐里，扶送老翁离去。

天有不测风云。一天深夜，突然一阵凉风袭来，空中电闪雷鸣，豆大的雨滴噼里啪啦打在地上。县衙深处的备美楼上，忙了一天的廖知县正要安息下来，听到雨声他心里一下别提有多凉快。他舒心走到阳台上一边观雨一边想：“有了这场雨，我这知县好当多了。”

没想到，那暴雨一阵接一阵一直下个不停。到了第二天中午时分，廖知县再也坐不住了，赶紧带入冒雨巡查雨情。城里到处积水，城墙外，护城河和坑塘里的水都平了槽。成群成片的青蛙狂欢节似地叫个没完，那声音好像在说：“今儿下、明儿下，过明儿还下!”叫得廖知县有点心慌意乱。这时，远处跑来漳河堤防驿站的快马，那人淋得象落汤鸡似地上气不接下气地报告：说山西那边下了两天暴雨，数百里洪水漏斗似地注入漳河，沿线堤防告急。这消息当头一棒把廖知县一下打蒙了，他一时好像觉得那卖土的老翁又站在他的面前。

雨还在下，廖知县急忙召集衙内和各署人等，命其火速奔赴各乡、村、镇，动员民众分段守堤防汛，自己和部分官员留在城里指挥居民守城。

满地全是烂泥，找不到干土夯固城墙，在知县的号召下，各家各户拆下门板，伐倒树木，有的人家把房子都拆了，把房上的木实梁檩和拆墙的砖土全部运来加固城墙。县城安危和万计居民的生命财产命悬一线。廖知县表面看来似乎还算镇静，但他心里早已乱了阵脚，他紧急调动民工的一批精兵强将在外城的城门口修筑围堰。在打那堰桩的时候，他猛地想起“桃木”能避邪消灾，便别出心裁地命其心腹选来四根桃木桩分别打在东西四门的围堰上，谁知弄巧成拙，那桃木桩正好钉在“神龟”的四条腿上，它还怎么动弹得了！

在这以前还有一件事他也犯了大忌：两年以前他刚上任不久，为了自己用水方便，命人在县衙大院的备美楼前挖了一口水井，那井不骗不移正好挖在了 县城的中心点上，人们说：“是那井挖错了地方，伤着了‘神龟的心’才使‘神龟’元气大丧”。

那年漳河的水也太大了，不到一个时辰水就溢出了河床，没有半天功夫，汹涌的大水已逼近堤面。成千上万的民夫赤身奋战在长长的河堤上，千方百计加固防线。但是人修的还是没有水涨得快。此时人们已失去了战胜洪水的时机。

乾隆二十二年夏，洪水从城西朱河下村破堤而出，丈余高的水头卷着地表杂物像一头巨大的猛兽朝着县城扑来。县城里锣鼓响成一片，疾呼人们赶快向外侧城墙高处逃生。此时的廖知县哪还顾得黎民百姓，只顾回衙带上家眷逃命去了。大水从城西北门而入横贯全城。倾刻间魏县城区成了一片汪洋，居民死伤不计其数，落荒逃难者被洪水卷走，哭声叫声呼救声连成一片，惨不忍睹。

由于这位廖乘时知县治水不力和关键时刻临阵脱逃，清政府立即罢免了他的职务，派来王沛生临危受命接任知县。王知县不敢有半点的懈怠，他不辞辛劳地乘坐小舟日夜奔波在百姓最需要的地方赈济安抚灾民，他组织民众在县城东侧打桩建起了十里板桥，使得救灾物质能够通过车推肩挑运抵县城，他还调来荞麦种子分给农民抢时播种，用来补济粮荒。一年过去了，县城里还是水汪汪一片，王知县仍旧居无定所，操劳了一年还是无力回天。由于积重难返，乾隆二十三年五月，时任直隶总督方观承疏报朝廷决定召回王知县，把魏县所属地域并入大名、元城二县管辖。从此，一个具有两千年历史的魏县，一度在大清的版图上消失了。

但是由于魏县人独有的千年文化基因和对这片土地的认同习惯，他们没有因失去自己的城池而随即改口，仍然称自己是“魏县人”或者说：“是魏县人，归大名管”，“自古以来的土地爷压根就‘姓魏’”。不管怎么说他们打内心就不肯丢掉“魏县”。

中华民国年间，这里的人民为了反抗军阀勾结大名官府对这片土地的掠夺和蹂躏，揭竿而起。他们在土地庙成立了“黄沙会”，在土地爷面前焚香喝符，饮血盟誓，苦练“刀枪不入,”的神功，凭着大刀长矛，挥舞着土黄色的会旗，在土地爷的帮助下把前来镇压的奉系大军杀得溃不成军，狼狈逃串。

抗日战争期间，这里成立了“魏县敌后抗日民主政府”，共产党八路军领导当地人民对日寇的侵略进行了艰苦卓绝的斗争，抗日英烈们的鲜血染红了这片土地，捍卫了国土的尊严。太多的历史磨难造就了魏县人百折不挠的英雄气概。也许因此地缘魅力，“魏县”这个英雄的名字，沉睡了近二百年之久的神龟，于1940年又被重新唤醒。在中华人民共和国的地图上作为一县治所，又被重新标上了“魏县”。

每当回顾那些历史往事，人们总是口若悬河地讲个没完没了。在这众多的传说中有一个细节听起来耐人寻味。他们说：那年的大水是把魏县城灭了，可是城里的城隍庙却安然无恙，那水只漫到庙前的台阶上，你看，现在的城隍庙旧址，仍是这个县城最高的地方。这也许就是土地爷当年的那两筐土派上了用场。

土地爷，它不是什么神位显赫的大神仙，不知是魏县淳朴的民风感动了他，还是他的宽厚影响了大家，在人们的传说中，这位小神就像民众中的一员，有时他的身影和作为，又像是民众意愿的集中体现。在他身上包含了暖暖的亲民气息。那些年平民百姓家里有什么事，都习惯到土地庙里上一柱香，向他念叨一些事，请他帮一下忙。虽然有时也说些笑话好像对他有些不恭，但也从来不含贬义。人们说：土地爷就是盛载着的脚下土地，提供了取之不尽用之不歇的生存之源。大家都习惯地称自己是土生土长，临终还要求个入土为安。敬畏大自然，在乡俗的文化里通常又把她奉为神灵，加以追朔和思念。那些年水淹魏县城后，土地庙的香火好像又旺了许多，并且村村都建了土地庙，人们总把美好的夙愿和土地爷连在一起。

土地爷的故事就这样一代一代地传了下来，它融入了魏县人民热爱家乡故土的浓浓情感，因时过境迁，现在已无从点数那段历史上的是是非非。故事终归还是故事，在感恩皇天厚土的同时，还是要好好认识自己所处的土地，与她和谐相处。

（李泉生供稿）

三、断地亩案

清末魏县某村张公有地200亩，年40余无子，亦无近族。一女嫁于同村胡连，妻因无男儿，一意富其女，家中金银地产均赠于女，张公也不问，数年家败变穷，而胡连反成富人。后张公妻生一子，取名晚成，张公抚儿首叹曰：小儿薄命，若早来，土地田产当属儿也，何至今天如此情景。妻曰：人有良心，小女岂能昧良心？得我千金产百亩地才成今日，收养弱弟于理则顺，于心则安，不必为小儿日后担心。

晚成10岁，父母相继去世。胡连变卖其土地房产，出殡葬用，余归自家。将晚成带到家中，役同厮仆，视若旁人，邻居对此多有不平。待晚成长到16岁时，邻居将胡连霸其家产土地至其贫穷之事告诉了他。晚成了解了情况，干活不如从前。胡连见状怒责道：“你幼失父母，吃饭到我家，应该好好干活，不好好干活滚出我家，我没有闲饭养闲人的！”晚成述起前事始末，胡连大怒，持棍将其赶出家门，妻不能制。晚成遂去，乞食四方，流浪街头。

一日，晚成至大名县衙前（魏县时并入大名县），向差役述其事情始末。差役说：“县太爷清正廉明，处事明断，人称包公在世，必能给你一个公道。”随即晚成上诉于县衙。县太爷姓张名维祺，号云眉，山东胶州人，断案如神，人称包文正转世。得其状子，让差役如此这般。差役受命至胡连家言：县衙获一巨盗，呈供胡连坐地分赃，买田地300余亩，急传胡连大名听审，胡连非常害怕，邀乡绅邻友具保，具言胡连清白善良，并无与巨盗分赃，所买田地三百亩实系岳父岳母周济所得，胡连也在具保书上签字画押。差役拿其具保书报知张县令，县令立即命令捕快抓胡连到案。捕快到胡连家，胡连正在家中设宴庆贺平安无事，化险为夷，见捕快来传，忙问所因何事？捕快曰：到公堂自有公断。胡连趾高气扬的说：我有具保书为证，包公问案也得有证据在手，看你们能把我怎么样？临离家还对妻儿说：别害怕，阎王不抓守规矩的小鬼，我很快就会回来的。说罢雄赳赳的上了路。

胡连到了公堂，还未等县令寻问，就急忙说：我是良民，吃斋行善，想必具保书太爷已看过，不知传我所为何事？相信太爷不会冤枉好人的。一副正人君子的气派看着县太爷。太爷拍案怒责胡连道："你得岳父岳母财产土地300亩不为不多，坐视其子困乏，邈如秦越，殊属吝啬。今天你亲口承供，归家给晚成田地200亩，不得有误，否则以刑法从事。"说罢唤出晚成与胡连见面，当堂办理土地事宜，交接完毕，胡连不作一语，满脸羞愧而去。太爷对晚成说："吾因你事踌躇再三，设法相救，你归家务必安分守业，不可负我苦心。"成感泣不尽。全县百姓传颂张公断案如神，公正廉明。

四、孝感天地

张玉，清代北秦固人（今属魏县），事母至孝。咸丰末，匪常扰乱，各村多被蹂躏。某日匪至玉家，则见一白发老翁，椅仗门外站立，呵禁之，匪惧不敢入，街坊邻居都说："孝通神明，此可为据，信哉!"

时有难女王姓，年及笄，逃难与家人相失，被土豪某诱至家中，将居为奇货。同村有虎而冠者，闻女美，欲夺之。某虑力不敌，求告于玉。玉血性方刚，素为两人所钦服，至是责以义，述以法，两人唯唯听命。

玉领女至家，女见玉可托，呼以父。及匪退，送女归家。女父原以为女已失，旦夕哽涕，及见女悲喜交集。女述其情，及感泣呜咽，颂再造之德，而女誓肌铭骨，愿终身视玉为父，为世人所颂。

玉子名为鹏程，生有至性，父玉殁后，祖母年老，匪贼扰乱，奉祖母逃避，路遇匪贼欲劫之，鹏程泣述祖母病状，慈诚意厚，匪贼不忍害。

某岁秋，蝗飞蔽野，土地接壤者禾苗皆蚀于蝗，而鹏程之20亩禾苗独无损，此至诚之感也。是年，其家禾苗收三倍于往年，家赖以养。世人皆说玉至孝至善感动了天地，至使有此奇遇。

第五章　奇闻　轶事

奇闻轶事，指罕见罕闻之事。如齐谐志怪，诺皋语神等，不过道听途说而已，对于百姓没什么意义。而事关百姓之休戚，五谷之丰歉，一方之利病，为人之善恶等，则是有利于民间教化，民众大多喜之。魏县历史悠久，奇闻轶事众多，本章不一一记述，仅记与土地田园有关之事，使人们在览奇读轶之中，思想得到感悟和升华，实则本文之意。

第一节　奇　　闻

奇闻是别人闻所未闻的不可思议的事。

一、自焚祷雨

汉武帝时，魏县大旱，田地禾草皆无。魏县令赵夔自焚祷雨，大雨随至，土地有秋。民感而立庙，称文君祠。

——《魏县志》

二、土长称王

唐德宗建中初年（780 年），魏县（时县城在旧县庙）西南 40 里外（今北皋一带），一夜之间突然土长高四、五尺者数亩，里人骇异之。明年，魏博田悦反，德宗命河东马燧、潞州李抱真讨之，营于峡山（城北十里岳庄南）。幽州朱滔、恒州王武俊率兵救田悦，王师退保魏县西，滔等引军与王师对垒。

时田悦正当土长之时称王，偕署告天，乃以其长土为坛，以祭魏州功曹，书念为益土，颂以媚说。马燧闻之笑曰：“田悦异常贼也。”

——《旧唐书．五行志》

三、乐善天赐

魏人刘天赐，字赐录，清代魏县东侯村人。优禀生，少喜读，通经史，时有饱学之目。立品端方，乐善不倦。

光绪十年（1892 年）夏四月，魏地大雨冰雹，百里内外麦禾尽偃，惟天赐之田地独全，人争传颂天赐乐善所至。

——《民国大名县志》

四、携夫弟改嫁

清道光年间，德政村韩姓妻某氏，少年丧夫，未几公婆又死于瘟疫，仅剩五岁夫弟。为了安葬双亲，她变卖了五亩薄田和有限家当，所剩无几，难以生活。邻人怜之劝其改嫁。她言到："改嫁可以，但需携弟前往，以便养育，不然不会改嫁。"恰巧邻村某甲丧偶，见其貌美德贤，便迎娶家门。某氏到其家辛勤耕织，相夫教弟，幼弟刚长大成人，某甲病故。她给夫弟说："你已长大成人，该回韩家自立门户了，嫂子经这些年积攒，尚有部分余钱，你可悉数拿回，购置土地田产，自强自立，别负嫂子一片心意。"夫弟洒泪而别。到家后，购置了土地田产，勤奋耕作，在嫂子的资助下又成了家，家道日益兴旺起来。后来夫弟见嫂子年老力衰，又无子女，多次劝说将嫂子接回来，以母事之，直至病卒。

五、大风拨树

北魏景明四年（503 年）河北魏地大风拨树。

1964 年 6 月 21 日至 17 时 30 分，魏县双井、牙里、车往 3 个区，22 个人民公社（乡建置）遭受八级大风，已割的小麦被大风刮飞 569 公顷，未割小麦穗中麦粒几乎刮落殆尽。受风灾死 1 人，伤 160 人，死牲口 2 头，伤 17 头，刮毁房屋 5560 间，刮坏农具 794 件。

六、冰雹大如核桃

1993 年 9 月 13 日上午 8 时至 9 时 05 分，魏县 11 个乡镇遭受罕见雹灾，冰雹大如核桃，小者如枣，砸死羊一只，农作物受灾面积 1 万公顷，鸭梨受灾面积 1399 公顷，直接经济损失 7630 万元。

七、地震

三国魏，文学正始三年（242 年）十二月，魏县地震。

唐僖宗光启三年（886 年）十二月，魏县地震。

昭宗天祐二年（905 年），魏县城中地陷。

宋皇祐二十年（1051 年），魏县地震，神宗熙宁元年（1068 年）八月，魏县地震，有声如雷，民多压死。哲宗光祐四年（1090 年），魏县地震。

明孝宗弘治十五年（1502 年）魏县地震；世宗嘉靖五年（1526 年）十二月，魏县地震；三十年（1551 年）十一月，魏县地震；三十四年（1555 年）十二月，地震有声；神宗万历十五年（1587 年），魏县地震；四十八年（1620 年）魏县地震。

清世祖顺治十一年（1654 年），魏县地震；康熙七年（1668 年）元月，魏县地大震；十八年（1679 年），魏县地震；十九年（1680 年），地震；三十二年（1693 年）六月，地震；三十八年（1699 年）七月，地震；高宗乾隆三十年（1767 年）七月十四日夜，魏县地震；宣宗道光十年（1830 年）四月，大名、魏县、元城地震，庐舍有倾摧，房瓦有堕者。德宗光绪十五年（1889 年）九月，地震，坏庐舍。

中华民国二十六年（1937 年）六月，山东菏泽 7 级地震波及魏县，部分房屋被损坏。

1966 年 3 月 8 日，邢台 7. 2 级地震波及魏县。是年 3 月 22 日，邢台再次发生 6. 8 级地震波及魏县，县内房屋有倒塌。1976 年 7 月 28 日，唐山 7. 8 级地震波及魏县，破旧房屋有倒塌。

八、地裂之谜

2000 年 6 月 21 日下午，魏县泊村西地出现了一条罕见的大裂缝。

当时，村民王玉庆和儿子正在地里干活，有幸目睹了地面出现裂缝的景观。他向笔者介绍说，当时他正栽着红薯，就见一股乌云从西南方向而来，雨开始淅淅沥沥地下起来。不一会儿，风向转为东南，头顶上的黑云更加密集，雨比先前更大了，他和儿子跑到附近自家的梨树园里用砖盖起的简易小屋避雨。这时天地一片昏暗，好像黑夜一般。突然，平地一声惊雷，大雨倾盆而下。他父子俩同时听到一声沉闷的倒塌之声，声音之大好像有大片的房屋倒塌一样。刹时，小屋遍漏，没法避雨，爷俩就从小屋往外走。谁知刚迈出门口，小屋便轰然倒塌。爷俩儿循水漏之声发现，距小屋 10 多米的路边出现了一条巨大的裂缝。裂缝上土层才湿了二指左右，下面的干土继续下塌，水流入缝内，倒塌之声时断时续，爷俩儿心中害怕，未敢继续观看，就冒着大雨慌慌张张地往家里跑了。

第二天，裂缝之处人山人海，人们看到一条东西长约 400 米、深浅宽窄不一的大裂缝。其西部最宽处达 2 米多，向东渐窄，而东半部的裂缝处伴有圆形的涸坑，整体看像条龙的身躯，一时说法很多。有人说是娇龙爷显灵，这显然是神话说法，不可为凭。有人说是大地震前兆，但县和市两级地震权威部门亲临现场观察后，否定了这种说法。有人说，是不是这里挖过大渠或有过地道，但村里八九十岁的老人都不记得有，也从未听说过。再说即便有，这么多年了，光洪水就淹过多少次，大雨洪涝积水也无数次了，为什么不出现塌陷？单单这一次雨水不算太大的时候出现了这个现象呢？究竟何因？给后人留下了个谜。

6 月 26 日《邯郸日报》头版刊发了魏县泊村大裂缝的消息。6 月 30 日《河北日报》转载了此消息。

第二节　轶　　事

一、河决魏地

晋武帝咸宁二年（276 年）七月，魏地大水，淹死人无数，诏给以棺。

晋太康元年（280 年）四月，魏地雨雹伤麦禾。三年（282 年）五月，魏地雨雹伤禾稼。五年（284 年）九月魏地淫雨伤稼。

隋仁寿二年（602 年）9 月，魏地大水，朝廷遣尚书苏威赈恤。

唐高宗永徽五年（654 年）六月，河北（魏地）大水，遣使虑囚（差遣囚犯）。永隆元年（680 年）九月，魏地大水，溺死者甚众。二年（681 年）八月，魏地大水，土地淹没，坏民居十万余家。诏免一年租，复遣使赈济，绝室庐者给复一年，溺死者赠恤。玄宗开元二年（714 年），魏地河决，诏免州年一年租。德宗建申元年（780 年）七月，魏地大雨水，田地苗稼荡尽，米斗 1500 文，死者相枕。二年夏，魏地大霖雨，水没城廓、庐舍，斗米千钱。文宗大和五年（831 年）六月，雨雹如拳，伤人及牛马。唐庄宗同光三年（925 年）六月，魏地连雨七十五日，河溢，田地和稼淹没。

宋太宗太平兴国七年（982 年）七月，御河溢魏地，合流坏域，人多溺死，诏减田租。仁宗天圣四年（1026 年）六月，魏地大水，免除其田租。七年六月，魏地大水，水浸民田遗使虑囚赈贫，瘗溺死者，给其家緡钱，诏被水淹州县税减半。皇佑二年（1050 年）六月，大雨坏民田庐舍，民多流亡。神宗熙宁二年（1069 年）七月，北京（大名）新堤第四、第五堤决，坏田 30 万顷，庐舍 38 万，圣命五涣之按抚赈贫，作舍收儿童，役壮丁，所活 35 万。元丰六年（1083 年）七月，河决无城埽（魏县东北方）河水暴至，数十万民众呼号求救。徽宗崇宁二年（1103 年）六月，河决内黄入御河，灌魏县，兴徒役七千塞之，诏赈恤。

金世宗大定八年（1168 年）六月，河决魏县李固镇（地名，在县东南），诏避水逃移，不能复业者，官与救济钱，仍量地顷亩，给以耕牛。章宗明昌二年（1191 年）六月，漳河堤决，诏速塞之，四年诏被水淹缺食人充夫，计 38 万余工。量减田租。至元元年（1264 年），大名路（辖魏县）大水。二年（1265 年）八月雨雹，发米十万赈之。二十七年（1290 年）七月，魏县御河溢，害稼 5800 余亩，免田租 920 石。二十八年（1301 年）霖雨为灾，免租 16669 石。仁宗延佑六年（1319 年）六月，魏域雨雹，坏民田 18000 顷。顺帝至元三年（1337 年）六月，大霖雨 13 日，魏县等 11 县坏田舍，饥民 716980 口，诏给钞十万锭赈之。

明成祖永乐元年（1403）年夏，署雨为灾，漳卫二水决堤淹田。宣宗宣德元年（1426），魏县大水，诏发廪贷之。时魏县水灾区重者计 3590 余户，有司请发官仓米麦二万余斛贷之，俟有秋输官。七年五月，魏县大水，决堤没田，诏蠲其租。英宗正统十三年（1449 年）河决大名府县，水淹 300 余里，坏庐舍两万余，溺死者千余人。宪宗十八年（1482 年），漳河决堤魏县城，漂没田庐无数，诏发廪赈之。世宗嘉靖五年（1526 年），漳河决于魏县双井镇，知县李冕筑堤御之，诏加赈恤，免税粮。三十年大水，漳卫河并决，平地水深数尺，魏县尤甚，溺死者无数。知府张瀚抚恤备至，出官库银赈给之，民懒以生存。三十三年大水，斗米千余钱，境内流民聚集者五万余口，世家轸念不已，命户部发事例银万两，仓米两万余斛，府仓粮 40200 石，库银 13000 两，并劝富民捐助济给之，救活者 30000 余人。三十六年（1557 年），漳卫水为灾，决口于回隆镇，二水横流，盘旋于魏县、大名等县，三百里间溢为世浸，民有攀栖木树者。巡抚御史姜亲行抚恤，命有司省里甲之供，捐不急之费，始懒以不困云。

高宗乾隆二年（1737 年）秋，大水漂没田庐；四年夏，淫雨伤稼；十七年魏县大雨雹。清乾隆二十二年（1757 年）五月二十九日未申二刻，魏县城西朱河下处，漳水势猛丈余，汹涌漫溢，冲开护城堤，穿越外城土城，将内城砖城颓坏，东小门浸塌，大水灌入城内，平地水深数尺，官署民房多被淹浸，居民皆上城躲避。水于数日减退数尺，建筑多被淹没倒塌，城内 5 座石坊全部埋入地下，有的仅露一个坊顶。城外有南北两河之间，宽五六里，东西长 20 余里，朱河下等被水淹 27 处，地上田禾悉遭淹没，村庐多坍塌，然较之城内水灾为轻。城内居民仓促避水，衣被细软稍有携带，其它什么物资粮悉归乌有。大水过后，县城衙署建筑，民房全部坍塌，无法再用，被迫于乾隆二十三年（1758 年）撤销魏县建置，并入大名、元城二县。至 1940 年恢复魏县，魏县建置消失达 183 年之久。

1940 年，魏县复县，在长达 183 年中，大水近百次淹没魏县土地，人民大受其害。

1956 年，漳河决口，流量 8600 立方米/秒。平地水深 4 ~ 5 米，魏县 392 个自然村被水淹。毁房 92311 间，死 72 人，伤 22 人，死伤牲口 8090 头，98 万亩土地上的禾苗颗粒无收。

1963 年，漳河、卫河同决口，淹没庄稼 606667 公顷，倒房 181157 间，淹死 64 人，伤 1621 人，淹死牲口 196 头。

二、其他轶事

（一）魏地出铁

武后重拱三年（687 年）秋七月，魏地出铁如船，长数十丈。

唐昭宗光复元年（901 年），朱全忠至魏县，取魏地产木材修五凤楼。

（二）沿河植树

宋太祖开宝五年（972 年）春正月，诏沿汴、清、御等河州县，别（植）榆、柳及土地所宜之末。（按：魏境卫河在魏俗称御河。）

（三）监收田租

宋太祖建隆二年（941 年），遗使监征天雄（含魏县）田租。先是藩镇率遣吏征租，概量增益，公取羡玉，符彦卿在天雄尤甚。帝闻之，即遣使诸州，分主其事。以除五代之习《府志》

（四）清丈地亩

明万历九年（1581 年）冬，清丈州县地亩，此张居正当国刷新之一斑也。

（五）连增辽饷

明万历四十六年（1618 年），始增辽饷，每亩加银三厘五毫；四十七年十二月，再增辽饷，每亩加如前；四十八年春正月，再增辽饷，每亩加银二厘，共计九厘。百姓负担迄于国亡，此明末害民之三饷也。

（六）嘉靖均田

魏县境内土地较他县肥沃，源自频年河决，有淹一年收三年之说。嘉靖三十五年（1556 年），推行躬履丘田，辨肥瘠之法，选择乡老谨厚有心计者领其事，遂定为三品之法。

视旧增田一千六百一十七顷有余，欺隐尽厘，征敛有法，以羡余为学田。中华民国时期尚实行一等、二等、三等地征银之分，执行的三品之法。

第六章　古迹文物

古迹文物，是一方土地的文化明珠，时时引诱着世人的目光。不仅景观秀美，而且反映地方文化的历史与现状，为地方带来一定的知名度。魏县历史悠久，古迹文物众多，曾兴旺明、清两代。本章仅将历代志书记载搬来，让人民了解这块土地上曾经的辉煌。

第一节　古　　迹

礼贤台：在旧魏治城东南隅（今魏城镇文侯公园东南侧）。大名《府志》载：魏文侯所筑，以礼段干木，久废不知其处（此以魏县为毕万所封而误辩，见杂记志）。明嘉靖间，知县陆東筑台城外东堤上，以存其名，亦名魏台。万历十九年（1591 年），知县梅守相（号春寰，宣城人）建奎光塔于其上。清顺治九年（1652 年）知县孙鸿懦、康熙十二年（1673 年）知县王清彦、二十七年（1688 年）知县金协广重修；五十八年（1719 年）知县马襄再葺。自乾隆二十二年（1757 年）水圮后，惟塔岿然尚存。2010 年，复建于东代固村东北地。

迓旭台：在礼贤台北，台上松柏掩映，杨柳交加，日出时，光华如绘，奇观也。水圮后废。

盖公台：在旧魏治东南八里德政村，汉盖宽饶筑。

太古堂：在旧魏治东郭龙化村，明代人关西道、张应福建，有记文，见《文集》

按：龙化村今已不存，魏人谓在东关尽东南偏。

备美楼：在旧魏治县署东南向，东、西三楹，高 25 尺（合今 7. 58 米），有碑记。

玻璃古井：在今城西南北皋镇，甃法非砖非石，昔有人燃火缒下，自口至底一片玻璃，中镶方石尺许，刻“东塔西井”四字，无年纪可考。

双井：在今城西南 35 里四区双井集南街南端，两井距五尺余，味分甘苦，后人因以名镇。

卧龙槐：在旧魏治东关路北，槐长两丈余，大可合抱，相传为窦建德系马处。

唐魏公李密铁鞭：在今旧魏治城外西小门泰山庙中，长三尺余，重二、三十斤，李密称魏公时所遗物也。前志失载，相传铁鞭能逐鬼，四处有病祟者，辩香请去，病愈，仍辩香送还，以为常。入民国，迷信破除，为宵小携走。

铜释迦佛像：在西南 50 里第三区张大堡白佛寺。明万历初，僧缘法募铸释迦佛一尊，文殊、普贤二菩萨，韦驮将军各一尊，狮像俱全，用铜 3000 斤，用金箔 8000 余张。

三世二品石坊：在魏县旧治东街，坊为郧阳巡抚郑国仕立。现立在安张庄东侧。

按：此坊相传前三字为王北沙先生所书，庄重遒劲，后一字为他人所配，笔力似逊。然国仕子师元善书方丈余大字，似不应再请别人书丹。经考，为郑师元所书。

回澜桥碑：在东关外，字大尺余，笔力遒劲，万历间知县田大年书。

朝列大夫李仪先茔碑：在城西南 70 里，第五区郝村营，文为内黄大雪山张问行撰。

沈藩灵川王府贵池郡君御祭碑：在郝村营。嘉靖二十六年（1547 年）十一月，朝列大夫素庵李仪刻石。

吏部考功司郎中申旞墓碑：邑人王永寿撰志铭并书，在城西南 35 里前牛疃村东南。

按：永寿与申旞、刘禟号魏县三杰，永寿之北沙口人（即今沙口集堡），今所称王北沙先生者也，书法最著，至今犹称道之。

刑部尚书李养正墓碑：大名大学士成基命撰志铭，在城西 4 里第一区漳河村南。

朝列大夫张积墓碑：魏旧志：在县西南 30 里。《畿辅待访碑目》：刘思温撰。

北斗分曹坊：在魏县旧治东街，为工部主事崔谦亨立。

西秋鹗荐坊：在魏县旧治东街，为举人，永城、大兴知县崔谦光立。

大中丞坊：在魏县旧治南街，为佥都御使应天巡抚郭思极立。

关中藩宪坊：在魏县旧治南街，为陕西布政使参政王光祖立。

大中丞坊：在今西区方里集南大街，为陕西参政王光祖立。

第二节　文　　物

汉司隶校尉盖宽饶墓：原在魏治东南八里德政村。清乾隆二十二年（1757 年）魏县大水，将棺冲至魏旧治东南十六里李家口村北，清知县王清彦即就地掩埋。墓前有清王清彦立碑。

按：《元和志》：在魏县东南八里。

《明一统志》及《府志》俱云：在县东南八里德政村，为水所冲，附载阙疑。

五代唐刘太妃墓：《五代史．唐太祖家人传》同光三年（1925 年）五月，太妃薨，葬魏县，今不详其处。

五代晋刘太后墓：《旧五代史．晋出帝本纪》：天福七年（1942 年）八月，葬皇祖母于魏县秦固村。

明太祖葛丽妃墓：在城东南 35 里、二区边马集西南里许，祀田现存者 20 亩，今清丰县葛姓春秋尚来致祭。

按：丽妃为锦衣卫指挥使葛川女，洪武十九年（1386年）入宫，生伊王㰘。二十六年（1893年），进位丽妃。太祖崩，其妹葛美人以身殉，故妹妹附葬一茔，墓前尚有碑记。

明世袭都司邢琰忠墓：在邢于村东，有碑记。

明沈藩灵川王府贵池郡君墓：在车往镇郝村营，坟墓无存。御祭碑云：维嘉靖二十六年（1547年），岁次丁未，八月己卯朔，越十三日丁卯，皇帝遣本府内官石，鉴赐祭于沈灵川王府贵池郡君之灵，曰：维尔生长宗藩，荣分帝室，以顺为正，全无挟贵之心，能敬且和，宜获永年之报。夫何构疾，倏尔长逝去，讣音来闻，特赐以祭，尔灵不昧，尚其享之。冬十一月，朝列大夫素庵李仪刻石。

明朝列大夫李仪先茔：在车往镇郝村营，坟墓无存。

内黄张问行碑记：太祖高皇帝定天下之初，山右辽州榆社县北厢里万户大族，有李氏永忠者，随其兄执忠，仗剑从戒。太祖义之，隶永忠于潞州卫。后千户所陈百户下遣，执忠仍屯榆社，复录民户，两相依附，各无所失去。后议复古屯田之制，迁永忠于直隶大名府魏县仁义里郝村营，开荒田1330亩，而树艺之。及暮年，有首邱之意，葬于原籍祖茔之次，时永乐改元也。后永忠伯子斌、仲子兴，同至郝村营中，分其地，遂为久居之计，始立坟茔于屯田东里许，相彼茔基南北袤33步，东西亘28步，高阜面其前，漳水萦其后，右有大道以便往来，左有甘固营以为障蔽，杰然一胜概也。

明山西参议刘宾墓：在六区王刘庄村东里许。

明两淮运使薛鋆墓：在六区岳庄村前，有坊碑。

明石阡知府薛黼墓：在六区薛村东南郊，有碑。

明武陟知县薛绍先墓：在六区岳庄村东，鋆之子。

明济南府同知刘信墓：在魏县旧治西关外迤北。

明陕西按察司佥事刘举墓：在回隆镇南栗庄。

明南京吏部主事刘禧墓：在野回隆镇南栗庄。

明榆社县训导杜琛墓：在蔡小庄东北，有碑。

明吏部考功司申旞墓：在今城西南30里，牛家疃村东南里许，有碑记。

邑友人王永寿墓志铭：公讳旞，字仪卿，别号潞石，其先潞城人也。祖曰十八翁，讳立者，国初始徙魏。立生六老，六老生度，度生铸，仕为金坛薄，有清白声。铸生清，仕为巡检。清生乾，即公父也，初游邑庠，后以公贵封固始公，母，王氏，赠孺人。

明武乡县知县张祖良墓：在今西南60里，五区南张庄村北，有神道碑。

明关西道张应福墓：在今仕望集乡方里集，有华表石器。

明佥都御史郭思极墓：在今西南大磨乡枣林村东，有华表石器。

明副都御使郑国仕墓：在今县城东25里。

明鸿胪寺班王富墓：在今城西南40里，五区集村南郊，隆庆四年（1570年）御赐碑记，高约丈余。

明刑部尚书李养正墓：在今漳河涯村南。有华表石器，大学士成基命志铭。

明苏州知府王时和墓：在城东柏庄村东，有碑记。

明砀山知县朱之杨墓：在今大马庄乡大康庄村西二里许，有碑记。

明太仆寺卿徐楠墓：在今县城北 10 里徐小庄。

河间府游击曹卓立墓：在今泊口乡后野马村里许。

明赠承德朗户部四川司主事常汝孝墓：在今城西南北皋镇坡头村，乃雍熙之父。

明户部四川清吏司主事常雍熙墓：在北皋镇坡头村后，有碑记。

清山西左布政王点墓：在今城西南仕望集乡方里集，有华表石器。

清广西布政使崔维雅墓：在今城东 20 里沙口集乡沙圪塔村前，有华表石器。

清广东水师游击张可久墓：在今魏城镇杜疃村东。

清皇华使臣守候常罂墓：在今城西南北皋镇坡头村。罂乃顺治甲午科武孝廉也。

清大城县教谕崔辑麟墓：在今城东沙口集乡沙圪塔村东北 3 里，有碑记。

清山西大同知府崔允昭墓：在回窿镇崔小汪村后。

清大儒罗源知县崔东壁碑：在县城东南隅，礼贤台四百余步，滇南门生陈履和题石。

清山西参将陈安墓：在今城东沙口集乡南沙口。

清江南宁山卫千总常士魁墓：在北皋镇坡头村。

清江西万载县知县卫鹓鸣墓：在今城西南西上村，有碑记。

清光绪乙亥科举人郭秀石墓：在今城东南德政村西北郊，有门生所立孝思碑。

清甘肃永安营游击吕清长墓：在今大辛庄乡吕摆渡村。

清候选训导许万选墓：在今城西南 50 里溜儿村东迤北，有门人所立德教碑。溜儿村俗称溜上。

第十五编

人　　物

“生不立传”是史志传统之一，凡人在世时，志书不以人物传记收录，去世后，“盖棺定论”，方为立传。本志立传人物共计28人，均与土地有关，在自己所处的年代、环境，为人民做出了贡献，被世人颂以楷模。

对于土地管理工作做出重大贡献的在世人士，本志以简介形式入志。对于各级先进工作者，立功受奖人员，授于称号等人员，采用表格方式录入，使之流传后世。

第一章　立传简介人物

本着生不立传的原则，对涉及魏县土地事件的人物，进行收集，共收录与土地有关的立传人物28人。其中明代以前人物11人，清代人物13人，中华民国人物4人，建国后人物，以简介形式收录，以备查阅。

第一节　立传人物

黄　香

黄香，字文疆，江夏湖北陆县人。汉延光元年（122年，延光安帝末）迁魏郡太守。郡旧有内外园田，常与人分种，收谷岁数千斛。香曰："田令商者不农，王制仕者不耕，伐冰食禄之人，不与百姓争利。"乃悉以赋人课食耕种，时被水，年饥，乃分俸禄及所得赏赐，班赡贫者，于是丰富之家各出义谷。助官禀，贷荒民获全。后坐水潦，事免。数月卒于家。《后汉书·文苑传》。

崔　珏

崔珏，字子玉，祁州（今河北安国县）鼓城（故城在今晋县）人，生卒年不详。唐贞观时，迁魏州魏县令，时漳河水决，民多陷溺，珏朝夕塞堤，身立水中数日，工始竣。后升蒲州刺史，有惠政，去后民立庙祀之，名"崔府君"。

按：《祀典》："唐元宗为崔府君立庙，封灵应护国侯，武宗时封护国威应公。宋真宗封护国西齐王，仁宗景祐二年（1035年），封护国显应昭惠王"。田汝成《西湖志》云："高宗避难，泥马送之，即其神也。南渡后，敕封护国显卫昭惠王。"

张　问

张问，字昌言，襄阳人。进士起家，宋代通判大名府。群牧地在魏县，岁久，冒入于民，有司按旧籍括之，地数易主，券不明，吏苟趋办，持诏书夺人田，至毁室庐，发邱墓。问至，则曰："是岂朝廷意耶?"具上以闻，仁宗谕大臣曰："吏用心悉如问，何患赤子之不安也!"立罢之。(《宋史·本传》)

谭　理

谭理，湖广襄阳监生。明正统十四年（1449 年）知魏县，魏徙治八十年而无城守，理筑土为城，辟四门，又设东北一小门以便薪水，民甚德之。《魏县志》

鲍　琦

鲍琦，字德璋，湖广麻城举人。明宏治元年（1488 年）任魏县令，值漳水决，漂没田庐，环视郊原，即日相土鸠工，筑堤一百三十里以捍之。不到三月而堤成，民免垫溺，号曰"鲍公堤"（《大名县志》）。检吏刘春歌之，曰："田彼南亩兮，弦诵维时；河伯敛虐兮，捍御孔宜；廪有余粟兮，笥有余衣；桑麻连野兮，榆柳蔽翳；愿历岁兮，百年为期。"《大名府志》

李　冕

李冕，字端甫，号脉泉，山东章邱进士。明嘉靖六年（1520 年）授魏县，作地丁法，以均徭役。都御史下其法于他府，百姓称便。修学宫，亲为诸生讲业。岁饥，民多流移，有病不能行者，缢于林，冕见而活之，归哭于廨。计仓库银粟尚足为赈，申不待报又请粟四千石于府，知府才之。漳决双井，濒水居人咸 欲弃庐而走，冕止之曰："堤可完也，若等视吾所指筑之。"会日暮，冕乘扁舟出没洪涛，不顾险难，指挥自若，观者无不感泣。堤成，而民免于患。

七年，邑大蝗，冕开仓，与民约入蝗易谷，扑灭殆尽。每躬履田间，劝农课桑，教化大行。有逸驴鸣于中野，行道者得之，见钱布负其背，候主不至，报于县，冕奖之，访而还诸失者。时麦秀两歧，老农持献以为祥也，阍者却之曰："公素不喜文饰，今使见此，恐以汝为不祥人矣!"冕性仁厚，尤尚俭约。尝以公出，过期未还，妻孥食尽，将籴于市，遍索筐钱不能具斗米，以迁去。后为大名兵备，值义军红罗女起兵巨野，以摇大名，冕勒兵持，义军不敢逼。终云南右布政使。《大名府志》

冯惟讷

冯惟讷，字近仁，号少洲，山东临朐进士。明嘉靖二十年（1541 年）自宜兴调魏县，为政严明，吏不敢欺。时诏畿辅府县筑屯堡，如边府制，乃于北皋筑堡，佥近市乡夫三千余人，刻日就役，月半落成。高三仞有奇，下广二寻，上半之，延袤千余步；又于双井筑堡，与北皋相翼，四越月而工毕。垣高丈有八尺，下厚如之，上厚八尺，广袤五百六十三丈。北皋界成安、临漳之间，双井据漳河、卫水之阳，均距魏县三十余里。两堡成犄角之势，县之形势乃壮。（薛编《北皋堡城记》、王永寿《双井堡城记》）

董　威

董威，字重夫，河南信阳进士，仁明敏疌，律已廉平。明嘉靖二十三年（1544 年）宰魏县，于双井镇东街路北建立社仓，其地广五丈七尺，深一丈七尺，中建屋十一楹为廒，廒前为亭，凡四楹，亭左右为厢，厢外为门，而缭之以垣。会漳水泛溢，民用艰食，威发其所储而贷之，镇民赖以不饥（王永寿《创建双井堡城记》）。旋擢御史，魏民至京，见之，问疾苦剌剌不休，如家人父子。后巡抚正定，益欢欣。《大名府、县志》

陆　東

陆東，字道函，号梦洲，河南祥府进士。明嘉靖三十二年（1533 年）由南昌改任魏县。博极群书，敬礼贤士，莅魏二年，修举废坠，自学宫而下，凡祠庙、古迹、义学、里社、堤堰、城堡，或创或因，皆经营完善。尝于城下凿十井，自为铭刻，救荒本草，以备不虞。转大理评事，历宝庆、都匀知府。《大名府志》

杨延选

杨延选，号宾吾，锦衣卫，籍浙江鄞县人，明嘉靖三十八年（1559 年），以进士授魏县，英发明断，人不敢欺。时有土豪乘响马盗作乱，结党横行，人不敢仰视。廷选廉得其实，重绳以法，一时强暴敛迹。岁祲，请于巡抚，漕山东之粟，溯卫河而上，俾饥民给水次故事。民间输赋加常额什一，岁取羡数千金，廷选革之。初，莅任草上台府八议，又议安民四要，曰：“肃官箴，清常赋，禁豪强，裢术说。”弭盗四要曰：“重乡约，严保甲，缉诈伪，集流亡。”历任三载，凡所言皆一一行之。征为刑部主事，魏人哭送出境，绵亘百里不绝，为建生祠。《大名府志》

田大年

田大年，号东明，湖广江陵进士。明万历二十年（1592 年）授魏县，恺悌乐易，有操守。筑漳堤，建桥梁，设义仓，将士类，惩豪强，凡为地方计者，如视家事，民画像祀之。《大名府、县志》

马　襄

马襄，字业先，号可亭，浙江会稽监生。清康熙四十七年（1708 年）为魏令，时久旱，步祷无应，一长跽为民请命。三日，大雨滂沱，人以为神。旧书院、社学有无实，乃创义学于东部，置田二百余亩为脩脯，复置佃田，资弟子廪饩，士风复振。

邑有养济院以恤无靠，但限于额数，有孤贫而不能遽沾泽者，乃创建额外孤贫院于东门外，捐俸买地一顷零，又佃田八十四亩，所收麦谷预养孤贫，柴草完赋，将详文勒石，以垂久远。凡在任十八年，耄而解组①，民争送之。

注：①解组，组，印绶。解去印绶，谓辞去官职。

朱　煐

朱煐，字临川，号龙坡，云南石屏州进士，清乾隆十六年（1751 年）任大名知府。大名故患漳水，往往至城下，耐筑堤丽家庄口，更凿渠于下流，以待漫溢，筑叠道四十里，达于故魏县，以通往来，遏水势，得以无患。

王缙卿

王缙卿，字纪云，河南裕州人。清光绪四年（1878 年）以进士宰大名（含魏县），时年仅二十一。剔弊政，除陋规，遇争田案，躬亲丈量核算，绝不假手胥吏，折疑狱老吏不如。时有货薪者以布置薪中，及至市而忘其布，并薪售之，旋忆及，寻至市薪者家，而彼不肯承，遂鸣于官。缙卿察其词色，知市薪者攘之，觅密使役至其家诈其布，一讯而服，合邑称其神明。公待隶极严，尝面斥之曰："将使尔辈三人穿一裤"。县试士子入场，惮其威棱，寂然无声，传送夙弊为之顿除。以丁外艰去，卒于家。

高殿等三人

清代高殿、杜雨、崔应聘，魏县人，皆为善于乡。若让产、却金、施茶、修桥、捐义冢、周族亲，老而不倦，高殿之行也。施棺、施米、施银，杜雨、崔应聘之行也。杜雨兼施学田二十亩，有果园出典，被水损坏，还其值于典主。

同时，有李思忠、刘永孝、李如亮、王加成、皆襄其义举。

崔缉麟

崔缉麟，字振侯，布政使维雅从子。生新安，从叔维雅迁于魏，为所器重，携之宦游，及维雅服官河防，民瘼悉与谋议，倚之如左右手，维雅举子晚，家务悉委缉麟。缉麟贫，自如诸子，皆负薪汲水，维雅知之，资其家用。

清康熙二十九年（1690年），由副贡领乡荐。维雅素重其才，屡欲为援例自效，辞不愿也。筑室一间，读书其中，名之曰“备庐”，作“备庐说”，又作“银鬣马赋”，以见志。

漳水之汜滥于广平也，大学士安溪李光地，方抚畿内，往视漳，以缉麟练习河事致书访之，缉麟覆书数千言，大旨言：宜开渠疏水，以洩其势，且籍以兴水利，不当专恃堤防。光地韪之，以群议不同而止。

尝于荒岁买田数顷，明年熟，召卖田者令赎归，乡人德之，选大城教谕，是时督河副都御使黄某，分司子牙河，驻大城，闻缉麟名，折节交，晨夕过从，时人两贤之。二年引疾归，为园于城南，构亭水上，题曰：“逸志”。里居十余载。无疾卒，年八十三。

缉麟好学，虽耄年手不释卷，作楷书无倦色，里巷相传，以其园为段干木①故居。晚因自号曰：“段垣”。著有：《段垣诗集、文集》、《书法辑说》。（大名旧志）

注：①段干木：战国初年魏国人，曾求学于子夏，魏文侯给以爵禄官职，都不受，方侯过他的住所门口，必伏轼致敬。

崔　沄

崔沄，字海门，号松崖，魏人，布政使维雅重孙。由廪贡授武强教谕，迁江西乐安知县，创建“鳌溪收院”，捐俸资膏火，以兴教化。正田赋，均徭役，除里长代催代出之弊，积困遂苏，民建生祠报之。

以绩最，移临川，未任卒。乐安民素衣冠，泣送者数十里，直达水南镇舟次，

子楷元，以廪贡任大城教谕，克世其家。

樊　昱

樊昱，字亭午，魏人，丰润训导显祖子，让田产于叔父，灌园奉亲，与妻常氏抚幼关晃，迭为抱负，爱惜愈已子，世德家风，乡间推重，晃述其兄嫂恩勤，常为泣下。

徐树松

徐树松，字封五，号秀岭，乡学诸生。性恬淡，不慕荣进，与人无所不容，枕读经史，著有《续启蒙十鉴》、《斋居四景诗》，工草书，生徒多所成就，精于学业，疏于家计，遂亦贫如洗。临卒，顾次子昙，曰：“吾平生自维俯仰无愧，宁使人负我，不使我负人，所缺者，不能遗汝以庄田；所幸者，犹能遗汝以心田，庄田有时典卖，心田则无时典卖。”

语讫而终，清咸丰七年（1857年）也。（徐氏族谱。）

江志澄

江志澄，字印月，江家岗人，岁贡生，性敏慧，十岁通经，十八入泮，旋食饩，为进士卫鵷鸣高弟。

家贫田产无多，尽让于兄。舌耕自养，江门成名者七十余人，而临漳彭九龄、安阳刘景宸皆进士。年八十七岁认卒，彭、刘二生为立石，以志其德。

张金堂

张金堂，字位高，本磁州王姓。少丧亲，年十一乞食于双井集南之焦庄，遂为该村张姓螟蛉子。性勤俭，能得养父欢。数年弟金兰始生，又十数年养父卒。乃令金兰读书，数试风檐不利，欲弃读归耕。君不许，卒督之采芹，并侄化龙亦游伴，

君善治家人生产，父殁时，田仅百余顷，至君卒乃两倍之上。君四十无子，弟为纳妾，君不允，曰："子嗣绝读，皆关天命，非人力所能强。"弟卒为纳之，生一子而殇，识者均谓之知命。

张浩然

张浩然，字直养，何家庄（今何庄）人，太学生，慷慨好施。道光二十四年（1844年），仕望集重修泰山庙，捐助京钱百缗。二十七年岁大祲，免地租，出粟三十石，以赈贫乏。清咸丰十年（1860 年），贼匪扰境，首捐三百余缗 ，招集乡勇，一方赖以无恙。卒年九十三岁。

高　坛

高坛，字文藻，朱村庄农。老而鳏，无子亦无近亲，临终乃集村中父老，告之曰："余今死矣，家无他物，惟有田地五十亩，愿分半为庙产，半为学田，为祀神育才之费。

卒后，村众遵其遗言，充作公产。迄今多历年所庙祀不替，村中赖以成名者尤多，乡人志其德，每逢霜露之辰，辄以盂饭卮酒造其垄而奠焉。清光绪九年（1883 年），岁进士范彭武、孝廉高万青等醵金镌石，载其事实，俾垂久远。

邢志魁

邢志魁，字抡元，邢于村人，太学生，家富有，清咸丰七年（1857 年）魏地歉收，出粟赈饥，辞匾不受。兄春魁卒，遗子立身三岁，志魁爱如已出，稍长为婚娶，及侄成立，择

沃田与之。

年八十二岁，无疾而终，子立言，增广生。孙云阁，优贡生。

范鑑古

范鑑古，字心镜，号廉泉，范骈村人。宽厚和平，有长者风，侍亲以孝闻。幼从其族伯申之读，申之曰："是子非吾所及也，当别择良师以教育之。"乃负笈从名孝廉郭蕴玺先生，学业大进。于是入泮食饩，每试必列前茅，文名籍甚，士林交誉。旋因屡踬秋闱，无意仕进，遂设帐授教，学者甚众。无何，科举废、学校兴。郡守锡公龄阿重其名，聘为简易师范及大名中学国文教授，固辞不获，迨锡公去任，君即浩然归里矣。

清宣统元年（1909 年），本村创一高级小学，名曰："范氏宗学"，君任教职。民国成立，慨时事之变迁，杜门谢客，课子侄以自娱。性恬淡，不喜随俗，尝自题于门，曰："那方能有干净地，此处即为幼稚园"。

县境四乡屡有匪警，君练团自卫，闾里赖以得安。时有选举省议会议员之举，张县长昭芹意属君，卒以主义不合，辞。因书一联，曰："当纷乱时间，须有镇定气。处竞争世界，宜存退让心。"其约已之严，可见一斑。

丁县长春膏，欲实行典地契税，君以有损民间，力争之，事遂寝。又熟习地方事务，如有疑难有商之，无不立解。每遇灾赈或平粜等事，率延君董其役，盖以其无私也。

县长程公守初，每巡视西乡，过范骈村，必令御者停车访问，喁喁而谈，两相惬然，其见重于当轴如此。

性好学，晚年深究岐黄，尤精女科及小儿科，病者接踵其门，又尝纂修大名三县合志，奈未及付梓，君已作古，程县长续成之。

其著作有：《人名乡土志》、《冀南军政纪略》、《冷动庵集蛩吟》、《草堂读史蛩吟》、《大名植物》等书。年六十七卒。

徐　氏

徐氏，郭毓秀妻。夫亡无子，族人欲逼嫁之，徐曰："欲吾改嫁，利吾产耳，吾无产，复何为?"于是将田地悉分诸弟昆，自己纺织自给，安贫生活，乡邻敬重之。

魏　氏

魏氏，路固村魏徐之女。许之崔良辅，辅病甚，惑流俗言，议娶新妇为冲喜。徐女嫁三日，夫亡，魏女辛勤纺织以养舅姑。舅姑亡，丧葬之事一身经营之。因家贫未能立嗣。纺织四十余年，余资买田二十余亩，为夫立嗣。携嗣子拜舅姑及夫之墓。

第二节　人物简介

土地是人类赖以生存的基础，保护土地就是保护人类自己。魏县国土资源局（原称土地管理局）自 1987 年成立以来，为保护土地资源，做决策，定措施，使魏县国土资源管理工作年年上台阶，取得了新成效。这些成绩的取得，与历届领导班子团结开拓努力进取精神分不开，为此，本志特设人物简介，以记住他们的奉献精神。

一、正职（以任职先后排序）

王可满

王可满，男，1930 年 03 月出生，汉族，中共党员，河北魏县沙口集乡杜二庄人，曾任魏县土地管理局局长。

1952 年 06 月—1953 年 07 月，在魏县张二庄供销社工作。

1953 年 07 月—1960 年 05 月，魏县牙里集中心商店工作。

1960 年 05 月—1961 年 06 月，在大名钢厂工作。

1961 年 06 月—1963 年 01 月，魏县燃料部工作。

1963 年 01 月—1966 年 01 月，魏县商业局工作。

1966 年 01 月—1970 年 07 月，魏县双井公社工作。

1970 年 07 月—1975 年 12 月，魏县大庄公社工作。

1975 年 12 月—1978 年 05 月，魏县水利局修配厂工作。

1978 年 05 月—1981 年 01 月，魏县水利局工作。

1981 年 01 月—1981 年 03 月，魏县爱武庄公社工作。

1981 年 03 月—1983 年 05 月，马神庙公社工作。

1983 年 05 月—1987 年，魏县物资局工作。

1986 年—1990 年，魏县土地管理局局长。

肖相朝

肖相朝，男，党员，汉族，魏县南双庙乡集村人。1949 年 3 月出生，1968 年 2 月参加工作，1969 年 9 月入党，1976 年 8 月转业，2001 年 8 月离岗，2009 年 3 月退休。

1968 年 2 月至 1976 年，参加中国人民解放军，先后任营部书记，排长等职。

1976 年 8 月至 1978 年 8 月，转业到薛庄公社任团委书记。

1978 年 8 月至 1990 年，在县信访办公室任副主任、主任。

1990 年 6 月至 1997 年 9 月，在县土地管理局工作，任党组书记、局长。

马文学

马文学，男，1955 年 3 月出生，汉族，中共党员，河北魏县双庙乡马村人，曾任魏县国土资源局党委书记、局长。

1973 年 1 月至 1984 年 3 月，武安二六七工厂统计员、会计、组织干事。

1984 年 3 月至 1985 年 10 月，魏县双庙乡宣传委员、副乡长。

1985 年 10 月至 1987 年 11 月，魏县崔野冲乡副乡长。

1987 年 11 月至 1989 年 4 月，魏县刘文乡副乡长。

1989 年 5 月至 1995 年 7 月，魏县双井镇副镇长、副书记、镇长。

1995 年 8 月至 1997 年 8 月，魏县大磨乡党委书记。

1997 年 9 月至 2005 年 8 月，魏县国土资源局局长，河北省委党校函授学院经济管理专业。

2005 年 8 月至 2013 年 12 月，邯郸市国土资源局邯山分局党委书记、局长。

张万胜

张万胜，男，1965 年 9 月出生，汉族，中共党员，河北永年县姚寨乡周寨村人。曾任魏县国土资源局党委书记、局长。

1979 年 9 月至 1981 年 7 月，邯郸师专数学系学生。

1981 年 9 月至 1982 年 11 月，永年县七中教师。

1982 年 11 月至 1985 年 12 月，永年县小西卜乡司法员、副乡长。

1985 年 12 月至 1988 年 1 月，永年县河北铺乡乡联社副主任。

1988 年 1 月至 1988 年 4 月，待安排。

1988年4月至1999年9月，永年县土地管理局副科长、科长（其间：在中央党校函授学校学习）。

1999年9月至2002年8月，永年县土地管理局副局长。

2002年8月至2005年8月，永年县国土资源局党组成员、副局长。

2005年8月至2008年6月，魏县国土资源局党委书记、局长。

2008年6月，邯郸县国土资源局党委书记、局长。

郭 峰

郭峰，男，1964年8月出生，汉族，中共党员，河北魏县车往镇郝村人，曾任魏县国土资源局党委书记、局长。

1979年9月至1982年9月，邯郸地区农校农学专业学生。

1982年9月至1984年3月，魏县仓口公社团委书记。

1984年3月至1986年7月，魏县车往区委团委书记。

1986年7月至1988年8月，河北师大离职学习。

1988年8月至1989年9月，魏县回隆镇工作（其间：在河北大学政治教育专业学习）。

1989年9月至1996年11月，魏县纪委科员、审理室主任。

1996年11月至2002年11月，魏县国土资源局纪检组长。

2002年11月至2005年6月，魏县国土资源局副局长。

2005年6月至2008年6月，中共魏县国土资源局委员会委员、副局长。

2008年6月至2010年1月，魏县国土资源局党委书记、局长。

2010年1月至2013年2月，邯郸市国土资源局丛台分局党委书记、局长。

2013年2月，邯郸市国土资源局土地储备办公室常务副主任。

张建设

张建设，男，汉，中共党员，大专文化，1963年10月生，河北大名县沙圪塔乡郭鸭窝村人，现任河北魏县国土资源局党委书记、局长。

1981年10月至1983年8月，在邯郸地区农校学习。1983年参加工作，历任大名县沙圪塔乡农业技术员、团委书记，大名县土地管理局地政股股长，土地管理局纪检组长（副科），局党支部副书记等职，（期间1995年8月至1997年12月，在中央党校函授学习）。1999年3月任大名镇镇长。2001年8月任大名县土地管理局党支部副书记、副局长（正科）。2002年6月，任大名县国土资源局党委副书记、副局长（正科）。2010年10月至今，任魏县国土资源局党委书记、局长。

1991年1月任大名县土地管理局地政股长时，带领全股人员，完成了全县土地利用现状调查、土地利用总体规划等各项工作任务。1994年12月，任大名县土管局纪检组长、并分管地政股及地价评估事物所工作期间，带领其负责股室的全体人员，顺利的完成了荒废土地开发及土地定级估价工作。其负责的纪检工作，连续5年，全局无一例违法乱纪案件发生。任局党支部副书记时，使党支部连续三年被县委评为“红旗党组织”。

1999年3月，任大名镇镇长期间，带领全镇干部职工，发扬艰苦奋斗精神，各项工作走在了各乡镇前列，多次受到县委、政府的表扬。

2001年8月，任大名县国土资源局副局长，党委副书记期间，在查处违法案件中，秉公执法，不讲私情，与全局干部职工一起，创建了连续4年“省土地执法模范县”称号。

2010年10月，任魏县国土资源局局党委书记、局长。上任伊始即投入谋划魏县国土资源局科学发展及统筹安排上。带领干部职工团结奋进，创造了一个又一个辉煌。

在土地规划工作上。2010年完成了魏县新一轮土地利用总体规划的修编工作；2015年，争取到了省厅批复386.67公顷新增建设用地规模指标，受到了县委、县政府的通报表扬。

在土地出让工作上。严格法定程序，严格政策要求，至2016年，7年时间，共公开出让土地133宗，面积202公顷，收取土地出让金12.14亿元。

在耕地保护工作上。对全县基本农田实行“一乡一图、一村一档、一户一书、一地一牌”的管理模式，完成了永久性基本农田规定工作，充分发挥乡（镇）政府的工作职能，形成政府牵总、国土部门主管、相关部门共管、社会公众参与的工作体系，确保邯郸市政府对县政府年度耕地保护责任目标考核任务完成。

在用地保障工作上。2010年至2016年，共争取计划内指标245.73公顷；通过砖瓦窑复垦，取得增减挂钩指标145.4公顷；组卷上报37个批次建设用地，面积445.53公顷，全部经省政府批复，保障了全县重点项目用地。

在土地整治工作上。7年时间，完成批复资金5364万元、建设规模4866.67公顷、新增耕地89.33公顷；完成投资742万元、整理规模132.87公顷、新增耕地113.8公顷，取得占补平衡指标113.8公顷的6个未利用地开发项目；完成总投资1.5亿元、总规模16.67公顷的高标准基本农田建设。

在土地执法工作上。建立健全“三位一体”土地违法案件查处工作法，加大巡查力度，明确巡查辖区，实行队长包线、所长包片、执法人员包段的工作机制，开展年度土地“春季执法”、“百日行动”等集中执法活动，有效遏止违法占地上涨势头。至2016年，共查处违法占地行为752起，依法拆除192宗，拆除面积13.47公顷；历年的土地卫片执法检查整改工作，全部通过了上级验收，实现了“零约谈、零问责”的工作目标；圆满完成了全县64座实心粘土砖瓦窑关停取缔任务。

在不动产登记工作上。做到“人员划转到岗、窗口设置完备、资金落实到位、办公设备齐全、资料移交到位、信息平台与省厅连接并有序运转机制”，现运转有序。

在干部职工队伍建设上。2010年，通过多方协调和努力，全面解决了400余名干部职工630万元养老保险金的补缴难题，解除了干部职工的后顾之忧；2011年，投资1000万元、建设占地面积0.67公顷，总建筑面积5200平方米的六层新办公大楼，改善了机关办公环境。同时，狠抓全系统干部职工教育培养和党风廉政建设，凝聚队伍合力、提升队伍素质、改进工作作风、提高办事效率、优化了服务质量。

一份辛苦，一份收获。张建设本人先后获得“省土地管理先进工作者”、“省国土资源系统政风行风建设先进个人”、省厅先后授予“一等奖”、“二等奖”、“三等奖”等；市、县政府多次授予“先进工作者”、“民生群众工作先进个人”、“财税工作先进个人”、“三年大变样工作模范”、“优秀领导干部”、“支持武装好局长”等。

刘　河

刘河，男，1949年9月出生，汉族，中共党员，河北魏县魏城镇刘河下村人，曾任魏县土地管理局党组书记。

1969年6月至1971年10月，斗批改工作队。

1971年10月至1973年12月，县化肥厂工作。

1974年1月至1975年11月，农业学大寨工作队。

1975年11月至1983年4月，西康疃公社团委书记、党委委员、纪委书记。

1983年4月至1984年3月，院堡乡纪委书记。

1984年3月至1988年3月，院堡乡副乡长（其间：在河北电大行政管理专业学习）。

1988年3月至1990年9月，院堡乡党委副书记、乡长。

1990年9月至1992年11月，棘针寨乡党委副书记、乡长。

1992年11月至1994年4月，西康疃乡党委书记。

1994年4月至1995年12月，野胡拐乡党委书记。

1995年12月至2001年1月，农开办主任。

2001年1月至2001年9月，魏县土地管理局党组书记。

2001年9月离岗。

司承文

司承文，男，1949年2月出生，汉族，中共党员，河北魏县魏城镇南温店村人，曾任魏县土地管理局党组书记。

1973年10月至1975年2月，西南温公社党委副书记。

1975年2月至1977年7月，张辉屯公社党委副书记。

1977年8月至1984年2月，野胡拐公社副书记。

1984年3月至1988年2月，德政镇副书记、镇长。

1988年3月至1989年4月，韩小旺乡书记。

1989年5月至1990年2月，北皋镇镇长。

1990 年 3 月至 1992 年 6 月，棘针寨乡书记（1988 年 09—1991 年 07 在河北省委党校行政管理专业学习）。

1992 年 6 月至 2001 年 9 月，魏县纪检会副书记。

2001 年 9 月至 2002 年 5 月，魏县土地管理局党组书记。

2002 年 8 月离岗。

高　峻

高峻，男，汉族，1963 年 2 月出生于魏县东代固乡后罗庄村。大专学历，中共党员，曾任魏县土地管理局党组书记，现任魏县国土资源局党委副书记、副局长。

1971 年，在本村上小学、初中。1979 年，以优异成绩考入邯郸地区农业学校，1982 年毕业，同年分配到魏县沙口集乡任团委书记。1985 年，因工作成绩突出，被选调到团县委工作。1987 年，当选为团县委副书记。在团县委工作期间，被团省委命名为优秀团干部。1990 年，所创作的散文《母亲的灶窝儿》获中国青年报千字散文征文三等奖。1990 年 5 月，调魏县政协办公室任副主任。1995 年 7 月，改任县政协文史科科长，其间主编了《魏县文史资料第二集》。1997 年，任魏县政协办公室主任，次年当选为县政协秘书长。在任秘书长期间，筹办的《政协委员之家》活动和方式受到省政协的肯定和推广，《社情民意》被国家、省、市政协转载和县委办转发，当年被评为政协全国优秀信息员。2002 年 5 月，调入魏县土地管理局任党组书记。2004 年，魏县土地管理局改为魏县国土资源管理局后，任党委副书记、副局长。在贯彻学习“党的三个代表”活动中，“要把学习三个代表与解决工作中的五个问题相结合”的经验，被河北国土资源厅出版的《河北国土资源》转载和推广。工作之余，笔耕不止，先后在《邯郸晚报》、《老年世界》、《邯郸文学》、《中国国土资源报》等报刊杂志发表散文、小说上百篇。2011 年，出版散文集《农人的圣经》。2017 年 12 月，出版散文集《坚硬的麦粒儿》。曾是政协第三、四、五、六、八届政协委员。2009 年，被中国国土资源作家协会吸收为会员。2015 年，9 月河北省作家协会吸收为会员。

二、副职（以任职先后为序）

崔建民

崔建民，男，汉族，共产党员，1940 年 11 月出生于魏县前大磨乡后崔村。大学本科学历，曾任魏县国土资源局副局长，于 2001 年退休。

1964 年毕业于河北北京师院，分配到魏县北皋公社工作。1964 年至 1966 年，参加四清运动，因工作表现突出，于 1965 年火线入党。1967 年至 1975 年，在县委办公室工作，多次受到领导的表扬，曾代县委常委会记录。1975 年至 1982 年，在商业局任副局长，曾出席省、地先进代表会议。1982 年至 1984 年，在县文教局任副局长，分管的全县招生工作由全地区倒数第二名上升到前四名。1984 年至 1987 年，在县交通局任副局长主持全面工作。1986 年，率先实现全县公路无障碍县，受到地区的表扬，奖励现金 1 万元。1987 年至 2001 年，在县国土资源局任副局长，分管的土地监察工作多次受到地区的表扬。

赵文海

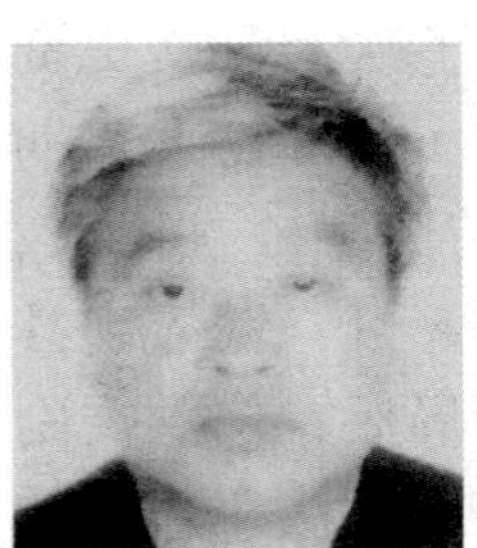

赵文海，男，汉族，1950 年 8 月，出生于魏县野胡拐乡合义村，大学学历，中共党员。

1960 年，在蔡小庄上小学，1966 年，在魏县一中上初中、高中。1972 年，以优异的成绩考入邯郸地区农业学校，1974 年毕业，同年分配到县农林局工作。1982 年，在沙口集公社指导农业生产，1982 年，被调到沙口集公社工作，任党委委员。1983 年，被任命为沙口集公社副主任、党委委员。同年被任命为魏城镇副书记。1984 年，任命泊口乡党委书记，到任第一天就骑车到各村调研，掌握第一手资料，经过一年的努力工作，使整个泊口乡从乱到先进，多次受到县委县政府的表彰，并获记一等功。1988 年，调到魏县城建局工作，任副局长，主抓水厂工作。1990 年 5 月，调魏县土地管理局任副局长，在全县土地规划改编荣获二等功。1994 年，调审计局任副局长。

赵书田

赵书田，男，1967. 01 出生，汉族，中共党员，河北魏县人，曾任魏县土地管理局副局长。

1965 年 1 月至 1971 年 3 月，部队服役（中国人民解放军 1860 部队）。

1971 年 3 月至 1975 年 5 月，魏县化肥厂工人。

1975 年 5 月至 1979 年 6 月，魏县双井公社武装部副部长。

1979 年 6 月至 1983 年 6 月，魏县棘针寨公社武装部部长，党委委员。

1983 年 6 月至 1984 年 3 月，魏县棘针寨公社党委、纪检委员。
1984 年 3 月至 1984 年 12 月，魏县棘针寨乡党委组织委员。
1984 年 12 月至 1986 年 9 月，魏县棘针寨乡联社副主任。
1986 年 9 月至 1987 年 7 月，魏县棘针寨乡企管站副站长。
1987 年 7 月至 1987 年 12 月，魏县棘针寨乡副乡长。
1987 年 12 月至 1990 年 9 月，魏县棘针寨乡乡长、党委副书记。
1990 年 9 月至 2000 年 1 月，魏县土地管理局副局长。
2000 年 1 月至 2002 年 7 月，魏县土地管理局副科检查员。
2002 年 7 月，保留魏县土地理局副科待遇。

郭凤林

郭凤林，男，1948 年 9 月出生，汉族，中共党员，河北魏县泊口乡郭也冲人，曾任魏县土地管理局副局长。
1968 年 10 月至 1970 年 7 月，白仕望公社资料员。
1970 年 7 月至 1974 年 7 月，县化肥厂工人。
1974 年 7 月至 1979 年 9 月，县委办公室资料员。
1979 年 9 月至 1988 年 4 月，县直机关党委科长（其间：在河北电大商业企业管理专业学习）。
1988 年 4 月至 1990 年 4 月，德政镇镇长。
1990 年 4 月至 1990 年 6 月，仕望集乡人大主席。
1990 年 6 月至 1991 年 3 月，边马乡乡长。
1991 年 3 月至 1994 年 4 月，边马乡党委书记。
1994 年 4 月至 2001 年 9 月，魏县土地管理局副局长。
2001. 9 月离岗。

郭贵福

郭贵福，男，1949 年 2 月出生，汉族，中共党员，河北魏县双井镇前王圈人，曾任魏县土地管理局副局长。
1969 年 2 月至 1975 年 6 月，在国防科委 20 基地当战士。
1975 年 8 月至 1976 年 10 月，双井公社任资料员。
E1976 年 10 月至 1982 年 7 月，邯郸矿山局磁山矿、机修厂组工干事。
1982 年 7 月至 1983 年 7 月，魏县企业局办公室干事。
1983 年 7 月至 1984 年 2 月，经委人事科任干事。
1984 年 2 月至 1992 年 11 月，组织部干部科、科员、科长。

1992 年 11 月至 1994 年 2 月，县土地管理局任副局长。

1994 年 2 月至 1996 年 9 月，信访局任局长（县委办副主任）。

1996 年 10 月至 2001 年 7 月，民政局任副局长。

2002 年 7 月离岗。

王好志

王好志，男，1949 年 11 月出生，汉族，河北魏县双庙乡安乐村人，曾任国土资源局主任科员。

1968 年 10 月至 1970 年 3 月，双庙中心校任教。

1970 年 3 月至 1976 年 8 月，邯郸市城建局。

1976 年 8 月至 1977 年 9 月，魏县物资局科员。

1977 年 9 月至 1980 年 7 月，河北经济管理干部学院学习。

1980 年 7 月至 1994 年 10 月，魏县计划局、审计局办公室主任、副局长。

1994 年 10 月至 2004 年 3 月，魏县国土资源局副局长。

2004 年 3 月至 2004 年 12 月，魏县国土资源局主任科员。

2004 年 12 月至离岗。

岳　伟

岳伟，男，1956 年 4 月出生，汉族，中共党员，河北魏县双庙乡岳村人，曾任魏县国土资源局副局长，2016 年退休。

1970 年 9 月至 1974 年 12 月，沙口集供销社工人。

1974 年 12 月至 1987 年 1 月，空军部队服兵役。

1987 年 1 月至 1992 年 4 月，魏县农业区划办工作。

1992 年 4 月至 1994 年 8 月，魏县计委计划股副股长。

1994 年 8 月至 1996 年 11 月，魏县土地管理局办公室副主任、主任。

1996 年 11 月至 1998 年 8 月，魏县土地管理局党组副书记。

1998 年 8 月至 2001 年 3 月，魏县土地管理局党组副书记、大马村乡党委副书记（挂职）（在河北省委党校经济管理专业学习）。

2001 年 3 月至 2002 年 11 月，魏县国土资源局党组副书记。

2002 年 11 月至 2005 年 6 月，魏县国土资源局副局长。

2005 年 6 月至 2013 年 12 月，魏县国土资源局委员、副局长。

侯凤娥

侯凤娥，女，1953 年 10 月出生，汉族，中共党员，河北魏县棘针寨乡仁里村人，曾任魏县国土资源局党组副书记。

1971 年 2 月至 1974 年 4 月，在“503”和“85”钢厂工作。

1974 年 4 月至 1976 年 5 月，在邯郸农校林果专业学习。

1976 年 5 月至 1977 年 3 月，魏县农业局工作。

1977 年 4 月至 1981 年 1 月，大磨乡任妇联主任。

1981 年 1 月至 1983 年 6 月，西南温乡任妇联主任。

1983 年 6 月至 1991 年 9 月，县妇联会工作。

1991 年 9 月至 1995 年 9 月，县妇联会任妇委会副主任。

1995 年 9 月至 1998 年 8 月，魏县北皋镇任常务副镇长。

1998 年 3 月至 2004 年 3 月，魏县土地管理局工会主席。

2004 年 3 月至 2008 年 12 月，魏县国土资源局任党组副书记。

王之平

王之平，男，1964 年 12 月出生，汉族，中共党员，河北魏县北皋镇西坡头村人，曾任河县魏县国土资源局主任科员。

1983 年 9 月至 1985 年 8 月，邯郸地区工业学校学习。

1985 年 08 月至 1991 年 8 月，魏县造纸厂工作。

1991 年 08 月至 2002 年 11 月，魏县土地管理局工作（其间：1996. 09—1999. 07，在河北省委党校函授学院学习毕业）。

2002 年 11 月至 2005 年 6 月，魏县国土资源局工会主席。

2005 年 6 月至 2011 年 12 月，魏县国土资源局党委委员、副局长。

2011 年 12 月至 2016 年 4 月，魏县国土资源局主任科员。

孙雪峰

孙雪峰，男，1965 年 5 月出生，汉族，中共党员，河北魏县边马乡边南村人，现任魏县国土资源局党委委员、副局长。

1982 年 6 月至 1986 年 10 月，沙口集供销社工作。

1986 年 10 月至 1991 年 3 月，魏县生产资料公司。

1991 年 3 月至 1991 年 10 月，魏县计量局。

1991 年 10 月至 2002 年 11 月，魏县国土资源局科员。

2002 年 11 月至 2005 年 6 月，魏县国土资源局党组副书记。

2005 年 6 月至今，魏县国土资源局党委委员、副局长。

张大鹏

张大鹏，男，1974 年 10 月出生，汉族，中共党员，河北临漳县砖寨营乡申小屯人，现任魏县国土资源局党委委员、地理信息局局长。

1992 年 9 月至 1995 年 7 月，湖北工学院学习。

1995 年 7 月至 2002 年 11 月，魏县土地管理局工作。

2002 年 11 月至 2005 年 6 月，魏县国土资源局纪检组长。

2005 年 6 月至 2008 年 6 月，魏县国土资源局党委委员、纪律检查委员会书记。

2008 年 6 月至 2013 年 10 月，魏县国土资源局党委委员、魏县国土资源局副局长。

2013 年 10 月至今，魏县国土资源局党委委员 、魏县国土资源局地理信息局局长。

张　军

张军，男，1968 年 9 月出生，汉族，中共党员，河北魏县张二庄乡路庄村人，现任魏县国土资源局党委委员、副局长。

1976 年 7 月至 1981 年 7 月，在本村上小学。

1981 年 8 月至 1984 年 7 月，在张二庄乡中学上初中。

1984 年 8 月至 1986 年 7 月，在双井中学上高中。

1986 年 8 月至 1990 年 3 月，在 52777 部队服役。

1990 年 6 月至 2008 年 6 月，在国土资源局工作。

2008 年 6 月至 2012 年 4 月，魏县国土资源局纪委书记。

2012 年 4 月至今，魏县国土资源局党委委员、副局长。

石文胜

石文胜，男，汉族，1968 年 9 月出生于大名县，中共党员，现任魏县国土资源局党委委员、副局长。

1975 年 9 月至 1980 年 7 月，在魏县第一完小上小学；1981 年 3 月至 1984 年 7 月，在魏县魏镇三中读书，在校期间，成绩优异，乐于助人，并积极参加社会活动，被优先加入中国共产主义青年团。

1984 年 10 月至 1987 年 7 月，到福建服兵役，在部队服役期间，历任副班长、班长职务，先后 7 次获得部队嘉奖，并多次被评为“五好战士”、“优秀士兵”荣誉称号。

1988 年 10 月退伍后，到魏县中药厂、油棉厂工作，历任业务员、业务科长职务，并多次获得“先进工作者”荣誉称号。

1996 年 4 月，调魏县土地管理局，仕望集乡土地管理资源所工作。1998 年，任双井镇土地管理所所长。2005 年任城区执法队队长。在乡镇基层所工作期间，历年超标准完成局党委交办的各项工作任务，多次被局评为“优秀工作者”，并多次被县人大评选为“优秀执法工作者”、“先进执法个人等”。2001 年被市土地管理局评选为“国土卫士”先进称号。

2011 年 12 月，任土地执法大队长（副主任科员），2013 年 10 月至今任魏县国土资源局党委委员、副局长。

雷如岭

雷如岭，男，1968 年 4 月出生，河北省魏县德政镇德二村人。中共党员，大专学历，干部身份。从 1990 年至今在魏县国土资源局工作，现任魏县国土资源局党委委员、纪委书记。

1990 年—1997 年，先后在双庙乡、仕望集乡土地管理所工作，任副所长、所长。

1998 年—2001 年，在漳南执法队工作，任副队长。2001 年，在县委安排的回隆镇集中整治工作中表现突出，被县委、县政府评为先进工作者，记三等功。

2002 年—2005 年，在局信访股任股长，2004 年依法处理了 33 起纠纷案件，行政复议、诉讼 13 起，被依法维持 13 起，为社会稳定做出了贡献。2004 年，魏县土地信访工作成绩突出，被国土资源部评为全国土地信访工作模范县，本人被县委评为优秀共产党员。

2006 年，任规划股股长，2007 年 9 月－2010 年 1 月，任规划股股长兼地籍管理股股长。在规划股 4 年间，规划管理工作连续 4 年被评为先进科室。2009 年、2010 年、2011 年，地籍管理股连续三年被县局评为先进科室。

2012 年 4 月至今，任魏县国土资源局党委委员、纪委书记。

李卫杰

李卫杰，男，1968 年 12 月出生，汉族，中共党员，河北魏县仕望集乡何庄村人，现任魏县国土资源局副主任科员。

1975 年 7 月至 1979 年 6 月，魏镇完小。

1979 年 7 月至 1982 年 6 月，仕望集乡何庄中学上初中。

1982 年 7 月至 1985 年 6 月，仕望集乡何庄上高中。

1985 年 7 月至 1986 年 10 月，魏县棉织厂临时工。

1986 年 10 月至 1990 年 3 月，部队服役。

1990 年 7 月至 1998 年 3 月，魏城镇土地管理所工作。

1998 年 3 月至 2002 年 3 月，魏县东代固乡土地管理所工作。

2002 年 3 月至 2011 年 12 月，魏城镇国土资源所所长。

2011 年 12 月至今，魏县国土资源局副主任科员。

郝俊河

郝俊河，男，1970. 08 出生，汉族，河北魏县沙口集乡陸十疃村人，现任魏县国土资源局副主任科员。

1976 年 7 月至 1981 年 7 月，魏镇完小。

1981 年 7 月至 1984 年 7 月，魏县一中上初中。

1984 年 7 月至 1987 年 7 月，魏县一中上高中。

1987 年 10 月至 1990 年 12 月，部队服役。

1990 年 12 月至 2012 年 4 月，魏县国土资源局工作。

2012 年 4 月至今，魏县国土资源局副主任科员。

三、借调（副职）

李庆福

李庆福，男，1943. 08 出生，汉族，中共党员，河北魏县仕望集乡何庄村人，曾任魏县土地管理局副局长。

1964 年至 1971 年，参加粮食防训。

1972 年至 1981 年，魏镇公社工作。

1981 年至 1982 年，县财委工作。

1982 年至 1986 年，政府办公室副主任。

1986 年，借调土地管理局任副局长。

2003 年 8 月，退休。

第二章 先进名录

1987 年 7 月，魏县土地管理局成立。2002 年 8 月 2 日，更名魏县国土资源局。在中共魏县县委、魏县人民政府的领导下和上级国土资源管理部门的指导下，认真贯彻“十分珍惜、合理利用土地和切实保护耕地”的基本国策，严格执行土地法律、法规，坚持改革开放，努力进取，奋力拼搏，使国土管理工作出现新局面，涌现出许多选进集体、模范人物、先进工作者，受到各级人民政府和上级管理部门的奖励和表彰。至 2016 年，国土资源系统荣获市以上表彰奖励的先进单位 41 个（次），先进个人 25 人，分别记述如下：

第一节 先进集体（单位）

一、国家级

1992 年，魏县土地利用总体规划获国家土地利用科技成果二等奖。

1993 年，魏县土地管理局获全国土地管理信访先进单位。

1995 年 10 月，魏县牙里镇获全国土地管理“三无乡镇”活动模范乡（镇）。

二、省级

1991 年，魏县被河北省土地管理局评为土地执法模范县。

1992 年，魏县土地管理局获河北省县级土地利用现状调查二等奖。

1993 年，魏县土地管理局获河北省荒废土地开发利用先进单位。

1993 年，魏县土地利用总体规划获河北省应用科技成果一等奖。

1993 年，魏县被河北省人民政府评为土地执法模范县。

1995 年，魏县被评为河北省土地执法模范县。

1996 年 5 月，魏县土地管理局被河北省土地管理局、河北省人事厅评为河北省土地管理系统先进集体。

是年，被河北省土地管理局评为信息工作先进单位。

1997 年 1 月，魏县被评为河北省土地执法模范县。

1997 年 4 月，魏县土地管理局被河北省土地管理局，河北省人事厅评为 1996 年度荒废土地开发利用先进单位。

是年，魏县土地管理局被河北省土地管理局评为信息工作先进单位。

2008 年 2 月，魏县国土资源局被河北省国土资源厅评为政风行风建设优秀单位。

2009 年 6 月，魏县国土资源局被河北省国土资源厅评为“新世杯”河北省国土资源系统纪念第 19 个全国土地日书画大赛优秀组织奖。

2011 年 3 月，魏县国土资源局被省国土资源厅评为 2010 年度省国土资源系统民主评议行风工作优秀单位、五五普法省级先进集体。

2012 年 5 月，魏县国土资源局被省国土资源厅评为 2011 年度全省国土资源系统政风行风建设工作优秀单位。

三、市级

1987 年，魏县土地管理局被邯郸土地区土地管理局评为土地管理先进单位。

1990 年，魏县土地管理局连续 3 年被评为邯郸地区土地管理系统先进单位。

1991 年，魏县土地管理局获邯郸地区有限目标管理考核先进单位。

1992 年 3 月，魏县土地管理局获邯郸地区 1991 年度有限目标管理考核先进单位。

1993 年 3 月，魏县土地管理局获邯郸市土地管理局 1992 年度有限目标管理优胜单位。

是年，魏县土地管理局被中共邯郸市委员会、邯郸市人民政府评为市级文明单位。

1994 年 3 月，魏县土地管理局获邯郸市土地管理局 1993 年度有限目标管理优胜单位。

是年，魏县土地管理局被中共邯郸市委员会、邯郸市人民政府评为市级文明单位。

1995 年 3 月，魏县土地管理局获邯郸市土地管理局 1994 年度有限目标管理优胜单位。

是年，魏县土地管理局被邯郸市委、邯郸市人民政府评为市级文明单位。

1996 年 2 月，魏县土地管理局获邯郸市土地管理局 1995 年度有限目标管理优胜单位。

1996 年 3 月，魏县土地管理局被邯郸市人民政府评为生产要素市场管理先进单位。

1997 年 3 月，魏县土地管理局被邯郸市人民政府评为生产要素市场管理先进单位。

是年，魏县土地管理局被邯郸市委、邯郸市政府评为市级文明单位。

1999 年 2 月，魏县土地管理局被邯郸市土地管理局评为 1998 年度有限目标管理优胜单位。

2008 年 3 月，魏县国土资源局被邯郸市委、市政府评为市级文明单位。

2009 年 3 月，被邯郸市国土资源局评为支持地方经济发展特别贡献实绩单位。

5 月，魏县国土资源局被邯郸市委、市政府命为信访工作先进集体。

被市国土资源局全市国土系统“金色年华”演讲比赛三等奖。

2011 －2015 年，魏县国土资源局被邯郸市法制宣传教育领导小组评为“六五”普法先进单位，

2015 年 3 月，魏县国土资源局荣获邯郸市依法行政示范机关。

2013 年—2016 年，魏县国土资源局被市委、市政府评为市级文明单位。

第二节　先进个人（工作者）

一、国家级

1992 年 1 月，高峻作品《母亲的灶窝儿》荣获《中国青年报》“万家乐杯·我的母亲”千字散文征文三等奖。

1993 年 12 月 11 日，肖相朝、李庆福、赵文海、高文峰、左平元、王河森、华云龙参加的魏县土地利用总体规划项目，获 1992 年度国家土地管理局土地利用优秀成果二等奖。

1995 年，王河森被国家土地管理局评为全国土地详查先进个人。

2000 年 8 月，常玉秋被国务院体改办改革出版社、中国农民报协会评为“走向新世纪”全国百佳明星作者。

2001 年 4 月，常玉秋参与编写的《最新国土资源依法行政全书》，被中国大地出版社评为优秀作者。

2009 年 5 月，高峻被中国城乡发展国际交流协会、世界华侨华人社团联合总会·文化发展委员会、中国报纸副刊研究会、中国报告文学学会、中国诗歌学会、中国散文学会、中国艺术摄影学会、中国文艺家俱乐部、中国企业家世纪论坛授予“中国当代风采人物”荣获称号。

二、省级

1987 年 3 月，高峻作品《老两口吵架》被河北省好新闻评选委员会评为好新闻获证书，广证字［86］第 0249 号。

1989 年，王河森被河北省土地管理局评为全省土地管理系统先进工作者。

1991 年，肖相朝被河北省土地管理局评为全省土地管理系统先进工作者。

1992 年 2 月 24 日，张建设被河北省土地管理局评为 1991 年度土地管理工作先进工作者。

1993 年 3 月，崔健民被河北省土地管理局评为土地监察先进工作者。

1993 年，李淑英被河北省土地管理局评为土地档案管理先进工作者。

1993 年 4 月，李庆福、王河森被河北省土地管理局授于县级土地利用现状调查应用科学技术成果二等奖。

是月，王之平被河北省土地管理政务信息评为先进信息工作者。

1993 年 7 月，肖相朝、赵文海、李庆福、高文峰、左平元、任汝新、王新亮、王河森、华云龙被河北省土地管理局授于县级土地利用总体规划应用科学技术成果一等奖。

1994 年，高峻作品《老师，我向你忏悔》由湖北省人民广播电台主办、湖北省教育出版社、湖北省新华书店协办的全国《情海一叶》征文大赛纪念奖。

1995 年 12 月，常玉秋被河北省土地管理局评为河北省土地管理优秀信息工作者。

1996 年 4 月 18 日，常玉秋被河北省土地管理局评为 1995 年度《土地与经济》优秀通讯报道发行员

1996 年 5 月，肖相朝获河北省土地管理先进工作者。

是月，肖相朝获河北省 8.5 时期生产要素市场建设先进工作者称号。

1996 年 12 月，常玉秋被河北省土地管理局评为河北省土地管理优秀信息工作者。

1999 年 1 月，高峻作品《爱管闲事的“张政协”》被中国人民政治协商会议河北省委员会办公厅荣获河北省第八届“宣传中国共产党领导的多党合作和政治协商制度好新闻”三等奖。

2000 年 5 月，高峻作品《县官愿听“扎耳话”》被中国人民政治协商会议河北省委员会办公厅荣获河北省第九届“宣传中国共产党领导的多党合作和政治协商制度好新闻”三等奖。

2000 年 5 月，高峻被中国人民政治协商会议河北省委员会办公厅评为 1999 年度全省政协系统优秀通讯员。

2001 年 12 月，高峻作品《送温暖》被中国人民政治协商会议河北省委员会办公厅主办的《乡音杂志》社“政协一日”征文活动中评为三等奖。

2010 年 1 月 8 日，孙雪峰荣获河北省优秀测绘成果三等奖。

2011 年 4 月，张建设被省国土资源厅评为 2010 年度全省国土资源系统政风行风建设先进个人。

2012 年 5 月，张建设被省国土资源厅评为 2011 年度全省国土资源系统政风行风建设工作先进个人。

2014 年 1 月，高峻作品“爱较真的老韩”，在河北省国土资源系统党风廉政建设第四届“清风杯”书画摄影作品展暨征文活动中荣获一等奖；马文良作品《荷》《狐》获三等奖、优秀奖（美术）。

三、市级

1990 年，肖相朝获邯郸地区先进工作者称号。

1990 年 5 月 3 日，高峻被中国共产主义青年团邯郸地区委员会评为优秀团干部。

1990 年，王学俭、张文喜获邯郸市“土地杯”征文二等奖。

1991 年，李淑英被评为邯郸地区档案管理系统先进工作者。

1991 年，李存社被邯郸地区土地管理局评为先进个人。

1991 年 12 月，赵文海被邯郸地区土地管理局评为先进工作者。

1993 年 12 月，常玉秋在“无蒸煮发酵新工艺试产柠檬酸项目”中被邯郸市人民政府评

为优秀科技进步一等奖（编号：93113－5）。

1995 年，肖相朝被邯郸市人民政府授予农业标兵称号。

1996 年 3 月 10 日，常玉秋被邯郸日报社评为 1995 年度优秀通讯员。

1996 年，肖相朝获邯郸市人民政府授予生产要素市场建设与服务先进工作者。

是年，段克温、郭河被邯郸市土地管理局评为邯郸市土地管理系统先进个人。

1999 年 8 月 9 日，高峻被中国人民政治协商会议河北省邯郸市委员会评为 1993 年以来先进政协工作者。

2009 年 5 月 7 日，郭晓彦荣获邯郸市国土资源局全市国土资源系统“金色年华”演讲比赛三等奖。

6 月，焦金龙获中共邯郸市委宣传部、邯郸市司法局、邯郸市法制宣传教育领导小组办公室“五五”普法先进工作者称号。

2011 年 7 月 1 日，刘学良在 2011 年“全国党建知识竞赛”中荣获中共邯郸市委宣传部、邯郸市学习型党组建设工作协调小组办公室优秀个人三等奖。

2011 年 1 月，张建设被市委、市政府评为邯郸市城镇面貌三年大变样工作先进个人。

四、县级

魏县国土资源局干部职工荣获县委、县人大、县政府、县政协奖励的均以表格形式记录。

（一）2006 年－2016 年，受中共魏县县委、魏县人民政府表彰人员名录：

表 15－2－2－1

时间	姓名	荣誉奖励名称	颁奖（证）单位
2006 年 9 月	焦金龙	2001－2005 全县法制宣传教育先进个人	中共魏县县委 魏县人民政府
2007 年 3 月	李志远	2008 年度信访先进工作者	中共魏县县委 魏县人民政府
2007 年 3 月	刘学良	2006 年度民营经济项目建设先进个人	中共魏县县委 魏县人民政府
2008 年 2 月	李志远	2007 年度信访先进工作者	中共魏县县委 魏县人民政府
2008 年 4 月	高峻	2007 年度全县组织工作先进个人	中共魏县县委 魏县人民政府
2009 年 1 月	李志远	2008 年奥运安保矛盾纠纷调解工作中先进个人	中共魏县县委 魏县人民政府
2009 年 1 月	申四新	奥运安保驻村工作先进个人	中共魏县县委 魏县人民政府

续表

时间	姓名	荣誉奖励名称	颁奖（证）单位
2009年3月	高峻	梨乡水城建设先进个人	中共魏县县委 魏县人民政府
2010年6月26日	张建设	梨乡水城·魏都建设先进个人	中共魏县县委 魏县人民政府
2010年6月26日	高峻	全县三年大变样工作中，评为梨乡水城·魏都建设先进个人	中共魏县县委 魏县人民政府
2011年2月	张建设	魏县城镇面貌三年大变样工作模范荣誉称号	中共魏县县委 魏县人民政府
2011年2月	孙雪峰	魏县城镇面貌三年大变样工作先进个人	中共魏县县委 魏县人民政府
2011年3月	张建设	优秀领导干部	中共魏县县委 魏县人民政府
2011年3月	高峻	“魏县城镇面貌三年大变样工作模范”荣获称号，享受县级劳动模范待遇。	中共魏县县委 魏县人民政府
2011年3月	高峻	2010年度综合考核中被评为优秀领导干部	中共魏县县委 魏县人民政府
2011年3月	刘学良	2010年度党风廉政建设工作中先进个人	中共魏县县委 魏县人民政府
2011年4月	郝胜磊	魏县劳动模范	中共魏县县委 魏县人民政府
2012年2月	张建设	2011年度民生及群众工作先进个人	中共魏县县委 魏县人民政府
2012年2月	张建设	2011年度新民居建设工作先进个人	中共魏县县委 魏县人民政府
2012年3月	李志远	2011年信访工作先进个人	中共魏县县委 魏县人民政府
2012年5月	张建设	2006—2010年全县法制宣传教育先进工作者	中共魏县县委 魏县人民政府
2012年5月	焦金龙	2006－2010年全县法制宣传教育先进工作者	中共魏县县委 魏县人民政府
2014年5月	张建设	优秀领导干部	中共魏县县委 魏县人民政府
2015年7月	张建设	优秀领导干部	中共魏县县委 魏县人民政府
2016年4月	张建设	优秀领导干部	中共魏县县委 魏县人民政府

（二）1991年－2008年，受中共魏县县委表彰人员名录

表15－2－2－2

时间	姓名	荣誉奖励名称	颁奖（证）单位
1991年6月29日	高峻	优秀共产党员	中共魏县委员会
2008年3月	刘学良	2007年度全县党委系统办公室工作先进督查工作者	中共魏县县委

（三）2007年－2015年，受魏县人大常委会表彰人员名录

表15－2－2－3

时间	姓名	荣誉奖励名称	颁奖（证）单位
2007年7月	李振海	2006年度人民满意的执法工作者	魏县人大常委会
2007年2月	李成军	2006年度人民满意的执法工作者	魏县人大常委会
2008年3月	孙雪峰	2007年度人民满意的执法工作者	魏县人大常委会
2008年3月	韩继勇	2007年度人民满意的执法工作者	魏县人大常委会
2009年2月	申四新	2008年度人民满意的执法工作者	魏县人大常委会
2011年3月	郭文清	2010年度人民满意的执法工作者	魏县人大常委会
2015年5月	李成军	2014年度人民满意的执法工作者	魏县人大常委会

（四）1992年－2014年，受魏县人民政府表彰人员名录

表15－2－2－4

时间	姓名	荣誉奖励名称	颁奖（证）单位	编号
1992年2月10日	赵文海	1991年度工作成绩显著记大功	魏县人民政府	
1993年2月	赵文海	1992年度工作成绩显著记功。	魏县人民政府	
1994年5月	常玉秋	“无蒸煮发酵新工艺试产柠檬酸项目”荣获魏县科技进步一等奖。	魏县人民政府	
1995年4月28日	高峻	1994年度工作成绩显著记大功	魏县人民政府	
1996年2月6日	张建设	1995年度工作中取得优良成绩，给予嘉奖	大名县人民政府	

续表 1

时间	姓名	荣誉奖励名称	颁奖（证）单位	编号
1997 年 3 月 25 日	张建设	1996 年度工作中做出显著成绩，授予嘉奖	大名县人民政府	
1998 年 3 月 15 日	张建设	1997 年度工作中成绩良好，给予嘉奖奖励	大名县人民政府	
1999 年 3 月 30 日	张建设	1998 年度工作中做出显著成绩，授予嘉奖	大名县人民政府	
1999 年 4 月 18 日	李治	1998 年度工作中成绩良好，给予嘉奖奖励	魏县人民政府	0440
2000 年 3 月 30 日	张建设	2002 年度工作中成绩突出，给予嘉奖奖励	大名县人民政府	
2002 年 3 月 30 日	张建设	2001 年度工作中成绩良好，给予记三等功奖励，	大名县人民政府	
2003 年 3 月 28 日	张建设	2002 年度工作中成绩突出，给予嘉奖奖励	大名县人民政府	1024
2003 年 4 月 18 日	焦金龙	2002 年度工作中成绩良好，给予嘉奖奖励	魏县人民政府	020194
2003 年 4 月 18 日	孙雪峰	2002 年度工作中成绩良好，给予嘉奖奖励	魏县人民政府	020190
2003 年 4 月 18 日	常玉秋	2002 年度工作中成绩良好，给予嘉奖奖励	魏县人民政府	020207
2004 年 3 月 20 日	常玉秋	2003 年度工作中成绩良好，给予嘉奖奖励	魏县人民政府	040035
2004 年 3 月 20 日	赵永刚	2003 年度工作中成绩良好，给予嘉奖奖励	魏县人民政府	040525
2004 年 3 月 28 日	张建设	2004 年度工作中成绩突出，给予记三等功奖励	大名县人民政府	030936
2005 年 1 月 16 日	焦金龙	2004 年度工作中成绩良好，给予嘉奖奖励	魏县人民政府	050154

续表2

时间	姓名	荣誉奖励名称	颁奖（证）单位	编号
2005年4月18日	高峻	2004年度工作中成绩突出，给予记三等功奖励	魏县人民政府	050151
2005年4月18日	雷如岭	2004年度工作中成绩突出，给予记三等功奖励	魏县人民政府	050152
2005年1月16日	申四新	2004年度工作中成绩良好，给予嘉奖奖励	魏县人民政府	050163
2006年3月28日	张建设	2005年度工作中成绩突出，给予嘉奖奖励	大名县人民政府	050919
2006年4月16日	高峻	2005年度工作中成绩突出，给予记三等功奖励	魏县人民政府	060165
2006年4月16日	常玉秋	2005年度工作中成绩良好，给予嘉奖奖励	魏县人民政府	060190
2006年4月16日	焦金龙	2005年度工作中成绩良好，给予嘉奖奖励	魏县人民政府	060193
2006年4月16日	李治	2005年度工作中成绩良好，给予嘉奖奖励	魏县人民政府	060199
2006年4月16日	李振海	2005年度工作中成绩良好，给予嘉奖奖励	魏县人民政府	060201
2007年3月20日	张建设	2006年度工作中成绩突出，给予记三等功奖励	大名县人民政府	0601548
2007年4月28日	李成军	2006年度工作中成绩良好，给予嘉奖奖励	魏县人民政府	070209
2007年4月28日	肖海喜	2006年度工作中成绩良好，给予嘉奖奖励	魏县人民政府	070201
2007年4月28日	申四新	2006年度工作中成绩良好，给予嘉奖奖励	魏县人民政府	070212
2007年4月28日	焦金龙	2006年度工作中成绩良好，给予嘉奖奖励	魏县人民政府	070207

续表 3

时间	姓名	荣誉奖励名称	颁奖（证）单位	编号
2007 年 2 月	常玉秋	2006 年度全县政府系统优秀信息工作者	魏县人民政府	
2008 年 3 月 28 日	张建设	2007 年度工作中成绩突出，给予记三等功奖励	大名县人民政府	0701492
2009 年 6 月 12 日	李成军	2008 年度工作中成绩良好，给予嘉奖奖励	魏县人民政府	090154
2009 年 6 月 12 日	李志远	2008 年度工作中成绩良好，给予嘉奖奖励	魏县人民政府	90155
2009 年 6 月 12 日	焦金龙	2008 年度工作中成绩良好，给予嘉奖奖	魏县人民政府	90156
2009 年 6 月 12 日	邵振河	2008 年度工作中成绩良好，给予嘉奖奖励	魏县人民政府	090162
2009 年 6 月 12 日	王付平	2008 年度工作中成绩良好，给予嘉奖奖励	魏县人民政府	090165
2009 年 6 月 12 日	韩继勇	2008 年度工作中成绩良好，给予嘉奖奖励	魏县人民政府	090166
2009 年 6 月 12 日	杨国强	2008 年度工作中成绩良好，给予嘉奖奖励	魏县人民政府	090167
2009 年 6 月 12 日	申四新	2008 年度工作中成绩良好，给予嘉奖奖励	魏县人民政府	
2010 年 4 月	高峻	2009 年度全县安全行产先进工作者	魏县人民政府	
2010 年 8 月 22 日	高峻	2009 年度工作中成绩良好，给予嘉奖奖励	魏县人民政府	1001622
2010 年 8 月 22 日	郭晓彦	2009 年度工作中成绩良好，给予嘉奖奖励	魏县人民政府	100166
2010 年 8 月 22 日	李志远	2009 年度工作中成绩突出，给予记三等功奖励	魏县人民政府	050167

续表4

时间	姓名	荣誉奖励名称	颁奖（证）单位	编号
2010年8月22日	郭文革	2009年度工作中成绩良好，给予嘉奖奖励	魏县人民政府	100182
2010年8月22日	王付平	2009年度工作中成绩良好，给予嘉奖奖励	魏县人民政府	110161
2010年8月22日	王洪宾	2009年度工作中成绩良好，给予嘉奖奖励	魏县人民政府	100168
2011年8月5日	肖海喜	2010年度工作中成绩良好，给予嘉奖奖励	魏县人民政府	110155
2011年8月5日	李志远	2010年度工作中成绩良好，给予嘉奖奖励	魏县人民政府	110165
2011年8月5日	焦金龙	2010年度工作中成绩良好，给予嘉奖奖励	魏县人民政府	110166
2011年8月5日	王付平	2010年度工作中成绩良好，给予嘉奖奖励	魏县人民政府	110160
2012年4月	张建设	2011年度财税工作先进个人	魏县人民政府	
2011年8月5日	邵振河	2010年度工作中成绩良好，给予嘉奖奖励	魏县人民政府	110151
2011年8月5日	李治	2010年度工作中成绩突出，给予记三等功奖励	魏县人民政府	110147
2011年8月5日	王笑凯	2010年度工作中成绩良好，给予嘉奖奖励	魏县人民政府	110161
2012年8月9日	刘小飞	2011年度工作中成绩良好，给予嘉奖奖励	魏县人民政府	120153
2012年8月12日	邵振河	2011年度工作中成绩良好，给予嘉奖奖励，以资鼓励	魏县人民政府	120151
2012年8月12日	李振海	2011年度工作中成绩良好，给予嘉奖奖励，以资鼓励	魏县人民政府	120162

续表 5

时间	姓名	荣誉奖励名称	颁奖（证）单位	编号
2012 年 8 月 12 日	郜胜磊	2011 年度工作中成绩良好，给予嘉奖奖励，以资鼓励	魏县人民政府	120147
2012 年 8 月 12 日	朱步强	2011 年度工作中成绩良好，给予嘉奖奖励，以资鼓励	魏县人民政府	120153
2012 年 8 月 12 日	李志远	2011 年度工作中成绩良好，给予嘉奖奖励，以资鼓励	魏县人民政府	120161
2012 年 8 月 12 日	王洪宾	2011 年度工作中成绩良好，给予嘉奖奖励，以资鼓励	魏县人民政府	120166
2013 年 3 月 3 日	刘学良	2012 年度魏县政府门户网站建设先进个人	魏县人民政府	
2013 年 8 月 12 日	刘学良	2012 年度工作中成绩良好，给予嘉奖奖励，以资鼓励	魏县人民政府	130212
2013 年 8 月 12 日	郭文清	2012 年度工作中成绩良好，给予嘉奖奖励，以资鼓励	魏县人民政府	130213
2013 年 8 月 12 日	李志远	2012 年度工作中成绩良好，给予嘉奖奖励	魏县人民政府	130215
2013 年 8 月 12 日	李治	2012 年度工作中成绩良好，给予嘉奖奖励	魏县人民政府	130216
2013 年 8 月 12 日	李成军	2012 年度工作中成绩良好，给予嘉奖奖励	魏县人民政府	130222
2013 年 8 月 12 日	邵振河	2012 年度工作中成绩良好，给予嘉奖奖励，以资鼓励	魏县人民政府	130223
2014 年 9 月 8 日	邵振河	2013 年度工作中成绩良好，给予嘉奖奖励	魏县人民政府	140206
2014 年 9 月 8 日	韩瑞伟	2013 年度工作中成绩良好，给予嘉奖奖励，以资鼓励	魏县人民政府	140218
2014 年 9 月 8 日	郭文清	2013 年度工作中成绩良好，给予嘉奖奖励，以资鼓励	魏县人民政府	140207

续表 6

时间	姓名	荣誉奖励名称	颁奖（证）单位	编号
2014 年 9 月 13 日	李治	2013 年度工作中成绩良好，给予嘉奖奖励，以资鼓励	魏县人民政府	140200
2014 年 9 月 19 日	郝胜磊	2013 年度工作中成绩良好，给予嘉奖奖励，以资鼓励	魏县人民政府	140201
2014 年 9 月 19 日	刘小飞	2013 年度工作中成绩良好，给予嘉奖奖励，以资鼓励	魏县人民政府	140203
2014 年 9 月 19 日	李志远	2013 年度工作中成绩良好，给予嘉奖奖励	魏县人民政府	140212

（五）2005 年 –2016 年，受中国人民政治协商会议河北省魏县委员会表彰人员名录

表 15 –2 –2 –5 单位：人员、荣获称号

时间	姓名	荣获称号	颁证（奖）单位
2005 年 1 月	高峻	《激活民营应注意六个方面的问题》的提案，2004 年度优秀提案。	中国人民政治协商会议河北省魏县委员会
2006 年 2 月	高峻	《关于提高鸭梨品质，保护支柱产业，增加果农收入的建议》提案，评为优秀提案	中国人民政治协商会议河北省魏县委员会
2014 年 1 月	张建设	优秀政协委员	政协魏县委员会
2016 年 1 月	张建设	优秀政协委员	政协魏县委员会

附　　录

第一部分　资料集存

一、中共大名县委（含魏县）工作方针摘要

一九二八年三月

（一）大名四县的政治经济状况

大名四县（指大名、清乐、南乐、濮阳）的政权，有新旧军阀的，有土豪劣绅的，有土匪或受豪绅领导下的红枪会的，过去屡遭冯、奉拉锯式战争的浩劫，现在奉、冯二军阀仍在这四县境内相峙，目下虽未开火，但几万大军压境，遭犹掠夺，一般农民已不堪其苦，又加豪绅地主及红枪会首领勾结军阀，剥削勒索太甚，尤其是冯玉祥的军队，军需给养毫无，完全依赖当地农民供给。前次奉军强迫民众使用直省币已完全变成废纸，有豪绅资产阶级所发行的流通卷，因商会会长吴某之操纵滥发与倒把，现已跌价三毛左右，目前物价飞涨到二倍有奇，加之军阀，豪绅、地主及红枪会首领相互勾结，所以予民众之高利贷借，苛捐杂税及无奇不有的剥削及去年该地荒旱成灾，目前农民绝粮者多到十分之七八，逃荒者到十之五六，乡村经济已经完全破产，发生剧烈分化。故农民不但反对奉军、直鲁军、冯军等一切新旧军阀，并反对一切豪绅地主。在去年红枪会占领大名的行动中，一般的贫苦的农民群众已公决要挑杀72家豪绅地主，并没收其财产，而我党机会主义遗毒作祟，竟千方百计禁止民众直接行动。目前这种阶级分化已反映到红枪会中。此外，时而匪被收为兵，时而兵变匪，所有现在大名四县的农民，不只是昨日经济斗争，是要我党领导农民分化红枪会，组织农民协会，反对军阀战争，抗捐抗税，杀土豪劣绅，没收地主土地等，深入地开展游击斗争。在这种斗争中，争得农民的领导权，扰乱奉、冯军阀的后方，解除其武装，武装农民，一直到农民暴动割据的局面。

（二）组织问题（略）

（三）目前工作

1. 农民运动：是大名县最重要的工作，但是过去并没有农民运动，不过是跟着红抢会

后边跑，变作豪绅的尾巴，这是很可耻的。目下南乐虽有百余红枪会在我们领导之下影响500余人，但实质上仍是豪绅的活动。现在大名的党应立即开始组织农民协会，领导农民作一切斗争，在此斗争中争得红枪会领导权，扩大农协的组织，口号是“抗捐抗税”、不要军用票、不花钞票、不给军队给养、打毁征收机关、反对拉车拉夫、反对军阀混乱、不准军队入境。国民党、蒋介石、冯玉祥、阎锡山都是压迫老百姓的军阀，同张作霖、张宗昌、褚玉扑是一样的混蛋”。“不交租、不还债、吃富户、没收一切土地归农民协会分给贫苦民众、士兵种”、“耕者有其田”、“杀尽土豪劣绅地主官吏”。

2. 工人运动（略）

3. 青年运动（略）

4. 军事运动（略）

补释：（1）关于“土匪群众加入农民协会”是因为濮阳的土匪仍是新起失业破产的农民群众，不是以土匪为职业的旧有的东西，但我们要切实联络群众，勿专注意联络其领袖。

（2）关于职工运动，乡村中的工人可以加入农民协会，不必另组织工会。

（3）关于兵士运动，最近在战线上的士兵，我们须派农民到此线中去，直接宣传兵士对战争的认识，使兵士哗变农民协会联合起来。

二、直南的状况及群众斗争（摘要）

一九三0年九月

（一）略

（二）略

（三）农民反华洋义赈会的斗争

1. 斗争的客观环境。参加这次斗争的群众是贫农、富农、小地主。因为大名（含魏县）县近几年连续荒旱及统治阶级的剥削，致使整个农村经济破产，普遍发生钱的饥荒。在这种机会下，华洋义赈会戴了假慈善面纱，实行对农村经济侵略的手段。如以农民文契作质二分半行息的借贷，以及每区（大名十区，魏县为四、五、六区）借给大洋五百元，作为土地基金，但必须二年还清，三分三行息等事实。群众揭破了他们慈善的假面具，才有这次斗争的爆发。斗争的性质是农民反对帝国主义的斗争。

2. 斗争的目标。华洋义赈会声言以工代赈，修筑大邯大馆汽车道，被占地每亩大洋十元，言明筑成后，即照价完全发给。在当时一般地主，不愿叫你通过，然而又感受钱的饥渴，再说价也不为过廉，所以才叫他修筑。然而该路修成业已半年，不但地价未曾归付，而且地租银两也未取消，故民国十九年（1930年）下半年的银子，仍需全额数完纳，一般群众对此甚为反对，所以斗争提的口号是“要地价发银子”（共占地50多顷，价钱17万元）。

3. 党对此斗争事前布置。因为党在大邯、大馆汽车沿途的基础薄弱，只有在党领导下的反帝大同盟会员1人，他家地也被占6亩。县委决定叫他发动这次斗争。虽说还有零星的一、二个党员，因为环境的关系，无法插手。即便也能在乡村中有宣传作用，实际领导作用非常有限，所以县委就把这种任务交给反帝大同盟去做，分配林镇三担任主席，一切斗争的步骤与方法完全由县委决议。同时县委分配两个党员尽可能设法插入，共同领导这次斗争。到乡中公开召集大会，向一般群众宣传华洋义赈会的假面具与帝国主义侵略的手段，以及国民党政府无耻的投降帝国主义，欺骗剥削劳动农民群众的事实。提出“定时发地价拨银子”的口号。

4. 此次的缺点。党在领导这次斗争的过程中，基础薄弱，形成林镇三一人包办。关于反帝反国民党反买办豪绅的工作，作得不充分，变成了一种简单的办事，忽视了政治。为此对林镇三加以警告，林镇三为避免逮捕进行躲避。因县委不能更派另外人员参加领导，以致群众全体大会无法召集。

5. 群众情绪。1月5日，由林镇三负责通告被占地户每家去人在大名北关关帝庙开会。当时一百二、三十人，向林镇三主席报告华洋义赈会的欺骗情况。这时将到阴历年底，各种花费，生活一切都需要钱还帐、买粮食等。而他们占我们的地，我们少收一季粮食，官兵还要我们来完地税，这是多么不合道理呀？当时全体一致赞成，一同去找华洋义赈会，要占地钱。在未进城时，政府民团武装解散，农民都非常激昂，“林先生干吧！捅他马蜂窝，不给钱就到华洋义赈会会长家住，拼死咱也不怕。我们别的没有，就是有两个穷人，“干吧！干吧！林先生干到那里，咱跟到那里！”

6. 状况与党的指示。在进城被解散的时候，曾给县长上了一个全体农民签名的公事要求：①从速拨银还钱。②地价每亩大洋30元（原定每亩大洋10元）。县政府批出大意是：量地以令建设局、财务局、公务局共同办理。后即从速大量（因大名大雪），致还钱一层，现因政府无钱，以函呈请省汽路管理局如何办理。在该公事未复前，先由大名县政务局垫发大洋500元。一般农民对此解决甚为不满。县委决定随又作第二次代表请愿运动。县委的指示是：不管你什么局什么会，就是简单一句话，欠钱的还钱，不还钱扒汽车路！要一月内还清。

三、魏县地主对贫农的几种剥削形式

一九四六年七月

解放前，魏县的地主和全国一样，依仗国家机器，对广大贫苦农民进行了残酷的经济剥削和政治压迫。那时县内除了西江庄、德政、申村、双庙集、大王村、河岸上等几户较大的地主以外，中、小地主、富农为数不少，所以，全县大部分村庄的土地所有权和使用权都掌握在他们手中。不论大地主、小地主，他们的共同点都是对贫苦农民进行经济剥削，其主要的剥削形式有以下几种：

（一）地租剥削

地主占去大部土地，贫苦农民土地很少。他们为了生存不得不求地主租种土地，当佃户。地主把土地租给佃农后，皇粮国税，当差徭役，土地投资以及官府的其他捐款派粮等均由佃户负担，而收获的粮食或其他农作物，地主要分去百分之五十至百分之六十，还要分享部分柴草。有的地主对佃户更为苛刻，遇有自然灾害，农业欠收或绝收，他的地租不予减免，一些佃户被逼得家破人散。

（二）劳力剥削

地主对贫苦农民在劳动力的剥削上有三个方面：

1、觅种地者。地主根据自己经营的土地数量多少，雇一些穷人给自己种地。这些人叫“种地者”，他们在自己家吃饭，去地主田地干活，收入的粮食，一般是麦二八（地主得八，种地者得二），秋三七（地主得七、种地者得三）分成。

2、雇佣长工（也称觅头）。长工一进地主的家门，即约法三章，如有违犯，随时可以辞退。长工称地主“掌柜”，地主称长工“×头”（姓什么即叫什么头，如张头、王头等）。地主家的牲口、喂猪、碾米、磨面、担水、扫院、掏粪、垫圈等一切杂活、脏活、累活都放在长工身上，每日早起、晚睡，累死累活，生活上还受虐待，一年到头所得工钱甚微，顾不了家中的老小。

3、雇佣短工（临时工）。地主为了完成某项紧急任务，人力不足时，即雇用短工。凡是此举，都是时间紧、任务大、需要加班加点搞突击，待把活路干完，立即辞退。因短工们干活天数少，所得工钱寥寥，仅够临时糊口而已。

（三）高利贷盘剥

当时，地主老财放的高利贷有两种：一是现钞高利贷，一般月息三分、四分，年息更高，甚至有的是本利对（即是借贷一百元，一年期满归还二百元）。“驴打滚”（即借一百元、一年期满还二百元、二年期满还四百元，三年期满还八百元……）。二是实物高利贷，如春季借地主的粮食，麦收后归还，利贷加三、加四（借贷一百斤，归还一百三十斤或一百四十斤），冬季借粮，下年麦收后归还，利贷是借一还二或还三（借一百斤还二百斤或三百斤）。遇有灾荒之年，利贷更重。因此，借贷户不仅土地财产被剥削殆尽，妻子儿女也被夺去抵债，给地主当奴隶。人们称高利贷是“阎王债”、“要命钱”。

解放前夕，据全县316个村庄的不完全统计，共有佃户、长工4068户。他们在党和政府的领导下，开展了增资倒佃运动，到1946的元月30日，共计倒回粮食2354379斤，棉花3800多斤，各种衣服1950多件，鞋袜494双。从此，广大贫苦农民摆脱了地主阶级的经济剥削和政治压迫，真正成为国家的主人。

那时，农村中流传着反对地主剥削的几首民谣：

一、穷人头上两把刀，租子重、利钱高，夹在当中吃不消，穷人面前三条路，逃荒、讨饭、坐监牢。

二、秋麦打完场，地主来要粮。粮食堆上抓一把，又吹又搓用嘴尝，看见有个谷麦皮，不中，还得扇车扬。

三、月亮弯、月亮圆，穷人辛劳没吃穿。地主食厌鸡鱼肉，咱啃窝头当过年。搬指数了三百六，天天苦酸没有甜。

四、地主自夸钱如山，穷人血汗被喝干，没有佃户种田地，准得饿你腚朝天。

五、小觅头，泪涟涟，放下扫帚拿起镰，青草芦草都不割，单割那个瞪眼棵，牛不吃，驴不看，掌柜骂他是坏蛋。叫声掌柜你别骂，看你给的啥粮饭？一斗谷，二斗糠，蒸得窝窝长翅膀，一下飞到杨树上，饿得我觅头光心慌。

六、土地改革夺天下，成立农会啥不怕，先分地、再分房，斗的地主哭爹娘。

第二部分　回忆录

一、放手发动群众，实行土地改革

焦善民[①]

在很长的一段时间里，我集中精力抓了土地改革工作。减租减息、土地改革，在抗日战争和解放战争时期，是我党地方工作的根本任务。

---

① 焦善民，男，1919年3月出生于山东冠县焦圈村，1935年加入中华民族解放先锋队，1936年春加入中共青年团，是年9月转为中共党员。先后担任区队长，介休县工委书记，沁源县委组织部长，泽安县委书记，太岳三地委组织部长，四地委（岳南）书记兼军分区政委，冀南三地委副书记、书记、兼军分区政委等。中华人民共和国成立后，先后任中央财政委计划局党总支书记；地方工业处处长；建工部办公厅主任、部长助理，副部长；轻纺部副部长，部党组副书记；国家人事局（部）局长、党组书记；人事和劳动局合并后任劳动人事部副部长等。1982年当选为中共十二大代表、中纪委委员，中国企业管理协会副会长；1988年当选为第七届全国人大代表，内务司法委副主任委员（正部级）

本回忆录记的是焦善民在三地委（邯郸）任书记时的土地改革回忆。

在抗日战争时期，为联合团结各阶级各阶层一道抗日，党停止了土地革命时期的打土豪、分田地、消灭封建的土地政策，改为消弱封建制度的减租减息政策。抗日战争胜利后，为争取和平民主，反对蒋介石发动内战，党的土地政策仍是减租减息。但在反奸、清算、减租减息，退租退息、雇工增资运动中，农民开始要求从地主手中取得土地，实行耕者有其田。当蒋介石坚持发动全面内战的形势下，党中央于 1946 年 5 月 4 日发布了《关于土地问题的指示》，简称《五四指示》，坚持拥护广大农民群众实行土地改革的行动，支持农民从地主手中获得土地，实行耕者有其田。由消弱封建剥削转为消灭封建制度的土地改革。这是解放区土地改革的开始。为推动各解放区的土地改革运动更加深入广泛地开展，建立起解放战争巩固的后方，向全国农民指出翻身解放的道路。

1947 年 9 月 13 日，中央工委召开全国土地会议，通过了《中国土地法大纲》，中共中央于 10 月 10 日公布，付诸实施。党中央为使《大纲》顺利而健康的实施，彻底实现土地改革的目的，在 1947 年 12 月会议上对《大纲》实施以来出现的问题又及时地进行了研究，并做了一些调整。我党为彻底消灭封建土地制度，实现土地改革任务，在政策和策略上随时做出正确而具体的调整，使土地改革这样复杂而繁重的历史任务顺利完成。在解放区实现了消灭封建土地制度的任务。

在抗日战争和解放战争中，把广大农民群众发动起来是一切工作的基础，而减租减息、土地改革则是发动广大农民群众起来的关键，这是地方工作中一项根本任务。从 1944 年秋起至 1948 年底长达四年半的岁月，三地委始终把发动群众进行减租减息、土地改革作为中心任务之一，紧密结合对敌斗争和生产运动，统筹安排，加强领导和抓紧进行。我在三地委工作期间，较多的精神和较长的时间用在了发动群众的工作上，在一次又一次的群众运动中，特别是在群众路线这个根本问题上倍受教益。

冀南三地委的土改运动经历了以下阶段：

（一）减租减息

1. 抗日战争时期的减租减息运动

减租减息在我党抗日救国十大纲领中宣布之后，得到各阶层的拥护。敌后各个抗日根据地的抗日民主政府都颁发了减租减息的法令，明确规定二五减租，一五（分半）减息（二五减租是在原定的租额或租率上减少 25%，一五减息是把利息减到一分半即 1. 5 分）。

三分区抗日根据地创建以来，对减租减息作了大量的宣传教育动员工作，但只是在较巩固的根据地中心区实行减租减息。全面地实行了双减，是在形势好转的 1944 年。这时，粉碎了日寇的反复扫荡，迫使敌人撤走了安在我们中心区的一些据点；开展生产救灾，战胜了百年不遇的大灾荒。有了这样的条件，三地委方得把工作重点放在发动群众开展减租减息运动。减租减息是遵照党中央 1942 年《关于抗日根据地土地改革的决定》和《关于如何执行土地政策决定的指示》以及 1943 年的《关于开展根据地的减租，生产和拥政爱民的指示》进行的。

地委确定了以发动群众进行减租减息为工作中心，并确定了由点到面地逐步推进减租减息工作后。1944 年秋，我带领工作组到馆陶县，协同县委搞试点，以便取得经验，指导全区开展减租减息运动。

试点选在以南拐渠村为中心的一带村庄。南拐渠村是我收复不久的日军据点村，我工作组进村后，便开始了试点工作。

试点工作是在经过深入群众、了解情况后，采取了以下办法逐步展开的：（1）组织试点村的村干部和党员认真学习党中央关于发动群众实行减租减息的指示，使干部和党员深刻认识减租减息的意义和为什么必须先将群众发动起来的道理；同时，对广大群众宣讲二五减租和分半减息的政策，号召和发动广大群众起来进行减租减息斗争。（2）整顿试点村的党组织，加强对党员的思想教育，提高党员的阶级觉悟；同时，吸收雇佃贫农中的先进分子入党，调整充实党支部的领导力量，增强党支部的领导和战斗力，（3）建立健全农会和青年、妇女、民兵等群众组织，用群众自己组织的力量，克服运动中的困难。（4）发动组织广大群众对不法地主，恶霸进行诉苦、说理和批斗，打掉地主威风，树立雇佃贫农群众的权威。经过一段工作后，试点村的减租减息工作便逐步开展起来，并取得了一些经验。

试点突破后，地委在总结馆陶县试点经验的基础上，陆续采取了以下措施，在面上迅速推进减租减息运动：（1）在召开的全区党务工作会议上，详细介绍了馆陶县南拐渠一带试点村党支部在减租减息中发动群众的做法和经验，提供各县参照。（2）在县委书记整风会议上，着重就发动群众的问题，从思想上、工作上进行了检查，端正了执行中央土地政策的立场、观点和方法，树立了相信群众、依靠群众、发动群众开展群众运动的观点，从而加强了对减租减息运动的领导。（3）1945 年 4 月 11 日在前口村召开的县委书记、县长会议上，传达贯彻冀鲁豫分局召开的地委书记会议精神，检讨了本地区的群众工作，讨论了如何放手发动群众的问题，并学习了外地大胆放手发动群众、开展减租减息运动的经验。经过采取上述措施和一段工作后，大多数县的大部分村庄的减租减息运动相继开展起来。

针对减租减息群众运动在部分县的大多数村庄和大多数县的部分村庄没有开展起来的状况，地委于 1945 年 6 月召开了全区群众工作会议，认真仔细地研究群众运动没有普通开展起来的原因，我带头检讨了在掌握政策与大担放手发动群众方面的问题，与会者都深挖了各自在放手发动群众上的思想障碍，这次会议解决了一个放手发动群众的方针问题。会议后，地委和各级党组织认真贯彻放手发动群众的方针，经过一段工作后，减租减息群众运动便在全区蓬蓬勃勃地普遍开展起来了。

经过这次减租减息运动，有力地打击了封建势力，消弱了封建剥削，改善了贫雇农生活，调动了广大人民群众的抗日积极性和生产积极性，初步整顿了大部分村庄的党支部，改造了大部分村庄的村政权，健全了大部分村庄的农会等群众团体，这对于巩固和扩大根据地、动员和组织群众支援我军前方作战、恢复灾后农业生产，都起了重要的作用。

2. 抗日战争胜利后反奸、清算、减租减息、雇工增资运动

1945 年 11 月下旬，地委为贯彻执行党中央《关于减息和生产是保卫解放区的两件大事的指示》，召开了全区县抗联主任会议。会前，地委遵照党中央指示和冀南区党委的工作部属，结合本地区的实际情况，商定了开展反奸清算、减租减息、雇工增资运动的有关问题。

会议由我主持，在会上认真学习了党中央指示，深刻领会其“减租必须是群众斗争的结果，不能是政府恩赐的，这是减租成败的关键”的精神。检讨了前一阶段减租减息运动中经验教训。深刻认识到必须站稳无产阶级立场，放手发动群众，启发和引导广大群众依靠自己组织起来同地主、恶霸进行斗争，否则便不是真正的群众运动；认识到广大群众虽已普遍地发动起来了，但还不是充分，减租减息虽已普遍实行，但也还不彻底，雇工增资也还只是开始，没有普遍实行起来。分析了面临的新情况和新问题。在新解放区，要从广大人民群众的迫切要求出发，发动群众进行反奸、清算斗争。并适时地转到开展减租减息、雇工增资运动上来。在老解放区，要深入发动群众，普遍开展检查减租减息、雇工增资运动。讨论了在运动中必须继续贯彻放手发动群众的方针，在政策上允许农民清算地主违反减租减息法令的非法剥削，要地主退租退息，执行冀南行署颁发的“凡1943年以来因生活所迫而典卖之土地，均可照原价赎回”的法令。还指出了在开展反奸、清算、减租减息、雇工增资运动的同时，要注意结合生产和支前工作，不违农时地搞好生产，并大力完成支前任务。这次会议后，各县经过一段工作，反奸、清算、减租减息、雇工增资运动便在全区迅猛普遍地开展起来了。

在这场群众运动中，地委始终集中精力抓紧两个环节：一个是贯彻放手发动群众的方针，解除干部存在的各种顾虑，把发动群众和掌握政策二者统一起来，要求干部站稳立场，相信群众、依靠群众和走群众路线，深入到群众中去引导群众按照党的政策行动。一个是巩固树立雇佃贫农的骨干地位和作用，发现和培养雇佃贫农中的积极分子，并吸收其中的优秀分子入党，增强雇佃贫农在村农会等群众团体中和村政权中的力量，依靠雇佃贫农、团结中农同地主做斗争，照顾雇佃贫农的利益和要求。

在这场迅猛普遍开展起来的群众运动中，几个村联合，一个小区、多个区的联合斗争到处可见，声势浩大，情绪热烈，激动人心，令人振奋。由于群众发动得充分，斗争取得丰硕成果：如魏县在运动中共增倒粮食2354379斤，还有其他财务如棉花、衣服、柴草等。估算可使一万多人民解决半年的生活问题，详见雇佃运动成绩表

民国三十五年（1946年）魏县救国会雇佃运动成绩表

	村数			全区雇佃总数	增倒共折粮	增倒棉花数	增衣数		袜数	能养活人口数	备考
	全区	已实行	未实行				单	棉			
第一区	47	38	9	156	313550	3450	1130	567	226		
第二区	74	50	24	276	130445			50			
第三区	57	39	48	577	415188						
第四区	60	45	15	520	400000						

续表

	村数			全区雇佃总数	增倒共折粮	增倒棉花数	增衣数		袜数	能养活人口数	备考
	全区	已实行	未实行				单	棉			
第五区	50	44	6	394	414670	350		56	24		
第六区	46	35	11	466	80802		3	42	126		
第七区	54	47	7	972	40770			120	118		
第八区	58	14	44	296	192024						
合计	446	312	134	4068	2354379					10464	

一九四六年一月三十日填

（二）开展土地改革运动

1946年5月间，我在参加冀南区党委召开的贯彻执行党中央《五四指示》的地委书记会议后，地委即于6月3日召开了全区县委书记扩大会议，传达了党中央《五四指示》和冀南区地委书记会议精神，讨论并部署了全区贯彻执行《五四指示》的土改工作。

全区县委书记会议刚刚开过，我参加了晋冀鲁豫中央局6月10日在邯郸召开贯彻党中央《五四指示》的土地会议。为贯彻执行《五四指示》，冀南区党委决定大胆放手发动群众，立即全力掀起全区农民翻身运动，并做出《关于全力开展与支持群众翻身运动的决定》，指出放手发动群众仍是今后冀南全区最中心的任务。地委对晋冀鲁豫中央局邯郸土地会议的精神和冀南区党委的决定，先后进行传达，讨论并贯彻执行，指导和推进了土地改革运动的开展。

面对着实现耕者有其田的土地改革的历史任务，地委在这场广阔的深刻的群众运动中，采取了以下的具体规定和做法，引导这场运动迅速、健康地开展。

一是加强具体领导。温光中、梁毅民、康健生、王万春、田光涛等分赴各重点县，具体帮助各重点县县委工作，站到土改第一线，深入群众，深入实际，取得第一手材料，取得直接经验。

二是调集干部力量。各县尽可能调集干部组成了土改工作队，深入农村进行土地改革。三地委从老区各县和地直机关调集了千余名干部组成土改工作队（农民翻身队），分赴邯郸、永年、磁县、临漳、魏县、肥乡等县、区，深入农村，协助当地进行土改。

三是分类部署工作。在老区和半老区，以半老区为土改工作重点，土改工作队进村后，依靠村党支部和村级组织，在前一阶段群众运动的工作基础上，共同领导和进行土改工作。

在国民党反动武装盘踞的回隆、崔桥等据点周围及漳河以南和沿漳河北岸一带的村庄，先开展反奸反霸斗争，尔后再看情况，转到土地改革。大汉奸、大恶霸郭清，原是临漳县、魏县沿漳河一带的大土匪头子，后投日军当汉奸，日寇投降后，国民党军将其收编，临漳县城解放后，仍盘踞在漳河南回隆、崔桥一带。在郭清骚扰的这一带村庄，先发动群众进行了反奸反霸斗争，重点打击了同郭清有关联的恶霸、地主以及作恶多端、人人痛恨的地痞流氓，直到 1947 年春拔掉郭清等盘踞的回隆、崔桥等据点后，才转到土地改革。在工作基础薄弱的村庄，特别是没有党组织的空白村，土改工作队进村后，首先抓紧访贫问苦，弄清情况，发现积极分子 ，进行扎根串连，挑选并结合前一阶段群众运动中的积极分子，改造或重建农会领导班子以及 村政权、青年 、妇女团体、民兵组织等村级领导班子，组成进行土地改革的群众队伍，然后进行土改的各项工作。

四是用典型带动全面。地委社会部长田光涛到临漳县帮助县委工作，在较短的时间内，临漳县打开了局面，大部分村庄的广大群众发动起来了，展开了轰轰烈烈的土地改革运动。

五是区别对待地主。对群众痛恨的大汉奸、豪绅、恶霸地主，坚决进行斗争，政治上打垮，经济上多数扫地出门，另给一份土地财产的生活出路。对一般的地主和富农，通过清算方式，没收其应该没收的土地财产 。对烈军干属地主和富农、开明绅士、抗日地主和富农，接受其献地献财，不采取斗争形式，以示照顾。这样，把斗争火力指向极少数大汉奸、豪绅、恶霸地主，有利于团结大多数，减少运动阻力和迅速推进运动发展。

六是合理分配土改果实。这是土地改革的一个重要环节。土改果实以村为单位进行分配，分配原则：1. 将清算没收的土地 ，按无地少地的雇农、佃农、贫农、下中农的人口在其自有土地数的基础上填平，地块肥瘦远近搭配；2. 将清算没收的房屋、耕畜、农具、大车、粮食、现金、金银、衣物、布匹等生产资料和生活资料，按雇、佃、贫、下中农的人口多少和贫穷程度按需分配；3. 适当照顾烈军干属和鳏寡孤独。这种分配原则叫“填穷坑”。分配办法是：1. 出榜公布土改果实，包括土地和其它他生产资料和生活资料的种类、数量、质量以及土地地块、房屋坐落等；2. 引导群众民主讨论土改果实分配的原则和办法，既符合“填穷坑”的原则，又符合团结大多数人的精神；3. 组织土改果实分配委员会，进行民主评议，出榜公布评议草案，经过群众讨论，调整后再公布，再经群众讨论，调整后再公布最后定案，做到公平合理 ，大家满意。

七是放手发动群众。这是土地改革成败的关健。土地改革要依靠贫雇农、团结中农，组成强大的群众队伍，同地主阶段进行消灭封建剥削制度的斗争。在放手发动群众中，不依靠贫雇农和满足贫雇农的要求，那就会出现群众队伍因缺乏中坚力量而软弱无力的现象；不注意团结中农和照顾中农利益，那也会发生因缺乏中农参加而发生贫雇农孤军奋斗的问题。放手发动群众是包括依靠贫雇农和团结中农在内的发动全体农民起来同地主阶级斗争。

（三） 土地复查

经过几个月的紧张工作，全区形成了比已往两次群众动动在规模上更加广阔、在内容上更加深刻的群众运动高潮。到 1946 年底，全区除国民党反动武装盘踞的回隆、崔桥等村的据点周围及漳河两岸一带的村庄和永年县城及其附近村庄之外，都消灭了封建剥削的土地制度，实现了耕者有其田的土地改革。

为了搞好土改复查，我们明确宣布这次复查的主要目的是溜地主的二茬，割封建制度的尾巴，查找漏网的地主，再彻底消灭封建制度。规定不准损害中农，强调贫农是一家，要把农村百分之九十以上的人团结起来。

在全区的这场土改复查工作中，着重解决的有以下几个问题：

1. 进行了土改空白地带和空白点的土地改革。1947 年春，我军拔掉了国民党土匪武装盘踞的回隆、崔桥等据点后，组织成立了漳南县，调集干部深入到漳河以南和漳河北岸一带的广大农村，在反奸清算斗争的基础上进一步发动群众，迅速开展了土地改革运动，实现了耕者有其田的土地改革任务。

2. 再次没收地主、富农应予没收的土地财产和再次打击反动封建势力。对落网的一般地主和没收不彻底的土地及富农，再次没收应予没收的土地财产。对在土改中顽抗的地主，发动群众进行了斗争。对没有打垮的大汉奸、豪绅、恶霸地主，发动群众再次进行了斗争。

3. 处理土改果实分配问题。土改果实分配存在不同的情况，采取了不同的处理办法：一种是土改果实尚未分配，则和土改复查果实合计，按照分配原则的办法进行公平合理分配；另一种是土改果实已经基本分配完毕或只分配了一部分，但有分配不公的问题，则将土改果实尚未分配部分和土改复查果实以及干部多分多占退出的果实合计，进行公平合理的分配或调剂。其中最难解决的是干部多分多占的果实问题，也是分配不公和群众最不满意的突出问题。各县、各驻村工作组按照干部多分多占一律退出的原则，说服教育干部主动检讨和退出多分多占果实，取得群众谅解，加强干群团结。采取这种坚持原则又以说服教育为主和干部主动改正错误的方式，是既严肃又妥善的。

4. 解决干群关系不协调问题。近年来，在参军参战之前、征粮征款、生产救灾、减租减息、反奸清算、土地改革等紧迫和繁重的工作中，区村干部主要是村干部，处在既要按时完成任务又要按政策办事的第一线，往往为了完成任务而不顾及群众，采取简单生硬的强迫命令办法，引起群众不满；尤其在减租减息、土地改革中，有的干部多分多占果实，遇事不同群众商量，甚至包庇地主、压制群众等，更加引起群众不满，出现了干群关系不协调的问题。各县、各驻村工作按照干群关系是内部矛盾性质问题，采用批评与自我批评的原则和办法，对于干部多分多占果实问题的处理如上所诉。对于干部思想作风和工作方法的缺点错误，在肯定村干部的工作成绩和功劳后指出的问题，启发村干部面对群众主动检讨，有的面对群众当面赔礼道歉，群众消了闷气，村干部解了怨气，干群又重新和好起来。对于个别包庇地主、压制群众的村干部、钻进村干部队伍中的假积极分子真异已分子，则在查证属实、经本人认错和群众批判后，分别给予了纪律处分或清洗处理。

在土改复查工作中，抓紧处理土改果实分配特别是土地分配问题，解决干群关系不协调问题，都是必要的和做得有成效的，否则将严重影响春耕生产乃至全年农业生产和完成紧急之前任务。对于落网的一般地主和没收不彻底的地主，再次没收应予没收的土地财产，对于敢于抗拒土地的反动封建势力，发动和组织群众再次进行斗争，也是必要和做得有成效的，否则不能满足无地少地贫雇农的土改要求，也不能彻底消灭封建剥削制度，不利于进一步发动广大群众支援解放战争。问题是有些区、村对地主，富农普遍地“割二茬”和“割封建尾巴”，在有些问题政策界限不清的情况下，着重照顾贫雇农这一头，而忽视掌握对地主、富农的政策这一头；加上把放手发动群众、走群众路线和让群众自己起来解放自己，错误地认为群众说了算、群众要怎么办就怎么办，放弃领导而跟着群众运动跑；还有地、县领导在热火朝天的土改复查中，对真实情况了解和分析不够，疏于深入检查，只看作个别现象而未引起足够的注意，未及时采取纠正的措施，以致在左的思想情绪误导和影响下，发生了一些左的错误。

在土改复查中一定要把封建消灭彻底，一定要满足贫农的要求，这是完全应该的。但是有些地方为了将封建消灭彻底，而普遍地割二茬、割尾巴，为了满足贫农的要求这一头而忽视了对地主富农政策的这一头，甚至对于党的土改政策是消灭封建土地制度，对工商业是保护政策不明确、不肯定，加上把放手发动群众，走群众路线，让群众自己解放自己，错误的认为是群众说了算，群众要怎么办就这么办，致使一些地方发生了左的偏差。

一是在划分阶级上，将有少量剥削的富裕中农当作富农；将历史上有过剥削，当时已下降为中农的，仍当地、富对待；在土地分配上只顾满足贫农要求，忽视对地主富农的政策。

二是在彻底消灭封建，要将封建挤净的口号下，追查地主隐藏的财产时，发生了一些捆绑吊打现象；有的以有政治历史污点或政治态度不好，作为斗争对象，在复查中把一些地主扫地出门，将一些中农进行了斗争。这些左的现象多发生在新区，主要发生在魏县和临漳县漳河南和大名县的一些村庄，土改复查这些地区曾经是敌我激烈斗争的拉锯地带，有的地主、富农分子乃至有的中农、贫农依附国民党土匪武装进行反攻倒算、残害人民，在复查中将这些地主、富农扫地出门，将这些中农贫农分子当作“狗腿子”斗争，如魏县大辛庄被斗争的55户中即有中农19户、贫农16户。

对于土改复查中发生的这些错误，有些区、村随后作纠正，有些区、村在贯彻党中央十二月会议精神、贯彻实施土地法中才作纠正。

邯郸地区的这场内容深刻、规模广阔、进展迅猛的土地改革运动，在党的实现耕者有其田的土地改革伟大号召下，百万农民男女老幼自愿地行动起来，翻身求解放，摧毁了地主阶级在农村中的反动统治，消灭了封建剥削制度，实现了当家做主的社会主人翁的权利，实行了耕者有其田的土地制度，这场土地改革运动，极大地激发起百万农民的革命积极性和生产积极性，为大力支援解放战争和发动生产运动提供了强有力的群众保障，增强了战胜国民党反动派的力量。

二、魏县土地斗争

田光涛[①]

（一）抗战前后概况

魏县862平方公里的县境内，一马平川。卫河在县南端，沿河北、河南交界处，似一条白练静静地流过。而另一条横贯全境的漳河则如一匹不羁的野马，夹着黄沙，自西向东咆哮奔腾而下。

但是，肆虐的漳河给予两岸人民的恩惠，比之灾难还是多的多。凡漳河所流经之处，土地极为肥沃，尤其在它泛滥之后，留下的淤泥比肥料还壮，一年水祸，数年好麦，使两岸人民得以在这块土地上生息繁衍。

富饶的魏县大地养育着数十万勤劳的中华儿女，但是在三座大山的压迫下，直至抗日战争爆发，抗日民主政权成立前，魏县人民始终在悲惨的生活中挣扎。

魏县的地主在农村兼并土地的情况非常严重，每个大的村镇都由一、两个地主所统治，大地主甚至将权力伸向数村。贫苦农民几乎都是地主的雇农、佃农和长工。凡遇灾年，农户家破人亡，妻离子散，外逃要饭的比比皆是。西江庄有一聂姓大地主，传说：为炫耀他的财富，挂出千顷牌，大名城以西都有他的土地。这个聂姓大地主常年豢养着一连以上的武装，用以保护他掠夺农民的财富，镇压农民的反抗。当地农民流传一句话："西江庄聂家一跺脚，整个魏县都要震动掉土。"

魏县还有恶瘤般的匪患。魏县西部与安阳、临漳、内黄一带历来为土匪麇集之地，被各方所惧。冀南有一民谣道："宁走南北二京，不走楚旺回隆。"回隆便是魏县西南部的一个大镇子，镇内及周围村庄盘据着数股土匪，这些土匪多为地痞、流氓、赌棍、烟鬼所组成，几十人，几百人不等，用打家劫舍，杀人绑票的手段枪掠财富，侵扰一方。他们的结局，一是与地主勾结，或投靠地主，成为镇压农民的武装；一是部分土匪首领靠抢掠发了财，或用黑钱购地，或继续用武力强占土地，使自己摇身一变，成为有武装的土匪地主。

---

① 田光涛，魏县第一任县委书记，1921年5月生，原名程骥，河南省清丰县人。1937年8月参加抗日救国十人团任西北分队副队长，9月加入中国共产党及抗日民军四支队。1938年9月任中共藁城县委宣传部长，藁（城）正（定）新（乐）工委书记，藁城县委副书记、书记。1940年6月至1945年9月，先后首任魏县、漳河县委书记，1945年10月任三地委（邯郸）社会部长、副书记。1949年2月率部南下，先后任长沙市委组织部长、交通部人事司副司长、代司长，上海华东海运局党委副书记，港务局副局长、局长、书记。中国五金矿产进出口总公司总经理、党委书记；北京外贸学院院长、党委书记；国家人事局副局长（副部长）党委副书记。先后当选为农工民主党中央副主席等，1985年增补为中国人民政治协商会议委员、常务委员。

1937 年 11 月，日寇攻占魏县。日寇的侵略给魏县人民带来更为悲惨的灾难。这些侵略者所到之处，烧杀抢掠，无恶不作，不仅室内财物被掠洗一空，凡未逃脱的妇女均难逃蹂躏的命运，甚至被轮奸后杀害。

魏县沦陷后，国民党的党、政、军、特、警逃得无影无踪，社会出现无政府状态，原有的土匪收容国民党溃兵，打出旗号，公开打家劫舍。另有一些人弄几条枪，拉上几个人，也称起司令。一时间魏县出现了数不清的司令，拉起队伍就向人们要钱要粮。不久，大部分土匪司令又相继投靠日寇，做起汉奸，成为助纣为虐的伪军。这些打着各种旗号的土匪武装，屠杀起同胞来，其残忍与日寇无异，活埋、挖心、剜眼、碎尸、腰铡，无所不用其极，令人发指。此时的魏县人民遭受着日、伪、国民党顽固派和土匪的多重压榨和蹂躏，其生活之惨，已到无可忍耐的地步。

1926 年，魏县破井村十七岁的李大山在大名七师读书期间加入中国共产党，成为魏县第一位中共党员。1930 年，魏县蔡小庄在党员崔心悦的筹建下，成立了魏县第一个中共党支部。至 1937 年，魏县已有党员 150 名，党支部 21 个。魏县人民的反抗斗争开始有了无产阶级的领导。

1940 年，抗日战争进入相持阶段，斗争变得极其复杂残酷。早已暗中投敌的国民党冀察战区副总司令兼察哈尔省主席石友三，公开反共，搞磨擦，勾结日军攻击我冀南抗日部队，屠杀我抗日军民，制造了一系列流血事件。与此同时，日军回师华北，对抗日根据地进行大规模的“扫荡”。为围困消灭冀南抗日根据地，日军以平汉路为依托，修筑公路干线、支线，深入到冀南抗日根据地腹地，同时沿铁路、公路大量修建碉堡，设置据点挖壕沟，妄图凭借铁路、公路、碉堡、据点、壕沟，分割冀南抗日根据地，最后达到摧毁冀南抗日根据地的目的。

日顽的勾结，使冀南抗日军民多面受敌。为保卫冀南抗日根据地，根据中共中央和第十八集团军总司令部指示，1940 年 2 月 2 日，一二九师下达了讨顽消灭石友三的命令。经过十余天的激战，石友三虽有日军的配合，仍被抗日军民赶出了冀南。使冀南地区就剩下抗日军民与日本侵略者进行真正的较量。

由于冀南抗日形势出现了新的变化，1940 年 5 月，冀南区党委和冀南军区在南宫县段芦头村召开了地方县级以上、军队营级以上干部会议。提出了建党、建政、建军三大方针和积极打击敌人“囚笼”政策的任务。以及对根据地的建设、战争的形势等指示。

根据中共北方局的指示，为加强根据地的建设，将冀南行政主任公署改称冀南行政公署，宋任穷任主任；将包括晋县、藁城等六县在内的原一专署划归冀中地区；将临漳、成安、元城、魏县、大名漳南等县成立新的一地委、一专署、第一军分区。同时决定将大名县划分为大名、魏县、元城三个县，各县组成新的县委和抗日民主政府。我被通知调离藁城任冀南魏县县委书记。

会议一结束，我便到新一地委报到。接待我的是原三地委组织部长曹海波。我们的谈话快要结束时，曹海波忽然对我说：

“你是清丰人，与魏县只一河之隔，魏县离清丰最远也只几十里路，太近，为了安全你必须改一下名字。”

于是我请海波同志为我改名。

“田光涛。”他立即说出了这个名字。

从此，我便用这个名字度过了抗日战争、解放战争，直至现在，原名程骧反而无人知晓了。

（二）开展减租减息运动

1940年5月底，我来到魏县上任，新的魏县县委和县抗日民主政府加紧了党和民主政权的建设。抗日民主政府成立不久，便公布了农民合理负担办法，组织发动群众开展减租减息运动，调动起农村广大群众的生产积极性和抗日热情。

1940年下半年，形势开始恶化，日伪军再次进入魏县，占领魏县县城。首先修建了魏县西关中心据点，并以西关据点为中心，向魏县四乡推行“囚笼”政策。他们修公路，挖“封锁沟”，建据点，使魏县全境碉堡林立，道路如网。敌人依靠这些道路、据点，分割“蚕食”抗日根据地，使抗日军队回旋的余地越来越小。而敌人则利用遍布全县的据点、道路，下乡扫荡，大肆屠杀抗日军民。伪军中大部分为原土匪武装，由于熟悉本地情况，对抗日的危害不仅甚于日军，而且手段更加残忍。

面对敌人的嚣张气焰，魏县新生的中共县委和抗日民主政府经受着严峻的考验。一些村建立起来的村政权和党的基层组织有的被敌伪破坏，有的处于瘫痪状态，个别党员和干部对抗战失去了信心，出现了动摇和妥协，甚至投降了敌人。牙里集区有一个区委书记在二教村外玉米地里搭了个棚子，我与他商定夏秋季定期到这个棚子里碰头。头两次约会，我去时他都先到了。但第三次约会时没有见到他，我只好很快撤出此地。事后得知他动摇了。在残酷的斗争前面，一些群众，包括干部家属也受到了影响。我们队伍中的一位当地的老干部曾对我说；“你遇到了危险时，可以到我家里去躲一躲。”一天我独自出去工作，晚上走到这位同志的村中。我敲开了他家的门，他的母亲一见是我，脸色聚变，让我快离开这里，别给他一家招来灾难。我很体谅老人家的作法，没有在说什么，立即离去，另宿它处。

针对这种严酷的形势，县委向全县党员和各级干部发出了“提高信心，坚持抗战”的号召。

经过县委的工作，制住了动摇思想的蔓延，留在抗日队伍中的人员不仅思想更加坚定，而且使队伍更加纯洁，战斗力更强了。

由于冀南抗战形势发生了变化，8月份，北方局派李大章来魏县，在北皋召开了地、县领导干部会议。在这次会议上决定，为打破敌人的“囚笼”政策，更加灵活地打击敌人，以漳河为界，将魏县划分为魏县和漳河两县，漳河以北为魏县，漳河以南为漳河县。我被分配到漳河县任县委书记。县长由军分区副司令员魏开荒兼；原军分区任连长的张智发任县武装科科长。开荒、智发两位军人出身的人员调漳河地方工作，目的很明确，就是为了加强地方的武装斗争。分县后，原县大队归属魏县，漳河县成立了以魏开荒副司令员带来的一连正规军为基础 建立新的县大队，魏开荒兼任大队长，我任政委。

（三）抗灾救灾

1942年秋，由于干旱无雨，全县所种小麦墒情很差，缺苗严重，出土的麦苗也长势差。转年进入1943年，一冬未下雪，春起更是滴雨难觅。持续的旱情不仅使庄稼无水可灌，连人畜用水也成危机。河流干，水井无水，许多地方掘地三尺都难见湿气，致使全县大部分土地上的小麦几近颗粒无收。就在此时，万恶的日伪军又发动了“五、二六”大扫荡，将收获的少量小麦也掠夺去。

正当人们为夏收无粮可收发愁时，又发生了严重的蝗灾。进入8月份，蝗虫遮天蔽地地扑向冀南平原，扑向漳河两岸。蝗群大的方圆数里，飞过时阳光不透，昏天黑地，令人心惊。蝗虫落下后，倾刻间便将大地所剩无几的庄稼一扫而光。

就在蝗虫消逝后的当月，天空连降暴雨，进入九月，又连续七天七夜雨注不断，使不羁的漳河又恢复了它的本来面目。洪水泛滥本已成灾，残无人道的日军为加重水害，在当时的漳河县南上村掘开了漳河河堤，漳河沿岸二十余里范围内顿成一片汪洋。洪水冲塌农舍，使无数群众在大水中无家可归。

大水过后，日军制造的霍乱等瘟疫又在冀南地区流行，魏县不能幸免，又夺去无数人的生命。

这场接踵而至的灾害，使已饱经日本侵略者之苦的魏县人民陷入极其悲惨的境地，大地茫茫不见绿色，人们吃光了树叶、吃树皮，许多村庄最后连树皮都难剥到。每天都有饿死的人，每天都有灾民举家逃荒。据统计，当时魏县受灾地区各村的人口死亡率达到百分之五到十五：逃亡者百分之三到五十；敌占区的重灾区，人口死亡率最高者达到百分之四十，逃亡率最高者达百分之九十。

魏县县委机关的人员和群众一样，忍受着灾难带来的饥饿。蝗虫来时，已经断粮，一些提议吃蝗虫。这是唯一可入食的东西，得到了大家的赞同，蝗虫很好捕，蝗群来时，张开布口袋往里捡就是了。捉到后用大锅炒，炒后再熬。蝗虫的粪便便在肚子里，无法清除，熬熟后只好与蝗虫的身体一起吃下去。初始饥肠，吃下蝗虫还觉可行，越吃越苦，越吃怪味越大，吃到最后，看见锅中的蝗虫就想吐。

水灾过后，树上长了些绿叶，地上也开始发芽。我们县委机关因无粮几天没有开饭，大家突然发现泛青的地方长出了蘑菇，立即象看见了宝藏一样，跑到地里采集。一方面是没有辨别毒蘑菇的经验，一方面是饿极了，蘑菇采回来后，没有挑选就放到锅中熬。熬熟后，大家迫不及待地盛到碗里便吃。我看同志们吃得香，没去盛。同志们端着碗在院内吃，有说有笑的，很久没这样开心过。熬蘑菇的锅在屋里，有同志催我快进屋盛，见大家都已盛吃，我便进屋去。当我将蘑菇盛到碗里，端起吃时，一口咽下，舌头嗓子即刻被一股强烈的麻味变得僵硬起来。我心中喊了声“不好”急忙跑出屋。再看院中，同志们一个个都仰坐在地上，瞪眼、张嘴、吐舌，看着我说不出话来。我意识到这是中毒了。幸好我的通讯员没有吃，我便让他赶快去临近的东江庄去找医生。通讯员走后，我的舌头也感到麻木发僵。东江庄的大夫姓江，中医，名字忘了，他听通讯员讲明病因后，说不要紧，从里屋取出一小袋绿豆让通讯员带回去煮水喝。在当时这点绿豆千金难买，江大夫拿出来救县委的干部，可知他对共产党怀着何等诚挚的心。通讯员取回绿豆，立刻熬成水给大家喝。不久同志们终于转危为安。

灾荒期间，我带着县委机关一班人，吃过野菜、树叶、草、蓖麻叶。有时候这些都找不到，只能挨饿。我有时就随部队行动几天，吃几顿饭，补充一下体力，然后再离开部队回地方继续工作。

灾害越演越烈之时，无奈的群众开始寻求神的帮助。各村的村民从庙里抬出关公等神像吹吹打打游街，希望神灵能帮助消灾。但是，灾害仍一个接一个地来，人也仍一个接一个地死去。

面对灾害，共产党人不能无所作为。虽然敌人利用自然灾害加紧了进攻，但共产党人是为人民服务的，就要在人民遭受困难时，想尽一切办法领导群众度过灾荒。

首先县委向地委、专署写了一个报告，详细反映了魏县的灾情和群众生活的困苦。专署接到报告后，克服了巨大困难，批给了我们数万斤谷子。专署设在元城，粮食在元城县西符集一带，要将粮食运回，需通过数道封锁线，还要渡卫河，很艰难。为了开展救灾工作，县委决定魏县工商管理局局长田蕴玉负责此次运粮任务，田蕴玉组织了数十辆独轮车和一些骡子，并派民兵随队保护。由于要过封锁线，只能夜间行动，而且不能有响动，因此每次所运之粮不能太多。但运粮队的群众干劲非常大，一夜行进七八十华里，四天便将所有粮食运回了魏县。粮食虽然不多，但解决了部分重灾区群众的口粮。

组织群众进行生产自救，是县委、县政府领导群众抗灾的主要工作。我们通过县工商局向上级争取到部分资金和救灾物资，作为支持群众生产自救的资本。各区、村党的组织将广大青壮年组织起来，向抗日民主政府贷种子耕庄稼、贷款做生意，用来恢复生产、增加收入。一些地方组织了生产自救合作社，生产针纺织和小商品，到灾情轻的地区换取口粮和种子粮用来糊口和发展生产。各地还组织群众利用大水退后的生产季节播种成熟期短的荞麦等速生庄稼和蔬菜，解决缺粮的问题。对于确实无力自救的灾民，抗日民主政府向他们发放救灾物资。据统计为了帮助群众开展生产自救，县抗日民主政府共贷出种子粮159020斤，贷款2188239元，贷粮2250斤，打井15眼，救济灾民7000余户。

在灾情最严重的时刻，为救助处于饥饿死亡边缘的群众，县委领导群众向地主进行了借粮斗争。抗战期间，虽然搞了减租减息，地主的生活依然很富裕，灾难年仍有存粮，尤其各村的大地主，灾荒并没有降低他们的生活。贫苦农民抵抗不住灾荒，大批逃荒到外地，饿死的人一天比一天多，可没有一个地主发善心将家中富裕的粮食拿出来救助饥民。我们发动群众向地主借粮，许多地主闻讯后，为抗拒借粮，一方面将粮食藏起来，一方面制造假像，装成挨饿的样子，甚至装得比贫苦农民还要饥饿。有的大地主有秘密武装，并有县城或据点的伪军做后台，使得群众不敢向他们借粮。为使借粮斗争顺利地开展起来，县委决定首先从西江庄大地主聂志远家开刀。聂家是魏县最大的地主之一，曾挂过“千顷牌”，聂志远是聂家用压迫剥削手段显赫后的第二代，日本人来后，做了魏县头号大汉奸，因此拿他家开刀不仅对抗拒借粮的地主有震摄力，而且对聂志远也是个警告。灾荒之初聂志远在县城便通知家中将粮食储藏起来。他们藏的方法就是将粮食埋到地下，宁可烂掉也不给穷人。我们知道聂家有粮食藏了起来，但是藏到何处不清楚，如果不是先搞清楚的地点，盲目地带群众到聂家，万一找不到粮，就会因失败挫伤群众的积极性，给我们的抗灾工作带来影响。幸好找到了一位聂家长工，他告诉我们他曾在聂家的指挥下给聂家埋过粮，知道埋粮的地点。在这位长工的引导下，我们发动群众冲进聂家，挖出了粮食。这些粮食因在地下埋得太久，都已发霉、烂掉，发出刺鼻的霉烂味。看到满地霉变的粮食，群众纷纷发出了对汉奸地主愤怒的骂声。粮食很快分给了饥饿的群众。县委机关也分了一点吃了几天，虽然难以下咽，但终究是粮食。对聂志远家开刀后，借粮斗争自西江庄村由近及远，很快在全县开展起来。各村地主闻听到聂家粮食被挖出来之事，明白共产党为贫苦农民要动真的了，只得把存粮拿出一部分来救济饥饿的贫苦农民。通过借粮斗争，挽救了不少濒临死亡的生命。

因为受灾面积太大，灾民太多，县委、县政府虽然在救灾方面做了大量工作，但杯水车薪，不能解决根本问题。为此，县委根据实际情况制定了“异地就粮”的应急政策。政策规定，农村党员群众只要能搞到饭吃，找到生活门路，只要不当汉奸，可以到外地有亲投亲，有友靠友。政策还规定，凡是共产党员因异地觅食与党失掉联系 ，灾荒过后回来，党组织承认其党员身份。马列主义不是教条的僵化的，应该根据实际情况灵活运用。我至今认为县委制定的这个应急政策是正确的，因为根据这个政策，救了不少的党员、群众，保存了革命的力量。据不完全统计，经过组织迁移到冀鲁豫地区的老弱妇孺灾民达四千余人。

在各种灾害狂獗期，为减少灾害带来的损失，县委、县抗日民主政府尽其最大的力量帮助群众抗灾。蝗灾来时，县委和各区委都成立了打蝗虫指挥部，将群众组织起来打蝗虫。打蝗虫的办法各村想了许多，用得最多的是集中力量消灭蝗蝻，即蝗虫的幼虫。幼虫形状像成虫，翅膀短，头大身体小，飞不起来，好消灭。三四十人一组，将蝗虫赶到一条沟里，然后砸死。漳河水泛滥时县委、县抗日民主政府成立了抗洪指挥部，我任政委，县长李一帆任指挥长，带领群众阻水救地。洪水来时，许多共产党员和路南支队的战士跳到水中与洪水搏斗。因为在战争年代，我们没有什么手段可与灾比高低，但共产党员在灾难面前都表现出了与人民共患难的精神，使人民即使在灾之中也与我们站在一起。

在县委、县抗日民主政府的领导下，魏县人民终于度过了 1943 年抗日战争最艰苦的岁月。灾难过后，历经生死磨难的魏县人民说：“度灾荒靠泥菩萨不行，还是要靠共产党、靠抗日民主政府。”

（四）赎地斗争

1944 年初，大灾荒过去后，县委、县抗日民主政府在号召群众全面恢复生产时，又出现了新的问题。灾荒持续最严重的时候，许多有土地的贫苦农民为了活命，忍痛向富裕中农、富农，尤其向地主出卖土地。地主乘机压价收购，价最低时，一升米就可以换到一亩地，极不合理，但饥饿的贫苦农民又不能不卖了地买粮食救命。灾荒过后，失去土地的农民向抗日民主政府反映了因灾荒逼迫下不合理的卖地交易，请求政府作主再赎回土地，否则没有土地仍无法生活。

这类情况在魏县是非常普通。这种交易不同于强行买卖，是双方自愿的，具有合法性。

但是，看似合法的背后，仍是不平等的交易。他是建立在地主阶段剥削农民积累了大量财富，贫苦农民因被地主剥削陷入困难，这样一种阶级的贫富差别上的交易，这种差别造成了地主阶级有抵抗灾害的能力，贫苦农民没有抵抗灾害的能力。没有抵抗能力的贫苦农民只好将所剩无几的土地卖给有抵抗力的地主，并且是及其廉价的卖给。这实质上是在灾荒情况下地主兼并农民土地的表现。因此，为了维护贫苦农民的利益，恢复生产，县委和县抗日民主政府必须支持农民赎地，否则将对抗战产生消极的影响。

在抗日民主政府的公开支持下，卖地的贫苦农民开始找买地的地主赎地，地主则以卖地文书为凭，根本不同意赎地。这使得赎地斗争之初没有什么成效。面对这种情况，抗日民主政府颁布了赎地法令，并在各村成立赎地委员会，领导农民的赎地斗争。

法令颁布后，斗争变得更加尖锐。卖地的农民凭法令理直气壮地赎买地的地主，包括一部分买地的富农和富裕中农坚决不给赎。于是各村经常会出现这种情况：赎地委员会召开赎地会议，卖土地农民来参加会，买地的地主、富农，特别是富裕中农又很快组织起来冲击会场，使会开不下去。

与农村地主有着千丝万缕联系的伪匪头目为对抗抗日政府颁布的法令，也开始四处下乡活动，以保护地主阶段的利益。匪首郭德惠带伪军到东代固，将村民召集到村庙前发布伪公告，禁止赎地。他站在庙台上狂叫着威胁说，谁要敢赎地，就铡谁的脑袋。在郭德惠的威胁下，东代固村的赎地委员会散了。

我们得知郭德惠强行解散东代固村赎地委员会的消息后，连夜赶到东代固，召集了村党支部会议。我对村党支部的干部说："赎地是抗日民主政府制定的法令，是为贫苦农民谋利益，尽快地恢复生产。如果生产搞不好，打不出粮食，就不能将抗战坚持到底。这是与抗战相关联的大事，因此，赎地工作必须做好。共产党员要带头不怕敌人的威胁，领导群众进行赎地斗争，首先从地主手里把土地赎回来。"

因为有县委支持，东代固村党支部很快就组织起新的赎地委员会。为了安全，赎地委员会公开活动，白天把抗日民主政府的赎地法令藏起来，夜里找到卖地户家宣讲。

全县各村赎地斗争的情况是不一样的，但在党组织的领导下，局面逐渐打开，到秋天，终于基本完成了赎地工作，使土地又回到贫苦农民手中。

在1943年水灾后，魏县县委向全县党员提出了"改造旧政权，领导人民度灾荒"的口号。这个口号一直坚持到进行赎地斗争。为什么要提出这个口号呢？这是因为村政权不都掌握在我们手中。很大一部分村没有建立党支部，甚至没有党员，村政权掌握在敌我两面应酬的人手中，有的甚至偏向敌人，在群众遭受灾害时，不能为群众办事，解救群众的疾苦。这部分人在赎地斗争中不仅不为群众利益着想，反而阻挠赎地斗争。所以，为了领导群众度过灾荒，恢复生产，必须改造这样的村政权，将村政权牢牢地掌握在我们手中。县委同志分别到各区这样的村做工作，改造了一批旧的村政权，保证了救灾工作和其后赎地斗争的顺利进行。

三、土地复查斗争

张长江①

我们回区以后，四区已和蒋军未占时大不一样，阶级斗争更加尖锐激烈。蒋军占领这些地区的时间虽然很短，但是地主富农有少数人疯狂地进行报复和反攻倒算。小马村长玉山、南骈村村长高芹、田如被活埋，这仅是记忆的几个村干被害死。敌人逃跑后，广大贫下中农斗争积极性很高，这是可贵的。他们认为前一时期受尽了地主还乡团的苦，有的村土改的胜利果实被抢走了，因而贫下中农恨透了地主还乡团，这是自然的，也是应该的，是阶级觉悟提高的表现。土改复查的内容，就是进一步在经济上斗垮地主富农，在政治上打倒地主阶级。土改复查中主流是好的，对地主富农阶级剥削压迫劳动人民的罪行，彻底地进行清算斗争，对反攻倒算的地主进行惩办。土改中有漏划的地主富农也被挖了出来，地主的底财，原来未挖的也挖了出来。如寺南村，从李姓地主家挖出数个银元宝，每个 50 两，还有银元、铜币等。可以说通过复查斗争，在政治上斗垮了地主，贫下中农中的后进层，原来不敢和地富撕破脸皮，现在也积极地向地主富农展开斗争。当时大力强调发动后进层群众的工作。原来有和平土改的村庄或角落，也比较彻底地解决了，可以说群众彻底发动起来了。地主富农过去有的不向农民低头，或有点神气的，现在一败涂地了。广大贫下中农在农村政治上已占绝对优势，各村党组织进一步发展巩固了。

与此同时，也出了另一方面的不足之处，那就是有“左”的偏差，打击面过大，有违背政策乱打乱杀现象。如有位县政府领导曾讲“从肉体上消灭地主的时机到了”等。加之在掌握上不够严格，指导思想上也有左的情绪，这就扩大了打击面和一度发生乱打乱杀现象。在对地主斗争方式上，有的采用了“望蒋杆”；有的村在诉苦会议上用乱棍将地主打死；有的被扫地出门了；有的地主小老婆被迫嫁给贫下中农。这种偏差的时间虽然很短就被纠正，但这种问题的发生，区领导是有责任的，首先是看到这方面的问题不是坚决制止，而害怕给群众泼冷水。这一段土改政策的问题和整个解放区斗争形势是连在一起的，不是孤立的，随着土地法大纲的贯彻实施，晋冀鲁豫又召开了土改会议，会议要求查阶级、查立场、查思想，批判地富思想。从思想上、政治上、组织上、纪律上整顿党的队伍。在认真学习《中国土地法大纲》的基础上，制定了《晋冀鲁豫边区政府进行中国土地法大纲补充办法》。会议期间，通知停止土改复查运动，以便经过调查研究调整政策。特别是 1948 年 3 月 6 日，毛主席在土改问题致刘少奇的信中，深刻分析了各地土改复查中犯错误的原因，指出：主要是领导机关所规定的政策缺乏明确性；其次是领导者没将划分政策的界限做统一的说明；又

① 张长江：魏县木顶寺村人，1943 年 11 月至 1947 年 10 月，先后任漳河县二区区长，魏县第七区区长，第四区区长。离休前为河南省安阳市人大主任。

室主任，首轮、二轮《广平县志》主编、市专家库成员刘增才。大名县地方志办公室原主任，二轮《大名县志》主编、市专家库成员杨达等，分别对《魏县国土资源志》稿进行了评审。两省两市五位省市级专家对志稿的评价是：“政治观点正确，资料丰富翔实，语言简明顺畅，具有地方特色，时代特色，行业特色，符合志书标准和要求，经修改后，不失为一部优良志书”。国土志稿审评后，按照专家的修改意见，编辑人员立即对专家提出的意见进行了认真的梳理，共整理出修改意见共性问题15条，个性意见26条。11月12日，编辑人员进行了分工，全志15编内容由王学贵、高峻、常玉秋3人分工修改，然后进行互改，最后，统一审定志稿内容。至2017年3月20日，《魏县国土资源志》稿全部完成。21日，送印刷厂印刷。又经六次校稿、修改，五易编目，遂成今日《魏县国土资源志》。

古人言：“修史之难，无出于志”。作为魏县百万字的土地专业志书，其编撰过程的艰难不言而喻。在跨度久远，资料不足的情况下，全体编撰人员，不计报酬，无私奉献，昼夜笔耕，付出了艰辛的劳动，查阅收集了大量的资料，为修好志书工作奠定了基础。

国土资源局以张建设局长为首的领导班子，是开拓进取、迎难而上，有责任有担当的班子，在带领全局干部职工取得了一个又一个业绩的同时，重视、支持、关心修志工作。张局长在百忙中经常过问修志工作，并亲自审定志稿，主持评稿会，既是领导者，又是参与者。副局长高峻从始至终负责修志工作，既是组织者，又是编撰者，在完成本职工作同时，晚上和编辑人员一样加班加点。一样分撰志稿、审定志稿、校对志稿。领导的支持是《魏县国土资源志》成书的重要原因之一。

《魏县国土资源志》编撰过程中，还得到了魏县地方志办公室、档案局、财政局、水利局、林业局、交通局等单位的配合与支持，众多社会人士提出了宝贵意见，在此，谨向所有对《魏县国土资源志》支持和帮助的人士表示衷心的感谢！

编者竭尽全力想使志书成为优志、良志，但受到学识、水平等条件所限，在志书理论上，专业技术上，结构安排上，史料处理上，可能存在这样那样的问题，诚请读者多提宝贵意见，以便再版时更正。。

《魏县国土资源志》编办室

2017年12月